Peter Martin

Schwarze Teufel, edle Mohren

Peter Martin

Schwarze Teufel, edle Mohren

Mit einem Nachwort
von Hans Werner Debrunner

JUNIUS

Hamburger Institut für Sozialforschung

Junius Verlag GmbH
Stresemannstraße 375
2000 Hamburg 50

Einbandgestaltung: Ulrich Klaus, Hamburg
Umschlagfoto: Stadtmuseum Münster, Nachlaß Walter Werland
Satz: KCS, Buchholz
Lithographie: Repro Studio Kroke · Leppin, Hamburg
Druck: SOAK Druck GmbH, Hannover
Printed in Germany 1993
ISBN 3-88506-219-4
Erste Auflage April 1993

Die Deutsche Bibliothek — CIP-Einheitsaufnahme

Martin, Peter:
Schwarze Teufel, edle Mohren / Peter Martin.
[Hamburger Institut für Sozialforschung].
— 1. Aufl. — Hamburg: Junius, 1993

ISBN 3-88506-219-4

Inhalt

Es genügt zu zeigen,
was wir aus ihnen gemacht haben,
um zu erkennen,
was wir aus uns gemacht haben.

Jean-Paul Sartre

Einleitung

»Mir diente um Minne ein edler Ritter, der war ein Reis, das Tugenden trug. Kühn war der Held und vielerfahren, eine schön reifende Frucht der Treue. Seine Bildung wog aller anderen Bildung auf. Er war noch reiner denn ein Weib, Kühnheit und Kampfesmut sah man ihm an. Nie erwuchs vor seiner Zeit ein Ritter mit so milden Händen [...] Unrechte Zumutungen verstand er nicht. Seine Haut war schwarz wie meine, denn er war ein Mohr.«[1] Mit Bewunderung läßt Wolfram von Eschenbach so zu Beginn des 13. Jahrhunderts die von ihm geschaffene Gestalt der edlen »Mohrenkönigin« Belakane von einem Schwarzen sprechen, der in seinen Grundzügen dem Idealtypus des *miles christianus*, des christlichen Ritters, gleicht. 600 Jahre später, zu Beginn des 19. Jahrhunderts, sind dagegen ganz andere Töne zu vernehmen: »Der Neger«, erklärt nunmehr Georg Wilhelm Friedrich Hegel in seinen Vorlesungen über die Philosophie der Geschichte, »stellt [...] den natürlichen Menschen in seiner ganzen Wildheit und Unbändigkeit dar: von aller Ehrfurcht und Sittlichkeit, von dem, was Gefühl heißt, muß man abstrahieren, wenn man ihn richtig auffassen will; es ist nichts an das Menschliche Anklingende in diesem Charakter zu finden.«[2] Die Auffassungen vom Wesen des schwarzen Afrikaners konnten, wie man sieht, zu verschiedenen Zeiten der deutsch-afrikanischen Begegnung sehr unterschiedlich sein.

In dem Bemühen, einige der Fundamente freizulegen, auf denen die Bewußtseins- und Handlungsstereotypen entstanden sind, welche heute das Verhältnis nicht weniger Deutscher zu den schwarzen Afrikanern bestimmen[3], soll hier gefragt werden, welche Vorstellungen sich die Deutschen in den einzelnen Etappen der langen Geschichte dieser Begegnung von den schwarzen Afrikanern gemacht haben. Die Ursachen für die Entstehung dieser »Bilder« sollen ergründet werden, und es soll untersucht werden, warum sie sich immer wieder wandelten. Schließlich soll festgestellt werden, ob bei diesem Wandel jedesmal etwas völlig Neues an die Stelle des Alten trat, oder ob es neben flüchtigen Besonderheiten, die nur eine bestimmte Epoche charakterisierten, auch *Konstanten* gab, die das Bild von den Afrikanern und den Umgang mit ihnen über die verschiedenen Zeiten hinweg beherrschten.

Ausgangspunkt und erste Voraussetzung der Analyse ist das konkrete Wissen von den Schwarzen, die in der Vergangenheit hier lebten. Seit ältesten Zeiten kamen schwarze Menschen afrikanischer Abstammung hierher, einzeln oder in kleinen Gruppen: Männer, Frauen und Kinder. Viele kamen als Unfreie, wenige aus eigenem Entschluß. Einige hielten sich nur für kurze Zeit in Deutschland auf, andere blieben länger, ein paar für immer. Was führte diese Schwarzen hierher? Woher kamen sie? Wie viele waren es, und in welchen Teilen Deutschlands haben sie sich aufgehalten? Wie lebten sie, und in welchem Verhältnis standen sie zu den Deutschen? Diese Fragen zu beantworten wird die eine Aufgabe sein, um das Wesen der komplexen Anschauungen zu begreifen, welche sich die Deutschen von den schwarzen Afrikanern bildeten.

Darüber hinaus ist dann aber vor allem zu untersuchen, wie die Deutschen in den verschiedenen Epochen ihrer Geschichte auf das Erscheinen der Afrikaner reagiert haben. Wie haben sie das Auftreten der Schwarzen erlebt? Welchen Eindruck riefen diese in ihnen hervor? Wie dachten sie über die Schwarzen? Was wußten sie von ihnen, und wie bedeutsam war dieses Wissen? Und schließlich: In welcher Form setzten sie sich mit ihnen auseinander? Wie verarbeiteten sie die Tatsache, daß diese Menschen, die ihrem Äußeren und ihrer gesellschaftlichen Prägung nach so sehr aus dem gewohnten Rahmen fielen, auf einmal in ihrer Mitte lebten?

Das Interesse an diesen Schwarzen war stets bemerkenswert groß: Kaiser und Könige beschäftigten sich mit ihnen; mächtige Handelsherren opferten ihre kostbare Zeit, um sich ihnen zu widmen. Und wenn einer von ihnen unversehens auftauchte, dann beäugten ihn die einfacheren Leute in Stadt und Land mit neugieriger Verwunderung. Die bildenden und die plastischen Künste haben sie während vieler Jahrhunderte immer wieder dargestellt. Sie spuken in alten Mythen, und sie bevölkern die Lehren der Philosophie. Die poetische Literatur hat sich ihrer angenommen, Dramatiker haben sie auf die Bühne gestellt; sie waren Thema theologischer Disputationen und wissenschaftlicher Abhandlungen.

Anders als man vielleicht erwartet, haben allerdings bei dieser von Anfang an zu beobachtenden und über die Jahrhunderte hinweg anhaltenden, intensiven Beschäftigung mit den Schwarzen kaum jemals Probleme eine Rolle gespielt, die sich aus dem unmittelbaren Zusammenleben von Afrikanern und Deutschen ergeben haben könnten. Die Gesamtzahl aller dunkelhäutigen Menschen afrikanischer Abstammung, die im Lauf der Zeiten in die deutschsprachigen Gebiete Mitteleuropas gekommen sind – ein paar tausend Individuen, verteilt über mehrere Jahrhunderte und die verschiedensten Landesteile, mehr lassen sich bis zum Ende des Ersten Weltkriegs nicht feststellen –, war dafür wohl auch zu gering.

Von Interesse, dies wird die vorliegende Studie in ihrem Fortgang erweisen, waren der schwarze Mann und die schwarze Frau jedenfalls nicht so sehr als soziale Personen im Gefüge der deutschen Gesellschaft, sondern vor allem, weil viele Menschen immer wieder Eigenschaften, die ihrem eigenen Ideal vom gesellschaftlich Wünschenswerten (oder seinem Gegenteil) entsprachen, besonders deutlich in ihnen verkörpert glaubten. Nicht wenige Staatsmänner, Schriftsteller, Künstler und Wissenschaftler, aber auch viele der »kleinen Leute«, bedienten sich deshalb der Afrikaner als Metapher, wenn sie ihren Ansichten von Staat und Gesellschaft anschaulich Ausdruck verleihen wollten: Das von ihnen entworfene Bild des Schwarzen barg so noch stets das Bild der von ihnen erstrebten gesellschaftlichen Ordnung. Dies erklärt nicht nur, weshalb die Antworten, die jeweils auf die Frage nach dem Wesen der Afrikaner gegeben werden, oft mehr über die Denkweise und die Probleme derjenigen aussagen, die sie formulieren, als daß sie – wie behauptet – Fakten wiedergeben, die der Wirklichkeit der *conditio africana* entsprächen. Es erklärt vor allem auch, warum die Schwarzen meistens als Objekte, selten dagegen als Subjekte in der deutschen Geschichte erscheinen und warum man ihnen – von wenigen Ausnahmen abgesehen – jahrhundertelang jenen ins Auge springenden, eigentümlich stereotypen Anstrich verlieh, jenes maskenhaft Unpersönliche, dem jede Individualität fremd ist und das auch dem Bild des Afrikaners in Literatur und Wissenschaft, in Kunst und Folklore anhaftete.

Zu den erhellendsten Tatsachen gehört in diesem Zusammenhang die Beobachtung, daß der schwarze Afrikaner seine besondere Bedeutung offenbar immer gerade dann gewinnt, wenn sich ein tiefgreifender gesellschaftlicher Wandel vollzieht. In solchen unruhigen Zeiten des Umbruchs, in der Zeit der Kreuzzüge, in der Reformation oder in der prärevolutionären Phase des 18. Jahrhunderts, machen ihn die einen zu einem Symbol ihrer neuen Wünsche und Absichten; die anderen verstehen dies sehr wohl, sie spüren das Revolutionäre, das die festgefügte Ordnung vergangener Zeiten Negierende, welches die Erscheinung dieses Schwarzen verkündet – und sie reagieren mit Abwehr und Angst.

Schon zu Beginn der deutsch-afrikanischen Begegnung steht der Schwarze so zwischen den Zeiten: Wie Janus, der römische Gott der Eingänge und Durchgänge, blickt er doppelgesichtig zugleich vorwärts und rückwärts, den einen die Zukunft kündend und voller Verheißung, den andern Verluste bedeutend und drohend.

Auf diese Weise hat sein Erscheinen immer eine gewisse Widersprüchlichkeit in den Reaktionen vieler Menschen hervorgerufen, eine eigenartige Mischung aus Ablehnung und Faszination, aus Angst und geheimen Wünschen. Tatsächlich hat sich diese Ambivalenz in Einstellung und Gefühlen gegenüber den Schwarzen bis heute erhalten und bestimmt theoretisch und praktisch den Umgang mit ihnen.

Einer Vorgehensweise, die einer historischen Archäologie gleicht und die zum besseren Verständnis heutiger Bewußtseins- und Handlungsmuster beitragen will, indem sie sich um die Freilegung der verschiedenen Schichten ihrer älteren Fundamente bemüht, sind selbstverständlich durch die Quellenlage Grenzen gesetzt. Es ist wenig sinnvoll, in eine Vergangenheit vorzudringen, in der aussagekräftiges Material nicht mehr zu erwarten ist: Die bruchstückhafte Kenntnis von einzelnen Afrikanern, die in sehr alten Zeiten, namentlich im Zusammenhang mit der Expansion des römischen Imperiums seit dem Ende des dritten nachchristlichen Jahrhunderts hin und wieder über die Alpen gekommen sind, mußte hier, da sie Rückschlüsse auf das Verhältnis der damaligen Bevölkerung zu diesen Menschen kaum zuläßt, weitgehend unberücksichtigt bleiben.

Ausgangspunkt der Analyse konnte nur ein zeitlicher Schnitt sein, von dem an sich schwarze Afrikaner in nennenswerter Zahl und mit einer erkennbaren Wirkung auf die Menschen in den heute deutschsprachigen Gebieten Mitteleuropas nachweisen lassen, d. h. ungefähr seit der Wende vom 10. zum 11. Jahrhundert. Im Kontext der militärischen und ideologischen Auseinandersetzung zwischen den expandierenden Welten der Christenheit und des Islam entstand damals das in späteren Zeiten immer wieder zu beobachtende janusköpfige Grundmuster, demzufolge der Afrikaner zugleich Bedrohliches und Begehrenswertes verkörperte, Gefühle der Unterlegenheit und der Überlegenheit hervorrief, Neid weckte und Verachtung erntete.

Die weiteren Schritte der Analyse, denen im Aufbau der Arbeit die großen Abschnitte entsprechen, zeigen, wie das ursprünglich in einer religiösen Sprache im Zusammenhang mit dem Gegensatz von Christ und »Heide« entworfene Bild des Afrikaners später durch andere Ausprägungen ersetzt wurde, die mit den jeweils dann dominierenden Konflikten der Gesellschaft korrespondierten. In der Renaissance und der »frühen Neuzeit« bildeten Handel, Verkehr und höfischer Luxus im Zusammenhang mit der zunehmenden Differenzierung der deutschen Gesellschaft den Kontext, in dem der Afrikaner seine sinngebende Bedeutung erhielt: Als vermeintlicher Repräsentant der als beneidenswert empfundenen »orientalischen« Kultur wurde er nun zu einem Symbol für privilegierten Genuß. Damit einhergehend wandelte er sich vom überlegenen militärischen Gegner zum begehrten höfischen Diener. Mit dem beginnenden Zeitalter der merkantilistischen Eroberung und Kolonisation der außereuropäischen Welt am Atlantik erlebte dieses Bild einen tiefgreifenden Wandel: Aus dem orientalisch kultivierten »Äthiopier« wurde im Zusammenhang mit dem transatlantischen Sklavenhandel und tiefgreifenden ökonomischen, sozialen und psychologischen Wandlungsprozessen in der deutschen Gesellschaft erstmals ein »primitiver Neger«. Dann setzte sich der Abstieg des Afrikaners seit dem Ende der »Religionskriege«, als der Zusammenbruch der alten christlichen Kosmologie unübersehbar wurde, weiter fort: Der etwa Mitte des 17. Jahrhunderts in der Sprache der Philosophie begonnene Entwurf der bürgerlichen Auffassung von der geordneten Welt stellte den »Neger« bald immer entschiedener in die Nähe des Tiers. Philosophen, Naturforscher, Literaten und Kunstrichter entschieden, wie und wozu dies konkret geschah. Kaum mehr ein Mensch und fast schon ein Vieh, wurde er schließlich gerade durch die ihm dergestalt zugeschriebene »Primitivität« zum geeigneten Objekt, an dem fortschrittsgläubige Geister demonstrierten, wie weit eine zweckmäßig und planvoll angelegte allgemeine Bildung die Menschheit insgesamt bringen könnte.

Bis ungefähr 1830, d. h., bis die bürgerliche Gesellschaft aufhörte, im großen und ganzen ein bloß theoretischer Entwurf zu sein, waren mit diesem letzten Schritt alle wesentlichen Elemente entstanden, die auch heute das Bild der Afrikaner bei vielen Deutschen bestimmen: Die Schwarzen galten nun weithin als unwandelbar fremd und dämonisch, als trieb- und lasterhaft, kultur-, vernunft- und geschichtslos, als Menschen mit animalischer Körperlichkeit und kindischem Verhalten.

Mit der Durchsetzung der Fabrikgesellschaft und dem Einsetzen des modernen Kolonialismus seit etwa 1830 blieb dieses Bild in seinen Grundzügen bestehen, doch wandelte sich damit zum erstenmal grundlegend seine gesellschaftliche Funktion: Es diente fortan nicht mehr so sehr den einen Deutschen dazu, den anderen vor Augen zu führen, welche Eigenschaften und Verhaltensweisen in Zukunft unzulässig sein sollten, sondern fast nur noch der Legitimierung von Unterdrückung, Kolonisierung und Ausbeutung der Afrikaner. Die Schwarzen selbst wurden immer weniger als Demonstrations- und immer mehr als Ausbeutungsobjekte gesehen.

Die Analyse bricht deshalb an dieser Stelle ab. Die Frage, wie und warum im einzelnen das bis hierher entworfene Bild mit seinen verschiedenen Elementen in dieser neuen repressiven Weise gegen die Schwarzen (Afrikaner, schwarze Amerikaner, schwarze Deutsche) gewendet wird, untersucht und erörtert der in Vorbereitung befindliche zweite Band. Im Zentrum der Aufmerksamkeit steht dabei der bis dahin kaum wahrnehmbare Typus des für Lohn arbeitenden Schwarzen.

Die zeitliche Grenze der Analyse darf allerdings nicht so verstanden werden, als gäbe es nicht hin und wieder Überlappungen. Der aus Kamerun stammende Kesselpauker des Leibgarde-Husaren-Regiments in Potsdam, Wilhelm Sambo, lebte bis in das vierte Jahrzehnt unseres Jahrhunderts und ist doch eine Erscheinung, die kulturgeschichtlich in die Epoche des absoluten Fürstentums gehört. Umgekehrt gab es schon im 18. Jahrhundert schwarze Seeleute in deutschen Diensten, die die Weltmeere für Heuer befuhren und deshalb bereits den durch die Fabrikgesellschaft bestimmten Typus des Schwarzen repräsentierten. Wegen dieses Unterschieds wird hier auf Wilhelm Sambo eingegangen, nicht aber auf die schwarzen Seeleute.

Inhaltliche Erwägungen waren nicht nur für die zeitliche, sondern auch für die räumliche Grenzziehung der Studie ausschlaggebend. Im wesentlichen wurde der heute deutschsprachige Raum Mitteleuropas untersucht, dabei blieben aber zum Beispiel Schwarze wie jener Soldat, der im 18. Jahrhundert unter dem Kommando des aus Deutschland stammenden französischen Marschalls Moritz von Sachsen zum elsässischen *Königlichen Deutschen Regiment* gehört hatte, unberücksichtigt, da diese Truppe ausschließlich in Frankreich und Flandern stand.[4] Ibrahim Hannibal, der Urgroßvater Puschkins, wurde dagegen einbezogen, da seine Lebensgeschichte aufs engste mit der nicht unerheblichen deutschen Einflußnahme auf die petrinischen Reformen zur Modernisierung Rußlands, und der zu seinen Lebzeiten in Deutschland intensiv geführten Diskussion über die »Bildbarkeit« des Menschen verbunden ist.

Die in diesem Buch verwendeten Begriffe »Äthiopier«, »Mohr«, »Neger«, »Afrikaner«, »schwarzer Afrikaner«, »Schwarzer«, »schwarze Menschen afrikanischer Abstammung« und »dunkelhäutige Menschen afrikanischer Abstammung« sind zu verschiedenen Zeiten entstanden und gebräuchlich gewesen. Indem die folgende Untersuchung die kultur- und geistesgeschichtlichen Kontexte analysiert, in deren jeweiligen Sprachgebrauch diese Begriffe gehören, werden deren Genese und das in ihnen von Fall zu Fall zum Ausdruck gebrachte politische, soziale oder ökonomische Interesse erhellt. Dadurch wird es möglich, die Begriffe – kritisch reflektiert – weiter zu benutzen und zugleich den eigenen Standort zum Ausdruck zu bringen. Denn was für die Vergangenheit gilt, gilt ebenso für die Gegenwart: Es kann keinen Begriff geben, mit dem sich interessenlos von den hier genannten Menschen sprechen ließe; die zur Verfügung stehenden Wörter sind allemal zwischen den Polen des erniedrigten »schwarzen Teufels« und des überhöhten »edlen Mohren« angesiedelt.

I

Wie der römische Gott Janus, so erschien der Afrikaner den Menschen Mitteleuropas schon in der ersten Phase ihres Zusammentreffens doppelgesichtig: Teufel und Heiliger, Trugbild und Vorbild, Heide und Christ, Feind und Gefolgsmann, Versucher und Knecht – der Schwarze konnte beides sein. Ob er den Menschen im konkreten Fall als *bon éthiopien* oder als *hellemôr* gegenübertrat, hing – daran lassen Schrift und Bild wenig Zweifel – von dem besonderen Wollen ab, das sie leitete, doch auch von ihm selbst, seinem Willen und seinem Verhalten. Als diensteifriges Instrument ihrer verschiedenen Interessen war er vielen Menschen willkommen; als widerborstiges Subjekt eigenen Strebens haben sie ihn mit allen Mitteln dämonisiert.

Die schwarzen Raben Allahs

Bis zum Ende des ersten Jahrtausends unserer Zeit waren schwarze Afrikaner im mittleren Europa so gut wie unbekannt. Allenfalls bei Minderheiten mochte sich über die Zeiten hinweg eine dunkle Erinnerung an vereinzelte schwarze Söldner Roms erhalten haben, die es im 3. Jahrhundert, so wie in andere Provinzen des Reichs, wahrscheinlich auch gelegentlich an den Rhein verschlagen hatte.[1] Vielleicht vermischte sie sich im Lauf der Zeit mit der fragmentarischen Kenntnis antiker Skulpturen[2] und Schriften, sicher aber mit gewissen Textstellen der Bibel, in denen von dunkelhäutigen *Aithiopen* die Rede war, zu einem mythologischen Bild der Schwarzen. Nur als gesichts- und zungenlose Menschen dargestellt, tauchten »Afrikaner« jedenfalls manchmal auf bildlichen Darstellungen neben anderen »monströsen Rassen« sagenhafter Ungeheuer am Rande des christlichen Universums auf, wo sie – wie noch auf der Ebstorfer Weltkarte von 1240 – mit ihren widernatürlichen Defekten die göttliche Ordnung der Schöpfung in Frage stellten.[3] (Siehe Tafel 1.) In der plastischen Kunst der großen Kathedralen, die mit ihrem Bildprogramm die ganze damals bekannte Welt erfassen wollte, blieben sie noch lange danach

Maske eines Afrikaners, weißer Ton, Höhe: 6 cm, Mund, Augen und Scheitellinie mit rotem Firnis bemalt, römisch, 2. oder 3. Jhd. u. Z., Fundort: Köln, Neußerstraße, Köln, Römisch-Germanisches Museum, Inv.-Nr. N 3207.

auf bauliche Regionen beschränkt, die sie den Blicken der Gläubigen mehr oder weniger entzogen.[4]

Erst seit der Zeit der Kreuzzüge – und mit diesen in engstem Zusammenhang stehend – sind hin und wieder Nachrichten überliefert, die vom Auftauchen einzelner Afrikaner im Gebiet nördlich der Alpen berichten. Die meisten dieser Schwarzen waren Muslime. Als Sklaven oder freiwillig hatten sie sich zum Glauben Muhammads bekehrt und den Muhammadanern im Kampf gegen die Christenheit Kriegsdienste geleistet.[5] Ihre Zahl blieb jedoch so gering, daß sie in den meisten Gegenden – wenn überhaupt – den Zeitgenossen auch jetzt noch höchstens vom Hörensagen bekannt gewesen sein dürften.

Tatsächlich erreichten Gerüchte über schwarze Afrikaner den Rhein lange bevor diese selbst auf den Straßen deutscher Städte erschienen. Schwarze Krieger, so hörte man schon zu karolingischer Zeit, kämpften unter dem Zeichen des Halbmonds an der Seite der Araber, um die Lehre Muhammads nach Europa zu tragen.[6] Amru, der Heerführer des zweiten Khalifen, hatte schon bald nach Beginn der Hedschra[7] in Ägypten und Nubien die ersten Verbände schwarzer Soldaten ausgehoben; später stellten diese »schwarzen Raben Allahs«, wie man sie damals mit Hochachtung nannte[8], einen wichtigen Teil der Armee, mit der der Westen Nordafrikas überrollt wurde.[9] Unter Führung Tariks hatten sie schließlich 711 die Meerenge bei Gibraltar überschritten, um in Spanien einzufallen. Anschließend waren sie unaufhaltsam nach Norden gestürmt, seit Hakam II. (961–976) beritten und in geschlossenen Verbänden.[10] Einige erreichten Burgund.[11] Eine zweite Kolonne hatte parallel dazu von Tunesien aus nach Sizilien übergesetzt. Sie hatten dort die Grundlage für ein dauerhaftes Reich gelegt und begonnen, nach Oberitalien vorzustoßen. Auch hier wieder unzählige Schwarze im Zentrum des Getümmels. »Wie ein Schwarm von Bienen«, schrieb Erchambert, ein Kleriker vom Monte Cassino im 11. Jahrhundert, »[...] sie verwüsteten alles«.[12] Schließlich kamen auch von Osten her beunruhigende Nachrichten, wo die Kreuzfahrer 1099 anläßlich des ersten Kreuzzugs in der Schlacht von Askalon die Kampfkraft der »dunkelschwarzhäutige(n)« Azopart »aus dem Lande Äthiopien« zu spüren bekommen hatten.[13] Auch im dritten Kreuzzug sahen sich die Streiter Christi schwarzen Moslems gegenüber: Unter den ägyptischen Hilfstruppen Saladins befanden sich Afrikaner, *»nigro colore«*.[14]

Wir wissen nicht, wann die ersten Schwarzen in die heute deutschsprachigen Gebiete Mitteleuropas gelangten, aber möglicherweise geschah dies im Anschluß an einen Raubzug der Wikinger, die zwischen 844 und 1026 mehrfach brandschatzend und plündernd die Küsten der Pyrenäenhalbinsel und Nordafrikas heimsuchten.[15] Arabische und christliche Quellen berichten, daß die »Nordmänner« dabei auch gegen »viele schwarze Männer aus [...] Äthiopien« kämpften, und davon, daß die Langschiffe bei der Rückkehr in nördliche Gewässer »eine große Zahl« von schwarzen Gefangenen mit sich führten, um sie als Sklaven zu verkaufen.[16] Der Isländer Sturda Thordarson (gest. 1284) erzählt, daß einst zu König Hakon nach »Kongehelle«, einem heute zu Schweden gehörenden Ort südöstlich des Oslofjords (nahe der Stadt Halden), ein Mann mit Namen Matheus kam, »der vom Kaiser Friedrich (II.) mit vielen reichen Geschenken geschickt worden war, und dem fünf schwarze Männer (Äthiopier) folgten, die vom Rande der Welt kamen«.[17] Daß auf diese Weise auch in das heutige deutsch-dänische Grenzgebiet zwischen Nord- und Ostsee, einem Siedlungsschwerpunkt der Wikinger, einige Schwarze gekommen sind, ist mithin wahrscheinlich, läßt sich bislang allerdings nicht beweisen.[18]

Einstweilen ist davon auszugehen, daß die ersten Schwarzen im Zusammenhang mit einer Reise eintrafen, die der Staufenkaiser Friedrich II. (1194–1250), aus dem entwickelten Zentrum seines Reichs auf Sizilien kommend, an dessen nördlichen Rand, nach Deutschland, unternahm[19], wo er 1235 in Worms Elisabeth, die Schwester des englischen Königs Heinrich III., heiratete, um anschließend weiter nach Magdeburg zu ziehen. Friedrich war mit seinem gesamten Hofstaat erschienen, darunter auch einige Schwarze. Das Spektakel seines Auftritts war – wohin immer er sich wandte – entsprechend sensationell. »Wie es der kaiserlichen Erhabenheit ansteht«, schrieb ein Chronist, »so zog er daher in großer Glorie und es folgten ihm die vielen Quadrigen mit Gold und mit Silber beladen, mit Byssus und Purpur, mit Gemmen und köstlichem Gerät. Er führte mit sich Kamele, Maultiere und Dromedare, Affen und Leoparden, auch viele Sarazenen und dunkle Äthiopier, die sich auf mancherlei Künste verstanden und als Wachen dienten für Gelder und Schätze.«[20] Die dunkelhäutige Leibgarde des Monarchen – nach dem Vorbild der gefürchteten schwarzen Garde der Aglabiden organisiert, die zu Beginn des 10. Jahrhunderts unter Ibrahim Ben Ahmed (874–902) auf Sizilien zu großem Ruhm gelangte[21] – marschierte in voller Bewaffnung in die Stadt, gefolgt von einer anmutigen Gruppe sarazenischer Frauen und Mädchen, die – beschützt von furchterregenden Eunuchen – in gebührender Distanz an der gaffenden Menge vorbeigeführt wurde.[22]

Für die Menschen zwischen Rhein und Elbe bedeutete die Konfrontation mit den ersten Schwarzen eine Herausforderung. Die »Äthiopier« schienen sehr verschieden von allem, was man in der beschränkten Welt der mittelalterlichen Dörfer, Burgen und Städte kannte. Sie besaßen ein bemerkenswert ungewohntes Aussehen; sie kamen aus fernen Weltteilen, von denen man kaum gehört hatte; sie waren im Besitz von erstaunlichen Attributen einer fremden, märchenhaften Kultur; vor allem aber: Sie hatten eine andere Religion. Nicht zuletzt befremdete das Auftreten der Schwarzen im Gefolge eines Kaisers, der wenig zu dem gewohnten Bild paßte, das man sich hierzulande von einem deutschen Herrscher machte. Friedrich II. glich mehr einem eleganten, welterfahrenen Potentaten des Orients als den im Vergleich dazu eher rauhbeinigen deutschen Fürsten, die man bis dahin zu Gesicht bekommen hatte; arabisch war ihm geläufiger als die Sprache seiner Väter.

Die verschiedenen Aspekte der Andersartigkeit, derer sich die staunenden Menschen beim Anblick der Schwarzen mehr oder weniger bewußt wurden, hingen auf vielfältige Weise miteinander zusammen. Die Wahrnehmung der Leute wurde überdies von überkommenen Vorstellungen von Wesen und Aussehen schwarzer Menschen beeinflußt, nicht weniger von den inneren Kräften und der Form der damals beginnenden, nach Asien und Afrika gerichteten europäischen Expansionsbewegung, den Kreuzzügen, und von den folgenschweren gesellschaftlichen und politischen Umwälzungsprozessen, die sich gerade seit der Stauferzeit immer deutlicher bemerkbar machten.[23]

swarz unt ubel getan

Für die europäischen Betrachter der Kreuzzugszeit war das augenfälligste Charakteristikum der Afrikaner ihre Hautfarbe. Die dunkle Haut machte auf die blassen Menschen Mitteleuropas einen so tiefen Eindruck, daß sie lange Zeit dazu neigten, in allen Afrikanern unterschiedslos »Schwarze« zu erkennen. Die Begriffe *aithiops, môr* bzw. das lateinische *niger* wurden im allgemeinen als Synonyme verwendet und bezeichneten einen dunkelhäutigen Menschen afrikanischer Abstammung.[24] Nicht einmal zwischen »Schwarzafrikanern« aus den Gebieten südlich der Sahara und den hellhäutigeren Bewohnern Nordafrikas wurde immer klar unterschieden. In der vom »Pfaffen« Konrad um 1170 nach einer älteren französischen Vorlage ins Mittelhochdeutsche übertragenen Fassung des *Chanson de Roland* wird von zwei »reichen Königen« aus »Afrika« erzählt:

> *»der aine was uon Kartagein,*
> *der ander uz / Etthiopia;*
> . . . .
> *si waren swarz unt ubel getan«.*[25]

Erst als das ethnographische Wissen seit dem 15. Jahrhundert durch häufigere Kontakte mit der Welt des Orients und Nordafrikas sowie durch eine wachsende Zahl von Schwarzen am nördlichen Rand des Mittelmeers allmählich zunahm, begann man zu differenzieren.[26] Die grobe »ethnologische« Unterscheidung in »Mohren« und »schwarze Mohren«, die sich damals einbürgerte, blieb jedoch ungenau und gab weiterhin Anlaß zu Mißverständnissen.

Man kann überhaupt bezweifeln, ob es sich bei der Charakterisierung der Afrikaner als »Schwarze« um den Versuch einer ethnologisch-anthropologischen Begriffsbestimmung handelte.[27] Gewiß schwang auch ein völkerkundliches Interesse darin mit. Seit Hrabanus Maurus (776–856), einem der informiertesten Gelehrten seiner Zeit, galten die Schwarzen als Bewohner »Afrikas« – eines der drei Weltteile, die mittelalterlicher Vorstellung gemäß nach der Sintflut entstanden und von den Nachkommen der drei Söhne Noahs bevölkert wurden.[28] Aber Afrika war damals noch weitgehend unbekannt; kaum ein Mitteleuropäer hatte bisher seinen Fuß auf afrikanischen Boden gesetzt und schon gar nicht war jemand tiefer in das Innere dieses geheimnisvollen Kontinents eingedrungen. Über seine Ausdehnung und seine Bewohner wußte man noch kaum Sicheres.[29] Nur einige verstreute Stellen in der Bibel und ein paar Fragmente antiker Schriftsteller (Plinius, Solinus, Orosius) äußerten sich in knappen und rätselhaften Andeutungen zu diesem Thema; sie trugen dadurch nicht wenig zur Mystifizierung Afrikas und seiner schwarzen Bevölkerung bei.

Tatsächlich wurde Afrika zunächst eher als ein mythologischer Ort begriffen, der seine Bedeutung weniger in einem geographisch-ethnologischen als vielmehr in einem militärisch-theologischen Kontext erhielt.[30] Im *Rolandslied* Konrads sind die aus Afrika hervorquellenden Heere der Sarazenen *des tiueles geswarme*[31], »des Teufels Scharen«, und ihre schwarzen Verbündeten sind *tiuueles kunter*, »Kinder des Teufels«.[32] Das Land ihrer Herkunft, *Etthiopia*, ist dementsprechend ein *uerfluchet erde*, ein »verfluchtes Land«.[33]

Daß die gefürchteten Krieger Allahs schwarze Gesichter hatten, erschien so gesehen durchaus nicht überraschend. Der Teufel wurde seit langem in den schwärzesten Farben gemalt. Als Symbol des Bösen war sein Schwarz darüber hinaus nicht ohne dessen Gegenteil zu denken: Weiß, die Farbe des Guten. Weiß und Schwarz, das bedeutete von alters her Licht und Finsternis, Schönheit und Häßlichkeit, Unschuld und Sünde, Güte und Bosheit, Gott und den Teufel.[34] Antike, christliche und germanische Vorstellungen von der Symbolik der weißen und der schwarzen Farbe als Ordnungsprinzipien ihres Universums haben den Boden bereitet, der es den Menschen der beginnenden sogenannten »Neuzeit« erleichterte, den schwarzen Afrikaner mit dem Teufel zu identifizieren.

Die Symbolik, die die Eigenschaften des Bösen und Bedrohlichen mit der schwarzen Farbe bezeichnete, ist uralt. Die Schwärze der Nacht, in der die Menschen erblinden und hilflos den größten Gefahren ausgesetzt sind, mag die traumatische Urerfahrung gewesen sein, die dann allgemein in der schwarzen Farbe nichts als Unannehmlichkeit, Unglück und Übel sehen wollte.

Schon in der griechisch-römischen Antike assoziierten die Leute »schwarz« mit der Nacht, mit der Unterwelt, dem Tod und den chthonischen Gottheiten und mit bösen Vorzeichen.[35] Der sprachliche Ausdruck für die Farbe der Finsternis (*melas* bzw. *niger, ater*) wurde überall in der antiken Welt auch im übertragenen (moralischen) Sinn der Gleichung schwarz = böse gebraucht.[36] Man sprach vom Tod als eines Menschen »schwarzer Stunde«[37], und schwarz war das Tor zum Reich der Schatten[38], über das Pluto gebot, der Zeus der Unterwelt, den man im Unterschied zum olympischen Donnerer den »schwarzen Jupiter« nannte[39] und der als übelwollender, teuflischer Dämon gesehen wurde.[40]

Auch die frühe Christenheit kannte diese Verbindung der schwarzen Farbe mit dem Bösen. Sie hat die Gleichung schwarz = böse aus der Antike übernommen. Der schwarze Gott der Unterwelt, Pluto, hat die Verbreitung der christlichen Vorstellung vom Teufel als dem »schwarzen Mann« begünstigt.[41] In den christlichen *Acta Julianae* gibt sich der Teufel Belial sogar selber als

»Jopher Niger« zu erkennen.[42] Zum erstenmal wird der Teufel im sogenannten *Barnabasbrief* »der Schwarze« genannt, wobei eindeutig »böse« gemeint ist und nicht etwa »negroid«.[43] Nach den Worten Cyrills von Jerusalem ist der Teufel »der in der Finsternis Herrschende« oder »der finstere und dunkle Herrscher«.[44] Die biblischen zwölf törichten Jungfrauen treten dementsprechend in schwarzen Gewändern auf, welche die zwölf einzeln aufgeführten Sünden verkörpern.[45] Der heilige Hieronymus sagte: »Geboren vom Teufel, sind wir alle schwarz.«[46] Und nach Augustinus ist sündhafter Abfall von der Kirche »Schwärze«.[47] Ambrosius zufolge gilt dies auch für die Erbsünde.[48] Schließlich soll auch das Kreuz Christi schwarz gewesen sein, und zahllose Legenden von Mönchen und Heiligen haben die Hölle nebst allen ihr entstammenden Ungeheuern schwarz geschildert.

Der germanischen Mythologie war die Verbindung der schwarzen Farbe mit den Kräften des Verderblichen und Bösen ebensowenig fremd. Unter den bösartigen Riesen gab es auch Schwarze, wie die Namen der Unholde *Svartr, Alswart, Swarthöfdi* (Schwarzkopf), *Surtur, Blain* (dunkel) und *Syrpa* (die Schmutzfarbige) erkennen lassen.[49] Schwarz *(blâ)* war germanischer Überlieferung zufolge die Farbe der Verwesung und des Bösen.[50] Verschiedene Gestalten der germanischen Mythologie wie Rahel, die »rächende Hel«, oder wie die Abgesandten der Schicksalsmächte, die *Disir*, treten oft in schwarzen Gewändern auf und sind dann unheilschwanger und voller Bosheit.[51] Auch die »schwarze Grete« gehört hierher, die bis heute in den Niederlanden als *booze, zuarte Margriet* ihr Unwesen treibt und die in Schleswig-Holstein als *schwarze Greet* oder *swarte Margret* bekannt ist, wo sie in schwarzem Kleid und in Begleitung zweier Unholde herumgeistert.[52]

Die schwarze Farbe der Finsternis hatte in allen diesen Überlieferungen ursprünglich kaum eine anthropologische Bedeutung gehabt, die auf eine Identifikation des »schwarzen Widersachers« mit Angehörigen der Völker Afrikas verwies. Bis zum Beginn der Kreuzzugsbewegung (und vereinzelt noch lange danach) wird »schwarz« ikonographisch selten anders denn als abstrakt-theologisches Symbol der Bosheit und Schlechtigkeit verwendet. Erst im Zusammenhang mit der »arabischen Gefahr« wurde der Teufel Afrikaner. Wenn fortan jemand *»den tewel in eines swarczen menschen gestalt«* erblickte, wie jener fromme Mann aus dem sächsischen Kloster Luka, von dem Cäsarius von Heisterbach berichtet, der zwischen 1240 und 1250 gestorben ist, dann sah er meistens die durch Kraushaar, dicke Lippen und goldenen Ohrring ausgewiesenen Umrisse eines »Äthiopiers«.[53] Nicht selten kamen diese schwarzen Dämonen hoch zu Roß durch die Lüfte daher, als geisterhafte Visionen, die ihre Entstehung der Angst vor den heranstürmenden schwarzen Sarazenen verdankten, aber wohl auch der damals in Europa weit verbreiteten uralten Sage

Aethiopischer Reiter auf einem Dromedar neben einem hundsköpfigen Teufel, der einen Gefangenen mit sich führt, Kloster Andlau/Elsaß, Fries am Westlau, ca. 1124.

vom »wütenden Heer«, in der der Kriegsgott Wuotan den Seelen ungetaufter Kinder voran durch die Lüfte braust.[54] Nach dem Bericht des normannischen Historikers Ordericus Vitalis wollte auf diese Weise schon 1091 ein Priester namens Gauchelin einem ganzen Heer schwarzer Äthiopier begegnet sein – im lateinischen Originaltext heißt es *agmen Aethiopum* bzw. *Aethiopica phalanx*[55] –, das unter schrecklichem Tosen durch Wald und Lüfte fuhr: »Ohne menschliche Farbe, aber in schwarzem Dunst und sprühendem Feuer erschienen sie. Alle saßen auf Riesenpferden, und mit allen Waffen bewehrt, stürmten sie dahin wie zur Schlacht und schwenkten rabenschwarze Banner...«[56]

So, wie der Teufel Afrikaner wurde, wurde der Afrikaner zum Teufel. In den literarischen Zeugnissen der Zeit erscheint der »Äthiopier« von Anfang an im Kontext der bewaffneten und spirituellen Auseinandersetzung zwischen »Gläubigen« und »Ungläubigen«. Er ist der Erz-Heide, *»vinster sô diu naht«*[57], nicht selten die Inkarnation des Anti-Christ.[58] Als *môr, hellemôr* oder einfach der *swarze* lehrt er die Gefolgsleute Christi das Fürchten.

In einer als *Wien-Milstätter Exodus* bekannten Handschrift, die um 1120 wahrscheinlich unter dem Eindruck des ersten Kreuzzugs von einem unbekannten Autor geschrieben wurde[59], tauchen zum erstenmal in der mittelhochdeutschen Literatur Wendungen wie *die al swarze môre, die uil swarze môre* oder *die heidenisken môre* auf.[60] Stellvertretend für die muslimischen Gegner der Kreuzfahrer werden hier die Ägypter in ihrer besonderen Rolle als Feinde der Israeliten so genannt, die ihrerseits für die »abendländische« Christenheit stehen. Bezeichnenderweise geschieht dies ausschließlich in militärischen Zusammenhängen, und zwar am Ende des Werks, wo es um die Flucht der »Kinder Gottes« aus Ägypten unter Moses und ihre Verfolgung durch die pharaonische Armee geht.[61] Der Durchzug durch das Rote Meer wird allegorisch als Übergang aus dem Herrschaftsgebiet des Teufels in das Land Gottes dargestellt; Gestalt, Farbe und Herkunftsland der schwarzen »Heiden« sollen »der sinnfälligen Darstellung des Gedankens dienen, daß die Kreuzritter in ihrem Kampf gegen die Heiden für das Gottesreich gegen den Teufel kämpfen«.[62] In der epischen Kreuzzugsliteratur des 12. und 13. Jahrhunderts und vielleicht mehr noch in den sogenannten Spielmannsepen dieser Zeit tritt diese von der allgemeinen Feindseligkeit gegenüber den Muslimen untrennbare Auffassung von den schwarzen »Heiden« ebenfalls deutlich hervor. Die Schwarzen leben nach Teufelsweise, verwüsten die Christenländer, begehen Blaubartuntaten, sind innerlich verworfen, falsch, ehrlos, verräterisch – kurz, sie sind, wie Albert von Aachen in der ersten Hälfte des 12. Jahrhunderts seine Leser wissen ließ, »ganz fürchterliche und garstige Leute«.[63]

Der unmittelbare Eindruck, den diese »menschlichen Teufel« auf die Kreuzfahrer machten, weckte daher selbstverständlich Abwehr und Entsetzen. Im *Itinerarium Peregrinorum* König Richards I. von England, der am dritten Kreuzzug teilgenommen hatte, ist nachzulesen, es habe unter den kämpfenden Truppen Saladins gewisse Leute »*Ex Affrica*« gegeben[64], »von überaus gespensterhaftem Aussehen, draufgängerisch und unnachgiebig, von häßlicher Gestalt, so wie sie auch anderen fremden Menschen eigentümlich war, von schwarzer Hautfarbe, von riesiger Statur, von schrecklicher Wildheit, Leute, die anstelle von Lederhelmen einen roten Kopfschutz tragen und in den Händen rohe Keulen mit eisernen Zacken schwangen, deren Schlägen, wenn sie niedersausen, weder Helm noch Panzer widerstehen könnte«.[65]

Die Afrikaner erschienen also den Europäern dieser so sehr vom Glauben geprägten Zeit vor allem aufgrund ihres gottlosen *Handelns* so abstoßend.[66] Ihre Hautfarbe hat dies allerdings noch dramatisch akzentuiert: Die Menschen des 11. und 12. Jahrhunderts waren es gewohnt, Farben nicht nur als Gegenstandsfarben, sondern immer auch als Symbolfarben zu sehen, und so beschwor der Schwarze mit seinem äußeren Erscheinungsbild in Verbindung mit den Umständen seines ersten Auftretens lange zuvor gehegte Vorstellungen von Aussehen und Wesen der höllischen Gefolgsleute des Anti-Christ. Er war *»suarz unt egelich«* wie die Söhne Kains[67], weil eine finstere Seele in ihm hauste. Aus demselben Grund waren ja auch alle anderen »Heiden« *»swarz«*, selbst die, die es ihrem Aussehen nach nun wirklich nicht waren, wie *»di al swarzen Unger«* (Ungarn), die der »Mohrenkönig« Marsilie im *Rolandslied* zu den Feinden Karls des Großen zählt[68]; wie die wütenden »Mauri« in der Schlacht bei Askalon (1099), von denen Ekkehard von Aura (gest. 1126 oder später) spricht[69]; oder wie die muslimischen Türken, die noch im 17. Jahrhundert, als sie vor Wien stehen, gelegentlich als »Mohren« bezeichnet werden.[70]

Anders als in späteren Zeiten, in denen das Bild vom »häßlichen« Afrikaner so sehr von der Vorstellung eines *körperlich-ästhetischen* Defekts beherrscht wurde, die ihn zu einem Menschen »minderer Rasse« machte, war in der ersten Phase der deutsch-afrikanischen Begegnung noch wenig davon zu erkennen. Zwar trifft es zu, daß man die dunkle Haut gelegentlich als körperliche Mißbildung auffaßte – Otto von Freising (gest. 1158) stellte »die Äthiopier in ihrer scheußlichen schwarzen Farbe« in eine Reihe mit Lahmen und

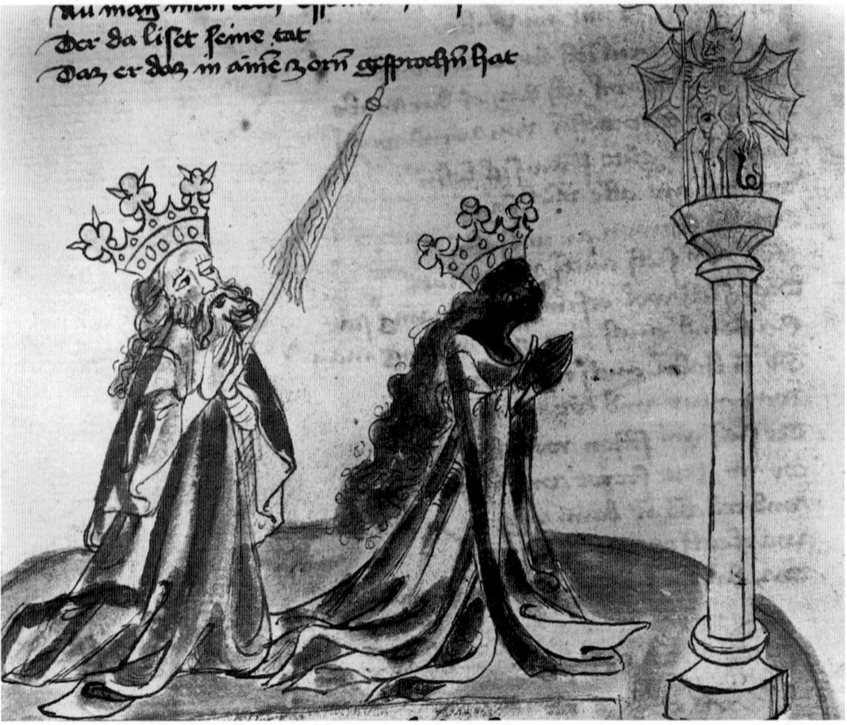

Salomon betet die Götzen an, aus: Hans VINTLER, Die Pluemen der Tugent, Tirol, 1411, Papier, 215 fols., 280 x 193 mm, Wien, Österreichische Nationalbibliothek, Cod. 13567.

Krüppeln[71] –, der Körper des Schwarzen hat jedoch, trotz seiner »teuflischen« Seele, häufig gefallen. Schon in der frühchristlichen Blütezeit des Einsiedlerlebens und Zönobitentums wurde so mancher Wüstenheilige, der dem Glanz der Welt entsagen wollte und sich deshalb in die Einsamkeit des Gebets zurückgezogen hatte, von päderastischen Phantasien heimgesucht, in denen ihn äthiopische Knaben um die innere Zufriedenheit der Gottgeweihten bringen wollten.[72] Der heilige Augustinus (354–430), der in Numidien geboren war, erzählt zum Beispiel von einem Arzt, dem im Traum krausgelockte schwarze Knaben erschienen waren, die ihn daran hindern wollten, sich taufen zu lassen. Der Arzt erkannte Dämonen in ihnen.[73] Auch von Cassianus (geb. ca. 360), einem lateinischen Kirchenschriftsteller, der zehn Jahre lang das Leben der ägyptischen Wüstenmönche führte, ist zu hören, daß ein alter Mönch einen »Unzuchtsgeist« mit dem Aussehen eines »schwarzen Äthiopier(s)« vor seiner Tür antraf.[74]

Weiter westlich hatte die kirchliche Kunst das aus dem östlichen Mittelmeer stammende Motiv schon im 9. Jahrhundert, allerdings eher beiläufig, aufgegriffen. Damals erschien auf der Anastasis-Darstellung der Kirche von San Clemente in Rom ein verführerischer Jüngling mit schwarzer Haut.[75] Die bildende Kunst Deutschlands kennt den schwarzen Verführer spätestens seit den ersten Kreuzzügen: In einer bebilderten Szene des *Speculum Virginium*, einem moralischen Traktat aus dem frühen 12. Jahrhundert, das dem Mönch Konrad von Hirsau (ca. 1070–ca. 1150) zugeschrieben wird, reißt ein als *Aethiopus* bezeichneter schwarzer Riese Nonnen von der Tugendleiter herab in den Abgrund der Hölle.[76] Seit dieser Zeit wird der *niger puer* dann, vor allem im Trecento und Quattrocento, zu einem häufig verarbeiteten Thema; er scheint hier mit besonderer Vorliebe als Sinnbild für den »Versucher« verwendet worden zu sein.[77] War es dem Teufel um die Verführung einer Frau oder eines Mädchens zu tun, meinte jedenfalls auch Cäsarius von Heisterbach, dann trat er gern als schmucker Reitersmann auf oder als »Mohr«.[78] Umgekehrt machte auch die Königin von Saba ihre körperlichen Reize zum Instrument ihrer »teuflischen« Absichten – seit dem 14. Jahrhundert wird sie als *»ain schwarze haidenin«* beschrieben, die den tugendhaften Salomon verführt, bis er den Verstand verliert:

»Man vindt doch in der alten schrift,
do Salomon den tempel stift,
das in zwang ain schwarze haidenin.
durch der selben willen verlor er sein sin,
das er gotes verlaugent damit,
wann er pett di abgötter an nach irem sit.«[79]

Die Afrikaner brauchten indessen, um zu gefallen, nicht zwangsläufig teuflisch zu sein: In dem um 1240 entstandenen und heute nach ihr benannten Epos fühlt sich die nordische Königstochter *Kudrun* auch so zu dem schwarzen *Sîvrit von Môrlant* hingezogen:

»Es konnte ein edler Ritter nicht kühner sein im Streit.
Auch war sie ihm gewogen (oft zeigte das die Maid).«[80]

Häufiger noch als von schwarzen Helden wurde die Phantasie der Künstler und Schriftsteller von schwarzen Frauen erregt. Wolfram von Eschenbach spricht schon zu Beginn des 13. Jahrhunderts im *Parzival* (ca. 1200–1210) mit Bewunderung von der dunkelhäutigen »Mohrenkönigin« Belakane, die über ein Volk von »Mohren« herrscht, »schwarz wie die Nacht«, und um deren Gunst sich edle Ritter aus aller Welt bewerben: »Nie (war) ein Weib schöner von Gestalt.«[81] Gachmuret, der zweite Sohn des verstorbenen Königs von Anjou, kommt in das »Morgenland« und ist – »obwohl sie eine Heidin wäre« – bezaubert von der Schönheit Belakanes. »Wohl gleicht sie nicht dem lichten Tage der tauigen Rose«, doch »tut es seinen Augen wohl, wenn durch die Krone von Rubin ihr dunkles Haupt erscheint«, und »ihre Schwärze däucht ihm schöner, denn das Licht der Sonne«.[82] 250 Jahre später schildert Hermann von Sachsenheim, rückblickend auf die große Zeit der Ritter, immer noch die körperlichen Vorzüge einer der *»allerswerczten frouwen«* aus *»der Morlant«* in den glühendsten Farben; ausdrücklich hebt er dabei ihre »negroiden« Körperqualitäten hervor:

»Gancz ytelwiß was ir gewant,
Ir mündlin rot als ein rubin,
(Ir zen nitt wisser möchten sin)
Ir oeglen claur nach valcken art.
. . .
Swarcz krúselet was ir das haur
In lemlins wis als es sol sin.«[83]

Dem Ritter, der ihr begegnet, gehen *»die ougen uber«*, er hält sie für eine Königin.

Schöne Afrikanerinnen faszinierten im übrigen keineswegs nur in der Literatur, man liebte sie wirklich.[84] Schon in unmittelbarer Nähe Friedrichs II. lebten schwarze Frauen, die – nach arabischem Vorbild[85] – als Näherinnen und Tänzerinnen in seinem Hofstaat dienten.[86] Streng bewacht von Eunuchen, fertigten sie zusammen mit den übrigen Frauen kostbare Textilien und Waffen für den Kaiser. Die Gerüchte, daß es sich in Wirklichkeit um Mätressen des Staufers handelte, sind niemals verstummt. Außer Friedrich II. sollen auch gelegentlich andere Kreuzfahrer dunkelhäutige Frauen mit auf ihre heimatliche Burg gebracht haben, wenn sie – oft nach jahrelanger Abwesenheit – aus dem »Morgenland« heimkehrten.[87] Die schwarze »Prinzessin«, die der Graf von Gleichen (der mit Friedrich II. gen Osten gezogen war) nach Thüringen entführte, um mit ihr und seiner ihm schon früher angetrauten Gemahlin »in glücklicher Ehe zu dritt« zu leben, gehört freilich der Sage an.[88]

Neue Christen

Die Afrikaner mögen anfangs mit ihren schwarzen Gesichtern und im Kontext der arabischen Expansionsbewegung, die Europa erreicht hatte, besonders bedrohlich gewirkt haben. In der entscheidenden Frage der Religion glichen sie jedoch durchaus allen anderen »Heiden«, mit denen sich die Christenheit konfrontiert sah. In diesem Punkt bedeutete die Begegnung mit den Afrikanern nichts Neues. Die christliche Welt reagierte denn auch bald so, wie sie es in ähnlichen Fällen stets getan hatte: mit Mission und Proselytenwerbung.[89] Die potentiellen Gefahren, die sich aus dem Widerspruch zwischen Gläubigen und Nichtgläubigen ergaben, ließen sich auf diese Weise am besten aus der Welt schaffen; die schwarzen Gespenster wurden durch die Taufe gebannt. Das Verfahren hatte den Vorteil, daß es sich mit dem universellen Machtanspruch verbinden ließ, der die Kirche Christi von jeher auszeichnete.

Der alttestamentliche Prophet Amos hatte einer solchen Politik die Richtung gewiesen, als er die Ansicht vertrat, daß Jahwe nicht nur der Gott Israels wäre, sondern ebenso über die Philister, Aramäer und Äthiopier wachte.[90] Christus war nicht nur von den Hirten aus der Nähe angebetet worden, sondern auch von »Magiern« – »Erstlinge der Heiden« *(Primitiae Gentium)*, wie Augustinus sie später nannte[91] –, die aus der Ferne kamen und der Legende nach von jenen Nachfahren der Söhne Noahs abstammten, die nach der Sintflut über die ganze Welt verstreut worden waren.[92] Die Apostel und Kirchenväter wie Augustinus haben den Gedanken von der alle Menschen vereinenden Universalkirche *(universa Ecclesia Gentium)* und den daraus abgeleiteten Aufruf zur Mission weiter ausgebaut.[93] Seit dem 8. Jahrhundert betrachteten es dann die deutschen Könige und Kaiser als ihre »heilige Pflicht«, den christlichen Missionsauftrag in Nachfolge der Apostel und deren Erben zu erfüllen.[94] Nach allen vier Himmelsrichtungen hin wurde seither an der ständig nach außen geschobenen Grenze des deutschen Reichsgebiets eine nicht abreißende Kette von Missionskriegen geführt.[95] Unter Friedrich I. (*Barbarossa*, 1122–1190) hatte diese von imperialem Streben bestimmte und zunehmend an der untergegangenen römischen Weltherrschaft ausgerichtete Politik der bewaffneten Mission die äußeren Grenzen Europas erreicht; Barbarossa war der erste, der seine Hand nach Asien und Afrika ausstreckte.[96] Friedrich II. von Hohenstaufen, sein Enkel, konnte sich schließlich wirklich unter gewissen Vorbehalten als »Weltkaiser« *(Imperator mundi)* verstehen. Zur Verbreitung des Evangeliums, dies ließ er mit Stolz und Entschlossenheit erklären, habe nämlich »Gott unser Reich erhaben über den Königen des Erdrunds errichtet und über der Welt verschiedene Zonen die Grenzen unserer Macht geweitet, daß auf Mehrung seines Namens in dieser Welt und auf Verbreitung seines Glaubens unter den Völkern unserer Bemühungen Fürsorge sich richte, [...]«.[97] Der Allmächtige, so ließ der Kaiser darüber hinaus mit einem Seitenhieb auf den konkurrierenden Machtanspruch der Kurie in Rom verlauten, habe das Römische Reich (d. h. ihn selbst, P. M.) zur Predigt des Evangeliums bestimmt: »[...] daß wir also auch auf Unterdrückung nicht minder als auf Bekehrung der Heidenvölker unsern Sinn lenken mögen«.[98]

Mit »Bekehrung« und »Unterdrückung« wollte man also den Teufel austreiben. Zurückbleiben sollte ein Schwarzer, der immer mehr zum Weißen würde. Wie die Schlangen sollte der »Äthiopier« seine alte afrikanische Haut abstreifen; allem, was an seine »teuflische« Herkunft erinnerte, was seine Identität und Souveränität als Afrikaner ausmachte, sollte er, wie sich erweisen wird, abschwören: seiner Religion, seinen Idealen, seiner Sprache, seiner Lebensweise, seiner Macht; selbst der Farbe seines Körpers.

Literatur und bildende Kunst zeigen, wie man das Machtverhältnis zwischen Europa und Afrika im Lauf der Zeit umzukehren gedachte. Der Bogen spannt sich weit. Im 12. Jahrhundert steht die durch eine königliche Frau personifizierte allegorische Gestalt »Afrika« frei und selbstbewußt und im Besitz unermeßlicher irdischer Güter vor der durch Salomon symbolisierten christlichen Welt.[99] 250 Jahre später hält der Ritter die schwarze Dame, der er in Hermann von Sachsenheims *Mörin* begegnet, immer noch für eine Königin. Die »Mörin« aber klärt ihn auf: *»Ich bins ir arme dienerin.«* [100]

Der »Pfaffe« Lampbrecht ist einer der ersten, der sich äußert. 1170 belebt er in deutlicher Anspielung auf Barbarossa das alte, auf Pseudo-Kallisthenes zurückgehende Motiv des nach Osten gerichteten Eroberungszugs unter Alexander dem Großen. Dabei läßt er die Königin »Äthiopiens« auftreten, Kandake, eine schwarze »Heidin«, die sich und ihre Landsleute schon in der griechischen Vorlage als die besseren Christen angedient hatte: »Verachte uns nicht wegen unserer Farbe, denn unsere Seele ist reiner als die der weißesten deiner Leute.«[101] Später legt Walther von der Vogelweide, der für Friedrich II. schrieb, diese Erkenntnis dann auch einem Weißen in den Mund:

> »Gar mancher Schwarze ist innen voller Vorzüge,
> ach, wie sind die Herzen der Weissen,
> wenn einer sie umwenden will?«[102]

Übersetzt in die profane Sprache der mehr weltlichen Interessen des Kaisers las sich die in dieser Phase von den Schwarzen (wie von allen übrigen »Heiden«) erwartete Kapitulationserklärung dann so:

> »*Was schat uch, edler kaiser, das ich ain haiden bin,*
> *Wann ich gen uch wil haltten alzit ain steten sin?*
> ...
> *Ich din uch mer dan ainer, der tauff empfangen hat.*«[103]

Man erinnerte nun daran, daß sich hinter dem düsteren Bild des Afrikaners, das durch den islamisch-christlichen Gegensatz hervorgerufen worden war, lange Zeit kaum beachtete Darstellungen verbargen, welche die Schwarzen in helleres Licht stellten. In der Antike hatte es eine bis auf Homer zurückgehende Tradition gegeben, die den Afrikaner als frommen und rechtschaffenen Liebling der Götter idealisierte.[104] Die frühe Christenheit hatte manches davon aufgegriffen, zum Beispiel war nach der Apostelgeschichte (8:28) der schwarze Eunuch, der als Kämmerer über die Schätze seiner Königin Kandake wachte, anläßlich seines Besuchs in Jerusalem zum Christentum übergetreten, ein Ereignis, dem später die Christianisierung großer Teile »Äthiopiens« folgte.[105] Auch über die Königin von Saba hatte man einst günstiger geurteilt. Der griechische Kirchenschriftsteller Origenes (gest. 253/254) hatte sie als eine »anmutige Heidin« geschildert, deren Demut vor Salomon ihre Erlösung sein könnte.[106] Später tauchte diese Vorstellung gelegentlich auch bei anderen Autoren auf, am deutlichsten vielleicht bei Isidorus von Sevilla (ca. 560–636), bei dem bereits der Gedanke anklingt, wonach die Königin Vorbild für jene »Heiden« sein könnte, die ihrem »Heidentum« aus eigenem Entschluß den Rücken kehren und sich zum Christentum bekennen.[107]

Es blieb Rupert von Deutz (gest. ca. 1130) vorbehalten – er schrieb kurz nach dem ersten und nicht lange vor dem zweiten Kreuzzug –, dies mit aller Deutlichkeit auszusprechen.[108] Bei diesem Benediktinermönch erscheint die Königin zum erstenmal unmißverständlich nicht nur als Symbol für diejenigen

»Heiden«, die Christus zu folgen wünschen; sie wird bei ihm darüber hinaus zum Sinnbild für die Gesamtheit aller außerhalb der christlichen Kirche stehenden Völker der Welt mit Ausnahme der Juden.[109] Indem Rupert gleichzeitig von dem neuen »auserwählten Volk« der Deutschen unter seinem inspirierten Kaiser verlangte, diese »Heiden« zu bekehren, artikulierte er als einer der ersten staatspolitische Ambitionen, die sich in der Folgezeit immer deutlicher Gehör verschaffen sollten; in der mit ihren Schätzen vor Salomon knienden »heidnischen« Königin komprimierte er sie zu einem überzeugenden Bild, das die erwünschte Relation von Reich und »Heidenwelt« zur Anschauung brachte. Sein Einfluß war entsprechend unmittelbar und langanhaltend.[110]

Der Text Ruperts läßt allerdings noch jede nähere anthropologisch-ethnologische Charakterisierung der Königin vermissen, die über die unbestimmte Angabe ihrer Herkunft aus »Saba« hinausginge; es geht lediglich um den allgemeinen Symbolcharakter der Figur.[111] Afrika war noch nicht aus dem Dunkel unbekannter Ferne herausgetreten, es besaß noch keine konkrete geographisch-anthropologische Gestalt. Immerhin hatte das Interesse an »Äthiopien« neue Nahrung erhalten, seitdem die Kreuzfahrer wenige Jahre zuvor (1118) unter Balduin I. von Jerusalem einen ersten Vorstoß an den Nil unternommen hatten.

Bis zum Ende des 12. Jahrhunderts hatte sich das Wissen über die am Oberlauf des Nils vermuteten Länder weiter vermehrt: Schon in den sechziger Jahren des 12. Jahrhunderts haben die Kreuzfahrer unter Amalrich I. mehrere Feldzüge nach Ägypten unternommen, in deren Verlauf viel Wissenswertes über die im Süden Ägyptens liegenden Gebiete gesammelt werden konnte; zeitweise wurde sogar eine kleine Garnison in Kairo unterhalten, in der viele Informationen zusammenliefen. Seitdem dann Saladin von Ägypten aus seine Gegenoffensive zur Rückeroberung Jerusalems begonnen und anschließend die fränkischen Ritter 1187 in der Nähe von Kefar Hittim vernichtend geschlagen hatte, steigerte sich das militärische und kommerzielle Interesse am Land der Pyramiden, das seither als das Gebiet galt, wo sich die Macht des Islam am stärksten manifestierte – womit zugleich das Land an seiner rückwärtigen Flanke, also grob gesprochen das Gebiet des heutigen Äthiopien, zu einer strategischen Schlüsselposition im Kampf um die Bezwingung der Sarazenen wurde. Von nun an setzte man alles daran, so viel wie möglich über »Äthiopien« in Erfahrung zu bringen.[112]

»Afrika« begann im Zuge dieser Entwicklung geographisch-historische Konturen anzunehmen, und auch die Königin von Saba hörte nun auf, ein nur abstraktes Sinnbild fremder »Heidenvölker« zu sein; sie wurde jetzt mehr und mehr mit einem Reich in Verbindung gebracht, dessen Zentrum man irgendwo südlich der Nilquellen auf afrikanischem Boden vermutete.[113] Um 1181 erscheint die Sabäerin auf dem von Nikolaus von Verdun geschaffenen berühmten Flügelaltar von Klosterneuburg in der Nähe Wiens zum erstenmal als »Schwarze« abgebildet.[114] (Siehe Tafel 2.) Um jedem Zweifel daran zu begegnen, daß man sie nun als Herrscherin zumindest über einen Teil »Schwarzafrikas« betrachtete, ist der hinter ihr stehende Begleiter, der die eine der beiden für Salomon bestimmten Geschenkschatullen trägt, durch eine breitgewölbte Stirn und kurzes Kraushaar deutlich als »Afrikaner« ausgewiesen; bei dem vor ihr knienden Träger mit den wulstigen Lippen und der auffällig gebogenen Nase könnte es sich um einen Vertreter ihrer Provinzen in »Reicharabien« (dem heutigen Jemen) handeln.[115] Die Botschaft des Bildes scheint klar: Die durch ihre schwarze Hautfarbe und ihren kraushaarigen Begleiter symbolisch als Vertreterin »Afrikas« und seiner Bewohner charakterisierte Königin läßt dem christlichen Kaiser der Deutschen (Barbarossa), präfiguriert in der Person des jüdischen Königs, die Schätze Afrikas zu Füßen legen und unterwirft sich seinem Glauben.[116]

Es sieht also so aus, als habe Nikolaus von Verdun die Gedanken Ruperts einfach illustriert. Aber das stimmt nicht. In Wirklichkeit weicht der Künstler in einem entscheidenden Punkt von seinem literarischen Vorbild ab. Rupert äußerte sich ganz allgemein über die »Heiden«, er erwartete generell ihre problemlose religiöse und politische Kapitulation. Nikolaus von Verdun hatte dagegen eine konkrete Gruppe von »Ungläubigen« im Auge, die Afrikaner; er wies jede Hoffnung auf deren schnelle politische und religiöse Unterwerfung als Wunschdenken zurück. Und fürwahr: Wenn ein flüchtiger Blick auf sein Bild den Eindruck zu erwecken scheint, als stehe die Königin vor Salomon wie dessen »Leute und Knechte«[117], dann entspricht dies nicht ganz den Tatsachen. Von einer knechtischen Haltung der fremden Herrscherin, wie Rupert sich das vorgestellt hatte, kann hier keine Rede sein. Sie steht nicht als zukünftiger Vasall vor dem Hebräer, sondern ihre Gesichtszüge spiegeln ebenso wie ihre ganze Körperhaltung ein hohes Maß an majestätischer Autonomie und gelassenem Selbstbewußtsein wider, die sie als Salomon ebenbürtig, wenn nicht als überlegen erscheinen lassen.[118] Ihr faltenreiches und geradezu klassisch anmutendes Gewand verstärkt diesen Eindruck. Nichts deutet darauf hin, daß sie ihre politische und persönliche Unabhängigkeit preiszugeben wünscht. Wenn sie statt dessen, mit einer kaum angedeuteten, aber deshalb nicht weniger energischen Geste ihrer Hand, das Zepter des Königs als Zeichen seiner weltlichen Macht beiseite zu schieben und mit dem ausgestreckten Zeigefinger auf sein Herz zu deuten scheint, dann wirkt das so, als wollte sie sagen: »Nicht deine Macht und deinen irdischen Reichtum schätze ich. Von beidem habe ich mehr als genug. Was ich ehre, ist deine Weisheit.« (Siehe Tafel 3.) Nach dem Schock der für die Christen außerordentlich verlustreichen

Rückeroberung von Edessa durch die Sarazenen (1144), die den hochfliegenden Illusionen der Kreuzfahrer im Osten einen empfindlichen und bleibenden Dämpfer versetzt hatte, und sechs Jahre vor der verheerenden Niederlage der christlichen Heere durch Saladin (1187) sowie neun Jahre bevor ein erneuter Eroberungszug unter Barbarossa mit dem Tod des Kaisers im Fluß Saleph scheitert, wird hier – so will es scheinen – die Einsicht in die tatsächlichen Machtverhältnisse zwischen »Schwarz« und »Weiß« zur Anschauung gebracht. Die Gaben des Ostens, so lautet die Verheißung, sind für den Westen bestimmt. Sie sind aber, so die Warnung, nicht durch Gewalt zu bekommen, sondern einzig durch Weisheit. Wenigstens für den Augenblick.

Nicht lange nachdem das Bild Nikolaus von Verduns seinen Platz im Rahmen einer Serie von Emailplatten fand, auf denen die Heilsgeschichte der Menschheit dargestellt war, schuf Wolfram von Eschenbach die Gestalt der Belakane. Der Hunger Europas nach den Schätzen des »Orients« – ein Begriff, der jetzt immer mehr auch »Afrika« umfaßte[119] – war zwischenzeitlich nicht geringer geworden. Er ließ die Hoffnung auf einen Zugriff auf diese Kostbarkeiten wieder stärker durchscheinen. Man sieht es Belakane an. Sie ist »Afrikanerin« wie auf dem Altarbild in Klosterneuburg, im übrigen aber ist sie mehr der Sabäerin Ruperts nachgebildet. Wie diese vor Salomon, so kniete Belakane – »Sie wußte [...] weiße Haut zu schätzen [...]«[120] – vor dem Ritter Gachmuret und forderte ihn auf: »Gebietet Herr! – was Ihr wünscht, das schaff' ich.«[121] Um möglichen Aversionen seiner Leser gegen diese »Afrikanerin« mit ihrer »teuflischen« Hautfarbe von vornherein zu begegnen – damit sie sich nicht etwa dem Gedanken an eine etwaige Integration einer solchen »Höllenkreatur« in Kirche und Reich widersetzen möchten –, hebt Wolfram in Übereinstimmung mit der Missionspolitik der Hohenstaufen die Unschuld und Reinheit Belakanes, aber auch ihre Bereitschaft zur Bekehrung, besonders hervor. Die schwarze Fürstin, so muß man den Dichter verstehen, ist durch diese Eigenschaften – der Maria nicht unähnlich – als auf quasi natürliche Weise getauft anzusehen: »Ihre Unschuld war die reine Taufe, und auch die Tränenflut, die ihr aus den Augen brach und niederfloß auf Pelz und Brust. Sich in Reue zu versenken und ihr Elend recht kennen zu lernen, das war ihr Lust.«[122]

Der Sohn Belakanes, Feirefiz, den sie mit Gachmuret gezeugt hatte, erstrahlte als Kind einer »heidnischen« Mutter und eines »rechtgläubigen Christen« von »schwarzer und weißer Farbe zugleich«.[123] Die weißen Flecken seiner Haut bewiesen, daß dieses Urbild des »Mulatten« das afrikanische Erbe seiner Mutter schon zu einem großen Teil hinter sich gelassen hatte. Im gleichen Maß war er seiner Erlösung näher gekommen: Wolfram läßt ihn nicht umsonst formell taufen; am Ende macht er ihn gar zum Begründer des äthiopischen Christenreichs![124] Feirefiz wird zum Idealbild eines neuen, veredelten Rittertyps, der die alten Tugenden der Tapferkeit und Treue mit dem rechten Glauben, der Eleganz und Bildung eines orientalischen Helden und der Tatkraft und Umsicht eines bedeutenden Staatsmanns verbindet. In vielem gleicht er damit Barbarossa und Friedrich II. Wie diese hat er manchen König im Kampf besiegt, zwanzig Länder hat er ererbt oder erstritten. Keines der zwanzig Völker dieser Länder versteht die Sprache der anderen, aber alle beten ihn an wie einen Gott.[125]

In dem Maß, in dem sich der deutsche »National«kaiser zum »Welt«kaiser entwickelte, mußte sich der Afrikaner in einen Europäer verwandeln. In der Figur des Feirefiz fanden beide Tendenzen ihren dichterischen Ausdruck: Ihre Aufgabe bestand darin, die Demarkationslinie zwischen »Heide« und »Christ« im Interesse einer im Glauben geeinten Ökumene zu verwischen.

Die Königin von Saba, Belakane und Feirefiz sind Beispiele einer erstaunlich großen Zahl schwarzer Heroen, die seit dem 12. Jahrhundert in der mittelhochdeutschen höfischen Literatur und von der zeitgenössischen bildenden Kunst verherrlicht wurden: die »Äthiopierin« Kandake; der König von »Môrlant« (d. i. Äthiopien, P. M.) in dem Gedicht vom *Herzog Ernst*, die »Mohrenkönige« Marsilie und Isenhart; Sîvrit von »Môrlant« aus der deutschen Kudrun-Sage, der »rabenschwarze« Ritter »Moriaen« in der gleichnamigen mittelniederländischen Erzählung usw. bis zur »Mörin« Hermann von Sachsenheims. Ihnen zur Seite gesellen sich mehrere schwarze Märtyrer aus spätrömischer Zeit, die – nachdem man sie lange kaum beachtet hatte – nun auf einmal in der katholischen Hagiologie zu hohen Ehren gelangten.[126] An ihrer Spitze standen die beiden Heiligen Gereon und Mauritius, die – der eine unbestimmter »afrikanischer« Herkunft, der andere dem Vernehmen nach aus dem oberägyptischen Theben gebürtig – im 3. Jahrhundert u. Z. irgendwo zwischen Rhein und Rhône für ihren Glauben gestorben waren.[127] Auch der heilige Zeno[128] und der Kölner »Lokalheilige« Gregorius Maurus[129] gehören hierher. In der Kirche von St. Gereon zu Köln hatte sich sogar ein Kult um eine ganze Gruppe schwarzer Heiliger gebildet, die angeblich – ebenfalls in spätrömischer Zeit – als Angehörige einer römischen Hilfstruppe aus »Mauretanien, einem Teil Afrikas«, in das aufständische Gallien verlegt worden waren[130] und schließlich, zusammen mit Gereon, in Köln eine Ruhestätte und Verehrung fanden.[131] Köln, damals die bedeutendste Handelsmetropole diesseits der Alpen (ihre Aktivitäten reichten bis in das fernöstliche Karakorum!) und zugleich Sitz desjenigen Erzbischofs, der den deutschen Kaiser zu krönen hatte, war auch das Zentrum eines weithin ausstrahlenden Kults, der sich, besonders seit dem 12. Jahrhundert, um die Legende der die drei Kontinente Asien, Europa und Afrika symbolisierenden »Heiligen Drei Könige« gebildet hatte.[132] Otto von Freising hatte als erster einen der drei mit der königlichen Familie Äthiopiens in Verbindung gebracht, und er hatte daran erinnert, daß schon die Evangelisten in diesem König einen der drei »Magier« erkannt hätten, welche nach Bethlehem gezogen seien.[133] Johannes von Hildesheim und andere haben diesen dann später als Caspar, einen schwarzen Herrscher »Indiens«, identifiziert[134], zu dem nach damaliger Auffassung auch Äthiopien gehörte.[135] Doch nicht Caspar, sondern Balthasar wird zu Beginn des 13. Jahrhunderts in einem Gebet der Nonnen des unweit von Köln gelegenen Klosters Schönau, dessen Schutzpatrone die Heiligen Drei Könige waren, zuerst als »Mohr« bezeichnet[136]; seit dem 14. Jahrhundert erscheint er dann häufig auch auf bildlichen Darstellungen als Schwarzer[137], während Caspar nur relativ selten als »Mohrenkönig« auftritt.[138]

Etwa zur gleichen Zeit tauchte schließlich noch ein bald weitverbreiteter Kult auf, bei dem es um die Verehrung einer schwarzen Maria ging, in deren Gestalt wahrscheinlich – man denke an Rupert von Deutz und die ihm folgenden Exegeten – die biblische Königin Sabas mit der quasi-getauften Gottesmutter verschmolz.[139] Die ältesten noch erhaltenen Bildnisse dieser »Schwarzen Madonna«, die aus der letzten Phase der Stauferzeit und dem sich anschließenden 14. Jahrhundert stammen, sind jedenfalls im deutschen Sprachraum zu suchen[140]; von hier aus hat sich der Kult dann über weite Teile Europas verbreitet.[141] (Siehe Tafel 4.) Sehr alte Marienbilder mit »Mohrencolorit« (und meist mit einem schwarzen Christus auf dem Schoß) gibt (oder gab) es u. a. in Hildesheim, Köln, Einsiedeln (Schweiz), Nürnberg, Würzburg, Regensburg, Schlesien (Czenstochow), Prag, Alt-Oettingen bei Salzburg und

Der Stern erscheint den Magiern, aus: Speculum humanae salvationis, fol. 31r, Lübeck ca. 1430, Kopenhagen, Det kongelige Bibliotek.

Nieder-Ranna nahe der österreichischen Ortschaft Spitz.[142] Wie Balthasar und die übrigen schwarzen Heroen war auch die schwarze Madonna aufs engste mit den »Weltmacht«interessen von Kaiser und Fürsten verknüpft. Manchmal, wie in Loreto und Montserrat, hält sie in einer Hand eine dem Reichsapfel ähnliche Weltkugel, so, als wollte sie dergestalt ihren universellen Herrschaftsanspruch bekunden. Dem entspricht, daß man sie überall mit dem Missionskrieg gegen die »Heiden« assoziiert; sie kämpft am äußersten Rand der sich ständig erweiternden christlichen Welt gegen Normannen, Sarazenen und Slawen. In den Pyrenäen erzählt man zum Beispiel noch heute, daß sie einst Karl den Großen aus großer Bedrängnis befreite, als er sein Heer gegen die Sarazenen führte. Er hatte ihr Bildnis inmitten seiner Armee aufgestellt, doch gerade in dem Augenblick, als seine Truppen auf den Feind trafen, der die Höhen von Passa besetzt hielt, fingen seine von brennendem Durst geschwächten Krieger an, die Waffen fallen zu lassen. Der Kaiser, erfüllt von einem unerschütterlichen Glauben an seine Schutzpatronin, rief sie um Hilfe an und stieß sein Schwert in das Bett eines ausgetrockneten Gebirgsbachs, aus dem sogleich kristallklares Wasser zu sprudeln begann. Im Nu hatten sich seine Männer erfrischt, und nicht lange danach war der Gegner besiegt.[143] Wohlgemerkt, nichts spricht dafür, daß der berühmte Kaiser wirklich jemals in dieser Gegend war, auch ist höchst unwahrscheinlich, daß es die schwarze Jungfrau schon damals überhaupt gab (tatsächlich ist die Legende eine nach rückwärts gerichtete Projektion späterer Zeiten). Ein ähnlicher Fall aus dem 13. Jahrhundert ist aber dennoch bekannt: Pedro II., König von Aragon, ließ nämlich wirklich das Bild der schwarzen Maria auf die Standarten seiner bewaffneten Heerscharen malen, als er gegen die Araber zog; er hat sie 1212 in der Schlacht von Las Navas prompt vernichtend geschlagen.[144]

Wenn die Bedeutung der dunkelhäutigen Jungfrau und einiger anderer schwarzer Figuren für Kirche und Reich mithin kaum zu bestreiten ist, so erfährt doch die Idee des schwarzen Heros im Dienst der christlich-missionarischen Gewalt allein in der Gestalt des heiligen Mauritius ihre höchste Vollendung. Nachdem in den meisten älteren »mittelalterlichen« Berichten über diesen Heiligen, etwa dem *Annolied* (1080) oder der *Chronik* Ottos von Freising und selbst noch in der um 1230 entstandenen *Sächsischen Weltchronik* Eike von Repgows, Aussagen über sein Aussehen völlig fehlten[145], wird er in der deutschen *Kaiserchronik*, einem damals vielgelesenen Buch, das um 1160 von einem Kleriker in Regensburg geschrieben wurde, zum erstenmal ausdrücklich als *»herzoge der Môre«*, Befehlshaber über eine Schar von *»swarzen Môren«*, bezeichnet.[146] Seit etwa 1240 steht dann an einem bevorzugten Platz im Magdeburger Dom ein Standbild, das den Heiligen als Schwarzen darstellt.[147] (Siehe Tafel 5.) Das Kunstwerk ersetzte eine ältere Steinplastik, die

– *Standbild des heiligen Mauritius,* ca. 1240, Magdeburger Dom.

– *Standbild des heiligen Mauritius,* ca. 1220, Magdeburger Dom (Chorhaupt).

einen roh gemeißelten »weißen« Mauritius als »erdgebundenen germanischen Slawenbekämpfer« zeigt[148], dessen fürstlicher Adel an seiner wenig kunstvoll gearbeiteten Krone und seinem »geist- und seelenlos« modellierten Rüstzeug – Kettenpanzer, Schild und Schwert – unschwer zu erkennen ist.[149] Der neue *Mauritius niger* wurde offenbar im Zusammenhang mit einem Besuch Friedrichs II. aufgestellt, der 1234 auf seinem Zug durch Deutschland auch an die Elbe gekommen war[150], um den von dort aus organisierten Bemühungen um die weitere »Ostkolonisation« Nachdruck zu verleihen.[151] Es handelt sich dabei nicht nur um eine der frühesten Darstellungen eines Afrikaners in der europäischen Kunst überhaupt, sondern auch um eine der in künstlerischer Hinsicht überzeugendsten.[152] Das Panzerhemd, das auch den Kopf helmartig schützt, ist bis in alle Einzelheiten ausgearbeitet. Nur das Gesicht schaut aus der Ritterrüstung heraus. Es ist nicht das Gesicht mit den Zeichen eines sündigen, gar teuflischen Menschen, sondern mit der Harmonie seiner Teile und seinem »vergeistigten« und konzentrierten Gesamtausdruck das am Ideal der Antike gebildete Antlitz eines schwarzen Afrikaners, der vielleicht dem Wunschbild des von den Hohenstaufen erstrebten neuen Gefolgsmanns weitgehend entsprach. Fast könnte man glauben, daß ein lebendiger Afrikaner höheren Standes Modell gestanden hat – ein Mann, wie man sich vielleicht den von einer schwarzen Sklavin abstammenden Günstling Friedrichs II., Johannes Morus, vorstellt.[153]

Der schwarze Ritterheilige war Ausdruck der Entschlossenheit des Kaisers, die Annexionspolitik der Ottonen an der Elbe zu vollenden. Aber sein Krieg gegen die Slawen, so versuchte der Staufer den Deutschen offenbar klar zu machen, indem er den älteren, »weißen« Mauritius an eine weniger prominente Stelle des Doms verbannte und dafür den *Mauritius niger* an die Spitze der Kreuzzugsbewegung gegen die Elbvölker stellen ließ[154], erfolgte nicht allein im Namen der deutschen Reichspolitik im engeren Sinn. Es ging nicht nur um die Verschiebung der Reichsgrenzen um einige Meilen weiter nach Osten; der Blick des Schwarzen richtet sich auf ferne, unbestimmte Horizonte. Die Deutschen, so wollte es anscheinend Friedrich II., sollten diesen Krieg als Teilaspekt eines »weltweiten« Geschehens verstehen lernen, das der Schaffung eines der »Welt verschiedene Zonen« mit ihrem vielfältigen Völkergemisch umfassenden Imperiums diente, an dessen Spitze er, der Kaiser, stand.[155]

Mauritius war vielleicht der bedeutendste der schwarzen Heroen, welche seit dem ausgehenden 12. Jahrhundert Literatur und Kunst der Deutschen bevölkerten, aber er unterschied sich in den wesentlichen Punkten durchaus nicht vom Typus der Feirefiz und Belakane. Allen diesen Schwarzen ist gemeinsam, daß sie – abgesehen von ihrer »afrikanischen« Herkunft und ihren (meist sehr schematisch dargestellten) negroiden Körpermerkmalen (Hautfarbe, Wulstlippen, Kraushaar) – nichts »Afrikanisches« mehr an sich haben. Feirefiz und der mit seiner schwarzen Haut und seinem »wie aus Gold gesponnenen Haar« ebenfalls »zweifarbige« Sîvrit[156] haben sogar begonnen, sich körperlich zu »entafrikanisieren«.[157] Unabhängig davon, ob sie formal konvertiert oder – wie Belakane – nur als quasi-getauft anzusehen sind, erweisen sie sich allesamt durch ihr Bewußtsein und ihr Handeln als vollkommene Mitglieder der christlich-feudalen Gesellschaft des ausgehenden sogenannten Mittelalters. Ausnahmslos Angehörige der gesellschaftlich tonangebenden Gruppen – Könige, Heerführer, Ritter und Helden –, sind sie zutiefst erfüllt von den Idealen des höfischen Rittertums, finden sie ihr höchstes Glück in einer der Liebe entsprungenen uneigennützigen Vasallentreue: Mit Hingabe dienen sie edlen Frauen, Fürsten, Kaiser und Gott. »Mir diente um Minne ein edler Ritter«, so beschreibt Belakane die Persönlichkeit einer der für diese Haltung typischen Gestalten, »der war ein Reis, das Tugenden trug. Kühn war der Held und vielerfahren, eine schön reifende Frucht der Treue. Seine Bildung wog aller anderen Bildung auf. Er war noch reiner denn ein Weib, Kühnheit und Kampfesmut sah man ihm an. Nie erwuchs vor seiner Zeit ein Ritter mit so milden Händen. [...] Unrechte Zumutungen verstand er nicht. Seine Haut war schwarz wie meine, denn er war ein Mohr.«[158]

Hier verbinden sich die »außenpolitischen« Interessen der Hohenstaufen mit »innenpolitischen« Aufgaben, die man den schwarzen Leitfiguren überträgt. So wie einst der Huldigung Christi durch die »Magier« aus der Ferne die Anbetung der jüdischen Hirten aus der Nähe parallel lief, ebenso verlangte der Kaiser der Deutschen nicht nur von den »Heiden« Asiens und Afrikas Unterwerfung und Gefolgschaft, sondern auch von den Fürsten und Mächtigen daheim.

Mit den Fürsten hatte er freilich seine Schwierigkeiten. Diese Schwierigkeiten waren die Folge tiefgreifender Veränderungen in der sozioökonomischen Basis der Gesellschaft, die sich seit der ersten Hälfte des 11. Jahrhunderts anbahnten. Eine durch Rodung, Erfindung des Räderpflugs, Ausbreitung der Dreifelderwirtschaft und verstärkten Einsatz des Pferdes in Landwirtschaft und Verkehr hervorgerufene umfassende Weiterentwicklung der Produktivkräfte, mit der sich ausgedehntere Ware-Geld-Beziehungen verbanden, machte bald neue Ausbeutungsformen und eine neue staatliche Organisation erforderlich. Insbesondere mußte der feudale Machtapparat stärker zentralisiert werden, was sich allerdings nur in einem langwierigen und heftig geführten Kampf zwischen Zentral- und Partikulargewalten durchsetzen ließ.

Der Kaiser konnte in diesem Kampf nicht ohne ein Heer ihm treu ergebener Gefolgsleute bestehen; er hatte deshalb ein vitales Interesse daran, die von den schwarzen Heroen so eindrucksvoll verkörperte Rittertugend der Vasallentreue zu verbreiten. Dies könnte unter anderem erklären, warum der Schöpfer des Magdeburger *Mauritius niger* »vergessen« hat, neben Kettenhemd und Schwert auch die *Krone* der »weißen« Mauritiusfigur zu übernehmen, welche zuvor an seiner Stelle gestanden hatte. Tatsächlich sieht es so aus, als wollte er den »germanischen« *Fürsten* in einen »kosmopolitischen« *Vasallen* verwandeln, indem er ihm das gezackte Symbol seiner Unabhängigkeit nahm. Auf jeden Fall konnte sich der Kaiser bei der Verwirklichung seiner Politik weniger auf die gekrönten Häupter des Reichs stützen als vielmehr auf die sogenannten Ministerialen, eine ritterliche Dienst- und Schutzmannschaft, die er zusammengezogen hatte und die sich zum großen Teil aus verarmten und entwurzelten Adligen oder aus subalternen und von unten aufsteigenden Elementen zusammensetzte.[159]

Friedrich II. hatte seit eh und je versucht, diese heterogene und weitgehend mittellose Gruppe durch eine gezielt betriebene Erhebung in den Ritterstand an sich zu binden; die bis zum Ende der Stauferzeit fortschreitende Entmachtung der Fürsten wäre anders nicht möglich gewesen.

Der gesellschaftliche Aufstieg der Ministerialen war selbstverständlich unmittelbar an ihre unbedingte Gefolgschaft gebunden. Sie mußte sich durch den persönlichen Beitrag eines jeden von ihnen zum Gelingen der kaiserlichen

Politik beweisen. Nicht eine durch Geburt ererbte Standeszugehörigkeit entschied mithin über ihre Integration in die höfische Welt, sondern Taten, die einer durch eine bestimmte Erziehung *erworbenen* Gesinnung entsprangen, welche in der ritterlichen Kulturidee mit ihren sozialen Tugenden wie Treue, Liebe, Tapferkeit, »Bildung« etc. ihren adäquaten Ausdruck fand.[160]

Die Lage der Ministerialen glich damit in bemerkenswerter Weise jener der »Heiden«. Auch die »Heiden« waren ja qua Konvention der ständischen Gesellschaft durch den »Mangel« ihrer Geburt von der Zugehörigkeit zu einer bestimmten privilegierten Gruppe (der Kirche) ausgeschlossen; genau wie die Ministerialen konnten sie sich aber über die sie diskriminierenden gesellschaftlichen Barrieren hinwegsetzen, indem sie ihre innere Bereitschaft, einem frei gewählten Herrn (d. h. in ihrem Fall: Christus) zu dienen, durch entsprechende Taten unter Beweis stellten. Taufe und Ritterschlag waren so gesehen sehr ähnlich. Beide bedeuteten Anerkennung für geleistete Gefolgschaft, waren formaler Ausdruck für die dadurch verdiente gesellschaftliche Erhöhung.[161]

Es ist nunmehr ohne weiteres verständlich, daß der konvertierte »Heide«, insbesondere der Schwarze, dem sein Geburts»fehler« so deutlich anzusehen war, gern als Demonstrationsobjekt für diese Kopplung von Kaisertreue und sozialem Aufstieg herangezogen wurde. Gerade weil das Stigma seiner Geburt für jedermann sichtbar war, bewies er vor aller Augen: Die sozialen Barrieren der ständischen Hierarchie waren nicht so unüberwindlich, wie sie schienen; in Wahrheit konnte jeder, der dem Kaiser tüchtig diente, aufwärts steigen.[162] Bei aller Anpassung an die Ideale der christlich-feudalen Gesellschaft der Ritter erinnerte die schwarze Haut des »Äthiopiers« aber auch unablässig daran, daß seine Metamorphose aus einem schwarzen Teufel in einen treuen Lehnsmann weißer Herren unvollkommen blieb. Er mochte den »afrikanischen Adam« in sich so sehr verleugnen, wie er wollte – solange ihm noch ein Rest der dunklen Farbe seiner Herkunft anhaftete, würde er immer nur ein (stets etwas unheimlicher) Christ zweiter Klasse bleiben. So glorifizierte der Afrikaner selbst auf dem Sockel der Heiligen im Grunde nur seine eigene Niederlage.

II

Der Untergang der Hohenstaufen durch den Tod Friedrichs II. (1250) hatte die Träume von der »Weltmonarchie« endgültig platzen lassen. Aus ihrem straffgeführten, expandierenden Vielvölkerstaat wurde nun wieder das von schwachen Kaisern und selbstherrlichen Fürsten regierte Deutsche Reich. Der Schwarze als Sinnbild kaiserlichen Vasallentums und einer durch den Glauben geeinten Ökumene wurde dadurch obsolet; als Zeichen weitreichender diplomatischer und kommerzieller Beziehungen mochte man aber auch in Zukunft nicht auf ihn verzichten: Wer sich fortan mit einem »Mohren« zieren konnte, bewies damit wie früher Kaiser Friedrich, daß er im Besitz des Schlüssels war, der ihm die Schatzkammern des Ostens erschloß. So wurde der Schwarze zum – unterschiedlich bewerteten – Ausweis für neue Macht und privilegierten Genuß.

War prachtlich, einen morian zu halten

Die Fürsten verwirklichten bis zum Ende der »Religionskriege« im 17. Jahrhundert in der provinziellen Enge ihrer Erblande immer mehr im Kleinen, was den Hohenstaufen auf der großen Weltbühne zu erreichen nicht vergönnt war: Revolutionierung der Wirtschaft, der staatlichen Organisation und selbst der Ideen und Sitten im Land durch eine zunehmend zentralisiert gelenkte Gesellschaft. Tauschwerte erschienen den adligen Herren bald wichtiger als innere Qualitäten: Statt auf Eroberung und Proselyten aus zu sein, taten sie alles in ihrer Macht stehende, um Handel und Verkehr mit aller Welt zu fördern.[1] Der auf diese Weise an die fürstlichen Höfe fließende Reichtum wurde ein wirksames Instrument zur Durchsetzung ihrer politischen und wirtschaftlichen Bestrebungen, führte aber auch zu einer Verschärfung der sozialen Gegensätze.[2] Die Fürsten benutzten vor allem die wachsende Zahl der durch ihre ausgedehnten Handelsbeziehungen herangeschafften Luxusgüter, um den von ihnen immer mehr in eine Position der Abhängigkeit manövrierten niederen Adel zu entschädigen und an sich zu binden. Die Entfaltung eines luxuriösen

Lebensstils erlaubte ihnen darüber hinaus, sich zusammen mit den Rittern, die sich nun in Höflinge verwandelten, nach unten hin eindeutiger von den weniger erlauchten Schichten der bis dahin noch vergleichsweise wenig differenzierten »spätmittelalterlichen« Gesellschaft abzugrenzen.[3] Schließlich bot die Zurschaustellung der von nah und fern herbeigeschafften Gegenstände einer verfeinerten Kultur, darunter der »hochherrschaftliche Mohr«, Gelegenheit, einer noch weitgehend analphabetischen, bäuerlichen Bevölkerung das Ausmaß der fürstlichen Verbindungen mit aller Welt und damit die Macht des Fürsten eindrucksvoll vor Augen zu führen.

Friedrich II. hatte, wie in so vielem, auch hier den Weg gewiesen.[4] Wenn er in der bewußt fortgeführten Tradition der Triumphzüge antiker Feldherren und orientalischer Machthaber inmitten der Beutestücke seiner Kriege, seiner Reisen, seiner diplomatischen Missionen und Handelsgeschäfte am Rhein erschienen war, dann hatte er sich damit als Herr einer erweiterten Welt präsentiert. Der wandernde Hofstaat des Kaisers war ja im Grunde nichts anderes als ein Kolossalgemälde lebender Bilder, das die Selbstdarstellung des *Imperator mundi* zum Gegenstand hatte. Die in seinem Zug mitgeführten exotischen Tiere und fremden Menschen ließen die Zuschauer, die die Straßen seines Weges säumten, den Radius der unerhörten Aktivitäten ihres Herrschers ahnen. Wer Löwen und schwarze Krieger durch Worms führen konnte, – dies mußten sie erkennen – dessen Einfluß reichte bis zum Nil.

Das Bild Friedrichs II. im Kreis seiner Schwarzen hat offensichtlich einen nachhaltigen Eindruck bei den Zeitgenossen an Rhein und Donau, an Neckar und Elbe hinterlassen. Wie sehr ein Gefolge schwarzer Begleiter seither bei vielen Menschen die Vorstellung weitreichender Beziehungen und bedeutender Macht wachzurufen imstande war, das zeigte sich nicht zuletzt daran, daß selbst Betrüger diesen Umstand nutzen konnten: Als in den Zeiten Rudolfs von Habsburg (1273–1291) ein »falscher Friedrich« sein Unwesen trieb, da wollte er seine Echtheit durch drei »Mohrenkämmerer« und schwerbeladene Maultiere ausweisen (siehe Tafel 6); hoch zu Roß, als *»wær ez keiser Friderich«*, zog er mit seinen *»drî môren vil swarz«* durch die Lande:

> *»alsus sach man in wandern*
> *von einer stat zder andern.«*[5]

Niemand weiß, woher der Hochstapler seine Schwarzen hatte, doch kamen sie vermutlich aus dem Nahen Osten. Auch dort hatte man ja, ähnlich wie schon die Normannen und dann Friedrich II. auf Sizilien, von den Arabern gelernt, schwarze Dienstboten zu halten.[6] Man weiß von schwarzen Knaben, die – im Kampf erbeutet oder auf den örtlichen Sklavenmärkten erworben – des öfteren in den Besitz der »Franken« gelangten, wo sie christlich erzogen wurden.[7] Heimkehrende Kreuzfahrer haben dann gelegentlich solche Schwarzen nach Mitteleuropa gebracht.[8] Bereits *Herzog Ernst* kommt in dem gleichnamigen, gegen Ende des 12. Jahrhunderts (wahrscheinlich von einem geistlich gebildeten Dichter in Anlehnung an den 2. Kreuzzug) verfaßten epischen Gedicht nach einer exotisch-phantastischen Kreuzfahrt mit einem bunten Gefolge nach Hause, in dem sich neben Giganten, Zwergen und Ohrenmenschen (der einfüßige *Plathuof* war unterwegs gestorben) angeblich auch zwei »Mohren« befanden: Der Herzog hatte sie von einem christlichen »Mohrenkönig« als Dank für seine Hilfe im Kampf gegen den Sultan von »Babylon« erhalten.[9]

Seit dem 14. Jahrhundert wird es in deutschen Adelskreisen weithin üblich, den Hofstaat mit einigen schwarzen Sklaven zu zieren. Ihr unmittelbares Vorbild finden die Fürsten dabei allerdings nicht allein in der Erinnerung an Friedrichs »Mohren«, sondern ebenso in der Prachtentfaltung einiger Handelszentren des Mittelmeers, wo man sich schon etwas früher dem Warenaustausch vor allem mit dem Orient und Nordafrika zugewandt hatte.[10] Als wolle man exemplarisch das Ausmaß und den Erfolg der neuen Handelsaktivitäten demonstrieren, hatte man dort seit den Tagen der Kreuzzüge begonnen, sich ostentativ mit den Trophäen dieses Handels zu umgeben. Der schwarze Diener war Teil einer »Menagerie«, die – eine Art »enzyklopädische Abbreviatur des Weltganzen« (Heikamp) – eine größer gewordene Welt symbolisierte.[11] Die Pracht eines Herrn, sagte damals der italienische Chronist Francesco Matarazzo (ca. 1240–ca. 1312), erkennt man nicht zuletzt an seinen »Pferden, Mauleseln, Hunden, Sperbern, Vögeln, Buffonen und Sängern und seltsamen Tieren...«.[12] Er hatte die menschlichen Exoten vergessen. Denn die Großen des Landes, zuerst an den Höfen der aragonesischen Herrscher im südlichen Italien, später auch im Norden, in Mantua und Ferrara, in Venedig, Florenz und Genua, liebten es, sich mit fremdartigen Menschen zu umgeben.[13] Der bekannte Kardinal Ippolito Medici, zum Beispiel, »Bastard« des Giuliano, Herzog von Nemours, hielt an seinem Hof eine Schar von »Barbaren«, welche mehr als zwanzig verschiedene Sprachen redeten und von denen jeder in seiner Art und Rasse ausgezeichnet war. Da fand man unvergleichliche Voltigeure von »edlem nordafrikanischem Maurengeblüt«, tatarische Bogenschützen, schwarze Ringer, indische Taucher und Türken, welche hauptsächlich auf der Jagd die Begleiter des Kardinals waren. Als ihn 1535 sein frühes Schicksal ereilte, trug ihn diese bunte Truppe auf den Schultern nach Rom.[14]

Voraussetzung für den über die Araber bis in die Antike zurückreichenden Brauch, schwarze Bedienstete zu halten, war ursprünglich der uralte Transsaharahandel mit afrikanischen Sklaven.[15] Auf den seit undenklichen Zeiten bekannten Karawanenstraßen, die in mehreren Linien aus dem Sudan nach

Norden führten, war ein stetig wachsender Strom schwarzer Menschen zunächst in das südliche Europa gelangt. Im 14. und 15. Jahrhundert sorgte dann aber der zunächst unter portugiesischer Flagge, später auch von anderen europäischen Staaten betriebene Vorstoß entlang der afrikanischen Westküste nach Süden für eine wachsende Zahl schwarzer Menschen, die auf den Märkten von Konstantinopel[16], Sizilien[17], Neapel[18], Venedig[19], Genua[20], Barcelona[21], Lissabon[22], Sevilla[23] und Valencia[24] feilgeboten wurden. Danach führte die Entwicklung des transatlantischen Sklavenhandels durch Spanier, Holländer, Franzosen und Engländer zu einer relativen Bedeutungsabnahme der mittelmeerischen Handelszentren und ließ die atlantischen Märkte Frankreichs (Bordeaux, Nantes, Rouen)[25], Flanderns (Antwerpen)[26], der Niederlande[27], Englands (Bristol, Liverpool, London)[28], Hamburgs[29] und Kopenhagens[30] zur wichtigsten Bezugsquelle für schwarze Sklaven werden.

In den am Sklavenhandel beteiligten Gesellschaften des Mittelmeers war es in Übereinstimmung mit dieser Entwicklung bis Ende des 15. Jahrhunderts in begüterten Kreisen allgemein üblich geworden, schwarze Domestiken zu besitzen; besonders beim Gang durch die Öffentlichkeit der Städte ließ man sich seither gern von einem schwarzen Diener *(satelles aethiops)* begleiten.[31] Selbst in die weiter nördlich gelegenen Handelszentren hatte sich die Mode auszubreiten begonnen. Giovanni Giovano Pontano, Sekretär am Hof von Neapel und Geschichtsschreiber (gest. 1501), konnte gegen Ende seines Lebens feststellen: »[...] Äthiopier, die von dunkler Hautfarbe sind, dienen in allen Nationen als Sklaven [...]«[32]

Gesandte der mittelmeerischen Potentaten, die an die Höfe des Nordens geschickt wurden, hatten ihren Teil zu dieser Entwicklung beigetragen: Sie gefielen sich darin, in Begleitung ihrer schwarzen Diener zu erscheinen. Vor allem von der iberischen Halbinsel, wo die Schwarzen seit den Zeiten Heinrichs des Seefahrers (1394–1460) am zahlreichsten waren[33], kamen auf diese Weise wiederholt »Mohren«. Schon Albrecht Dürer zeichnete 1521 anläßlich seiner Reise in die Niederlande die 20jährige Katharina, »Mohrin« des damaligen portugiesischen Gesandten Joano Brandano, von Dürer »der portugiesische Faktor« genannt.[34] Schwarze wie Katharina sah man dann hin und wieder – bis ins Zeitalter der bürgerlichen Revolution. Namentlich aus dem habsburgischen Wien, das Spanien sehr lange dynastisch verbunden war, sind mehrere solcher Fälle bekannt. Da residiert etwa Ende des 17. Jahrhunderts ein portugiesischer Gesandter mit einem schwarzen Diener in der Donaumetropole. Sein »Mohr« stirbt am 26. Februar 1698 in der Obern Bräunerstraße im Graf Cavriani-Haus.[35] Im Wien des ausgehenden 18. Jahrhunderts finden sich dann gleich mehrere ausländische Gesandte, die über »Mohren« verfügen: Johann Ranusch, »Mohr« beim spanischen Botschafter, stirbt am 16. Juli

Albrecht Dürer, *Die Mohrin Katharina,* Silberstift, 200 x 140 mm, 1525, Florenz, Uffizien.

1770 im Alter von 42 Jahren im Ordenshospital der »Barmherzigen«; Franciscus Morczs, ebenfalls »Mohr« beim spanischen Botschafter, starben am 26. Dezember 1774 und am 24. Februar 1778 zwei Kinder.[36] Zu dieser Zeit hatten Portugal und Spanien allerdings längst den Rang als erste Sklavenhandelsnationen an England verloren; schwarze Sklaven gab es nun auch auf den Britischen Inseln in großer Zahl.[37] Es dürfte deshalb kaum jemanden überrascht haben, als der Repräsentant des englischen Königs mit einem schwarzen Diener am Wiener Hof erschien. Der schwarze Franziskus Hau des englischen Gesandten, »wohnhaft Stadt, Freyung, Harrachpalais«, starb am 23. September 1774 im Alter von nur 30 Jahren im spanischen Spital.[38] 1783 kommt schließlich noch der Pascha von Tanger, Muhammad Ben Abdil Melak, als Gesandter Marokkos zu Verhandlungen nach Wien und bringt mehrere schwarze Bedienstete mit.[39]

Wenn die ausländischen Diplomaten mithin eine gewisse Vorreiterrolle für die Sitte gespielt zu haben scheinen, sich mit exotischen Dienern ins rechte Licht zu setzen, so blieben sie doch mit ihren Schwarzen nicht lange allein. Die einheimische Aristokratie setzte Himmel und Hölle in Bewegung, um es den eleganten Fremden nachzutun. Wer etwas auf sich hielt, sah sich schon bald auch hierzulande genötigt, ein Zeichen zu setzen. »Es ziemt sich für Fürsten und Herren wohl, allerlei Volk an ihren Höfen zu halten«, meinte Hermann

Bote (ca. 1467–ca. 1520)[40], dem der *Till Ulenspegel* zugeschrieben wird, und spätestens seit dieser Zeit hörte man wirklich immer häufiger von »Mohren«, die an deutschen Höfen lebten: *»Ich pinß ains ritters knecht.«*[41]

Nicht wenige der adligen Herren machten es wie einst die Kreuzritter und brachten einen Schwarzen mit, wenn sie von Auslandsreisen auf ihren Stammsitz zurückkehrten. Der im Zusammenhang mit dem Zeitalter der Entdeckungen entstandene (und bis ins 19. Jahrhundert beliebte) Brauch junger Edelleute, sich eine Zeitlang auf Reisen zu begeben, begünstigte dies. Man begab sich auf dieser »Kavalierstour« – gewöhnlich in Begleitung eines gelehrten Mentors – an die berühmten Universitäten von Leyden, Paris, Padua und Bologna. Man verbrachte ein paar Jahre im Ausland, zechte, krakeelte, und hin und wieder studierte man ein wenig. Wer in jenen Tagen nicht einige Zeit in der Fremde zugebracht hatte, galt nicht als wirklich erzogen. Und wer es sich leisten konnte, kehrte mit einem exotischen Diener nach Hause zurück, um jedermann deutlich zu machen, welch feine Erziehung man genossen hatte.

Lupold von Wedel aus Kremzow in Pommern (1544–1615) war einer der reisenden jungen Herren, die es wie die Alten machten.[42] Nachdem er die halbe damals bekannte Welt bereist hatte, begab er sich in seiner für die Zeit typischen unersättlichen Gier nach Neuem und Fremdem auch noch auf die Britischen Inseln, wohin der englische Kapitän John Lok erst kurz vorher, im Jahr 1555, die ersten schwarzen Sklaven von der afrikanischen Westküste gebracht hatte.[43] Vom 17. August 1584 bis zum 23. April des folgenden Jahres bereiste der inzwischen nicht mehr ganz so junge Edelmann England und Schottland. Auf der Rückreise brachte er einen »Mohren« mit, um dessentwillen er – *»weil (dies)er kein Paßbort«*[44] – erhebliche Schwierigkeiten in Kauf nahm, bis er schließlich nach großen Strapazen am 3. Mai 1585 zusammen mit seinem *»morian«*[45] glücklich in Hamburg ankam, von wo aus es weiter nach Kremzow ging.[46] Ähnlich wie Lupolds »Mohr« nach Kremzow, kam wenig später, 1589, ein anderer Schwarzer nach Nürnberg: *»diesen Franken Moren, neben sonst, noch einen Jungen Moren auß der Insel Maltha«*, hatte der *»gestreng Edell«* Junker Hans von Munster *»erkaufft«* und mit *»herauß gebracht«*.[47]

Schon zu Beginn des 16. Jahrhunderts gibt es so viele Schwarze an Rhein und Donau, daß Sebastian Münster in seiner *Cosmographia* (1. Auflage 1544) den Anblick der *»Mohren, so zu uns herauß kommen«*, wie selbstverständlich als bekannt voraussetzt, um seine Theorie über die Pigmentation der menschlichen Haut zu demonstrieren.[48] Der Kölner Sprachgelehrte Johann Potken hatte schon 1513 an Sebastian Brant, den berühmten Verfasser des *Narrenschiffs*, geschrieben, daß es »sowohl in ganz Italien als auch ganz Germanien« »Äthiopier« christlichen Glaubens gäbe.[49]

Der bayerische Renaissancehof Herzog Wilhelms V. (1568–1579) in Landshut ist einer der Orte, wo schon früh »Mohren« in größerer Zahl versammelt werden. Der den »Wissenschaften« und den schönen Künsten gegenüber aufgeschlossene Herzog war als typischer Renaissancemensch sehr an »Exotica« aller Art interessiert. Die große Zeit der Handelsexpeditionen, der Entdeckungs- und Eroberungszüge und der Pilgerreisen war auch auf ihn nicht ohne Wirkung geblieben. Alles Fremde, Neue und Seltsame zog ihn in seinen Bann. Er liebte es, sein »Raritätenkabinett« mit allen möglichen »Absonderlichkeiten« zu füllen – mit »Antiquitäten« und seltenen Kunstwerken ebenso wie etwa mit der Mißgeburt eines Kalbs oder dem »wilden Mann«, der irgendwo in den Wäldern gehaust haben sollte, fremden Tieren, aber auch mit »Türken«, Zwergen und »Mohren«.[50] In dem staunenden Interesse an der im Vergleich zur biblischen Schöpfungsgeschichte nun auf einmal als so unendlich vielgestaltiger erkannten belebten und unbelebten Natur äußerten sich wachsende Zweifel an der Autorität der »Heiligen Schrift« ebenso wie das (freilich noch spielerische) Bemühen um einen sich quantitativ und qualitativ ausweitenden Warenaustausch.

Wie schwierig es war, einen der zu dieser Zeit noch seltenen Schwarzen zu bekommen, zeigt sich daran, daß eigens zu diesem Zweck ein europaweites Netz von Agenten gespannt werden mußte, damit Wilhelm seine vom Handelsgeist der Zeit diktierte Sammlerleidenschaft befriedigen konnte. Ein gewisser Gaspar Visconti war in Mailand für den Fürsten tätig.[51] Auch die Kaufleute Gaspar Fasoli und Joseph Rubeus führten seine Bestellungen aus.[52] Die Verbindung mit Rubeus scheint sogar in erster Linie wegen dessen guter Beziehungen zu Ägypten und Afrika zustande gekommen zu sein.[53] In Lissabon und in Hamburg sorgten Beauftragte der Fugger für die Befriedigung der fürstlichen Wünsche.[54] Und in Genua stand Wilhelm mit dem Kaufmann Christian Rem, der zuvor die Faktorei der Fugger geleitet hatte, sowie mit Oberst Adrian von Sittinghausen in geschäftlicher Verbindung.[55] Namentlich Sittinghausen, »ein biederer Kriegsmann, der durch die Habsburger nach Genua verschlagen worden war, um dort die österreichische Besatzung zu befehligen«, war immer wieder bei der Beschaffung von »Mohren« behilflich. Er war es auch, der das erste schwarze Kind an die Isar schickte. Am 30. November 1569, schreibt er dem Herzog, habe er den Kleinen abgeschickt; dieser bekommt ihn jedoch erst am 13. Januar 1570 (!) und teilt seinem Vater noch am gleichen Tag mit: *»[...] der ist ziemlich schen.«*[56] Seine Hochfürstliche Durchlaucht mußte 117 Kronen und 52 Schillinge, das sind fast 190 Gulden, für die »Sendung« bezahlen.[57] Der nächste »Mohr« wird aus Ungarn »geliefert«, wohin er wahrscheinlich über die Türkei gekommen war.[58] Dann, im »Glanzjahr« 1573, als die Prachtentfaltung in Landshut zur vollen Blüte

Johann Rudolf Huber, *Bildnis des Fürstbischofs von Basel, Wilhelm Jakob Rink von Baldenstein,* 1694, Bleistift, 26,9 x 20,2 cm, Basel, Kupferstichkabinett, Inv.-Nr. 1907.95.9b.

gelangte, kommt eine ganze Gruppe von Schwarzen auf die Burg Trausnitz, eine schwarze Frau aus Florenz[59], ein »Mohr« und eine »Mohrin« aus Lissabon[60], »schwarze Leute« aus Hamburg.[61] Zwei Jahre später, 1575, bei der Reduktion des Hofstaats, sind allerdings nur noch zwei Schwarze festzustellen: ein »Mohr« und eine »Mohrin«[62], doch kauft Sittinghausen im selben Jahr schon wieder ein zehnjähriges schwarzes Kind für Wilhelm, etwas später auch noch eine »Mohrin«, die aber »wegen des Klimas« vorsorglich erst im Sommer nach Landshut geschickt wird.[63]

Allmählich fand die Sitte, »Mohren« zu halten, überall an deutschen Höfen Eingang; spätestens seit dem 17. Jahrhundert gehörte es dort zum guten Ton, sich mit ein paar Schwarzen im Gefolge zu präsentieren. Nicht einmal der hohe Klerus mochte mehr auf die exotischen Pagen verzichten; Enea Silvio Piccolomini, der spätere Papst Pius II., der die Verhältnisse in Deutschland aus eigener Anschauung gut kannte, bescheinigte 1457/58 vor allen anderen gerade den deutschen Prälaten: »alle halten sich wie Fürsten Pferde und Hunde und füttern Gaukler und Schmarotzer. Auch auf einen großen Hofstaat wollen sie nicht verzichten [...]«[64] Als deshalb 1488 der spanische König Ferdinand der Katholische hundert für den »Heiligen Vater« (Innozenz VIII.) bestimmte *»mori«* nach Rom bringen ließ, die dieser – wohl wissend um die Prunksucht seiner Kirchenfürsten – umgehend aus politischem Kalkül an verschiedene Kardinäle und andere Herren weiterverschenkte[65], da werden gewiß auch einige Deutsche unter den Empfängern gewesen sein. Auf jeden Fall sind in der Folgezeit mehrfach kirchliche Würdenträger bekannt geworden, die sich von Schwarzen bedienen (und manchmal auch zusammen mit ihnen malen) ließen. Als zum Beispiel am 23. Oktober 1580 in Köln der »Kanonikus am Kapitol, Born«, starb, da wurde im Nachruf ziemlich respektlos auf die Verschwendungssucht dieses *»frome(n) her(n)«* hingewiesen: *»War prachtlich, plach einen morian vor einen diener zu halten.«*[66]

Nobiles mercatores

Der Adel hatte Pomp und Luxus nicht zuletzt entfaltet, um sich von den übrigen gesellschaftlichen Klassen abzugrenzen. Auch seine »Mohren« dienten diesem Zweck. Aber der Adel war zur Befriedigung seiner Wünsche auf den Fernhandel angewiesen, der sich infolgedessen seit der Kreuzzugszeit schnell zu einem bedeutenden Wirtschaftszweig entwickelte.[67] So sorgte der Adel selber dafür, daß sich schon bald immer mehr aufstrebende bürgerliche Familien – aufgrund wirklicher oder eingebildeter Meriten – Hoffnungen machten, eines Tages in die unteren Ränge des Feudaladels aufsteigen zu können. Diese Leute paßten ihren Lebensstil so weit wie möglich dem des Adels an und versuchten dadurch, die ständische Trennungslinie zwischen sich und der Aristokratie wenigstens nach außen hin zu verwischen.[68] Mächtige Großkaufleute nannten sich seit dem 14. Jahrhundert selbst gern »hochedle Bürger« *(nobiles cives)*[69] und strebten danach, ihre Töchter mit Adligen zu verheiraten[70]; sie erwarben Landsitze, um wie der Adel auf dem Land zu leben[71], und sie hielten sich mit Vorliebe ein Gefolge[72]; sie gaben – wie der Rheinländer Gerhard Unmâze (Gerhard vor dem Hofe, gest. ca. 1197/98), dessen Neffe und Erbe in den Urkunden bereits als »Ritter« *Gerhardus de curia* erscheint – höfische Dichtungen in Auftrag, wo das Bild des *höfsche koufmans* verherrlicht wurde, dessen Handelsreisen ihn bis in ferne »Heidenländer« wie »*Maroch*« führen konnten[73]; ließen ihre Häuser mit ritterlichen Turnierszenen ausmalen, wie noch heute in Kölner oder Nürnberger Patrizierpalais zu sehen; rüsteten sich wie Ritter und übten sich im ritterlichen Zweikampf zu Pferd.[74] Und wie die in der Nürnberger Stadtbibliothek aufbewahrte Abbildung von einem Stechen zwischen den Großkaufleuten Herdegen Tucher und Bertholt Nützel beweist, mußte der Schwarze auch hier wieder, wie einst an der Grenze zwischen »Heidenwelt« und Christenheit, herhalten, den Übergang auf fremdes Territorium zu erleichtern.[75] (Siehe Tafel 7.) Denn daß seit dem Aufblühen der italienischen Stadtstaaten in der Renaissance auch unbedingt ein oder mehrere »Mohren« zur hohen Kultur des fürstlichen Adels gehörten, war den gehobenen bürgerlichen Kreisen vollkommen bewußt; nicht ohne Grund dürfte der Maler David Brentel, der 1585 für das Stammbuch des Bürgermeisters Anton Weihenmayer in Lauingen an der Donau ein Blatt mit der Unterschrift »Der Venediger Lust Bracht und Herligkeit« lieferte, die feine Lebensart der hohen Herrschaften im Machtbereich des Dogen, der man ja im Norden so sehr nacheiferte, ausgerechnet mittels einer von zwei »Mohren« geruderten Gondel anschaulich gemacht haben, in der drei Paare um einen Tisch sitzen und nach dem *tactus* eines Herrn singen und Laute spielen.[76]

Tatsächlich hat mancher vermögende Bürger wirklich dem Bild entsprechend gelebt; aus gutem Grund haben sich Fürsten und Edelleute, die dergleichen von jeher als eigenes Privileg betrachtet hatten, wiederholt genötigt gefühlt, solche Emporkömmlinge in Fällen besonders demonstrativer Prunksucht mit spitzer Zunge in ihre Schranken zu verweisen.[77] Das Schielen nach den Lebensgewohnheiten des Adels und ihr Nachahmen hat so manchem Großkaufmann und oft dem ganzen Stand eher Spott als Anerkennung einge-

David Brentel, *Der Venediger Lust Bracht vnd Herligkeit* (1585), aus: Stammbuch des Bürgermeisters Anton Weihemayer in Lauingen a. d. Donau, Nürnberg, Germanisches Nationalmuseum, Inv.-Nr.: Hs. 123725, Bl. 30.

tragen, so wenn es hieß: »Sein Siegel macht er groß und schwere / mit einem herrlichen Schein, / der Adel kumpt im here / aus India über mere / von Muskaten und Negelein.«[78] Sobald deshalb klar wurde, daß nicht alle diese noblen Städter von der Aristokratie absorbiert werden konnten, ließ die allmählich zu einem Selbstbewußtsein gelangende bürgerliche Gesellschaft das schwarze Statussymbol – gleich allem übrigen Prunk – wieder fallen und begann, in einer mehr oder weniger bewußten negativen Abgrenzung vom Adel, ein eigenes soziokulturelles Profil zu entwickeln: Was blieb, war der hölzerne »stumme Diener«, der zuweilen noch immer, komplett mit Turban, »türkischen« Pluderhosen und einem runden »Mohrengesicht«, am Eingang mancher Tabakläden steht.

Es fiel den großen Kaufmannsfamilien nicht schwer, denselben Pomp zu entfalten, der bei Fürsten und Adligen zum guten Ton gehörte. Die Geschäfte der Strieder, der Welser, der Fugger, der Schetz usw. zogen sich über ganz Europa hin, Fürsten und Könige waren ihre Schuldner, die köstlichsten Produkte aus Indien, Afrika und Amerika strömten in ihre Schatzkammern, und Karl V. durfte in Paris erklären, den ganzen königlichen Schatz Frankreichs könne ein Leineweber aus Augsburg bar bezahlen.[79] Die Schetz waren schon im 15. Jahrhundert am Guineahandel beteiligt[80], und die Welser besaßen Anfang des 16. Jahrhunderts das erste Monopol im transatlantischen Sklavenhandel.[81] Da gehörte der prächtig livrierte dunkelhäutige Page selbstverständlich ins Milieu.

Seit dem 14. Jahrhundert finden sich in den verschiedensten Landesteilen der deutschsprachigen Welt bürgerliche Erfolgsmenschen, die ihren (meist durch Fernhandel mit dem Orient und Nordafrika in verhältnismäßig kurzer Zeit zusammengebrachten) Reichtum und ihre dadurch – nach eigener Einschätzung – entscheidend gestiegene gesellschaftliche Bedeutung durch ein Gefolge herausgeputzter Begleitpersonen zur Schau stellten.

Beinahe »abrupt«[82] taucht der Schwarze zu Beginn des 14. Jahrhunderts zunächst in der Heraldik auf: Wappen, Siegel und Münzen einer erstaunlich großen Zahl von Patrizierfamilien, ja, ganzer Städte wie der ehemals staufischen Stadt Lauingen, Zwickaus, Bad Sulzas (Thüringen), Pappenheims, Kölns (ca. 1369) oder Coburgs (ca. 1380) tragen auf einmal den Kopf oder die Büste von »Mohren« bzw. »Mohrinnen«.[83] Da sich den Trägern von Wappen ganz allgemein die Möglichkeit bot, durch die Wahl des Motivs und vermittels einer besonderen bildlichen Gestaltung persönliche Momente zum Ausdruck zu bringen, etwa auf den eigenen Namen, auf hervorragende Verdienste oder auch auf besondere Tätigkeiten anzuspielen[84], kann es kaum verwundern, daß offenbar auch die aufstrebenden Kaufmannsfamilien und Handelsstädte mit ihren »Wappenmohren« ähnliches versuchten.

Tatsächlich atmen diese Wappen schon formal den Handelsgeist der Zeit, denn im Gegensatz zu der stationären Kunst an den Wänden der mittelalterlichen Kathedralen und Paläste war ja die Kunst der Wappenmaler und Siegelschneider ambulant: als Schilde, Siegel, Münzen usw. wanderten ihre Bilder von Hand zu Hand und von Ort zu Ort. In dieser charakteristischen Beweglichkeit offenbaren sie ein bis dahin unbekanntes, neues Verhältnis zu Eigentum und Tausch.[85] Nicht umsonst gehörten auffallend viele Träger der »Wappenmohren« zu den wirtschaftlich aktivsten Elementen der damaligen Gesellschaft. Die Sitze dieser einflußreichen Familien scheinen überdurchschnittlich oft an der Handelsstraße des Rheintals zu liegen: Sie fanden sich von Holland über Kleve, Jülich, Gelderland und Berg aufwärts bis nach Köln, Worms, Straßburg und schließlich Konstanz. Oder sie residierten an den Endpunkten anderer bedeutender Handelswege, in Nürnberg und Coburg an der oberen Donau; in München, Freising und Zürich, an alten Straßen, die über die Alpen hinweg die Verbindung zu den Handelsstädten Oberitaliens und dann mit dem östlichen Mittelmeer und Nordafrika herstellten.[86] (Siehe Tafel 8.)

In der Tat werden vielen der Patrizierfamilien, die einen »Mohren« im Schilde führten, alte Verbindungen zum »Orient« nachgesagt.[87] Die Nürnberger Tucher gehören dazu, deren Wappen seit 1310 in der Sebalduskirche nachweisbar ist[88], die Kölner Cleingedank-von der Stesse[89], die Wormser Moros[90], die Straßburger Zorn und die Württemberger Kirchberg.[91] Der berühmte »Mohr« im Freisinger Wappen ist allerdings nicht, wie gelegentlich angenommen[92], einem Grafen Emicho I. von Leiningen zu verdanken, der einst zur »Befreiung« des »Heiligen Grabes« nach Palästina ausgezogen sein soll; dafür

In Coburg geprägte Münze (Brakteat), 14. Jhd., Kunstsammlungen der Veste Coburg, Münzinventar-Nr. 855.63.

hat ihn aber Bischof Konrad III. eingeführt, der aus der bekannten Münchner Patrizierfamilie der Sendlinger stammte, die – ehedem den Staufenkaisern eng verbunden[93] – seinerzeit über weitgespannte Handelsbeziehungen verfügte.[94] Ähnliches wie von diesen Münchnern läßt sich von den Nürnberger Haller von Hallerstein sagen[95], von denen von Pappenheim[96], von den Württemberger Senn und den Ittendorf, die alle seit dem 13. Jahrhundert »Wappenmohren« tragen.[97]

In wenigstens zwei Fällen haben sogar ganze Kaufmannsgilden »Mohren« im Wappen geführt, die Kölner und die Rigaer Fernhändler, die sich (wie viele ihresgleichen in anderen Handelsstädten auch) seit dem 12. Jahrhundert in sogenannten »Bruderschaften« zusammengeschlossen hatten.[98] Der Künstler, der um 1369 das Wappenbuch der Kölner »Dreikönigsgesellschaft« *(Fraternitas trium Regum)* anlegte – einer Körperschaft, in der Angehörige des Adels und des städtischen Patriziertums gleicherweise vertreten waren –, bildete darin neben den »weißen« Königen Melchior und Caspar auch eines der frühesten bekannten Exemplare eines »schwarzen« Balthasar ab.[99] In Riga trug die Kaufmannsgilde der »Schwarzhäupter« ihren Namen – vielleicht *in memoriam Friderici Secundi* und seiner Politik – in Anlehnung an den heiligen Mauritius, dessen »Mohrenhaupt« ihr stolzes Gildehaus als Hauszeichen schmückte.[100] Sie entstand in engem Zusammenhang mit dem 1202 gegründeten »Ritterorden« *Fratres militiae Christi* (Schwertbrüder), der sich der Erobe-

Wappen Albrecht Dürers, Holzschnitt, 1523, Nürnberg, Germanisches Nationalmuseum.

rung der baltischen Länder und ihrer handelspolitischen Erschließung verpflichtet hatte, und der deshalb außer Adligen ausdrücklich auch Kaufleuten offenstand.[101]

Tatsache ist, daß das *signum Aethiops* mit dem anbrechenden 15. Jahrhundert, als nach den Zunftkriegen die zünftigen Bürger den Patriziern politisch gleichgestellt und damit auch wappenfähig werden[102], aufhört, ein exklusives Zeichen kaiserlichen oder fürstlichen Adels zu sein. Es gerät jetzt immer mehr auf das Panier auch weniger hochgestellter Kreise, bis schließlich der gewöhnlichste Orientreisende »zum Andenken an seine vorigen Begebenheiten, in sein Notariats-Siegel einen Africaner in Abyssinischer Kleidung stechen ließ, mit der Unterschrift: ›*Olim meminisse juvabit*‹.«[103] Unter den vielen nicht »standesgemäßen« »großbürgerlichen« Trägern von »Mohrenwappen«, die in der Folgezeit allenthalben auftauchen, sei hier nur Albrecht Dürer erwähnt.[104]

Die »Verbürgerlichung«[105] der »Wappenmohren« konnte (und in der Tat: sollte!) indessen nichts daran ändern, daß man die Schwarzen auch in Zukunft weithin mit aristokratischem Wohlleben assoziierte, während sie zugleich den schon bestehenden Zusammenhang mit Handel und Wandel weiter verstärkte. Und gewiß hat dabei auch der schwarze Balthasar eine Rolle gespielt, dessen sterbliche Überreste – oder das, was man dafür ausgab – seit 1164 zusammen mit denen Melchiors und Caspars im Kölner Dom ruhen. Denn von Köln aus, der noch lange danach unbestrittenen Königin des Fernhandels, wachte er gemeinsam mit seinen populären Gefährten als Schutzpatron über die Reisenden in aller Welt: *»Got geve beholdene reise unde de hilligen dre konige«*, schrieb um 1410 ein hansischer Kaufmann an seinen Geschäftspartner Hildebrand Veckinhusen[106], und so wie er riefen reisende Kaufleute, Pilger und Wallfahrer die »Heiligen Könige« allerorten an, besonders, wenn sie in Not gerieten.[107] Das Trio, das dereinst – Kaufleuten gleich – mit kostbaren Gaben bepackt von weither gekommen war, um dem neugeborenen König der Juden zu huldigen, schien für diese Aufgabe prädestiniert; schon früh zollten ihm bezeichnenderweise einige der für den Fernhandel so unentbehrlichen Kartenhändler des »Mittelalters« besondere Verehrung.[108]

Balthasar (zusammen mit seinen Gefährten) war sicher der wichtigste Schutzheilige der Fernhändler und aller übrigen Reisenden, doch riefen diese auch häufig die schwarze Madonna an, wenn sie in Not gerieten. Wie bei den drei Weisen des Kölner Doms lag freilich auch eine besondere Verbindung der Jungfrau mit dem Stand der Kaufleute nahe; es wurde schon darauf hingewiesen, daß ihrem Bildnis unter anderem das jener dunkelhäutigen Herrscherin Sabas zugrunde lag, die einst – wie jene in späteren Zeiten zum neugeborenen Christus – mit kostbaren Gaben zum König der Juden gezogen war. Insofern wird auch die schwarze Madonna, in der die Sabäerin steckte, als ein Urbild reisender Händler mit ihren »orientalischen« Waren verstanden worden sein. Jedenfalls stand die ebenholzfarbene Jungfrau in einem nicht zu übersehenden Zusammenhang mit der geschäftigen Welt von Handel und Wandel. Ihr Kult ist bezeichnenderweise gerade in solchen Gebieten entstanden, die dem mediterranen Handel und den kulturellen Einflüssen des Mittelmeers besonders offenstanden.[109] Die ältesten noch erhaltenen Bildnisse der Heiligen finden sich demgemäß fast ausschließlich in den Zentren des damaligen Fernhandels und in den Durchgangsetappen der großen, nach Süden und Osten führenden Handelsstraßen: in Hildesheim; in Kevelaer, Mannheim, Köln, Straßburg, Türckheim (Elsaß) und Offenburg; in Nürnberg, Würzburg und Regensburg – oder im österreichischen Nieder-Ranna bei Spitz.[110] Von hier hat sich der Kult dann später, wie schon erwähnt, weit über den deutschen Sprachraum hinaus nach Westen und Süden verbreitet. Die schwarze Maria hat dabei anscheinend ihre schützende Hand vorzugsweise über die Seefahrer gehalten; vielerorts, wie in Köln, Rocamadour oder Boulogne-sur-Mer, wurde sie deshalb (und wird hie und da auch noch heute) besonders verehrt.[111] Vor allem reiche und mächtige Kaufleute in Not haben für den Fall ihrer Rettung *ex voto* kostbare Gaben versprochen. In der Kapelle von Notre-Dame de Rocamadour hängen noch immer zwei wertvolle Schiffsmodelle, die einst auf diese Weise gestiftet wurden. Auf einen nicht unbeträchtlichen Wohlstand läßt auch das Versprechen jenes Kaufmanns Roger Thevin aus Caen schließen, der sich seinerzeit mit einer Ladung Wein im Hafen von La Rochelle eingeschifft hatte und schon bald nach dem Auslaufen in einen Sturm geraten war. In seiner Bedrängnis hatte er die schwarze Jungfrau zu Hilfe gerufen und geschworen, einen Abendmahlskelch aus getriebenem Silber zu spenden, wenn sie die stürmischen Elemente beruhigen und für eine sichere Überfahrt sorgen wollte.[112] Ein anderer gelobte 1550 in einer ähnlichen Lage, tausend getrocknete Fische zu schenken.[113] Die Verbindung der schwarzen Madonna mit dem ebenso kapitalintensiven wie mit einem hohen Risiko belasteten maritimen Fernhandel erhellt ferner die Tatsache, daß auch wenigstens eine Seefahrergilde diese »Heilige« – ähnlich wie den *Mauritius niger* im baltischen Norden – zur Schutzpatronin erhob.[114] Und wenn sich in späteren Zeiten die kunstvoll geschnitzte Büste einer gekrönten Afrikanerin am Bug so manchen Windjammers der weißen Gischt entgegenstellte[115], dann war dies nur eine späte Reminiszenz der abergläubischen Reeder an die schützende Kraft der schwarzen Maria.

Schutzpatrone der Reisenden! Von da war es für Balthasar und die schwarze Maria nur ein kleiner Schritt zu Schutzpatronen der Gasthäuser: Die Namen vieler der seit dem 13. Jahrhundert zuerst am Rhein[116] – in Basel, Straßburg, Speyer, Worms, Mainz und Köln – und dann bald auch weiter östlich zwischen Donau und Elbe – in Würzburg, Bamberg, Nürnberg, Augsburg, Erfurt, Leipzig usw. – entstandenen Pilgerherbergen und Wirtshäuser klingen nicht nur wie ein Echo auf den wandernden Begleitzug Friedrichs II.: »Zum Kamel«, »Zum Elefanten«, »Zum güldenen Mohren«, »Zum stolzen Mohren«, »Zur Mohrin«; sie heißen auch häufig »Zu den heiligen drei Königen«, »Zum goldenen Stern« oder »Zu den drei Mohren«.[117] In Köln gibt es schon 1323 ein Haus *»zum schwartzen Mor«*, dessen Besitzer – wie in derartigen Fällen nicht selten – nach seinem Wohnsitz Fritz Mor genannt wurde.[118] Ein Bamberger Haus »Zum Mohren« wird erstmals 1468 genannt[119], dürfte jedoch älter sein; das unweit davon am Pfahlplätzchen gelegene Gasthaus »Zu den drei Mohren« läßt sich seit 1550 nachweisen.[120]

Die genaue Herkunft dieser Häusernamen (und anderer, die nicht unbedingt immer auf Gasthäuser verweisen) ist heute in den meisten Fällen kaum noch zu ermitteln, doch besteht weitgehend Einigkeit darüber, daß sie in der Regel von Balthasar oder dem heiligen Mauritius abgeleitet sind.[121] Das schließt nicht aus, daß unmittelbarer Anlaß für die Namensgebung bedeutende Herren gewesen sind, die entweder in einem solchen Gebäude ihren Wohnsitz hatten und einen »Mohren« im Wappen führten bzw. gar einen richtigen Afrikaner zu ihrem Gefolge zählten oder die dort einmal auf der Durchreise eingekehrt waren, was dann im Häusernamen verewigt wurde – ähnlich wie noch heutzutage nach hohem Besuch an den Außenwänden der betreffenden Etablissements Gedenkschilder angebracht werden, die die Erinnerung an das Ereignis wach halten sollen.[122] So wie jede Ritterburg und bald auch jedes städtische Patrizierpalais über dem Torbogen das Wappen ihrer Herren trug, einerseits, um sie als Besitzer anzuzeigen, andererseits, um Vorübergehenden anzukünden, wer hier wohnte, waren außen an den Gasthäusern hölzerne oder schmiedeeiserne Schilder angebracht, die einen »Mohrenkopf« vorstellten, um sie für die fremden Reisenden kenntlich zu machen.[123] Ähnliches galt für die Apotheken, die zur gleichen Zeit, d. h. im 13. Jahrhundert, entstanden und in denen ein großer Teil der Importwaren aus dem Orient (Gewürze, Zucker, Medikamente) gehandelt wurde.[124] Der Name der heute noch existierenden Bamberger »Mohrenapotheke« aus dem Jahr 1637 geht auf ein Haus »Zum schwarzen Mohren« an der Oberen Brücke Nr. 6 zurück, das erstmals 1548 Erwähnung fand.[125] Endlich soll noch darauf hingewiesen werden, daß diese Häuser häufig auch den Straßen ihren Namen gaben, in denen sie lagen: in Köln der »Mohrenstraße«, in Frankfurt dem »Mohrengässchen«, in Nürnberg der »Mohrengasse« usw.[126]

Wenn das gemalte *signum Aethiops* auf diese Weise im Zuge der seit dem 15. Jahrhundert weit über die Grenzen Europas hinausstrahlenden allgemeinen Intensivierung von Handel und Verkehr mehr und mehr Verbreitung fand,

Die Heiligen Drei Könige. Gasthausschild in Biberach an der Riß.

dann wurde es damit doch zugleich als Statussymbol der gehobenen Gesellschaftsklassen beträchtlich entwertet. Kein Wunder, daß es die noblen Kaufleute schon bald nicht länger dabei bewenden ließen und nach Möglichkeit versuchten, sich mit einem richtigen Schwarzen hervorzutun, ein Imponiergehabe, das erst mit dem Zusammenbruch der aristokratischen Vorherrschaft im Zeitalter der bürgerlichen Revolution verschwand.

Viele der großen Kaufleute kehrten mit einem schwarzen Diener von Handelsreisen in ferne Länder zurück. Das hatten ihre Vorfahren schon seit den Zeiten der Kreuzfahrerstaaten im östlichen Mittelmeer so gemacht, wenn sie einen Teil ihrer Tage im Orient verbracht hatten. Gewohnt an das Halten von Sklaven fremder Herkunft, verpflanzten sie diesen Brauch in ihre Heimatländer und veranlaßten auch andere, statt der für Lohn arbeitenden heimischen Dienstboten Sklaven bei sich einzustellen.[127] Daß deutsche Kaufleute im Ausland schon vergleichsweise früh schwarze Sklaven hielten, geht aus einem Kaufvertrag vom 21. August 1472 hervor, der im Königreich Neapel unterzeichnet wurde. An diesem Tag kaufte ein in der Stadt ansässiger Deutscher namens Aymus Rex (König) aus Kleve am Rhein einen achtjährigen schwarzen

»Mohren«. Der Kaufpreis betrug 44½ Dukaten, Verkäufer war ein gewisser Alibertus de Lapisola aus Neapel.[128]

Fernhändler, die mit einem Sklaven zu ihrer persönlichen Bedienung auf den Handelsstraßen Europas von Ort zu Ort zogen, waren in jener Zeit ein vertrautes Bild:

> »ich ward
> verkauft an einen Griechen, der mit mir
> durch seine Heimat und nach Rußland zog«,

so erzählt noch in Christian Dietrich Grabbes dramatischem Gedicht *Herzog Theodor von Gothland* ein Schwarzer.[129]

Eine ungefähre Vorstellung, wie es bei einer solchen Reise zugegangen sein mag, bietet der mit erzählerischem Talent und mit einer bewunderswerten Beobachtungsgabe niedergeschriebene Bericht des aus Sansibar gebürtigen Afrikaners Selim bin Abakari, der noch später, im Jahr 1896, wirklich eine solche Reise nach Rußland unternommen hat.[130] Die Reise führte Abakari zusammen mit seinem deutschen Herrn, dem Forschungsreisenden Dr. Bumiller, von Berlin aus über Königsberg nach St. Petersburg und Moskau, an den Mittellauf der Wolga, dann weiter durch Sibirien bis an das Altai-Gebirge und die Grenze zur Mongolei. Danach ging es wieder westwärts durch Zentralasien und den nördlichen Kaukasus und zurück nach Deutschland. Abakari notiert eine Fülle höchst interessanter landeskundlicher Einzelheiten, die auch heute noch einiges von ihrem Wert behalten haben dürften, beschreibt aber auch etwa die Beschwerlichkeiten, mit denen das Reisen per Kutsche noch zu seiner Zeit verbunden war: »Es ist eine Qual, in solchen Wagen zu reisen, die Rippen thun einem gewöhnlich weh, so geht es über Berge und Steine. Man muß in den Kissen liegen bleiben, die man sich unten in den Wagen und in die Seiten gelegt hat.«[131]

Von besonderem Interesse sind hier natürlich Bemerkungen Abakaris, die sich mit den Reaktionen der Leute auf sein ungewohntes Aussehen, namentlich seine Hautfarbe, beschäftigen, so wenn er erzählt: »Als wir in Samara ankamen, waren die Leute aufs Äußerste bestürzt, einen schwarzen Menschen zu sehen. Sie sagten, sie hätten noch niemals einen Schwarzen gesehen als mich. Wenn ich spazieren ging, liefen sie vor mir weg, denn sie glaubten, der Teufel sei zu ihnen herniedergestiegen.«[132] Man darf annehmen, daß dem weitgereisten Ostafrikaner so etwas nicht ganz unerwartet widerfuhr, eher überrascht haben dürfte ihn aber das folgende Erlebnis: »Als wir auf dieser Reise mit unseren Wagen durch die Dörfer fuhren und die Leute meinen Herrn, der vorausfuhr, sahen, begrüßten sie ihn, aber mich begrüßten sie bei

KVnd vnd zuwissen sey jedermänniglich / daß von heut Dienstags an / wie auch folgende zwen tag / Mitwochs vnd Donnerstag / der Orientalische Elefant in dem neuen Comödienhauß auff der Schüt / wirdt zusehen seyn / da Er dann mehr als zuvor geschehn / sich mit wunderlichen Künsten wirdt sehen lassen / soll ein Alte Person geben 4 kreutzer / ein kleine person 2 kreutzer: mag so lang zusehen als jhn beliebt / dann man wirdt den gantzen Tag / morgens von 7 biß zu 11 / vnd nach Mittag von 1. biß 6 vhrn / solchen sehen lassen.

Ankündigung der Vorführung eines Elefanten zu Nürnberg, 1629, Holzschnitt mit Text, Nürnberg, Germanisches Nationalmuseum, Inv.-Nr.: HB 2323, Kapsel 1338.

Albrecht Dürer, *Kopf eines Negers,* Kohle (Kreide ?), 320 x 218 mm, 1508, Wien, Graphische Sammlung, Albertina.

weitem mehr, als ob ich ein Sultan wäre, denn sie sahen, daß mein Herr ein Weißer war wie sie auch, aber einen Schwarzen hatten sie noch nicht gesehen und glaubten nun, ich sei der Oberste bei unserer Reise.«[133]

Schwarze Bedienstete wie Abakari waren ein Luxus, auf den die reisenden Fernhändler seit dem 15. Jahrhundert nur ungern verzichteten. Ein Genueser Gesetz aus dem Jahr 1403, das 1441 noch einmal ausdrücklich bestätigt wurde, verwehrte den Galeeren, Sklaven zu transportieren, »ausser wenn ein mitreisender Kaufmann einen solchen zu seinem persönlichen Dienst bei sich hatte«.[134]

Es ist anzunehmen, daß einige Afrikaner auf diese Weise von Süden her ähnlich wie Selim bin Abakari auch nach Deutschland gelangten. In Barcelona, einem der damals bedeutendsten Märkte für schwarze Sklaven[135], erhielten savoyische und deutsche Kaufleute schon 1420 das Privileg, wonach sie für Kleider, Lebensmittel, Waffen, Geschirr, Pferde und Sklaven, *soweit sie diese für sich selbst gebrauchten,* keinen Ausfuhrzoll zu zahlen hätten.[136] Friedrich III. erlaubte am 1. Juli 1466 im gesamten Römischen Reich die zollfreie Einfuhr auch schwarzer Sklaven.[137] Die Anwesenheit von »Mohren« wie jenem (vermutlich) schwarzen Elefantenführer, mit dem der »Kaiserliche Bediente« Hans Vyltzhover durch die Lande zog und dabei 1482 auch in Köln einkehrte, dürfte so zu erklären sein.[138] Auch müssen Afrikaner wie der um 1508 von Dürer wahrscheinlich in Nürnberg porträtierte Schwarze[139] und der am 24. Oktober 1589 im Hof des in der gleichen Stadt befindlichen Klosters

Heilsbronn auf den Namen Franciscus getaufte »Mohr«[140] auf ähnliche Weise wie der Sklave Vyltzhovers ins Land gekommen sein, desgleichen der 1629 wiederum in Nürnberg nachgewiesene Elefantenführer[141] und vielleicht auch noch der »erwachsene Mohr«, der 1651 im Münster zu Goslar[142], und jener andere, der im selben Jahr in der St.-Catharinen-Kirche als erster Afrikaner zu Hamburg getauft wurde.[143]

Seit dem Vorstoß der Portugiesen an die afrikanische Westküste kamen dann allerdings immer häufiger Schwarze auch über den Seeweg und finden sich nun erwartungsgemäß vor allem in den Hafenstädten der Nordsee und des Baltikums. Damals verbreitete sich die Sitte, einige Afrikaner an Bord der Handelsschiffe zu nehmen. Der schon früh einsetzende Menschenhandel mit Schwarzen, namentlich der transatlantische Sklavenhandel, schuf die Voraussetzungen dafür.[144] Papst Nikolaus V. beklagte schon 1454 die große Zahl der Schwarzen *(Ghinei & alii Nigri)*, die durch Raub, Tausch und Kauf erworben und nach Europa gebracht würden.[145] Wie in Portugal, Spanien, England und Frankreich war es seit den Anfängen dieses Handels auch in den Niederlanden und sogar auf deutschen Handelsschiffen üblich, daß Offiziere und Mannschaften nach Möglichkeit einige Sklaven zum eigenen Vorteil mitführten.[146] Es war ein einträgliches Geschäft, Kapitän eines solchen Schiffs zu sein, und diejenigen, die es betrieben, liebten es, dies nach außen hin zu demonstrieren. Reichverzierte Kleidung, Federhut und silberne Knöpfe am Wams, manchmal gar aus Gold, zeugten von ihrem Glück. Ein besonderes Zeichen ihrer Stellung aber war der schwarze Sklave, der sie auf dem Gang durch die Straßen begleitete.[147]

In Flandern, den Niederlanden, aber auch an der deutschen Küste, hatte man dergleichen immer wieder gesehen. So war der Kommandant des Kriegsschiffs *Den grooten leeuw van Hableneuf*, Kapitän Blondeel, Eigentümer einer jungen Schwarzen, *»een morinneken«*. 1599 verkaufte er sie an den in Antwerpen ansässigen, aus Gent gebürtigen Kaufmann Gilles van den Bogaerde.[148] Auch weiter nördlich konnte so etwas selbst damals schon einmal vorkommen. Zu Beginn des 17. Jahrhunderts kaufte ein Hamburger Kapitän angeblich »weiland auf dem Sklavenmarkt von Alexandrien« ein »Mohrenmädchen«, das er bei späteren Fahrten der Obhut seiner Frau anvertraute.[149] Häufiger finden sich solche Fälle freilich erst nach dem Ende des spanischen Erbfolgekriegs (1701–1713), der unter anderem dazu führte, daß die Grenzen des iberischen Weltreichs durchlässiger wurden, woraufhin es überall an der protestantischen Nordseeküste zu einem bedeutenden Aufschwung von Handel und Schiffahrt kam.[150] Heimkehrende Ost- und Westindienfahrer – oft Friesen im Dienst holländischer Unternehmer, deren damals überall im Nordwesten tonangebenden Lebensstil sie mit Vorliebe nachahmten[151] – brachten nun alle möglichen »Producte des Luxus, als Zucker, Thee, Liqueure usw.« aus der Fremde nach Hause[152], manchmal sogar einen Schwarzen. Im November 1759 traf beispielsweise auf der nordfriesischen Insel Sylt ein »an der Küste Guinea in Dellemina«[153] geborener junger »Mohr« ein, den sein Herr, ein Kapitän Jan Michelsen, dorthin geschickt hatte. Pastor Martin Ludolph Krohn, der von 1741 bis 1781 die Gemeinde in Morsum betreute, notierte im März 1767 im Taufregister dieses Dorfes, daß Michelsen den jungen Sklaven im Januar 1758 »auf öffentlicher auctroi[154] zu Surinam in America [...] für ohngefehr 156 Gulden Holl. Cour.« gekauft und anschließend nach Amsterdam gebracht hatte, von wo aus »er zu Morsum d. 11. Nove 1759 wunderbar gekommen. Diesen Neger hat Cap Jan Michelsen bis dato zu seinen Diensten gebraucht.«[155]

Der Hauch von Romantik, der malerische Paare wie Kapitän Michelsen und seinen schwarzen Begleiter umwehte, hat gewiß seine Wirkung auf die Menschen, die ihnen begegneten, nicht verfehlt, weshalb wohl auch die Schriftsteller so gern Gestalten geschaffen haben wie den Afrikaner Zaduc, der dem spanischen Kapitän Osorio in Ernst Lorenz Michael Rathelfs Tragödie *Die Mohrinn von Hamburg* (1775) gehörte; wie den »Mohren« von »Schiffscapitain Boyet« in Friedrich Maximilian Klingers Schauspiel *Sturm und Drang* (1776); ja, selbst noch wie den »verdammten kleinen Negerbengel« in Hans Leips Erzählung *Der Nigger auf Scharhörn* (1929), »der Kajütenjunge beim Kapitän gewesen war«.[156]

Schließlich hat sich sogar die Folklore dieses Bildes bemächtigt. Daß Kapitäne gern einen schwarzen Bediensteten von großer Fahrt mitbrachten, daran erinnert noch heute in einigen Orten Hollands und Frieslands das Fest vom Sinterclaas (Sünnerklaas). Dabei kommt am 6. Dezember, wie zum Beispiel im niederländischen Delftzijl, der »heilige« Nikolaus (neben Balthasar und der schwarzen Maria ein weiterer wichtiger Schutzpatron der Seefahrer und Kaufleute), in dessen Gefolge ein Afrikaner auftritt.[157] Auf der friesischen Insel Borkum wird am Vorabend des 6. Dezember gefeiert, wobei ein sogenannter Ringordnungskampf in drei Stufen ausgetragen wird: einfache Bootsleute, Steuerleute, Kapitän. In Begleitung des Kapitäns erscheint hier eine Afrikanerin.[158]

Am Ende galt der Besitz eines kleinen schwarzen Pagen für wohlhabende Kapitäne, Reeder und vor allem die Großkaufleute in den Hafenstädten an Nord- und Ostsee ebenso als Ehrensache wie zuvor den süddeutschen Patrizierfamilien an Rhein und Donau. Tatsächlich waren die Schwarzen, zumindest im 18. Jahrhundert, auch im Norden so häufig anzutreffen, daß es dem jugendlichen Joseph von Eichendorff (1788–1857) ganz normal vorkam, als sich ihm auf einer Reise von Dresden nach Leipzig einige Hamburger Kaufleute zugesellten, die »einen jungen Mohren zur Bedienung bey sich (hatten)«.[159] Wie einst »ein rechter Hamburger Überseekaufmann in Kubi einen eigenen schwarzen Boy zu besitzen«, war denn auch die traditionsbewußte Absicht des Senators Husemang in der Geschichte vom *Nigger auf Scharhörn*.[160]

Nicht wenige der Kaufleute, die einen Schwarzen mit nach Norden brachten, waren Juden, von denen einige womöglich sogar selber dunkelhäutig gewesen sind. Unter den jüdischen Emigranten Spaniens und Portugals, die – seit Ausgang des 15. Jahrhunderts von der Inquisition vertrieben und durch die »ausländerfreundliche« Politik einiger norddeutscher Handelsstädte angezogen – direkt oder über Zwischenstationen in Frankreich und den Niederlanden in das Gebiet zwischen Elbe und Nordsee kamen, gab es zumindest »Afrikaner«. 1611, als die englischen *Merchant Adventurers* ihre Niederlassung von Stade nach Hamburg verlegten und auch die wallonische Gemeinde den Engländern zu folgen begann[161], gewährte der durch diesen Kapitalabfluß bedrängte Rat der Stadt den portugiesischen Kaufleuten Immanuel Nehemia und Jacobus Moura und allen anderen Kaufleuten hebräischer Abstammung, »seien es Portugiesen, Spanier, Italiener, Orientalen, *Afrikaner* oder andere, gleich woher sie kamen [...]« eine Reihe von Privilegien, darunter die Niederlassungsfreiheit und – da sie »ehrliche und ansehnliche Commercien und hochnützliche Schiffahrten« führen wollten – Schutz gegen Hamburg.[162] Ähnliche Abmachungen bestanden seit 1649 zwischen den in Emden ansässigen sephardischen Juden und dem Herrscher von Preußen[163], sowie im Jahr 1616 von König Christian IV. von Dänemark als Konkurrenzhafen zu Hamburg gegründeten Glückstadt an der Unterelbe.[164] Es muß sich, wie gesagt, bei den in solchen Verträgen aufgeführten »Afrikanern« nicht unbedingt um Schwarze gehandelt haben, aber von vornherein auszuschließen ist dies ebensowenig.[165]

Auf alle Fälle haben einige der fast durchweg vermögenden jüdischen Kaufleute iberischer Herkunft – dem damaligen Brauch ihrer Standesgenossen und der begüterten Kreise ihrer Heimatländer folgend[166] – schwarze Bedienstete bei sich gehabt. In Glückstadt konnte sich der dort lebende jüdische »Burger und Kaufhändeler« Moyses Josua Henriques noch 1680 gut daran erinnern, »das meine VorEltern, die von erster fundation hero (d. h. seit der Stadtgründung, P. M.) in der Glückstadt gewohnet [...] wie auch andere() Bürger alhie, Portugiesischer oder ander kundbar Nation solche Mohren gehabt, in ihren Diensten gebraucht oder nach Belieben damit geschaltet haben«.[167] Auch Henriques besaß schon seit längerem drei »Mohren«[168], einen vierten »mit Nahmen Emanuel« hatte er sich um 1677 eigens von der westafrikanischen Küste beschaffen lassen.[169]

Benjamin Senior Godines (Amsterdam), *Memento mori,* Federzeichnung, 1682, Privatbesitz, wahrscheinlich im Zweiten Weltkrieg zerstört. Die Zeichnung zeigt einen portugiesischen Friedhof. Links liegt ein halbverwester Leichnam, der an einen, mit einem »Mohrenknaben« an der Hand eintretenden, aus Portugal stammenden Juden im Prachtkleid Mahnungen richtet. Einer der Sprüche lautet: »Has aquello que quizieras hauer hecho quando mueras. Es ist das Gellertsche: »Lebe, wie Du, wenn du Stirbst, Wünschen wirst, gelebt zu haben.«

Ähnlich wie die Glückstädter hatten selbstverständlich auch andere Juden, die seit Beginn des 17. Jahrhunderts (und wahrscheinlich direkt) aus Portugal in die norddeutsche Küstenregion gekommen waren[170], »Mohren« mitgebracht.[171] Der (vermutlich) aus einer krypto-jüdischen Familie stammende »wohlhabende« Kaufmann Peter Hannemann, dessen schwarzer Page am 29. August 1644 im Alter von zwölf Jahren in dem holsteinischen Städtchen Krempe getauft wurde[172], gehört dazu, ebenso wie verschiedene Hamburger Juden lusitanischer Provenienz (Marranen). In einem im Hamburger Staatsarchiv aufbewahrten amtlichen Aktenvermerk aus dem Jahr 1611 wurde zwar zunächst nur festgehalten: »Etliche vornehme portugiesische Kaufleute haben sich anhero aus Portugal cum familia begeben.«[173] Da jedoch der Ausdruck *»cum familia«* nach damaligem Sprachgebrauch Diener und Gesinde mit einschloß, kann es kaum überraschen, daß die im folgenden Jahr (1612) in offiziellem Senatsauftrag erstellte »Rolla der portugisischen Nation«, eine Art Ausländererfassungsliste, auch einen Michael Dias verzeichnet, der zusammen mit zwei »Mohren« in seinem Haus am (heute nicht mehr existierenden)

»Dreckwall« wohnte.[174] Die aus Portugal zugewanderte und – nach ihrer Hinterlassenschaft zu urteilen – vermögende Violante Correa besaß, ihrem am 26. Juni 1651 in Hamburg unterzeichneten Testament zufolge, ebenfalls eine schwarze Sklavin[175]; und schließlich erschien 1684 auch auf der Leipziger Ostermesse ein portugiesischer Jude mit einem schwarzen Diener.[176] Er ließ sein Bedürfnis nach Bequemlichkeit und Prestige freilich sofort hinter geschäftlichen Erwägungen zurücktreten, als er die Möglichkeit zu einem vorteilhaften Handel erkannte. Ohne zu zögern trennte er sich von seinem schwarzen Sklaven, als ihm ein anderer Jude 50 Reichstaler offerierte. Es gelang dem Afrikaner jedoch, hinter den Altar der Hauptkirche zu flüchten, »woselbst er ein grosses und erbärmliches Geschrey angefangen / so / daß darüber die gantze Stadt wach geworden«.[177] Auch der zufällig anwesende Herzog von Braunschweig hörte davon und ergriff die günstige Gelegenheit: Der Schwarze wurde seinem Hofstaat einverleibt.[178]

Eine teuflische Illusion

Die Hinwendung der herrschenden Schichten Europas zu einer dem Orient entlehnten verfeinerten Lebenskultur seit dem 12. Jahrhundert ist eine Tatsache. Ihre geschichtliche Bedeutung liegt darin, daß sie zu einer doppelten sozialen und kulturellen Differenzierung geführt hat: Im ganzen wuchs die Distanz des Adels zum Alltagsleben der bäuerlichen Kultur, und innerhalb des Adels schieden sich die kleinen, materiell dem Überlieferten verhafteten Herren von denjenigen, die neue, aus dem »Orient« importierte Gegenstände der Begehrlichkeit erwerben konnten.

Für die einheimische Ökonomie bedeutete dies ganz allgemein einen Zwang zur Preisgabe eines wachsenden Teils der traditionellen Subsistenzwirtschaft zugunsten einer Produktion, die sich am arabischen Markt zu »orientieren« hatte: Bauern und Handwerker hatten fortan unter wachsendem Druck der Oberschichten für das Warenäquivalent zu sorgen, das zum Ankauf der durch die schwarzen Fürstendiener symbolisierten fremden Pracht erforderlich war.[179] Die Begegnung Europas mit dem Orient und Afrika vertiefte auf diese Weise die bestehenden Unterschiede zwischen Herr und Knecht, zwischen Bauer und Fürst. Sie schuf neue Formen nicht nur des Glanzes, sondern auch der Ausbeutung und Unterdrückung.

Aus diesem Wandel wuchs Kritik. Es dauerte nicht lange, und Autoren wie Hans Vintler (gest. 1419) in seiner Schrift *Die Pluemen der Tugent* oder Sebastian Brant (1457–1521) in seinem *Narrenschiff* attackierten die verschwenderische Pracht und die »welschen« (d. h. ausländischen) Moden des höfischen Adels und mehr noch seiner bürgerlichen Adepten auf das heftigste; Künstler wie Hieronymus Bosch in seinem berühmten Triptychon, dem *Garten der Lüste* (1504?), thematisierten auch das irdische Glück, dem solche Leute nachjagten, als ein trügerisches »Schlaraffenland«, ein falsches Paradies, wo schöne schwarze und weiße Frauen zum Liebesspiel einladen und zusammen mit köstlichen Früchten und wunderbaren Blumen eine bezaubernde Atmosphäre schaffen, ein teuflisches Blendwerk, dem zuliebe die Reichen und Mächtigen der Sünde verfallen und für das die Bauern und gewisse Städter ein Leben lang mit ihrem Schweiß bezahlen müssen.[180] (Siehe Tafel 9.)

Sogar die ärmeren Landedelleute, die befürchten mußten, von fürstlichem Adel und städtischem Patriziertum vollends abgedrängt zu werden, reihten sich in die Schar der Kritiker ein, Ulrich von Hutten zum Beispiel, der um 1520 in seiner in Dialogform verfaßten Schrift *Praedrones* (»Die Räuber«) einflußreiche Handels- und Bankherren wie die Fugger als Feinde sowohl seines eigenen Standes, des Landadels, angriff, als auch der städtischen Handwerker.[181] Der Hauptgesprächspartner des Dialogs, Ritter Franz von Sickingen, tut Fugger und Medici als bloß mit einem Adelstitel versehene Geschäftsleute ab, als *»nobiles mercatores«*[182]; er beklagt, daß die Fugger und andere Kaufleute die »deutsche Lebensart« verdürben und Vermögen aus Deutschland abzögen, um ausländische Waren zusammenzuraffen und exotischen Moden und Sitten zu frönen:

> Sickingen.
>
> ... alle Orte, alle Gegenden, Meere, Landstriche und alle Winkel der Welt durchforschet ihr, um herauszubekommen, was gegen Geld von dort zu uns abgezogen werden könnte, so daß man glauben möchte, ihr hättet euch verschworen, keinerlei Gold oder Silber in Deutschland zu lassen.
>
> Kaufmann.
>
> Aber du kannst doch nicht bestreiten, daß es schön ist, diese fremdartigen Dinge hier zu haben.
>
> Sickingen.
>
> Ich aber sage, daß es gegen die Natur ist, hierherzubringen, was hier nicht entstanden ist.[183]

Obwohl es sich hier letztlich um die Verteidigung bestehender Privilegien handelte, während es dort mehr darum ging, in zunehmend bewußter Abgrenzung vom Adel eine eigenständige bürgerliche Kultur zu entwickeln, artikulierten diese sonst so verschiedenen Schriftsteller und Künstler viele Sorgen und Ansichten der ausgebeuteten Bauern und abhängigen städtischen Produzenten. Wie das »gemeine Volk« machten sie den schwarzen Mann und die schwarze Frau in diesem Zusammenhang zu einem Symbol des verhaßten aristokratischen Lebenswandels; Berührungsängste den Afrikanern gegenüber, die sich aus der Zeit der ersten Phase der deutsch-afrikanischen Begegnung erhalten hatten, bekamen auf diese Weise neue Nahrung.

Der bis dahin vornehmlich durch den *religiösen* Gegensatz von »Heide« und »Christ« bestimmte Januskopf des Afrikaners nahm im Verlauf dieses Prozesses einen *Klassencharakter* an, d. h. der Schwarze erschien von jetzt an vor allem den weniger vermögenden, produzierenden Schichten in Stadt und Land mit zwei Gesichtern, die verschiedene Aspekte eines *sozialökonomischen Verhältnisses* darstellten. Es kam auf den Standpunkt an: Wie die »Pigmeen«, von denen der Arzt Paracelsus (1493–1541) später schrieb, »reiche(n) Leute(n)« mit »gelts genug« und »alle(n) schätz Silber/Goldt und alle(m) Metall in der Erden«, konnte er den Menschen nun je nach Umständen »groß/klein« erscheinen, »schön oder ungestalt/in Herrlichkeit oder armut«.[184]

Mochten die Schwarzen auch wie Hermann von Sachsenheims »Mörin« zu »Dienern« fürstlicher Herren herabgesunken sein; aus der Perspektive der produzierenden Klassen hatte dies wenig Bedeutung. Sofern sie das schwarze Gesicht überhaupt wahrnahmen, grinste den Bauern und ihren armen Vettern in der Stadt die rückseitige Fratze des schwarzen Januskopfes entgegen. Auch als Sklavin führte die schwarze Schöne diesem Teil der Bevölkerung schließlich noch handgreiflich vor Augen, wofür man ihm einen ständig wachsenden Teil seiner Arbeit abpreßte: ein »riche(s) klaid« aus arabischem »damast«, ein delikat gewebter Schleier »von wisser sid«, Kopfschmuck »Mit berlin (Perlen) groß von orient [...] Von gold und von gestaine rich«, Ohrringe »von gold uß Araby«[185], kurz, lauter importierte Luxusartikel, die – zusammen mit ihrer Trägerin – stellvertretend für die Verlockungen des »Orients« standen und Gegenstand der Verschwendungs- und Genußsucht bei Hof waren.[186]

In Christine de Pizans *Mutation de Fortune* (1403–1404) illustriert die gekrönte Göttin des Glücks diese Einsicht in der Maske einer schönen jungen Frau mit zwei Gesichtern.[187] (Siehe Tafel 10.) Die eine – lichte – Seite dieser allegorischen Gestalt wendet sich der eleganten Erscheinung ihres Bruders Eur zu; sie trägt die Krone eines europäischen Fürsten. Ihr anderes – afrikanisches – Gesicht sieht auf die bäuerlich plumpe Figur ihres zweiten Bruders Meseur herab; hier geraten die beiden Zacken der Krone zu teuflischen Hörnern. Eur hat das Gesicht eines Europäers, aber mit einem roten Bein und einer roten Hand ist er ein wenig »exotisch«. Meseur ist ein typischer Bauer, so wie man ihn damals überall in Mitteleuropa kannte. Eur, »brillant und kultiviert«[188], ist kostbar gekleidet und trägt einen Lorbeerkranz auf dem hoch erhobenen Haupt. Meseur, »einfach, arm und roh«[189] und im groben Leinenkleid der Bauern, trägt einen Dreschflegel in der Hand. Eur blickt in zufriedener Verehrung zu der Göttin auf; Meseur scheint zu räsonnieren. Während die zweigesichtige Fortuna Eur mit anmutiger Geste eine Krone bietet, hält sie Meseur in drohender Gebärde ein Zepter entgegen, dessen oberes Ende eine Spindel trägt. Die Spindel sieht aus wie eine Keule. Eur soll herrschen, Meseur soll arbeiten, so will es das »Glück«.

Auch wenn die Bauern und die noch sehr stark von einem bäuerlichen Bewußtsein geprägten städtischen Produzenten dies alles nur dunkel empfanden und nirgends klar äußerten; blieb für sie der Schwarze angesichts einer fortgesetzten schmerzlichen Erfahrung im Umgang mit ihren neuerdings so viel anspruchsvolleren Herren gewiß immer noch »Heide«, der Bauer aber Christ. Der Schwarze war oben, der Bauer unten. Der Schwarze war der kultivierte Süden, der Bauer der ungehobelte Norden. Der Schwarze war Weltoffenheit und Progreß, der Bauer Beschränktheit und Stagnation. Der Schwarze war Wissen, der Bauer Ignoranz. Der Schwarze stand für Handel und Verkehr, der Bauer für Arbeit und Bodenständigkeit. Der Schwarze repräsentierte die feine Lebensart der Herren, der Bauer hatte die Zeche zu zahlen. Der Schwarze verhieß Freude im Diesseits, der Bauer erwartete Erlösung höchstens im Jenseits. Mit anderen Worten: Als Verkörperung der wachsenden Ansprüche der herrschenden Aristokratie und als Repräsentant einer fremden und überlegenen Zivilisation wurde der Schwarze in den Augen der bäuerlichen Bevölkerung einmal mehr zu einem Sinnbild des Bösen und Verwerflichen. So war er gleichermaßen Objekt und Begleiter der gesellschaftlichen Auseinandersetzungen dieser Zeit.

Tatsächlich reagierten die unteren Gesellschaftsschichten schon früh auf das noch ungewohnte Streben der höfischen Gesellschaft nach Reichtum und Genuß. Dies konnte um so leichter geschehen, als das Wohlleben bei Hof in offenem Widerspruch zu den überkommenen Soziallehren »ihrer« christlichen Kirche stand, denen sie sich in der neuen Lage um so eher verbunden fühlten, als diese einen gewissen Schutz gegen allzu habgierige Feudalherren boten. Denn sagte nicht die Kirche, Gott habe den Menschen das irdische Leben nur gegeben, um sich auf das ewige Heil vorzubereiten? War deshalb nicht Zweck der Arbeit weniger die Bereicherung als vielmehr die Beibehaltung jenes Zustands, in dem man geboren wurde, um also den Übergang vom irdischen ins ewige Leben zu erwerben? Hieß Streben nach Reichtum nicht der Sünde des Geizes verfallen, und sollten sich die Reichen deshalb nicht einer gewissen Bescheidenheit befleißigen? Schließlich: Hatte nicht die Kurie in weiser Voraussicht auch den Handel und alle möglichen Geldgeschäfte wiederholt verworfen, weil sie die Seele von ihrem letzten Ziel fernhielten?

In den seit dem 13. Jahrhundert nachweisbaren kirchlichen Mysterienspielen und bald darauf auch in den volkstümlichen, lärmenden Umzügen der Narrenfeste und Fastnachtsspiele, die unter freiem Himmel in den Straßen und auf den Plätzen der mittelalterlichen Städte veranstaltet wurden, machten sich Kritik und Aufbegehren der »kleinen Leute« unverhohlen Luft.[190] Der ganze vermeintlich dem »Orient« entlehnte Plunder und Prunk der höfischen Welt wurde hier in einer grotesken Gegenwelt und in einer befristet herausgenommenen (und nur anfänglich bewußt geduldeten) Freiheit auf die Schippe genommen.[191] Satiren und Parodien auf das feudale Leben der Grundherrlichkeit, auf die Feste und die Kultur der Höfe stellten die Reichen und Mächtigen sowie alle diejenigen, die ihnen nachstrebten, als hohlköpfige Narren und herausgeputzte Gecken hin, die in besinnungslosem Eifer um das Goldene Kalb tanzten. Das Wiener Passionsspiel, das hier stellvertretend für unzählige Veranstaltungen dieser Art stehen mag, kann als Satire »auf die drei herrschenden Klassen der Gesellschaft: Bürger, Geistliche und Raubritter« und auf die putzwütigen und liebestollen Damen der höheren Stände aufgefaßt werden.[192]

Die Kritik an den höfischen Moden und Vergnügungen verband sich dabei mit dem schon damals offenbar allen Klassen gemeinsamen leidenschaftlichen Interesse für das Fremdartige ferner Länder. Neben gelegentlichen echten Exemplaren aus entlegenen Welten tauchten in jedem Karnevalszug zahllose Masken exotischer Tiere und Menschen auf: kunstvoll aus Stoff und Papier gefertigte Papageien, aus allerlei Werg nachgebildete Löwen und Affen, »ein Hölefant« mit »ein Hültznen thurn«[193], der an den berühmten Dickhäuter im Zug Friedrichs II. erinnert[194], »wilde« Männer mit wüstem Schopf, einem imposanten schwarzen Bart und mit Schellen am Gürtel, »Barbaren« und immer wieder »Mohren«.[195] In einem später in Stuttgart aufgeführten sogenannten »Kopf-Ballet« wurde »Afrika«, wie ein Augenzeuge schriftlich festhielt, als ein riesiger »Mohrenkopf« dargestellt, ein aus Pappe, Holz und Leinwand fabriziertes Monstrum, das sich außer mit seinen »grossen mechtigen weissen Augen und Zänen, mit gar schwartzbleicher gleissender Farb [...] zur arbeit (stelte)«, und aus dem – wie aus den Tiefen der Hölle – »erstlich ein nacketer langer und wohlbesetzter Mor, mit einem schönen Umbschurtz vmb den Leib, vnd köstlichem Armband ober dem lincken Elnbogen, vnversehens sich herfür gethon«, dem alsbald ein zweiter folgte.[196] Quelle der Inspiration auch anderer Aufzüge waren wie hier sehr häufig einer oder mehrere schwarze *Tüffel*, d.h. Teufel, die entweder von echten Afrikanern dargestellt wurden oder von Leuten, die schwarze Masken trugen bzw. sich das Gesicht mit Ruß geschwärzt hatten und die mit witzigen Einfällen überall herumsprangen und die Umstehenden zu immer neuen Narreteien provozierten.[197]

Eine der frühesten bildlichen Darstellungen des volkstümlichen »Mohren« – sie ist in einem Manuskript über den Nürnberger *Schembartlauf* (einer Art Karneval) aus dem Jahr 1388 enthalten – zeigt diesen bezeichnenderweise zusammen mit einem Bauern im Tanz.[198] (Siehe Tafel 11.) Die beiden Tänzer scheinen in einem kontrapunktischen Verhältnis zueinander zu stehen – hat man es vielleicht mit einer choreographischen Austreibung des Teufels zu tun? Auf jeden Fall macht der Bauer den Eindruck, als drohe er seinem Partner, während sich der »Mohr« in einer eher defensiv wirkenden Haltung abwendet, als wolle er sich aus dem Bild schleichen.

Dergleichen findet lange Zeit und vielerorts großen Zuspruch, in Nürnberg entscheidet der Stadtrat beispielsweise am 3. Februar 1487: »[...] den erbern jungen gesellen ist vergonnt, in vasnacht kleidern in gestalt des morn zu vasnacht in rott weise ze laufen [...]«[199] Die Formel: »den *erbern* (d. h. ehrbaren) jungen gesellen« läßt allerdings einiges Mißtrauen der Behörden erkennen, die offenbar unerwünschte »Auswüchse« solcher Belustigungen befürchteten und deshalb gewisse »Elemente« – vor allem der Unterklassen – von der Teil-

Matthäus Merian d. Ä., *Kopfballett (Engländer, Schotte, Irländer, alter Teutscher, Lappländer, Spanier, Polack, Mohr, Türke usw.)*, Kupferstich auf Papier nach Esaias von Hülsen, Stuttgart 1616.

nahme ausschließen wollten. Tatsächlich trieben einige Leute die bei solchen Umzügen und Maskeraden üblichen Spott- und Bettelbräuche im Schutz ihrer Vermummung immer wieder so weit, daß sich die »respektirlichen« Klassen belästigt, gar bedroht fühlten; in einigen Fällen, wie 1482 in Köln oder 1496 in Hildesheim, kam es sogar zu regelrechten »Unruhen«, verbunden mit Plünderungen und anderen »Schandtaten«.[200] So hatte Sebastian Brant – das Sprachrohr aller »ehrbaren« Bürger – gewiß seine Gründe, als er von den »Fastnachtnarren« schrieb:

> »Wenn man die heilig Zeit fängt an,
> so stören sie dann jedermann:
> Ein Teil berußt sich das Gesicht,
> vermummt am ganzen Leib sich dicht
> und läuft dann so in Butzenweis.
> Ihr Anschlag steht auf dünnem Eis.«[201]

Kein Wunder, wenn die Behörden schon bald zu restriktiven Maßnahmen griffen und einige dieser »dreckspiele« verboten.[202]

In dem seit etwa Mitte des 15. Jahrhunderts insbesondere an Fastnacht sehr beliebten und wahrscheinlich auf spanische Ursprünge aus der Zeit der *reconquista*[203] zurückgehenden *Moriskentanz*, bei dem die Tänzer oder ein Teil von ihnen mit geschwärzten Gesichtern oder schwarzen Larven auftraten, tritt das Thema einer nun fremdartig gewordenen höfischen Kultur deutlich in Erscheinung.[204] Die orientalischen Verführer wurden hier allegorisch durch ein hübsches Mädchen dargestellt, »Frau Venus« oder »Frau Welt«, um das herum die verschiedenen Grundtypen der höfischen Welt (unter ihnen der »Mohr«), welche ebensoviele Narreteien verkörperten, in mehr oder weniger »orientalischem« Aufzug als stutzerhaft zurechtgemachte Kavaliere zum Rhythmus der auf Trommeln intonierten »Moriske« tanzten.[205] Unter anderem sind solche Lustbarkeiten aus Lüneburg bekannt, wo 1544 die »Mauritz dantzeren« je Person 7 Schillinge erhielten, sowie aus Münden an der Oberweser, wo man 1546 den Jungen, »so den Moritz-Dantz dantzeden«, 29 Schillinge zubilligte. Auch in dem erwähnten »Kopf-Ballet«, das 1616 in Stuttgart inszeniert wurde, haben die mitreißenden Schwarzen schließlich mit ihrer »klein Biscayer Trommel, so voll Schellen gehangen, [...] einen Morentanz angefangen, auch nicht auffgehört *biß daß er Alle zum Aethiopischen Sprung vermöcht, als ob sie auch alle Moren wären*«.[206]

Neben mehreren graphischen Blättern verschiedener zeitgenössischer Künstler zeigt heute vor allem eine im Jahr 1480 im Auftrag der Stadt München von Erasmus Grasser geschnitzte Gruppe von zehn Holzfiguren – auch unter ihnen ein »Mohr« –, wie man sich die »Moriskentänzer« vorzustellen hat.[207] (Siehe Tafel 12.) Grassers Darstellung zeigt die Eitelkeiten der höfischen Welt durch Vertreter der unteren Klassen parodiert: Durchweg angetan mit einer prächtig geschmückten Kostümierung, »in die während der Kreuzzüge empfangene Eindrücke eingegangen sind«[208], gehören die Gesichtszüge der Tänzer ausnahmslos einem »ältlichen, fast vulgären Typus« an, um sie als besitz- und ehrlose Personen nicht-ständischer Herkunft ohne Bürgerrechte zu charakterisieren, welche die Höflinge bloß mimen.[209] Das die Tänzer verbindende Motiv ist ihre Konkurrenz um den ausgesetzten Preis, einen Apfel oder einen Ring: Jeder versucht, durch besonders exaltierte Sprünge die Aufmerksamkeit auf sich zu ziehen und die Gunst der schönen Preisrichterin zu gewinnen. Unnötig zu betonen, daß stets der größte Narr von allen Tänzern diesen tollen Wettbewerb für sich entschied.[210]

Natürlich wurden auch einige der schwarzen Heiligen nach *»paurenweis«*, d. h. nach Art der Bauern, in Szene gesetzt: beim (heute noch) alljährlich am 15. Oktober zu Ehren des heiligen Gregorius in Köln veranstalteten »Mohrenfest«[211], beim *Schemenlaufen* im österreichischen Imst [212], und dann immer wieder, wie in Köln oder Hildesheim (den deutschen Ausgangspunkten der Legende von den »Heiligen Drei Königen«), der schwarze Balthasar. Wie sehr dieser König mit seiner »dämonischen« Farbe und seinem aristokratischen Gehabe die Ablehnung der kleinen Leute hervorrief, zeigt sich schon daran, daß es ihm lange nicht gelang, sich auf populär bildlichen Darstellungen allgemein durchzusetzen: Die Holzschnitte illustrierter Druckwerke, welche – wie die 1483 in Nürnberg erschienene *Biblia pauperum* oder das 1486 in Augsburg herausgekommene *Deutsche Evangeliarum* – für den »Massengebrauch« hergestellt wurden, zeigen keinen der drei Pilger als »Mohrenfürsten«, und der in Holland und Friesland tätige Inquisitor Wilhelm Damasi Lindanus (1525–1588) stellte noch 1575 fest, daß dies auch für die Kirchenbilder Kölns zuträfe.[213] Dem entspricht, daß der schwarze Balthasar auch vergleichsweise spät in den volkstümlichen Umzügen und Spielen auftaucht, um dann allerdings sehr schnell in den meisten Landesteilen mit dabei zu sein. Bei Gelegenheit, wie manchmal in Tirol, sind sogar alle drei Könige schwarz, doch ist ihr Anführer hier – wie seit dem 14./15. Jahrhundert sehr häufig auch andernorts – nicht Balthasar, sondern »Kaspar aus Mohrenland«.[214] Ganz gleich jedoch, ob Kaspar oder Balthasar, in jedem Fall haben die Könige, die den Orient, Afrika und Asien repräsentieren, kaum jemals »volkstümliche« Züge.[215] Eher werden sie als Widersacher der kleinen Leute aufgefaßt. Kaspar, aus dem sich später der dem Hanswurst eng verwandte *Kasper* entwickelte, »heiszt geradezu der teufel selbst«.[216] In buntfarbigem Kleid, ein wenig bizarr und geziert, mit reicher, schwerer Goldkette auf dem mageren

Körper und einer bunten Mütze mit langem, lustig flatternden Zottel auf dem häßlichen Kopf, wird er zur lächerlichen Karikatur des majestätisch-eleganten Heiligen aus dem Morgenland. So wird das Unbillige verächtlich gemacht und zu den anderen gehänselten Narren auf die Bühne gestellt, um es durch Lachen zu entmachten. Auch gegen wen sich dieses Treiben wirklich richtet, schimmert hin und wieder durch. Aus der Gegend von Krakau, wo – wie erwähnt – die schwarzen Heiligen gerade bei den Reichen und Mächtigen hoch im Kurs standen, sind Fälle bekannt, in denen die Bauern Angehörige von Adel und Bürgertum ausdrücklich als »Schwarze« bezeichneten.[217] Ähnliches läßt sich auch in Hildesheim beobachten. Dort genossen bis in unsere Zeit Männer »aus dem Arbeiterstande« das Vorrecht, den Schwarzen zu verkörpern; neben Bauernsöhnen und Handwerksgesellen bestanden hier vor allem Schiffer und Bergleute sowie die dokumentarisch zuerst im Jahr 1387 als »wegsetter« erwähnten »Pathöker« (Straßenpflasterer) auf diesem Privileg[218] – diese letzteren vielleicht, weil sie die Straßen anlegten, auf denen die reisenden Könige (d. h. Kaufleute) in die Ferne zogen. Zur Weihnachtszeit zogen die »Drei Könige aus dem Morgenlande« von Haus zu Haus durch die Stadt und einige benachbarte Dörfer und »beehrten« vor allem die Reichen und Mächtigen. Zuerst die »Hochmögenden«, den Bischof und die Domgeistlichkeit, den Oberbürgermeister, die Senatoren und Großkaufleute. Danach die Handwerksmeister, besonders diejenigen, die ein Ladengeschäft betrieben wie Bäcker und Fleischer. Von allen wurden – bei Strafe öffentlicher Verhöhnung und Verspottung im Fall von Geiz und Knauserigkeit – Geschenke verlangt: Äpfel, Kuchen, Würste, Geld.[219] Die Bauern, Handwerksgesellen und Pathöker des ausgehenden »Mittelalters« hatten begriffen, wie der »Orient«, d. h. die der verfeinerten höfischen Lebensweise nacheifernden Schichten, das Produkt ihrer Arbeit an sich nahmen. Indem aus den Weisen des Matthäus-Evangeliums Könige wurden, entstand ein mehrdeutiges Bild: Könige konnten sich Christus unterwerfen und gerecht sein, als Könige verkörperten sie aber immer auch Herrschaft, und diese konnte nach aller Erfahrung ungerecht sein. In der Verbindung von »Königen« und »Orient« bildete sich ein Zeichen für die Sphäre der Handwerks- und Handelsherren, die im Verein mit den Mächtigen im eigenen Land die spätestens in vorreformatorischer Zeit als »unbiblisch« erachteten Abgaben einheimsten. Auf der Straße, zur Weihnachtszeit und getarnt im Kostüm ihrer Widersacher, die damit tatsächlich für einen Augenblick wieder gerecht und heilig wurden, kehrten die Unterschichten das Verhältnis um und sorgten – wenigstens zeitweise – für den Rückfluß eines Teils der Waren in die eigenen Taschen.

Während sich Balthasar und seine Gefährten dieserart aus frommen Weisen, die demütig dem Christkind ihre Gaben zu Füßen legten, zu habgierigen

Potentaten ferner Länder wandelten, wurden die früher zur Maria stilisierten reinen und unschuldigen Herrscherinnen »Äthiopiens« – die Königin von Saba, Kandake, Belakane – zu teuflischen Verführerinnen umgestaltet. Die schwarzen Frauen waren nun auch nicht mehr »Erstlinge der Heiden«, die sich in ihrer natürlichen Frömmigkeit dem Rat der alttestamentlichen Väter und ihrer christlichen Nachfolger unterwarfen und ihnen dafür auch noch dankbar ihre Perlen überließen. Sie waren jetzt dämonische *femmes fatales*, die die genußsüchtigen Mächtigen und Reichen mit Hilfe ihrer fabelhaften Schätze und durch die Kraft ihrer weiblichen Erotik zu willenlosen Marionetten ihrer teuflischen Launen machten.

Schon im 11. Jahrhundert deutet sich dieser Wandel verschiedentlich an, so in einer im Westen gefertigten Illustration zur sogenannten *Himmelsleiter* des Johannes Klimakos (vor 579–ca. 649), einer damals viel gelesenen Anleitung zum asketisch-mystischen Leben. Die Sünde der Faulheit wird hier durch einen geflügelten weiblichen Dämon mit dunkler Haut symbolisiert, der – in prächtige rote, grüne und graue Kleider gewandet – nach der Hand eines von ihm in Versuchung gebrachten Mönchs greift, wobei er mit dem linken Arm nach rückwärts weist, als würde er auf einen – dem Betrachter unsichtbaren – verlockenden Gegenstand aufmerksam machen.[220] Später wird das Thema der Vefühung dann eindeutig auf den orientalischen Zauber bezogen: Nun ist es vor allem die Königin von Saba, die – besonders von den ökonomisch produktiven Klassen – verteufelt wird. Seit dem Ende des 13. und dann immer stärker im 14. und 15. Jahrhundert zeigt sich der diabolische und beunruhigende Aspekt der schwarzen Herrscherin in einer bezeichnenderweise vorwiegend in den sozialen Unterschichten verbreiteten Überlieferung, der zufolge eines ihrer Beine durch einen Gänsefuß verunstaltet war.[221] Ein bayerisches Handbuch für Maler weist dementsprechend Künstler, welche die Sabäerin darstellen wollten, ausdrücklich an: »vnd mal yr auch eyn gensfvß«.[222]

Auch in vielen Fastnachtsspielen tritt die Königin von Saba seit dem frühen 15. Jahrhundert als schwarze Teufelin auf, der die hochgeborenen Herren in ihrer ungezügelten Gier nach ihrem Gold und ihrem schönen Körper eine unheimliche Macht übereignen:

»Ich wolt den mayster berauben
Seyner witz und seyner synne
Im wirt gelusten meiner mynne.«[223]

Die schwarzen Frauen benutzten ihre Macht, um die »gottgewollte« Ordnung der Dinge auf den Kopf zu stellen. Statt in ihrer ehernen Rüstung den »männlichen« Kampf zu suchen, ziehen es die durch ihr höfisches Leben verweichlichten Ritter – nach orientalischer Sitte in wallende Seidenkleider gewandet – unter ihrem Einfluß vor, mit schönen Frauen zu tändeln:

»auch pracht sie Salomon so gar von sinnen,
das er ir muest lernen spinnen
und muest auch tragen frawen gewant,
das er für ain dieren wurd erchant.
also gieng si mit im umbe.«[224]

Bis dahin hatten die Menschen im Rahmen der »spätmittelalterlichen« ständischen Feudalgesellschaft – ein jeder auf seinem Platz, aber gerade dadurch einigermaßen geachtet und in ein System gegenseitiger Absicherung eingebunden – nach dem vermeintlichen Schöpfungsplan Gottes gelebt. Nun aber brachte der von dem »pöse(n) Weib« aus Äthiopien inszenierte Tanz um das Goldene Kalb chaotische Verhältnisse und den Verlust jeder Sicherheit. Immer mehr Menschen verleugneten ihren Schöpfer und fielen auf ihrer Jagd nach Gold und Perlen wie die wilden Tiere übereinander her. Der Teufel hatte seine höllische Herrschaft über die Erde errichtet ... Auch der aus einer verarmten Landadelsfamilie stammende, schiffbrüchige *Simplizissimus* in Grimmelshausens gleichnamigem Roman (1668) mußte das später erkennen, als er sich zusammen mit einem Leidensgenossen, einem Zimmermann, auf eine »paradiesische« Insel gerettet hatte.[225] Zusammen mit einer Schatzkiste, die sehr stark jenen Truhen glich, in denen die Kaufleute damals ihre kostbaren Waren durch die Lande zu schaffen pflegten, hatten sie auch eine »betörend« schöne junge Schwarze aus dem Meer gefischt und sie zunächst »für eine Abessiner Christin« gehalten. Als Sklavin im Dienst einer vornehmen Portugiesin, so erklärte sie jedoch, sei sie mit an Bord des gescheiterten Schiffs gewesen. Jetzt wollte sie, wie sie sagte, den beiden »gern mit Kochen, Waschen und anderen Diensten als eine Magd an die Hand gehen und [...] als ein leibeigene Sklavin untertänig sein« – wenn diese sie nur in ihrem Schutz behalten würden. Zu ihrer Leidwesen entpuppte sich die schöne Schwarze jedoch nur zu bald als eine wahre Teufelin und streute Mordlust und Zwietracht unter die Freunde. Erst als Simplizissimus, christlichem Brauch folgend, eine gemeinsame Mahlzeit segnete und dabei das Kreuz über die Anwesenden schlug, verflüchtigte sich diese teuflische Illusion; da »verschwand beides, unsere (schwarze) Köchin und die Kiste, samt allem dem was in besagter Kisten gewesen war, und ließ einen solchen grausamen Gestank hinter sich, daß meinem Kameraden ganz unmächtig davon wurde.«[226]

Am Ende fiel gar die schwarze Maria der kombinierten Wut von Bürgern und Bauern anheim: Im Bildersturm, der – von protestantischer Seite entfacht

– seit Anfang des 16. Jahrhunderts durch die katholischen Kirchen fegte, wurden auch Bilder der schwarzen Madonna zerstört.[227] Kaum ein Landesteil blieb im wechselvollen Verlauf der »Religionskriege« von dieser ikonoklastischen Raserei verschont, besonders waren jedoch die Hochburgen des Protestantismus betroffen: Calvinisten, Hugenotten, vor allem aber die Anhänger Luthers hatten einen ausgesprochenen Haß auf die schwarze Maria[228]; die noch heute existierenden Bilder der Heiligen finden sich nahezu ausschließlich in vorwiegend katholischen Gebieten (in Belgien, Frankreich, Italien, Süddeutschland, Österreich und Polen), während sie da, wo sich der Protestantismus durchsetzte (in der Schweiz, in Norddeutschland, den Niederlanden und Großbritannien) fast durchgängig fehlen.[229]

Zu den Gründen, welche diese bemerkenswert heftige Ablehnung der Heiligen durch die Reformer hervorgerufen haben, wird man zunächst den kritischen Rationalismus zählen müssen, den einige von ihnen dem theologischen Monopolanspruch der römischen Glaubenszentrale entgegensetzten: Zumindest der gebildete bürgerlich-»nationalistische« Teil der Reformbewegung hat – nachhaltig beeinflußt von Humanismus und Renaissance – bewußt gegen die Elemente des Aberglaubens und Götzendienstes polemisiert, die allgemein mit dem Marienkult, speziell aber auch dem der schwarzen Madonna, verbunden waren. Für diese Leute verkörperte die Jungfrau den finsteren »gotischen« Aspekt des Katholizismus[230]; 1530 erboste sich ein junger Reformanhänger, der Student Etienne Dolet aus Toulouse, den man zum Feuertod verurteilt hatte, noch auf dem Scheiterhaufen über den jeder Vernunft spottenden Glauben an die vermeintlichen Kräfte der schwarzen Madonna: »Ist es denn etwas anderes als Aberglauben, wenn – da man sich in der Trockenheit des Sommers nach Regen sehnt – man die Kinder das faule Holz gewisser Statuen durch die ganze Stadt führen läßt?«[231]

Wenn die frühen Wegbereiter der bürgerlichen Gesellschaft auf diese Weise den Glauben an die magischen Kräfte der schwarzen Jungfrau (und aller übrigen Heiligen) in Zweifel zogen, dann geschah dies nicht aus bloß intellektuellem Dünkel, sondern vielmehr in dem Bemühen, die Menschen von solcher Abhängigkeit zu emanzipieren: Die Menschen sollten sich – dies war der Kern der Häresie – auf ihre eigenen Kräfte besinnen und sich als autonome Herren selber über die Natur erheben.

Den weniger gebildeten Bauern und vielen Bewohnern der Stadt, die allesamt noch voller Aberglauben steckten, waren solche in die bürgerliche Zukunft weisenden Gedanken weitestgehend fremd. Ihr Haß gegen die schwarze Madonna setzte da an, wo der Schuh unmittelbar drückte: beim (von Rom aus organisierten) Unwesen des halsabschneiderischen Ablaßschwindels; bei der Tatsache, daß die »heilige« *vierge de majesté* mit ihrer

Krone, ihrem Thron, ihrem Schmuck und ihren kostbaren Kleidern allzusehr dem verhaßten Feudaladel glich; daß sie mit Vorliebe die Fürsten und patrizischen Großbürger schützte; daß sie, die man nicht selten »die Ägypterin« nannte oder »die Sarazenin«[232], mit ihrer dunklen Hautfarbe und ihrem exotischen Gepränge immer wieder schmerzlich daran erinnerte, wie sehr die hohen Herren und Damen alles Fremde liebten, die eigenen Leute aber dazu ausnutzten, es auch wirklich zu bekommen.

Dergleichen Ressentiments saßen tief; noch sehr viel später, im 18. Jahrhundert, als die bürgerliche Revolution die alte Welt erschütterte, war die enge Verzahnung der schwarzen Jungfrau mit den Interessen der Fürsten und patrizischen Großunternehmer – wenigstens im Bewußtsein der Jacobiner und Sansculottes zu beiden Seiten des Rheins – bittere Realität: Viele Bilder der Heiligen, welche die Religionskriege überdauert hatten, wurden jetzt ein Opfer der aufständischen Massen; allein im Jahr II der Revolution (1793–1794) landeten mindestens 46 der schwarzen Marienbilder auf dem Scheiterhaufen.[233]

Aus der nüchternen Tagwelt der Bürger war die gefährliche Schwarze, deren Urbild die reizende Königin von Saba mit all ihren zweischneidigen Lockungen war, damit weitgehend verdrängt. Nur im Halbdunkel der Träume (und ihrer irdischen Dependance, dem Bordell), wohin sich die geheimen Wünsche und Ängste der bürgerlichen »Kinder der Reflexion« aus der freudlos-sachlichen Wirklichkeit des beginnenden Zeitalters der Industrie gerettet hatten, lebte sie weiter; hier hatte ihr Zauber nichts von seiner phantastischen Kraft verloren: »Negerinnen, Mestizen und Mulatinnen« gehörten seit napoleonischer Zeit zum Standard großstädtischer Freudenhäuser.[234] Und immer noch – wie in der Stauferzeit – war die schwarze Dämonin doppelgesichtig, »ein Weib wie aus Ebenholz geschnitzt, berauschend in dem schwarzen Glanze ihres bacchantischen Leibes«, aber auch mit »dem grausamen Lachen des Tiegerkopfes, in dem mordlustigen Funkeln ihrer wollüstigen Augen«.[235] Tatsächlich sind im 19. und selbst noch im 20. Jahrhundert das Motiv der Rache und das Versprechen des höchsten Genusses in dieser Gestalt aufs engste verwoben: Mitten im (oft nur ärmlich angedeuteten) Luxus orientalischer Pracht, die aber jetzt eine untergegangene Welt symbolisiert, in der (Wahrheit oder Traum) noch zärtliche Empfindsamkeit und lächelnder Genuß möglich waren, weckt sie die Sehnsucht nach dem verlorenen Paradies, aber auch ein geheimes Verlangen nach Strafe, da man dieses doch zerstörte. In Sacher-Masochs Erzählung *Die Venus im Pelz* berichtet der Protagonist, wie ihm auf Geheiß der einst lachenden, nun aber erkalteten Liebe (Wanda, d. i. »Venus«), für die kein Platz mehr in der neuen Fabrikgesellschaft ist, »drei junge, schlanke Negerinnen, wie aus Ebenholz geschnitzt und ganz in roten Atlas gekleidet«, die Verwüstung der Welt vor Augen führen, um ihn anschließend durch zwanghafte Arbeit (die doch die Ursache der Zerstörung war) zu bestrafen, wobei sie ihn auf das Grausamste zu immer höheren Leistungen anstacheln, während Venus unbeteiligt daneben steht: Sie »führten mich in den Garten hinab bis zu dem kleinen Weinberg, der ihn gegen den Süden begrenzt. Zwischen den Traubengeländen war Mais angebaut gewesen, da und dort ragten noch einzelne dürre Stauden. Seitwärts stand ein Pflug. Die Negerinnen banden mich an einen Pflock und unterhielten sich damit, mich mit ihren goldenen Haarnadeln zu stechen. Es dauerte jedoch nicht lange, so kam Wanda, die Hermelinmütze auf dem Kopf, die Hände in den Taschen ihrer Jacke, sie ließ mich losbinden, mir die Arme auf den Rücken schnüren, mir ein Joch auf den Nacken setzen und mich in den Pflug spannen. Dann stießen mich ihre schwarzen Teufelinnen in den Acker, die eine führte den Pflug, die andere lenkte mich mit dem Seil, die dritte trieb mich mit der Peitsche an, und Venus im Pelz stand zur Seite und sah zu.«[236]

Auf diese Weise also beugt sich der impotente, verängstigte Bürger – der es im anonymen Räderwerk der Maschinenwelt verlernt hat, sich repressiver Gewalt, ganz gleich welcher Art, mannhaft zu widersetzen, um seinem Leben eine eigene Richtung zu geben – der nur noch im Untergrund fortbestehenden Macht der beleidigten Liebe. Die schöne Afrikanerin tritt dabei als deren rächender Büttel auf, eine dem quasi entmannten Bürger durch ihre hemmungslose Weiblichkeit ebenso wie durch ihre strafende Wut furchtbare *Domina*, die immer zuerst uneingeschränkte Unterwerfung verlangt, bevor sie die höchsten Freuden gewährt.[237]

III

Nach dem Ende der Religionskriege im 17. Jahrhundert vollzieht sich ein grundlegender Wandel der allgemeinen Ansichten über Afrika und seine dunkelhäutigen Bewohner. In der Zeit zwischen 1648 und 1789 gerät die alte Frage nach dem »wahren« Gesicht des Schwarzen in den Sog der ideologischen Auseinandersetzung zwischen Adel und Bürgertum. Afrika, das man sich bis dahin als ein verführerisches Paradies verfeinerter Kultur vorgestellt hatte, verwandelte sich nun im Bewußtsein vieler Menschen in ein Land primitiver Unterentwicklung: »Äthiopien« wurde zum Land der »Nigriten«, der kultivierte »Mohr« zum wüsten »Wilden«. Die Schwarzen – nicht wirklich Sklaven und nicht richtig frei – konzentrierten sich vorerst weiter an den fürstlichen Höfen; aber sie wurden von jetzt an immer weniger mit Wohlleben und Genuß in Verbindung gebracht, mehr dagegen mit verschiedenen Aspekten von Mühsal und Arbeit.

Von »Äthiopien« nach »Nigritien«: Der »Mohr« wird zum »Neger«

Seit Beginn des 17. Jahrhunderts hatten sich einige Staaten Nordwesteuropas, allen voran die Niederlande und England, nach längeren sozialen Umwälzungsprozessen, die fast überall in der absoluten Fürstenherrschaft und einer vorwiegend merkantilistisch ausgerichteten Politik gipfelten, innenpolitisch so weit gefestigt, daß sie die seit dem 15. Jahrhundert bestehende atlantische Monopolstellung Spaniens und Portugals erfolgreich in Frage stellen konnten. 1644, bei ersten Friedensverhandlungen in Münster aus Anlaß des Dreißigjährigen Kriegs, machte eine Episode diese Machtverschiebung deutlich. Als der französische Botschafter, Graf d'Avaux, in der Karwoche mit einem eindrucksvollen Gefolge von »wenigstens 140 Schwarzen« den Dom zum Gottesdienst betrat, kam es zu einem Eklat.[1] In einer Zeit, in der die Spanier immer schmerzlichere Einbrüche in ihr altes Monopol über den Sklavenhandel hinnehmen mußten und in der zudem die Bedeutung herrschaftlicher Persönlichkeiten nicht zuletzt auch an der Prachtentfaltung gemessen wurde, derer sie fähig waren, fühlte sich die am Verhandlungstisch ohnehin schon gedemütigte spanische Delegation brüskiert und verließ indigniert die Kirche, um an anderer Stelle die Messe zu hören.[2]

Der Niedergang der iberischen Vormachtstellung in Europa konnte in der Tat kaum eindringlicher demonstriert werden. Denn mehr als alle papiernen Dokumente bewiesen die Schwarzen des Grafen d'Avaux, daß der bis dahin durch das spanisch-portugiesische Monopol versperrte Weg an die afrikanische Westküste und nach Amerika nun auch den Niederlanden und England, Frankreich, Dänemark, Brandenburg-Preußen und selbst dem Herzog von Kurland, dem Schwager des Großen Kurfürsten, offenstand.[3]

Für Portugal und Spanien war dies sicher schmerzlich, aber auch für die soziale Stellung und das Ansehen der Schwarzen in aller Welt sollte die neue »Freiheit der Meere« nachteilige Folgen haben. Denn die dadurch möglich gewordene Beteiligung der nordwesteuropäischen Staaten am jetzt aufblühenden transatlantischen Sklavenhandel und die parallel dazu erfolgende Gründung eigener Kolonien auf der Basis einer in großem Stil betriebenen Plantagenwirtschaft haben nicht nur entscheidend zur Entwicklung kapitalistischer Produktionsweisen und zur Herausbildung bürgerlicher Bewußtseinsformen beigetragen; sie gehören auch zu den Hauptursachen für eine veränderte Haltung den Schwarzen gegenüber.

Die Zahl der nach Mitteleuropa gelangenden Schwarzen nimmt seit dem auslaufenden 17. Jahrhundert im Vergleich zu früheren Zeiten merklich zu.[4] Aber die Afrikaner kommen jetzt – wie bei der skizzierten Entwicklung nicht anders zu erwarten – nur noch selten auf den traditionellen Wegen quer durch die Sahara, über das Mittelmeer und die Alpen. Der Strom der durch die Welt des Islam geprägten und vermittelten »Mohren« versiegt nahezu. Der »Mohr Mustapha«, 1690 nur wenige Jahre nach dem endgültigen Sieg über die Türken (1683) in Griechenland bei einem letzten »Rencontre in Morea«[5] gefangen und anschließend dem Erbprinzen von Hannover, Georg Ludwig, geschenkt[6], und »eine geborene im Türkischen Glauben erzogene Mohrin«, die 1696 gleichfalls in die Leinestadt kommt[7], gehören zu den wenigen, die fortan noch auf dieser Route hierherkommen.

Die meisten der seit Ende des 17. Jahrhunderts nach Mitteleuropa verbrachten Schwarzen erreichten die hiesigen Hafenstädte infolge der Verlagerung des »Weltgeschehens« an den Atlantik nunmehr auf dem direkten Seeweg von den westafrikanischen »Sklavenküsten« oder auf dem Umweg über Amerika.[8] Der nur fünf Jahre alte kleine Schwarze, der 1638 mit einem aus Indien heimkehrenden Schiff in Hamburg eintraf, muß einer der ersten auf dieser Route gekommenen gewesen sein, obgleich es nicht ganz abwegig ist, anzunehmen, daß ihn die Weiber auf dem Hopfenmarkt noch für einen Eingeborenen aus dem sagenhaften Reich des »Priesters Johannes« in Äthiopien hielten: »Lütten söten swatten Engel!« – hatten sie jedenfalls ausgerufen, als sie zum erstenmal seiner ansichtig wurden, und sie »herzten und küßten« ihn.[9] Eindeutig aus Westafrika stammte dann aber der schon in anderem Zusammenhang erwähnte kleine Emanuel, den sich der Glückstädter Jude Henriques um 1677 »aus Guinea durch einen Schifer, der von hir järlich an selbige Küsten fähret, anhero (hat) bringen laßen [...]«[10] Am Hof der braunschweigischen Herzöge in Bevern wird 1686 ein erster »Mohr [...] auß Guinea« verzeichnet.[11] Seit dieser Zeit kommen dann allerdings immer öfter auch Afroamerikaner, d. h. Schwarze, die zwar von Afrikanern abstammten, aber bereits in Amerika geboren waren. So kam der »[...] Mohr Anton, welcher ein Knabe von zwölf Jahren aus Westindien auf der Insel St. Thomas gebürtig ist und in seinem vierten Jahr nach Kopenhagen gebracht, von dannen aber durch Ihro Majestät den König zu Dänemark-Norwegen im Julio 1729« nach Aurich »geschenkt und überschicket worden ist«.[12]

Die Tatsache, daß die seit Mitte des 17. Jahrhunderts nach Mitteleuropa gekommenen Schwarzen – von Ausnahmen abgesehen – nicht länger aus den traditionellen Herkunftsgebieten in der »orientalischen« Welt (Nordafrika, Äthiopien), sondern überwiegend aus den neuen »Bezugsquellen« für schwarze Sklaven am Atlantik (Guineaküste, Kongo, Amerika) stammten, machte die Europäer nun freilich mit einem ganz neuen Typus von Afrikanern bekannt. Mit dem »orientalischen« »Mohren« *(Aithiops)* war ihnen seit Jahrhunderten ein Schwarzer gegenübergetreten, der eine überlegene Kultur verkörperte; durch seinen bewaffneten Glaubenskrieg bedrohte er sie überdies auf ihrem angestammten Boden: Die erste Begegnung mit den Schwarzen war von Afrika ausgegangen, die Europäer hatten sie nicht gesucht. An die Guineaküste waren sie dagegen aus eigenem Antrieb vorgedrungen; und hier fanden sie eine Vielzahl schwarzer Gesellschaften, denen sie sich bald in jeder Hinsicht überlegen fühlten: Die Menschen an den »unwirtlichen« westafrikanischen Küsten besaßen offensichtlich keine dem Islam in irgendeiner Weise vergleichbare aggressive Hochreligion, und auch die gesellschaftlichen und kulturellen Errungenschaften der Muslime, die man in Europa so sehr bewunderte, schienen ihnen vollkommen fremd.

Den ersten Afrikareisenden ist dies sofort aufgefallen. Mit Erstaunen hoben sie das in ihren Augen vergleichsweise niedrige Entwicklungsniveau der westafrikanischen Gesellschaften hervor und zeigten sich verwundert über den Zustand der Menschen: Sie gingen »nacket als die wilde Thyr«, berichtete Balthasar Springer (ca. 1480–?), der 1505 im Auftrag der Welser als einer der ersten Deutschen an die Guineaküste kam, wo er die Dinge als Mann der Praxis vor allem mit den Augen des Kaufmanns betrachtete: »Diß volck braucht noch nympt [...] gelt [...] Ire wonungen vnd hüser geleichen [...] den hütten als die armen dorfleur in vnsern landen über die backöffen mache [...]«[13] Ein anderer, Andreas Josua Ultzheimer aus Schwaben, der hundert Jahre später, 1603, als »Wundarzt« auf einem holländischen Schiff die Bucht von Benin besucht hatte, urteilte noch strenger; er beschrieb die dort lebenden »Eingeborenen« als blutrünstige Kannibalen, ein Volk, das »überhaupt in seinem Tun barbarisch ist, [...] unflätig und viehisch [...]«[14]

Kompilatoren wie Theodor de Bry (gest. 1598) und Levin Hulsius (ca. 1550–1606), aber auch Gelehrte wie der hauptsächlich in Basel tätige »Polyhistor« Sebastian Münster (1489–1552), haben die seit Beginn des 16. Jahrhunderts wachsende Zahl von Reiseberichten dieser Art gesammelt, illustriert und verarbeitet – und damit entscheidend zur Verbreitung der neuen Ansichten von den Schwarzen beigetragen. Allein das 1544 nach achtzehnjähriger Vorarbeit erschienene Hauptwerk Münsters, die *Cosmographei*, erlebte bis 1650 sechsundvierzig Ausgaben in sechs verschiedenen Sprachen! Der nicht gerade sehr kritisch mit seinen Quellen verfahrende Autor wird nicht müde, auf den »barbarischen« Zustand der »Nigriten« hinzuweisen[15]: Die Leute hätten keine Religion, seien weder »Christen / Juden noch Mahometaner« und beteten statt dessen das Feuer an oder die Sonne. Überhaupt handelte es sich fast ausnahmslos um »gantz grob(e) vnd unverständig(e)« Menschen, »Barbarische Menschenfresser« »ohn einige Regierung«, die »kaum das Feld zu bawen« wüßten.[16]

Zur Desillusionierung der Vorstellungen über Afrika hat auch der ernüchternde Rapport des portugiesischen Geistlichen Francisco Alvares beigetragen, dem es zu Beginn des 16. Jahrhunderts als erstem Europäer gelungen war, längere Zeit durch Äthiopien zu reisen.[17] Alvares, dessen Bericht 1566 auch in deutscher Übersetzung erschien[18], konfrontierte die jahrhundertelang geglaubte Legende von den paradiesischen Zuständen im Reich des »Priesters Johannes« mit Beobachtungen und zeigte, wie wenig dergleichen Phantasmen den Tatsachen entsprachen.[19] Auch das Scheitern der im Anschluß an seine Expedition aufgenommenen Missionsbemühungen portugiesischer Jesuiten in Äthiopien dürfte eine Rolle gespielt haben, denn diese verbreiteten sich anschließend in mehreren Schriften äußerst unfreundlich über das Land im Nordosten Afrikas und seine Bewohner, die so lange synonym für den gesamten Kontinent gewesen waren.[20]

Afrika zeigte unter dem Einfluß solcher Schriften und der neuen Erfahrungen am Atlantik erneut sein häßliches Gesicht, doch diesmal augenscheinlich zur Erleichterung vieler Menschen. Psychologisch gesehen, so will es scheinen, boten die in Guinea vorgefundenen Verhältnisse den Leuten die Möglichkeit, sich unbewußt an den Schwarzen zu rächen, nachdem diese ihnen jahrhundertelang ein quälendes Gefühl der Unterlegenheit eingeflößt hatten. Schon die Sprache machte dies deutlich: Das der orientalisch-kultivierten Welt der nordafrikanischen Mauren entlehnte Wort »Mohr« war fortan immer seltener zu hören und kam schließlich – seit der Französischen Revolution – vollends außer Gebrauch. An seine Stelle trat das Wort »Neger«, das einen durch seine »schwarze« Farbe ausgewiesenen barbarischen Primitiven suggeriert. So zuerst 1606 in den von Hulsius in Frankfurt verlegten *Schiffahrten*, wo noch die spanisch-portugiesische Form *»negro«* verwendet wird[21], 1618 dann erneut bei dem Lutheraner Gaspar Ens[22], bis das Wort endlich seit Ende des 17. Jahrhunderts die seit dem 13. Jahrhundert gebräuchliche Bezeichnung »Mohr« immer mehr verdrängte.[23] Nur in den Traumwelten des Kinderbuchs[24], verbotener Erwachsenenwünsche[25] und der modernen Reklame[26] lebte der »Mohr« danach noch weiter fort und war der alte »Verführer des Ostens«, der das Paradies versprach (siehe Tafel 13).

Noch einschneidender als in der Sprache zeigte sich freilich der rasante Statusverfall der Schwarzen, der in nur wenigen Jahrzehnten aus dem hohen Bild der Königin von Saba und des heiligen Mauritius das Zerrbild eines halbvertierten »Niggers« werden ließ, in der herabwürdigenden Art und Weise, mit der man ihnen von jetzt an immer häufiger begegnete. Während noch 1638 Zaga Chrestos, der (möglicherweise unechte) äthiopische Gesandte des

Gregorius Maurus, 17. Jhd., Köln, St. Gereon.

Negus, nach mehrjährigem glanzvollem Aufenthalt in den verschiedensten Machtzentren Europas als Freund und Favorit Kardinal Richelieus in Rueil starb[27]; und während noch zur gleichen Zeit in der Kölner St. Gereonskirche eine prachtvolle Marmorbüste aufgestellt wurde, die den heiligen Gregorius Maurus in majestätischem römisch-barockem Ornat zeigt[28], mußte ein Gesandter von der westafrikanischen »Goldküste« (Ghana), der 1684 in der Berliner Residenz des Großen Kurfürsten Friedrich Wilhelm von Brandenburg vorsprach, bereits erfahren, wie wenig man dort inzwischen bereit war, einem Afrikaner größere Aufmerksamkeit zu schenken oder ihn gar als gleichberechtigten Partner anzuerkennen.[29] Der Gesandte vertrat immerhin sechsundachtzig Herrscher seiner Heimat, die man nun aber nicht mehr wie in früheren Zeiten – etwa auf der im Jahr 1375 von Abraham Cresques geschaffenen berühmten Karte von Westafrika – als »Könige«, sondern – auch hier auf einmal Primitivität suggerierend – lediglich als »Häuptlinge« bezeichnete. Sie hatten auf der Suche nach Bündnispartnern gegen die seinerzeit an ihrem Küstenabschnitt dominierenden Holländer Kontakte mit der dort unlängst errichteten brandenburgischen Feste Groß-Friedrichsburg aufgenommen und nun »einen der Vornehmsten aus ihrem Mittel«[30] – in den Akten stets als »Jan Jancke« geführt, seinen richtigen afrikanischen Namen zu notieren fiel niemandem ein – nach Deutschland entsandt, wo er – wohl aufgrund schlechter Erfahrungen – »alle dieselben Contracten, die von ihnen vorhergehends unterzeichnet, noch malen confirmiren und bekräftigen sollte«.[31] Als er, von einem Diener begleitet, Ende September des Jahres 1684 in Berlin eintraf, wurde er zwar vom Großen Kurfürsten empfangen, doch insgesamt zeigte man sich ihm gegenüber eher herablassend. Viel Aufhebens wurde jedenfalls nicht von der Sache gemacht. Als ständiger Begleiter wurde ihm für die Dauer seines Aufenthalts an der Spree der Leutnant von Nostiz (Nostitz) zugeteilt. Schließlich erhielt er von Friedrich Wilhelm einen »offenen Brief«, in welchem dieser die »unterthänigste freiwillige Offerte (der Afrikaner, P. M.) in Gnaden acceptierte und sie in seinen besonderen Schutz, Protection und Vertretung auf= und annahm«.[32] Wahrscheinlich um die schwarzen »Wilden« besonders zu beeindrucken und dadurch noch ergebener zu machen, hatte der Kurfürst auf dem Konzept des Schutzbriefs handschriftlich vermerkt: »Der Titel muß ganz mit güldenen Buchstaben auf Pergament geschrieben werden.«[33] Viel mehr ist nicht zu erfahren, obwohl der Vorgang immerhin zur Gründung der ersten brandenburgischen Kolonie in Übersee geführt hat! Nur Graf Hertzberg erzählt noch beiläufig: »Nachdem dieser schwarze Abgesandte alle Pracht des Hofes gesehen, reisete er mit Geschenken beladen, in sein Vaterland zurück.«[34] In den Berliner Akten des Königlich Geheimen Staatsarchivs fand sich nur eine einzige auf diese Gesandtschaft bezogene Urkunde, eine im (heu-

Hans W. Schmidt, *»Jan Jancke« vor dem Großen Kurfürsten im Schloß zu Berlin,* Tuschzeichnung, ca. 1903.

tigen Berliner Stadtteil) »Cöln, den 2. Oktober 1684« erlassene »Order«, durch welche dem »Lieutnant Nostitz, sowie dem *Capucier*[35] aus Afrika nebst Diener 235 Thaler für Zehrungskosten und Fuhrlohn« angewiesen wurden.[36] In einer am 9. Dezember des gleichen Jahres unterzeichneten »Instruction« an den Admiralitätsrat Brouw wird noch erwähnt, daß dieser den schwarzen Gesandten mit nach Afrika nehmen soll.[37]

Die Erfahrungen Jan Janckes lassen am grundsätzlichen Wahrheitsgehalt auch der folgenden (»fiktiven«) Passage aus Adolph Freiherr von Knigges *Geschichte der Aufklärung in Abyssinien* (Göttingen 1791) wenig Zweifel: Der aus Goslar stammende Jurist Benjamin Noldmann kommt da im Auftrag des Negus von Äthiopien mit seinem Schützling, dem abyssinischen Kronprinzen, anläßlich einer Bildungsreise nach dem Vorbild Peters des Großen nach Deutschland, wo der junge Mann, in Kassel das Kriegshandwerk erlernen soll. »Ich glaubte nicht«, schrieb Noldmann später, »daß man diesem Plane das geringste Hinderniß in den Weg legen würde, denn er war ja wahrlich so gut Prinz als Einer, und wollte nur der Ehre wegen dienen; allein es fiel sehr gegen meine Erwartung aus. Des Königs von Abyssinien Majestät hatten mich als Gesandten an dem Hofe des damahls regierenden Landgrafen acreditirt und Se. Hoheit der Thron-Erbe befand sich in meiner Suite incognito. Unser Gefolge war prächtig und ich zweifelte keineswegs daran, daß man uns mit ausgezeichneter Ehre am Hofe empfangen würde. Um desto größer war mein Befremden, als man uns für Abenteurer hielt, gar nichts von einem Königreiche Abyssinien wissen wollte, und mich, den Gesandten eines großen Monarchen, lächerlich zu machen suchte. Der damahlige Bibliothecar in Cassel, ein Franzose, bekam Auftrag in Reisebeschreibungen nachzusehen, ob und wo in der Welt das Königreich Abyssinien gelegen sey? [...] War nun der Umstand daran Schuld, daß der gute Mann kein Deutsch verstand, oder wußte man wirklich in Cassel nichts von Abyssinien und hatte auch keine Bücher darüber; genug! das Resultat blieb, daß man mir ankündigte, man wollte uns zwar erlauben, in der Residenz als Fremde unser Geld zu verzehren, könne mich aber keineswegs als den Gesandten eines fremden Hofes anerkennen, und den Prinzen schon deswegen nicht in Kriegsdiensten ansetzen, weil sein schwarzes Gesicht gar zu sehr gegen die Physiognomien der schönen jungen Leute, woraus des Landgrafen Armee bestand, abstechen würde. Indessen fand sich ein Mittel, diesen letzten Einwurf zu heben; es hatte nähmlich der Landgraf beschlossen, bey seiner ersten Garde Mohren zu Trommelschlägern anzunehmen; da nun mein Prinz, wie Peter der Große, von unten auf dienen sollte, und Trommelschläger zu werden in der That von unten auf dienen heißt; so that man mir den Vorschlag, den Thron-Erben von Abyssinien das Kalbfell schlagen zu lassen.« Was auch geschah.[38]

Ein im Bewußtsein immer weiterer Bevölkerungsteile fortschreitender Statusverlust der afrikanischen »Mohren« seit dem Ende des Dreißigjährigen Kriegs ist nicht zu verkennen. Fälle wie der »Jan Janckes« und literarische Dokumente wie das Buch des Freiherrn von Knigge beweisen, daß auch die traditionell »afrophile« Aristokratie auf die Dauer von solchen Einflüssen nicht unberührt blieb. Bevor sich dieses jedoch für jedermann deutlich zeigte, wurde das merkwürdige Interesse der Fürsten für die Schwarzen, dessen Wurzeln bis in die Stauferzeit zurückreichten, erst noch einmal durch die türkische Expansionsbewegung nach Mitteleuropa neu belebt.

Die Türken ante portas: Äthiopische Christen kommen nach Deutschland

Die Vorstöße der andringenden Osmanen hatten schon seit langem die christlichen Völker Europas erschüttert. Angesichts der Tatsache, daß die Türken nach dem Aufstieg der Mamelucken mit beängstigender Schnelligkeit in Richtung auf das Kerngebiet Europas vorgerückt waren[39], während die türkische Blockade des Nahen Ostens gleichzeitig zu einer schweren Beeinträchtigung des Fernhandels mit Asien und Afrika geführt hatte, gewann die Frage nach geeigneten Bundesgenossen seit Mitte des 17. Jahrhunderts auf dramatische Weise an Aktualität: 1683 standen die Türken vor Wien!

Die Bewohner »Afrikas«, genauer: Äthiopiens, wurden in dieser Situation einmal mehr als besondere »Vasallen« der Mächtigen Europas auserkoren und sollten mithelfen, deren Probleme zu lösen. Wieder einmal wurde zu diesem Zweck die alte Legende vom äthiopischen »Priesterkönig Johannes« bemüht, der angeblich irgendwo am Horn von Afrika über ein geheimnisvolles Reich schwarzer Christen herrschte.[40] Entstanden aus der Alexandersage und der Legende des Apostels Thomas, der einst nach Indien gewandert war – als dessen Teil Äthiopien zunächst angesehen wurde[41] –, war sie 1145 zuerst von Otto von Freising erwähnt worden[42] und hatte schon zu Barbarossas Zeiten zu einem ersten Versuch einer Kontaktaufnahme geführt: 1177 richtete Papst Alexander III. im Glauben an die Existenz des »Priesterkönigs« ein Schreiben an diesen, wobei man heute überwiegend zu der Annahme neigt, daß er ihn in Äthiopien wähnte, wohin offenbar auch der Überbringer dieser Post, ein gewisser *»magister Philippus, medicus et familiaris noster«*, von dem sonst nichts weiter bekannt ist, entsandt wurde.[43] Tatsächlich hegte man damals in den europäischen Machtzentren von Kirche und Staat die Hoffnung, den äthiopischen Herrscher im Kampf gegen die muslimischen »Heiden« auf die Seite der abendländischen Christenheit ziehen zu können. Der Feind, so das politisch-militärische Kalkül, würde sich in diesem Fall von mehreren Seiten militärisch angreifen und in die Zange nehmen lassen.[44] Damals war nichts daraus geworden, aber die Vorstellung von einem solchen Bündnis war wach geblieben, zumal man seither wiederholt auf dem Weg über äthiopische Christen in Jerusalem[45] und auf Zypern[46] neue – obschon höchst verschwommene – Nachrichten über jenes ferne Land schwarzer Christen vernommen hatte. Man hatte ihnen freilich lange Zeit nur wenig Aufmerksamkeit geschenkt.[47]

Seitdem jedoch mit Anbruch des 15. Jahrhunderts nicht mehr zu übersehen war, mit welchem Gegner man es bei den Türken zu tun hatte, bemühten sich mehrfach weltliche und geistliche Fürsten im Interesse einer politischen Allianz gegen diese Gefahr intensiv um direkte Kontakte zum »Priesterkönig Johannes« und versuchten, die Gemeinsamkeiten der christlichen Völker Äthiopiens und Europas herauszustellen.[48] Mehrere Gesandtschaften und Pilgerreisen in beiden Richtungen[49] sowie die Gründung und erste Blüte der »Äthiopistik«, der Wissenschaft von der Sprache und Kultur Äthiopiens, waren die Folge.[50]

Nachdem bereits 1402 der Florentiner Kaufmann Antonio Bartoli in offiziellem Auftrag des äthiopischen Herrschers mit Geschenken für seine Regierung, darunter vier Leoparden, Gewürze *(aromata)* und »gewisse andere willkommene Sachen« *(et certas alias res placibiles)* aus Afrika zurückgekehrt war[51] und 1404 dann im Gegenzug eine äthiopische Gesandtschaft Rom besucht hatte[52], der wenig später, 1407, noch einmal sieben äthiopische Christen nach Bologna folgten[53], kamen 1417 auch drei Äthiopier mit Namen Peter, Bartholomäus und Anton nach Konstanz.[54] Die alte Handelsstadt am Bodensee, die seit 1388 den Bund der Reichsstädte anführte, war damals anläßlich des 16. Allgemeinen Konzils (1414–1418) für kurze Zeit Brennpunkt einer beispiellosen diplomatischen Offensive, bei der es nicht zuletzt angesichts der »Türkengefahr« um die Überwindung des west-östlichen Schismas[55], aber auch um die Sicherung des zu diesem Zeitpunkt schon regen Fernhandels mit dem Nahen und Fernen Osten ging.[56] Nicht von ungefähr war neben den Großen der christlichen Welt, neben König Sigismund, den »Päpsten« usw., auch ein »buntfarbiges Völkergemisch« geladen: Griechen und Muhammadaner, Armenier und Albaner, Russen aus dem fernen Osten, »dunkelhäutige Söhne Afrikas« und eben die drei Äthiopier.[57] Diese hatten sich schon mehrere Monate lang in der Gegend von Konstanz aufgehalten, bevor sie am 1. Januar 1418 auf dem Konzil selbst in Erscheinung traten.[58] Der Auftritt der drei schwarzen Pilger dürfte einer kleinen Sensation gleichgekommen sein. Schließlich lieferten sie den leibhaftigen Beweis dafür, daß der sagenhafte »Priester Johannes« tatsächlich existierte! Die dadurch in greifbare Nähe gerückte Aussicht, das alte äthiopische Königreich als Verbündeten im Kampf gegen die Türken und obendrein als potenten Handelspartner zu gewinnen, erregte die herrschenden Schichten Europas.

Die Kontakte zwischen Äthiopien und Europa wurden in den folgenden Jahrzehnten weiter verstärkt.[59] Auch nach Deutschland sind in diesem Zusammenhang weitere Äthiopier gekommen. Der in Köln wirkende Theologe und Sprachgelehrte Johann Potken (ca. 1470–1525), der im Jahr 1511 in Rom die Bekanntschaft äthiopischer Mönche gemacht hatte[60], konnte schon 1513 darauf hinweisen, daß es »sowohl in ganz Italien als auch in ganz Germanien« »mehrere« Äthiopier christlichen Glaubens gäbe, von denen das Ge'ez (eine semitische Sprache, die von christlichen Gruppen des äthiopischen Berglands gesprochen wurde, P. M.) leicht zu erlernen sei.[61] In den Annalen des im heutigen Österreich liegenden Klosters Melk an der Donau ist unter dem Jahr 1517 verzeichnet, daß sich dort sieben dunkelhäutige Geistliche, *Ethiopes de India Maiori*, aufgehalten haben, von denen einer die Messe in seiner Muttersprache (Ge'ez) und nach äthiopischem Ritus gelesen hätte.[62]

Das Interesse an Äthiopien flackerte unter dem Eindruck solcher Besuche und der sich periodisch zuspitzenden Lage an der »Türkenfront« immer wieder auf. Johann Potken war der erste Europäer, der Ge'ez erlernte[63]; 1513 veröffentlichte er ein *Alphabetum, seu potius Syllabarium Chaldearum* (d. i. Äthiopisch), 1518 seine *Introductiunculae in tres linguas externas: Hebream, Graecam, Chaldeam*. Das Erscheinen dieser Arbeiten blieb vorerst ein Einzelfall und erfuhr in den turbulenten Zeiten der Reformation nicht gleich die Beachtung, die es verdiente: Man war damals in Mitteleuropa zu sehr mit sich selbst beschäftigt, als daß man sich weitergehend und anhaltend mit so entfernten Problemen wie der Sprache und Kultur Äthiopiens befassen konnte und wollte. Neue Impulse kamen aber mit dem 1540 in Coimbra erschienenen Reisebericht des portugiesischen Klerikers Francisco Alvares, der sich, wie schon erwähnt, zu Beginn des 16. Jahrhunderts längere Zeit in Äthiopien aufgehalten hatte und erstmals aus erster Hand und relativ zuverlässig über die dortigen Verhältnisse Auskunft gab.[64] Das Buch traf auf so großes Interesse, daß der »Mathematiker und Astronomus« Joachim Heller aus Weißenfels schon 1566 eine deutsche Übersetzung herausbrachte.[65] Trotzdem vergingen noch rund hundert Jahre – eine Zeit, in der die Türken immer näher rückten –, bevor die Äthiopistik einen neuen, und diesmal entscheidenden,

Elias Ch. Heiss, *Abba Gregorius*, Kupferstich nach einem Porträt von Georg Balthasar Sand, aus: LUDOLF, Hiob, Iobi Ludolfi alias Leutholft dicti ad suam historiam Æthiopicam antehac editam Commentarius, Frankfurt 1691.

Anlauf nahm. Seit Mitte des 17. Jahrhunderts häuften sich die einschlägigen Aktivitäten: In Jena ließ der Braunschweiger Johannes Camman äthiopische Typen schneiden, die für den Druck von Johann Ernst Gerhards *Orationis Dominicae in linguâ Aethiopica analysis grammatica* (Wittenberg 1647) benutzt wurden. Der aus Flensburg (oder Umgebung) stammende Theodor Petraeus (gest. 1672) veröffentlichte in Zusammenarbeit mit dem aus Haßloch in der Pfalz gebürtigen Johann Georg Nissel (1623/24–1662) Texte in äthiopischer Sprache. Wichtige Beiträge kamen ferner von Brian Walton (1600–1661) aus England, Jacob Wemmers aus Antwerpen (dessen *Lexicon aethiopicvm*... 1636 in Rom erschien), und dem Orientalisten Athanasius Kircher (1601–1680) aus Geisa bei Fulda.[66]

Ein entscheidender Fortschritt der noch jungen Äthiopistik war allerdings einem bemerkenswerten Besucher zu verdanken, der im Frühsommer des Jahres 1652 nach Sachsen kam. Der hochgewachsene dunkelhäutige Mann, der am 10. Juni 1652 zu einer Audienz bei Herzog Ernst von Sachsen-Gotha auf Schloß Friedenstein erschien, war der Äthiopier Abba Gorgoryos (Gregorius) aus Makana Sellase in der Provinz Amhara (ca. 1600–1654?).[67] Der Schwarze verneigte sich vor dem Herzog und sagte: »Ich danke dem unsterblichen Gott, dass ich in derart entlegenen nördlichen Regionen wider alle Hoffnung und Erwartung einen christlichen Fürsten sehen und ansprechen kann, von dessen Frömmigkeit und Klugheit ich schon auf dem Wege hierher viel vernommen habe. Ich hoffe auf Ihre Gunst und Gnade, obwohl ich ein Pilger und Unbekannter bin. Nehmen Sie mich bitte gnädig auf.«[68] Der Herrscher antwortete: »Auch ich bin dankbar, einen Christen aus derart weitentfernten südlichen Ländern an meinem Hof zu erblicken. Wir müssen die göttliche Vorsehung mit höchstem Dank verehren, dass sie die äthiopische Kirche in Afrika mitten unter so vielen Barbaren trotz der mannigfachen Anfeindungen von seiten der Mohammedaner durch so viele Jahrhunderte bewahrt hat. Lieber Abba Gregor, Sie brauchen an meinem Wohlwollen keinen Moment zweifeln.«[69]

Die Antwort des Fürsten wurde dem fremden Gast durch den jungen Sprachgelehrten Hiob Ludolf aus Erfurt, der bei diesem denkwürdigen Gespräch als Dolmetscher fungierte, in die alt-äthiopische Sprache übersetzt. Ludolf war es auch, dem die Anwesenheit des Fremden auf Schloß Friedenstein zu verdanken war.

Hiob Ludolf (1624–1704), der später, als »die Türcken in Oesterreich eingefallen [...] dem Kayser Leopold vorgeschlagen, daß man sich des Habeßinischen Königs, als der mit den Türcken gräntzte, wieder diesen Feind bedienen könte«[70], und der unter anderem mit dem auch an dem Problem der »Türkengefahr« stark interessierten Philosophen Leibniz in engem wissenschaftlichen Kontakt stand[71], gilt heute als der eigentliche Begründer der Äthiopistik.[72] Er war außerordentlich sprachbegabt und erlernte schon an der Universität neben dem Griechischen alle wichtigen europäischen Sprachen, darunter Französisch, Italienisch, Spanisch und Holländisch, bevor er sich dem Studium der orientalischen Sprachen verschrieb. Schließlich begann er, sich mit dem »Äthiopischen« (Ge'ez) zu beschäftigen, wofür es damals noch kaum Hilfsmittel gab. Erst als er 1649 den Auftrag erhielt, in Rom für Königin Christine von Schweden nach bestimmten Dokumenten und Urkunden zu suchen, bot sich ihm unverhofft eine Chance, Genaueres über Sprache und Kultur Äthiopiens zu erfahren. Denn in Rom machte er die Bekanntschaft von Abba Gregorius[73], der kurz vor ihm im Herbst des gleichen Jahres von Ägypten aus in die Ewige Stadt gekommen war, wo er mit drei Landsleuten in einem zu Beginn des 16. Jahrhunderts eigens für äthiopische Besucher eingerichteten Hospiz nahe der Peterskirche lebte, dem Kloster St. Stefano degli Abissini.[74] Die Interessen beider Männer ergänzten sich in idealer Weise. Für Ludolf erwies sich der der äthiopischen Schriftsprache mächtige weitgereiste Mann als eine unerschöpfliche Quelle linguistischer und landeskundlicher Informationen, während Gregorius das zu dieser Zeit als *lingua franca* übliche Latein erlernen wollte, wofür er keinen besseren Lehrer hätte finden können als Ludolf. Gregorius blieb von 1649 bis 1652 in Rom. Anfangs tauschte er sich persönlich mit dem jungen Deutschen aus, wobei sie sich in Ge'ez unterhielten, das Ludolf bereits hinlänglich beherrschte, »ob sie (d.h. Gregorius und seine äthiopischen Landsleute) schon über seine Aussprache lachten«.[75] Als der deutsche Gelehrte an den Hof Herzog Ernsts geholt wurde, der seine Begabung erkannte, führten Gregorius und Ludolf ihre Konversation zunächst brieflich fort. 1652 entschloß sich der Äthiopier dann aber, nach Sachsen zu reisen, um mit Hilfe Ludolfs seine Lateinkenntnisse zu vertiefen und die Verhältnisse in Deutschland aus eigener Anschauung kennenzulernen.

Herzog Ernst hatte seine eigenen Gründe für die wohlwollende Aufmerksamkeit, die er dem Äthiopier entgegenbrachte. Im Licht der oben skizzierten aktuellen Lage hatten die Aufnahme von Gregorius und die Arbeiten Ludolfs aus der Sicht des Fürsten ihren konkreten geopolitischen Sinn. Darüber hinaus beabsichtigte er mit diesem Schritt, die lutherische Lehre im fernen Afrika verbreiten zu helfen.[76]

Aber der Herzog war ein vorsichtiger Mann. Bevor er sich auf weiteres einließ, ließ er den schwarzen Gelehrten erst einmal gründlich prüfen. Ernst war nicht gewillt, es dem Kardinal Richelieu in Frankreich nachzutun, der nur wenige Jahre zuvor – wahrscheinlich – einem äthiopischen Hochstapler aufgesessen war, welcher sich als Sohn des Negus Jakub ausgegeben hatte.[77] Er hatte sich deshalb sorgfältig auf diese Audienz vorbereitet, um sich ein eigenes Urteil zu bilden. Anschließend sorgte er dafür, daß sich der dunkelhäutige

Gast eine Zeitlang auf zweien seiner Schlösser aufhielt, wo er ihn diskret beobachten ließ.

Abba Gregorius bestand jedoch alle Prüfungen mit Glanz. Der Schloßhauptmann Dr. Heher zu Heldburg berichtete: »Der Abessinier ist ein gar feiner Mann, und wegen stattlicher Nachrichtung, die er von seinem Vaterlande zu geben weiß, wie auch in anderem Wege würdig, daß mit ihm gute Conversation gepflogen wird [...]«[78] Ludolf äußerte sich natürlich ebenfalls günstig über Gregorius. Die beiden Männer waren schon zu lange freundschaftlich und wissenschaftlich verbunden, als daß es hätte anders sein können. Der über fünfzig Jahre alte Äthiopier nannte den jungen Deutschen seinen »geliebten Sohn«; dieser seinerseits rühmte »Gregors« »gute() Natur und ziemlich reifen Verstand()«.[79] »Vergnügsam« und leicht zufriedenzustellen wie er sich zeigte, erfreute sich der Afrikaner offenbar bald überall großer Beliebtheit, »daher ihm denn in Deutschland von vielen unbekannten Leuten viel zu gute gethan worden [...]«.[80] Unter anderem traktierte man ihn mit »allerlei Speisen, die er gern aß«, »und unser Bier«, so hieß es, »trinkt er mit Wollust [...]«.[81]

Herzog Ernst sah bei so vielen günstigen Stimmen keinerlei Anlaß zu weiterem Mißtrauen. Er beauftragte eine Kommission, die – bestehend aus mehreren Hofräten und einigen eigens aus Jena und Gotha herbeigerufenen Professoren – auf der Basis der in der schon damals berühmten Gothaer Schloßbibliothek vorhandenen einschlägigen Literatur (Alvares, Tzaga-Zaabi, Brerewood usw.) einen ausführlichen Fragenkatalog ausarbeiten sollte, mit dessen Hilfe man das Wissen des gelehrten Schwarzen möglichst systematisch einzuholen gedachte. In dieser Kommission wirkte unter anderem der bekannte Polyhistor und Staatsmann Veit Ludwig von Seckendorf (1626–1692) mit. Ludolf diente als Übersetzer und Protokollführer. Während der Sitzungen mit dieser Kommission konnte Gregorius viele Unrichtigkeiten, die über sein Heimatland kursierten, richtigstellen. Es ist überliefert, daß er beim Lesen der verschiedenen damals bekannten »gelehrten« Werke nicht selten »wegen ihrer Verkehrtheit und Unwahrheit« in schallendes Gelächter ausbrach.[82] So vermittelte er in Deutschland »die erste sichere und beste Nachricht von dem Ethiopischen Reichs- und Kirchen-Staat«.[83] Die Unterredungen mit Abba Gregorius wurden die Grundlage zu Ludolfs späteren sprachlichen und historischen Studien über Äthiopien.

Gregorius blieb ein knappes halbes Jahr in Sachsen, bevor er sich zu dem Versuch entschloß, über Rom in seine Heimat zurückzukehren. Von Rom aus, in Not geraten, bittet er den Herzog von Sachsen-Gotha noch einmal brieflich um Hilfe. Der Fürst zeigte sich ohne weiteres dazu bereit und schickte umgehend 25 Dukaten, verbunden mit dem großzügigen Angebot einer lebenslangen Versorgung für den Fall, daß Gregorius sich entschließen sollte, für immer nach Gotha zurückzukehren.[84] Dieser zog es jedoch vor, einen erneuten Versuch zu wagen, sein heimatliches Äthiopien zu erreichen. Er kam dabei bei einem Schiffbruch vor der Küste von Alexandrette ums Leben.[85]

In Sachsen wurde der Äthiopier nicht vergessen. Ludolf »gedachte [...] oft und viel« an ihn, »und niemals ohne innige Bewegung seines Herzens«.[86] Von nun an widmete er sich ganz dem Studium von Sprache, Geschichte und Kultur Äthiopiens, als dessen erster wirklicher Kenner er in die Geschichte eingegangen ist.

Herzog Ernst aber fühlte sich durch den Besuch des »unglücklichen Fremdlings« dazu angeregt, einen Gesandten nach Afrika zu schicken, denn seit seiner Bekanntschaft mit Abba Gregorius »wünschte der Herzog doch sehr oft das Königreich Abyssinien näher kennen zu lernen, und zu dem Wohlstand der christlichen Kirche darin auf irgendeine Art etwas beitragen zu können«.[87]

Der Fürst konnte dabei an eine Unternehmung anknüpfen, die den aus Lübeck stammenden Lutheraner Peter Heyling schon im Jahr 1634/35 nach Äthiopien geführt hatte.[88] Heyling, der als »eines Jubelierers Sohn, von schlechten Mitteln, aber mit einem herrlichen Verstande und *Ingenio* von Gott begabet« das Gymnasium zu Lübeck besucht und dort »zu allen nützlichen Wissenschaften zeitig unterrichtet worden«[89], sah sich später aufgrund seiner finanziellen Lage genötigt, zunächst als Hauslehrer für Kinder vornehmer Eltern tätig zu werden. 1628 kam er in dieser Funktion als Reisebegleiter seiner Schützlinge nach Paris, wo er an der Sorbonne Jurisprudenz studierte. Dabei lernte er dann den berühmten Völkerrechtler Hugo Grotius (1583–1645) kennen, unter dessen Einfluß er sich bald entschloß, von Frankreich aus eine Forschungs- und Missionsreise nach Äthiopien zu wagen. Über Italien und Malta traf er 1633 in Alexandria ein, von wo aus er sich zunächst nach Jerusalem wandte. Zurück in Ägypten, stieß der protestantischgesinnte junge Mann bei den katholischen Ordensleuten und Missionaren schnell auf »bittern Haß und Feindseligkeiten«[90], da diese besorgt waren, »er möchte die Morgenländische Christen von ihnen abwendig machen, und die Römisch-Catholischen mit seiner Ketzerey anstecken«.[91] »Nun wird Habesßinien vollends in die eusserste Ketzerey gerathen, wenn dieser junge *Doctor* hinein kommet«, jammerten sie.[92] Heyling erlernte die arabische Sprache, wahrscheinlich auch schon etwas Ge'ez[93], und »Endlich als anno 1634. ein par Ethiopische Abgesandte nach Egypten kommen, altem Gebrauch nach einen neuen Metropoliten nach Habeßinien abzuhohlen, ist er, auf Recommendation des Egyptischen Patriarchen mit denselben [...] nach Ethiopien fortgezogen«[94], wo er »anno 1634. oder 1635. glücklich angelanget«.[95] Briefe von ihm, die bis dahin in spärlicher Folge in Lübeck eingetroffen waren, blieben von nun an

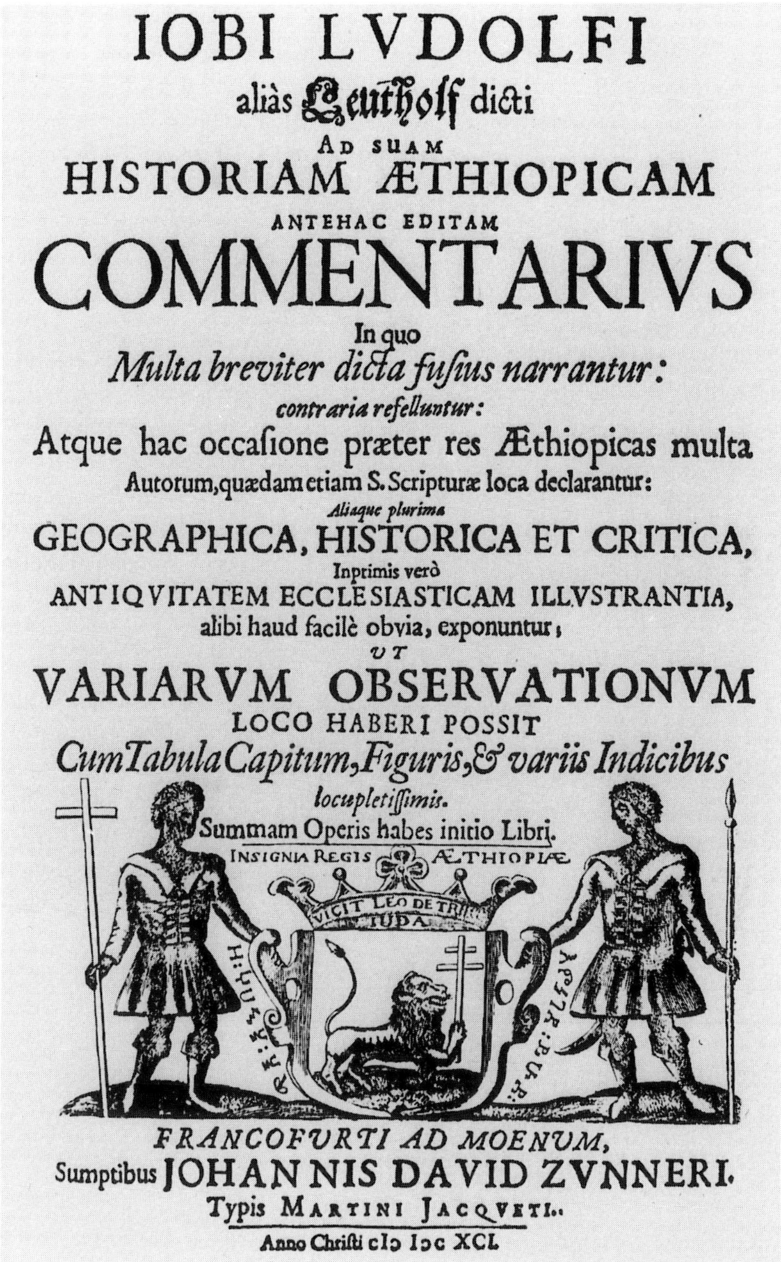

IOBI LVDOLFI
aliàs Leutholf dicti
AD SUAM
HISTORIAM ÆTHIOPICAM
ANTEHAC EDITAM
COMMENTARIVS
In quo
Multa breviter dicta fusius narrantur:
contraria refelluntur:
Atque hac occasione præter res Æthiopicas multa
Autorum, quædam etiam S. Scripturæ loca declarantur:
Aliaque plurima
GEOGRAPHICA, HISTORICA ET CRITICA,
Inprimis verò
ANTIQVITATEM ECCLESIASTICAM ILLVSTRANTIA,
alibi haud facilè obvia, exponuntur;
VT
VARIARVM OBSERVATIONVM
LOCO HABERI POSSIT
Cum Tabula Capitum, Figuris, & variis Indicibus
locupletissimis.
Summam Operis habes initio Libri.
INSIGNIA REGIS ÆTHIOPIÆ
VICIT LEO DE TRIBU IUDA
FRANCOFVRTI AD MOENVM,
Sumptibus JOHANNIS DAVID ZVNNERI.
Typis MARTINI JACQVETI.
Anno Christi cIↃ IↃc XCI.

Titelblatt von Hiob Ludolfs Historiam Æthiopicam antehac editam Commentarius, Frankfurt am Main 1691.

aus, doch berichtete Abba Gregorius später von der wohlbehaltenen Ankunft des jungen Deutschen in Äthiopien, wo er ihm persönlich begegnet war.[96]

Schon bald wurde Heyling bei dem neuen *Abuna* oder Metropoliten »Gelegenheit gegeben, seinen Verstand und Geschicklichkeit auch in Unterrichtung einiger vornehmen Herren Kinder, zu zeigen [...]«.[97] Eine Audienz beim Negus folgte einige Monate später, und »(als) nun der König solche ungemeine Gaben und Geschicklichkeit bey ihm angetroffen, hat er ihn auch so fort in seinem Lager und an seinem Hofe behalten, und ihn ferner hin als einen geheimen Rath und hohen Etats-Minister tractiret.«[98] Auf Geheiß des Monarchen vermählte sich Heyling schließlich sogar mit einer *Princesse du sang* des Herrschers.[99] Gregorius, der alles dies im Jahr 1647 seinem Gesprächspartner Ludolf erzählte, obwohl ihm nach dem schlechten Abschneiden der Jesuiten in Äthiopien »in Italien hart untersaget worden, von (des Lutheraner) Peter Heylings seinem Glücke und Ansehen (in Äthiopien) in Teutschlande etwas zu sagen«[100], berichtete auch noch, daß der gelehrte Lübecker unter anderem auch das »Evangelium S. Johannis ins Amharische, oder die im Reiche gewöhnlichste Land-Sprache übersetzet: welche Übersetzung von den Habeßinern mit allem Dancke wohl aufgenommen, und mit Vergnügen gelesen worden [...]«[101]

Ein Schüler Peter Heylings namens Acalexus hat im übrigen die von Abba Gregorius gegenüber Ludolf gemachten Angaben in ihren wesentlichen Punkten bestätigt.[102] Der junge Äthiopier, der durch seine Bekanntschaft mit dem »Doctor Peter« aus Lübeck bewogen worden war, nach Europa zu fahren, weil er meinte, »wenn er nur nach Teutschland kommen solte, so würde er daselbst lauter Peter Heylinge, oder doch viele seines gleichen finden; von welchen er was rechtes in den Europäischen Sprachen und Wissenschaften lernen könte«[103], kam zunächst 1652 nach Rom. Hier erfuhr er, daß sich sein Landsmann Abba Gregorius in Sachsen aufhielt. Ohne zu zögern und leider – wie sich später herausstellen sollte – auch »ohne sich vorhero zu melden«, begab er sich sogleich auf dem Seeweg nach Amsterdam, »in Meinung, als denn Lübec oder Erfurt [...] wohl zu finden«.[104] Im bürgerlichen Amsterdam, wo damals der Anblick eines »Mohren« schon zu den gewöhnlichsten Dingen von der Welt zählte und wo viele Menschen aus Prinzip mit äußerster Geringschätzung auf die Schwarzen herabblickten, muß dann sein Glaube an die edlen Europäer einen ersten empfindlichen Stoß erhalten haben: Jedenfalls ist er durch einige »Jungen und das liederliche Volck«, die ihren Spott und Mutwillen mit ihm trieben, beinahe zu Tode gekommen, als er nach der Ankunft seines Schiffes einen Augenblick unschlüssig, wohin er sich wenden sollte, an der Kaimauer stand. »Dreye oder viere solcher Bösewichter vereinigen sich, und stossen unsern guten Acalexum hinab ins Wasser: da er dann hätte ertrincken müssen, wenn er nicht etwas schwimmen gekont [...]«[105] Schließlich reiste er mit finanzieller Unterstützung eines reichen Kaufmanns namens Petrus Serraius, der von Peter Heylings Expedition nach Äthiopien Kenntnis hatte, über Hamburg nach Lübeck und von dort aus im September des Jahres 1654 quer durch Deutschland nach Ulm, wo er Ludolf – ohne es zu wissen – um nur acht Tage verfehlte.[106] Ohne Gregorius oder Hiob Ludolf gesehen zu haben, verläßt er anschließend deutschen Boden und fährt weiter nach Italien, um die Heimreise anzutreten. Danach verliert sich seine Spur.

Noch während der junge Acalexus auf seiner denkwürdigen Suche nach Gregorius durch Europa zieht, läßt, wie gesagt, der Herzog von Sachsen – ohne von dem jungen Äthiopier auch nur gehört zu haben – durch Ludolf einen Plan für eine Forschungsreise nach Äthiopien ausarbeiten und geeignete Vorschläge unterbreiten.[107] Ludolf faßte zusammen, was aus fürstlicher Sicht für die Durchführung eines solchen Projekts sprach: »der Nutzen einer solchen Reise sey sehr gross und mannigfaltig. Die Nation der Abyssinier sey fromm, einfältig und aufrichtig [...] es sey daher kein Zweifel, dass, wenn die christlichen evangelischen Potentaten etwas daraus vollenden wollten,

a) Dadurch die göttliche Ehre und Lehre sammt vieler tausend Menschen gefördert
b) Auch die Kirchenhistorie, Geographie, Naturkundigung und dergleichen nützliche Wissenschaften merklich ergänzt würden
c) Auch wohl Standespersonen, welche weder Land noch Leute hätten und sonderlich in der Welt schweben müssten, ihr Glück in diesem grossen und weitläufigen Land machen könnten. Jetzt müsse man gleichermassen den Weg dazu bahnen und dadurch die schlafenden Gemüter erwecken und aufmuntern, den Ausgang aber Gott überlassen.«[108]

Eine geeignete Person, der er die Gesandtschaft übertragen konnte, fand der Herzog in dem jungen Gelehrten Johann Michael Wansleben (Vansleb) aus Erfurt (1635–1679), den ihm Ludolf empfohlen hatte. Wansleben war ein Schüler Ludolfs und hatte 1661 in London dessen *Grammatica Aethiopica* und sein *Lexicon Aethiopicum-Latinum* herausgegeben.[109] Er erhielt genaue Instruktionen von Herzog Ernst und Ludolf, in denen er unter anderem verpflichtet wurde, »sich vor allen Dingen auch noch in Aegypten (zu) erkundigen, was mit Petro Heylingen von Lübeck vorgangen, was seine verrichtung drinne gewesen, u. wie es mit seiner Zurückreyse u. der außgesprengten Zeitung (d. h. den in diesem Zusammenhang erhaltenen Nachrichten, P. M.) eigentlich« bestellt sei.[110] Vor allem aber habe er darauf hinzuwirken, daß »uns der König (Äthiopiens) etliche tuchtige Subjecta, bey denen ein christlich fromm gemuth u. gute geschicklichkeit zu verspüren, recommendiren würde, [...] Ingleichen den Zustand der Policey, macht u. stärke deß Königs« in Erfahrung zu bringen, »stärke der feinde u. benachbarten, intraden u. einkünfte, gelegenheit u. zustand der Stätte, Päße, waffen, volck, geld, Bergwercke u. dergl., was zu erhaltung einer policey u. Regiments von nöthen [...] Nicht weniger die natürliche beschaffenheit u. fruchtbarkeit deß Landes« und schließlich »ihre Historien u. geschichte«.[111]

Wansleben, der vorübergehend auch die Unterstützung Colberts besaß, hat sein Ziel nie erreicht. Türkische Interessen und sein »zügelloses Leben« im Orient verhinderten die Durchführung der herzoglichen Mission, so daß er schließlich unverrichteter Dinge wieder nach Europa zurückkehren mußte.[112] Die sächsisch-protestantischen Bemühungen um eine Mission Äthiopiens waren damit ebenfalls gescheitert.[113]

Hie Arbeit, hie Genuß

Ungefähr um die Mitte des 17. Jahrhunderts werden die Damen an den Fürstenhöfen Deutschlands von einem merkwürdigen Ehrgeiz erfaßt: Es wird Mode, sich nicht nur »[...] das angesicht/(sondern auch) den Halß/die Brust/die Hend/vnd sonst auch ein yedes Glid am Leyb/so weiß/als Alabaster (zu) machen [...]«[114] Es dauert nicht lange, und von überall ist zu vernehmen, was auch Lady Mary Wortly Montagu anläßlich eines Reiseaufenthalts am Hof von Hannover nach Hause zu berichten weiß: »(Hier) haben buchstäblich alle Frauen rosige Wangen, eine schneeweiße Stirn und ebensolche Busen [...] Diese Makellosigkeit verläßt sie bis zu ihrer Todesstunde nie [...]«[115] Nicht, daß nicht eine »lilienweiße« Haut, besonders in Verbindung mit kirschroten Lippen und rosigen Wangen, schon früher ein erstrebtes Ideal weiblicher Schönheit gewesen wäre; aber jetzt verfolgen die Schönen von Rang dieses Ziel mit einem beinahe religiösen Eifer. Sie schrecken vor keiner Roßkur zurück, solange sie nur eine »vornehme« Blässe verspricht. Es wird üblich, sich – oft bis zur Bewußtlosigkeit – zur Ader zu lassen, und es fehlt nicht an solchen, »die Sand und Asche verschluckten und sehr sorgfältig darauf arbeiteten, sich den Magen zu verderben, um eine blasse Gesichtsfarbe zu haben«.[116]

Mit einer Wut, die an den Vernichtungskrieg der Inquisition gegen jede Form der Häresie erinnert, wird gegen Leberflecken und Warzen, selbst gegen Sommersprossen, vor allem aber gegen den »Brand der Sonne« vorgegangen.

Puder, Weißschminken und verschiedene Reinigungswässerchen werden ins Feld geführt, um alle möglichen »Unbilden« dieser Art zu vertreiben; Masken werden getragen, selbst an heißesten Sommertagen, um den mühsam erlangten hellen Teint gegen Witterungseinflüsse zu verteidigen; und um auch die Hände »weiß/glat vnd schön« zu machen[117], zieht man nachts Handschuhe an, die innen mit einer Salbe aus Wachs, Mandel- und Rosenöl bestrichen sind.[118]

Die neue Mode entspringt dem Bedürfnis der höfischen Gesellschaft, sich gegen den wachsenden Einfluß des seit Ende der »Religionskriege« überall in Nordwesteuropa erheblich gestärkten Bürgertums, namentlich gegen sein Arbeitsethos, zur Wehr zu setzen. Der Adel weist jeden Versuch, ihn am produktiven Geschehen der entstehenden »Nationalökonomien« zu beteiligen, mit Entschiedenheit zurück und verbündet sich mit der Kosmetik: Zu einer Zeit, in der Arbeit immer noch überwiegend Feldarbeit ist, und weil Tätigkeiten im Freien ganz allgemein Gesicht und Hände aufrauhen und bräunen, wird die zarte, makellos weiße Haut der Damen (und vieler Herren) zum Erkennungszeichen einer privilegierten Klasse von Nichtarbeitern gemacht.[119]

Die Pigmentierung der Haut wird also als unzulässige Grenzüberschreitung innerhalb einer ständischen Gesellschaft begriffen. Sie ist ein Einbruch der Arbeit in die Welt des Genießens. Sie hat etwas Monströses an sich wie einst die schwarzen Hautflecken auf dem Körper des gewesenen »Heiden« Feirefiz, weil sie fließende Übergänge schafft, die mit dem göttlichen Schöpfungsplan der streng voneinander geschiedenen Dinge unvereinbar sind. Deshalb ist sie in ihre angestammten Schranken zu verweisen, wenn man nicht den Zusammenbruch der gottgewollten Ordnung will. Indem sich die adlige Klasse durch eine erhöhte kosmetisch-hygienische Anstrengung von allen Pigment»störungen« befreit, unterstreicht sie symbolisch ihren Willen zu einem auch in Zukunft ungestört genießenden Fürsichsein.

Seit Mitte des 17. Jahrhunderts wird die Frage, ob einer arbeiten oder genießen soll, auch durch die Farbe seiner Haut bestimmt. Zuerst in den Kolonien, schon bald aber auch daheim wird der »Heide« zum »Schwarzen«, der »Christ« zum »Weißen« gemacht, dieser zum Herrn, jener zum Knecht. Gegen Ende des 17. Jahrhunderts tauchen die Wörter »weisz« und »schwarz« zum erstenmal als allgemeine Kennzeichnung der den Europäern und Afrikanern angeblich eigenen Hautfarbe auf.[120] Das ist selbstverständlich reine Erfindung; natürlich sind die Europäer mit ihrer fleischfarbenen rosigen Haut ebensowenig wirklich »weiß« wie die Afrikaner gewöhnlich richtig »schwarz« sind.[121] Doch wenn man das Bild der halbnackten afrikanischen Feldsklaven beschwört, die schutzlos unter glühender Sonne für Zucker und Baumwolle sorgen, während ihre Herren im Schatten genüßlich an der Zigarre saugen, dann bekommt der behauptete krasse Farbunterschied seinen ganz besonderen sozialen Sinn.

Auf jeden Fall wird der afrikanische »Schwarze« unter dem Eindruck solcher Verhältnisse und Erfahrungen und im Kontext der politischen und sozialen Evolution der nordwesteuropäischen Gesellschaften zum genauen Gegenteil des höfischen Ideals, kommen doch die Folgen der Arbeit auf seiner Haut, wie man auf einmal glaubt, noch mehr zum Vorschein als selbst beim klobigsten heimischen Bauern mit seinem wind- und wettergegerbten Gesicht. Der zarten Blässe vornehmer Herrschaften als Kontrast unmittelbar an die Seite gestellt, macht er die Spaltung der Gesellschaft in einen bloß konsumierenden und einen bloß produzierenden Teil besonders deutlich, »denn Weißes« – wußte schon Luther – »kann man besser erkennen, wenn man Schwarzes dagegenhält«.[122] Er hätte stets zwei »Negerinnen« mit zu den gemeinsamen Orgien gebracht, so ließ noch am Ausgang des 18. Jahrhunderts der Marquis de Sade, der doch gewiß ein Kenner der aristokratischen Seele war, das Mädchen Juliette von einem adligen Lüstling erzählen, »weil (diesem) der Kontrast zwischen weissen und schwarzen Menschen [...] besondere Befriedigung verschafft(e)«.[123] Dies mag mit erhellen, warum man sich in höfischen Kreisen so gern mit Afrikanern umgab, und zwar: je »schwärzer«, je lieber.[124]

Isabella d'Este (1474–1539), die in der italienischen Renaissance als eine der in Modefragen führenden Persönlichkeiten galt[125], beauftragte zum Beispiel schon 1491 ihren in Venedig ansässigen Agenten Giorgio Brognolo, ihr eine kleine Afrikanerin zu beschaffen, die *so schwarz wie möglich* sein sollte: »[...] *et voressimo fusse* più negra che possibile *fosse*«.[126] Das Rückschreiben Brognolos vom 21. Juni des gleichen Jahres, mit dem er der Fürstin mitteilte, daß es ihm leider nicht möglich war, ihren Auftrag auszuführen, zeigt nicht weniger deutlich, worauf es dieser ankam: »Ich habe mich auf das Eifrigste um eine moretta bemüht, die Ihren Wünschen entspräche, und man hat mich auf eine aufmerksam gemacht, die etwa vier Jahre alt, sehr schwarz und schön war *(molto negra et ben facta)*, doch war sie nicht verkäuflich [...]«[127] Als die junge Fürstin schließlich doch noch in den Besitz einer jungen moretta gelangte, äußerte sie sich angesichts solcher Schwierigkeiten mit Genugtuung; ein Hauch von Unzufriedenheit darüber, daß die Kleine aber wohl nicht ganz so »schwarz« war wie erwünscht, schlich sich freilich dennoch in ihre Formulierung, wenn sie schrieb: »Wir könnten nicht zufriedener sein mit dieser *moretta, selbst wenn sie schwärzer wäre (se la fusse più negra)*, denn obwohl sie am Anfang ein wenig spröde war, ist sie [...] anmutig in Wort und Tat [...]«[128]

Unter einem der höfisch-repräsentativen sogenannten Staatsporträts, an denen die Malerei des ausgehenden 17. und beginnenden 18. Jahrhunderts nicht zuletzt auch der nördlich der Alpen liegenden Länder so reich ist und auf denen so häufig afrikanische Diener an der Seite ihrer »weißen« Gebieterinnen in Erscheinung treten, wird noch einmal unmißverständlich gesagt, warum man bei Hof die besonders dunkelhäutigen »Schwarzen« vor allen anderen schätzte (siehe Tafel 14):

»Als lächelnde Flora übt
diese Schönheit ihren Zauber aus
und ihre siegreichen Reize
steigert im Kontrast ein Mohr.
Doch was sage ich von den dargebotnen Blumen
Ihr weißer Teint vermag die Frische noch zu steigern
und selbst die schwarze Haut des Mohren
gewinnt ihr einen Lichtstrahl ab.«[129]

Die wachsende Zahl von Schwarzen, die man seit etwa 1670 – d. h. jener Zeit, in der sich die Mode des Weißpuderns und -schminkens allgemein durchsetzte – nach Deutschland holt, um sie als Pagen adliger Damen und Herren zu verwenden, scheint zu bedeuten, daß man sich der optischen Wirkung des schwarz-weißen Gegensatzes und der symbolisch-propagandistischen Möglichkeiten, die darin lagen, weithin bewußt war. Tatsache ist, daß sich seit Mitte des 17. Jahrhunderts das Verlangen so mancher Fürstin nach einem afrikanischen Pagen *à la mode* mit einer Heftigkeit entwickelte, die nicht selten in geradezu unverantwortlicher Weise Ruf und Staatsfinanzen aufs Spiel setzte, wenn es galt, hier zum Ziel zu kommen.

Wie wenig gerade die Damen seit Ende des Dreißigjährigen Kriegs auf ihre dunkelhäutigen Pagen verzichten zu können glaubten, zeigt eine Episode am ostfriesischen Hof zu Aurich.[130] Dort hatte es bis zum Regierungsantritt Herzog Georg Christians noch keine Schwarzen gegeben. Erst als der Regent im Mai 1662 eine junge, prachtliebende Prinzessin heiratete, stellte man auf einmal fest, daß dieser »Luxusartikel« der Hofhaltung abgehe. »Glücklicherweise« befand sich damals zufällig der Oberrentmeister Brenneysen in Den Haag, um dort »ein Anlehen von 135.000 Talern zu kontrahiren«, die man zur Begleichung von Schulden gegenüber dem Haus Liechtenstein dringend benötigte. Die junge Herzogin mochte sich freilich um dergleichen Kleinigkeiten wenig kümmern; sie bestand auf ihren »Mohren«. Ihr liebender Gatte sah sich unter diesen Umständen genötigt, trotz der angespannten finanziellen Lage an Brenneysen zu depeschieren:

»Ehrbarer, Lieber, Getreuer!
Nachdem Wir glaubwürdig berichtet worden sind, daß in der Stadt Amsterdam ein Schiff mit vielen Mohren angekommen sein soll und Wir dann derselben für unsere herzliebste Gemahlin zwei, also einen jungen Mohren und eine junge Mohrin, jeden von 5 oder 6 Jahren desideriren, so befehlen Wir Euch hiermit gnädig, Ihr wollet selbige für unsere herzliebste Gemahlin Durchlaucht einkaufen und bei Eurer Zurückkunft zugleich mit anhero bringen. Vor allem aber werdet Ihr dahin trachten, daß sie von guter Leibesdisposition und Gesicht sein mögen. Daran verrichtet Ihr Unsere gefällige Meinung und Wir bleiben Euch mit Gnaden wohlgewogen. Gegeben auf unserem Hause Emden den 14. September 1663.«[131]

Obwohl die Dringlichkeit dieses Schreibens nichts zu wünschen übrig ließ und Brenneysen ohne Zweifel Himmel und Hölle in Bewegung gesetzt haben dürfte, um der fürstlichen Order Folge zu leisten, gelang es ihm aber zum unaussprechlichen Verdruß der Herzogin nicht, ihrem Wunsch zu entsprechen. Er teilte mit: »Diese Mohren sind zu Amsterdam nicht zu bekommen gewesen.«[132]

In solchen Notlagen wie hier konnte es geschehen, daß die Herrschaften nicht einmal vor Gewalt zurückschreckten. Vielleicht nicht gleich so rabiat wie jene böse Prinzessin im Märchen, Marussia, die sich schon lange vergeblich nach einem der heißbegehrten kleinen »Mohren« umgesehen hatte und schließlich kurzerhand einen weißen Jungen solange braten ließ, bis er schwarz genug war, um vor ihren Augen Gefallen zu finden[133]; aber es gab ja auch noch andere Methoden: Grimmelshausens Simplizissimus hat zum Beispiel einfach einen »kohlschwarzen Mohren«, der zuvor einem Rittmeister gehörte, qua Kriegsrecht konfisziert, als er bei Gelegenheit im Dreißigjährigen Krieg als Mitglied einer marodierenden Bande durchs Münsterland zog.[134] Nichts beweist jedoch besser, wie groß das Verlangen der höfischen Gesellschaft nach dem Besitz eines Schwarzen war, als wiederholt vorkommende Fälle von Kindesentführung, die in ihrem Auftrag begangen wurden. Dem schon an anderer Stelle erwähnten Glückstädter Kaufmann Moyses Josua Henriques »entwendete« zum Beispiel im Jahr 1680 ein gewisser »Obrist Lieutenant« Johan Daniel von Richelieu aus vorgeblich religiösen Motiven einen kleinen Schwarzen, was zu einem langwierigen Rechtsstreit führte.[135] Der Jude Henriques vermutete damals wohl kaum zu Unrecht, daß der Edelmann die Religion nur vorschützte, als er den Jungen aus der Hand des Hebräers »befreite«, um ihn in der christlichen Glaubenslehre unterrichten zu lassen:

Gewiß waren »die liebe Pietät und die Religion« nur »der Deckmantel eines so harten und ungerechten (Vorgehens)«, während es in Wahrheit eher um den Prestigewert des Schwarzen ging.[136] Ausdrücklich und durchaus überzeugend berief sich Henriques deshalb in diesem Zusammenhang nicht zuletzt auf die Tatsache, daß »meine Vorfahren [...] auch Mohren gehabt« – ohne daß jemals aus religiösen Gründen daran Anstoß genommen worden wäre.[137]

Während der Glückstädter Jude seinen Schwarzen schließlich durch königlichen Schiedsspruch zurückerhielt, wurde die Entführung eines schwarzen Schülers 1733 aus dem Friedrichskollegium in Königsberg niemals geahndet.[138] Der Fall erregte damals nicht geringes Aufsehen. Nachdem der Inspektor der Schule, Christian Schiffert, der Königlich Preußischen Regierung, der das »Collegium Fridericianum« unmittelbar unterstand, am 19. Mai 1733 gemeldet hatte, daß der »Mohrenknabe« am 16. dieses Monats (Mai) »von einigen unbekannten Leuten geraubet und mit Gewalt weggeschleppet« worden war, wurde der »Avocatus fisci«, Hof- und Konsistorialrat Johann Theodor Wahrt, damit beauftragt, »sofort zu inquiriren, was vor Leute solches gethan und wohin der Knabe gekommen«, und dann zu berichten. Die Vernehmung der Zeugen führte bald zur Identifizierung der Täter und ihrer Motive. Es ergab sich, daß ein gewisser Johann Daniel Liedke, ein abgedankter Tambour, den man »etliche Mahl durch die Spießruthen (habe) lauffen sehen«, »in Begleitung einiger Unteroffiziere, von denen einer Runau, der andere Godau« hieß, und die »der Leibkompanie des Holsteinischen Regiments« angehörten, den kleinen »Mohren« »auf Befehl des Herren Lieut. von Drewitzen aus dem Collegio Fridericiano weggeholet« hat. Bei der Vernehmung sagte Liedke aus, er habe das Kind anschließend auf den »Reformirten Platz« getragen und es dort einem der Musketiere übergeben, »der es weiter an den bestimmten Ort gebracht«. Jetzt sei der Junge wohl schon in Berlin, »wohin er gesandt werden sollte«. Der Herzog von Holstein habe, wie er hörte, dem Kollegium 100 Dukaten für das »Mohrenkind« bieten lassen, aber dort habe man »dieses offerirte Pretium« abgelehnt. Auf die Nachricht hiervon habe der Herzog zurückgeschrieben, »man solte es nehmen, wo man es fände«. Diesen Befehl habe ihm der Lieutnant von Drewitz bekannt gemacht und »er hätte der Ordre folgen müssen«. Im übrigen sei er der Meinung, »wäre derjenige mehr in Schuld, der das Geld, was die Hertzogin für den kleinen Mohren bieten lassen, nicht angenommen«. Obwohl »diese Entführung aus einen privilegierten Ohrt allerdings eine gerechte Beahntung meritiret«, verliefen sich – kaum verwunderlich bei der Sachlage – die weiteren Ermittlungen im märkischen Sand.

Dergleichen waren selbstverständlich Ausnahmen. In der Regel mußte, wer zu ein paar »Mohren« kommen wollte, nur seine Beziehungen zu Flandern,

Portugal oder auch zum Nahen Osten in Anspruch nehmen, denn im allgemeinen garantierte spätestens seit Ende des 17. Jahrhunderts der transatlantische Sklavenhandel die Befriedigung der fürstlichen Wünsche: Friedrich II. (1720–1785), der Landgraf von Hessen-Kassel, der auf der Wilhelmshöhe bei Kassel »eine kleine Negercolonie« hatte anlegen lassen[139], wo u. a. mehrere Mohrinnen »in abenteuerlicher Tracht« mit der Herstellung von Butter und Käse für die Hoftafel beschäftigt waren[140], wandte sich zum Beispiel, wenn er dafür Neuzugänge wünschte, u. a. an den Sklavenhändler und Bankier Jean de Barry Daniels in Amsterdam und bat ihn, »außer dem bereits übersandten Mohren Joly« weitere vier Schwarze nach Kassel zu senden.[141] Charakteristisch bleibt jedoch die oft unschickliche Ungeduld, mit der viele der hochgestellten Herrschaften, zumal die Damen, der Ankunft ihrer schwarzen Pagen entgegensahen: »Ich ersuche (den soeben in Kopenhagen eingetroffenen und für die Herzogin von Mecklenburg bestimmten »Negerknaben Peter«) mit dem allerersten Schiff nach Lübeck abzusenden und diesen Knaben dem Capitain des Schiffes anzuvertrauen und an Plessing in Lübeck zu addressieren mit der Aufgabe, von der Ankunft des Neegers mir sogleich Nachricht zu geben, damit ich ihn abholen lassen kann«; schrieb der deutsch-dänische Großunternehmer Heinrich Carl Schimmelmann (1724–1782), auf dessen Betreiben der Junge von den Antillen nach Europa gebracht worden war, von Hamburg aus an seinen Prokuristen in der dänischen Hauptstadt.[142] Schimmelmann trieb zur Eile, denn er wußte, daß die Fürstin schon ungeduldig wartete: Sie »ist allhier und wünscht den Neeger-Burschen balde zu erhalten.«[143]

Die kleinen (wie die großen) Schwarzen, die auf diese Weise an die deutschen Adelssitze kamen, wurden prächtig wie die Fürsten gekleidet[144], ein Umstand, in dem sich die neue, den gewandelten Verhältnissen entsprechende, anti-bürgerliche Funktion der »Mohren« noch von einer anderen Seite zeigte. Denn als Teil der dekorativen Ausstattung der barocken Höfe waren sie im Grunde auch eine Art *Erweiterung* des majestätischen Ornats; *Fortsetzung* gewissermaßen des fürstlichen Kostüms, das den Betrachter von der politischen und kulturellen Überlegenheit seines Trägers sinnlich überzeugen sollte. Der raffiniert ausstaffierte »Kammermohr«; das mit Hilfe eines Rahmens kunstvoll *nach oben* aufgestockte Haar der Perücke, oft noch beschirmt von einem von »Mohren« darübergehaltenen Baldachin (siehe Tafel 15); der *in die Breite* ausladende, schwingende Reifrock; das von afrikanischen Reitern geführte Gespann edler Pferde *vor* der fürstlichen Karosse und die von kleinen Pagen getragene wallende Schleppe *nach hinten*[145] hatten in der Tat alle den gleichen Zweck: Sie sollten – genau wie der bewußt sichtbar gemachte Gegensatz von schwarzer und weißer Haut – den gleichmacherischen Tendenzen der bürgerlichen Ideologie entgegenwirken, die ihre Wurzeln im Humanismus

Anna Rosina Lisiewska, *Bildnis des Markgrafen Karl von Brandenburg-Schwedt,* 1737, Nürnberg, Germanisches Nationalmuseum.

D. K. Ehrenstrahl, *Neger mit Papagei und Meerkatze,* 1407, Stockholm, Nationalmuseum.

der Renaissance hatten und in der Erkenntnis gipfelten, daß man – nach dem Wort Montaignes – auch auf dem höchsten Thron nur auf dem Hintern sitze[146]; mit anderen Worten, daß ohne Kleider nichts von einem Fürsten bliebe, was ihn von einem gewöhnlichen Sterblichen unterscheide. Je mehr deshalb das weltfeindliche Ethos der Protestanten und der sachliche Sinn der Bürger den schillernden Samt und die bunten Seiden der Edelleute verteufelten, um an ihrer Stelle die gedämpften Woll- und Baumwollfarben für den Alltag bzw. das abstrakte Schwarz-Weiß für den offiziellen Anzug zu favorisieren, je mehr sich das tote Schwarz des bürgerlichen Festgewandes und das von den Holländern hinzugefügte unsinnliche Weiß gestärkter Wäsche im Bürgertum durchsetzte, so wie man es von den Regentbildern eines Rembrandt oder Frans Hals her kennt, um so nachdrücklicher hielt der Adel an der glitzernden Farbenpracht *seiner* materiellen Umgebung fest.[147] Auch der »herrschaftliche Mohr«, komplett mit Turban, goldenem Ohrgehänge, einem silbernen Ring um den Hals[148] und oft dem Degen an der Seite wirkte da wie ein sinnlicher Protest gegen das trostlose Schwarz-Weiß in Kirche und Kaufmannskontor.

Nur ungern versäumten es die Großen jener Tage, sich öffentlich mit ihren schwarzen Pagen zu zeigen. Mit ihrem ausgeprägten Sinn für effektvolle Auftritte nahmen sie jede Gelegenheit wahr, fürstliche Art zu demonstrieren, und so erscheinen allenthalben – wie es in einem Stimmungsbild der Zeit zu lesen ist – »die Neger in ihren roten, gelben oder blauen Gewändern und Turbanen. Demütige Begleiter der pudrierten Prinzessinnen und Marquisen, die so oft ihr Taschentuch verlieren. Oder sie halten geduldig für sie einen bunten Papagei auf ihrer beringten Hand, auf der die Edelsteine wie auf schwarzem Samt blitzen. Wie ein dunkler Nachthimmel tauchen sie hinter den eleganten Kavalieren auf, die einen flüchtigen Kuß ihrer Herrin zu erhaschen suchen; drohend funkelt ihr weißes Auge im Hintergrund der lächelnden Gruppen.«[149]

Im barocken Hoftheater, auf Kostümfesten, bei öffentlichen Umzügen und Staatsakten und – vor allem – beim Militär spielte der Schwarze auf diese Weise als ein bunter Fleck – ähnlich wie die zur gleichen Zeit beliebten Papageien – eine große Rolle.

Schon früh und sehr eindrucksvoll zeigte sich dies zum Beispiel in Sachsen. Als sich im Frühjahr des Jahres 1609 die Herzöge Johann Casimir und Johann Ernst von Sachsen mit ihren Gemahlinnen sowie Markgraf Christian von Brandenburg-Kulmbach und die Fürstin Witwe von Altenburg vorübergehend in Dresden aufhielten, wurden ihnen zu Ehren in der Zeit vom 27. Februar bis zum 8. März im Stallhof und auf dem Altmarkt der Elbresidenz Prachtzüge veranstaltet, an denen nicht wenige Afrikaner teilnahmen.[150] Im einzelnen handelte es sich um 43 außerordentlich aufwendige Umzüge, sogenannte Inventionen, die der von Kurfürst August nach Dresden berufene, aus Lugano stammende Bildhauer und Architekt Giovanni Maria Nosseni (1544–1620) nach italienischem Vorbild ersonnen und arrangiert hatte.[151] Es ist heute möglich, sich ein sehr genaues Bild von diesen Veranstaltungen zu machen, da der Dresdner Maler Daniel Bretschneider glücklicherweise sämtliche Züge mit offenbar akribischer Detailtreue gemalt und zu einem Werk vereinigt hat, das sich jetzt in der Sächsischen Landesbibliothek befindet.[152]

Vor allen anderen ist die »afrikanische Invention« zu nennen, die von den Zeitgenossen übereinstimmend als besonders glänzende Leistung Nossenis gewertet wurde[153] und einen entsprechenden Raum einnimmt.[154] Einen passenderen Hintergrund, um die Majestät der fürstlichen Besucher und ihres Gastgebers so recht zur Geltung zu bringen, kann man sich schwerlich vorstellen.

Die »afrikanische Invention« wurde von zwölf zu dritt nebeneinander reitenden, schwarz gekleideten Herolden mit blauen, roten und gelben Schärpen, Federn und Stäben eröffnet. Ihnen folgte ein Zug »brauner Afrikaner«, die große, hellblaue Kegelmützen auf dem Kopf, um Hals, Hüften und Knie aber einen bunten Federschmuck trugen. Einundzwanzig berittene Trompeter, zwei Pauker und neun Fahnenträger, alle auf festlich herausgeputzten Pferden, schlossen sich an (siehe Tafel 16). Danach kam ein gewaltiger Prunkwagen, der von zwei Elefanten gezogen wurde, die auf ihrem Rücken bunte, mit Fähnchen geschmückte Pyramiden trugen und von zwei afrikanischen Schildträgern geleitet wurden; aus dem Wagen, der den damals üblichen Buffets glich, erhob sich ein Piedestal, auf welchem ein mit Bogen und Säbel bewaffneter Afrikaner stand, zu dessen Füßen sich sechs seiner Landsleute – Saiteninstrumente streichend – niedergelassen hatten. An den vier Enden des Gefährts hockten kleine Affen, die sich in runden Handspiegeln besahen. Sechs Fahnenträger zu Pferd und mit Schilden deckten die ganze Gruppe, dahinter ein weiterer Afrikaner, der neben sich einen Schimmel führte, während er in der Linken den Merkurstab schwang. Auf ihn folgte ein wilder Krieger in roter Grenadiermütze, mit Schild, Säbel und Lanze und mit einem schwarzen, blutrot gesäumten Schurz, der gemessenen Schritts seinem Herrn, dem »Mohrenkönig«, voranging. Dieser, mit goldener Krone und Zepter, saß majestätisch auf seinem Thronsessel, den vier Sklaven auf ihren Schultern trugen; ein anderer hielt einen bunten Sonnenschirm über sein Haupt. Hinter dem König stand ein kleiner brauner geflügelter Amor mit gespanntem Bogen. Den Tragsessel beschirmten vier Schildknappen mit gezogenem Säbel. Vier andere trugen auf Lanzen vier abgeschnittene Köpfe in spanischen Helmen. Es folgten die reich aufgeschirrten Prachtrosse, hinter diesen aber sechs Zelter, auf denen Tritonen, Sirenen und Seepferde saßen, die von Afrikanern geleitet wurden. Hinter diesen führte dann ein mit einem Morgenstern bewaffneter Schildträger einen

Zug von neunzehn gesattelten Pferden, deren jedes von einem mit einer Reitgerte versehenen afrikanischen Stallmeister geführt wurde (siehe Tafel 17). Sechs berittene Herolde in deutscher Tracht, wie die zu Beginn der ganzen Prozession, und drei reitende afrikanische Trompeter schlossen den Zug, der – wie es scheint – die Avantgarde eines jeden Rennzugs bildete.[155]

Von diesen glänzenden Anfängen ausgehend, mit denen sich die höfische Gesellschaft in einer geradezu fanatisch-verschwenderischen Demonstration der bürgerlichen Forderung nach Sparsamkeit im Leben widersetzte, hat es bis zum Zusammenbruch der alten Feudalherrlichkeit immer wieder Ähnliches gegeben. So wurde auch im September des Jahres 1614 ein »Ringrennen mit Mohren= und Türkenaufzügen« ausgetragen, wobei der Kurfürst persönlich als »Mohrenkönig im Paradies« auftrat.[156] Und auch 1719, als sich der damalige sächsische Kurprinz mit der kaiserlichen Prinzessin Josephine vermählte, fuhr diese in einem achtspännigen Galawagen vor, dem ihr »Leibmohr«, gefolgt von vierundzwanzig weiteren Afrikanern mit Turban und Reiterbusch, in weißem Atlas und scharlachrotem Talar, voranritt.[157] Es soll endlich auch jedesmal sehr eindrucksvoll gewesen sein, wenn der kurfürstliche Monarch feierlich, in ein goldenes Brokatgewand gekleidet, mit Höflingen, Läufern, Schwarzen und vielleicht auch von der schönen Gräfin Cosel begleitet, in der Loge der zwischen 1718 und 1719 von Pöppelmann erbauten Dresdner Oper erschien.[158]

Wie hier, so hielt man es an vielen Höfen der Epoche. Der Besitz einiger schwarzer Pagen, »Leib- und Kammermohren«, Lakaien, Läufer usw. wurde seit Mitte des 17. Jahrhunderts zur Ehrensache. Selbst ein vergleichsweise unbedeutender Herrscher wie Graf Christian zu Rantzau, der von 1632 bis 1636 das seit 1628 durch den Dreißigjährigen Krieg in Trümmer gelegte Schloß Breitenburg in Holstein wieder aufbauen ließ und auf das Prächtigste ausschmückte, mußte da drei »Mohrenknaben« besitzen, die er in die Münsterdorfer Schule schickte und – nach den Kleiderausgaben zu rechnen – hübsch ausstaffierte.[159]

Zu dieser Zeit hatte unter den Aristokraten Europas ein wahrer Wettlauf um die wenigen schwarzen Sklaven eingesetzt, die in den Hafenstädten angeboten wurden. Wer – wie die Preußen – konnte, begab sich lieber gleich an die Quelle. Als Anfang September 1680 die brandenburgischen Schiffe *Wappen von Brandenburg* und *Morian* in See stachen, um eine erste Fahrt in westafrikanische Gewässer zu unternehmen[160], hatten die beiden Kapitäne Joris Bartelsen und Philipp Blonck denn auch eine »Instruction« in der Tasche, in der der Große Kurfürst u. a. verlangte, ein halbes Dutzend junge Sklaven zwischen vierzehn und sechzehn Jahren für den Hof zu erwerben, »welche schön und wohlgestaltet seien«.[161] 1683 wies die brandenburgisch-afrikanische

Kompanie den Oberkaufmann Herrn von Colster an: »Wenn Sklaven reichlich vorhanden sind, kann man durchaus immer eine Partie im voraus kaufen ...«[162]

Auch der ansonsten auf Sparsamkeit der Staatsausgaben bedachte König Friedrich Wilhelm I. von Preußen (1688–1740) wollte partout einige »Mohren«. Seiner bedeutenden Stellung entsprechend mußten es natürlich gleich 150 sein, die er als »Hoboisten« bei seiner Armee unterbringen wollte.[163] Als deshalb im Oktober 1714 einige Rotterdamer Kaufleute mit der Bitte bei ihm vorstellig wurden, ihnen zwei Pässe nach der damals brandenburgischen Niederlassung Arguim an der afrikanischen Westküste auszustellen, schrieb er an den Rand des Gesuchs das Wort *»nihill«* (mitnichten) und die Bemerkung: »Die Pesse will ich unterschreiben wen die Com. will 150 Mohren mitbringen, die 10. à 12. Jahren alt alsden wil ich wohl zu ihre negocie 1200 th. gehben im Platz 600 th. vor gummy. Darauf will ich erstl. antwort haben.«[164] Der Marinerat Ramler teilte den Antragstellern den Wunsch seines Monarchen mit, erhielt jedoch zur Antwort, daß sie sich außerstande sähen, die Schwarzen zu beschaffen, »weil die Leute so umb Arguim und *Porto Darco* wohnen, alle Mohren oder Türken und beinahe so weiß sein, als die deutsche Nation, denn die Negers oder Schwarze halten sich um Senegal auf, welches wohl 180 oder 190 Meilen von *Porto Darco* ab ist.«[165] Trotzdem wären sie selbstverständlich bereit, für des Königs Rechnung einige Schwarze einzukaufen, falls solche in Arguim zu bekommen wären. Das waren natürlich Ausflüchte, wie der »Soldatenkönig« sehr wohl wußte. Einstweilen aber mußte er auf seine schwarze Bläsertruppe verzichten. Immerhin fühlte sich Ramler durch den bei dieser Gelegenheit geäußerten Wunsch des Königs nach 150 Schwarzen zu dem bemerkenswerten Vorschlag veranlaßt, ein eigenes Schiff auszurüsten. Die auf 20 000 Taler veranschlagten Kosten konnten seiner Ansicht nach durch den Verkauf der in Emden noch vorhandenen Kompanie-Effekten der inzwischen unrentabel gewordenen »Brandenburgisch-afrikanisch-amerikanischen Kompanie« und durch Verwendung der Einkünfte aus dem Gummihandel aufgebracht werden.[166] Friedrich Wilhelm verfügte daraufhin eigenhändig: »Da mit bin zu frieden aber 160 Mohren.«[167] Später wurden daraus sogar »160 bis 170 Stück junge, wohlgewachsene Manns-Negers von 10 bis 12 Jahren«.[168] Am Ende aber erwies sich auch dieser Plan als undurchführbar; der Liquidationsvertrag, der die brandenburgischen Besitzungen in Guinea schließlich an die Holländisch-Westindische Kompanie überschrieb, sah lediglich die Lieferung von vier jungen Schwarzen »mit güldenen Halsbändern« vor.[169]

Hörpaugger und Feldtrompeter

»Es ist ein Mohr angekommen, der [...] hat Lust zum Paucken, als(o) lasse er besorgen, daß er das Paucken lerne [...]«, lautet eine aus der Mitte des 18. Jahrhunderts stammende undatierte Anweisung des Herzogs von Braunschweig.[170] Dergleichen war kein Einzelfall. Erstaunlich viele der fürstlichen »Mohren« wurden so oder so ähnlich zu einer musikalischen Ausbildung herangezogen. Als Trompeter, Pauker, Hoboisten oder Schellenbaumträger boten sie seit Ende des 17. Jahrhunderts zumindest an den bedeutenderen Höfen etwa in Berlin oder Potsdam, in Dresden, Wien, Braunschweig, Hannover oder Kassel einen vertrauten Anblick. Neben schwarzen Lakaien und Pagen bildeten sie einen Eckpfeiler fürstlicher Pracht: Nach barockem Urteil gehörte eine Kapelle von Hof- und Feldmusikern zum Staat eines Fürsten, denn »ein großer Herr (macht) auch viel Aufsehen, wenn er ein oder zwey Chöre in prächtiger Livree gekleidete Trompeter und Paukker, mit silbernen Instrumenten aufstellen kann, die bey Galla und Freudentagen das menschliche Herz durch ihre hinreissende Musik jedes Affects empfänglich machen«, und hält ein Fürst »nicht wenigstens ein Chor Trompeter und Paukker; so scheinet [...] an der Vollkommenheit seines Hofstaats etwas zu fehlen«.[171]

Die Fürsten pflegten mit ihren schwarzen Schlagzeugern und Bläsern eine Tradition, deren Wurzeln weit zurück liegen; schon seit ältesten Zeiten hatten schwarze Musiker die Menschen Europas fasziniert. Auf einer Amphore aus Vulci wird bereits im 5. Jahrhundert v. u. Z. ein Krieger dargestellt, auf dessen Schild ein schwarzer Trompeter zum Angriff bläst.[172] Das hellenistische Alexandria[173] und die muslimische Welt setzten diese Tradition der Antike fort.[174] Gebildete und musizierende schwarze Sklaven werden immer wieder besonders in der schönen Literatur arabischer Sprache gepriesen; weithin sorgten schwarze Trommler, Flötisten und Sänger beiderlei Geschlechts neben dunkelhäutigen Tänzerinnen für Zerstreuung in den Palästen.[175]

Auf dem Umweg über Nordafrika erreichte schließlich der Brauch die europäische Christenheit. In den mittelmeerischen Handelszentren – der Welt des Islam am nächsten stehend und in engstem Kontakt mit ihr – finden sich seit der Zeit der Kreuzzüge die ersten schwarzen Musiker in christlichen Diensten. Unter anderem werden in der Berner Handschrift des *Liber ad honorem augusti* (einem Buch zu Ehren Kaiser Heinrichs VI., das der süditalienische Geistliche Petrus de Ebulo gegen Ende des 12. Jahrhunderts verfaßte) im Zusammenhang mit dem Einzug König Tankreds in Palermo (1190) schwarze Musiker dargestellt. Ein schwarzer Beckenschläger und ein schwarzer Trompeter tragen wie die übrigen Mitglieder der Kapelle Turbane.[176] (Siehe Tafel 18.)

Auch Friedrich II. von Hohenstaufen hatte sich einige schwarze Musikanten an seinen glanzvollen Hof in Palermo geholt, die ihn während der Mahlzeiten mit dem Spiel von Blasinstrumenten unterhielten. Am 28. November 1239 wies er seinen »*Secretus*« in Palermo von Cremona aus an, ein aus Schwarzen bestehendes Musikkorps zusammenzustellen.[177] Er befahl, vier junge Männer von 16 bis 20 Jahren »*de servis curie nostre*« auszuwählen, oder, falls solche nicht vorhanden wären, fünf geeignete Sklaven aus Mitteln der kaiserlichen Schatulle zu kaufen. Vier der jungen Schwarzen sollten »*tuba*«, der fünfte »*tubecta*« blasen lernen, um anschließend das kaiserliche Hoflager *(camera)* mit ihrem Spiel zu unterhalten.[178] Friedrichs Wünsche scheinen nicht gleich zu seiner Zufriedenheit ausgeführt worden zu sein, denn aus der Nähe von Aretium verlangte er am 14. Januar des folgenden Jahres (1240) noch einmal »unverzüglich« *(celeriter)* nach seinen schwarzen Bläsern.[179] Gleichzeitig gab er eine entsprechende Anzahl silberner Instrumente in Auftrag, auf denen sie spielen sollten.[180] Diesmal sputete man sich, und schon bald erklang die Musik der schwarzen Kapelle. Die jungen Schwarzen trugen purpurne Gewänder und spielten nach arabischem Vorbild auf silbernen Trompeten. Ein englischer Besucher, Richard, Earl von Cornwall, Sohn König Johanns von England und später selber König von Rom, hörte sie 1242, als er auf der Rückreise von den Kreuzzügen in Sizilien Station machte, wo ihm an Friedrichs Hof ein glänzender Empfang bereitet wurde. Richard war hingerissen vom Charme der graziösen Tänzerinnen, die man vor ihm auftreten ließ, er bewunderte die schwarzen Pagen des Kaisers und die dunkelhäutigen Bläser, die eine so fremdartige Musik erklingen ließen.[181]

Neben Friedrich II. haben verschiedentlich auch andere Heimkehrer aus dem Krieg gegen die Sarazenen schwarze Musiker mitgebracht.[182] Vor allem aber haben sie die (zuerst im *Rolandslied* um 1100 erwähnte) Busine oder Heroldstrompete (Fanfare) und die *naqqara (atabal)*, die mittelgroße arabische Kesselpauke, in Europa heimisch gemacht.[183] Die europäische Hof- und Militärmusik wurde seit dieser Zeit von Trompete und Kesselpauke wesentlich mitbestimmt. In einem bebilderten Manuskript aus dem 14. Jahrhundert, das einem unter dem Namen »Der Mönch von Hyères« bekannt gewordenen Genueser Miniaturisten zugeschrieben wird, ist ein schwarzer Zymbelspieler abgebildet, der zwei Kesselpauken auf dem Rücken schleppt.[184] Im 15. Jahrhundert erwähnt Aeneas Sylvius Piccolomini, d. i. Papst Pius II., einen musizierenden schwarzen Sklaven, der dem Fürsten von Piombino, einer kleinen Stadt an der toskanischen Küste in der Nähe von Livorno, gehörte.[185] Der König von Neapel kauft am 17. April 1470 einen Schwarzen mit Namen Martino, der anschließend auf einem Schiff der königlichen Flotte die Trompete bläs[186]; etwa gleichzeitig malt Andrea Mantegna in seinem *Triumph Caesars* einen turbantragenden schwarzen Pfeifer, und auch auf spanischen Gemälden tauchen schwarze Trompeter auf.[187]

Mit einiger Verzögerung finden sich schließlich auch in Deutschland schwarze Musiker; spätestens seit dem 16. Jahrhundert intonieren hin und wieder schwarze Trompeter und Pauker die feierlichen Intraden, mit denen die fürstlichen Herren ihre öffentlichen Auftritte zu untermalen pflegen, sie spielen bei Tisch, begleiten ihre Herren auf Reisen und folgen selbst im Trauerzug noch – hoch zu Pferd – dem Sarg des Fürsten.[188] Am Landshuter Hof arbeitete auf diese Weise im Jahr 1573 ein erster schwarzer »Hörpaugger«.[189] Nach dem herzoglichen Ausgabenverzeichnis wurden ihm für dieses Jahr zwei Hemden gemacht.[190] Herzog Wilhelm V. legte so großen Wert auf seine Anwesenheit, daß er ihn nachkommen ließ, als er sich einmal für längere Zeit in München aufhalten mußte.[191] Der Fürst wußte selbstverständlich um die Bedeutung seines Schwarzen, war doch das Recht, sich einen Pauker oder einen Trompeter zu halten, mindestens bis zum Beginn des 17. Jahrhunderts ein eher seltenes, nur in besonderen Fällen vom Kaiser verliehenes und folglich viel beneidetes Privileg.[192]

Nachdem sich seit dem Ende der »Religionskriege« zahlreiche Fürsten soweit etabliert hatten, daß sie gegenüber anderen Machtzentren wie etwa den städtischen Gemeinden zur dominierenden Kraft geworden waren, häuften sich die schwarzen Hofmusikanten. Allein aus Braunschweig werden bis Mitte des 18. Jahrhunderts mindestens fünf solcher Schwarzen vermeldet, darunter ein 1684 verstorbener Trompeter, und »Jubat, Matthias, Hoff-Paucker ein gebohrner Mohr etwa 22 Jahre alt [...] ein guter Christ und feiner Mensch, mit jeder mann freundlich«, der am 15. März 1733 in Wolfenbüttel starb und zwei Tage später begraben wurde.[193] In Schleswig-Holstein mußte Herzog Hans Adolf seinen »langjährigen« Hoftrompeter, den »Neger Hassan«, 1690 zu Grabe tragen[194]; im selben Jahr, am 5. Juni 1690, verstarb dort auch Christian Gottlieb, »de swarte Feldtrompetter« von Plön, von dem noch die Rede sein wird.[195] Spätestens zu dieser Zeit konnte sich auch hin und wieder einer der weniger begüterten Landedelleute einen schwarzen Musiker leisten, zum Beispiel bediente der »Mohr« Johann Junkerdink im Dorf Roxel bei Münster die neue Orgel, die 1711 auf Veranlassung des Freiherrn Heinrich-Johann Hülshoff, Herr der nahegelegenen gleichnamigen Wasserburg und Vorfahr der Dichterin Annette von Droste-Hülshoff, nach Roxel kam.[196] Der Freiherr hatte den Schwarzen von einer Auslandsreise mitgebracht und zunächst als »Leibmohren« bei sich arbeiten lassen. Da sich der Junge jedoch schon bald als musikalisch begabt und überdies als gelehrig und lernbeflissen erwies, wurde er zum »Organister« ausgebildet. Heinrich-Johann schenkte der Dorfkirche St. Pantaleon eine Orgel und stiftete obendrein die dazugehörige Orga-

Figurenuhr mit schwarzem Pauker und einem »Mohren« im Turm, Kupfer vergoldet, Höhe: 65 cm, Augsburg, ca. 1570, 1945 zerstört. Das Laufwerk im Sockel ließ den Elefanten fast einen Meter weit rollen und den »Mohren« pauken, wobei der »Mohr« im Turm seinen Kopf suchend hin- und herwandte und danach seinen Pfeil abschoß.

nistenstelle, weil sich anders die knauserigen Bauern von Roxel nicht zur Annahme des fürstlichen Geschenks entschließen mochten.[197]

Die Fürsten dachten jedoch, wenn sie sich seit dem ausgehenden 17. Jahrhundert um schwarze Musiker bemühten, nicht in erster Linie an den Hof, sondern an ihre Streitkräfte.[198] Eine starke Neigung zur Prachtentfaltung auch auf dem Gebiet des Heerwesens, vor allem aber neue Entwicklungen in der Kriegführung scheinen dafür die ausschlaggebenden Gründe gewesen zu sein. Daneben werden aber auch – wie die Herkunftsangabe manch eines der schwarzen Musiker nahelegt – der seit dieser Zeit rasch expandierende transatlantische Handel mit schwarzen Sklaven ebenso wie die Türkenkriege ihren Teil dazu beigetragen haben, weil sie die Rekrutierung erleichterten, waren doch auch in den Heeren des Sultans weithin schwarze Bläser und Pauker beschäftigt.[199]

Festzuhalten bleibt, daß schwarze Musiker in den Streitkräften deutscher Fürsten keine Seltenheit blieben, als kurz nach dem Dreißigjährigen Krieg die Taktik der geschlossenen Massenbewegung und der rhythmisch geregelte Gleichschritt für große Truppenkörper eingeführt wurden, die unter Vorantritt der Musik gegen den Feind anrückten. Je breiter und tiefer und je komplexer der Truppenkörper war, um so mehr bedurfte es zur Sicherstellung einer geordneten Bewegung der einzelnen Truppenteile (Angriff, Rückzug, Schwenk usw.) scharf akzentuierter, weithin vernehmbarer Klänge, d. h. »gewisse(r) Zeichen [...], wonach sich die Soldaten richten«.[200] Instrumenten wie der Trompete oder der aus der traditionellen Schalmei entstandenen Oboe (Hochholz, *Hautbois*), die einen eindringlichen und schneidenden Ton haben, fiel im Zuge dieser Entwicklung neben den verschiedenen Trommeln und Pauken eine hervorragende Rolle zu.[201] Nach dem 1795 von Johann Ernst Altenburg veröffentlichen *Versuch einer Anleitung zur heroisch-musikalischen Trompeter- und Pauker-Kunst* nahm man dabei, »wo möglich, Mohren, welche weiße Pferde reiten, theils um des Ansehens willen, theils damit sie bey Verschickungen desto eher erkannt werden«.[202]

Wegen der musikalisch-technischen Voraussetzungen bevorzugte man insbesondere bei den Schlagzeugern *(Tambours)* gerne »Jungen, die zwölf bis sechzehn Jahre alt, denn dieser ihre Gelenke und Arme sind jung und allart, um den Wirbel reinlich schlagen zu lernen«[203]; – was das im allgemeinen niedrige Durchschnittsalter der schwarzen Trommler und Pauker beim Eintritt in die Armeen erklärt.[204] (Siehe Tafel 19.)

Die soziale Position der Militärmusiker war ursprünglich bedeutend, obgleich diese gerade im Verlauf des 18. Jahrhunderts – der Zeit, in der die schwarzen Musiker am zahlreichsten waren – immer mehr Statusverluste hinnehmen mußten. Lange Zeit nahmen aber wenigstens Feldtrompeter und Pau-

Rembrandt, *Schwarze Pauker zu Pferd,* möglicherweise Angehörige der spanischen Heere in Holland oder Belgien, ca. 1637, London, Britisches Museum, Inv.-Nr. 00 Io 122, H.8.

ker noch eine bevorzugte Stellung ein.[205] Beide standen »in einerley Zunft und Range und gehör(t)en zur Prime Plane«.[206] Sie bekleideten den Rang von Offizieren und durften, als besonderes Zeichen ihrer Würde, Straußenfedern am Hut tragen. Mit der Freisprechung nach abgeschlossener Lehre erhielten sie den Degen.[207] Sie bildeten schon im »Mittelalter« eine privilegierte Zunft. Kaiserliche Zunftprivilegien datieren aus den Jahren 1430, 1528 und 1623. Kaiser Ferdinand bezeichnete ihre Kunst 1630 als eine »frei-ritterliche«. Patron und Oberrichter der Zunft war der Kurfürst von Sachsen.[208]

Besonders herausgestellt waren die Feldtrompeter. Nach dem Inhalt des *Privilegii Ferdinandei* aus dem Jahr 1623 mußte »der Junge, der die Trompeter-Kunst lernet, von ehrlichen Eltern und Herkommens seyn, ingleichen *ein freyer und kein Leibeigner* [...]«[209] Feldtrompeter konnte außerdem nur derjenige werden, welcher in Kriegszeiten bei der Kavallerie gedient und wenigstens einen Feldzug mitgemacht hatte. Und nur wer seine Kunst sieben Jahre lang im Feld oder bei Hof geübt hatte, durfte Lehrjungen annehmen. Auch dem Konzert- oder Kammertrompeter war dies nicht gestattet, er galt beim Regiment nur als gewöhnlicher Trompeter.[210] In Kriegszeiten gehörte es zu den Pflichten des Feldtrompeters, Botschaften ins feindliche Lager zu übermitteln, »das Völkerrecht giebt ihnen diesfalls fast noch mehrere Freyheit als anderen Abgeordneten, welches daraus erhellet, daß der Trompeter ohne Paßeport zur feindlichen Armee, auf gegebenes Signal, mit seiner Trompete anrücken darf, welches aber einem höheren Abgesandten, ohne Besorgung des Arrests, keineswegs erlaubt ist.«[211]

Die Ausbildung der Lehrlinge wurde – wie schon angedeutet – meist auf Initiative adliger Herren begonnen und vertraglich geregelt. So hatte der Herzog von Braunschweig 1761 angeordnet: »Mohr Paul soll Pauker werden bei das Carabiner Regiment. Er ist also vom Hofe ab und an den Rittmeister von Koch zu verweisen.«[212] Der Fall des schwarzen Paukers Johann Wilhelm Charleton, genannt Johann Ludewig Erlich und »aus Neuyorck in America [...] gebürtig«, der 1787 nach erfolgreich abgeschlossener Lehre in Hannover freigesprochen wurde, zeigt das übliche Arrangement solcher Vereinbarungen.[213] Seine Exzellenz, der Reichsgraf von Wallmoden Gimborn, hatte den Schwarzen »am 1ten July des 1785sten Jahres wie gewöhnlich auf zwey Jahre« dem Wolfgang Wilhelm Hocker, seines »allergnädigsten Königs und Herrns, von Dero Hochlöblichen Leib=Garde=Regiment anjetzo in Pension stehender Garde und Feld=Heer=Pauker«, in die Lehre gegeben, damit er »die löbliche Freie und Rittermäßige Kunst des Heer=Pauken=Schlagens« erlerne. Der zu diesem Zweck abgeschlossene Vertrag mit Hocker »wegen information des Mohren Johann Ludewig Erlich« lautet (die Punkte stehen anstelle von unleserlichen Passagen):

»Zu wißen sey Hiermit daß zwischen Ihro Hochgräflichen Gnaden, die Frau Gräfin von Jarmouth, und den Paucker Houker von Sr. Königl. Majestät Leib Garde Regiment, nachfolgende Contract Errichtet und geschlossen.

Es verbindet sich der Paucker Houker dem Reg. Ihro Hochgräflicher Gnaden im Dienste stehender Mohr Nahmens Johann Loudewig Erlich Das Paucken Schlagen nach allen denen gebräuchlichen und zufälligen Regeln (?) perfect zu Erlernen, und verobligiret sich dabey gedachten Mohr wegen seyner Freysprechung ... die probe in Gegenwarth derer so Kenntniß davon (haben), ... machen und ihm bey gebrachte perfection zeigen zu lassen,

Dahin gegen versprach Ihro Hochgräflichen Gnaden den Paucker Hocker so gleich, bey Errichtung des Contracts an bahrem Gelde Fünfzig Reichsthaler in hartem Gelde baar außzuzahlen ... und nach dehm ... der Mohr Nahmens Johann Ludewig Erlich völlig in Paucken Schlags perfectioniret ist, die probe abgelegt, und frey gesprochen, so werden dem Paucker noch 50 Rth. in Gleicher Müntz und also in Summa Ein Hundert Reichs Thaler baar ausgezahlet.

Zu Mehrer Festhaltung ist dieser Contract in Duplo ausgefertigt, und unterschrieben gegen ein ander ...
So geschehen Hannover
Wilhelm Hocker
Garde Paucker.«[214]

Gleichzeitig mit der vertraglichen Regelung der Ausbildungsbedingungen wurde der Hannoveraner Goldschmied Frantz Peter Bundsen zur Herstellung mehrerer Pauken verpflichtet. Ein von General Wallmoden und Bundsen am 14. Februar 1780 in Hannover unterzeichneter Vertrag sieht neben technischen Einzelheiten wie Größe der Pauken und Qualität des zu verwendenden Silbers bei den Beschlägen vor, daß sich »Herr Bundsen Engagiret [...] dem Leib=Garde Regimente Ein paar Silberne Paucken [...] zu verfertigen«, »sie auf das Sauberste zu arbeiten«, »und solche anfang May dieses Jahres abzuliefern«.[215]

Auf diese Weise auf das Beste ausgestattet, konnte Erlich es in der vorgesehenen Frist so weit bringen, »daß er in seinem Feld=Stücken=Blasen (!) capabel befunden worden«. Sein Lehrherr hat ihn daher 1785 »dem hochlöblichen Privilegio gemäß [...] seiner Lehrjahre halber im Namen Gottes losgesagt und frey gesprochen«. In seiner feierlichen Ansprache erinnerte Hocker im Beisein seiner Zunftkameraden daran, daß der frisch gebackene Pauker »vermöge der Kayserlichen und churfürstlichen Sächsischen allergnädigst confirmirten hochlöblichen Ordnung und Privilegien [...] keineswegs gefugt seyn soll, nach geschehenem Freysprechen, unter Sieben Jahren, ob er auch schon einen ordentlichen Feld=Zug gethan und genugsahmen Beweis vorzulegen hätte, einen Jungen oder Lehr=Discipel zu lernen, welches er auch [...] versprochen«. Da nunmehr allen Erfordernissen der eifersüchtig auf ihre Interessen bedachten Zunft entsprochen war, hat Hocker ihn »in seine Kunst eingesetzt, den Degen übergeben und wehrhaft gemacht«. Anschließend hat er noch seiner Bitte Ausdruck verliehen, »oftgedachten Johann Wilhelm Charleton« allenthalben, »wes Standes, Dignitaeten und Würden Sie Seyn«, »vor einen ehrlichen Paucker achten und halten, selbigen aller Orten frey und ungehindert paß= und repaßiren zu lassen« und ihm »alle Gnade und Beförderung« zu erweisen.[216]

Obwohl der Pauker Erlich keineswegs der einzige schwarze Musiker Hannovers blieb[217], und es auch in Braunschweig[218], Kassel[219], Dresden[220], Wien[221] und andernorts[222] zahlreiche schwarze Militärmusiker gab, scheinen doch die Preußen zu den ersten gehört zu haben, die über solche Afrikaner (oder Afroamerikaner) geboten; sie gehörten offenbar auch zu ihren glühendsten Liebhabern.[223]

Die brandenburgisch-kurfürstlichen Kolonialbestrebungen in Westafrika und auf den Antillen boten eine ideale Möglichkeit für die Rekrutierung geeigneten Personals, und die preußische Armee – schon damals eine der modernsten in ganz Europa – bemühte sich intensiv um die Entwicklung fortgeschrittener Kriegstechniken, darunter einer neuartigen Militärmusik. Es kann daher kaum überraschen, daß bereits Kurfürst Friedrich Wilhelm von Brandenburg (1640–1688) über einen Musikzug gebot, dessen schwarze Mitglieder aus Westafrika stammten.[224] Eine Vorstellung vom Aussehen der kurfürstlichen »Mohren« gibt ein kolorierter Kupferstich von Peter Schenk, der im Rahmen seiner *Kurfürstlichen Brandenburgischen Militär- und Hoftrachten* (Amsterdam 1696–1701) veröffentlicht wurde.[225] »*Aethiops inter Cubicularios Electorales. Patriis remotus ab oris Principe sub magno traduco mollius aeram*« steht unter dem Bild der eleganten Erscheinung.[226] (Siehe Tafel 20.) Ein Afrikaner aus dieser Zeit ist namentlich bekannt: Der Große Kurfürst ordnete 1683 die Überweisung des Afrikaners Ludwig Besemann an einen Heerpauker an, damit dieser ihn in der Kunst des Paukenschlagens unterweise.[227]

Der unmittelbare Anstoß zum Aufbau der schwarzen Militärkapelle ging wahrscheinlich auf einen Vorschlag zurück, den Ende 1681 oder Anfang 1682 der (möglicherweise aus Hamburg, eher aber aus dem Rheinland stammende) Kaufmann und Merkantilist Martin Elers (gest. 1694 in London) dem Kurfürsten erst »muntl. und hernach auff begeren schrifftl.« unterbreitete.[228] Elers, eine anscheinend nicht unumstrittene Persönlichkeit am Berliner Hof[229], der jedoch nach dem Zeugnis des damaligen kaiserlichen Gesandten Graf Johann Philipp von Lamberg zu jener Zeit »bey dem Ch(ur)f(ürsten) [...] wohl (stand), vnd aestimiret (war)«[230], schlug vor: »Eine große menge Africaner ins land zue bringen, daß land damit (zu) bawen, vnd zuegleich alß eine Armee, die alßdan gar nichts kosten wurde, zur defension des landes zue gebrauchen.«[231]

Die Ziele, die Elers mit seinem bemerkenswerten Vorschlag verfolgte, waren auf weit mehr als nur auf militärische Belange abgestellt. Es scheint, daß er zum Beispiel auch glaubte, auf diese Weise dem katastrophalen Mangel an Arbeitskräften begegnen zu können, der auch dem Kurfürstentum Brandenburg nach den Verheerungen des Dreißigjährigen Kriegs schwer zu schaffen machte; die Afrikaner, so argumentierte er, würden »(das) lant mit volck vermeeren [...] (und) mit nutzen bebawen connen [...]«[232] Darüber hinaus erhoffte er sich von einem größeren Import schwarzer Sklaven offensichtlich auch eine Aufbesserung der fürstlichen Finanzen: Der Herrscher brauchte die Schwarzen nur »unter seine bauren aus(zu)teiln, und fur knechte gebrauchen lassen, und vor dieselbe jaarlich zalen lassen was sie sonst an einen bawren kenecht jaerl. zalen mochten«[233]; auf diese Weise, so rechnete der Kaufmann vor, würde der Kurfürst von seinem »angelegeten Gelde jaerlich 12 à 16 procento rente machen connen, [...]«.[234] Ausschlaggebend werden aber schließlich wohl doch die mit dem weiteren Ausbau der Armee verbundenen Probleme gewesen sein, die ihre angestrebte Stärke angesichts der ausgedünnten Bevölkerung oft nur durch politisch ebenso wie ökonomisch inopportune Zwangsrekrutierungen erreichen konnte. In dieser Situation konnte man sich vielleicht der Schwarzen, »wan dieselbe [...] in die Waffen geexersiret« würden, wirklich »besser als von europeischen volckern bedienen, weiln dieselbe von natur hardi und starck weren [...]«.[235]

Abgewickelt werden sollte der Sklavenimport von der Brandenburgischen »affericanischen Comp(anie)«, an der der Kurfürst selber finanziell beteiligt war. Elers, der offenbar nichts unversucht ließ, um seinem Anliegen Nachdruck zu verschaffen, wies unnötigerweise noch einmal darauf hin, daß diese Gesellschaft bereits in Afrika Fuß gefaßt habe und Erfahrungen im Geschäft mit schwarzen Sklaven besitze, welche sie »alda cauffen und an die Hispanier in Amarica und ander orter [...] vercauffen« ließ.[236] Endlich vergaß er nicht zu erwähnen, daß die Anteilseigner der Kompanie seine »proposition geprisen« und sich bereits »verobligieret« hätten, noch »dieses Jaar woll 20 000 (Schwarze) zu lieueren vor 100 r(eichs)th(aler). jeden«.[237]

Bei soviel Überzeugungsarbeit kann es kaum verwundern, daß Elers mit seinem Vorschlag auch bei Friedrich Wilhelm zunächst wohlwollende Aufnahme fand. »Ir. Courf. Dleucht«, schrieb er am 28. Januar 1682 an den Philosophen Leibniz, »haben sich dieses woll gefallen lassen. [...] Somma es hadt die Companie order ein quantiteit zu bringen nicht allein vor dem Courf. sondern auch vor particouliers.«[238]

Gestärkt durch diesen Erfolg, erlaubte sich Elers bei dieser Gelegenheit auch gleich noch, die Lieferung weiterer Schwarzer anzubieten, »fals Ihr(e) Hochf(ürstliche) Durch(laucht von Hanouer, Zel oder Wulfenb(üttel) oder andere grosse oder cleine hern etl(iche) haben wollten«.[239] Er schlug Leibniz vor, »diese herrn zu(m) kauffen (zu) annimieren«, und bot dafür »vor jedwedern Stuck so er vercaufft 2 rt. [...] provision«.[240] Geliefert würde in den (damals von Brandenburg genutzten) Hafen von Harburg an der Elbe, und zwar zu 100 Rth. »das Stuck«.[241]

Leider ist das Antwortschreiben, mit dem Leibniz auf dieses Ansinnen reagierte, nicht mehr aufzufinden, es ist jedoch anzunehmen, daß er es von sich wies. Jedenfalls war auf Braunschweigischer Seite nichts weiteres über das Projekt zu ermitteln. Die Brandenburger scheinen den Plan am Ende aber auch nicht, oder doch wenigstens nicht in seiner ursprünglichen Form, weiterverfolgt zu haben. Der von Elers gegenüber Leibniz erwähnte Auftrag an die brandenburgisch-afrikanische Kompanie hat lediglich zum Import einer relativ kleinen Gruppe von Schwarzen geführt, von denen die meisten als Militärmusiker zur Armee gezogen wurden.

Seit den Zeiten Friedrichs I. (1688–1713), des Nachfolgers des Großen Kurfürsten, sind die Beckenschläger der preußischen Armee vorwiegend Schwarze gewesen, so zum Beispiel im Regiment Nr. 6 dieses Königs.[242] Unter Friedrich Wilhelm I. (1713–1740), bekannt als »Soldatenkönig«, wurden dann beim königlichen Leibregiment in größerer Zahl »Mohren« als Spielleute eingestellt, die in der ursprünglich vom Großen Kurfürsten an der afrikanischen Westküste gegründeten Handelsniederlassung angeworben oder angekauft worden waren.[243] Friedrich Wilhelm I. hatte sich, wie man gesehen hat, »um 160 bis 170 Stück junge wohlgewachsene Manns=Negers« bemüht, die er gern als »Hoboisten« bei seiner Armee verwenden wollte.[244] Im Entwurf für das entsprechende Auftragsschreiben findet sich noch der (später gestrichene) Hinweis: »[...] weiln Wir Willens sein solche, wann sie vorhero abgerichtet worden, bei Unseren *Troupen* als *Hautbois* zu gebrauchen«.[245] Zwar mußte er, wie gesagt, zunächst auf seine Bläsertruppe verzichten, aber es gelang ihm bald doch noch, schwarze Musikkorps aufzustellen. Eine spezielle »Hoboistenschule« wurde 1724 eigens zu diesem Zweck in der Nähe des großen Militärwaisenhauses in Potsdam eingerichtet.[246] Die Gesamtzahl aller damals allein in Potsdam beschäftigten schwarzen Heeresmusiker wird mit 30 angegeben.[247] Das aus 15 Mann bestehende Querpfeiferkorps des königlichen Leibregiments in Potsdam war ausschließlich aus »Mohren« zusammengesetzt.[248] Es ersetzte die bis dahin üblichen acht Dudelsackpfeifer und wurde später noch durch einen schwarzen Pauker ergänzt.[249] Als »Janitscharen« wurde die Truppe weit über Preußen hinaus berühmt und diente als Vorbild für ähnliche Einheiten in anderen Fürstentümern.[250] Der Name der Anfang des 18. Jahrhunderts angelegten »Mohrenstraße« im heutigen Berlin, in der Carl Gotthard Langhans 1787 die berühmten »Mohrenkolonaden« errichtete[251], geht auf den Ort zurück, an dem die »Janitscharen« Friedrich Wilhelms I. einst kaserniert untergebracht waren.[252] In einem zeitgenössischen Bericht ist über diese Schwarzen und die anderen bei Hof beschäftigten Afrikaner zu lesen: »Wie nun des Königs Majestät des Mittags an der Tafel saßen [...] hielten 26 Mohren einen Aufzug mit musikalischen Instrumenten, auf denen sie spielten, und zwar nach mohrischer und türkischer Art Janitscharenmusik mit Becken machten wobei auch Pauken zu hören gewesen und allerhand Instrumente auf welchen geblasen worden.«[253]

Wie bei seinen »Langen Kerls« legte der »Soldatenkönig« auch besonderen Wert auf große und stattliche schwarze Musiker bei der Janitscharentruppe. Sie trugen die gleiche Uniform wie die übrigen Spielleute, d. h., wie bei Trompetern und Paukern waren ihre Röcke »blau, unten gantz weit und rundumb mit Falten, haben hängende Flügel, die Ermel, Aufschläge, Flügel und Fordertheile am Rocke sind mit güldenen Schleifen besetzet, dazwischen silberne gepremet, welche an beiden Enden silberne Frantzen haben. Das Futter ist von

Einzug der Kavallerie, Photographie, ca. 1905.

Boy und die Knöpfe mit Silberplatten«.[254] Zusätzlich trugen die schwarzen Janitscharen um den Hals einen zweifingerbreiten Ring[255] und Ohrgehänge aus gediegenem Silber. Sie hatten keinen Zopf, und auch ihre Haare blieben ungepudert. Da man die meisten von ihnen für Muhammadaner hielt, trugen sie angeblich wegen ihres Glaubens, in Wahrheit aber wohl wegen des exotischen Gepränges, statt des üblichen Huts einen bunten Turban. Einige echte Türken, die ursprünglich zu der Truppe gehört hatten, wurden nach ihrem Ausscheiden durch Tod oder andere Gründe in der Regel durch schwarze Musiker ersetzt[256], so daß sich später (1786) der türkische Botschafter Ahmad Effendi mit säuerlicher Miene und den Worten: »Das ist nicht türkisch!« an Friedrich II. wandte, als dieser ihm zu Ehren seine schwarzen »Türken« aufziehen ließ.[257]

Friedrich II. (1740–1786) überstellte das »Mohren«-Musikkorps später an das Feldbatallion der Artillerie, wo ihre Musik auch die »türkische Musik der Artillerie« genannt wurde.[258] Bei der Artillerie übernahmen die Schwarzen auch den damals berühmten »Paukenwagen« für die Pauken und Fahnen, den noch Friedrich Wilhelm I. gestiftet hatte.[259] Dieser Wagen war sehr malerisch ausgestattet. Vier Schimmel mit Tigerdecken und roten Büschen zogen ihn.[260] Nach einem Bericht von 1744 (Österreichischer Erbfolgekrieg) marschierte die preußische Artillerie mit ihrem Paukenwagen und mit »der ganzen türkischen Musik«, bestehend aus neun »Negermusikern« (Pfeifen, große Trommel und Becken), durch Prag. Auch der Pauker soll ein »Neger« gewesen sein.[261] 1747 waren nach den Etat-Listen insgesamt sechzehn »Mohrenpfeiffer« bei der Artillerie beschäftigt, die »4 Thaler Traktement« pro Person und Monat erhielten.[262] Der König erhöhte die Zahl der schwarzen Artilleristen im Jahr 1759 auf zweiunddreißig »Mohren«, die lange Röcke, Ohrenschmuck, silberne Halsringe und einen weißen »türkischen« Turban als Kopfbedeckung trugen.[263]

Obwohl der »Alte Fritz« bei der Auflösung des großen sogenannten »Königsregiments« im Jahr 1740 einen Teil der schwarzen Musiker an die Artillerie überstellt hatte, gab es auch bei der Infanterie weiterhin schwarze Spielleute. 1741 kamen vier Kompanien preußischer Grenadiere durch Breslau, von denen jede einen schwarzen Querpfeifer hatte; die Pfeifer der Leib- und Grenadier-Kompanie des 1. Gardebatallions Nr. 15 waren bis 1806 »Mohren«; 1806 ging das Regiment Prinz von Braunschweig durch Pegau zurück und hatte unter den Tambours drei »Mohren«.[264] Ein »Mohr« mit Namen »Hassan« diente zu Beginn des 19. Jahrhunderts eine Zeitlang abwechselnd unter den Janitscharen der Infanterie-Regimenter Nr. 29 und Nr. 39. Er hatte als Junge den Feldzug von 1813/14 mitgemacht und sich dabei die sogenannte »Kriegsdenkmünze« erworben.[265] Großherzog Leopold von

Baden, von 1832 bis 1852 Kommandeur des preußischen Infanterie-Regiments Nr. 29, »schenkte« dieser Einheit dann noch um 1840 drei weitere »Neger«, die als Schlagzeuger bei der Regimentsmusik eingestellt wurden.[266]

Auch in späterer Zeit sorgten schwarze Musiker der preußischen Armee für Aufsehen. So gab es bei der Kavallerie bis zum Ersten Weltkrieg mehrfach schwarze Kesselpauker. Beim Kürassierregiment Markgraf Friedrich Wilhelm von Brandenburg-Schwedt waren zwischen 1715 und 1771 der Pauker und sämtliche Trompeter ausnahmslos »Mohren«.[267] Beim Neumärkischen Grenadierregiment zu Pferde Freiherr von Derfflinger Nr. 3 schlug der Gefreite Mambo vor dem ersten Weltkrieg die große Pauke. Er wurde jedoch entlassen, »da er sich nicht in die preußische Disziplin einordnen konnte«. Sein Nachfolger war der »Mohr« Erich Zigorra.[268] Dazu schrieb die national-konservative *Deutsche Tageszeitung*:

> »Der Negergefreite Mambo, der seit längerer Zeit bei dem in Bromberg liegenden Gren. Regt. z. Pf. als Paukenschläger stand, ist infolge einer wegen eines Vergehens gegen die militärische Disziplin erlittenen Bestrafung kürzlich degradiert worden und wird am 1. Oktober d. Js. zur Entlassung kommen. Dieser lehrreiche Vorgang hat aber für die Erziehung zum Rassebewußtsein nichts genützt, denn kindlich stolz und sündhaft unbefangen wird soeben folgendes gemeldet:
>
> Das Regiment hat in einem anderen Neger, Erich Zigorra mit Namen, einen neuen Paukenschläger erhalten. Zigorra ist in Pommern aufgewachsen, wo er Diener einer Gutsbesitzerfamilie war, bis er im November vorigen Jahres zum Militär eingezogen wurde. Wann werden die Phrygier klug? Die allgemeine Wehrpflicht ist eine Ehrenpflicht des deutschen Staatsbürgers; man sollte daher jeden Farbigen vom Heeresdienst in Deutschland befreien oder in die Schutztruppe (der afrikanischen Kolonien, P. M.) stecken. Die Einstellung eines schmutzigen Niggers in die Armee ist nicht nur im höchsten Grade bedauerlich und bedenklich, sondern sogar skandalös. [...]«[269]

Bis zum Ende der Monarchie blieben dergleichen von einem zweifelhaften »Rassebewußtsein« diktierten Vorstöße ohne Erfolg; die Armee präsentierte sich weiterhin gern mit ihren »Mohren«. Großes Aufsehen wegen seiner riesigen Länge erregte der 1907 beim 1. Garderegiment als Schellenbaumträger eingestellte Marokkaner, den Kaiser Wilhelm II. bei seinem Besuch am Hof des Sultans von Marokko der Leibgarde dieses Fürsten »abgeworben« hatte. Er wurde erst 1918 »wegen Krankheit« (?) aus dem Dienst entlassen.[270]

Wilhelm Sambo, Kesselpauker, Patenkind Kaiser Wilhelms II., Photographie, Münster, Nachlaß Walter Werland.

Schwarzer Schellenbaumträger der Deutschen Armee, Photographie, Ende 19. Jhd.

Der schwarze Kapellmeister Gustav Sabac Lel Cher, Photographie, Aufnahme ca. 1898.

Abschließend sollen noch zwei der schwarzen Preußen besondere Erwähnung finden: der Stabsoboist Gustav Sabac Lel Cher und der Kesselpauker Wilhelm Sambo. Der erste brachte es in den neunziger Jahren des vorigen Jahrhunderts bis zum Kapellmeister beim 1. Ostpreußischen Grenadierregiment Nr. 1, den »Kronprinzern«.[271] Sein Vater war ein »Nubier«, den Prinz Karl von seiner Orientreise mitgebracht hatte und dem wegen seiner Zuverlässigkeit die Verwaltung des Silbers am königlichen Hof übertragen war. Er heiratete eine Berlinerin, und aus dieser Ehe stammte der spätere Kapellmeister. Da Gustav schon als Kind musikalische Begabung zeigte, wurde er bei seinem Eintritt ins Erwachsenenalter zur Musikhochschule Berlin-Charlottenburg kommandiert. Als Sabac zum erstenmal mit der Regimentsmusik zur Wachparade marschierte, drängte sich halb Königsberg, um den schwarzen Musiker zu sehen. Sabac hatte sich damals bereits einen gewissen Namen gemacht, weil er u. a. einen Fackeltanz mit einem schwierigen Posaunensolo komponiert und mehrere Mozart-Ouverturen für kleine Besetzung arrangiert hatte. Er heiratete in Königsberg die Tochter des Haus- und Gütermaklers Perling. Infolge einer Venenentzündung ließ er sich 1910 pensionieren, hat aber noch als Zivilkapellmeister in Berlin und Hamburg dirigiert und später ein kleines Gartenlokal in Berlin erworben. Seine Söhne Horst und Herbert waren ebenfalls Musiker.

Als letzter schwarzer Musiker der Preußen starb 1935 im Alter von 48 Jahren in Köln der ehemalige Paukenschläger des Leibgarde-Husaren-Regiments in Potsdam, Wilhelm Sambo.[272] Er war in Kamerun geboren, von wo aus er an Kaiser Wilhelm II. nach Deutschland gesandt worden war. Auf Veranlassung des Kaisers, dem er als seinem persönlichen Taufpaten den Vornamen Wilhelm verdankte, machte man ihn zum Kesselpauker beim Trompeterkorps des Leibgarde-Husaren-Regiments, wo er den Dienstrang eines Vizewachtmeisters bekleidete. Ein Foto zeigt ihn mit seinen Pauken auf einem schneeweißen Araberhengst. Nach dem Zusammenbruch der Monarchie holte ihn sein ehemaliger Regimentskamerad Albin Middendorf, der ihn während seiner Dienstzeit in den Jahren 1908–1910 kennengelernt hatte, nach Münster, wo er als »Kaffee-Koch« in Middendorfs (1944 zerstörter) Konditorei tätig war.[273]

Nicht Sklaven, nicht frei

Die rechtlich-soziale Lage der vielen »Mohren«, die bis zum Ende der Monarchie in Deutschland gelebt haben, war in der Regel auf eine merkwürdige Weise unbestimmt: Sklaven und dennoch auf eine für Sklaven ganz und gar uncharakteristische Weise privilegiert, lebten sie gewissermaßen im Niemandsland zwischen Freien und Unfreien. »Zwitter aus einem Spielgewinn und einem pensionsberechtigten Würdenträger« hat man einen von ihnen treffend genannt.[274] Wie die gesellschaftliche Position dieser Schwarzen begrifflich zu fassen ist, ob sie überhaupt eine einheitliche Gruppe bildeten oder einzeln – je nach Stellung und Absicht ihrer Herren – schon vorhandenen Schichten, Ständen und Gruppen zugeordnet wurden, sind allerdings angesichts der Unterschiede in ihren Lebensgeschichten durchaus offene Fragen.

Nur bei ihrer Ankunft war die Lage der fürstlichen »Mohren« eindeutig, sie waren – von wenigen Ausnahmen abgesehen – Sklaven: »mit allen [...] Eigentumsrechten und dem originalen Kauffbrieffe«[275] hatte man sie gewöhnlich auf fremden Märkten gekauft und ohne Rücksicht auf ihren Willen nach Deutschland gebracht, wo es immer schon jemanden gab, der als ihr Besitzer galt.[276] So war der Schiffszimmermann Martin Harnack Herr eines Schwarzen, den er im Jahr 1732 »in Guinea [...] als einen leibeigenen Sclaven« erstanden hatte[277]; einen anderen »Mohren« hatte der Sylter Kapitän Michelsen im September 1757 »auf öffentlicher auctroi zu Surinam in America« erworben.[278]

Genaueres über die Herkunft der Sklaven zu sagen, ist in den meisten Fällen nicht möglich. Zumindest blieben die Angaben darüber im allgemeinen recht grob und wenig präzise, solange das geographische Wissen von Afrika und den übrigen Teilen der außereuropäischen Welt, aus denen man »Mohren« geholt hatte, noch unvollkommen war: »aus Africa«[279], »von der Küste Congo in Ilyrien«[280], »von der Güste Guinea in Afrika«[281], von der »Gulle-Kost« (Goldküste)[282], »aus America«[283] oder einfach »aus fremden Ländern«[284] heißt es relativ vage noch bis zum Ende des 18. Jahrhunderts. Als Glücksfall darf es da schon gelten, wenn von einem bestimmten Schwarzen festgehalten wurde, daß er aus »dem Reich des Priesters Johannes« kam[285], aus »Vbohala im Königreich Angola«[286], aus »Guinea in Dellemina«[287], aus »Guinea auf der Küste Malagente in der Seestadt Sette«[288], aus »dem Dorfe Groß Princeß auf der Insel St. Croix«[289], aus »Serinom« (Surinam)[290] oder aus »Hackensack/New Jersey«.[291] Vorsicht ist aber auch bei diesen vergleichsweise exakten Angaben geboten, da sie nicht selten lediglich den Ort bezeichnen, in denen sich der *Sklavenmarkt* befand, auf welchem ein bestimmter Schwarzer in den Besitz seines deutschen Herrn (oder dessen Vorgänger) übergegangen war, nicht aber seinen *Geburtsort*. Allein aus diesem ließen sich aber zuverlässige Rückschlüsse auf seine ethnische und soziale Herkunft ziehen. Solange nicht zusätzliche Angaben zur Verfügung stehen, sind Aussagen über die Herkunft einzelner »Mohren« und das Leben, das sie vor ihrer Ankunft in Deutschland führten, nur mit Vorbehalten und oft überhaupt nicht möglich. Die Sklavenhändler pflegten diese Daten normalerweise nicht aufzuzeichnen, und die in Deutschland eintreffenden Schwarzen – Kinder von weniger als zehn Jahren zumeist – waren, wenn man sie denn gefragt hätte, zu jung, um sich erinnern zu können.[292]

Ähnlich schwer wie die Herkunft der schwarzen Sklaven läßt sich ihr Marktwert bestimmen. Tatsächlich ist es nahezu unmöglich, repräsentative Zahlen über die Höhe der Kaufpreise zu nennen, Angaben darüber sind spärlich und schwanken nach Ort und Zeit. Auch die Kenntnis der Preise auf den fremden Märkten reicht allein nicht, da die Gewinnspannen der Händler bei einer Lieferung nach Deutschland oder beim Weiterverkauf innerhalb Deutschlands die Kosten in die Höhe trieben.[293] Hinzu kommt, daß die Preise im Einzelfall von persönlichen Eigenschaften des Sklaven wie Alter, Geschlecht, körperlichen Vorzügen oder Gebrechen usw. abhängig gewesen sein dürften. Immerhin darf man analog der allgemeinen Preisentwicklung für diese »Ware« annehmen, daß sie mit dem Anschwellen des transatlantischen Sklavenhandels seit Beginn des 17. Jahrhunderts und dem damit einhergehenden leichteren Zugriff auf schwarze Sklaven auch in Deutschland zunächst fielen[294], mit der steigenden Nachfrage der Aristokratie seit Ende des 17. Jahrhunderts aber wieder deutlich stiegen. Unabhängig davon scheint es sich jedoch in der Regel bis weit ins 18. Jahrhundert um recht »fürstliche« Summen gehandelt zu haben, die nur von einer wohlhabenden Minderheit aufgebracht werden konnten.[295]

Vergleichsweise viel mußte offenbar noch der bayerische Herzog Wilhelm V. bezahlen, der sich, wie berichtet, im Jahr 1570 als einer der ersten für 117 Kronen und 52 Schillinge einen kleinen schwarzen Pagen nach Landshut kommen ließ[296]; der (fiktive) Generalfeldzeugmeister »von der Wahl«, welcher dem Simplizissimus in Grimmelshausens gleichnamigem Roman (1668) für »nicht mehr als zwei Dutzend Taler« einen »kohlschwarze(n) Mohr(en)« abnötigte[297], kam jedenfalls – daran gemessen – weit günstiger davon. Sein »Mohr« schien allerdings – wie Grimmelshausen nahelegt – eher unterbezahlt, wenn man bedenkt, daß jener Jude, der seinen Schwarzen nur wenig später, 1684, auf der Ostermesse in Leipzig verkaufte, nahezu das Doppelte, nämlich 50 Reichstaler verlangte und erhielt.[298] Man sollte aber die Geschäftstüchtigkeit dieses Hebräers nicht überschätzen: Der Mann hat vermutlich von dem allgemeinen Preisanstieg für schwarze Sklaven profitiert. Anzeichen für ein solches Ansteigen des Preisniveaus hatte es ja schon mindestens zwei Jahre früher gegeben, als sich die »Brandenburgisch-afrikanische Kompanie« 1682 anerbot, 20 000 schwarze Sklaven zum »Stückpreis« von 100 Reichstalern aus Westafrika nach Preußen zu importieren.[299] Zwar hat die Handelsgesellschaft mit diesem Angebot wohl etwas über dem durchschnittlichen Handelswert der schwarzen Sklaven gelegen, doch muß sich dieser an der Wende vom 17. zum 18. Jahrhundert zwischen 50 und 100 Talern bewegt haben, wenn zum Beispiel Friedrich Wilhelm I. von Preußen noch 1714 erklärte, für »150 Mohren [...], die 10. à 12. Jahre() alt«, auf keinen Fall mehr als 1200 Taler, d. h. 80 Taler »pro Stück«, bezahlen zu wollen.[300] Seit den dreißiger Jahren des 18. Jahrhunderts taucht dann die Zahl von 100 Talern häufiger auf, vielleicht ein Hinweis darauf, daß sich der Kaufpreis für schwarze Sklaven mehr oder weniger auf diesem Niveau stabilisierte. Jedenfalls hielt es der Herzog von Holstein 1733 für vollkommen angemessen, 100 Dukaten für ein »Mohrenkind« zu offerieren, eine Summe, die kaum über die 100 Taler hinausging, die der damalige Besitzer des von ihm begehrten Kindes kurz zuvor selber dafür bezahlt hatte.[301] Wesentlich mehr aufzuwenden war zu dieser Zeit offenbar kaum jemand bereit. Deutlich höhere Beträge, wie sie in späteren Jahren vereinzelt genannt werden, sind eher unglaubwürdig. So wecken bereits die »200 Rthlr baares Geld«, die der preußische Kämmerer von Arnim 1774 »ohne Eingehung eines schriftlichen Vertrages« in Kopenhagen für einen kleinen Schwarzen bezahlt haben wollte[302], leise Zweifel. Wenn aber der Geheimrat Franz von Borries behauptete, seinen Schwarzen sogar für 400 Reichstaler gekauft und zusätzlich noch erhebliche Mittel für seine Erziehung ausgegeben zu haben[303], und wenn er ihn schließlich dennoch, weil er sich »unverbesserlich ausschweifend« gezeigt habe, für nur 200 Reichstaler »weit unter Preis« wieder losschlagen wollte[304], dann darf man getrost annehmen, daß es sich dabei um bloße Behauptungen handelte, die von den Kaufmannsinteressen dieses Herrn diktiert waren. Ganz sicher konnten jedenfalls exorbitant hohe Summen wie die 1000 (!) Taler, auf die der (im Gegensatz zu von Borries durchaus glaubwürdige) Baron von Schimmelmann den Wert eines in seinem Besitz befindlichen medizinkundigen Sklaven veranschlagte[305], höchstens durch eine langfristige Nutzung von dessen Arbeitsleistung, keinesfalls aber durch seinen Verkauf realisiert werden.

Was immer indessen ihr Preis, entscheidend war, daß die schwarzen Sklaven auch nach ihrem Eintreffen in Deutschland Eigentum ihrer jeweiligen Besitzer blieben, welche weitgehend frei über sie verfügen konnten: Sie wurden weiterverkauft, wie jener »surinamesische Mohr«, den ein Dr. med. Luttgendorff im Jahr 1771 dem Hessischen Landgrafen lieferte[306]; verschenkt, wie die Mohrin

Juliana Rosina, die Herzog August Wilhelm von Braunschweig-Wolfenbüttel im Jahr 1685 aus Kopenhagen für seine Gemahlin, Herzogin Elisabeth Juliane, mitgebracht hatte, die dann die Kleine ihrerseits bald der Madame Rudolphine überließ[307]; und sie wurden vererbt, wie die »Mohren« von Drage, die beim Tod des Grafen Christian zu Rantzau in den Besitz seines Sohnes und Nachfolgers, Graf Detlef, übergingen.[308] Selbst stehlen wie eine *res propria* und verspielen konnte man sie.[309] Schließlich hingen auch ihre materiellen Lebensverhältnisse nahezu vollständig von der Willkür ihrer Herren ab, diese konnten über ihre Ausbildung und die Art ihrer Tätigkeit bestimmen, über ihr Einkommen, ihre Kleidung und ihre Unterbringung. Sogar die Ehepartner für ihre schwarzen Sklaven konnten sie auswählen.

Die Möglichkeiten, sich gegen den Willen ihrer Herren aus dieser Lage zu befreien, waren gering; zumindest hatten die Schwarzen, obwohl es im damaligen Deutschland keinerlei rechtlich fixierte Grundlage für die Sklaverei gab[310], kaum Aussichten, ihre Freiheit auf juristischem Weg zu erlangen. Dem standen nicht nur die allgemeinen rechtlich-politischen Bedingungen der feudalabsolutistischen Fürstentümer entgegen[311], sondern vor allem die Tatsache, daß es in marginalen Bereichen der deutschen Gesellschaft seit langem immer wieder Sklaven gegeben hatte, deren sozialer Status kaum jemals ernsthaft in Zweifel gezogen worden war.[312]

In diesem letzten Punkt unterschied Deutschland sich vom benachbarten Ausland. In Frankreich hatten die Gerichte zum Beispiel schon 1571 einige schwarze Sklaven freigesprochen, die im Gefolge eines Kaufmanns nach Bordeaux gebracht worden waren: *»La France, mère de liberté, ne permet aucuns esclaves«*, hatte damals die Admiralität verkündet.[313] In Holland war es spätestens seit 1649 »gesetzmäßig, daß dergleichen Sklaven, wenn sie innerhalb der Gränzen dieser Republik sich befinden, und auf ihre Freyheit antragen, auch wider Willen ihrer Herren solche erhalten«.[314] Endlich war 1772 auch in England durch den sogenannten *Sommerset Case* entschieden worden, daß jeder Sklave bei Betreten englischen Bodens auf Grund des englischen Rechts frei würde[315]:

> *»Slaves cannot breathe in England; if their lungs*
> *Receive our air, that moment they are free;*
> *They touch our country, and their shackles fall.«*[316]

Nicht so in Deutschland. Hier sucht man vergebens nach richterlichen Entscheidungen, die zumindest deklamatorisch eine Emanzipation der Sklaven ins Auge faßten. Zwar gab es auch unter den deutschen Juristen eine Minderheit, die wie der aus Friesland stammende und von dem Philosophen Christian

Thomasius beeinflußte Ulricus Huber (1636–1694) die Ansicht vertraten, »daß nach heutigen Sitten die aus (›West-‹)Indien hergebrachte Sklaven, sobald sie die Europäische Gränzen betreten, die Freyheit erhielten [...] Allein es ist die Meinung des Huber nicht mit hinreichenden Gründen unterstützt, und hat solche daher (Nicolaus Hieronymus) Gundling (1671–1729) in seinem *Jure Naturae* cap XXI und XXIII widerleget.«[317]

Der einmalige Fall eines »erkauften Mohren«, welcher 1780 vor preußischen Gerichten um seine Freilassung prozessierte, zeigt, wie es – in einer Zeit, in der überall in Europa immer dringlicher die allgemeine Abschaffung des Sklavenhandels und der Sklaverei gefordert wurde – um die rechtliche Lage der schwarzen Sklaven in Deutschland bestellt war. Die Sache wurde in einem Bericht des Berliner Kammergerichts an das Justizministerium vom 16. Juni 1780 ausführlich dargestellt:

> »Ein von dem Kämmerer von Arnim in Kopenhagen erkaufter, und in hiesige Lande mit eingebrachter Mohr, hat es gewagt, Ew Königl. Majt mittelst hiebey zurückgehender Bittschrift vom 19 April d. J. allerunterthänigst anzuflehen:
>
> daß er von dem Joche der Knechtschaft befreyet, und dem
> von Arnim seine vorhabende anderweitige
> Veräusserung untersaget würde.
>
> Er behauptet in beregter Eingabe, daß er, als ein zeitiger Unterthan Ew Königl. Majt, eine Befugniß zur Freyheit habe, welche ihm um somehr zustünde, da der von Arnim ihn vor 7 Jahren in Dännemark von dem geh. Rathe Wurm mit der Bedingung erkaufet: daß er nur noch 2 Jahre als sein eigener Unterthan zu dienen hätte, weil er vorher schon 8 Jahr gedienet, und nur 10 Jahr dazu schuldig wäre, alsdann er auf freye Füße gestellt werden müßte[318], gleichwohl der von Arnim ihn schon 5 Jahre über die Zeit behalten habe, dazu ihn auf das grausamste behandelte, und ihm nicht den Unterricht in der christlichen Religion verstatten wollte.«[319]

Nachdem der König per Rescript am 24. April des Jahres 1780 angeordnet hatte, »den von Arnim über das Gesuch seines Mohren zu vernehmen« und »das rechtliche darüber zu verfügen«[320], ergab sich:

> »Der von Arnim behauptet, seinen Mohren vor 6 Jahren in Koppenhagen [...] ohne die geringste Einschränkung, daß er ihn nur auf gewisse Zeit behalten und alsdann ihm die Freyheit geben wolle, erkauft zu haben: Er verlangt daher ein unumschränktes

Eigenthum über denselben, und die Befugniß ihn weiter verkaufen zu können [...]«[321]

Einen entsprechenden schriftlich fixierten Vertrag zur Stützung seiner Behauptung konnte von Arnim nicht vorweisen.[322]

Nach Prüfung des Sachverhalts und in Erwägung der durch ein sorgfältiges Studium der vorhandenen einschlägigen juristischen Literatur gefundenen Tatsache, daß es in Deutschland allgemein, insbesondere aber in Preußen an speziellen gesetzlichen Regelungen fehlte, die für dergleichen Fälle als Entscheidungsgrundlage hätten dienen können, kam das Gericht zu dem überraschenden Schluß, daß in dieser Lage »nur noch die erste Quelle aller Gesetze, *das Recht der Natur*, übrig (bliebe), nach welchem [...] dem von Arnim nicht verwehret werden könnte, seinen erkauften Sklaven weiter zu verhandeln«, es sei denn, daß dieser nachweisen könnte, nur »unter der ausdrücklichen Bedingung, daß er nur zwey Jahre [...] dienen und alsdann frey seyn sollte, erkaufet« zu sein.[323] Dies, meinte die Kammer jedoch, indem sie sich einseitig auf die Aussagen Arnims stützte, sei wenig wahrscheinlich, *»da der von Arnim [...] die Existenz eines bedingten Kontracts geläugnet [...]«*[324]

Freilich: So recht wohl war dem Gericht bei dieser Entscheidung offenbar nicht, wußte man doch im Klima der Aufklärung und angesichts der gerade damals mächtig erstarkenden Bewegung der Abolutionisten sehr gut, daß dem »Naturrecht« auf Eigentum jenes andere auf persönliche Freiheit entgegenstand! Nicht von ungefähr schob die Kammer denn auch die Verantwortung von sich und überließ es dem König, ein abschließendes Urteil zu fällen.[325] Um aber für ähnliche Fälle in Zukunft besser gewappnet zu sein, erlaubte man sich bei dieser Gelegenheit anzufragen: »Ob nicht durch ein Gesetz in Dero Staaten, in Ansehung der Sklaverey, die oberwähnte Holländische Rechte für die Zukunft einzuführen?«[326]

Obwohl es einem Sklaven nicht möglich war, seine Freilassung gerichtlich durchzusetzen, haben immer wieder Schwarze, die als Sklaven nach Deutschland gebracht worden waren, ihre persönliche Freiheit erlangt. Einige haben sich, wie überall, wo es die Sklaverei gegeben hat, ihrem Los durch die Flucht zu entziehen versucht.[327] Schon am 14. November 1483 teilte die Stadt Köln den Mainzer Behörden mit, daß der schwarze Elefantenführer des kaiserlichen Bediensteten Hans Vyltzhover entlaufen sei, und bat für den Fall, daß sich der Mann in Mainz aufhalten sollte, um Nachricht.[328] Zu Zeiten Napoleons I. floh der »Neger« Mensa Sebastian (Bast) aus Furcht vor der Strafe seiner adligen Besitzerin aus Weimar: »Eines Tages hatte er das Unglück, eine wertvolle Porzellantasse seiner Herrin zu zerbrechen. Er hatte allen Grund, den Zorn der strengen Dame zu fürchten, und um dem drohenden Ungewitter zu entgehen, machte er sich eilends aus dem Staube, bestieg die Post und kutschierte in die weite Welt hinaus.«[329] Dergleichen Fälle von flüchtigen Sklaven finden sich jedoch selten, bedingt durch die Schwierigkeiten, die sich auf ihrem Weg in die Freiheit vor ihnen türmten. Man sollte sich hier vergegenwärtigen, daß die Schwarzen – abgesehen davon, daß sie schon wegen ihrer äußeren Erscheinung nur schlecht untertauchen konnten und auch die Landessprache nicht immer sehr gut beherrschten – normalerweise nur wenig oder gar nicht mit den lokalen und regionalen Gegebenheiten vertraut waren, insbesondere aber, daß es hierzulande – anders als in den amerikanischen Kolonien mit ihrem unerschlossenen Hinterland – an geeigneten Rückzugsgebieten fehlte, wohin sich die Flüchtlinge hätten absetzen können.

Wenn Flucht somit ein eher ungeeignetes Mittel war, ihre Freiheit zu erlangen, dann konnten einige der Schwarzen doch damit rechnen, daß ihre Besitzer sie in Anerkennung ihrer Dienste früher oder später auf legale Weise emanzipieren würden. In der Regel genügte dafür ein unter Zeugen mit Unterschrift und Siegel versehener »Freilassungsbrief« oder auch eine entsprechende Klausel im Testament. In Hamburg emanzipierte die aus Portugal zugewanderte Violante Correa auf diese Weise schon am 26. Juni 1651 ihre mit ihr an die Elbe gekommene Sklavin testamentarisch: »Meine Dimiana erhält die Freiheit *(fica forra)* [...]«[330] Daß dies auch später vorgekommen ist, legt eine Passage in Rathelfs Trauerspiel *Die Mohrinn zu Hamburg* (Hamburg 1775) nahe, in der sich der Hamburger Kaufmann Wallmer und sein (in das schwarze Mädchen Cadige verliebter) Neffe Gorden unterhalten, wobei letzterer betont: »Sie ist auch weder eine Magd noch eine Sklavinn. Meine selige Tante hat ihr längst die Freyheit geschenkt.«[331] Tatsächlich hat am 4. April des Jahres 1684 auch der Holsteiner »Obrist« Bartram Rantzau seinen langjährigen Begleiter, den schwarzen Feldtrompeter Christian Gottlieb aus Ascheberg bei Plön, mit einem »Freilassungsbrief« folgenden Inhalts emanzipiert:

> »Ich Bartram Rantzau, Obrister, Erbherr von Ascheberg urkunde und bekenne hiermit für mich und meine Erben und Erbnehmer, daß, ob ich zwar Christian Gottlieb, nunmehr Feldtrompeter, auferzogen und groß gemachet, ich dennoch um keiner Ursachen in der Welt eigene Leibeigenschaft an ihm praetendiret, besondern ihn als einen ehrlichen, freien Mann erkenne und halte. Zu dessen mehrer Versicherung habe ich ihm diesen offenen Brief für mich und meine Erben und Erbnehmer geben wollen also und dergestalt, daß er von nun an, wenn es ihm beliebet, nicht länger nötig hat, bei mir zu bleiben, besondern sich einen anderen Herrn, wenn es ihm gefällt oder beliebet, suchen kann, hinzuziehen, wo

es ihm beliebet. Sollte es ihm aber gefallen, noch länger bei mir zu bleiben, und in dem Hause, welches ich ihm und seiner künftigen Frauen auf Lebenszeit verehret, bewohnen sollte, und Gott mit seiner künftigen Frauen ihm Kinder gebe, so sollen dennoch weder ich noch meine Erben und Erbnehmer einige praetensiones, sie rühren her, wo sie immer wollen, auf ihn oder seine Kinder machen, besonderen er nebst den seinigen in diesem meinem Gute aus= und einreisen mögen nach ihrem Belieben, maaßen sie freie Leute sein, so niemand als Gott verbunden.

Ueberdessen verpflichte ich mich, daß alles das, was ich ihm verehret und geschenket, damit er sein ehrliches Auskommen haben möge, weder ich selbsten noch meine Erben und Erbnehmer das geringste nicht mehr Macht darinnen haben sollen, solches zu fordern. Zu mehrer Versicherung und Haltung dieses alles habe ich wohlwissentlich eigenhändig unterschrieben und mit meinem angeborenen adeligen Pettschaft bestätigt.«[332]

Auf ihren Freibrief konnten freigelassene »Mohren« aber letztlich nicht bauen: Im Konfliktfall war es ihnen, wie die Erfahrung des ehemaligen Sklaven Mensa Bast zeigt, kaum möglich, ihre verbriefte Freiheit auch tatsächlich gegenüber ihren einstigen Herren oder deren Erben durchzusetzen. »Die Verhältnisse brachten es mit sich, daß (Bast) nach dem Tode seines Herrn in die Dienste von dessen Schwester treten mußte [...] denn obschon ihm sein sterbender Herr einen Freibrief ausgestellt und ein Legat von zweihundert Dukaten ausgesetzt hatte, so befand er sich doch ganz in der Hand von ›Ihro gestrengen Gnaden‹. Ja, die alte Dame suchte dem armen Negerburschen auf jede Art und Weise seinen Freibrief zu entlocken, und von seinem Legat, das sie ihm hätte auszahlen sollen, sah er nichts. Er wurde mit leeren Versprechungen vertröstet. Freunde und Bekannte, an die er sich etwa um Hilfe oder Rat hätte wenden können, besaß er nicht [...]«[333]

Es gehörte zu den Besonderheiten der »Mohrenexistenz«, daß ihr formalrechtlicher Sklavenstatus im Alltag im allgemeinen nur wenig Bedeutung hatte. Tatsächlich war – wenn sie erst einmal im Land waren und »ihren« Hof gefunden hatten – von Statusfragen nicht weiter die Rede, und es bedurfte nicht einer formellen Emanzipation, damit die meisten von ihnen praktisch wie freie Untertanen ihrer Fürsten lebten, oft sogar besser als jene.

Solange die Schwarzen im unmittelbaren Dienst der Fürsten standen, ging es ihnen im großen und ganzen nicht schlecht: Die fürstlichen Häuser behielten ihre »Mohren« fast immer wohlwollend im Auge und protegierten sie, soweit das angebracht und nötig erschien.[334]

Schon bei der Taufe der »Mohren«, die bei ihrer Ankunft meist das zwölfte Lebensjahr noch nicht überschritten hatten, übernahmen die Herrschaften gern ihre Patenschaft, und der damit eingegangenen Verpflichtung, sich stets um das Wohlbefinden ihrer Patenkinder zu kümmern, sind erstaunlich viele der fürstlichen Damen und Herren nachgekommen: Sie übernahmen das Patronat über die Ausbildung ihrer Schwarzen[335] und besorgten ihnen anschließend eine geeignete Stellung[336], ebneten ihnen den Weg bei der Eheschließung[337], kümmerten sich im Krankheitsfall um ihre Pflege[338] und standen ihnen selbst noch im Sterben bei: Von Herzog August Wilhelm von Braunschweig-Wolfenbüttel ist zum Beispiel überliefert, daß er sich im März 1725 noch kurz vor dem Ableben des »Mohren« Rudolf August Mohre in Wolfenbüttel in einer Sänfte zu dem Sterbenden tragen ließ.[339]

In der ersten Zeit nach ihrem Eintreffen bei Hof blieben die »Mohrenkinder« in unmittelbarer Nähe ihrer Herrschaft; sie speisten mit ihnen, begleiteten sie auf allen Wegen und schliefen meist zu ihren Füßen. Halb Diener, halb Spielgefährte der jungen Prinzen und Prinzessinnen (siehe Tafel 21), halb Page, halb eine Art dekoratives Schoßhündchen der Erwachsenen, wurden sie dabei gewöhnlich nicht wenig verwöhnt; später, wenn sie heranwuchsen und zu alt wurden, um noch in ständiger unmittelbarer Nähe der fürstlichen Familie geduldet zu werden und man ihnen die verschiedensten »nützlichen« Aufgaben im Rahmen der höfischen Wirtschaft oder der Verwaltung übertrug, waren sie den übrigen Bediensteten prinzipiell gleichgestellt[340]: Sie unterlagen den gleichen Beschäftigungs- und Einkommensbedingungen, wohnten wie diese, hatten sich den gleichen Ehegesetzen zu fügen und unterstanden demselben Strafrecht. Eine Sonderbehandlung, die mit ihrem Sklavenstatus erklärt werden könnte, ist nicht zu erkennen.

Wie alle anderen bei Hof Beschäftigten übten die »Mohren« je nach Alter, Geschlecht, Eignung und Bedarf die verschiedensten Tätigkeiten aus und wurden entsprechend besoldet. Da Sklaven aber grundsätzlich weder Geld in die eigene Tasche verdienen noch besitzen konnten, hatte man es – so gesehen – kaum mit Sklaven zu tun. Dieser Eindruck verstärkt sich noch, wenn man hört, daß die »Mohren« zuweilen – wenn sie meinten, bei der Lohnzahlung übervorteilt worden zu sein – nicht zögerten, sich ihr »Recht« vor Gericht zu erstreiten: Er sei von seinem »Mohren« »mit einem äußerst verdrießlichen kostbaren Proceß fatigieret«, schrieb Franz von Borries entnervt an den Grafen Leopold zur Lippe, »indem ihm in den Kopf gesetzt worden, Liedlohn (d. i. der Lohn eines Dienstboten, soweit er in Geld bestand, P. M.) von mir verlangen zu können [...]«[341] Zum Geschenk könne der Graf deshalb den lästigen Schwarzen erhalten, wenn er nur dafür sorgen wollte, »daß (dies)er mich nie wieder molestiren solle«.[342]

Zu den Berufsbezeichnungen der »Mohren«, die in den Akten genannt werden, gehören: Leibdiener, Kammerdiener, Cammer-Page, Hof-Dame, Kammerfrau, Tischdiener, Tafeldecker, Livrée-Bedienter, Lakai, Läufer, Bote, Pferdeknecht, Troßknecht, Zeltknecht, Packknecht, Reitknecht, Kutscher[343], Tierwärter in der k. k. Ménagerie, Gärtners Gesell, Gärtnergehilfe, Balbier, Bader und Chirurg (zum Barbieren, Aderlassen und zu sonstiger Körperpflege), Waschmagd, Portier, Pedell, Trompeter, Paucker, Tambour und Schellenbaumträger, überwiegend also eher »niedere« Tätigkeiten (siehe Tafel 22). In den Gehaltslisten rangierten die »Mohren« denn auch meist im unteren Drittel der Besoldungsempfänger: Das *Kopfschatz-Register* der Kanzlei der Fürstentümer Calenberg-Göttingen und Grubenhagen von 1689 führt zum Beispiel »Die Mohrinn« mit 12 Groschen monatlich als Vorletzte nach der »Schrubfrau« mit ebenfalls 12 Groschen und vor der »Küchenmagd« mit 8 Groschen.[344] Auch der schwarze Portier der Baronin von Schimmelmann stand mit 24 Talern Jahresgehalt ganz unten auf der »Gagenliste«: Sie begann mit Kammerdiener, Stallmeister und Koch, die monatlich 16⅔, d. h. 203 Reichstaler pro Jahr erhielten, und staffelte sich dann allmählich ab, bis schließlich auf der niedrigsten Lohnstufe mit monatlich 2 Reichstalern neben vier Weißen, nämlich einem Kutscher, zwei Vorreitern und einem Laufburschen auch der besagte schwarze Türsteher auftaucht.[345] Nicht viel anders war es bis Ende des 18. Jahrhunderts in Bayreuth und in Kassel. In Bayreuth rangierten die »Cammermohren« Ernst Friedrich Gotthold und Carl Scipion in der den unteren Einkommensgruppen zugehörigen Rubrik »Cammer=Pages, geheimer *Scatulier*[346], geheimer Cammerier/Cammerdienere und andere bei der *Garde robe* befindliche Personen«[347], und in Kassel bezogen die »Kammermohren«, die dort sogar noch zu den besser gestellten Schwarzen gehörten, das gleiche Jahresgehalt wie die Hof- und Jagdlakaien und die Kammerhusaren, d. h. 94 Reichstaler, 10 Albus und 8 Heller.[348] Wenn man das jährliche Existenzminimum einer durchschnittlichen hessischen Familie Mitte des 18. Jahrhunderts auf ca. 70 Reichstaler veranschlagt, dann lagen die Einkünfte der »Mohren« im allgemeinen also nur unwesentlich darüber, manchmal sogar darunter.[349]

Das Bild dieser nicht gerade glänzenden Einkommenslage ändert sich jedoch, wenn man berücksichtigt, daß die schwarzen (wie ja auch die übrigen) Hofbediensteten neben diesem »Grundgehalt« häufig noch bestimmte zusätzliche Leistungen, sei es in bar oder in Naturalien, erhielten. So bekam »Mohr« William Junka in Detmold nach einem daselbst am 19. Februar 1791 ausgefertigten Protokoll, das die Geschenke »an Geld oder sonstigen Sachen«, welche »Serenissimi Regentis Hochfürstl. Gnaden«, d. i. Graf Leopold zur Lippe, bei der Rückkehr von einer Reise nach Frankfurt unter seinen Hofbedienten zu verteilen geruht hatte, »5 Rth. in Gold«[350]; »Pauquer Mohr« in Arolsen durfte sich über die saftigen Teile eines »Frießlings«, d. h. eines jungen Wildschweins, freuen, die ihm die »gnste Fürstin« hatte zukommen lassen[351]; und im benachbarten Kassel konnte »Kammermohr« Wallis außer seinem Gehalt eine regelmäßige jährliche Zulage von 26 Gulden (gleich 17 Rthlr., 10 Alb, 8 Hlr.) einstreichen.[352] Bei der Heirat ihrer »Mohren« zeigten sich die Herrschaften manchmal sogar noch spendabler, beispielsweise erhielten 1690 in Aurich die Kammerfrauen Christiane und Louise 200 bzw. 100 Taler als Heiratsgut[353], und dem Feldtrompeter Christian Gottlieb in Ascheberg bei Plön wurde 1684 sogar die nahegelegene Bornhöveder Mühle, »im Falle er und seine künftige Frau und Schwiegermutter (aber) lieber Geld dafür haben wollen«, 500 Reichstaler in bar »verehrt«![354] Und schließlich haben die Fürsten ihre »Mohren« auch häufig noch in ihrem Testament bedacht, der Schriftsteller Rathelf hatte jedenfalls eine des öfteren beobachtete Praxis im Auge, als er den Kaufmann Wallmer erklären ließ: »Eure selige Tante, meine Schwester, welche zu Amsterdam gestorben ist, hat in ihrem Testamente ein Ansehnliches zum Unterhalte dieser Mohrinn ausgesetzt.«[355] Denn nicht nur Violante Correa, jene aus Portugal nach Hamburg eingewanderte Dame, von der schon die Rede war, hatte testamentarisch verfügt: »[...] man soll (meiner Dimiana) ein neues Tuchkleid nebst ihren alten Kleidern, ihrer Wäsche und ihrem Bett geben. Meine Schwestern bitte ich, sie bei sich zu behalten, für sie zu sorgen und sie so zu behandeln, wie ich es mit dem ihrigen *(cousas suas)* tun würde.«[356] Auch Marie Amalie, Gemahlin des Landgrafen Carl von Hessen-Kassel (1654–1730), bedachte in ihrem im Jahr 1700 aufgesetzten Testament »die von ihr zur Taufe gehaltenen Mohren und Mohrinnen«.[357] Desgleichen soll Fürst Wenzel von Liechtenstein auf diese Weise dem »Hochfürstlichen Mohren« Angelo Soliman den »ziemlich kostbaren Schmuck zugedacht (haben) [...], den Angelo, wenn er bey feyerlichen Aufzügen seinen Herrn begleitete, zu tragen pflegte«.[358]

Außer solchen gelegentlichen Sondervergütungen sorgten noch bestimmte Privilegien, die man den schwarzen Hofbedienten nicht selten gewährte, für eine Aufbesserung ihrer Einkommenslage: Steuerfreiheit (außer für Grundbesitz), freie Wohnung auf dem Gelände des Schlosses bzw. ganz oder teilweise aus der fürstlichen Schatulle finanzierte Unterkunft außerhalb desselben[359], Übernahme der Ausbildungskosten durch die Fürsten[360], ärztliche Leistungen, freie Medikamente, Altersversorgung für sich und ihre Hinterbliebenen[361] und Sterbegeld für die Beerdigungskosten[362] machten es möglich, daß die fürstlichen »Mohren« insgesamt gesehen, trotz ihrer eher bescheidenen direkten Bezüge, doch zu den sozial besser abgesicherten Gruppen der Bevölkerung zu zählen waren.[363]

Im übrigen sollte nicht unerwähnt bleiben, daß die Fürsten immer wieder einzelne ihrer Schwarzen, die sich durch langjährige Treue oder durch besondere Fähigkeiten auszeichneten, besonders gefördert haben. Diese Personen haben dann oft auch überdurchschnittlich hohe Einkünfte erzielt. Wie hoch diese im einzelnen waren, mag von der Anzahl der Dienstjahre und dem persönlichen Verdienst abhängig gewesen sein, vielleicht haben auch die unterschiedliche Finanzkraft der jeweiligen Dienstherren und eine Portion Willkür eine Rolle gespielt.[364] Auf jeden Fall unterschieden sich die Einkünfte dieser Gruppe von »Mohren« erheblich. An kleineren Höfen, wie in Berleburg im heutigen Nordrhein-Westfalen, haben Schwarze wie der aus Berbice stammende »Mohr« Coridon, der es um 1783 bis zum »herr(n) bauverwalter und leibhusar« und wenige Jahre danach sogar zum »Fruchtschreiber Amtsverweser« gebracht hatte, bereits mit einem Jahresgehalt von 60 Reichstalern zu den besser bezahlten Beamten gehört.[365] An den großen Höfen, wie in Braunschweig oder in Wolfenbüttel, konnten demgegenüber verdiente »Mohren« erheblich mehr erwarten: Rudolf August Mohr zum Beispiel, jener Schwarze, der sich einst in Leipzig vor seinem jüdischen Herrn hinter die Kanzel der Kirche geflüchtet hatte, erhielt 1713 gegen Ende seiner mehr als 28 Jahre währenden Laufbahn, in der er dem Welfenhaus in Braunschweig-Wolfenbüttel gedient hatte, die nicht unbeträchtliche Summe von 200 Reichstalern pro Jahr, die später sogar auf 230 Reichstaler aufgestockt wurde.[366] Angelo Soliman, der – wie aus den Rechnungsbüchern des Fürsten ersichtlich – in aller Form engagiert worden war[367] und in den Dokumenten u. a. als »Herr (sic!) Kammerdiener, fürstl. Liechtensteinscher Pensionär, Hofmeister, und pensionierter fürstlich Liechtensteinscher Hausofficier« geführt wurde, bekam schließlich die enorme Summe von 600 Gulden pro Jahr, die ihm zudem für die Zeit nach seiner Pensionierung zugesichert wurde![368] Mozart, um einen Vergleich zu ermöglichen, bekam nicht lange danach in seiner Eigenschaft als kaiserlicher Kammermusikus 800 Gulden jährlich, während der extrem gut bezahlte Ritter Gluck als Kammerkompositeur 2000 Gulden *per annum* bezog.[369]

Auch im Hinblick auf ihre Wohnverhältnisse waren die fürstlichen »Mohren« den übrigen bei Hof Beschäftigten prinzipiell gleichgestellt: Daß sie, formalrechtlich gesehen, Sklaven waren, läßt sich an der Art ihrer Unterbringung ebensowenig ablesen wie an der Art ihrer Besoldung. Im allgemeinen wohnten die Schwarzen gleich allen anderen Bedienten innerhalb der Schloßanlage, es gab jedoch auch solche, die außerhalb lebten. Die Qualität ihrer Behausungen war unterschiedlich und richtete sich nach der Tätigkeit, der Anzahl der Dienstjahre und dem Ansehen, das sie bei der fürstlichen Familie genossen.

Solange sie im Kindesalter waren, schliefen sie in den Zimmern ihrer Gebieter[370], manchmal – wie der »Mohr« Peters des Großen – in einer daran angrenzenden Kammer.[371] Später, wenn sie heranwuchsen und ihre Aufgaben sich wandelten, wurden ihnen eigene Wohnräume, meist in der Nähe ihres Arbeitsplatzes in einem Seitenflügel oder den Nebengebäuden des Schlosses, oft aber – wie gesagt – auch außerhalb, zugewiesen. Alleinstehende »Mohren« waren dabei häufig eher schlecht untergebracht. In der Tat dürfte so mancher schwarze Stallknecht neben seinen Pferden geschlafen, so manche Waschmagd in der Wäschekammer genächtigt haben. Geradezu glücklich schätzen konnten sich da schon diejenigen, die man irgendwo zur Untermiete einquartiert hatte, »Mohr« Gottlieb Detlev zum Beispiel, der in Braunschweig in der Nähe der Hagenbrücke bei einem Goldschmied wohnte[372], oder jener andere, Matthias Jubat, der »in Betmeisters Haus« in Wolfenbüttel ein Zimmerchen bekam.[373] Auch August Afrika, jener »Mohr, so bei H(errn) Förster Riefenberg (in Holtensen bei Hannover) sich aufgehalten«[374], dürfte zu diesen gehört haben, und der 1751 beim Kasseler Hof angenommene »Mohr« Alexander wurde sogar – auf Rechnung des Landgrafen – bei einem anderen Schwarzen, dem »Mohren« George Dominicus und seiner deutschen Frau in Kost und Logis gegeben.[375] Relativ zufrieden mit ihrer Unterkunft konnten schließlich auch die schwarzen Frauen sein, die in den kleinen, in »chinesischem« Stil gehaltenen Häuschen lebten (und arbeiteten), aus denen die schon erwähnte

J. H. Eisenträger, *Gesamtansicht der sog. »Mohrenkolonie« Mulang auf der Wilhelmshöhe bei Kassel,* Fayence, (Tableau) aus der Zeit Friedrichs II. (1785), Höhe: 27–27,4 cm, Breite: 39,3–39,5 cm (im Brand verzogen), farbig bemalt, Kassel, Staatliche Kunstsammlungen, Schloß Wilhelmshöhe, Inv.-Nr. B IX/CLXI. Ob es sich um eine Darstellung nach der Natur von Eisenträger handelt, ist unklar, ein entsprechender Stich ist nicht bekannt.

Die erhaltene »Milchkammer« der sog. »Mohrenkolonie« Mulang auf der Wilhelmshöhe bei Kassel.

»Mohrencolonie Mulang« auf der Kasseler Wilhelmshöhe bestand.[376] Nach einem 1797 angefertigten Immobilienverzeichnis der »Kolonie« wohnten sie in »Zwey Nebenhäuschen, links eine wohleingerichtete Küche rechts eine Milchkammer, und beyde [...] mit gutem Wasser versehen«.[377]

Etwas mehr Wohnqualität als die ledigen »Mohren« genossen offenbar diejenigen, die eine Familie gegründet hatten. Wie man sich die Wohnung einer solchen Familie von »Hofmohren« ungefähr vorzustellen hat, zeigt das berühmte Puppenhaus *»Mon Plaisir«*, das sich heute im Schloßmuseum im thüringischen Arnstadt befindet.[378] Das Puppenhaus – eine Schöpfung der Gräfin und späteren Fürstin Augusta Dorothea von Schwarzburg-Arnstadt, die erklärtermaßen das Leben, wie es sich in den ersten Jahrzehnten des 18. Jahrhunderts in einer kleinen Residenzstadt abspielte, *en miniature* einfangen wollte – gilt als eine von der Wissenschaft anerkannte, zuverlässige Wiedergabe der damaligen Lebensverhältnisse.[379] Glaubt man dies, dann müssen – gemessen an der Wohnqualität der überwiegenden Zahl der ländlichen und wohl auch der städtischen Bevölkerung – zumindest einige der »Hofmohren« recht komfortabel gewohnt haben: das Bett der Eheleute mit schwerem Brokatstoff verhängt, kostbare Tapeten an den Wänden, solide gebaute Holzmöbel, darunter für die Kinder sogar – außer der Wiege – ein Hochsitz, wie er noch heutzutage für Kleinkinder Verwendung findet – alles zusammen

Dinge, wie sie eher in den Wohnstuben der besser gestellten Bürger und einiger Bauern zu finden waren als in den gewöhnlich recht kargen Behausungen des übrigen »Volks«.[380] (Siehe Tafel 23.)

Wirklich fein wohnte aber jene kleine Gruppe von Schwarzen, die aufgrund ihrer persönlichen Verdienste oder einer besonderen Gunst ihrer Herren außerhalb der Schloßanlage Grund und Boden erwerben konnten und eigene Häuser besaßen. Hier noch von »Sklaven« zu sprechen, wäre – obwohl nicht in einem einzigen Fall eine formale Emanzipation nachgewiesen werden kann! – vollends verfehlt, da der Erwerb und der Besitz von Immobilien grundsätzlich an den Besitz des Bürgerrechts gebunden war.[381] Bürger einer Stadt konnte aber nur werden, wer frei war.

Zum Kreis dieser wenigen wirklich Gutsituierten haben zunächst Persönlichkeiten wie der schwarze »herr bauverwalter« Coridon gehört, der, nachdem er 1783 in die Bürgerschaft der Stadt Berleburg am Fuß des Rothaargebirges aufgenommen worden war[382], dort Land für einen Garten gekauft oder gepachtet hatte.[383] Auch jener »Nubier« mochte dazugehören, den der preußische Prinz Karl von seiner »Orientreise« mit nach Berlin gebracht hatte, wo er eine Berlinerin heiratete und man ihm »wegen seiner Zuverlässigkeit« die Verwaltung des königlichen Silbers anvertraute.[384] Des weiteren haben aber auch hin und wieder einzelne Trompeter und Pauker zu dieser Gruppe gehört, die ja als Zunftgenossen nicht nur das Bürgerrecht ihrer »Heimatstädte« besaßen, sondern manchmal auch relativ hohe Einkünfte bezogen. Wie angenehm diese Musiker manchmal wohnten, mag man daraus schließen, daß sich zu Anfang des 18. Jahrhunderts die Bürger in Arolsen, wenn sie ein Haus zu bauen beabsichtigten, auf die Norm ihrer Häuser beriefen: Sie wollten »wie die Trompetter eins haben«.[385] Auch »Hoff Paucker Augustus«, ein Schwarzer, hatte dort nicht unerhebliche Mittel »an ein Hauß gewendet«, wie dem vom 29. November 1723 datierten entsprechenden Kaufbrief zu entnehmen ist:

> »V. G. Gn. Friedrich, Fürst zu Waldeck [...] fügen zu wißen, vor Uns, Unser(e) Erben und Nachkommen an der Regierung, daß wir unserm Paucker Christian Ernst August Moren auff deßen unterthänigstes Nachsuchen Unser in Helsen stehen habendes, und ehedem von Frantz Berges erkaufftes Hauß, nebst 4. dabey gehöriger Gärten [...] Erb- und Eigenthüml. verkauffet haben [...] vor Einhundert und zwanzig Rthlr.«[386]

Ein Haus von diesem Wert zu besitzen – noch dazu in Kleinstädten wie Arolsen und Berleburg, wo 1766 bei einer Gesamtbevölkerung von 1404 Personen mit Stadtrecht nicht mehr als 165 Häuser gezählt wurden[387] – war für einen

»Mohren« gewiß ein deutliches Zeichen von Wohlstand und Unabhängigkeit: Pauker Augustus hatte sogar eine Magd eingestellt![388] Und doch gab es Schwarze, die noch besser lebten. Christian Gottlieb, der Feldtrompeter von Plön, lebte in einem geräumigen Bauernhof auf dem Gut seines Mentors, des »Obristen« Bartram Rantzau in Ascheberg, den dieser »ihm und seiner künftigen Frauen auf Lebenszeit verehret« hatte.[389] Das Gehöft (an der Landstraße von Ascheberg nach dem Dorf Depenau) steht noch immer und ist den heutigen Anliegern als »Mohrenhof« gut bekannt.[390] Geradezu fürstlich residierte Angelo Soliman in einem Seitenflügel des Liechtensteinschen Palais zu Wien, wo er die erlesensten Besucher der k.u.k. Monarchie empfing und nur vorübergehend, als er sich mit dem Fürsten überwarf, ausziehen mußte, um in das weit bescheidenere Haus seiner Frau in der Wiener »Vorstadt Weissgärber, Kirchgassen [...] Nr. 38« überzusiedeln[391]; später, um das Jahr 1791, als der Umbau des altfürstlichen Hauses derer von Liechtenstein in der Wiener Herrengasse stattfand, zog er in das ihm gehörige Haus Freyung 165 (später Tiefer Graben Nr. 1).[392] Ibrahim Hannibal aber, der »Mohr« Peters des Großen, ist schließlich selbst zum Feudalherrn geworden: In Petrowskoe, einem kleinen Dorf in der Nähe von Petersburg, lebte er – längst von seinen Gönnern geadelt! – zusammen mit seiner deutschen Frau und als Herr über zahllose Bauern auf einem größeren Gut, das ihm die Zarin Katharina I. für seine Verdienste u. a. als Artillerie-Ingenieur und »Direktor der Känale« geschenkt hatte.[393]

Bei der Besoldung und im Hinblick auf ihre Wohnverhältnisse den übrigen bei Hof Beschäftigten mehr oder weniger gleichgestellt, kann es kaum verwundern, daß nicht wenige der schwarzen »Sklaven« heiraten und eine Familie gründen konnten. *Non habent caput, non possunt matrimonium inire* (»Sie können nicht selbständig denken, noch können sie eine Ehe eingehen«), konnte man jedenfalls von *diesen* Sklaven nicht behaupten.[394] Allerdings waren Eheschließung und Familiengründung für die »Mohren« nicht immer ganz leicht.

Eine sehr hohe Sterblichkeitsrate besonders unter den jüngeren Schwarzen, die man nach Deutschland gebracht hatte (aber auch unter ihren direkten Nachkommen), sorgte bereits dafür, daß viele der »Mohren« ein heiratsfähiges Alter nicht erreichten.[395] Nicht mit einer Heirat rechnen konnten auch jene vereinzelt anzutreffenden jungen Frauen, die – wie die Oromo-Sklavin Mahbuba (Aijame) des Fürsten Pückler – eigens zum Zweck der sexuellen Befriedigung ihrer fürstlichen Herren ins Land gebracht worden waren: Der Fürst war bereits verheiratet und hatte sich auf dem Sklavenmarkt in Kairo nur unter dem Eindruck Heinses und Lord Byrons und der beginnenden, gegen die »bürgerliche Enge« (auch in der Ehe) dieser Zeit gerichteten literarisch-künstlerischen Bewegung des »Orientalismus«[396] eine seinen exzentrischen Neigungen entsprechende Geliebte besorgt.[397] (Siehe Tafel 24.)

Der »Mohrenhof« bei Ascheberg, ehemals Wohnsitz und Eigentum Christian Gottliebs, heutiger Zustand, Photographie.

Schwierigkeiten hatten heiratswillige »Mohren« aber vor allem durch die Bestimmungen des bei Heiraten vorgeschriebenen Verfahrens; insbesondere die Tatsache, daß Verlobung und Eheschließung von Zivil- und Militärpersonen fast überall in Deutschland grundsätzlich einer besonderen Genehmigungspflicht unterlagen, stellte sie nicht selten vor kaum lösbare Probleme. Denn die Erteilung der Heiratserlaubnis (des sogenannten »Heiratskonsenses«) war in der Regel an Bedingungen geknüpft, die – auf die hiesigen Verhältnisse zugeschnitten – nur schwer von ihnen erfüllt werden konnten. Dabei spielte freilich weniger der Sklavenstatus der »Mohren« als vielmehr der Umstand eine Rolle, daß sie ohne jeden familiären Anhang und ohne jeden Ausweis über ihre Herkunft, ihre Persönlichkeit usw. in Deutschland eingetroffen waren.

Die Regelung der Grafschaft Hessen, die hier stellvertretend für viele andere ihrer Art stehen mag, zeigt, wo die Schwierigkeiten im einzelnen lagen.[398] Sie verlangte zum Beispiel, daß heiratswillige Unteroffiziere, gemeine Soldaten und Spielleute *gemeinsam mit ihren Eltern bzw. den zu ihrem Vormund bestellten Personen* vor dem zuständigen Gericht erschienen.[399] Waren diese verhindert, hatten die Antragsteller *eine schriftliche Einwilligung* vorzulegen, waren sie verstorben, *war eine entsprechende Bescheinigung zu präsentieren.*[400] Ohne Heiratskonsens der Eltern *beider* Teile war eine Eheschließung nicht möglich, und nur Ausländer in hessischen Militärdiensten, also Personen, die aus anderen Fürstentümern stammten, konnten durch das Konsistorium, d. h. das Vollzugsorgan des landesherrlichen Kirchenregiments, von dieser Regelung dispensiert werden.[401] Unteroffiziere und gemeine Soldaten hatten zusätzlich den Heiratskonsens vom Kommandeur ihres Regiments einzuholen[402], während die beim hessischen Landesherrn und bei den Prinzen in Dienst stehenden Lakaien und Kutscher die Heiratsgenehmigung sogar direkt vom Landgrafen erwirken mußten.[403] Da der jeweilige Landgraf immer auch als Chef der Garderegimenter fungierte, mußten also praktisch alle in ihnen dienenden Soldaten, mithin auch die »Mohren«, den Heiratskonsens des Landesherrn einholen.[404]

Man versteht, weshalb die heiratswilligen »Mohren« manchmal an den Erfordernissen der standesamtlichen Vorschriften scheiterten und höchstens noch auf ein zu ihren Gunsten ausschlagendes Machtwort »ihres« Fürsten hoffen konnten: Welcher »Mohr« konnte schon seine Eltern mitbringen? Und wer von ihnen besaß schon die für das Aufgebot nötigen Papiere? »Mohr« Ramsay in Braunschweig jedenfalls nicht. Ramsay, »welcher ehemals in dem Königl. dänischen Gefolge hier gewesen und sich mit einer Person aus Königslutter, Johanne Cathrine Pickerts ehelich versprochen«, konnte im Jahr 1786 keine Heiratserlaubnis erhalten, weil ihm die Beibringung der Aufgebotsscheine Schwierigkeiten bereitete: Er hatte zu lange »in Frankreich und zuletzt am Russischen Hofe Dienste gehabt«.[405] Nicht einmal der »Wohledle Herr Angelo Soliman« war vor diesen Problemen gefeit: Als er sich ohne die Einwilligung seines Brotherrn, des Fürsten Wenzel von Liechtenstein, am 6. Februar 1768 in der Stephanskirche zu Wien mit der verwitweten Frau von Christiani, geb. Kellermann vermählte, wurde er unmittelbar danach vom Fürsten nicht nur enterbt, sondern sogar des Hauses verwiesen.[406] Obwohl die Gründe für die ablehnende Haltung des Fürsten zu dieser Eheschließung nicht mehr festzustellen sind, müssen sie doch gewichtig genug gewesen sein, um zu verschiedenen Vorsichtsmaßnahmen Anlaß zu geben: Zwar konnte die Vermählung stattfinden, weil sich der Kardinalerzbischof, Graf Migazzi, persönlich für Soliman verwendete – »Seine Eminenz der Cardinal selbst erteilte mündlich die Dispens vom dreimaligen Aufgebot«[407] –, doch mußte Angelo bei dieser Gelegenheit ausdrücklich beschwören, kein Sklave zu sein.[408] Die Tatsache, daß der Graf den Dispens nur mündlich erteilte und daß die Angelegenheit überdies unüblicherweise in *lateinischer* Sprache protokolliert wurde (vermutlich, weil sie dadurch vor dem Schreiber der Pfarrkirche und anderen Unberufenen sicher war), deutet darauf hin, daß sich wohl auch der Kardinalerzbischof seiner Sache nicht so ganz sicher war: Mag sein, daß er sich nicht mit dem Fürsten von Liechtenstein überwerfen wollte oder aber allgemeine Bedenken gegen die »Mischehe«, zwar nicht vom kanonischen, wohl aber vom zivilrechtlichen Standpunkt hatte, da Verschiedenheit der Rasse einigen im Naturrecht kundigen Juristen als Ehehindernis galt.[409]

Unter Berücksichtigung des streng an den Prinzipien der ständischen Gesellschaftsordnung ausgerichteten Ehe- und Familienrechts der meisten Fürstentümer, wonach »[...] Ungleichheit der Geburt oder des Stands, unter den Personen welche sich heiraten wollen«, tunlichst zu vermeiden war[410], wäre eine Heiratserlaubnis noch am ehesten dort zu erwarten gewesen, wo die Sklaven untereinander, allenfalls aber »Leibeigene« der Fürsten heiraten wollten. Tatsächlich haben die »Mohren« aber nur selten untereinander geheiratet: Der Umstand, daß es im damaligen Deutschland – den spärlichen Hinweisen in den Archiven nach zu urteilen – nur relativ wenige weibliche Schwarze gab[411] und daß ferner an vielen kleineren Höfen nur ein einziger schwarzer Mann bzw. eine einzige schwarze Frau lebte, machte es für die »Mohren« schwer, schwarze Ehepartner zu finden (siehe Tafel 25). Nur gelegentlich sind deshalb solche Fälle bezeugt: So wurde am 13. Dezember 1694 Friedrich Ludwich, »ein Mohr und Diener Sr. Fürtsl. Dchl. von Holstein und *Charlotta*, eine Mohrin, welche er zuvor geschwängert [...]« in der Altroßgärter Kirche zu Königsberg getraut[412]; Anfang des 18. Jahrhunderts fand in Wolfenbüttel die Hochzeit der schwarzen Kammerfrau Juliana Rosina und des »Hofmohren« Rudolf August Mohr statt[413]; am 22. August 1773 ehelichte Ludwig Copenhagen, »der herrschaftliche Mohr, welcher zu Copenhagen getauft und zu Saarbrücken in unserer evangel. lutherischen Kirche ist konfirmiert worden«, die Maria Barbara Opimont, »des weyland Opimonts Mohren zu Bermesens (Pirmasens) nachgelassene ehel. ledige Tochter [...]«[414]; und endlich war auch Hanne, die erste Frau des aus Charleston in Virginia oder Südkarolina / USA stammenden »Mohrentambours« Friedrich (William) Bill, eine Schwarze.[415] Eine Ausnahme war der »Mohr« Nancy Jean Yorck, der zusammen mit den aus Amerika heimkehrenden hessischen Truppen nach Deutschland gekommen war: Yorck brachte seine ganze Familie mit, bestehend aus seiner Frau, der »Mohrin« Thuick, und seiner kleinen Tochter, einem »echte(n) Mohrenkind« namens Susanne.[416]

Im allgemeinen zwang das zwischen männlichen und weiblichen Schwarzen bestehende zahlenmäßige Mißverhältnis die heiratswilligen »Mohren« jedoch, sich ihre Ehepartner unter der deutschen Bevölkerung zu suchen. Dies war aber auch nicht immer ganz leicht. Denn abgesehen von den grundsätzlichen Schwierigkeiten, die das ständische Ehe- und Familienrecht und die daraus abgeleiteten Ausführungsbestimmungen zur Erlangung der Heiratserlaubnis mit sich brachten, wurde die Partnersuche der schwarzen Hofbediensteten noch durch ihre besondere Arbeitssituation erschwert, ein Problem, das sie allerdings mit ihren weißen Kollegen gemeinsam hatten: Die Pflicht, sich ständig innerhalb der relativ abgeschlossenen Welt des Schloßkomplexes zur Verfügung ihrer Herrschaft bereitzuhalten, schränkte ihrer aller Auswahlmöglichkeiten erheblich ein und verleitete sie sehr oft, sich untereinander zu verbinden. Wenn es deshalb immer wieder einzelne Schwarze gab, die ein Mädchen aus ihrer unmittelbaren Umgebung »verführt« hatten, wie in Königsberg 1694[417] oder in Hamburg, wo der »Mohr« des Domvikars Joachim Karl Kellinghusen noch im Jahr 1800 »unangenehm aufgefallen« war, weil er Kellinghusens Köchin Catharina Marg. Geßenberg geschwängert hatte[418], dann ist darin also weniger ein speziell für die »Mohren« typisches »unmoralisches« Sexualverhalten zu sehen als vielmehr der Versuch, auch unter ungünstigen Bedingungen eine Familie zu gründen. Die Richtigkeit dieser Auffassung wird nicht nur dadurch bestätigt, daß dergleichen »Fehltritte« offenbar nicht selten durch ein gewisses Entgegenkommen der weiblichen Bediensteten begünstigt wurden, sondern auch dadurch, daß sie oft in eine Heirat der »Leichtfüße« mündeten.[419] Eine nicht geringe Zahl von »Mohren« bzw. »Mohrinnen«, die *ohne* Trauschein mit ihren deutschen Partnern zusammenlebten und *zahllose illegitime* Kinder in die Welt setzten[420], bewies jedoch für jedermann sichtbar, wie schwer es im allgemeinen für die Schwarzen war, zu heiraten.

Angesichts der vielen Hindernisse ist es erstaunlich, daß so viele »Mohren« es überhaupt fertigbrachten, Ehen einzugehen[421]; so mancher hat es freilich nur mit fürstlicher Hilfe vermocht.

Die Ehepartner der Schwarzen waren vorwiegend Angehörige der unteren gesellschaftlichen Schichten: Außer den höfischen Bediensteten aus dem »Kollegenkreis« handelte es sich meist um Kinder bäuerlicher Hilfsarbeiter, wenig begüterter Bürger oder Soldaten. »Mohr« Johann Daniel Goldofsky, ein »Ackerknecht in Pernitz«, heiratete 1762 die Tochter eines märkischen Tagelöhners[422]; »Mohr« Johann Wilhelm Anton 1707 in Kassel die Tochter eines Barbiers; »Mohr« Alexander Ahrens 1767 in Bückeburg die Tochter des Feuerwerkers Jeremias Rinne[423]; Pauker Pauli ehelichte 1772 in Braunschweig eine Harzer Brauerstochter und Pauker Carl 1780 – ebenfalls in Braunschweig – eine Sergeanten- und nach deren Tod eine Musketierstochter.[424] Die Beispiele ließen sich leicht vermehren.[425]

Auffallend oft heirateten die Schwarzen Frauen, deren Väter zum Zeitpunkt der Eheschließung bereits verstorben waren: »des gewesenen Tagelöhners in Zerbst, weil. George Johann Hofmanns hinterl. Tochter«[426]; »des weyland Opimonts Mohren zu Bermesens hinterlassene ehel. ledige Tochter«[427]; die »Tochter eines verstorbenen Wachtmeisters aus Ölsburg« im Braunschweigischen[428]; des »gewesenen Schiffskapitäns in England August Wells«[429], des »verstorbenen Försters Friedrich Leopold Weber«[430]; »eines gewesenen ver-

Johann Christoph Haselmeyer, Modell, *Mädchen mit »Mohr«*, Ludwigsburg, ca. 1770–85, Porzellan, staffiert; Höhe: 17 cm, Stuttgart, Württembergisches Landesmuseum, Schloß Ludwigsburg.

storbenen Lehnsbesitzers in Bröme« (Herzogtum. Lüneburg)[431], »eines verstorbenen Gefreiten«[432], »eines verstorbenen Bürgers«[433] heißt es immer wieder, wenn die weiblichen Ehepartner in den Kirchenbüchern und Stammrollen der verschiedenen Behörden aufgeführt werden. Ob diese Häufung zufällig war, oder ob sich darin ein Widerstand der Brautväter gegen die zukünftigen schwarzen Schwiegersöhne ausdrückte, welcher eine Ehe *nur* nach ihrem Tod möglich machte, ist schwer zu entscheiden[434]; auf jeden Fall wird sich aber die durch den Tod ihres Hauptverdieners und -beschützers sozial geschwächte Familie der Braut eher als zu dessen Lebzeiten dazu bereitgefunden haben, der Ehe mit einem fürstlichen »Mohren« zuzustimmen. Welche Motive der »Mohren« bei solchen Verbindungen auch eine Rolle gespielt haben können, läßt andererseits ein Aktenvermerk des Braunschweigischen Hofmarschallamts erkennen, der sich mit der zweiten Ehefrau des dort lebenden schwarzen Paukers Carl, der »nachgelassenen Tochter eines Musketiers«, befaßt: Danach »gerieth (Carl) bereits zu Lebzeiten seiner kränklichen Ehefrau in zu genaue Bekanntschaft mit der [...] Jahnsen, welche jetzt 27 Jahr alt ist, und zeugte mit dieser ein jetzt 4jähriges Kind; gleich nach dem erfolgten Ableben seiner Ehefrau nahm er diese Person zu sich in seine Wohnung, [...] und er führt zur Entschuldigung dieses widerrechtlichen Umstandes an, [...] daß diese Jahnsen, ohnerachtet sie ihm nichts zubringen könne, [...] *durch ihre Arbeitsamkeit und Thätigkeit in Besorgung seiner Wirtschaft seine [...] Umstände sehr verbessert habe [...]*«[435]

Im übrigen heirateten nicht alle Schwarzen in so bescheidene Verhältnisse ein; einige machten durchaus eine bessere Partie. Der schwarze Tambour Franz Prinz Dermain ließ sich in Maastricht, wo die braunschweigischen Truppen, bei denen er diente, eine Zeitlang standen, mit der »Tochter des vormaligen Schauspieldirektors in Braunschweig, Johanne Sophie Nicolini«, trauen.[436] Der schwarze Stabsoboist Gustav Sabac Lel Cher heiratete in Königsberg die Tochter des Haus- und Gütermaklers Perling.[437] Maria Victoria Sabbadon, die Tochter des verstorbenen »Mohrentambours« Johannes Sabbadon aus Kassel, heiratete 1806 den aus Halle stammenden Gardisten und späteren Universitätsjäger Friedrich Banse (Banzer).[438] Noch besser traf es »Mohr« Johann Georg Berlin, der – von unbekannten Eltern »gebürtig aus Afrika an der Küste von Guinea » und erst »seit vier Jahren in Hamburg«, wo er lediglich als Bedienter tätig war – am 3. Mai 1789 mit der »Jungfer« Sophie Dorothea Elisabeth Kempe getraut wurde.[439] Berlins Braut stammte aus einer angesehenen Hamburger Kaufmannsfamilie, die väterlicherseits sogar den Anschluß an die oberste Schicht der städtischen Gesellschaft gefunden hatte.[440] Schließlich sollen hier auch Ibrahim Hannibal und Angelo Soliman nicht vergessen werden, von denen der eine die Tochter eines deutschen Offiziers und der andere gar die adlige Tochter eines napoleonischen Generals heiratete.

Über das soziale Leben der »Mohren«, ihre Sitten und Gewohnheiten, ihre Freuden und Ärgernisse im täglichen Leben, ihre Freundschaften und Feindschaften, ihre Vorlieben und Abneigungen, ihre Wünsche und ihre Ängste, ihre bevorzugten Beschäftigungen, wenn sie nicht arbeiteten, und darüber, ob sie mit ihrem Leben in Deutschland zufrieden waren, sagen die Quellen fast nichts; nur sehr selten findet sich einmal ein dürftiger Hinweis, der zumindest erahnen läßt, wie sie dachten und fühlten.

Ein für das soziale Leben der »Mohren« bestimmender Faktor war natürlich zunächst die Tatsache, daß sie in der Regel vereinzelt und weit verstreut über das ganze Land in den verschiedenen Residenzen und einigen Handels- bzw. Hafenstädten lebten; an vielen der kleineren Höfe gab es, wie gesagt, überhaupt nur einen einzigen »Mohren«. Mit ihresgleichen haben sie deshalb nur selten und schon gar nicht in größerer Zahl zusammengefunden; Szenen wie in Kassel, wo der Anatom Samuel Thomas Sömmering (1754–1804) die dortigen »Mohren« des öfteren im Sommer beim vergnüglichen Baden beobachtete, wobei sie »sich gemeiniglich zu Dutzenden ins Wasser begaben«[441], waren die Ausnahme und allenfalls dort möglich, wo es – wie in Berlin, Braunschweig, Dresden, Hamburg oder Wien – vergleichsweise viele Schwarze gab. Anhaltspunkte für das Bestehen stabiler informeller oder gar organisierter Gruppen außerhalb der Dienstzeit, die ausschließlich den »Mohren« vorbehalten waren, sind aber hier ebensowenig zu finden.

Dafür mochten freilich nicht nur demographische, sondern auch gesellschaftliche Faktoren verantwortlich sein. Denn die »Mohren« – fast immer in sehr jungen Jahren und aus den unterschiedlichsten Gegenden in Übersee nach Deutschland gebracht und ausschließlich unter Deutschen aufgewachsen – dürften unter solchen Umständen kaum ein besonders ausgeprägtes Bewußtsein dafür entwickelt haben, zu einer eigenständigen Bevölkerungsgruppe zu gehören.

Auf jeden Fall finden wir die »Mohren« nur selten in Gesellschaft anderer Schwarzer, häufig dagegen im Kreis ihrer deutschen Bekannten, Kollegen und Freunde. Manchmal sitzen sie so in der Kneipe. Der gelehrte Äthiopier Abba Gregorius erzählte in gemütlicher Runde von seinem fernen Heimatland[442], und auch der schwarze Philosoph Anton Wilhelm Amo, von dem noch zu sprechen sein wird, hat anscheinend gern nach alter Studentensitte in der Kneipe gesessen. Das Stadtarchiv von Wittenberg an der Elbe, wo er als Hochschullehrer tätig war, bewahrt noch Listen von säumigen Zechern des Ratskellers auf, worauf auch der Name des schwarzen Dozenten erscheint.[443]

Wie sehr die »Mohren« zuweilen in das soziale Milieu ihrer Kollegen eingebunden waren, zeigt der Fall eines aus dem Kongogebiet stammenden Schwarzen namens Jakob Bock in Wien.[444] An einem schönen Sommertag des Jahres

1703 sitzt dieser junge Mann in Gesellschaft »anderer Laqueien, Heiduken und Läufer« vergnüglich in einem der zahlreichen Wirtshäuser der Donaustadt. Doch als es zwischen einigen seiner Kollegen zum Streit kommt und die Rumorwache daraufhin die Streithähne arretiert, versucht Bock sie in einem spontanen Akt praktischer Solidarität wieder zu befreien, wobei er selber festgenommen wird. Es spricht für seine Beliebtheit bei den Leuten, daß diese ihn nun ihrerseits wieder rauspaukten, bevor er endgültig festgenommen und vor Gericht gestellt wurde.[445]

Ein bemerkenswertes Maß an sozialer Integration offenbart schließlich auch die Freizeitgestaltung des schwarzen »Pauquers Mohr«, der bei seinem abendlichen Bier im Krug zu Helsen bei Arolsen gleichberechtigt und vertraut mit so angesehenen Bürgern wie dem Fagottisten Eichner, dem Vorbereiter (?) Halle, dem Jäger Muß, dem Metzger Schwenck, dem Jäger des Fähnrichs von Dalwig und dem Steinhauermeister Matthias zusammenzusitzen pflegt.[446] Und selbst als dabei eines Tages der Trompeter Schäffer, mit dem er sonst gut auskommt, hereinstürmt, um wegen jenes schon erwähnten jungen Wildschweins Streit anzufangen, das die Fürstin »dem Hn. Hoffprediger Meisner, ihme, dem Schäffer, u. dem mohren [...] geschencket«[447], deutet kaum etwas darauf hin, daß der Trompeter den »Mohren« wegen seiner Rasse oder seiner Herkunft attackiert; er führt lediglich angeblich erlittene Injurien ins Feld: »Du bist eben der Kerl, du hast mich und meinen SchwiegerVatter vor einen Dieb angegriffen, der doch dein Seelsorger ist«[448]; »u. wenn wir nicht so gute freunde jederzeit gewesen wären, so wolte ich Dich auf den Bart hauen [...]«[449] Als er seine Drohung am Ende trotz der beschwichtigenden Worte der anwesenden Herren wahr macht und dem Pauker in großer Erregung tatsächlich eine Ohrfeige versetzt, gibt der später zu Protokoll, er hätte darauf mit den Worten geantwortet: »Ich bedancke mich; aber du must mir revenge vor meine ohrfeige geben.«[450] Der Trompeter lehnt ab, doch nicht, wie man vielleicht erwarten könnte, weil er es für unter seiner Würde betrachtete, sich mit einem Sklaven, gar einem »Neger« zu schlagen, sondern weil die angeblich zwischen Trompetern und Paukern bestehenden Standesunterschiede so etwas verböten: »Er (der Schäffer) bedächte sich noch«, erklärte der Pauker gegenüber dem mit der Untersuchung des Vorfalls beauftragten Oberforstmeister von Biela, »daß Er ihm revenge geben solte oder wolte, mit dem Zufügen, Er wäre mehr alß der pauquer; [...] Trompeter u. Pauquer wären zwar Eins, aber (er) wolte sich doch nicht declassiren revenge zu geben [...]«[451]

Im großen und ganzen, so mag man aufgrund solcher Geschichten vorsichtig extrapolieren, waren die »Mohren« in das Milieu der sie umgebenden Gesellschaft eingebunden und einigermaßen mit ihrem Leben zufrieden. Wie wohl sie sich allerdings wirklich fühlten, ob sie nicht doch allem gegenteiligen

Anschein nach zuweilen von einem Gefühl der Verlassenheit und des »Andersseins« übermannt wurden, ob sie sich manchmal nach ihren afrikanischen Verwandten sehnten, sich entwurzelt fühlten, Heimweh hatten nach dem Land ihrer Geburt, sich »zwischen den Welten« sahen, läßt sich freilich angesichts eines weitgehenden Fehlens authentischer Äußerungen schwer ermessen. Immerhin gibt es Anzeichen dafür, daß zumindest einige von ihnen eher unglücklich waren.[452]

Eine gewisse Unzufriedenheit mit ihrem Leben zeigten ja schon jene, die – wie »Mohr« August Wilhelm Peter – ihre sichere Stellung verließen, um sich andernorts nach besseren Arbeits- und Lebensbedingungen umzusehen[453]; darüber hinaus mochte offenbar aber auch mancher schwarze Soldat dem Leben – wenigstens in der Kaserne – nur wenig abgewonnen haben.[454] Jedenfalls sind immer wieder einzelne schwarze Musiker aus der strengen Disziplin des Soldatenlebens ausgebrochen. So war in Kassel 1783 der Tambour Adrian desertiert[455], desgleichen entfernten sich dort 1787 drei schwarze Musiker unerlaubt von der Truppe: »Mohr« Samuel verließ seine Kompanie am 4. Juni, Hejon am 11. August und Caetto verschwand am 26. August dieses Jahres.[456] In Braunschweig desertierte, wie aus dem Kirchenbuch der dortigen Garnison hervorgeht, der aus Suffolk in Virginia/USA stammende Samuel Ludwig Friedrich Joel um 1804.[457] Daß diese schwarzen Fahnenflüchtigen mehr Probleme beim Militär gehabt haben müssen, als es manchmal den Anschein hatte, wird noch wahrscheinlicher, wenn man bedenkt, daß das Risiko, welches sie eingingen, weit größer war als selbst das der ihren zivilen Herren entflohenen Sklaven: Zu den Schwierigkeiten, die jene zu überwinden hatten, kam hier nämlich noch hinzu, daß man in den damaligen Armeen bekanntlich alles tat, um Deserteure wieder einzufangen, denen bei Wiederergreifung drakonische Strafen drohten.[458] Die Hessen scheuten sich zum Beispiel nicht, einen fünfzehnjährigen desertierten »Mohrenknaben« nach seiner Wiederergreifung mit zweimaligem Spießrutenlaufen durch eine Gasse von 200 Mann zu bestrafen![459]

Daß darüber hinaus manchmal sogar relativ erfolgreiche »Mohren« unglücklich waren und sich keineswegs so heimisch fühlten, wie es den Anschein hatte, machen jene Schwarzen deutlich, die es schließlich vorzogen, das Land, in dem sie seit frühester Kindheit gelebt hatten, überhaupt zu verlassen. Als bekanntestes Beispiel wird in diesem Zusammenhang immer wieder Anton Wilhelm Amo zitiert, jener Westafrikaner, der es vom »Leibmohren« in Wolfenbüttel über ein Studium in Halle und Wittenberg bis zum Professor der Philosophie in Jena gebracht hatte, bevor er sich dennoch entschied, wieder in seine afrikanische Heimat zurückzukehren, um dort in ungewissen Verhältnissen, von denen er bei seiner Abreise allenfalls verschwommene Vor-

Der Niam-Niam Daud im Kreis der Familie des Calwer Arztes Dr. Schüz, Photographie, ca. 1873.

stellungen haben konnte, seinen Lebensabend zu verbringen.[460] Auch der »weitgereiste« Mensa »Bast« machte sich eines Tages auf, um wieder nach Afrika zurückzukehren. Über Kopenhagen gelang es ihm mit Hilfe des dänischen Königs, in seine alte Heimat an der »Goldküste« zu gelangen, wo er freilich sein Glück auch nicht finden konnte.[461]

Wie unglücklich und unzufrieden mit ihrer Lage die »Mohren« in Deutschland sein konnten, zeigen schließlich jene Extremfälle, in denen einzelne Schwarze an ihrem hiesigen Dasein zerbrachen und krank wurden. Selbstmörder wie »Kammermohr Selim Schwartz«, der am 19. März 1780 ins Wasser der Fulda gegangen war, ohne einen Abschiedsbrief oder dergleichen zu hinterlassen[462], können zwar keine weiteren Auskünfte mehr geben, aber die Krankengeschichten derer, die am Ende dem Wahnsinn anheimfielen, offenbaren vieles von den Problemen und Ängsten, die den fürstlichen »Mohren« das Leben nicht selten bis zur Unerträglichkeit erschwerten. Der kleine Daud, der von 1869 bis zu seinem Tod 1877 im Haus des Arztes Dr. Schüz in Calw lebte, »fühlte sich (zum Beispiel lange Zeit) als Sklave des Doktors und war trotz der freundlichen Behandlung in dessen Hause äußerst mißtrauisch; er fürchtete sich vor vielem.[463] Nie wollte er mit dem Arzt allein ausfahren, immer mußte einer der Söhne mit ihm in der Kutsche sitzen, denn er argwöhnte, sein Herr

Henri Noël als Realschüler in Berlin, Photographie, ca. 1869, Heimatmuseum Schloß Schönebeck, Bremen-Vegesack.

könnte mit ihm weit wegfahren, um ihn weiterzuverkaufen.«[464] Und als er einmal ein menschliches Skelett entdeckte, das Schüz in einem Schrank stehen hatte, erschrak er fürchterlich, da er glaubte, man hätte ihn bloß zu dem Zweck nach Europa gebracht, um seine Knochen zu bekommen.[465] »Die Furcht vor etwas dauernd Bedrohendem«, schreibt einer seiner Biographen, »wich jahrelang nicht von dem Schwarzen.«[466]

Sehr aufschlußreich und gut dokumentiert ist in diesem Zusammenhang auch der Fall des Sklaven Henry Noël.[467] Noël war, wie berichtet, von dem Afrikaforscher Gerhard Rohlfs mit nach Deutschland gebracht worden, wo er als »Mohr von Berlin« und Günstling Kaiser Wilhelms II. eine gewisse Berühmtheit erlangte. Der Afrikaner wurde indessen mit seinem Leben als bewunderter und beneideter »kaiserlicher Vorzeigeneger« im Rampenlicht der Öffentlichkeit nicht fertig und mußte bereits im Alter von 22 Jahren in eine italienische Heilanstalt eingeliefert werden. Der deutsche Konsul in Italien übergab dem Leiter dieser Anstalt die italienische Übersetzung eines am 17. November 1878 von dem Arzt Dr. Rottmann ausgestellten Gutachtens, das manches von den Problemen und Schwierigkeiten, mit denen wohl auch andere »Hofmohren« zu kämpfen hatten, offenbart:

»Heinrich Noël« – schrieb der Arzt – »der sich mir seit zwei Monaten wiederholt vorgestellt hat und sagte, daß er krank sei, befindet sich körperlich in gutem Gesundheitszustand, aber in seinen Antworten zeigt sich eine Geisteskrankheit, die hauptsächlich auf der Wahnvorstellung und Angst beruht, verfolgt und bedroht zu werden. Von Personen, die ihm bis jetzt nur Gutes erwiesen haben, behauptet er, sie bedrohten sein Leben und hätten ihm bereits Gift eingegeben. Bis vor kurzer Zeit äußerte sich seine Geisteskrankheit in gutmütiger Weise, das heißt, er belästigte niemanden. Aber in letzter Zeit hat sich sein Zustand verschlimmert. Heinrich Noël schlug Lärm in fremden Häusern und mußte [...] in einem Krankenhaus untergebracht werden. Die Überführung Noëls in eine Heilanstalt erscheint dringend erforderlich.«[468]

Rohlfs schrieb später selber an den Direktor der Heilanstalt von Ancona und fügte noch erklärend hinzu:

»Meiner Meinung nach war seine Erziehung unvollkommen, er war auch in zu großartiger Umgebung erzogen worden. In Berlin wurde er stets mit Bewunderung betrachtet, alle seine Handlungen sind bestaunt worden. Daher haben auch die Märchen seinen Geist vernebeln müssen, bis er schließlich in der Heilanstalt endete.«[469]

Bleibt noch hinzuzufügen, daß der Kaiser die Unterbringung zunächst in der ersten Klasse, später – als die Monarchie nicht mehr bestand – in der zweiten und schließlich gar in der dritten Klasse regelmäßig bezahlte und alle Rechnungen, die für die Erfüllung der bescheidenen Sonderwünsche des Patienten präsentiert wurden, bis zu seinem Tode beglich.

Wie sehr das Wohlergehen der fürstlichen »Mohren« von ihrem Verbleib bei Hof abhing, zeigte sich spätestens dann, wenn sie aus den fürstlichen Diensten ausschieden. Zwar waren sie dann wirklich frei, aber auch – um ein bekanntes Wort von Karl Marx zu gebrauchen – nicht nur von ihren Ketten, sondern auch von jenem Minimum an sozialer Geborgenheit »befreit«, das sie bis dahin im Dienst ihrer Herren genossen hatten. Nicht wenige von ihnen wurden dadurch in nicht geringes Elend gestürzt.

Freiwillig haben sie wohl auch deshalb nur selten den Dienst bei den Fürsten quittiert, und von denjenigen, die es wagten, hat es anschließend offenbar mancher bereut: »Mohr« August Wilhelm Peter, der am Hof des braunschweigischen Herzogs Carl I. als Lakai gearbeitet hatte, um sich dann eines Tages nach Besserem umzusehen, war jedenfalls schon bald wieder da; am 26. April 1770 berichtete das Hofmarschallamt, er wäre »heute Nachmittag« wiedergekommen, »nachdem er seine Fortun in Berlin und Magdeburg gehoffter maßen nicht gefunden [...]«.[470] »Mohr« August Wilhelm Peter kam noch einmal mit einem blauen Auge davon: Er erhielt eine neue Livree und wurde wie vorher als Bote bei der Geheimen Kanzlei eingestellt.[471] Andere trafen es da schon schlechter: Die Rechnungsbücher der im thüringischen Greiz residierenden Hochgräflich Reuß-Plauischen Herrschaft zu Obergreiz verzeichneten zum Beispiel im Jahr 1743 unter »Cap. IV. Geschencke, TrinckGelder und Allmosen« lediglich: »8 gr(oschen) einem dienst suchenden *Mohr* [...]«[472]

Zu den Gründen, die zum *ungewollten* Ausscheiden der »Mohren« aus fürstlichen Diensten führen konnten, gehörten in erster Linie finanzielle Sparmaßnahmen: Eine vielfach chronisch drückende Schuldenlast, die ihre Ursache vor allem in dem seit Ende des 17. Jahrhunderts weithin betriebenen kostspieligen Aufbau zeitgemäßer Armeen und der beispiellosen Verschwendung hatte, welche sich die meisten Höfe der Barockzeit leisteten[473], zwang fast alle Fürsten periodisch zu sogenannten »Hofstaatsverminderungen«, denen immer wieder auch einzelne »Mohren« zum Opfer fielen. Schon am bayerischen Renaissancehof Herzog Wilhelms V. in Landshut, wohin – wie schon an anderer Stelle berichtet – im »Glanzjahr« 1573, als die Prachtentfaltung dort zur vollen Blüte gelangte, eine größere Zahl von »Mohren« gekommen war[474], lassen sich nach der zwei Jahre später erfolgten Hofstaatsverminderung von 1575 nur noch zwei dieser Schwarzen feststellen.[475]

Ein willkommener Anlaß für Sparmaßnahmen war immer wieder der Machtantritt eines neuen Fürsten; bei jedem Regierungswechsel mußten sich die »Mohren« deshalb, gleich allen anderen Hofbediensteten, die bange Frage stellen, ob man denn auch in Zukunft noch für sie Verwendung finden würde. Die Sorge, entlassen und – zumindest für einige Zeit – brotlos zu werden, verließ sie auf diese Weise nie. Sobald deshalb ein neuer Fürst den Thron bestiegen hatte, bestürmten ihn auch die »Mohren« mit Bittschriften, daß er ihnen doch ihre Existenz bei Hofe sichern möge! Als beispielsweise nach dem Regierungsantritt Fürst Carls (1704–1763) in Arolsen die Lage der fürstlich waldeckschen Finanzen eine Verkleinerung der Hofhaltung erforderlich machte und tatsächlich schon bald die Gehälter ausblieben, bat im Mai 1728 auch der schwarze »Hoff Paucker Augustus« um seine »Beybehaltung in hiesigen Diensten«, wobei er darauf hinwies, die gothaischen Dienste dereinst nur unter dem Versprechen quittiert zu haben, daß er am Arolser Hof »ein beständig Stück Brod« erhalten würde.[476] Eine Entlassung wäre in der Tat ein schwerer Schlag für ihn gewesen; er war nach 26 Dienstjahren zu alt, um Arolsen zu verlassen und an anderer Stelle einen Neuanfang zu versuchen, außerdem hatte er bereits »das seinige an ein Hauß gewendet und seine besten Tage im Dienst (des Hauses Arolsen) zugebracht«.[477] Glücklicherweise hatte man diesmal höheren Orts ein Einsehen; wie anderen Hofmusikern, die sich um »Conservation« ihrer Dienste und »Regulierung« ihrer Gehälter in Erinnerung gebracht hatten, wurde dem Pauker im September 1728 die Versicherung zuteil, daß er »nach der den 1sten verwichenen April vorgenommenen Reduction in Gnaden conserviret« bliebe[478], freilich mit der Einschränkung, daß er sich bis zu einer anderweitigen Verordnung mit seiner halben Geld- und Hausbestallung zufrieden geben müßte.[479] Die »völlige Haußbestallung« wurde ihm erst anderthalb Jahre danach, vom 1. Dezember 1729 an, wieder verabfolgt.[480] Ob er später noch einmal seine ursprünglichen Bezüge in voller Höhe bekam, ist nicht auszumachen, scheint jedoch eher unwahrscheinlich, wenn man in Betracht zieht, daß er bei seinem Ableben im Jahr 1738 eine weitgehend mittellose Witwe hinterließ: Die Ärmste sah sich gezwungen, unter Hinweis auf seine »bis ans Ende unterthänigst-treu geleisteten Dienste« um eine Gnadenbestallung an Holz und Feldfrüchten zur Fortsetzung ihres »annoch kurtzen Lebens« zu bitten, da die Hinterlassenschaft ihres Mannes nicht für ihren Lebensunterhalt ausreiche.[481] Sie erhielt jährlich zwei Mütten Roggen zugebilligt.[482]

Nicht viel anders als in Arolsen sah es im benachbarten Kassel aus. Als dort mit dem späteren Landgrafen Wilhelm VIII. (1730–1751) ein Regent an die Macht gelangte, der aus finanziellen, aber wohl auch aus grundsätzlichen Erwägungen wenig Verständnis für den Prunk seines Vorgängers hatte[483], brachen für die dortigen »Mohren« harte Zeiten an: »Es ist aber alzu wohl bekant, daß Unsren Allergnädigste Landesherrschafft gar nicht inclinire Mohren am Hoff zu haben«, schrieb der damalige »Stadtkirchenkastenmeister« Knyriem.[484] Dem »Mohren« Alexander, der sich verzweifelt darum bemühte, »daß Ihn Unser Allergnädigster Herr in Montur und zur aufwartung zu nehmen die Gnade haben werde [...]«[485], konnte deshalb nicht geholfen werden: Die Stelle des »Hof- und Kammermohren«, die seit dem Tod des »Mohren« Dominico vakant war, blieb weiterhin unbesetzt.[486]

Ähnlich wie Wilhelm VIII. in Kassel verfuhr Friedrich Wilhelm I. von Preußen, »als er bei seinem Regierungsantritt 1713 die prunkvolle Hofhaltung seines Vorgängers auflöste, dem Beispiel seiner Zeitgenossen folgte und die überflüssig gewordenen Kammermohren einfach als Spielleute in sein Leibregiment steckte«.[487]

Und endlich, um ein letztes Beispiel zu nennen, fielen auch in Braunschweig verschiedentlich einzelne »Mohren« dem Rotstift der fürstlichen Kameralisten zum Opfer; sie mußten es hinnehmen, daß ihre Gehälter gekürzt wurden und daß man ihnen die Zuschüsse für Wohnung und Kleider strich.[488] Anläßlich der großen Reduktion des Hofstaats im Herbst 1768 schickte man die schwarzen Pauker Pauli und Carl, die bis dahin 124 Reichstaler pro Jahr bezogen hatten, mit einem »Wartegeld« von nur 60 Reichstalern in vorzeitige Pension.[489] Auch die ihnen bis dahin gewährte Erstattung der Hausmiete entfiel nun, so daß sie nicht länger in ihrer alten Unterkunft bleiben konnten. Obwohl bekannt war, daß es »denenselben [...] schwerer als Landes-Eingeborenen fällt, für ein Billiges die nötige Wohnung sich zu verschaffen«, hatte es das Hofmarschallamt zunächst abgelehnt, ihnen ein Ausweichquartier zu vermitteln, so daß ihnen erst auf ausdrücklichen Befehl des Herzogs im »Kavalierhaus« Quartier verschafft wurde.[490] Sehr lange konnten sich die beiden dort aber auch nicht halten; schon am 12. Juli 1769 müssen sie sich erneut an den Landesfürsten wenden: Sie hätten im letzten Dreivierteljahr ihre Hauswirte nicht mehr bezahlen können, so daß diese bei ihrem dadurch erforderlich gewordenen Auszug ihre »wenige Armuth« zurückbehalten hätten und sie nun nichts mehr besäßen als das, was sie auf dem Leib trügen.[491] Dies freilich muß wenig genug gewesen sein, denn schon vorher, im Mai 1769, hatten sich die beiden mit der Bitte um einen Zuschuß für den Erwerb von Kleidern an den Herzog gewandt, wobei Carl nicht ungeschickt auf einige der spezifischen Probleme der Schwarzen in Deutschland verwies und erklärte: »Ich nehme solcher Halb meine allerunterthänigste Zuflucht zu Ew. Herzogl. Durchl., (und) flehe dieselben fußfällig (an, daß sie) wollen die Hohe Gnade haben, und für den armen Africaner von Dero miltigkeit etwas zufließen lassen, weil ich weder Vatter noch Mutter, die sich meiner annehmen, so bin ich eine verlaßne Wayse, und weiß mich auch nirgendt hinzuwenden, als zu Ew. Herzogl. Durchlaucht, welche ich in diesem zeitlichen für meinen größten Vatter verehre.«[492] Der Herzog griff noch einmal ein. 1769 erhielten Carl und auch Paul ein neues Kleid.[493] Zu einem mit Datum vom 24. Juli 1771 gezeichneten gemeinsamen Gesuch von Pauli und Carl um neue Livreen meinte das Hofmarschallamt zwar, sie sollten eigentlich keine Livreen mehr erhalten; »weil diese Art Leute aber sich nicht zu helfen weiß [...] (und deshalb) das erforderliche zur Kleidung nicht (haben) erspahren können«, empfahl es die Anfertigung von zwei einfachen Gewändern mit Turban.[494] Carl erhielt schließlich sogar seine alte Livree, die er 1768 bei seiner Entlassung hatte abgeben müssen, wieder zurück.[495]

Wenn die Fürsten auf diese Weise immer wieder versuchten, die durch ihre Sparpolitik oder andere Gründe hervorgerufene Not ihrer mit reduziertem Einkommen tätigen oder ihrer »freigesetzten« ehemaligen Bediensteten nach Möglichkeit zu lindern, so ist doch andererseits eine gewisse Tendenz nicht zu verkennen, sich der dadurch entstandenen finanziellen Belastung so weit wie möglich zu entledigen. Verschiedene Wege, um dies zu erreichen, boten sich an.

Wo immer es angezeigt schien, wurde erst einmal versucht, die Kosten auf andere abzuwälzen. Als der Ostafrikaner Wilhelm Junka (Yonga) in Detmold kurz vor der Geburt seines ersten Kindes um eine Gehaltserhöhung bat, weil seine damaligen Bezüge von monatlich 6⅔ Reichstalern nun nicht länger ausreichen würden, um eine Familie zu ernähren, da wurde sein Gesuch abschlägig beschieden[496]; zugleich aber versuchte der Fürst, den ehemaligen Besitzer Junkas, den schon mehrfach genannten Franz von Borries, zur Übernahme der Kosten zu überreden: Der Fürst wies seinen Hofrat darauf hin, daß Junka jenem doch 20 Jahre lang treu gedient hätte (ein Euphemismus, wenn man bedenkt, daß von Borries ja nach eigenem Bekunden nichts als Ärger mit dem Schwarzen hatte!) und verlangte deshalb, »doch meines alten, treuen ehrlichen Wilhelms des Mohrens nicht ganz zu vergessen und ihm das seinige nicht länger vorzuenthalten, was es bei seiner starken famille so sehr bedarf«.[497]

Zu welchen Mitteln man sonst griff, um sich der Sorge um die stellungslosen »Mohren« und ihre Angehörigen zu entheben, macht noch einmal der Fall des Paukers Pauli deutlich: Als Pauli, der dem Herzog von Braunschweig schon so lange »auf die Tasche gefallen« war, schließlich heiraten wollte, bekam er die Erlaubnis nur unter der Bedingung, daß das Paar in die Heimat der Braut oder anderswohin ginge.[498] Ähnlich verfuhr man auch mit jenem Alexander, der sich in Kassel vergeblich um eine Anstellung als »Kammermohr« bemüht hatte: Nachdem Alexander im Februar des Jahres 1757 u. a. auch beim Konsistorium mit der Bitte um eine finanzielle Unterstützung vorstellig geworden war, zahlte ihm schließlich der Kammerschreiber des Herzogs die einmalige Summe von 15 Talern, doch mit der Auflage, davon seine Schulden zu begleichen *und mit dem Rest des Geldes von Kassel wegzuziehen.*[499]

Weit sinnvoller als die ungewollten »Mohren« auf diese Weise abzuschieben war es allerdings, ihnen irgendwo außerhalb der höfischen Wirtschaft oder Verwaltung eine passende Arbeit zu verschaffen. Man war sie damit los und konnte zudem darauf hoffen, daß sie sich in Zukunft nicht nur selbst ernähren konnten, sondern langfristig auch das Ihrige zum weiteren Auf- und Ausbau der entstehenden »Nationalökonomien« beitragen würden.

Während die erwachsenen Stellungsuchenden infolge solcher Überlegungen zumeist als Gehilfen – Gärtnergehilfe, Ackerknecht, Tagelöhner usw. – vermittelt wurden[500] (von schwarzen Frauen hört man in diesem Zusammenhang fast gar nichts), steckte man die jüngeren lieber bei irgendeinem Handwerksmeister in die Lehre. Als Ausbilder kamen manchmal auch geistliche Personen in Betracht.[501] So wurde der »Mohr« Johann Junkerdink in Roxel bei Münster dem dortigen Küster zur Ausbildung als Organist übergeben[502], und der Hamburger Domvikar Kellinghusen schickte seinen »Mohren« Francis auf die Eppendorfer Küsterschule.[503] In Winsen a. d. Luhe hatte der Hauptpastor von St. Dionys, Philipp Nicolai, die »Mohrin« Christina Dorothea auf diese Weise sogar schon vor 1638 zu seiner unentbehrlichen Gehilfin gemacht. Die »Mohrin«, die ihre Arbeit stets in blütenweißen Kleidern verrichtete, war als Hebamme tätig und kümmerte sich besonders um die Armen und Kranken.[504] Später bewies auch die berühmte »Négresse von Yverdun«, Pauline Hippolyte de Buisson, bei der sich nach dem Urteil des Anthropologen Johann Friedrich Blumenbach »die aufgeweckteste munterste Lebhaftigkeit« mit »einem sehr gesunden Verstande« verband, auf dem Gebiet der »Entbindungskunst« eine »ausnehmende Einsicht und Geschicklichkeit«.[505]

Vor allem aber haben die jugendlichen *Söhne* der fürstlichen »Mohren«, also Mischlinge, die schon vieles von ihrem Symbolwert für den Adel verloren hatten und die man vielleicht auch aus diesem Grund nicht mehr unbedingt am Hof beschäftigen wollte[506], ein Handwerk erlernt: Der »Mohrenjunge« Christian Eden, ca. 1713 als Sohn des 1699 auf den Namen des Landesfürsten getauften Afrikaners Christian Eberhard und einer unbekannten Mutter in Aurich geboren, kam 1725 im Alter von sechzehn Jahren bei einem Knopfmacher in die Lehre[507]; ein mit der Tochter eines Musketiers gezeugter unehelicher Sohn des Paukers Carl in Braunschweig wurde Steinhauer und Maurergeselle[508]; der unehelich geborene Sohn des »Kammermohren« Heinrich Conrad Guinea und eines Greizer Mädchens wurde 1771 Bader und Barbiergeselle[509]; der illegitime Sprößling der »Négresse von Yverdun«, Samuel Hippolyte Buisson (geb. 1790), lernte im schweizerischen Mathod das Schuhmacherhandwerk[510]; wieder ein anderer wurde »irgendwo Gärtners Gesell«[511]; und endlich kam auch noch einer bei dem Block- und Pumpenmacher K. A. Friedrichsen in Hamburg in die Lehre.[512]

Eine Sonderstellung unter den schwarzen Lehrjungen nahmen diejenigen ein, die seit Mitte des 18. Jahrhunderts eigens zu Ausbildungszwecken nach Europa geholt wurden, um sie nach abgeschlossener Lehre wieder nach Übersee zu schicken, wo sie beim weiteren Auf- und Ausbau der kolonialen Wirtschaft mitwirken sollten. Weitsichtige Missionare, zunehmend aber auch Unternehmer, versuchten auf diesem Weg zu einer rationelleren Nutzung der Kolonien zu gelangen. Da nach dem Scheitern der brandenburgischen Kolonialversuche seit 1716 koloniale Unternehmungen unter deutscher Hoheit nicht mehr möglich waren, konzentrierten sich dergleichen Aktivitäten allerdings auf die überseeischen Besitzungen deutscher Unternehmer in den Kolonien benachbarter Staaten, namentlich auf das holländische Surinam und die dänischen Antillen. Von dort sind denn auch des öfteren junge Schwarze zur handwerklichen Ausbildung nach Europa gekommen, von denen einige offenbar blieben.[513]

Der vom König in Kopenhagen baronisierte deutsch-dänische Großunternehmer und Merkantilist Heinrich Carl von Schimmelmann, ursprünglich ein Sachse, der später auch in Hamburg das Bürgerrecht erworben hatte, war seinerzeit zweifelsohne einer der bedeutendsten Männer, die ganz allgemein um eine systematische Leistungssteigerung ihrer Bediensteten bemüht waren.[514] Schimmelmann besaß neben einer eigenen Handelsflotte und großen Mengen von Aktien der namhaftesten Handelskompanien nicht nur die größte Zuckerfabrik und die erste Gewehrfabrik im Staat Dänemark; er war auch Herr wertvoller Plantagen auf den dänischen Antilleninseln St. Thomas, St. Croix und St. Jan. Von dort ließ er seit 1765 mehrfach junge Sklaven nach Deutschland kommen, um sie zu Fachleuten ausbilden zu lassen. Das Schicksal dieser Schwarzen zeigt, wie man sich das Leben der schwarzen Lehrjungen aus Übersee vorzustellen hat, wirft aber auch ein besonderes Licht auf die Probleme und Gefahren, die damit verbunden waren.

In Ahrensburg vor den Toren Hamburgs (damals eine Enklave im dänischen Staat, der sich bis an das nördliche Elbufer erstreckte) sollten die Schwarzen in die Lehre gehen. Denn hier konnte der Baron den Fortgang ihrer Ausbildung unmittelbar beaufsichtigen, hatte er sich doch im Ahrensburger Schloß niedergelassen, das er 1759 zusammen mit dem dazugehörigen Gut dem vorigen Besitzer Christian Rantzau abgekauft hatte. Von Ahrensburg aus hatte er seinem Plantageninspektor Lobeck auf der Plantage *Princesse* auf St. Croix einen entsprechenden Auftrag erteilt. Dieser antwortete ihm am 22. Mai 1765: »Der Vorschlag wegen Anlernung junger Neeger zu diversen Handwerkern findet zwar seine Schwierigkeit, dennoch wird d. H. Capitein Schopen 8 stck mitbringen, die er ausgesucht und die ihm zu Erlernung von Handwerken am bequemsten zu sein scheinen. Gleichergestalt wird er einen hübschen Neeger-Jungen für die gnädige Frau Baronesse mitnehmen.«[515] Tatsächlich traf Kapitän Schopen Ende August 1765 mit den Schwarzen wohlbehalten in Kopenhagen ein (»nur« einer der Jungen war unterwegs gestorben). Am 30. August schrieb Schimmelmann aus Hamburg an seinen Agenten in der dänischen Hauptstadt, er habe zu seinem großen Vergnügen von Schopens Ankunft erfahren: »Die 7 Schwartze Menschen wollen Sie über Lübeck absenden, und jemand mitgeben, der Sie von Lübeck oder Travemünde gleich nach Ahrensburg bringt; ich will selbige unter alle arten von Handwerker vertheilen.«[516]

Um die nicht unerheblichen Kosten für Fahrt, Aufenthalt und Lehre später amortisieren zu können, kümmerte sich Schimmelmann persönlich um viele Einzelheiten des »Experiments«. Er forderte wiederholt Berichte von seinem Inspektor Heydrich, wie sich die »Neger-Purschen« machten, wer von ihnen sich als besonders geschickt und »vernünftig« erwies, usw.[517] Er gab sogar

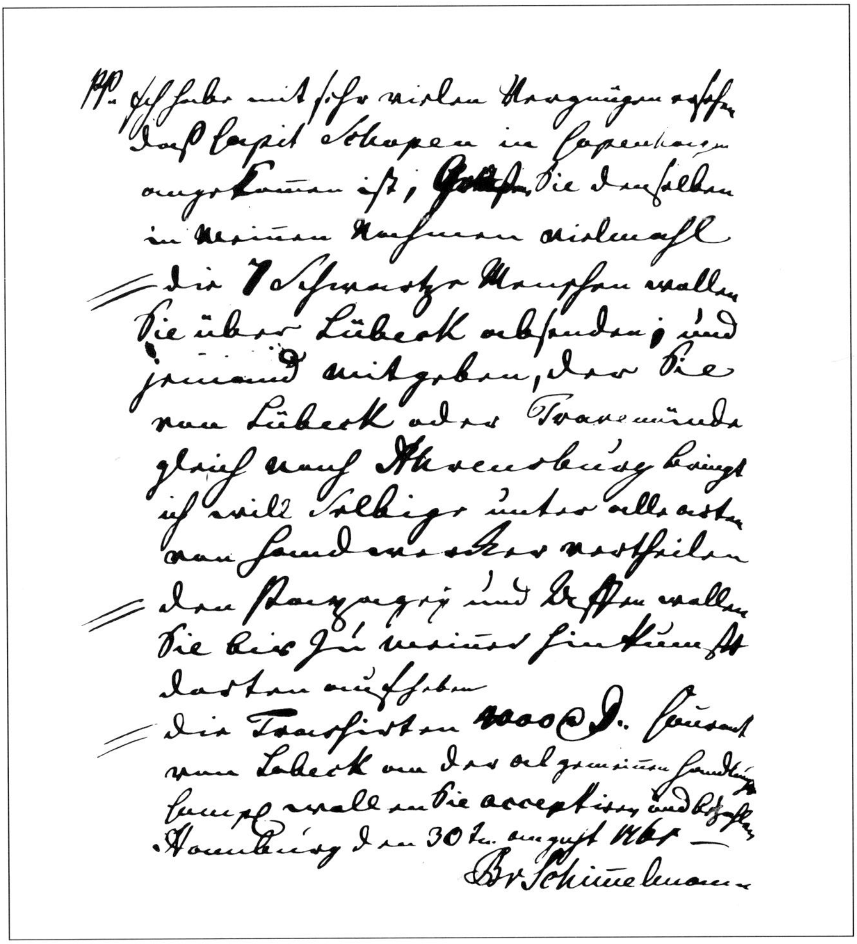

Aus einem Brief Schimmelmanns an seinen Prokuristen.

Anweisung zu einer weiterführenden Ausbildung: Die Maurer- und Zimmermannslehrlinge sollten abends bei dem Baumeister Schramm noch Extraunterricht im Zeichnen erhalten.[518] Nach wenigen Wochen konnte Heydrich zwar noch nicht abschließend urteilen, wie sich die jungen Schwarzen entwickeln würden – sie mußten ja auch erst einmal die Landessprache lernen; »doch hat unter den Maurern Jantje insoweit den Vorzug, weil er rechts und Apollo links ist; ich zweifle aber nicht, daß letzterer, da er besondere Lust bezeiget, auch vor Jantjen ziemlich gesetzt ist, durch anwendenten Fleiß gut werden wird. Unter den Zimmerleuten appliciret sich Carolus vor Adam merklich, und ich hoffe, daß dieser ein geschickter Zimmermann werden soll.«[519] Thomas lernte bei einem Tischler, Johannes bei einem Böttcher, Coffe (Caffé) sollte Kupferschmied werden.[520]

Sorgen bereitete eine Blatternseuche, die Ahrensburg zur Jahreswende 1765/66 heimsuchte und viele Opfer forderte. Schimmelmann beauftragte den ortsansässigen Arzt Dr. Curtius, sämtliche freien und leibeigenen Kinder von Gut Ahrensburg auf seine Kosten gratis zu impfen. »Besonders«, schreibt er an Heydrich, »befürchte ich die Folgen wegen der Schwarzen [...], denn diese Leute sollen viel schwerer davon kommen«; sie müßten sorgfältig vor Ansteckung bewahrt werden.[521] Auf jeden Fall wollte er verhindern, daß seine Anstrengungen zur Schaffung einer Gruppe qualifizierter Plantagenarbeiter durch diese Krankheitswelle zunichte gemacht würden. Er setzte ganz auf den Arzt. »Versprechen Sie demselben für jeden Schwarzen 5 Rthlr, so er die durch die Blattern bringt!«[522] Nach Heydrichs Berichten zu schließen[523], hat er damit durchaus richtig kalkuliert; es scheint, daß die jungen Afroamerikaner die Seuche überstanden haben, auch die von Pocken infizierten Coffe und Adam. Jantje war am Flußfieber erkrankt, doch hielt der Doktor dies nicht weiter für gefährlich.

Ein aus Schimmelmanns Sicht unnötiges Problem entwickelte sich aus der Konkurrenz zwischen der holsteinischen Landeskirche und der pietistischen Brüdergemeinde von Herrnhut um das Seelenheil der Schwarzen. Einige von ihnen waren auf den Antillen von Missionaren der Brüdergemeinde getauft worden, in Ahrensburg war jedoch nur die lutherische Landeskirche zugelassen. Wer war zuständig? Die Mährischen Brüder wollten im Hinblick auf ihre Missionspläne in Westindien auf ihre »Saat der Mohren« nicht verzichten und wandten sich hilfesuchend an einen Vertrauten in Kopenhagen: »Wir haben die Nachricht, daß des Herrn Geheimen Rath Baron von Schimmelmanns Excellenz auf Ihren Gütern ohnweit Hamburg 5 Neger-Sclaven haben (die allda Professiones lernen sollen), welche von unsern Brüdern auf St. Thomas und Crux getauft sind. Diese Negers hat der mit uns verbundene Pastor Engelbach aus Altona besucht, zu ihrer ungemeinen Freude. Nach dem 2ten Besuche aber hat der dortige Pfarrer eine zwar ganz bescheidene Warnung ergehen lassen, daß unsre Brüder sich des Besuchs dieser Negers enthalten möchten, mit dem Bedeuten: Er wolle sich derselben selbst annehmen. Da nun Ew. G. sich gegenwärtig in Copenhagen befinden, und, wie ich nicht zweifele, bey des Herrn v. Schimmelmanns Excellenz Zutritt haben: So hoffe von Dero Freundschaft gegen mich und unser Brüder-Volk, daß, weil diese Negers von den Missionariis aus der Brüder-Kirche getauft sind, ihnen der Umgang mit dem Brüder-Volke mit einigem Grunde nicht könne untersaget noch gewehret werden. Ich glaube gewiß, der Geh. Rath v. Schimmelmann werden die sehr in die Augen fallende Billigkeit dieses Begehrens erkennen, und Sich demselben willfährig zu bezeigen nicht abgeneigt seyn.«[524]

Schimmelmann war bereit, den Herrnhutern in der Frage der getauften Schwarzen zu helfen, geschickt kam er jedoch auch der Landeskirche entgegen, indem er die zwei bislang ungetauften Schwarzen der Gruppe nach lutherischem Ritus taufen ließ. In den Kirchenbüchern von Woldenhorn im Gut Ahrensburg wurde festgehalten: »1766 get. Michaelis zween Mohren aus den Dänischen Inseln bei öffentlicher Versammlung: Heinrich Carl, zuvor Adam genannt, gebohren auf St. Thomas, ohngefehr 20 Jahr alt, dessen verst. Eltern Pieter und Marlene, auch Christen gewesen. Friedrich Ernst, vorher Caffé genannt, gebohren auf der Insel Santa Crutz oder Sainte Croix, vorigen im gleichen Alter, dessen verst. christliche Eltern Josua und Salome geheißen. Jenen führten zur Taufe Herr Secretair Heydrich, Herr Carl Maximilian Baron von Schimmelmann und dessen Gouverneur Herr Hans Heinrich Meyer. Diesen begleiteten Herr Friedrich Joseph Baron von Schimmelmann, Herr Traugott Friedrich Baron von Schimmelmann und ihr Hofmeister Herr Friedrich Ernst Versmann. Beide hielten sich bei der vorgängigen Catechetischen Unterredung so gut, daß der Liebhaber heiliger Wahrheiten sich an ihren Antworten ergetzte, der Unwissende hingegen beschämt wurde.«[525]

Trotz des Kompromisses hörten die konfessionellen Streitigkeiten keineswegs auf. Als es erneut wegen eines der schwarzen Lehrjungen Scherereien gab, weil beide Konfessionen vorgaben, den »Westindier« getauft zu haben, mußte der Gutsherr ein zweites Mal klärend eingreifen. Er tat es mit folgendem Zeugnis:

> »Der Herr Pastor Eichel zu Woldenhorn auf meinem Gute Ahrensburg hat in des Negers Thomas seinen Catechismo folgenden Attest mit eigener Hand geschrieben:
>
> ›Thomas, gebohren auf der Insel St. Thomas in Westindien, und daselbst bald nach seiner Geburt getauft in der Brüder Gemeine, ein Sohn Salomons und Charlotte, ist zu Woldenhorn bey Arhnsburg in Holstein am Sonntage nach Ostern 1768 confirmiret und zum Heiligen Abendmahl angenommen worden,‹ welches hiemit bescheinige.
>
> Copenhagen den 9. May 1770
> B v Schimmelmann.«[526]

1767 waren mehrere der schwarzen Lehrlinge in Kopenhagen. Der Herrnhuter Prediger Jonathan Briant schreibt am 28. April dieses Jahres an einen Glaubensgenossen, daß wenige Tage zuvor einige »Negerbrüder« in der Hauptstadt eingetroffen seien, die hier bereits vor zwei Jahren von Westindien kommend auf der Durchreise nach Holstein kurz eingekehrt seien. »Du weißt, es waren

4 von unseren Getauften, Apollo, Carolus, Johannes und Thomas, die nach Ahrensburg hinter Hamburg geschickt wurden, um Professiones zu lernen. Von diesen sind die drei ersten jetzo wieder hier. Es hieß Anfangs, sie sollten nach Jüttland gehen, wo der Herr Baron Schimmelmann dis Jahr ein Herrschaftshaus auf seiner Baronie bauen will; da aber 2 von ihnen seitdem krank wurden, so heißts nunmehr, daß die 2 wieder nach Holstein zu ihren alten Meistern gehen sollen, um ihre Professiones auszulernen. Nun will ich dir von jedem von specie was melden. Apollo, der die Maurer-Profession lernt, suchte uns zuerst auf. [...] Er kann [...] eine ganze Anzahl teutsche Verse aus unsern Liedern und singt sie schön und liturgisch, recht mit heller Kehle. Er kommt oft zu mir und auch zu den andern Brüdern. Der andere, Carolus, lernt das Zimmermanns-Handwerk. Er hat einen Schaden am Bein und ist deshalb in der Cur auf dem Friedrichs-Hospital, wo unser Bekannter Herr Normann Prediger ist. Er hat viel Schmerzen ausgestanden, und es stehet noch dahin, ob der Schaden curirt werden kann. [...] Der dritte, Johannes, war auch krank, wird aber jetzo besser und ist jetzo an seine Arbeit gekommen. Er lernt das Faßbinden und solls hier in der Stadt bey einem Meister auslernen. [...] Er soll hier bleiben, wenn die vorigen 2 retournieren. Der 4., Thomas, ist noch in Ahrensburg bey einem Tischler. [...] Da hast du nun so eine kurze Nachricht von unseren lieben Schwarzen, die 2 werden vielleicht ehester tage wieder abreisen.«[527]

Der Gesundheitszustand des Zimmmerlehrlings Carolus verschlechterte sich aller ärztlichen Bemühungen zum Trotz sehr schnell. Einige Wochen nach seiner Kur im Hospital brachte man ihn ins Schimmelmannsche Haus zurück, wo er alle denkbare Pflege genoß. Es half jedoch alles nichts. Das kranke Knie schwoll kopfdick an, der Knochen war »ganz angefressen«, die Ärzte sahen voraus, daß »der kalte Schlag dazuschlagen« würde. Schließlich starb er unter Schmerzen, nicht ohne die Anwesenden zu bitten, seinen auf den Antillen zurückgebliebenen Angehörigen letzte Grüße zu übermitteln.[528]

Carolus blieb nicht der einzige, der die Reise nach Deutschland mit dem Leben bezahlte. Auch Heinrich Carl (Adam) starb. Pfarrer Eichel (Eicke) notierte im Kirchenbuch von Woldenhorn: »1766 der oben pag. 339 Num. 29 genannte von mir erste getaufte Neger Heinrich Carl starb an der Schwindsucht am jüngsten Tage dieses Jahres, ist aber erst d. 4. Jan. 1767 begraben worden. [...] Auf sein inständiges Verlangen empfing er d. 6. Dec. das heilige Abendmahl und endigte sein Leben im rechtschaffenen Glauben an seinen hochgeliebten Jesum.«[529] Der mit Heinrich Carl zugleich in Ahrensburg getaufte Friedrich Ernst, der früher Coffe (Caffé) hieß, lebte nur wenige Monate länger. Schon 1768 wird ins Kirchenbuch eingetragen: »Begr. 1768 d. 8. Mai der Neger Friedrich Ernst, vorhin Caffé genannt.«[530] Und endlich, am

26. Juli 1768, starb auch Jantje, »ein noch ungetaufter Neger aus der Dänischen Insel St. Thomas in Westindien, 25 Jahre alt, den des Geh. Rahts Eccell. von Ihrem dortigen Plantager hier kommen lassen, das Maurerhandwerk zu lernen. Er bekam vor Ostern ein auszehrendes Fieber und starb plötzlich an einem Blutsturz. Er war gegen Abend in der Stille nach seiner Gruft gebracht.«[531]

Vier der schwarzen Lehrlinge waren mithin noch vor Abschluß ihrer Ausbildung gestorben und ließen damit den ersten Versuch Schimmelmanns zur Heranbildung schwarzer Fachleute in Europa nicht gerade als glänzenden Erfolg erscheinen. Das Schicksal der übrigen drei ist nicht bekannt, doch gab es zumindest mit einem von ihnen gewisse Schwierigkeiten, wie ein Schreiben Briants vermuten läßt: Der schwarze Böttcherlehrling wäre im Grunde ein guter Kerl, meinte der Prediger, aber er schien doch ein »junges flüchtiges Gemüth« zu sein. Briant machte sich Sorgen, daß er in der Gesellschaft anderer »Neger«, die er in der großen Hafenstadt (Kopenhagen) traf, auf Abwege gerate.[532]

Der königlich-dänische Schatzmeister war jedoch nicht der Mann, der sich von Anfangsschwierigkeiten abschrecken ließ. Wenn er einmal von der Nützlichkeit eines Gedankens überzeugt war, dann setzte er ihn unbeirrt in die Praxis um. Die genaue Zahl der Schwarzen, die er im Lauf der Jahre nach Europa holen ließ, läßt sich nicht mit Bestimmtheit sagen, aber es blieb nicht bei der ersten Gruppe, die mit Kapitän Schopen kam. Schon als die auf Schimmelmanns Rechnung segelnde Fregatte *Fredensborg* am 14. September 1768 von St. Croix aus mit Kurs auf Europa in See ging, befanden sich wieder drei schwarze Passagiere an Bord.[533] Im folgenden Jahr konnte Pastor Eicke in Woldenhorn einen weiteren kleinen Schwarzen taufen. »1769. 16. p. Tr., d. 10. 9. 1769 Heinrich Carl, vorhin Joseph genannt, ein beinahe zwölfjähriger Knabe, dessen Eltern der Vater Ambach u. d. Mutter Ankanna auf der Dänischen Insel St. Croix noch in ihrem Heidenthum leben, nach abgelegten Glaubensbekenntnis. Ihn begleiteten zur Taufe Herr Carl Maximilian, Herr Friedrich Joseph, Herr Traugott Friedrich, allerseits Freiherrn von Schimmelmann.«[534] Dieser Sklave dürfte derselbe sein, der auf einem von Lorenz Lönberg gemalten Bild des Schatzmeisters zu sehen ist.[535] (Siehe Tafel 26.) Er wird auch mit jenem Heinrich Carl Ambach identisch sein, der nach dem Kirchenbuch von Eppendorf bei Hamburg am 29. Oktober 1786 Johanna Sophia Catharina Richter heiratete, die auch bei Schimmelmann arbeitete.[536]

Außer schwarzen Sklaven wie jenen Schimmelmanns in Ahrensburg und den aus fürstlichen Diensten entlassenen jugendlichen »Mohren« genossen schließlich auch hin und wieder Kinder, die in Afrika oder in Amerika von deutschen Seeleuten, Kaufleuten oder Kolonialverwaltern und schwarzen

Frauen gezeugt worden waren, eine handwerkliche oder eine schulische Ausbildung in Deutschland. Die Initiative dazu ging manchmal von wohlwollenden Plantagenbesitzern aus, öfter von den Vätern, meist aber von den kolonialen Behörden und Handelsgesellschaften, die sich überall in den Kolonien und kolonialen Stützpunkten ständig mit dem Problem einer wachsenden Zahl von »Mulattenkindern« herumschlagen mußten.[537] Nicht nur an der afrikanischen Westküste beschlossen daher verantwortliche Personen wie der Generaldirektor und der Rat der holländischen Niederlassung Elmina im Jahr 1700, daß jeder Europäer, der »Kinder in Hurerei erzeugt oder erzeugt hat, verpflichtet ist, diese bei der Heimkehr auf eigene Kosten mit nach Hause zu nehmen«.[538] Ferner hätte er dafür Sorge zu tragen, daß im Fall seines Todes in Afrika ein angemessener Betrag entsprechend der Höhe seines Rangs bereitgehalten würde, um eine standesgemäße Versorgung und christliche Erziehung »solcher Produkte« sicherzustellen.[539]

Einige Väter scheuten die damit verbundenen Kosten und zogen es vor, Frau und Kind in die Sklaverei zu schicken. In Theodor Storms Novelle *Bulemanns Haus* (1864), der man eine gewisse Authentizität bescheinigt hat[540], geht es um einen »Seelenverkäufer«, der viele Jahre als Supercargo[541] nach Westindien gefahren war. »Dort sollte er sich mit einer Schwarzen verheiratet haben; als er heimgekommen, hatte man (freilich) vergebens darauf gewartet, eines Tages auch jene Frau mit einigen dunklen Kindern anlangen zu sehen. Und bald hieß es, er habe auf der Rückfahrt ein Sklavenschiff getroffen und an den Kapitän desselben sein eigen Fleisch und Blut nebst ihrer Mutter um schnödes Geld verkauft.«[542] Dergleichen dürfte allerdings eher selten vorgekommen sein. Häufiger werden die Verwaltungsmaßnahmen zur Regelung der »Mulattenfrage« in den Kolonien zur Entsendung der Kinder in die Heimat ihrer Väter geführt haben.[543]

Wahrscheinlich handelte es sich bei jenem kleinen Jungen, dessen Erziehung der Sylter Steuermann Mochgel Eben 1761 ins Auge gefaßt hatte, um einen solchen Fall.[544] Mochgel hatte seine »Ehrwarde Mutter, Broder en Süsters« mit Schreiben vom 2. Dezember 1761 brieflich von Amsterdam aus auf das Eintreffen des Kindes vorbereitet – »Hir mede send ick an mein lieben Mutter Een Kleyn Swarte Jonge is genannt Jan Deo [...]« – und darum gebeten, ihn unter allen Umständen gut zu behandeln, »want het is mein Eygen Jonge«.[545] Ansonsten sollte man den Kleinen im Sommer die Gänse und die Schafe hüten lassen, im Winter aber in die Schule schicken, für die Kosten wollte er, Mochgel Eben, schon aufkommen: »Mein Mutter draag voor al sorg voor mein swarte Jonge Jan Deo en lat hem schol gaen, ich sall alles wer betaellen.«[546] Für den Fall, daß man ihn nicht haben wolle, sollte man ihn im folgenden Frühjahr wieder zurückschicken.

Es ist nicht bekannt, ob Jan Deo gleichzeitig mit diesem Brief auf der Insel eingetroffen ist, und, wenn dies der Fall war, wie in Tinnum die Witwe Ebe Jensen und Mochgel Ebens Geschwister ihn aufgenommen haben. Die Überlieferung will jedoch wissen, daß die »Großmutter« ihn im folgenden Frühjahr zurückgeschickt hat. Zu einer richtigen Ausbildung des kleinen Schwarzen ist es deshalb wohl nie gekommen.[547]

In anderen Fällen haben die Anordnungen der kolonialen Behörden anscheinend mehr Erfolg gehabt: 1775 kamen zwei »Mulattenjungen« – Söhne der »commanders« Engmann und Hackenburg – nach Dänemark, um ein Handwerk zu lernen.[548] In Goslar wurde am 28. September 1755 in der Stephans-Kirche ein »Amerikanischer Mohr« getauft, der in Surinam »von einem Christlichen Vater, Namens Schumann und einer Heydinn gebohren« wurde.[549] Nach dem frühen Tod seines Vaters blieb dieser Mulatte zunächst bei seiner Mutter, »bis er vor 2½ Jahre durch Herrn Picc, welcher viele Jahre in America gelebet, und noch itzo eine eigene Plantage daselbst besitzet, als er sich dort wegbegeben, und allhier häußlich niedergelassen, mit herausgenommen [...]« wurde.[550] Auf Veranlassung von Herrn Picc wurde der Junge in Goslar zur Schule geschickt und christlich erzogen.[551] Theodor Storm konnte seiner Braut sogar noch im April 1845 von einem solchen Fall aus Husum berichten: »Gestern habe ich zum erstenmal die Kinder des Woldsen aus St. Thomas gesehen, die bei Tine Woldsen sind; ein Junge von acht Jahren, ein Mädchen von etwa sechs Jahren; sie sind, soviel ich weiß, mit einer Kreolin erzeugt, mit der der Vater in dem dort gewöhnlichen Konkubinatsverhältnis lebt. Der Junge ist häßlich, ein Woldsen. Das Mädchen aber, Du wirst sie Dir im Sommer gewiß noch oft hinten durch den Garten holen, denn der blasse Teint, die fremdartigen spanischen Augen sind wirklich interessant. Dabei ist das Gör zutunlich und lebendig.«[552]

Unabhängig davon, ob sie aus Übersee geholt oder aus fürstlichen Diensten entlassen worden waren, hatten die schwarzen Handwerksjungen mit der bestandenen Gesellenprüfung in der Regel den Höhepunkt ihrer Karriere erreicht; zum Meister seines Fachs, oder gar zu einem eigenen Betrieb, hat es kaum einer von ihnen gebracht[553]; von den wenigen, die es schafften, sei hier nur der Barbier Thomas in Thüringen genannt: Er erscheint nicht lange nach seiner Freisprechung nur noch als »Herr Heinrich Christian *Thomas*, Bürger, Bader und Chirurg in Greiz«, wo er hauptsächlich die fürstliche Familie bediente und zum Stammvater einer allgemein geachteten Baderfamilie wurde.[554] Bader – dies sollte man aber nicht vergessen – bildeten eine wenig angesehene Zunft.[555]

Über die Gründe, die ein weiteres Fortkommen der meisten schwarzen Gesellen verhinderten, läßt sich angesichts der dürftigen Quellenlage nur spekulieren: Die allgemeine Pauperisierung eines wachsenden Teils der bäuerlichen und handwerklichen Schichten insbesondere seit etwa Mitte des 18. Jahrhunderts[556], eine persönliche Unfähigkeit, sich in dem neuen Milieu der streng geordneten Welt der Handwerker zurechtzufinden[557], eventuell auch erste Vorbehalte aus »rassischen« Gründen[558] können eine Rolle gespielt haben; wahrscheinlich hat es aber oft daran gelegen, daß nicht nur viele der schwarzen Lehrlinge, sondern auch der schwarzen Gesellen nicht lange genug lebten. Mindestens einer von ihnen, der Tischler Antonio Congo, starb jedenfalls schon auf der damals üblichen Wanderschaft, auf die er sich nach Abschluß seiner Lehre begeben hatte. Auf dem Friedhof der alten Hattenser Kirche im Flecken Ottenstein bei Bodenwerder an der Weser steht noch immer sein verwitterter Grabstein:

> »Hier ruhet
> Antonio Congo.
> Sohn eines afrikanischen Häuptlings namens
> Ambrosio Congo zu Gumbata
> in Afrika geboren den 12. Oktober 1811,
> wurde er acht Jahre alt
> seinen Eltern geraubt und als Sklave
> nach Brasilien gebracht
> Hier fand ihn der Hamburger Kaufmann
> Ferdinand Schlüter,
> ein edler Mann, der ihn mit nach Hamburg nahm
> und in der christlichen Lehre erziehen ließ.«[559]

Auf einem kleineren Stein steht, was Antonio Congo an die Weser verschlagen hatte:

> »Nachdem Congo dann auch das Tischlerhandwerk
> erlernt hatte, ging er auf die Wanderschaft
> auf welcher er hier 1843 erkrankte und
> als ein guter und religiöser Tischlergeselle
> starb am 11. Jannuar 1844.«[560]

Gelegentlich gelang einigen der aus fürstlichen Diensten entlassenen »Mohren« der Erwerb[561] oder der Aufbau eines kleinen Unternehmens. In Berlin hat angeblich zu Beginn des 18. Jahrhunderts (1721?) ein Afrikaner namens Olivier eine Kaffeestube besessen.[562] Der »Schulmann« und Regionalhistoriker Georg Gottfried Küster (1695–1776) schrieb 1756, daß König Friedrich I. im

Lustgarten eine Galerie nach dem Vorbild des Louvre errichten lassen wollte, der Plan jedoch scheiterte: »Ein gewisser Ausländer namens Olivier legte daselbst ein bequemes Caffée-Haus und Billard an [...]«[563] Leider fehlt die genaue Zeitangabe, doch soll es sich um das erste Berliner Kaffehaus überhaupt und damit eins der ersten in Deutschland gehandelt haben.[564] Sollte dies zutreffen, dann wäre die traditionelle Kaffeehauskultur, auf die die Berliner so stolz sind, auf einen schwarzen Unternehmer zurückzuführen! Nach 1910 hat dann in Berlin der schon erwähnte schwarze Kapellmeister Gustav Sabac Lel Cher ein kleines Gartenlokal erworben.[565] In Eppendorf bei Hamburg hatte der »Mohr« Franz Georg Husen 1831 das Gärtnerhaus und den Garten seines ehemaligen Besitzers »geheuert« und betrieb dort zeitweilig eine Gärtnerei: Am 6. Oktober 1832 forderte ihn Dr. Kellinghusen zur Zahlung der fälligen Miete auf.[566] In Kassel lebte ferner im Jahr 1840 eine »ächte Negerin«, Mademoiselle Elise Sabaton, »eine Zwergin von sehr kleiner Gestalt, welche ein beliebtes Putzgeschäft führte und von einem unter Kurfürst Wilhelm II. zu Cassel mit einer schönen Nichte lebenden italienischen Grafen Marescotti sehr begünstigt wurde [...]«[567] Eine Ausnahmestellung in dieser Gruppe

P. Kilian, *Higiemonte Indus,* wahrscheinlich Kupferstich, ca. 1683.

nimmt der seinerzeit in Österreich tätige schwarze Kunstmaler Higiemonte ein, der es im 17. Jahrhundert immerhin soweit brachte, daß ihn der als »deutscher Vasari« bekannt gewordene Frankfurter Maler, Kupferstecher und Kunstschriftsteller Joachim von Sandrart (1606–1688) in sein berühmtes Verzeichnis illustrer Künstler, *Academia Nobilissimæ Artis Pictoriæ* (Nürnberg 1683), aufnahm.[568]

Mit hoher Genehmigung

wird einem hochzuverehrenden Publikum

heute und folgende Tage

ein in Europa noch nie gesehener Süd-Afrikaner von der

kriegerischen Nation der

Aschantes

vorgezeigt.

Dieser bei uns Europäern der großen Seltenheit wegen interessante Mensch gehört zu einer der wildesten und kriegerischsten Nationen Afrikas, welche sich durch mehre Einfälle in die englischen Kolonien am Kap Coast sogar bei uns berühmt gemacht haben, und durch die öffentlichen Blätter hinlänglich bekannt sind. Dieser, welcher hier dem geehrten Publikum vorgestellt wird, nennt sich **Hoongoo Rhyhoo**; er wurde vom Kap Coast durch ein holländisches Schiff, geführt vom Kapitain Jansen, nach Amsterdam gebracht. Seine Haut ist ganz dunkelbraun, sein Haar gleicht der feinsten spanischen Schaafwolle; er zeichnet sich besonders von andern Afrikanern durch seinen schönen muskulösen Körperbau und durch seinen scharfen Geruch sehr aus, welche Eigenschaften er sich in seiner Heimath im natürlichen Zustande sehr nützlich zu machen weiß. Seine Behändigkeit und Körperstärke ist aus der Art, wie er in seinem wilden Nomadenleben seine Waffen zu führen pflegt, gleich wahrzunehmen. Die Nahrung dieses Menschen in seiner Heimath besteht in unzubereiteten Früchten und Wurzeln und dem Fleische und Blut der wilden Thiere und Vögel, welches er ebenfalls ohne viele Zubereitung verzehrt.

Da dieser Aschantes schon einige Zeit europäischen Umgang genossen hat, so ist sein Character bereits sehr gemildert und von gutmüthiger Art. Ueberhaupt schmeichelt man sich, da für gehörige Reinlichkeit und ein anständiges Betragen desselben hinlänglich gesorgt ist, daß die hochverehrten Gönner den Schauplatz auf's angenehmste befriedigt verlassen werden.

Schaustellerankündigung für das Gebiet Schleswig-Holsteins, 1831, Landesarchiv für Schleswig-Holstein, Schloß Gottorf, Abteilung 10, Nr.371.

Von allen aus fürstlichen Diensten ausgeschiedenen »Mohren« und denen, die gar nicht erst in solche Dienste eintraten, hat jedoch nur ein Teil auf diese oder ähnliche Weise auf einem relativ bescheidenen gesellschaftlichen Niveau außerhalb der Höfe Fuß fassen können; den anderen ist dies mißglückt: Sehr bald auf den Boden der sozialen Pyramide herabgesunken – »unehrliche Leute«, wie man das damals nannte: fahrende Gaukler, Musiker, Prostituierte, Bettler und dergleichen –, mußten sich diese Schwarzen mühsam durchs Leben schlagen, weitgehend rechtlos, ohne einen Fürsprecher und Zufluchtsort zu besitzen, ohne sicheres Einkommen, ohne Wohnung und ohne Schutz, und manchmal sogar gezwungen, zu kriminellen Methoden zu greifen, um zu überleben.

Daß es spätestens seit dem 18. Jahrhundert in einigen der größeren Städte einzelne schwarze Prostituierte gab, wurde bereits gesagt.[569] Wie traurig und elend das Leben dieser Frauen sein konnte, zeigt das Schicksal einer Afrikanerin, die in den neunziger Jahren des 18. Jahrhunderts in einem damals in der Neuen Straße Hamburgs gelegenen Bordell arbeitete.[570] Ihrer angeblich eigenen Erzählung nach war diese Schwarze die einstige Frau des »Mohrenkönigs« Zentanzo, welcher sie jedoch an einen portugiesischen Sklavenhändler verkauft hatte. Dieser erlitt unterwegs Schiffbruch, doch wurde sie mit einigen wenigen Leidensgefährten von einem englischen Schiff gerettet und nach London gebracht. »Hier hielt sie sich einige Zeit auf, bis ein industrieller Kopf, der das edle Geschäft der Kuppelei im Großen und wahrhaft geschäftsmäßig betrieb, sie verlockte, ihm nach Hamburg zu folgen, mit dem Versprechen, sie in dem glänzendsten Harem eines Hamburgischen Fürsten unterzubringen. Die schwarze Königin willigte ein, und folgte ihm. Hier kam sie allerdings in einen Harem, und zu nicht geringem Ergötzen der übrigen Dirnen glaubte sie in der That, daß sie sich in dem Harem eines Fürsten befinde, und daß diese Frauen desselben seien. Sie gerirte sich, durch ihre Umgebung in ihrem Wahne bestärkt, wie die Favorit=Sultanin. Der Wirth ließ ihr eine Krone von Goldpapier machen und behing sie mit Perlen aus Salomon's Fabrik.«[571]

Von den männlichen »Mohren«, die sich allein durchs Leben schlagen mußten, haben sich nicht wenige den Fahrenden und Zirkusleuten angeschlossen, Ausgestoßene wie sie selbst, die von Ort zu Ort zogen, um gegen ein geringes Entgelt ihre zumeist bescheidenen Künste darzubieten: Schon 1592 erwähnen die Ratsakten der Stadt Nürnberg einen »Steffano Maffipeter und geborнen Mohren aus Venedig«, der – ein »welscher Springer« – in die Stadt gekommen war, um seine halsbrecherischen Künste öffentlich vorzuführen[572]; 1831 ist dann – um ein paar Beispiele aus späterer Zeit zu nennen – auf den Jahrmärkten Schleswig-Holsteins ein »Süd-Afrikaner von der kriegerischen Nation der Aschantees« zu sehen[573]; zu Beginn unseres Jahrhunderts läßt sich ein Schwarzer, dem in Berlin das Geld ausgegangen war, notgedrungen von einem amerikanischen Zirkus, der damals durch die Lande tingelte, als »Hottentott« anheuern[574]; und schließlich war da noch der aus der afrikanischen Bevölkerungsgruppe der Bongo stammende Allagabo Timm, den der deutsche Afrika-Reisende Georg Schweinfurth (1836–1925) im Jahr 1872 mit nach Weimar gebracht hatte, wo der Großherzog und die Großherzogin seine Paten wurden und er selbst – nachdem er die dortige Realschule mangels genügender Leistungen vorzeitig verlassen mußte – zunächst in eine Buchbinderlehre kam.[575] Aber aus dem Jungen sollte kein Buchbinder werden; wie schon bei seinen Lehrern hatte er es auch bei seinem Meister nicht lange ausgehalten. Georg Schweinfurth schickte ihn deshalb nach Hamburg, wo das großherzoglich-weimarische Patenkind eine Zeitlang als Kellner arbeitete. Eine Tages verschwand er. Man sagte, er habe sich auf einem Schiff anwerben lassen. Später tauchte der Bongo wieder in Deutschland auf: als »wilder Mann« in der Bude eines Schaustellers . . .[576]

Schlecht bezahlt und immerzu argwöhnisch von den Behörden bewacht, haben auf diese Weise jahrhundertelang immer wieder einzelne Afrikaner als Elefantenführer, Artisten, Musiker, »wilde Männer« und was dergleichen mehr ein unstetes Leben am Rand des Existenzminimums geführt und sich dabei den Schikanen der Obrigkeit, den schamlosen Blicken und oft genug auch dem Spott und selbst Feindseligkeiten der Zuschauer aussetzen müssen. In Literatur und Kunst, wo sie beinahe so häufig auftauchen wie im wirklichen Leben[577], werden sie denn auch fast immer als in armseligen Verhältnissen lebende, bemitleidenswerte Figuren geschildert:

> »Und an der Reitbahn verschleiertem Thor
> Steht ernst ein krausgelockter Mohr;
> Die türkische Trommel schlägt er laut,
> Auf der Trommel liegt eine Löwenhaut . . .«[578]

Ein heute in der Dresdner Galerie befindliches, um 1880 entstandenes Bild des deutschen Genremalers Ludwig Knaus (1829–1910), das die Lebens- und Arbeitsverhältnisse der schwarzen Zirkusleute durchaus realistisch wiedergibt, zeigt den afrikanischen Gehilfen, der den Vorhang auf- und zuzuziehen und dem Artisten das Stichwort für den Auftritt zuzurufen hat, in heruntergekommener Kleidung und mit einem roten Fez auf dem Haupt; doch ist der aus einer schmutzigen dunklen Wolldecke bestehende Vorhang nicht die glanzvolle Folie der großen Welt des Vergnügens, sondern ein Lumpen, der den Zuschauern die Armseligkeit des Milieus hinter den Kulissen verbergen soll, dem Bildbetrachter aber noch stärker bewußt macht.[579]

Ludwig Knaus, *Hinter dem Vorhang,* Gemälde in Öl auf Mahagoni, signiert, 81 x 111 cm, 1880, Dresden, Staatliche Kunstsammlungen, Kat. Nr. 835 (2448).

Noch Joachim Ringelnatz dichtete eines solchen *»Negers Klage«*:

Ich bin in Sachsen als Neger geboren,
Zickzackbeinig und unehelich.
Meine Eltern habe ich schon früh verloren.
Beide haben mich sehr viel geschlagen,
Aber niemand bedauerte mich.
Aber das hat nichts zu sagen.
In der Schule war ich sehr borniert.
Später ging mir's immer besser.
Denn da wurde ich als Feuerfresser
Nach Bilbao engagiert.
Darauf war ich jahrelang Reklame
Für den besten Schuhputz auf der Welt.
Und dann hat mich eine reiche Dame
Bei dem Oberkutscher angestellt.
Aber diese Stellung werde
Ich verlassen, weiß nur noch nicht, wann,
Weil ich, wie die Dame meinte, Pferde

Nicht von Eseln unterscheiden kann.
Aber das hat nichts zu sagen,
Denn ich merke, was die Dame meint,
Und ich habe schon so viel ertragen,
Und ich habe oft für mich geweint.
Und am liebsten ginge ich nach Sachsen,
Wo die Menschen immer anders sind:
Denn ich bin dort einmal aufgewachsen.
Und ich hieß damals das Negerkind.[580]

Vom Zirkuszelt der Jahrmärkte und Messen vergangener Tage war der Schritt ins Verbrechen oft nicht mehr weit. Auch die »Mohren« waren von einer solchen Entwicklung nicht ausgeschlossen, wenngleich sie gewiß nicht häufiger straffällig wurden als Angehörige vergleichbarer anderer Gruppen.[581]

Immer hart am Rand der Kriminalität lebte bereits in Braunschweig Dorothea Friederike Wilhelmine Joel, die 1835 mit den Behörden in Konflikt geriet.[582] Sie war eine Tochter des »Negertambours« Anton Christian Joel aus Virginia/USA und dessen deutscher Ehefrau Dorothea Elisabeth Sophie Haake, ihrerseits Tochter eines verstorbenen Braunschweiger Bürgers. Dorothea Friederike Wilhelmine, die 1799 geboren und 1812 konfirmiert wurde, war die damals stadtbekannte, besonders wegen ihrer scharfen Zunge gefürchtete »Mohrenrieke«.[583] Sie pflegte nämlich gegen ein kleines Trinkgeld ihr näher bezeichnete Personen kräftigst zu beschimpfen. Auch soll sie sich beim Schloßbrand im Jahr 1830 ein Deckbett angeeignet haben, das sie, als es ihr wieder abverlangt wurde, kurzerhand aufschnitt. Die Obrigkeit wurde bald auf sie aufmerksam: 1835 bat die Polizeidirektion die Armendirektion Braunschweigs in einem Schreiben »wegen des fortgesetzt schlechten Betragens der Friederike Joel [...] vulgo Mohrenrieke genannt« für eine vorübergehend anderweitige Unterbringung der unehelichen Tochter Johanne, geboren 1822, zu sorgen, da die Mutter für sechs Monate in die Korrektionsanstalt Bevern eingeliefert werden müsse.[584]

Ähnliche Zwangsmaßnahmen wurden schließlich auch im Fall des arbeitslosen »Mohren« Alexander angewendet, der sich zunächst noch darum bemüht hatte, eine passende Arbeit zu finden[585], es aber dann anscheinend sehr bald vorzog, von fürstlichen und kirchlichen Almosen zu leben.[586] Nachdem der Kasseler Oberhofprediger und Superintendent Ledderhose seinem Souverän schon am 30. November 1757 mitgeteilt hatte, daß Alexander nun schon sieben Jahre »unter uns ohne Zucht, und ich fürchte (auch) [...], ohne (zu) bäten gelebet« hätte[587], und nachdem auch »die vom Geheimen Rat dem Konsistorium am 21. Juni 1758 aufgegebenen Zuchtmittel zur Anhaltung dieses Mohren« nicht den gewünschten Erfolg gebracht hatten, empfahl schließlich der Kastenschreiber Knyriem, gegenüber diesem »unverbesserlich ausschweifenden Subjekt«[588] ein härteres Vorgehen: Alexander wurde ins Waisenhaus gesteckt, wo er »vom Müsiggang ab- und zum Strumpfstricken angehalten werden« konnte.[589]

Wesentlich schwerwiegender als das »fortgesetzt schlechte Betragen« der »Mohrenrieke« und die »verstockte« Weigerung Alexanders, sich dem gerade zu seiner Zeit spürbar zunehmenden Leistungsdruck der sich ankündigenden Fabrikgesellschaft zu unterwerfen, waren die Vergehen eines Schwarzen, der schon Mitte des 18. Jahrhunderts zunächst in Bruchsal tätig gewesen war, es dann aber vorzog, sich einer Bande herumstreunender Wegelagerer anzuschließen: »Hannes, der Heiden- oder Mohren-Hannes, darum also genannt, weil sein Vater ein Mohr, und er unter denen Ziegeunern gewesen, auch die schmählem oder Ziegeuner-Sprach redet, ist groß und dick von Statur, etwa 38. Jahr alt, schwarz und mager von Angesicht.«[590] Dieser »Heiden-Hannes« hat im Hessischen zusammen mit anderen »im Sommer 1769 an der langen Heck, ein Reiß-Gesellschaft von 15. Personen mit gewafneter Hand angegriffen, und darunte(r) zwey Juden, auf welche der Anschlag und Nachricht durch einen Bauern von einem an der langen Heck gelegenen adelichen Hof gegeben gewesen, zum Theil beraubet«.[591]

Ein weiterer Kriminalfall wird im *Curiositäten- und Memorabilien-Lexicon von Wien* erzählt: »Dieser Mohr war eine ledige Person, Namens Jakob Bock, im 20. Jahre seines Alters, zu Congo in Africa gebürtig, so den katholischen Glauben angenommen und erst am Tage seiner Exekution getauft wurde. In seinem Examen bekannte er: daß zwischen einigen herrschaftlichen Bedienten in einem Wirthshause in der Stadt Streit entstand, wobei zuletzt gerauft wurde, dessen Urheber durch die Rumorwache in Verhaft genommen werden sollte [...] Als nun die Rumorwache diesen aus dem Wirthshaus führen wollte, hatten die zusammengerotteten Laqueien, Heiducken, Laufer und anderer Pöbel angefangen, diese Rumor-Soldaten mit Steinen häufig zu verfolgen; worüber er (der Mohr) dann auch einen Stein, um seinem Vorgeben nach, allenfalls zu wehren, genommen, weiters aber damit nicht zugeworfen, jedoch die Soldaten insoweit nach- und verfolgen half, bis dieselben wegen des heftigen Steinregens in der Naglergasse im Gasthause zum goldenen Lamm mit dem Laquei und Kutscher sich flüchteten. Als aber die Soldaten dieselben auf sein und Verlangen anderer Laqueien nicht frei lassen wollten, hatte er sich bei dem häufig versammelten Gesindel unterfangen, einem Heiducken das Häckel zu nehmen und damit nicht allein die versperrte Hausthüre mit vielen starken Schlägen zu ruinieren, sondern auch den anderen zuzurufen, daß wer ein braver Laquei wäre, herzukommen, sich tapfer wehren und die Arrestirten hinwegnehmen sollte [...] auch schlugen sie fast alle Fenster am Hause ein, wovon Bock nur einige mit der Faust eingeschlagen zu haben bekannte. [...] unterdessen schlug Bock einem Soldaten mit einem Stein dergestalt auf den Kopf, daß derselbe sogleich zur Erde fiel. Dieses leugnete jedoch Bock, wurde aber durch zwei Zeugen, die einen Eid ablegten, davon überwiesen; auf dieses wurde Bock arretirt, jedoch von den Laqueien den Soldaten genommen. In der Nacht fand man ihn auf dem Graben neben der Glückshafen-Hütte schlafend, und er wurde von den Nachtwächtern in Arrest geführt [...]«[592] Jakob Bock wurde im September 1703 auf dem Hohen Markt in Wien durch den Strang hingerichtet.

Noch im Tod der »Mohren« zeigt sich, wie weitgehend ihre soziale Integration allein über die Arbeit erfolgte und wie entwurzelt und hilflos sie waren, sobald sie diese verloren. Einen Hinweis darauf bietet bereits die Tatsache, daß die Mehrzahl von ihnen bemerkenswert jung und meist in elenden Verhältnissen starb: Todbringende Krankheiten – die der armen Leute zumeist, welche nach heutigen Erkenntnissen vor allem auf ungesunde Arbeits-, Wohn- und Sozialverhältnisse zurückzuführen waren, also: »Schwindsucht«, »Faulfieber«, »auszehrendes Fieber«, »Auszehrung«, »Schlagfluß«, »Schwächlichkeit«, »Schwäche« oder einfach ihr »Jammer«[593] – sorgten dafür, daß nur sehr wenige von ihnen älter als 30 Jahre wurden.[594] Viele haben nicht einmal die beiden ersten Lebensjahrzehnte erfüllt! Wenn der Kasseler »Mohr« George Dominicus 1754 nach Jahrzehnten treu geleisteter Dienste mit einem »Gnaden-Gehalt« in Pension ging, um danach noch mehrere Jahre lang in Ruhe seinen Lebensabend zu genießen[595], wenn Josef Reiske, der »Mohr« Graf Seilers in Wien am 5. Juni 1777 im Alter von 70 Jahren[596], wenn Angelo Soliman nach einem erfüllten Leben mit 75[597], und wenn Henry Noel, der Schützling Kaiser Wilhelms II. und »Mohr von Berlin«, nach einem fast 52jährigen Aufenthalt in einer Heilanstalt 1931 im Alter von 74 Jahren verstarb[598], dann waren dies jedenfalls seltene Ausnahmen.

Auf den Schutz einer Familie, welche ihnen in den letzten Momenten hätte beistehen und sie pflegen können, konnten nur sehr wenige der Schwarzen bauen, da die meisten der aus fürstlichen Diensten Entlassenen offensichtlich alleinstehend waren. Im Kreis seiner Lieben und in den eigenen vier Wänden zu sterben, wie jener schwarze Johann Michael Martini, der am 9. Juli 1719 in seiner Wiener Wohnung »Stadt, Sauwinkel, im Färberhaus« für immer die Augen schloß[599], war jedenfalls kaum einem von ihnen vergönnt; sehr viele »Mohren« erlebten das Ende statt dessen einsam und elend in einer jener tristen kirchlichen oder staatlichen Institutionen – Hospitäler, Siechenhäuser, Waisenhäuser, Armenhäuser, usw. –, die gewöhnlich den Ärmsten vorbehalten waren.

Für immer arbeitsunfähig und damit auch ohne Einkommen, mußten sie in diesen Einrichtungen in der Regel die ihnen noch zur Verfügung stehende kurze Lebensspanne unter traurigen Bedingungen fristen, es sei denn, daß ihnen wie der »Wilhelmina Sophia Morin im Hospital« zu Kassel, die vor ihrer Erkrankung »so lange ahn hiesigem Fürstl. Hoffe treulich ufgewartet«[600], der Fürst noch einmal half. Tatsächlich hatte Wilhelmina Sophia ein seltenes Glück: Als sie den Landgrafen im Jahr 1702 schriftlich darum bat, ihr doch die durch den Tod der Inhaberin vakant gewordene »große() Praebende«[601] zuzuteilen, weil sie »sehr gebrechlich« sei »und nichts verdienen kan, undt mit demjenigen, so (sie) anietzio im Hospital genieße ohnmöglich mich zu ernehren vermag«[602], da wurde ihrem Antrag stattgegeben, so daß sie einigermaßen getröstet ihrem Ende entgegensehen konnte.[603]

Verlassen und mittellos starben allein in Wien: am 26. April 1649 Hans Hirsch, »ein armer Mohr«, im Alter von 40 Jahren im Beneficiantenhaus beim Stubentor; am 4. Dezember 1726 Josef Peter Malckes im Alter von nur 24 Jahren bei den »Barmherzigen«; Max Gotthard am 10. März 1737 mit 23 Jahren im Krankenhaus; Johann Casari, »Mohr« aus Afrika, am 21. Februar 1750 im Alter von 25 Jahren bei den Barmherzigen; Peter Weiß, geboren zu Gaarbürde (?) in Afrika, am 19. November 1754 im Alter von 18 Jahren bei den »Barmherzigen«; Franz Osterwitz, »Mohr« aus Afrika, 20 Jahre, am 18. November 1756 bei den »Barmherzigen«; Johann Ranusch, 42 Jahre alt, am 16. Juli 1770 bei den »Barmherzigen«; Franziskus Hau, 30 Jahre, am 23. September 1774 im Spanischen Spital; Nikolaus Rock, 26 Jahre alt, am 28. Oktober 1776 bei den »Barmherzigen«; Josef Reiske, 70 (!) Jahre alt, am 5. Juni 1777, ebenfalls bei den »Barmherzigen«; und schließlich Leopold Hamer am 20. November 1798, wiederum bei den »Barmherzigen«.[604]

Noch erbärmlicher als die in den Spitälern und Siechenhäusern verschiedenen »Mohren« starben aber alle diejenigen, die ihr Leben hilflos auf offener Straße beendeten wie jener »arme Mohr, Anton Dores«, den der Tod am 8. August 1730 in der Wiener Josefstadt beim »Donatiziegelofen« ereilte.[605] Bei den Wärme spendenden Ziegelöfen Wiens fand sich zur Winterszeit die obdachlose Armut der Stadt ein.[606]

Am Ende ließ selbst noch die Art und Weise der Bestattung erkennen, inwieweit es den »Mohren« zu Lebzeiten gelungen war, sich in die Welt der Deutschen zu integrieren. Die Beerdigung der schwarzen Toten erfolgte im allgemeinen streng nach den Regeln der staatlichen und kirchlichen Vorschriften.[607] Getaufte »Mohren« wurden nach kirchlichem Ritus und nicht selten unter Anteilnahme einer größeren Gruppe von Trauernden[608] auf dem Gemeindefriedhof, manchmal auch innerhalb der Kirche, begraben; der Vorgang wurde anschließend in der üblichen Weise in den Kirchenbüchern –

gelegentlich auf einem extra angehefteten Beiblatt – festgehalten und, soweit möglich, durch Angaben zu ihrer Herkunft, ihrer Person, den Daten ihrer Geburt, ihrer Taufe, ihrer Konfirmation, ihrer Eheschließung und was sonst dem Schreiber vom Verstorbenen bekannt war und mitteilenswert erschien, ergänzt. Ungetaufte »Mohren« wurden, gleich allen übrigen Nichtchristen, entweder außerhalb der Kirchhofsmauern oder an ihrem Rand etwas abseits von den übrigen Gräbern »in der Stille« begraben, wie es häufig (wenn auch nicht *immer*!) bei ungetauften Personen hieß, die nach christlich-kirchlicher Auffassung übrigens nicht einmal einen Namen hatten, da allein der *Tauf*name, nicht aber der »heidnische« *Ursprungs*name als solcher angesehen wurde: »den 29. Octobris ist N. N. (d. h. *non nomen*, P. M.) der Mohre, ein Trompeter, in der Stille beygesetzt«, heißt es deshalb immer wieder, wie hier im Sterbebuch der Wolfenbütteler Marienkirche, in den Kirchenbüchern.[609] Bei Ungetauften wurden die Gräber nicht weiter gekennzeichnet, bei den übrigen wurden (in der Regel auf Veranlassung der Fürsten) Grabsteine, in Ausnahmefällen von erstaunlichem Wert, aufgestellt, um auch der Nachwelt die Erinnerung an die »Mohren« wachzuhalten.

Viel geblieben ist indessen nicht von ihnen. Längst wurden die meisten Gräber eingeebnet, sind fast alle Grabsteine zerstört.[610] Oder sie sind so ver-

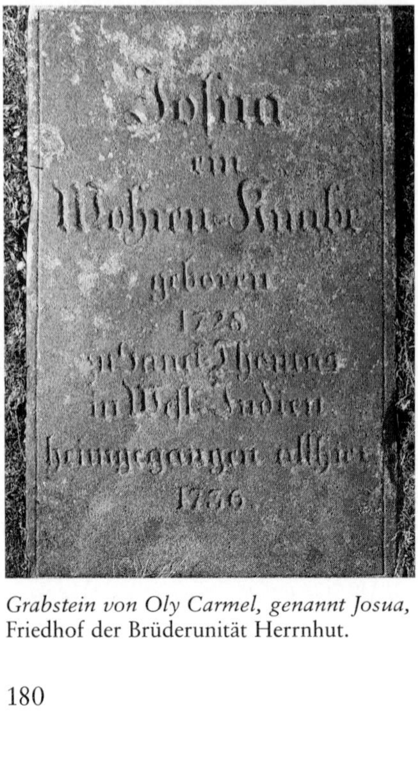

Grabstein von Oly Carmel, genannt Josua, Friedhof der Brüderunität Herrnhut.

Grab Machbubas auf dem Friedhof in Muskau.

wittert, daß man die Inschriften kaum noch entziffern kann.[611] Und viele der alten Kirchenbücher und Archivalien, die hätten Aufschluß geben können, sind in den großen Kriegen der Vergangenheit für immer verloren gegangen.

So blieben theoretisch nur noch die Nachkommen der fürstlichen »Mohren«, um von ihrem Leben in Deutschland zu zeugen. Doch Nachkommen, die dazu in der Lage gewesen wären, hatten die wenigsten, da die meisten der ehelichen und außerehelichen »Mohrenkinder« bereits im frühen Kindesalter verstarben[612]; über die dritte Generation hinaus hat sich kaum einmal eine »Mohrenfamilie« fortgepflanzt: Dies erklärt nicht nur, warum es im deutschen Sprachraum nie zur Bildung größerer Mischlingsgruppen gekommen ist; es erklärt auch, warum man nur selten auf eine Familie trifft, die sich heute noch auf einen der »hochfürstlichen Mohren« zurückführen kann.[613]

Christian Gottlieb, de swarte Feldtrompetter

In der Geschichte des Afrikaners Christian Gottlieb bündeln sich wie mit einem Brennglas noch einmal nahezu alle Aspekte der deutschen »Mohrenexistenz«: die unbestimmte Herkunft, die ungeklärte Stellung im Niemandsland zwischen Sklaverei und Freiheit, die Konflikte, in die der Schwarze gerät, wenn er sich in dem komplizierten Machtgefüge, in dem sich Fürst und Stadt die Rechte teilen, verheddert, die besondere Fürsorge durch seinen adligen »Besitzer«, die privilegierte Behandlung durch den Landesfürsten, die »romantischen« Vorstellungen, die sich mit dem »ritterlichen« Element der »edlen Mohren« verbanden, die Schwierigkeiten bei der Eheschließung, die Verteufelung der Schwarzen, wenn sie nicht den in sie gesetzten Erwartungen entsprachen, der vorzeitige Tod, usw.

Aus den Stadtprotokollen Plöns, den Gerichtsakten des Plöner Stadtgerichts, den Akten des hochfürstlichen Konsistorialgerichts von Holstein und aus den Kirchenbüchern der Städte Kiel und Plön lassen sich die Ereignisse detailliert rekonstruieren. Der ehemalige Plöner Bürgermeister Johann Christian Kinder (geb. 1843) hat dies bereits in einem Anhang zu seiner 1887 in Plön erschienenen Schrift *Aus der Chronik der Stadt Ploen. I. Christian Gottlieb, der schwarze Feldtrompeter*, ausführlich getan.[614]

Die Geschichte begann an einem kalten Wintertag des Jahres 1683, als der holsteinische Obrist Barthram (Bartram) Rantzau aus Ascheberg in Begleitung seines Büchsenspanners und seines schwarzen Feldtrompeters nach Plön ritt, um sich auf die Jagd zu begeben. Als die Gruppe am Ende der Neustadt den zugefrorenen Plöner See erreichte, um von dort aus den kürzeren Weg über das Eis nach Wittmoldt zu nehmen, trafen sie auf eine schreiende Menschenmenge. Die Eisdecke war von einer starken Strömung des Stadtgrabens zerrissen worden, weil der Müller die Schotten geöffnet hatte, und zwei Menschen rangen im offenen Wasser um ihr Leben. Die Menge am Ufer bestand fast nur aus Frauen, die Männer waren fortgeeilt, um Stangen und Leitern zur Rettung zu holen. Man konnte sehen, wie sich die Verunglückten in einiger Entfernung vom Ufer verzweifelt an Eisschollen festzuklammern versuchten. Da sprang der schwarze Christian Gottlieb vom Pferd und eilte zu den Ertrinkenden. Am Ufer trug ihn das Eis, aber an der Einbruchstelle stürzte er sich ins Wasser und faßte den einen der beiden bei den Haaren. Er war ein guter Schwimmer, und es gelang ihm, den Bewußtlosen an den Rand des festen Eises zu bringen. Weiter kam er nicht. Glücklicherweise kamen in diesem Augenblick die Männer mit Leitern zurück, und so konnten schon bald nicht nur der erste, sondern auch der zweite der Verunglückten und ihr Retter ans Ufer gebracht werden.

In dem Bewußtlosen erkannten die Leute den jungen Behrend (Berend) Radeleff, den Sohn ihres Bürgermeisters, welcher nicht lange danach selber an der Unglücksstelle erschien. Berend und sein Retter wurden auf seine Veranlassung hin in das Haus der Radeleffs gebracht, wo der eine mit ärztlicher Hilfe ins Leben zurückgerufen wurde und der andere sich seiner nassen Kleidung entledigen konnte, bevor er sich wieder nach Ascheberg begab.

Christian Gottlieb, »ein Haussa«, der vor Jahren mit einem brandenburgischen Schiff nach Deutschland gekommen war, wo ihn der Obrist Rantzau gekauft hatte, um ihn nach der Taufe in Kiel zu seinem Feldtrompeter ausbilden zu lassen[615], war von nun an ein gern gesehener Gast im Haus der dankbaren Familie Radeleff. In der Stadt galt er als Held. Sein Mut imponierte den Leuten, und es faszinierte sie, daß er schon so viel erlebt und gesehen hatte, daß er nicht nur deutsch, sondern auch »welsch« und andere fremde Sprachen beherrschte, und daß er den Obersten Rantzau auf dessen Kriegsfahrten begleitet, wobei er ihm einmal sogar – wie man hörte – selbst das Leben gerettet hatte.[616] Als die Bürgerschaft einige Monate später ihr alljährliches Vogelschießen feierte, zu dem auch Herzog Hans Adolf (Adolph) vom Schloß herunterkam, unterhielt sich dieser nicht nur leutselig mit Bürgermeister und Gildebrüdern, sondern zeichnete auch den tapferen Schwarzen durch eine längere Unterhaltung aus.[617] Vollkommen aber schien das Glück des »Mohren«,

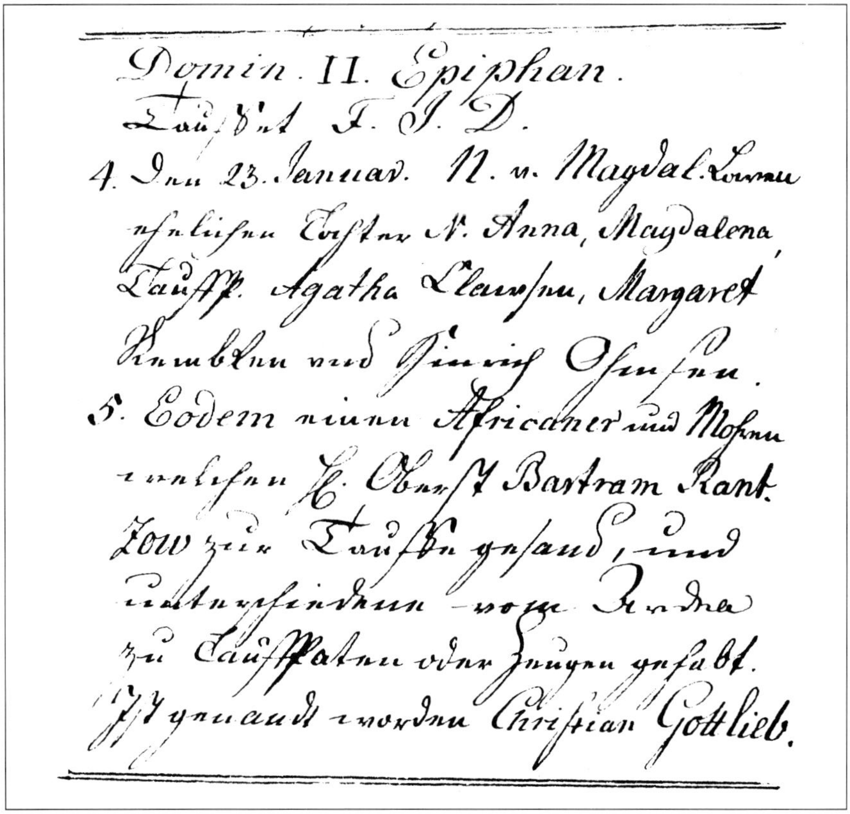

Taufeintrag für Christian Gottlieb vom 23. Januar 1675, Kiel, St. Nikolai-Kirche.

als er sich in die Tochter des Bürgermeisters, die damals achtzehnjährige Gertrud Radeleff, verliebte und diese seine Neigung erwiderte.

Leider mußte er schon bald erkennen, daß die Gunst der Bevölkerung oft wankelmütig ist und daß auch eine edle Tat und eine große Liebe gesellschaftliche Schranken oftmals nicht überwinden können. Denn Bürgermeister Hans Radeleff war ein wohlhabender Mann, bei dem die Sorge um sein Vermögen und die Rücksichtnahme auf seine gesellschaftliche Stellung und seinen Ruf stärker waren als die Dankbarkeit für den Lebensretter seines Sohnes und das Bestreben, für das Glück seiner Tochter zu sorgen: Radeleff lehnte eine Heirat seiner Tochter mit dem »Leibeigenen« Christian Gottlieb rundweg ab!

Als Hans Radeleff im Juni 1684 unerwartet starb, sah es einen Moment lang so aus, als ob die beiden jungen Leute nun zu ihrem Ziel gelangen könnten. Als jedoch Christian Gottlieb bei der Witwe Radeleffs vorstellig wurde, um erneut um die Hand ihrer Tochter anzuhalten, verlangte diese ebenfalls einen Abbruch der Beziehung: Der »Mohr« solle doch nicht als »ein Leibeigener, der nichts besitze und erwerbe«, Hoffnungen in der jungen Frau erwecken, welche keine Aussicht auf Erfüllung hätten.[618]

Christian Gottlieb ließ sich freilich nicht beirren und erklärte mit Stolz und mit Würde: Er sei ein freier Mann, der tun und lassen könne, was ihm beliebe, im übrigen sei er sehr wohl in der Lage, eine Ehefrau zu ernähren und standesgemäß zu halten. Er beharrte darauf, Gertrud zu heiraten. Am Ende gab die Witwe Radeleff ihren Widerstand auf, so daß am 12. September 1684 mit ihrem Einverständnis die Verlobung bekanntgegeben wurde.

Kurz danach stellten sich indessen neue Hindernisse ein, denn einige Verwandte der Braut fürchteten nun anscheinend um ihren Anteil am Nachlaß des Bürgermeisters. Tatsächlich hatte Hans Radeleff ein beträchtliches Vermögen besessen, um das es sich wohl lohnte zu streiten. Wie wohlhabend er war, zeigt sich unter anderem daran, daß er der Plöner Kirche noch kurz vor seinem Tod einen großen Kronleuchter aus Messing gestiftet und dem Armenhaus der Stadt eine nicht unbedeutende Geldsumme geschenkt hatte.[619]

Zu seinen direkten Erben gehörten außer seiner Witwe Elisabeth fünf Kinder. Seiner Witwe vermachte er außer einem »Kindestheil« und ihrem Brautschatz die beträchtliche Summe von 3000 Mark. Der älteste Sohn Hans befand sich »in der Fremde« und galt als unzuverlässig; ihm überschrieb er lediglich 500 Taler. Den Löwenanteil bekam der noch unmündige Sohn Behrend: Behrend erhielt das Wohnhaus mit Bäckerei, Mälzerei und Brauerei. Die Erbteile für die älteste Tochter, die mit dem Wundarzt Johann Joachim (Jochim) Maack in Plön verheiratet war, sowie diejenigen für die beiden noch minderjährigen Töchter Gertrud und Elisabeth und die übrigen Verwandten sind nicht mehr bekannt, doch ist anzunehmen, daß auch diese im Testament wohlwollend bedacht wurden.

Einigen schien dies aber offensichtlich noch nicht genug. Jedenfalls begaben sich unmittelbar nach Bekanntwerden der Verlobung der Bruder des verstorbenen Bürgermeisters, Klaus Radeleff, und sein einziger Schwiegersohn, der Wundarzt Johann Joachim Maack, in das Haus der Witwe und verlangten unter Hinweis auf das geltende Recht, welches eine vorherige Hinzuziehung der »Nächsten und Blutsfreunde« der Brautleute vorschrieb[620], die sofortige Auflösung der Verlobung. Obwohl sie hier und auch sonst nirgendwo verlauten ließen, *warum* sie eigentlich bei dieser Affaire hinzugezogen werden wollten, darf man unterstellen, daß es ihnen dabei weniger um formaljuristische Erwägungen als vielmehr um ihren Einfluß auf das Vermögen der Familie Radeleff ging; die außerordentliche Heftigkeit, mit der sie den Streit von Anfang an führten, ließe sich andernfalls kaum erklären, zumal, wenn man bedenkt, daß es sich bei Christian Gottlieb um eine in der ganzen Stadt populäre Persönlichkeit handelte, die überdies die Gunst des Landesfürsten genoß.

Wie weit die beiden Herren zu gehen bereit waren, um die beabsichtigte Eheschließung Gertruds mit dem »Mohrenteufel« (so Maack) zu verhindern, zeigt nicht nur die Rauferei, auf die sie sich im Haus der Witwe Radeleff einließen, sondern vor allem auch der Wortlaut der Klage, die sie unmittelbar danach beim Rat der Stadt einreichten:

> »Klaus Radeleff und Jochim Maack zeigen *in facto* an, wie daß ihnen vor gewiß berichtet worden, es sollte gestrigen Tages Frau Elisabeth Radeleff ihre Tochter an den Mohren zu Ascheberg *ohne Zuziehung ihrer Nächsten und Blutsfreunde* verlobet haben. Wenn sie nun als Blutsfreunde aus guter Meinung zu ihrer Schwägerin und Mutter ins Haus sich verfüget und derselben, daß sie solche Eheschließung nicht für rathsam befunden, in etwas zu Gemüthe führen wollten, habe, anstatt einer gebührlichen Erkenntlichkeit die Frau Radeleff und Beklagte sich freventlicher und muthwilliger Weise unterstanden, nicht allein den Klaus Radeleffen als ihres seeligen Mannes leiblichen Bruder hart zu injuriiren und die Perrücke vom Kopf auf die Erde zu schlagen, sondern auch neben der Tochter Gertrud Johann Jochim Maack überfallen, hinter dem Tisch auf die Bank niedergeworfen und weidlich abgeschlagen, so daß, wenn nicht Klaus Radeleff abgewehret und die Mutter von dem Johann Maack abgezogen, er ohne Schaden nicht würde davon gekommen sein. Wenn sie nun solche Injurien und Beschimpfung sich sehr zu Gemüthe zögen, auch solches auf dem Rechtswege zu vindiciren gedächten, also bäten sie, daß zuvörderst der Mutter und sämmtlichen Kindern kriegerische Vormünder möchten verordnet werden, Beklagte aber, Mutter und Tochter nachgehends vors Gericht zu citiren und ihnen, Klägern Satisfaktion zu geben, absonderlich zu einer öffentlichen Abbitte und Erstattung der Unkosten zu condemniren, darneben auch der Mutter und Tochter *ex officio* andeuten zu lassen, daß sie so lange, bis sie mit Curatoren und Tutoren versehen, den Mohren von sich lassen sollten.«[621]

Sobald diese Klage eingegangen war, leiteten Bürgermeister Detlef Köper und der Rat der Stadt, so wie es ihre Amtspflicht verlangte, ein ordentliches Verfahren ein und ließen zunächst Elisabeth Radeleff durch den Stadtschreiber vernehmen. Die Witwe äußerte sich nur zu dem Vorwurf der Injurienklage und stellte jede absichtliche Beleidigung in Abrede. Sie gab zu Protokoll, daß sie und ihre Tochter in vollkommen unzulässiger Weise »überfallen« worden wären und man es nur einem glücklichen Zufall zu verdanken habe, daß Jochim Maack sie nicht mit seinem Degen verwundet hätte. Im übrigen wies sie darauf hin, daß eine im großmütterlichen Alter stehende Frau und ein achtzehnjähriges Mädchen wohl kaum zwei bewaffnete Männer hätten niederringen können. Was schließlich den »Mohren« beträfe, so hätte sie es durchaus gern gesehen, wenn ihre Tochter sich von demselben ferngehalten hätte.[622]

Nachdem der Rat, dem es anscheinend vor allem um eine korrekte Abwicklung des Erbfolgestreits ging, die Auslassungen der Witwe Radeleff zur Kenntnis genommen hatte, wurden als erstes zwei Kuratoren und je zwei Vormünder für ihre drei unmündigen Kinder ernannt; Vormund für Gertrud wurden der Ratsverwandte Christoph Trost und ein Carsten Hamann. Danach ging der Injurienprozeß seinen vorgeschriebenen Weg.

Das Verfahren wegen der heimlichen Verlobung, das in den Zuständigkeitsbereich des hochfürstlichen Konsistorialgerichts gehörte, wurde abgetrennt und an die herzogliche Hofkanzlei überwiesen. Dies war der bei weitem gefährlichere Punkt für die Beklagten: Daß die Kläger ihn überhaupt in ihre Klageschrift aufgenommen hatten, beweist mehr als alles andere, wie kompromißlos sie vorzugehen bereit waren; schließlich wußten sie genau, daß Herzog Hans Adolf dieses Delikt erst kurz zuvor, am Adventssonntag des Jahres 1678, in einer besonderen *Verordnung betreffend die Verlöbnisse, Hochzeiten und Kindtaufen in der Stadt Ploen* ausdrücklich unter schwere Strafe gestellt hatte:

> »[...] wann ein paar Personen, nach vorhergehendes fleißiges Gebet, reiffem Wahl und *Consens* der Eltern, Vormünder oder andern Freunde untereinander beschlossen (haben), ein Christliches Ehe=Verlöbniß zu treffen, sollen sie *vorerst dem Priester davon Nachricht geben,* darmit derselbe Erkundigung thun könne, ob dergleichen wegen Verwandtniß oder sonsten zuläßlig sey, und wann deshalber keine Hinderniß befindlich, sollen alsdann auf einen gewissen Tag sie beyde *samt ihren Eltern, Vormündern oder andern Freunden, und in Mangel daran, mit ein paar andern guten Leuten,* als Beyständen sich in die Kirche verfügen, und daselbst in des Priesters Gegenwart die Zusage der Verlobung einander ordentlich thun. Welches dann, daß es also geschehen, von dem Priester in ein gewisses Buch soll einverzeichnet werden.
>
> Da nun einige dieser Verordnungen zuwider würden einander die Ehe sonsten versprechen, sollen selbige nicht allein nicht copuliret, sondern dazu noch mit ansehnlicher Strafe beleget wer-

den. So auch über solche heimliche Verlöbnissen nachmahls Streit entstünde, soll deshalber nicht allein keine Klage angenommen, sondern beyde Persohnen noch dazu empfindlich abgestraft werden.«[623]

Aufgrund dieser Verordnung hatte das Konsistorium über den Vorfall zu entscheiden.

Inzwischen war freilich die ganze Sache auch zu Ohren des herzoglichen Paares gedrungen. Namentlich Herzogin Dorothea Sophie fand die Liebesgeschichte des »Mohren« und seiner Gertrud so außerordentlich, daß sie sich für die beiden zu verwenden entschloß. Der Hofmarschall von Küningham erhielt den Auftrag, sich der Brautleute anzunehmen und einen Vergleich mit den Verwandten herbeizuführen.

Küningham lud daraufhin Klaus Radeleff in die Hofkanzlei, eröffnete ihm den Willen der Fürsten, erbat Auskunft darüber, was die Verwandtschaft von dem Trompeter verlange, und forderte Radeleff sodann auf, sich um eine gütliche Einigung zu bemühen. Radeleff fand sich unter diesen Umständen, wenn auch erst nach einigem Sträuben, dazu bereit und hielt es auch für möglich, Maack umstimmen zu können. »Aber das müsse man verlangen, daß Christian Gottlieb erstlich einen Freilassungsbrief bringe, vom Herrn Obristen und dessen Eheliebsten, sowie deren Erben unterschrieben und besiegelt. Dann müsse der Trompeter eine Sicherheit dafür stellen, daß er seiner zukünftigen Braut soviel vermache, als derselben nach Aufnahme des Inventariums aus dem Nachlasse ihres Vaters als Erbteil zufallen werde. Das Cautionsinstrument müsse in der Stadt Ploen hinterlegt werden.«[624]

Barthram Rantzau, dem dieser neue Stand der Dinge unmittelbar darauf mitgeteilt wurde, erklärte sich sofort schriftlich gegenüber der Kanzlei willens und bereit, seinem Trompeter binnen einiger Tage den gewünschten Freibrief auszustellen und ihm darüber hinaus die Bornhöveder Mühle oder – ersatzweise, falls dies gewünscht werde – die Summe von 500 Reichstalern als Aussteuer zu schenken.[625] Später erschien er persönlich in der Kanzlei und überreichte dem Hofmarschall eine Obligation des Plöner Pferdehändlers Hermann Pfennighausen über 460 Taler als Kaution.[626]

Die Erklärung Rantzaus wurde dem Herzog vorgelegt, und nun gab dieser seine Einwilligung zur Verlobung. Der Hofmarschall sandte dem Bürgermeister schon am 3. Oktober ein Schreiben folgenden Inhalts:

»Demnach in vorhabender Eheverlöbniß seel. Hans Radeleffen Tochter Gertrud mit dem Trompeter Christian Gottlieb von Ascheberg Ihro Hochfürstl. Durchl. nunmehro Ihren gnädigen Consens gegeben, als wird Bürgermeister und Rath solches insoweit kundgethan, darauf zu sehen, daß darin der desfalls publicirten Fürstl. Verordnung gemäß verfahren werde, vor allen Dingen aber dahin beförderlich sein, daß den von den Vormündern und Anverwandten gesuchten beiden Punkten (betreff. die Freilassung und die Caution) von dem Trompeter noch *vor der Verlöbniß* völlige und sichere Genüge geschehe. Uebrigens, was belanget die Uebertretung des geschehenen Verbots wie auch die Schlägerei und anderen Unfug im Radeleff'schen Hause, wird an Sie zu untersuchen und den Umständen nach zu bestrafen verwiesen.«[627]

Am 4. Oktober unterzeichnete der Obrist von Rantzau die Freilassungsurkunde für seinen Feldtrompeter, die bereits weiter oben wiedergegeben wurde.[628] Nachdem das Dokument in der Plöner Ratsstube der Familie Radeleff im Beisein der versammelten Vormünder und Verwandten öffentlich verlesen und somit bekannt gemacht worden war, verlas der Stadtschreiber noch die folgende Bürgschaftserklärung des Obristen:

»Ich Endesbenannter verpflichte mich hiermit, daß ich dem Trompeter Christian Gottlieb über das ihm auf sein und seiner Frauen Lebezeit verehrte Haus und Land in meinem Gute Ascheberg, darüber er meine und meiner Frauen schriftliche Versicherung hat, zum Ueberfluß meiner Kinder Ratifikation und Handschrift verschaffen will. Ueber das wegen der ihm verehrten Bornhöveder Mühle, im Fall er und seine künftige Frau und Schwiegermutter lieber Geld dafür haben wollen, will ich baar in einer Summe dafür zahlen Fünfhundert Reichthaler. Uebrigens was die Jungf. Braut dem Bräutigam zubringen möchte an Heirathsgut verspreche ich, daß der Trompeter darüber der Frau Mutter und dem Vormund sichere Bürgschaft leisten soll nach vorauffolgender Hochzeit. Dieses Alles verpflichte ich mich hiermit und in Kraft dieses bei meinen höchsten Ehren, wahrem Worte, treuen und guten Glauben.

Geschehen Ploen, in Gegenwart des wohlgeborenen Herrn Hofmarschalls von Künningham und Herrn Hans Henninges Rathsverwandten, auch Dietrich Christoph Trosten als der Braut Vormünder.

Barthram Rantzau.«[629]

Die Sache war nun so weit gediehen, daß alle Parteien zufrieden sein konnten. Der Bürgermeister wies noch einmal ausdrücklich darauf hin, daß unter den jetzt geltenden Bedingungen das gesamte von Gertrud in die Ehe eingebrachte Vermögen im Fall, daß die Ehe kinderlos bliebe, in die Radeleffsche Familie zurückgehen würde, und er machte zudem darauf aufmerksam, daß es im Interesse der Stadt liege, sich auch in Zukunft das gute Verhältnis zum Herzog, dessen Wille in dieser Angelegenheit bekannt sei, zu erhalten. Mit Ausnahme von Jochim Maack, der sich auch jetzt noch nicht mit seiner Niederlage abfinden wollte, erklärten deshalb alle Anwesenden ihr Einverständnis zum Ehebündnis der beiden Liebenden.

Der Herzog, dem dieser Ausgang der Dinge alsbald durch den Hofmarschall mitgeteilt wurde, verfügte daraufhin am 16. Oktober an Bürgermeister und Rat:

> »Demnach sich die Vormünder und Anverwandten auf eingegebenen Bericht dergestalt erkläret, daß sie mit des Trompeters Offerten, belanget die Versicherung des Freilassungsbriefes vom 4. October und die von dem Herrn Obristen Bartram Rantzau auf 500 Reichsthaler gegebene Pfennighausen'sche Obligation zu Versicherung des einzubringenden Heirathsgutes vergnüget und zufrieden, als haben Ihro Hochfürstlichl. Durchl. zu förderlicher Fortsetzung der vorhandenen Eheverlöbniß gnädigst consentiret.«[630]

Wegen der Übertretung der Verlöbnisordnung mußte allerdings eine Bestrafung erfolgen, nachdem das Konsistorium dieselbe als strafwürdig erkannt hatte. Der Hofmarschall erließ denn auch am 16. Oktober noch folgendes Dekret:

> »Demnach Hans Radeleff nachgelassene Witwe Elisabeth und ihre Tochter Gertrud in heimlich vorgenommener Eheversprechung mit dem Trompeter zu Ascherberg Christian Gottlieb wider die desfalls öffentlich publicirte Fürstl. Verordnung gehandelt, als wird ihnen vermöge des am 3. October publicirten Urtheils die vorbehaltene Strafe und zwar der Mutter 60 Reichsthaler und der Tochter 40 Reichsthaler hiermit decretiret und auf Befehl Ihro Hochfürstl. Durchl. innerhalb von 14 Tagen in der Fürstl. Canzlei zu bezahlen auferleget.«[631]

In dem gleichfalls noch anhängigen Injurienprozeß waren Mutter und Tochter glücklicher: Das Plöner Stadtgericht wies die Kläger ab, weil sie ihre Behauptungen nicht beweisen konnten.[632]

Der öffentlichen Verlobung stand nun nichts mehr im Wege. Sie erfolgte am 23. Oktober 1684 unter großer Anteilnahme der Bevölkerung im Beisein von Bürgermeister und Rat in der Plöner Kirche.

Für die Hochzeit schien damit alles geebnet, doch unerwartet kam es schon bald zu neuen Schwierigkeiten, als Rantzau plötzlich am 8. Januar 1685 die von ihm zuvor als Kaution hinterlegte Pfennighausen'sche Obligation aus einem nicht weiter spezifizierten, aber doch »dringendem Grund« zurückforderte, um sie durch eine andere, von ihm selber ausgestellte, zu ersetzen.

Maack und die Familie Radeleff waren empört, und der Vormund der »Jungfer« Gertrud, Christoph Trost, erklärte, warum: Es erscheine ihm, sagte er, sehr bedenklich, die Pfennighausen'sche Obligation aus den Händen zu geben. Hermann Pfennighausen sei Bürger Plöns und habe hier Grundbesitz. Mit Hilfe des Rats könne er deshalb jederzeit zur Erfüllung seiner Verbindlichkeit, d. h. zur Auszahlung des Geldes angehalten werden. Mit dem Obristen sei die Sache dagegen anders. Wenn er, Christoph Trost, auch annehme, daß dieser zu seiner Verpflichtung stehen werde, so gewähre doch die neue Obligation keine wirkliche Sicherheit, schließlich stünden ja Krankheit und Tod allein in Gottes Hand. Eine Beschwerde an den Herzog sei deshalb nicht zu umgehen.[633]

Der Herzog konnte sich dieser Argumentation kaum verschließen, zumal Rantzau den wahren Grund für seinen Schritt auch auf weiteres Drängen ungenannt ließ, zugleich aber auf einem Austausch der Obligationen beharrte.[634] Auf herzogliche Anordnung wurde daher bestimmt, daß die Pfennighausen'sche Obligation zwar zurückgegeben werden müsse, doch erst, wenn der Feldtrompeter einen in der Stadt ansässigen Bürgen für die neue Obligation vorweisen könne. »[...] bis dahin« – so der Bescheid des Fürsten – »(soll) von den der Braut zukommenden Sachen nichts aus der Stadt verabfolgt werden«.[635] In der Stadt war es jedoch mittlerweile der Familie Radeleff und namentlich Jochim Maack gelungen, die allgemeine Stimmung gegen den Feldtrompeter und seine Braut zu wenden: Weder Christian Gottlieb noch die Brautmutter konnten jetzt noch einen geeigneten Bürgen auftreiben, so sehr sie sich auch darum bemühten.[636]

Nach einigem schriftlichen Hin und Her, das den neuerlichen Streit nicht beilegen konnte, ja ihn sogar eher noch verschärfte[637], wollte der Herr von Ascheberg dann aber nicht länger warten und ließ zur Hochzeit rüsten, die nun allerdings wegen der inzwischen in Plön zu erwartenden Ungelegenheiten in Kiel stattfinden sollte.

Im März 1685 kam der Verwalter von Ascheberg im Auftrag seines Herrn und in Begleitung Christian Gottliebs nach Plön, um die Braut zur kirchlichen Trauung abzuholen. Mutter und Tochter hatten schon in dem zur Abfahrt bereitstehenden Wagen Platz genommen, als die Stadtdiener herantraten, um die Braut auf Befehl des Rats mit Arrest zu belegen: Der Rat wollte auf Antrag der Familie Radeleff um jeden Preis verhindern, daß die Aussteuer der Braut aus der Stadt gebracht würde. Maack, der gleichzeitig mit den Stadtdienern auf der Szene erschienen war, behauptete, daß auch die Kleidung, welche die Braut auf dem Leibe trage, zu dieser Aussteuer zu zählen sei, weshalb auch sie selber die Stadt so nicht verlassen dürfte.[638]

Der Verwalter protestierte im Namen des Obristen gegen dieses unerhörte Ansinnen, Christian Gottlieb war so erbost, daß er mit kräftiger Faust einen der Diener ergriff und drohte, seine Braut mit Gewalt hinwegzuführen. Nur durch eindringliches Zureden des Verwalters ließ er sich schließlich beruhigen. Anschließend eilte dieser zum Schloß, um dem Herzog diese neuerliche Wendung der Affäre zu melden.

Trotz Regenwetters versammelte sich jetzt mehr und mehr »Volk« um den Wagen, Schimpf- und Hohnworte wurden laut, die Menge begann, eine herausfordernde Haltung anzunehmen. Jochim Maack konnte sich – auf diese Weise gestärkt – nicht enthalten, Drohungen auszustoßen, worauf der schwarze Feldtrompeter, erneut vor Zorn entbrannt, auf ihn losging. Und bevor die Umstehenden noch erfaßten, was passierte, lag Maacks entblößter Degen zerbrochen am Boden und dieser selbst zur Erde geschleudert. Endlich erschienen der Verwalter, der Hofmarschall von Küningham und Bürgermeister Köper. Der Hofmarschall setzte die Anwesenden von dem Befehl der hochfürstlichen Durchlaucht, die Braut unverzüglich und ungehindert abreisen zu lassen, in Kenntnis; der Bürgermeister entschuldigte sich bei der Witwe Radeleff und ihrer Tochter für das Vorgefallene, welches auf einen Irrtum zurückzuführen sei: Die Stadtdiener hätten Befehl erhalten, den Brautschatz, nicht aber die Braut mit Arrest zu belegen.

Die Hochzeit wurde zur angesetzten Zeit in Kiel gefeiert. Anschließend begab sich das Paar nach Ascheberg, wo bereits im Frühjahr 1685 das erste Kind der beiden, ihre kleine Tochter Margaretha Magdalena, geboren wurde.[639] Als der Obrist kurz darauf verstarb, trat Christian Gottlieb als Hof- und Feldtrompeter in den Dienst Herzog Hans Adolfs und übersiedelte mit seiner Familie in die kurz vorher erbaute Plöner Neustadt. Hier kam es zu einem völligen Ausgleich mit den Verwandten seiner Frau.

Schon nach fünfjähriger glücklicher Ehe starb indessen der schwarze Feldtrompeter nur ein gutes halbes Jahr, nachdem sein (ihn freilich auch nur um wenige Jahre überlebender) Sohn Hans Adolph das Licht der Welt erblickt hatte, bei dem der regierende Herzog Hans Adolf persönlich Taufpate wurde.[640] In der soeben ihrer Bestimmung übergebenen Neustädter Kirche fand Christian Gottlieb seine letzte Ruhestätte: »Christian Gottlieb«, schrieb

St. Johannis-Kirche in der Plöner Neustadt mit dem Grabstein Christian Gottliebs an der äußeren Rückwand.

damals der Pfarrer ins Beerdigungsregister, »Trompeter allhier, ein Mohr ward eben am dritten G. Pfingst-Tage in unserer Kirche, undt zwar als die allererste Leiche in derselben, ordentlich undt offentlich begraben.«[641]

Die Grabplatte, mit der seine sterblichen Überreste bedeckt wurden, ist bis heute erhalten. Sie befindet sich jetzt an der rückwärtigen Außenwand des kleinen Fachwerkbaus und trägt die Inschrift:

Diesser Stein Gehört Hern Christian Gottlieb
Ihro Hoch Furstlichen Durchleucht Hof und
Feld Trumpeter, Ist Gestorben Aō. 1690
Den 3. Junius
Hier Ruhet Gottlieb Als Ein Christ,
Bedenck Das End, Der Du Dies Liest
Weil Du Gleich Ihm Auch Sterblich Bist.[642]

Wappen des Feldtrompeters Christian Gottlieb,
Ascheberg / Plön, Gutsarchiv.

IV

Seit seinem ersten Auftreten in ihrer Welt haben die Deutschen den Schwarzen ins Grenzgebiet zwischen den Kategorien verwiesen; zuerst stand er zwischen »Heide« und Christ, dann zwischen Adel und übrigem Volk, danach zwischen »Wildheit« und »Zivilisation«. Mit der Herausbildung des bürgerlichen Selbstbewußtseins seit dem Ende des 17. Jahrhunderts setzt sich diese Reihe, in der ein stufenweiser Verlust an Ansehen und gesellschaftlicher Stellung – ein Absturz vom respektierten Exoten zum verachteten Untermenschen! – deutlich wird, weiter fort: Jetzt stellt man den Schwarzen ins Niemandsland zwischen Menschheit und Tier. Als Mittelwesen, das hierhin wie dorthin gehört, bleibt er freilich auch weiterhin ambivalent: Durch seine angeblich tierischen Qualitäten erniedrigt und wenig nützlich, erlaubt er dem zweckrational denkenden Bürger, sich ihm weit überlegen zu dünken; gleichzeitig aber, hier nach wie vor der Versucher, erinnert er insgeheim an dessen verlorenes Paradies.

Die Stellung des Schwarzen im System der Natur

Solange der christliche Glaube und seine Auslegung durch die Kirche Jesu das Denken und Handeln der Menschen beherrschte, galt das Interesse, das man dem schwarzen Mann und der schwarzen Frau entgegenbrachte, weniger ihrer physischen als vielmehr ihrer spirituellen Natur. Letztlich entschied über Ablehnung oder Akzeptanz der Schwarzen nicht deren besondere gesellschaftliche Stellung auf Erden und auch nicht ihre diesseitig-stoffliche Natur, sondern – wie bei allen übrigen Menschen – ihre innere Bereitschaft zur Taufe und zu einem gottgefälligen Leben. In Mannheim wurden noch 1652 neben mehreren Landeskindern demonstrativ auch ein Jude, ein »Neger aus Guinea« und ein »Knabe aus Ostindien« getauft.[1] Was immer die Kirche sonst noch über die verschiedenen außereuropäischen Bewohner der Erde geäußert haben mag, sie beharrte stets darauf, daß alle Rassen von dem einen Adam abstammten, den Gott geschaffen hatte, und daß sie von daher mit denselben geistig-seelischen Eigenschaften ausgestattet, d. h. als potentielle Christen anzusehen seien. Als Kinder Gottes waren Schwarze und Weiße gleich. Jeder Versuch, an dieser tief im Wesen der christlichen Theologie verwurzelten Position zu rütteln, hatte mit dem entschlossenen Widerstand der kirchlichen Glaubenshüter zu rechnen. Noch 1537 wurde die Ansicht, wonach die amerikanischen »Indios« als angeblich nicht vernunftbegabte Wesen auch nicht in der Lage wären, den »wahren« Glauben zu empfangen, von Papst Paul III. in der Bulle *Sublimis Deus* als häretisch zurückgewiesen[2], und Papst Paul IV. ließ im Jahr 1559 »physiognomische« Werke, die eine Klassifizierung der Menschheit nach äußeren Erscheinungsbildern unternahmen, auf den Index setzen.[3] Die Kirche ordnete die Menschen nach dem Kriterium ihrer inneren Nähe oder Ferne zu Gott, nicht nach der Farbe ihrer Haut oder der Form ihrer Nasen: Ganz unten auf der Skala der Wertschätzung standen die den dunklen Mächten des Teufels Ergebenen, danach folgten die weniger verstockten Sünder. Mit ihrer wachsenden Bereitschaft zur Reue und Buße wurden sie geläutert und erklommen Schritt für Schritt die zum Himmel hinaufführende Leiter, auf deren höheren Sprossen die Gerechten standen und darüber jene, die ihr ganzes Leben dem Gottesdienst geweiht hatten; dann folgten die Seligen und auf diese die Heiligen; schließlich die Engel, die zu Füßen des Allmächtigen wohnten.

Erst mit dem Zerfall der christlichen Autoritäten und in engem Zusammenhang mit dem sozialen Transformationsprozeß, der den Aufstieg der bürgerlichen Klasse brachte, konnten sich seit dem 17. Jahrhundert Klassifikationssysteme durchsetzen, die die verschiedenen menschlichen Gruppen und Individuen nicht länger nach spirituellen Qualitäten, sondern nach physischen Gesichtspunkten zu ordnen versuchten. Sie erwuchsen von vornherein aus einem gewissen Geist des Widerspruchs gegen die Kirche und bekundeten eine neue, skeptische und libertinistische Haltung, die nicht länger die traditionelle Ehrfurcht vor den biblischen Autoritäten besaß. Der vielgereiste Arzt François Bernier (1620–1688), ein Schüler des französischen Materialisten Pierre Gassendi (1592–1655), lieferte 1684 die erste »Rassengliederung« der Menschheit. Er ist der erste, der das Wort »Rasse« auf den Menschen anzuwenden wagt.[4]

Die meisten der neuen Klassifikationssysteme, in denen auch der schwarze Afrikaner seinen Platz erhalten hat, können als Versuch einer Antwort auf die Probleme der neuen gesellschaftlichen Lage verstanden werden, die sich spätestens seit Ende des Dreißigjährigen Kriegs herauszubilden begann. Die soziale Auflösung im Gefolge der verheerenden Verwüstungen und Bevölkerungsverluste Deutschlands durch den Krieg[5]; der Machtzuwachs der deutschen Territorialfürsten durch den Frieden von Osnabrück und Münster; ein bedeutender

Aufschwung der heimischen »Nationalökonomien« und das Erstarken des Bürgertums als Folge seines Arrangements mit den absolutistischen Höfen; das unter dem Eindruck des neuen Kommerzialismus aufkommende Konkurrenzdenken und die zunehmende Bedeutung des Individualismus; die epochalen geographischen und naturwissenschaftlichen Entdeckungen des 17. und 18. Jahrhunderts, verbunden mit der zum Nachteil der iberischen Mächte und zugunsten der nordwesteuropäischen Staaten erzwungenen Neuaufteilung der überseeischen Einflußsphären; der sich dadurch rasch entwickelnde, weltumspannende Handel und die Kolonisation überseeischer Gebiete – alles dies führte seit Mitte des 17. Jahrhunderts zu einem beschleunigten Verfall der ehedem so festgefügten christlichen Weltordnung. Das Bild einer ins unendliche hinausgewachsenen, beängstigend gesetzlosen und chaotischen Welt drängte sich vielen Menschen auf; Hans Jakob von Grimmelshausen hat es in seinem *Simplizissimus* (1669) eindrucksvoll beschrieben.

Eine solche Welt, in der die Natur ihre eigenen Gesetze aufzuheben schien und in der der kosmische Rahmen zu zerbrechen drohte, stürzte die Menschen in Ungewißheit und Angst. Sie bedurfte dringend einer Zähmung und Kontrolle. Und da die christliche Kosmologie sie immer weniger zu bändigen vermochte, begann man nach neuen »rationalen« Formen der Ordnung und Macht zu suchen, mit denen die Kontrolle zurückzuerlangen wäre. Jedenfalls verlangten die Probleme der neuen Verhältnisse auch neue theoretische Mittel zu deren Bewältigung. Dies erkannten Teile unterschiedlicher Fraktionen des herrschenden Adels ebenso wie Vertreter verschiedener bürgerlicher Schichten.

Vor allem die bürgerliche Klasse, die sich nach 1648 überall im nordwestlichen Europa schnell zu einer gegenüber dem Adel und den bäuerlichen Schichten immer deutlicher hervortretenden eigenständigen Kraft entwickelte, bemühte sich schon bald um eine theoretische Neuordnung des Universums. Weitgehend abgeschnitten von jeder wirksamen politischen Einflußnahme, solange das Gefüge des absolutistischen Staats unerschütterlich bestand, durfte das Bürgertum ohnehin allenfalls selbständig »denken und dichten«, während sein Handeln von der vorgegebenen Ordnung begrenzt und beschnitten war. Wie alle Klassen, die sich unter solchen Bedingungen anschicken, eine neue soziale und politische Ordnung zu errichten, begann auch das Bürgertum damit, die bestehende Welt erst einmal auf eine neue, ihm gemäße Weise zu denken. Es schuf sich ein Weltbild, das es ihm erlaubte, sich selbst, seine Träume, seine oppositionellen Ideale zu artikulieren, seine Ängste zu bannen und sich gegenüber früheren oder »primitiveren« zeitgenössischen Gesellschaften als überlegen zu betrachten, kurz: Das Bürgertum bestimmte sein Verhältnis zur übrigen Welt. Auch das Verhältnis zu den schwarzen Afrikanern wurde in diesem Rahmen neu definiert.

Das Medium für die bürgerliche Neuordnung der Welt wurde in dieser Phase die Philosophie: Ausgehend von einer vorrangig durch die Reformatoren Luther, Calvin und Zwingli geprägten Tradition verfolgten die deutschen Gelehrten dabei von Anfang an die Entwicklung in Westeuropa. Vor allem nach dem Dreißigjährigen Krieg wandte man sich verstärkt den Niederlanden, Frankreich und England zu, wo die bürgerlichen Schichten relativ günstigere Entfaltungsmöglichkeiten besaßen und wo es deshalb früher als in Deutschland zur Formierung der bürgerlichen Klasse kam. Hier lernten die Deutschen die damals moderne Naturwissenschaft ebenso wie die Naturrechtslehre kennen. Namentlich die Denksysteme der Philosophen Descartes, Hobbes und Spinoza hinterließen einen nachhaltigen Eindruck, stellten sie doch nicht nur die Vorrangigkeit der Theologie in Frage, sondern betonten zugleich die besondere Rolle des Individuums, die Verantwortung des einzelnen bei den Aufgaben der Diesseitsbewältigung und die große Bedeutung der Naturwissenschaften.

Vieles von diesem gedanklichen Rüstzeug wurde von den jüngeren deutschen und ausländischen Ordnungstheoretikern des ausgehenden 17. und beginnenden 18. Jahrhunderts übernommen und mit Elementen der neuplatonischen und der aristotelischen Philosophie verbunden. Vom Neuplatonismus übernahmen sie die »Naturmagie«, die eine hierarchische Struktur des Kosmos postulierte und annahm, daß Veränderungen auf der Erde durch die Himmel beeinflußt würden und daß der Mensch solche Veränderungen herbeiführen könnte, indem er an Gegenständen der Natur, in denen diese Einflüsse wirksam sein sollen, bestimmte Verrichtungen vornimmt.[6] Bei Aristoteles fanden sie den Gedanken, wonach alle natürlichen Wesen – vom leblosen Gestein über die Pflanzen und den unscheinbarsten Wurm bis zum Menschen – als Glieder einer kontinuierlich aufsteigenden Formenkette aufzufassen seien, wobei jedes Glied irgend etwas mit den Stufen hinter ihm und vor ihm gemein hatte und sich doch zugleich durch ein nur ihm allein zukommendes, einzigartiges Merkmal vor den anderen auszeichnete.[7]

Das die Natur ordnende Prinzip, welches die Gelehrten, an ihrer Spitze die Philosophen Spinoza, Leibniz und Locke, aus allen diesen Elementen entwickelten, war die Theorie einer die gesamte Natur zusammenhaltenden großen »Seinskette« *(Great Chain of Being)*, die wohl bei Leibniz unter der Bezeichnung *Lex continui* (»Kontinuitätsgesetz«) ihren höchsten Ausdruck fand.[8] Jedenfalls gelangte Gottfried Wilhelm Leibniz (1646–1714), der die aristotelische Idee einer alle natürlichen Wesen umfassenden, kontinuierlichen Formenkette mit dem Gedanken von der Lückenlosigkeit in der Natur und dem christlichen Dogma von der Artkonstanz und Schöpfertätigkeit Gottes verband, mit seinem auf dieser Basis formulierten Kontinuitätsgesetz zu einer gesellschaftlich akzeptablen Theorie, die einige der grundlegenden Fragen seiner Zeit auf befriedigende Weise zu beantworten vermochte. »Ich darf also wohl mit gutem Grund annehmen«, schrieb er, »daß all die verschiedenen Klassen von Wesen, deren Inbegriff das Universum ausmacht, in den Ideen Gottes, der ihre wesentlichen Abstufungen distinkt erkennt, nur ebensoviele Koordinaten ein und derselben Kurve sind. Die Einheit dieser Kurve duldet es nicht, daß man zwischen zwei Koordinaten irgend welche andere als die wirklich vorhandenen einschiebt, da dies Unordnung und Unvollkommenheit bezeugen würde. Die Menschen stehen also mit den Tieren, die Tiere mit den Pflanzen, und diese wiederum mit den Fossilien in nahem Zusammenhang, während diese letzteren ihrerseits wieder mit den Körpern, die uns in der sinnlichen Anschauung erscheinen, zusammenhängen. [...] So bilden notwendig alle Ordnungen der natürlichen Wesen eine einzige Kette, in der die verschiedenen Klassen, wie ebensoviele Ringe, so eng ineinander haften, daß es für die Sinne und die Einbildung unmöglich ist, genau den Punkt anzugeben, wo die eine anfängt und die andere endigt [...]«[9]

Das Kontinuitätsgesetz hatte für das Verhältnis zwischen Europäern und Afrikanern außerordentlich weitreichende Folgen; seine Auswirkungen sind zum Teil heute noch zu verspüren. Bevor jedoch näher auf die besondere Stellung eingegangen wird, die es dem schwarzen Mann und der schwarzen Frau im System der bürgerlichen Kosmologie zuwies, soll zum besseren Verständnis des Gesamtzusammenhangs ein kurzer Blick auf einige Aspekte der *Lex continui* geworfen werden.

Tatsächlich macht das Kontinuitätsgesetz den Eindruck, als wäre es eigens auf die Erfordernisse des Bürgertums in der frühen Phase seines Emanzipationsprozesses zugeschnitten. Dazu trägt nicht zuletzt auch seine anscheinend gewollte Doppeldeutigkeit bei, die eine Auslegung seiner Inhalte sowohl im Sinne der herrschenden Aristokratie und ihrer Kirche als auch im Sinne der bürgerlichen Interessen ermöglichte. Es entsprach damit weitgehend den politischen Rahmenbedingungen des bürgerlichen Kampfs und dem daraus abgeleiteten Zwang zu vorsichtigem Taktieren. So wirkte das Kontinuitätsgesetz in verschiedene Richtungen und auf mehreren Ebenen.

Mit der Kirche, deren Dogmen am Ende des 17. Jahrhunderts noch immer fest in der Bevölkerung verankert waren, wurde nicht nur jeder ernste Konflikt vermieden, sondern im Gegenteil, es wurde ihre Autorität genutzt, indem bei diesem Versuch, den Bau und das Wesen des Universums zu begreifen, von der metaphysischen Überzeugung ausgegangen wurde, nach der dem Universum ein rationaler Plan zugrunde liegen müsse, der zugleich die Weisheit und den Willen seines Schöpfers zum Ausdruck bringe. »Ziehen wir [...] die unendliche Macht und Weisheit des Schöpfers in Betracht«, sagte zum Beispiel John Locke, »so haben wir Grund zu der Annahme, daß es der großartigen Harmonie des Universums und dem hohen Endzweck sowie der unendlichen Güte seines Baumeisters entspreche, wenn die Arten der Geschöpfe in unmerklichen Abstufungen von uns aus [...] aufwärts zu seiner unendlichen Vollkommenheit aufsteigen, ganz wie wir sie von uns aus stufenförmig nach unten hinabsteigen sehen.«[10]

Den bestehenden Machtverhältnissen, d. h. der noch immer ungebrochen herrschenden Feudalaristokratie, trug das Kontinuitätsgesetz insofern Rechnung, als derselbe Gedanke auch eine nach dieser Richtung hin unverfängliche Interpretationsmöglichkeit bot. Denn wenn die große Seinskette theologisch als Ausdruck der göttlichen Weisheit oder philosophisch als Ausdruck des von Leibniz geforderten Prinzips der »zureichenden Vernunft« begriffen wurde, dann konnte sie zur Rechtfertigung für den politischen *status quo* herangezogen werden: Die bestehende Welt erschien als die beste aller möglichen Welten. Mit anderen Worten: Das Kontinuitätsgesetz war mit dem Glauben an Fortschritt, ja selbst an substantielle Änderungen in der Natur unvereinbar, »[...] da doch, was am besten ist, sich niemals zum besseren wenden kann«[11]; an den bestehenden Verhältnissen zu rütteln war gleichbedeutend mit einem Akt der Rebellion gegen den göttlichen Willen, ein Verbrechen gegen die Natur – Grund genug, daß die statische Ordnung der *Great Chain of Being*, wie einer ihrer Kritiker, Voltaire, ironisch anmerkte, besonders jenen Leuten sehr gefiel, »die glauben, den Papst und seine Kardinäle darin zu erkennen, gefolgt von den Erzbischöfen und Bischöfen; nach welchen die Pfarrer kommen, die Diakone und Sub-Diakone; dann erscheinen die Mönche, und der Aufmarsch wird von den Kapuzinern beschlossen.«[12]

In einem bemerkenswerten Widerspruch zu der skizzierten Verbeugung vor Macht und Glauben der feudalabsolutistischen Aristokratie artikulierte das Kontinuitätsgesetz jedoch gleichzeitig den universalen Machtanspruch des Bürgertums, indem es die Welt auf eine neue Weise nach inhaltlichen Kriterien der Leistungsbereitschaft und sozialen Nützlichkeit aller Geschöpfe ordnete und damit der bürgerlichen Klasse (und namentlich ihrem wissenschaftlich gebildeten Teil) den Weg wies, der diese an die Spitze der gesellschaftlichen Pyramide führen würde. »Gott«, so konkretisierte ein Anhänger der *Lex continui*, »kann den Geschöpfen kein Wissen kundtun, für das er selbst sie ihrer Natur und ihrer Gestaltung nach nicht eingerichtet hat; er kann keinen Maulwurf in Astronomie unterweisen oder eine Auster in Musik, weil er ihnen nicht die Organe oder die Fähigkeiten verliehen hat, welche für den Erwerb jener Wissenschaften nötig sind [...]«[13]

Naturbedingte Unterschiede entschieden demnach über den gesellschaftlichen Gebrauchswert der Dinge und dieser über das Maß ihrer Wertschätzung durch den Menschen. In einem gegen Ende des 17. Jahrhunderts von einem frankophonen Protestanten, dem reformierten Prediger und Doktor der Theologie, Jacquelot Abbadie, verfaßten theologischen Werk, das sich auch noch im 18. Jahrhundert großer Beliebtheit erfreute[14], wurde dazu noch angemerkt: »Also entstehet [...] *aus dem Vergnügen und Nutzen, welchen der Mensch darob empfindet,* der Wert *(valeur)* der Pflanzen, der Bäume, und der Früchte [...]«[15]

Was hier über Pflanzen (und auch über Mineralien) gesagt wurde, galt selbstverständlich auch für die Tiere und den Menschen – als Teil der Natur. Wenn deshalb der Mensch – wie etwa in der *Encyclopédie* von Diderot und d'Alembert, die sich dem Kontinuitätsgesetz allerorten verpflichtet fühlten – als »jenes Wesen, das denkt, will und handelt« begriffen wurde[16], dann war damit ausdrücklich *gesellschaftlich nützliches* Denken, Wollen und Handeln gemeint, welches bewußt dem bloß konsumierenden Tun der höfischen Aristokratie entgegengestellt wurde und ebenso dem weitgehend sinnentleerten Verhalten der wachsenden Zahl jener überall durch die Lande irrenden entwurzelten Bauern, Vagabunden und fahrenden »Studenten«: »Der *Müßiggang*«, so wurde diesen Gruppen seit dem ausgehenden 17. Jahrhundert immer nachdrücklicher vorgehalten, »steht im Gegensatz zu den Pflichten des Menschen und des Bürgers, dessen (von der Natur vorgesehene) Aufgabe im allgemeinen darin besteht, zu etwas nütze zu sein und im besonderen, sich der Gesellschaft, deren Mitglied er ist, nützlich zu erweisen.«[17] Die Natur hatte aber, wie gesagt, nicht jedem Geschöpf ein gleiches Maß an gesellschaftlicher Nützlichkeit oder Verwertbarkeit mitgegeben: »[...] eine Betrachtung, [...] zu der wir durch das Schauspiel der Natur in den Individuen angeregt werden«, zeigt, »daß dieses Vermögen, zu denken, zu handeln und zu empfinden, bei einigen Menschen in hervorragendem Maße vorhanden ist, bei anderen Menschen dagegen in weniger hervorragendem Maße, und daß es um so schwächer wird, je weiter man die Kette der Wesen in absteigender Linie verfolgt, und daß es anscheinend an einem sehr fernen Punkt dieser Kette erlischt [...]«[18]

Alles lief somit darauf hinaus, herauszufinden, in welcher Funktion und mit welchem Nutzen ein bestimmtes Geschöpf seiner Natur entsprechend für die Gesellschaft tätig war, denn dies entschied über seinen Rang in der Hierarchie der großen Seinskette, aus dem wiederum abzuleiten sei, so folgerte zum Beispiel schließlich der Göttinger Philosoph Christoph Meiners (1747–1810) in seiner Schrift *Ueber die Natur der Afrikanischen Neger, und die davon abhangende Befreyung oder Einschränkung der Schwarzen* (Hannover 1790), daß ihm »in eben dem Maasse, in welchem er geben, und leisten kann, wieder gegeben, und wieder geleistet würde. Wer also weniger geben, und weniger leisten kann, als andere, der kann ohne Ungerechtigkeit nicht so viel fordern, als diese.«[19] Hier findet sich der tiefere Grund für das große Interesse, das man fortan der Feststellung der *Unterschiede* zwischen den einzelnen natürlichen Wesen, d. h. auch zwischen den verschiedenen menschlichen Individuen und Gruppen, entgegenbrachte, »gewisse(n) Unähnlichkeiten, die man oft *erst suchen muß* [...]«.[20] Denn »all den Gliedern dieser Kette nachzuspüren, bis ihre Geheimnisse unserem Verstand ausnahmslos zugänglich sind; [...] alle Arten und Abstufungen der Dinge so wohlgeordnet eines über dem anderen zu klassifizieren; daß wir, die wir an ihrer Spitze stehen, alle, die sich unter uns befinden, vollständig erfassen, und sie alle der Ruhe und dem Frieden und dem Reichtum des menschlichen Lebens dienstbar machen«, so wollte es schon die englische *Royal Society* sogleich bei ihrer Gründung im Jahr 1660, »dies ist die höchste Stufe der Vernunft, [...], dies bedeutet wahrlich, die Welt zu beherrschen [...]«[21]

Wenn sich die *Lex continui* auf diese Weise als ein den Interessen des Bürgertums höchst zweckdienliches ideologisches Instrument erwies, so war doch damit ihre allgemeine Brauchbarkeit für die Absichten der aufstrebenden Klasse noch keineswegs erschöpft. Auf einer mehr praktischen Ebene ließ nämlich das Konzept der großen Seinskette, das die Vorstellung eines harmonischen und schönen Zusammenwirkens aller natürlichen Geschöpfe implizierte, eine erste Einsicht in die kommende Notwendigkeit einer zweckmäßig organisierten Arbeitsteilung unter Leitung der Fähigsten erkennen. Macht diffundierte kraft höherer Leistung von der Spitze dieser kosmischen Hierarchie nach unten, doch besaß jedes einzelne Teil im Gesamtsystem dieser Ordnung eine durch seine Natur determinierte und auf das Ganze bezogene unverzichtbare Funktion. So wie sich bei einem Uhrwerk scheinbar alles nur um sich selbst drehe, oder so, wie die Personen eines dramatischen Schauspiels, ihrem unterschiedlichen Wesen entsprechend, scheinbar für sich handelten, in Wahrheit jedoch einem höheren Plan folgten, gerade so, meinte man, geschähe es überall in der Natur: »Die verschiedenen Teile der dinglichen Welt sind, wie die Maschinen eines Theaters, nicht für die Handelnden geschaffen, sondern für die Handlung [...]«[22] Auch so gesehen galt also: Die Verschiedenheit der Geschöpfe ist gottgewollt, weil sie für den arbeitsteilig funktionierenden Gesamtmechanismus nützlich ist. Nimm ein Rädchen weg (oder stelle es an den falschen Platz), und die Maschine kommt zum Stillstand, die Kette reißt. Dies war der arbeitsorganisatorische Sinn des Leibnizschen Begriffs von der »praestabilierten Harmonie«, welche die große Seinskette beherrschte.

Schließlich war das ordnende Prinzip der *Great Chain of Being* durch die von Leibniz vorgenommene Verknüpfung mit dem Gedanken von der Lückenlosigkeit in der Natur – einstweilen – in der Lage, die verwirrende und verwirrte Flut geographischer, naturkundlicher und anthropologischer Daten widerspruchsfrei zu inkorporieren, die nach der Aufhebung des iberischen

Monopols über die transmaritimen Gebiete in aller Welt nach Europa schwappte und die bereits seit längerem die ketzerische Frage nach der Elastizitätsgrenze der Arche Noahs hatte aufkommen lassen. Das Kontinuitätsgesetz befriedigte auf diese Weise nicht nur die für die Zeit so typische Sucht, alles und jedes in ein »System« zu zwängen, sondern es trug zugleich zu einer weiteren Säkularisierung des Denkens bei.

Angesichts solchen Vermögens war der Erfolg des Kontinuitätsgesetzes vorprogrammiert. Kant hat später – trotz erheblicher empirischer Bedenken – die Methode, nach einem derartigen Prinzip der Affinität »Ordnung in der Natur aufzusuchen«, »ein rechtmäßiges und treffliches regulatives Prinzip der Vernunft« genannt[23] – und damit ausgesprochen, was viele dachten. Unter den illustren Namen, deren Träger mehr oder weniger von der Theorie der großen Seinskette beeinflußt waren, finden sich bis zum Ende des 18. Jahrhunderts Philosophen, Wissenschaftler, Schriftsteller und Poeten: Bolingbroke, Pope, Haller, Buffon, Bonnet, Diderot, Lambert, Goethe, Herder, Schiller, Camper, Blumenbach, Sömmering, Reinhold und Georg Forster – die Liste ließe sich beliebig erweitern. Tatsächlich beeinflußte die Vorstellung von der *Great Chain of Being* das wissenschaftliche und in vieler Hinsicht auch das politische Denken bis zum Ende des 18. Jahrhunderts auf ähnliche Weise wie die Evolutionstheorie das 19. Jahrhundert beherrschte.

Missing links

Nur wenn es gelang, ausnahmslos alle Geschöpfe der Natur auf einem einzigen Weg anzuordnen, der ohne Gabelung, ohne Seitenpfade von den Elementen hinaufführte bis zum Menschen, ja, über diesen hinaus noch ins Reich der Geister, nur dann konnte die *Lex continui* zu einem überzeugenden Prinzip in Wissenschaft und Politik werden. Alles kam deshalb darauf an, die noch fehlenden Kettenglieder *(missing links)* aufzufinden, wobei sich die Suche naturgemäß auf jene Organismen in der *scala naturae* konzentrierte, die die augenscheinlich so weit voneinander getrennten Abteilungen der Mineralien und der Pflanzen, der Pflanzen und der Tiere und – *last but not least* – der Tiere und der Menschen zu einer harmonischen Einheit verbinden würden. Leibniz selbst hatte ihre Existenz im Vertrauen auf das von ihm formulierte allgemeine Prinzip vorausgesagt[24] und den Satz aufgestellt: *Natura non facit saltum,* die

Natur macht keine Sprünge.[25] Dieser Satz war das Programm. Die *Encyclopédie* formulierte die gestellte Aufgabe so: Da »alle Geschöpfe miteinander durch eine Kette verbunden (sind), von der wir einige Teile als fortlaufend erkennen, obwohl wir in der Mehrzahl der Fälle keinerlei Kontinuität ausmachen können«, »besteht die Kunst des Philosophen darin, den getrennten Teilen neue Glieder anzufügen, um den Abstand zwischen ihnen so weit wie möglich zu verkürzen.«[26]

Leider erwies sich schon bald, daß sich die Suche nach passenden »Mittelgliedern« erheblich schwieriger gestalten würde, als man zunächst angenommen hatte. Leibniz und Locke hatten ein größeres Maß an Stetigkeit und Harmonie in der Natur behauptet, als sich tatsächlich finden ließ. Der englische Botaniker John Ray, der sich 1693 mit dem Problem beschäftigte, welches die ausgestorbenen Arten für den lückenlosen Zusammenhang der großen Seinskette darstellten, schrieb, daß »viele Arten von Muscheln aus der Welt verloren gegangen sind, was die Philosophen bislang nur widerstrebend zugegeben haben, da sie die Vernichtung ganz gleich welcher Art als eine Art Verstümmelung des Universums ansahen; wohingegen sie glauben, daß die göttliche Vorsehung sich besonders darum kümmert, daß die Werke der Schöpfung geschützt und erhalten werden.«[27] Tatsächlich verteidigten Anhänger der *Lex continui* wie Heinrich Sander – Professor am Gymnasio illustri in Karlsruhe und Ehrenmitglied der Gesellschaft naturforschender Freunde in Berlin – trotz solcher Einwände noch jahrzehntelang den postulierten lückenlosen Bestand der *scala naturae* und behaupteten: »Also will die Natur, daß in der Schöpfung kein Wesen, das Leben haben kann, fehlen soll.«[28] »Diese Kette«, so mußten sie sich freilich angesichts einer wachsenden Zahl gegenteiliger Beweise immer häufiger und selbst von naturkundlichen Laien wie Voltaire sagen lassen, »diese sogenannte Stufenleiter, gibt es nicht mehr bei den Pflanzen noch bei den Tieren; das wird dadurch bewiesen, daß es Pflanzen- und Tierarten gibt, die ausgestorben sind. Wir haben keine Purpurschnecken mehr. Den Juden war es verboten, Greifen und Ixia zu essen; jene beiden Arten sind von dieser Welt verschwunden, was immer auch Bochart[29] dazu sagt: Wo also bleibt die Kette?«[30]

Die Schwierigkeit, bestimmte *missing links* zu finden, hat die Systematiker der Natur schließlich in einigen Fällen zu voreiligen Schlüssen verleitet, um das Prinzip zu retten. So hat man das ganze 18. Jahrhundert hindurch irrtümlich den zuerst von Leeuwenhoek und dann 1739 nochmals von Jean Trembley beobachteten Süßwasserpolypen *(Hydra)* für das lang gesuchte Verbindungsstück zwischen Tieren und Pflanzen gehalten.[31] »Entdeckungen« dieser Qualität zeigen eine bemerkenswerte und sehr schnell kritisierte Neigung, das Prinzip über die Empirie zu stellen. Sehr kritisch äußerte sich zum Beispiel

Georg Forster zu diesem Punkt, u. a. in seinem Aufsatz »Noch etwas über die Menschenrassen« (1786), der eine Polemik gegen Kant enthält. Forster warf hier dem großen Philosophen vor, daß er seine Schlüsse aus unzulänglichem und sogar unrichtigem Material ziehe. Er wies nach, wie verhängnisvoll es ist, von Abstraktionen her die Tatsachen zu deuten, statt – wie er, sein Freund Sömmering und andere Wegbereiter der empirischen Wissenschaft es forderten – die Abstraktionen aus einer unvoreingenommenen Betrachtung und Bewertung der Tatsachen zu gewinnen: »Es wäre doch gut, wenn überall der Schuster bei seinem Leisten bliebe! Kant ist ein so vortrefflicher Kopf, und doch kommt der verzweifelte Paroxismus, der den Philosophen von Profession eigen ist, auch über ihn, die Natur nach ihren logischen Distinktionen modeln zu wollen. Der Plunder ist doch wahrlich mehr schädlich als nützlich.«[32] Aus Forsters Worten wird deutlich, daß ein mit Beobachtung, Empirie und Vergleich arbeitender Wissenschaftler der idealistischen Philosophie, besonders dem Apriorismus, den Kampf ansagte.[33] Dieser Punkt verdient besondere Beachtung, da die von Forster kritisierte Tendenz nicht ohne nachteilige Auswirkungen für die Ortszuweisung des schwarzen Afrikaners im System der neuen Weltordnung blieb.[34]

Entdeckungen von der Art der Hydra spornten indessen die Naturforscher allenthalben an, nun auch die übrigen Lücken der Kette zu schließen. Und natürlich wurde dabei mit besonderem Eifer an der Schnittstelle zwischen Tier und Mensch nach dem dort vermuteten »Mittelwesen« gefahndet. *Natura non facit saltus,* das galt selbstverständlich auch hier, folglich mußte auch der Übergang vom Tier zum Menschen ein ganz allmählicher sein: »Das Gesetz der Kontinuität fordert, daß, wenn die wesentlichen Bestimmungsstücke eines Wesens sich denen eines anderen nähern, auch alle sonstigen Eigenschaften des ersteren sich stetig denen des letzteren nähern müssen.«[35] Damit war das Programm für die Differenzierung der Menschen in einer abwärts fallenden Linie bis hinab ins Reich der Tiere vorgegeben.

Es war das Unglück der schwarzen Afrikaner und ihrer Abkömmlinge in aller Welt, daß dieses ausgerechnet in einer Zeit geschah, in die der Beginn der geographischen Erkundung Afrikas fiel. Denn von allen bekannten Erdteilen beherbergte Afrika offenbar das menschlichste Vieh und die viehischsten Menschen. Nirgendwo sonst, so schien es, kam die aus dem Tierreich aufsteigende Linie den untersten Gliedern der abwärts fallenden menschlichen Kette so nahe wie hier. Die 1628 erschienene Ausgabe von Sebastian Münsters *Cosmographia* nahm den damals als sensationell empfundenen Bericht des englischen Afrikareisenden Andrew Battel (ca. 1565–1614) über sehr menschliche Affen auf.[36] Battel, »welcher viel jahr in dem Königreich Congo vnder den Portugesen ein Balbierer gewesen«, bezeugte, »er habe Affen in den Wäldern gesehen / so lang als ein Mensch / aber mit zwey mal so grossen Gliedern / doch gleicher Stärcke / gantz harig / sonst allerdingen den Männern und Weibern / an [...] Gestalt gleich: Sie leben von wilden Früchten / vnd schlaffen deß Nachts auff den Bäumen.«[37] Neben solchen Berichten von Menschenaffen

Erhard Reuwich, *Affe,* Illustration für Konrad Gesner, Historia Animalium, Zürich 1555 (Seite 332), ursprünglich für Bernhard von Breydenbachs Reise ins Heilige Land, älteste bekannte Abbildung eines Anthropoiden.

erschienen von jetzt an immer wieder auch Mitteilungen über »Affenmenschen«. Vor allem im südlichen Afrika wollte so mancher Reisende befremdliche Wesen gesehen haben, »von Gestalt den Menschen zwar ähnlich, an Sitten aber und ihrer übrigen Lebens-Art auch dem unvernünfftigen Vieh nicht ungleich [...]«[38]; »schwarz von Farbe, weiß von Zähnen und stark von Gliedmaßen [...]«[39]; »gleichsamb wie wilde Menschen, die wenig Vernunfft haben«[40]; »fast Unmenschen«[41], die man »anfänglich mehr vor ungeheure Affen, alß vor rechtschaffene Menschen ansahe [...]«.[42]

Die Ähnlichkeit zwischen solchen Menschen und den afrikanischen Großaffen schien in der Tat verblüffend. Standen sich hier vielleicht die höchsten Vertreter des Tierreichs und die niedrigsten Repräsentanten des »Menschengeschlechts« unmittelbar gegenüber? Aus der Ferne, von Europa aus betrachtet, und für Naturforscher, die mit der *Lex continui* im Kopf aktiv nach empirischer Evidenz zur Bestätigung ihrer Theorie Ausschau hielten, mußte sich jedenfalls der Eindruck einer nahen Verwandtschaft von Affe und »Neger« geradezu aufdrängen. Die Tatsache, daß beide in demselben »wilden« Land lebten, daß Entdecker, Handelsreisende und Abenteurer übereinstimmend den halb menschlichen und halb tierischen Charakter beider hervorhoben, daß die Affen aufrecht gingen, daß beide bemerkenswerte Ähnlichkeiten im Bau ihres Skeletts und ihrer körperlichen Organe aufwiesen – alles dies sprach für eine große Affinität.

Entscheidend für die Systematisierer der Natur wurde schließlich jedoch die Tatsache, daß ausgerechnet jetzt – und noch dazu ebenfalls aus Afrika – die ersten (mehr oder weniger zuverlässigen) Nachrichten von der Existenz der bis dahin in Europa unbekannten *schwanzlosen* Affen (Anthropoiden) eintrafen. Die verwirrend menschliche Erscheinung dieser Tiere, die sich aufrechten Gangs durch die Wälder bewegten, ließ sofort die unglaublichsten Spekulationen ins Kraut schießen. Konnte es nicht sein, daß es sich beim Schimpansen und beim Gorilla um die langgesuchten Verbindungsstücke zwischen Mensch und Tier handelte – monströse Produkte einer aufsehenerregenden Allianz zwischen gewissen Afrikanern und »echten«, d. h. geschwänzten Affen?

Die Vorstellung einer geschlechtlichen Verbindung von Mensch und Tier hatte es ja schon lange gegeben. Zwar hatten sich die Europäer seit jeher als Krone der Schöpfung, d. h. als von allem Getier grundsätzlich distinkte, gottähnliche Kreatur betrachtet; auch hatten sie das biblische Dogma der getrennt voneinander lebenden, konstanten Arten niemals in Zweifel gezogen. Ihre Mythologie aber hatte seit uralten Zeiten dennoch stets eine gewisse Verwandtschaft mit den geringeren Geschöpfen behauptet und die verschiedensten Mischgeschöpfe gekannt.[43] Die europäische Sagenwelt war voller Werwölfe, Affengestalten und anderer ungeheuerlicher Fabelwesen halb menschlicher und halb tierischer Natur. Schon im 15. Jahrhundert sangen die Männer bei einem Fastnachtsspiel: »Und het (mein weip) eins wilden affen gestalt, Und wer schwerzer, dann ein Morin«, so fänden sie doch ihre Reize größer denn die so mancher Königin![44] Wenig später erzählte auch der Nürnberger »Meistersinger« Hans Folz (1450 – ca. 1515) von zwei Frauen, die Affen geboren hätten.[45] So war es durchaus nicht überraschend, als der französische Gelehrte Jean Bodin (1529–1596) im Jahr 1566 die Ansicht vertrat, daß es sich bei bestimmten Affen um monströse Mißgeburten von Mensch und Tier handele.[46] Neu war höchstens, daß er sie nun eindeutig als Produkte Afrikas identifizierte. Bodin erklärte unter Berufung auf antike Quellen, daß vorzeiten »zwischen Menschen und Tieren wahlloser Geschlechtsverkehr stattfand, weshalb uns die Gegenden von Afrika den Anblick so vieler Monster bieten«.[47]

Dergleichen Geschichten waren auf Unglauben gestoßen, solange sich niemand durch eigene Anschauung von der Existenz solcher Mesalliancen und ihrer Produkte überzeugen konnte. So hatten sie allenfalls im Rahmen der spätmittelalterlichen Symbolik eine gewisse allegorische Bedeutung gehabt.[48] Im Licht der neuen Nachrichten aus dem Innern Afrikas erfuhren die alten Märchen jedoch im 17. Jahrhundert offenbar eine unerwartete Bestätigung, während sie ihrerseits den Berichten der reisenden Europäer zusätzliche

Glaubwürdigkeit verliehen. Von jetzt an wurde es lange Zeit und weithin für eine Tatsache gehalten, daß bestimmte Afrikaner und gewisse Affen sexuellen Umgang miteinander pflegten und daß die schwanzlosen Primaten die Frucht solcher Verbindungen darstellten. Der holländische Geograph Olfert Dapper schrieb 1668 rückblickend auf das Jahrhundert über den Schimpansen: »Dieses Tier ist an Gestalt dem Menschen sehr gleich: daher viele gewollt haben, daß es von Menschen und Affen entsprossen, welche sich wohl ehemals fleischlich zusammengefügt.«[49]

Die Neigung zu solcher »Zusammenfügung« ging dabei übrigens nach weitverbreiteter Auffassung ausschließlich von den *männlichen Affen* aus, die sich die *weiblichen Schwarzen* mit Gewalt gefügig zu machen pflegten.[50] In einer Zeit, in der das Bürgertum jede von der Frau ausgehende aktive sexuelle Betätigung zu unterdrücken begann und sich ganz allgemein daran machte, die Sinnlichkeit zu verteufeln, um das Abstrakte zu vergöttern, wurde das bloß sinnliche Tier zum Aggressor. Sebastian Münster schrieb über den Pavian: »Es ist von Natur ein geiles Thier vnd sehr begierig auff die Weiber / vnd so's deren mächtig wirdt / vnderstehet es seinen Mutwillen mit ihnen zu treiben.«[51] Auch der Engländer Edward Topsell behauptete 1607 in seiner *Historie of Fovre-Footed Beastes,* daß Affen ganz allgemein »auf die Weiber begierig« wären, wobei er nicht vergaß, seine Leser darauf aufmerksam zu machen, daß »Menschen, die eine flache und breite Nase und [...] dicke Lippen [...] haben, libidinös wie die Affen sind, welche den Frauen Gewalt antun [...]«[52]

Mit dem Aufkommen und der raschen Verbreitung der Theorie von der großen Seinskette erfuhr dieser Mythos eine Popularität, die noch bis weit ins 19. Jahrhundert hinein anscheinend durch nichts erschüttert werden konnte. Immer wieder – und trotz einer wachsenden Zahl gegenteiliger Belege – wurde mit einer geradezu verbissenen Hartnäckigkeit behauptet, daß gewisse Großaffen gern »junge Negermädchen entführen und sie zu ihrem Vergnügen halten«.[53] Selbst der angesehene französische Naturforscher Graf von Buffon (1707–1788) berichtete überraschend kritiklos von »einem Affen so groß und stark wie der Mensch«, und »so geil auf Frauen wie auf seine eigenen Weibchen«.[54] Buffon hob ausdrücklich »die ungestüme Gier *(l'appétit véhément)* der männlichen Affen auf die Frauen« hervor, und er beschrieb »die erzwungene oder freiwillige Vermischung von Negerinnen mit Affen, deren Produkte der einen wie der anderen Art zugehören«[55], ganz so, als handelte es sich dabei um erwiesene Tatsachen.

Voltaire, als einer der exponiertesten Gegner der *Lex continui*, zögerte nicht, die Sache für seine satirischen Attacken zu nutzen: Im *Candide* handelt eine Episode »von zwei splitternackten Mädchen [...], die leichtfüßig am Rande der Wiese entlangliefen, während zwei Affen sie verfolgten und sie in die Hinterbacken bissen«.[56] Als der Protagonist der Erzählung den vermeintlich arg bedrängten jungen Damen spontan zu Hilfe eilte und die Tiere kurzerhand erschoß, mußte er freilich zu seinem großen Erstaunen erkennen, »wie die beiden Mädchen die Affen zärtlich umarmten, heiße Tränen über ihren Leichen vergossen und die Luft mit dem schmerzlichsten Wehgeschrei erfüllten«.[57] Candide verstand – wieder einmal – die Welt nicht mehr. »Mein lieber Herr und Gebieter«, klärte ihn jedoch sein Diener auf: »Sie sind immer über alles erstaunt. Warum finden Sie es absonderlich, daß in manchen Ländern Affen die Gunst der Damen genießen? Sie sind doch zu einem Viertel Menschen, so wie ich zu einem Viertel Spanier bin.«[58]

Der bissige Franzose und ein paar Skeptiker, die hie und da ihre Einwände erhoben, kämpften indessen auf verlorenem Posten. Weder Spott noch wissenschaftlich begründete Kritik konnten das vorherrschende wissenschaftliche Credo erschüttern: Daß in Afrika Menschen und Affen sexuellen Umgang miteinander pflegten, wurde im 17. und 18. Jahrhundert weithin als eine unumstößliche Tatsache angesehen; auch galt als ausgemacht, daß Gorillas und Schimpansen die Früchte dieses Treibens waren – die lang gesuchten Verbindungsglieder zwischen Mensch und Tier. *Der ORANG-UTAN oder WALD-MENSCH, samt den übrigen doppelartigen Naturgeschöpfen als Verbindungsgliedern der großen Naturkette in den verschiedenen Naturreichen,* lautete der Titel einer 1787 in Mannheim veröffentlichten wissenschaftlichen Arbeit.[59] Für die zahlreichen Anhänger des Kontinuitätsgesetzes war spätestens seit dieser Zeit die Kette der natürlichen Wesen an entscheidender Stelle empirisch nachweisbar geschlossen. Die Frage, durch welche Stufe die Natur zum Menschen gelangte, war beantwortet: »Den großen Zwischenraum vom Menschen bis zu den vierfüßigen Thieren«, erklärte 1789 der Genfer Naturforscher und Philosoph Charles Bonnet (1720–1793) und zog damit einen allgemein akzeptierten Schlußstrich unter die Debatte, »nehmen die Affen und diejenigen Thiere ein, die ihnen am nächsten kommen, deren Arten sehr zahlreich und sehr schattiret sind. Von denjenigen, die am nächsten an die eigentlich vierfüßigen Thiere gränzen, steigt man stufenweise zu einer obern und Hauptart hinauf, welche so nahe an den Menschen trifft, daß er deswegen den Namen Orang-Outang, oder des Waldmenschen bekommen hat. Vorzüglich hier läßt sich die stufenweise Folge der Wesen gar nicht verkennen: und es bestätigt sich der bekannte Grundsatz des deutschen Plato (d. i. Leibniz, P. M.), daß die Natur keinen Sprung mache.«[60]

Die Stellung der Menschenaffen im *systema naturae* unmittelbar unterhalb bestimmter afrikanischer Varianten des *homo sapiens* galt nun als gewiß. Wenn aber »der Unterschied zwischen den geringsten Individuen unserer Art und den Affen nicht so groß (war), daß – wären die letzteren mit der Fähigkeit der Sprache begabt – sie vielleicht mit demselben Recht den Rang und die Würde der menschlichen Rasse für sich beanspruchen möchten wie der wilde *Hottentotte* oder der dumpfe Eingeborene von Nova Zembla«[61], konnte man dann nicht folgern, daß sie sich auch in nahezu gleicher Weise gesellschaftlich nutzen ließen? Ein englischer Autor, nachdem er zunächst in der üblichen Manier verkündet hatte, wie »überraschend und entzückend es ist«, »die Scala oder den allmählichen Anstieg (der Dinge) von den Mineralien bis zum Menschen« zu verfolgen, schien diese Möglichkeit tatsächlich bereits 1713 andeuten zu wollen, als er im *Orang-Utan* das von allen Tieren dem Menschen ähnlichste Geschöpf erblickte, »nicht nur in seinem Gesichtsausdruck, sondern auch im Bau seines Körpers, in seiner Fähigkeit, aufrecht zu gehen ebenso wie auf allen Vieren, in seinen Sprechorganen und seinem liebenswürdigen und sanften Gemüt, das sich bei keinem der übrigen Affen findet, sowie in verschiedener anderer Hinsicht«.[62] Auf jeden Fall waren hier neben anatomisch-morphologischen Gesichtspunkten auch geistig-seelische Merkmale erwähnt, die auf eine eventuelle Verwertbarkeit der Tiere für die menschliche Gesellschaft schließen ließen.

Nach solchen Anhaltspunkten wurde in den sich anschließenden Jahrzehnten immer häufiger gesucht, eine »an sich schon unterhaltende(), angenehme()«, vor allem aber eine »*gemeinnüzige*() Beschäftigung«, wie man meinte.[63] Unter anderem war »der Mensch« auch für den britischen Staatsmann und Schriftsteller Viscount Bolingbroke (1712–1751) »durch seine Natur, [...], mit dem ganzen Stamm der Tiere verbunden, und zwar mit einigen von ihnen so eng, daß der Abstand zwischen seinen intellektuellen Fähigkeiten und ihren, [...], in vielen Fällen gering erscheint und vielleicht noch geringer erscheinen würde, wenn wir die Mittel hätten, ihre Motive zu erfahren, so wie wir ihre Handlungen beobachten können«.[64] Aus dem Chor der zahllosen Autoren, die sich bis zum Ende des 18. Jahrhunderts zu diesem Thema äußerten, klang im übrigen die Stimme des schottischen Gelehrten James Burnet (Lord Monboddo) besonders schrill.[65] Monboddo, der sich im Zusammenhang mit seinen von Herder hochgelobten Forschungen über den Ursprung der menschlichen Sprache auch mit dem Problem der *missing links* in der *Great Chain of Being* beschäftigte[66], glaubte unter anderem Beweise dafür zu besitzen, daß im schottischen Inverness ein Mathematiklehrer mit einem anderthalb Fuß langen Schwanz gelebt habe.[67] Anders als die meisten seiner an diesen Dingen interessierten Zeitgenossen hielt er jedoch den Gorilla und den Schimpansen (er nannte sie wie damals üblich *Orang Outangs*) nicht für die Mittelwesen zwischen Mensch und Tier, sondern betrachtete sie umgekehrt als die noch unter den Schwarzen stehenden *niedersten Menschen*. Der *Orang-Utan* war für ihn »ein Tier von menschlicher Gestalt, innen und außen«[68] – Angehöriger »eine(r) barbarische(n) Nation, die noch nicht den Gebrauch der Sprache erlernt hat«.[69] Er verschleppe schwarze Jungen und Mädchen, um sie als Sklaven zu halten, und er hielte sie nicht selten jahrelang, ohne ihnen auch nur ein Haar zu krümmen.[70] Vor allem aber war er lernfähig. Er lernte alle häuslichen Verrichtungen, insbesondere Wasser zu tragen, und wenn er den Krug fallen ließ, dann brach er in Tränen aus.[71] Daneben spielte er noch sehr gut Flöte, Harfe und andere Instrumente.[72] Eines dieser Tiere diente sogar eine Weile als Kabinenjunge auf See.[73] *Orang-Utans* trauerten um ihre verstorbenen Angehörigen und sie begruben ihre Toten.[74]

In Deutschland nahm unter anderem auch Johann Gottfried Herder (1744–1803) diesen Faden auf und spann ihn unter Verwendung der bekannten Quellen und in der ihm eigenen, beredten Weise weiter. »Das Affenweib, das (Jacob) Bontius beschrieben«, heißt es in seinen Ideen zur *Philosophie der Geschichte der Menschheit* (Riga und Leipzig 1784), »besaß Schamhaftigkeit und bedeckte sich mit der Hand, wenn ein Fremder hinzutrat; sie seufzte, weinte und schien menschliche Handlungen zu verrichten. Die Affen, die (Andrew) Battel beschrieben, gehen in Gesellschaft aus, bewaffnen sich mit Prügeln und verjagen den Elefanten aus ihren Bezirken; sie greifen Neger an und setzen sich um ihr Feuer, haben aber nicht den Verstand, es zu unterhalten. Der Affe des (Guy) de la Brosse (dem Leibarzt Ludwigs XIII., P. M.) setzte sich zu Tisch, bediente sich des Messers und der Gabel, zürnte, trauerte, hatte alle menschliche Affekten. Die Liebe der Mütter zu den Kindern, ihre Auferziehung und Gewöhnung zu den Kunstgriffen und Schelmereien der Affenlebensart, die Ordnung in ihrer Republik und auf ihren Märschen, die Strafen, die sie ihren Staatsverbrechern antun, selbst ihre possierliche List und Bosheit nebst einer Reihe andrer unleugbarer Züge sind Beweise genug, daß sie auch in ihrem Innern so menschenähnliche Geschöpfe sind, wie ihr Äußeres zeiget.«[75] Bonnet, der mit Gewißheit diese Zeilen und wahrscheinlich auch Monboddo gelesen hatte, gab schließlich einigen dieser erstaunlichen »Erkenntnisse« in der 4. Auflage seiner berühmten *Betrachtung über die Natur* (1789) eine weitere wissenschaftliche Weihe, als er auch theoretische Schlüsse daraus zog und schrieb: »Geht der Naturbetrachter (der großen Seinskette) nach, so kömmt er mit Verwunderung auf ein Wesen, welches dem Menschen so ähnlich ist, daß die Kennzeichen, die es von demselben unterscheiden, *nicht mehr Charaktere der Arten, sondern bloße Mannichfaltigkeiten* zu seyn scheinen. In der That, was soll man von einem Geschöpfe denken, welches nicht eigentlich ein Mensch ist, aber doch die Gestalt, die Tracht, die Gliedmaßen und die Stärke des Menschen hat; welches jederzeit wie ein Mensch geht, auf zwey Füßen, mit aufwärts gerichtetem Kopfe; welches ganz ohne Schwanz ist und wie der Mensch auf dem Hintern sitzt; welches Waden, Kopfhaare, Gesicht *(un vrai visage)*, Hände, Füße, und Nägel, wie der Mensch hat, welches sich mit Steinen und Stöcken zum Angriffe und zur Verteidigung, waffnen kann; welches eben so hitzig auf die Weibspersonen, als auf die Weibchen seiner Art ist; endlich, welches sich so weit erziehen läßt, daß es die Verrichtungen eines geschickten Kammerdieners *(valet de chambre)* bestellet, gewisse Fertigkeiten, Manieren und selbst eine Art von Sittlichkeit annimmt [...]«[76]

Wenn schon die doch sonst eher trockene Wissenschaft sich so lebhaft über die phantastischen Möglichkeiten einer Nutzung der Anthropoiden durch die menschliche Gesellschaft verbreitete, dann konnten die schöne Literatur und die bildenden Künste nicht nachstehen. Hier bot sich ein Stoff so recht nach dem Geschmack der Zeit. Auch in der bildenden Kunst erblühte ja zu Beginn

Anthropoiden, Illustration für die 1. dt. Ausg. von C.v.Linné, vollständiges Natursystem, hrsg. von Philip L. Statius Müller, Nürnberg, 1773, die deren Einbeziehung in die Ordnung der Primaten zeigt.

des 18. Jahrhunderts jenes (allerdings schon etwa hundert Jahre früher entstandene) satirische Genre, in dem die menschlich wirkenden Tiere dargestellt wurden, wie sie verschiedene von Menschen ausgeübte Tätigkeiten, darunter sogar das Philosophieren über die Natur, nachäfften.[77] Niemand unter den gebildeten Zeitgenossen konnte seither solche Bilder betrachten, ohne die im Zusammenhang mit der großen Seinskette aufgeworfene Verwertungsproblematik zu reflektieren – und ohne sich nicht selbst seiner affigen Art bewußt zu werden.

Einer von denen, die nicht zögerten, das Thema für die Literatur zu nutzen, war Johann Gottfried Schnabel (1692–ca. 1760). Schnabel, der offenbar im Rahmen eines Medizinstudiums nähere Bekanntschaft mit dem einschlägigen

William Hogarth, *Tailpiece,* Catalogue of Pictures exibited in Spring Gardens, 1761.

wissenschaftlichen Schrifttum zum Thema der großen Seinskette gemacht hatte, stand seit 1724 im Dienst der Grafen von Stolberg im Harz. Dort hatte er wahrscheinlich auch Gelegenheit gehabt, einige schwarze Afrikaner kennenzulernen. Die Grafen hatten zeitweilig schwarze Bedienstete[78] und pflegten darüber hinaus engen Umgang mit der herzoglichen Familie von Braunschweig-Wolfenbüttel, an deren Höfen es, wie erwähnt[79], zahlreiche Afrikaner gab. 1731 erschien Schnabels utopische Robinsonade *Insel Felsenburg*, in der er das Bild einer frühbürgerlichen Idealgesellschaft entwarf, wobei neben Anregungen aus den Sklavenhaltergesellschaften Amerikas auch Einflüsse des Kontinuitätsgesetzes deutlich wurden. Vermutlich griff Schnabel auch auf den Reisebericht des aus Westfalen stammenden Geistlichen Ludolf von Sudheim zurück, der 1336–1341 eine ausgedehnte Pilgerfahrt in den Orient unternommen und anschließend unter anderem von dem Land *Pugia by Barbaryen* erzählt hatte, wo »alle Leute, die in dem Lande sind, beide, Frauen und Männer, im Antlitz also Affen sind; und haben zahme Affen in ihren Häusern, also wie (man) hier Hunde oder Hühner hat [...]«[80]

In der Erzählung Schnabels entwickelt sich unter der Leitung des Sachsen Albert Julius auf einer einsamen Insel irgendwo im »südlichen Meer« eine Kolonie, in der sich alle Beteiligten bis hinunter zu einigen Affen allezeit emsig arbeitend zum Wohl »des ganzen Gemeinwesens« nützlich machen. Schnabel folgte hier beinahe wörtlich den Vorgaben der Theoretiker des Kontinuitätsgesetzes, die wie der Engländer Soame Jenyns (1704–1787) erklärten: »[...] das Universum (ähnelt) einer großen und wohlgeordneten Familie, in der alle Befehlsträger und Bediensteten, und sogar die Haustiere, in einander untergeordneter Stellung zweckdienlich wirken und dabei in passender Weise Gehorsam leisten; jedermann genießt dabei die Vergünstigungen und Vorrechte, welche seinem Platz angemessen sind, und trägt zugleich durch jenen rechtmäßig begründeten Gehorsam zur Erhabenheit und zum Glück des Ganzen bei.«[81]

Die Affen zeigten sich bei Schnabel dementsprechend »der massen unterthänig und klug«, daß der Inselherr »fast nichts als den Mangel der Sprache bey ihnen auszusetzen hatte«.[82] Tagsüber liefen sie fort, »kamen aber gegen Abend wieder, und brachten uns zum Geschenck 2. grosse Nüsse mit, deren jede 5. biß 6. Pfund wog, sie zerschlugen dieselben recht behutsam mit Steinen, so, daß die Kernen nicht zerstückt wurden, welche sie uns auf eine recht liebreiche Art praesentirten, und sich erfreuten, da sie aus unseren Gebärden vermerckten, daß wir deren Annehmlichkeit rühmeten.«[83] Überhaupt boten die Affen den Inselbewohnern weder Anlaß zu Schaden noch Verdruß, »denn alles was wir thaten, afften sie nach, wurden uns auch nach und nach ungemein nützlich, indem von ihnen eine ungemeine Menge der vortrefflichsten Früchte eingetragen wurden, so offt wir ihnen nur ordentlich darzu gemachte

Säcke anhingen, ausser dem trugen sie das von mir klein gespaltene Holtz öfters von weiten Orten her zur Küche, wiegten eins um das andere unser Kind, langeten die angehängten Gefässe voll Wasser, in Summa, sie thaten ohne den geringsten Verdruß fast alle Arbeit mit, die wir verrichteten, und ihnen zu verrichten lehreten, so, daß uns dieses unser Hauß-Gesinde, welches sich zumahlen selbst beköstigte, nicht allein viele Erleichterung in der Arbeit, sondern auch ausser derselben mit ihren poßirlichen Streichen manche vergnügte Stunde machten.«[84]

Der anatomisierte Neger

Die innere Logik der philosophischen Systeme, mit denen man seit Mitte des 17. Jahrhunderts den Problemen der sich entwickelnden feudalabsolutistischen Gesellschaften Nordwesteuropas begegnen wollte, hatte dazu geführt, daß die Naturforscher den christlichen Dualismus von Mensch und Tier überwanden, um beide in ein enges verwandtschaftliches Verhältnis zu setzen. Affe und Afrikaner wurden einander zum Verwechseln ähnlich. Die Eigenschaften des einen wurden – *mutatis mutandis* – die Eigenschaften des anderen. Der Unterschied zwischen beiden war graduell, nicht grundsätzlicher Natur.

Für das Studium des Menschen im Rahmen der weiteren Erforschung der großen Seinskette hatte dies weitreichende Folgen. Denn wenn der Mensch als integraler Bestandteil der Tierwelt betrachtet wurde, dann konnte, ja *mußte* man ihn auch wie die Tiere studieren! Diese aber (wie auch die Pflanzen und Mineralien) ließen sich nur begreifen, indem man sich eingehend mit den *sichtbaren* Aspekten ihres *Körpers*, d. h. mit dem Bau ihrer Organe und deren Funktionen, beschäftigte, um daraus auf ihr Wesen und ihren Platz im System der Natur zu schließen. Obgleich die Leibnizsche Stufenfolge der Dinge – der idealistischen Metaphysik ihres Schöpfers entsprechend – weit mehr mit psychologischen als mit morphologischen Begriffen umrissen worden war[85], übernahmen die Naturforscher des 18. Jahrhunderts die naiv-empirischen Methoden der Botanik und der Zoologie für das vergleichende Studium des Menschen. Denn was allgemein für die Tiere Geltung besaß, mußte unter der obigen Prämisse einer zwingenden Logik zufolge auch für das Menschentier gelten. Und wenn dieses sich von den übrigen Tieren lediglich graduell durch »eine schönere Gestalt (unterschied), ein paar Hände, mit denen du mehr ausrichten kannst als ein Thier mit seinen Pfoten, eine Bildung gewisser Gliedmaßen die dich der Rede fähig macht, und ein lebhafterer Witz, der von einer schwächern und reitzbarern Beschaffenheit deiner Fibern herkommt [...]«[86], dann mußten sich auch die verschiedenen Menschen nach solchen anatomisch-funktionellen Kriterien unterscheiden lassen.[87] Ein Mehr an Differenziertheit und Delikatesse ihrer körperlichen Organe mußte dann analog zu den Pflanzen und Tieren auch bei den Menschen zu unterschiedlichen Fähigkeiten und damit zu einem entsprechend größeren Quantum an sozialer Nützlichkeit führen. Tatsächlich war der Grundgedanke, von dem sich die Anthropologen leiten ließen, sehr einfach und mechanisch: Je schwieriger die Aufgabe, so glaubten sie, desto komplexer müsse zwangsläufig auch die menschliche Maschine sein.[88] Woraus folgte: Der Anblick, den dieses innere Triebwerk und seine äußere Hülle ihrem aufmerksamen Auge im konkreten Fall bot, offenbarte – »weil (eben) jedes erschaffne Wesen seine Bestimmung, und den zu dieser Bestimmung erforderlichen Körperbau hat«[89] –, für welche besonderen »Geschäfte«[90] die Natur ein bestimmtes Geschöpf eingerichtet hatte.

Der Körper des Menschen wurde auf diese Weise zum alleinigen Ausgangspunkt aller Einsicht in sein Wesen – eine Chiffre der persönlichen Begabung und selbst der gesellschaftlichen Verhältnisse, in denen jemand lebte. »Wo aber die Bildung des Cörpers, und der Hauptheile des Gesichts sehr voneinander abweichend sind«, behaupteten keineswegs nur konservative Gelehrte wie Meiners, »da kann man mit Sicherheit gleiche Abweichungen in Fähigkeiten, Gemüths=Arten, Nahrung, Kleidung, Wohnung und gesellschaftlichen Verhältnissen voraussetzen [...]«[91] Den Körper beschreiben in Wort und Bild; ihn zerschneiden und zerstückeln, um ihn auch *innen* visuell zu erfassen; wühlen in den Eingeweiden auf der Suche nach Erkenntnis und verborgenen Geheimnissen; messen, beobachten und vergleichen – dies alles wurde in der Tat die vorherrschende Methode, mit der man, wie allen übrigen Geschöpfen, am Ende auch dem Menschen in seinen verschiedenen Erscheinungsformen zu Leibe rückte, mit dem Ziel, ihm »wissenschaftlich fundiert« den ihm angeblich von Fall zu Fall gebührenden Platz in der *Great Chain of Being* anzuweisen.

Solange die soziale und ökonomische Basis des feudalen Ständestaats und damit das christlich-theologische Weltbild des »Mittelalters« im wesentlichen unangetastet blieben, hatte man freilich mit solchem Vorgehen seine Schwierigkeiten. Noch zu Beginn des 17. Jahrhunderts war größte Vorsicht geboten, wollte man sich nicht den Gefahren einer Verfolgung durch die Kirche und die weltlichen Autoritäten aussetzen, die nach wie vor mit inquisitorischer Strenge darüber wachten, daß nicht die naturwissenschaftliche Erforschung der kreatürlichen Welt, zumal des Menschen, ihre Stellung in Gesellschaft und Staat unterminierte. »In Parks und Gehegen«, so machten es deshalb die listigen Wissenschaftler noch 1624 in Francis Bacons utopischer Gesellschaft *Neu-Atlantis*, »halten wir alle möglichen Tiere und Vögel, und zwar weniger wegen ihrer Merkwürdigkeit oder Seltenheit, als vielmehr zu Sektionen und anatomischen Untersuchungen, um dadurch so weit wie möglich Aufklärung über den menschlichen Körper zu erlangen.«[92]

Als schließlich der Mensch denselben Untersuchungen unterworfen wurde wie Pflanzen und Tiere, war dies also durchaus ein kühner Schritt. Seitdem die aristotelische Auffassung von der Natur der geballten Kraft des paulinischen Christentums und der neuplatonischen Philosophie mit ihrer radikalen Trennung von »Geist« und »Körper« sowie ihrer einseitigen Betonung der spirituellen menschlichen Qualitäten weichen mußte, war das nicht mehr mit einer derartigen Konsequenz versucht worden.[93] Die antikirchliche Dimension dieses Vorgehens war nicht zu verkennen, und die Anthropologie verdankte ihm schon bald wichtige Einsichten. Aber durch die Übernahme der bereits weit ausgereiften Methodologie aus Botanik und Zoologie, welche Sehen und Wissen allzu simplifizierend miteinander gleichsetzte, wurde der Begriff der menschlichen Natur einerseits auf rein ästhetische Aspekte und andererseits auf das bloß Meßbare, auf die cartesianische *res extensa*, reduziert. Die Unterschiede zwischen verschiedenen Menschen wurden damit zu einer bloßen Funktion ihrer zufälligen morphologischen und anatomisch-physiologischen Besonderheiten gemacht, während der Blick auf Phänomene, die mit der *gesellschaftlichen* Natur des Menschen zusammenhingen, verstellt wurde. Diese Tendenz erfuhr schließlich noch eine gewisse Verstärkung durch die bis dahin in der Biologie durchaus sinnvolle, aber nun in der Anthropologie höchst fragwürdige Praxis, das Studium einzelner Spezimina, die dem jeweiligen Forscher mehr oder weniger zufällig in die Hände fielen, zur Grundlage weitreichender Aussagen über die gesamte Art zu machen.[94]

Unter dem Gesichtspunkt der politischen Moral entbehrte die Sache nicht einer gewissen grausamen Ironie. Denn ausgerechnet mit Hilfe des Naturbegriffs, der es den bürgerlichen Theoretikern möglich machte, die auf dem konventionellen Geburtsrecht basierende ständische Feudalordnung mit der Behauptung der natürlichen Gleichheit aller Menschen zu attackieren, wurde hier die Vorstellung von der Ungleichheit der Rassen zu einer anthropologischen Wahrheit erhoben. Ausgerechnet mit Hilfe des Naturbegriffs machte die bürgerliche Klasse, die doch im Namen der *inneren* menschlichen Werte gegen die behauptete »Oberflächlichkeit« der höfischen Aristokratie zu Felde zog, auf diese Weise das morphologische *Erscheinungsbild* der Menschen zum Kriterium ihrer wesentlichen Unterschiede!

Die von der sogenannten »Physiognomik« ausgehende Faszination, der so viele Anthropologen des 18. Jahrhunderts zum anhaltenden Nachteil der Afrikaner erlagen, zog im übrigen ihre Kraft keineswegs nur aus protowissenschaftlichen Arbeiten, die die im Körper eines Menschen »verborgnen tugent« mangels sozialwissenschaftlicher oder anderer geeigneter Methoden aus der besonderen Beschaffenheit seiner Körperkonturen, aus Form und Ausdruck von Kopf und Gesicht und aus Gestik und Gebärden herauslesen wollten.[95] Das für so viele Intellektuelle des 18. Jahrhunderts charakteristische große Interesse an einer »wissenschaftlichen« Interpretation der menschlichen Physiognomie speiste sich vielmehr auch aus den ehrwürdigen Konventionen der kirchlichen Kunst. Denn im Auftrag der Kirche hatten Maler und Bildhauer mit ihren jedermann zugänglichen Bildern und Skulpturen seit langem die Sehgewohnheiten und die mit ihnen verbundenen Interpretationsschlüssel für das Gesehene entscheidend geprägt. Einem alten Ausspruch Gregors des Großen (540–604) gehorchend, wonach »in Anbetracht der Unwissenheit einfacher Menschen, [...], die die Schriften nicht zu lesen vermögen, (diese) dennoch lernen können, indem sie die Sakramente unserer Erlösung und unseres Glaubens in Bildern sehen«[96], hatten sie spätestens seit dem 13. Jahrhundert einen Kanon von Abbildungsmustern entwickelt, der es den Gläubigen ermöglichte, nicht nur bestimmte Heilige oder andere Gestalten aus Bibel und Kirchengeschichte zu identifizieren, sondern auch den Charakter und die Gemütsverfassung dargestellter Personen zu erfassen. In vielen Fällen genügten die jedem Gläubigen geläufigen besonderen Attribute der abzubildenden Personen als Erkennungszeichen: »und mal yr auch ein gensfuss«, brauchte zum Beispiel das schon erwähnte bayerische Malerhandbuch aus dem 15. Jahrhundert den Künstler einfach nur anzuweisen, wenn dieser eine diabolische Königin von Saba darstellen sollte.[97] Für die Darstellung weniger offenkundiger Eigenschaften, beispielsweise von Empfindungen oder bestimmten Wesensarten, hatte man im Lauf der Zeit ebenfalls gewisse Formeln gefunden, die von den meisten Gläubigen auf Anhieb verstanden wurden: die schwarze Haut als Merkmal der Sünde; eine niedrige Stirn als Hinweis auf eine bösartige Gesinnung; ein langer Hals als Zeichen für Stolz usw. Gewiß ist es heute nicht mehr möglich, die ganze Vielfalt und Vielschichtigkeit dieser überkommenen Formulatur detailliert zu rekonstruieren; es ist aber in diesem Zusammenhang auch gar nicht nötig, näher darauf einzugehen, wie es den Künstlern im einzelnen gelang, die verschiedenen geistig-seelischen Eigenschaften – Verstand, Glück, Tugend, Können, edle Gesinnung usw. (oder ihr Gegenteil) – in die Bildersprache zu übersetzen; worauf es hier ankommt, ist allein die Tatsache, daß dadurch bestimmte Sehgewohnheiten mit den dazugehörigen Denkrastern geschaffen wurden, die schließlich – durch einfache Übertragung – die Ansichten von den außereuropäischen Bevölkerungen zu einem erheblichen Teil mitgeprägt haben.

Selbstverständlich ist die Physiognomik nicht einfach hingenommen worden: Der Göttinger Naturwissenschaftler und Philosoph Georg Christoph Lichtenberg (1742–1799) und andere warnten vor einer unkritischen Verabsolutierung dieser von vielen Zeitgenossen favorisierten und ursprünglich auf die alte aristotelische Abhandlung *De Physiognomia* zurückgehenden, oberflächlichen Betrachtung der Dinge. Sie beharrten darauf, »daß man, durch ein paar armselige Beispiele von Hunden, Pferden, Dreigroschenstücken und Obst, die man allenfalls noch (nicht immer) aus dem Äußern beurteilt, verleitet, noch nicht vom Leib auf ein Wesen schließen könne, dessen Verbindungsart mit ihm uns unbekannt ist und überhaupt nicht auf den Menschen schließen kann [...]«[98] Später hat sich auch Napoleon Bonaparte in diesem Sinn geäußert, als er im Zusammenhang mit seiner Kritik an dem Anatomen Gall gegenüber Graf Las-Cases auf St. Helena erklärte: »[...] die Natur ist nicht so arm. Wenn sie so plump wäre, sich durch äussere Formen anzukündigen, würden wir rascher vorschreiten und weiser sein. Ihre Geheimnisse sind feiner und delikater und flüchtiger. Bis jetzt entkommen sie gänzlich. Ein kleiner Buckliger erweist sich als grosses Genie; ein grosser schöner Mensch ist nur ein Dummkopf. Ein weiträumiger Kopf mit einem beträchtlichen Gehirn hat mitunter nicht eine Idee, während ein kleines Gehirn sich als ungeheure Intelligenz erweist. Und sehen Sie die Einfältigkeit von Gall: er teilt bestimmten Höckern am Kopf Neigungen und Verbrechen zu, die in der Natur nicht gegeben sind, die nur von der Gesellschaft und der Konvention der Menschen kommen: wie sollte denn ein Diebshöcker entstehen, wenn es kein Eigentum gäbe? der Höcker der Trunksüchtigkeit, wenn es nicht alkoholische Getränke gäbe? jener der Ruhmsucht, wenn keine Gesellschaft existierte?«[99]

Nicht wenige der etablierten Anthropologen, namentlich aus dem Kreis derjenigen, deren Anliegen vorrangig der weitere Ausbau einer *empirisch begründeten* Naturwissenschaft war, glaubten jedoch allen Einwänden zum Trotz weiterhin, »auf dem rechten Weg der Erfahrung, und zwar der *physischen*, das ist der für uns einzig möglichen«[100], fortfahren zu müssen und widmeten sich deshalb nach wie vor mit Hingabe der Physiognomik und ihrer nur graduell, doch keineswegs wesentlich mehr in die Tiefe gehenden Variante, der Anatomie.[101] Auf jeden Fall war die Differenzierung der Menschen nach biologischen Unterscheidungsmerkmalen nicht das finstere Werk der Gegenaufklärung, und sie läßt sich auch nicht unmittelbar auf den beginnenden Kolonialismus und den transatlantischen Sklavenhandel zurückführen. Sie war vielmehr das schon in Konventionen der kirchlichen Kunst und in den Voraussetzungen und Verfahren der bürgerlichen Neuordnung des Universums angelegte Resultat.

Festzuhalten bleibt, daß man etwa seit Mitte des 18. Jahrhunderts im Schutz des bürgerlich-absolutistischen Bündnisses der Aufklärung intensiv daranging, die verschiedenen Vertreter des *homo sapiens* – angefangen bei den nächsten Verwandten des *Orang-Utan* bis hin zum größten Genie – anhand ihrer verschiedenen Körpermerkmale in einer aufwärts steigenden Linie zu klassifizieren und gleich allen übrigen Geschöpfen in die Hierarchie der großen Seinskette einzugliedern. Dem Europäer als einem bestimmten abstrakten Typus, der wesentlich dem Ideal der bürgerlichen Intelligenzschicht entsprach, wurde dabei anscheinend *a priori* eine Spitzenposition eingeräumt; so durch den seinerzeit hoch geschätzten Historiker Theophil Friedrich Ehrmann (1763–1811), der in seiner *Beschreibung von Senegambien* den »bessre(n) Theil der Europäer« als Krone der Schöpfung hinstellte und ihm folglich unter dem Titel »Aufgeklärte« in der sechsten und höchsten Klasse seines Ordnungssystems einen »gebührenden« Platz zuwies.[102] Die »Aufgeklärten« haben es nach Ehrmann »in jeder menschlichen Kunst und Fertigkeit und besonders in den höheren Wissenschaften zu derjenigen Vollkommenheit gebracht [...], die bisher noch unerreicht war«.[103]

Die übrigen Bewohner der Erde kamen weniger günstig davon. So repräsentierten die afrikanischen Schwarzen mit ihrem vermeintlich »affenähnlichen« Körper schon bald das genaue Gegenteil europäischer Bürgertugenden: Sie wurden als faul, geil und genußsüchtig hingestellt, häßlich und ohne jedes Genie. Charles Bonnet wies dem Ordnungsbemühen der Systemtheoretiker die Richtung: »Auf den lappländischen Zwerg« – so verlangte er – »lasset den Riesen der magellanischen Meerenge folgen. An die Stelle des Afrikaners mit plattem Gesichte, schwarzer Farbe und wolligtem Haare, lasset den Europäer folgen, dessen regelmäßige Gesichtszüge noch durch die Weiße der Haut, und die Schönheit der Haare erhoben werden. Der Unreinigkeit des Hottentotten setzet die Reinigkeit des Holländers entgegen. Vom grausamen Menschenfresser gehet geschwind zum gesitteten Franzosen. Stellet den dummen Huron gegen den tiefsinnigen Engländer. Steiget vom schottischen Bauer zum großen Neuton herauf, und von der Harmonie des Rameau[104] zu den Feldgesängen des Schäfers herunter. Vergleichet den Schlosser, der einen Bratenwender machet, mit dem Vaucanson[105], der seine Automata schaffet. Zählet einmal, wie viele Stufen vom Schmiedeknechte, unter dessen Hammer der Ambos seufzet, bis zum Réaumur[106] sind, der das Eisen anatomiret.«[107]

Dies also war der Geist, in dem sich ein wichtiger Teil der Anthropologen an die Klassifikation der menschlichen Erscheinungsformen machte. Der aus Wesel am Rhein stammende flämische Anatom Andreas Vesal (1514/15–1564), Leibarzt Kaiser Karls V. und Philipps II. von Spanien, war möglicherweise der erste, der zunächst Affen und Menschen miteinander verglich.[108]

Wohlgemerkt: Affen und *Menschen*, nicht unbedingt gleich Affen und *Afrikaner*! Denn auch Bewohner anderer Erdteile wurden verschiedentlich zu Vergleichszwecken herangezogen. Wen es im einzelnen traf, hing anfangs oft nur von den Zufälligkeiten der Entdeckungsreisen ab, die damals nach allen vier Himmelsrichtungen hin durchgeführt wurden und eine sehr unterschiedliche Ausbeute von Reiseberichten und anderem Studienmaterial erbrachten. Auffällig ist jedoch, daß es sich dabei fast immer um Menschen handelte, die – vom europäischen »Zentrum« der Welt aus gesehen – an ihrem entfernten »Rande« lebten: die antiken »Erdrandmonster« der Ktesias und Solinus spukten offenbar auch damals noch in vielen Köpfen herum. Etliche Gelehrte glaubten jedenfalls noch bis zum Ende des 18. Jahrhunderts, außer in Pygmäen und »Hottentotten« wahlweise auch in Lappländern, Kalmücken, den Bewohnern der Inselgruppe Novaja Zemlja (Nova Zembla) im Osten der Barentssee, in den Eskimos und selbst in den schottischen Hochlandbauern und anderen heimischen »Primitiven«, die gesuchten »niedersten Vertreter des Menschengeschlechts« ausfindig gemacht zu haben. Für Leibniz waren, um ein Beispiel zu nennen, die Lappländer sehr primitive Menschen; er ordnete sie in dieselbe Kategorie ein wie die »Äthiopier«.[109] Für Georg Forster (1754–1794), der in den Jahren 1772 bis 1775 unter Kapitän James Cook die Südsee befahren hatte, schienen dagegen die Bewohner der Insel Malikoko »die mehreste Verwandtschaft« mit den Affen zu haben, weil er sie »klein, behend, hager, schwarz und häßlich fand«, weil ihre »Hirnschädel« nach seinen eigenen Beobachtungen »auf eine besondere Art von der Nasenwurzel aufwärts mehr platt und Hinterwärts gedrückt, ihr Haar [...] wolligt, die Backenknochen [...] breit, und ihre Gliedmassen, besonders der Bauch, dünn (waren)«, und weil »der ganze Körper, selbst der Rücken [...] haarig«.[110]

Gleichwohl konzentrierte sich das Interesse – durch die Entdeckung der afrikanischen Menschenaffen und den zunehmenden Handel mit afrikanischen Sklaven genährt – bald auf bestimmte Afrikaner, namentlich auf »Pygmäen« und »Hottentotten« (Khoi-Khoin). Schon im Jahr 1606 durfte in Nürnberg der Schausteller Johann Bisan aus Paris seine »Spiele mit einem Fabian (d. h. Pavian, P. M.), Mohren, Affen und abgerichteten Hunden auf wiederholtes Bitten schließlich vorführen«[111] und damit für jedermann sichtbar den fortan allgemein für »richtig« gehaltenen Zusammenhang herstellen.

Mehr noch als die »Pygmäen« erregten die südafrikanischen »Hottentotten« das Interesse der forschenden Intelligenz des 17. und 18. Jahrhunderts. Der Afrikareisende Peter Kolb (1675–1726) war einer der ersten, der sich wissenschaftlich mit ihnen beschäftigte. Sein 1719 nach jahrelangen gründlichen Recherchen vor Ort vollendetes Werk, das bis zum Ende des 18. Jahrhunderts in mehreren Auflagen und Übersetzungen in die holländische, französische und englische Sprache erschien, galt lange als unbestrittene Hauptquelle über die Kapbewohner und hat die Ansichten zahlloser zeitgenössischer Gelehrter über diesen Gegenstand entscheidend beeinflußt.[112] Erst vergleichsweise spät wurde es durch Arbeiten wie die deutsche Übersetzung von W. *Pattersons Reisen in das Land der Hottentotten und das Land der Kaffern während der Jahre 1777, 1778 und 1779* (Berlin 1790) ergänzt.

Matthaeus Rungell, *Tischuhr, sog. Hottentottentanz* (Ausschnitt), signiert, Augsburg, 1. Viertel 17. Jhd., Höhe 53 cm, Dresden, Staatlich Mathematisch-Physikalischer Salon.

Die Lektüre derartiger Schriften wurde allerdings nicht selten bemerkenswert selektiv betrieben. Während die »Hottentotten« den Quellen zufolge in der unmittelbar auf ihre »Entdeckung« folgenden Phase durchaus noch nicht immer zwangsläufig als eine Art vertierter Menschen aufgefaßt wurden[113] und auch etwa im Spielwerk einer in Augsburg hergestellten Tischuhr aus dem ersten Viertel des 17. Jahrhunderts (dem sogenannten »Hottentottentanz«) noch eher wie Holländer wirken, setzt sich im Fortgang des 17. Jahrhunderts mehr und mehr die Vorstellung durch, daß man es hier mit quasi tierischen »Untermenschen« zu tun habe. Die theoretische Gewalt des Kontinuitätsgesetzes erwies sich offenbar in nicht wenigen Fällen stärker als die Fakten. Jedenfalls nützte es wenig, wenn qualifizierte Beobachter wie Kolb wiederholt darauf hinwiesen, daß sie »bey einigen Scribenten / viele nichts nützige / irrige und gantz falsche Sachen / von den *Hottentotten* und ihrem Lande / [...] aufgeschrieben gefunden [...]«[114]; wenn sie betonten, obwohl es zunächst tatsächlich den Anschein hätte, »es seyen rechte scheußliche Leute und *Mon-*

stra [...]«, könne davon doch bei näherer Untersuchung keine Rede mehr sein.[115] Die etablierte Wissenschaft verlangte nun einmal nach den nächsten Verwandten der anthropoiden Affen; sie in den »Pygmäen« und »Hottentotten« zu sehen, schien plausibel, und dem allgemeinen Publikum war die »Afrikanisierung« des Problems nur recht.

Ein Indiz für das große Interesse an den vermeintlich besonders »primitiven« Eingeborenen Südafrikas ist die Tatsache, daß skrupellose Geschäftemacher nicht zögerten, einige dieser Unglücklichen vom Kap der Guten Hoffnung nach Europa zu bringen, um sie öffentlich zur Schau zu stellen. Diese Unternehmer trugen dadurch manches dazu bei, die Vorstellung vom Afrikaner als einem Mittelwesen zwischen Tier und Mensch im Bewußtsein der Bevölkerung zu verankern. Schon Mitte des 17. Jahrhunderts war auf diese Weise anläßlich eines Jahrmarkts an der Trostbrücke in Hamburg zum erstenmal »ein wilder Mensch aus Afrika, ein Hottentott geheißen«, hautnah zu bewundern.[116] 1687 konnte dann bei ähnlicher Gelegenheit auch die Bremer Stadt- und Landbevölkerung einen solchen Südafrikaner in Augenschein nehmen: »Ein Wilt Mensch, so sich hat sehen laßen.«[117] Gut hundert Jahre später war das Interesse immer noch vorhanden; 1811 wurde in einer Bude auf dem Bremer Domhof erneut ein »Hottentott« gegen Bares gezeigt: »Standespersonen zahl(t)en nach Belieben, sonst die Person 8 Grote, Dienstboten die Hälfte.«[118]

Der Einfluß der seit der Jahrhundertwende zunehmend verflachenden und popularisierten naturphilosophischen Diskussion[119], die seit eben dieser Zeit auch unter deutscher Beteiligung betriebene Erforschung Innerafrikas und bald auch der sich abzeichnende Eintritt Deutschlands in die Reihe der Kolonialstaaten sorgten dafür, daß das allgemeine Interesse an den »wilden« Afrikanern im Verlauf des 19. Jahrhunderts eher noch zunahm.[120] Dieselben Faktoren führten auch zu einer zunehmenden Verrohung der Geschäftspraktiken: Nicht nur wurden die Zuschauer immer wieder mit »falschen« Wilden – Schwarze, die man irgendwo in den großen Städten Europas oder Amerikas angeworben hatte – betrogen[121], so daß Joachim Ringelnatz noch zu Beginn des 20. Jahrhunderts durchaus wahrheitsgemäß reimen konnte:

»Es war einmal ein Kannibale,
Der war aus Halle an der Saale.
Man sah ihn oft am Bodensee
Für zwanzig Pfennige Entree«[122]

Gravierender ist, daß zugleich die Form, in der man diese bedauernswerten Personen öffentlich zur Schau stellte, immer stereotyper und auf erschrekkende Weise brutaler wurde. Das Schicksal des Afrikaners, der Anfang des 19. Jahrhunderts am Rhein zu einer vulgären Jahrmarkts-Attraktion wurde, zeigt, wie weit dies gehen konnte: »Da mußte er, um recht wild zu erscheinen, lebendige Tauben zerreißen und blutig verschlingen, rohes Fleisch essen, vor einem Ochsenkopf niederknien und ihn anbeten, mit einer Keule herumtoben und tun, als ob er in seinem wilden Land auf der Jagd wäre oder in den Krieg zöge«, empörte sich ein Missions-Blatt.[123] Doch solche Stimmen verhallten meistens ungehört; die Schausteller ließen sich davon kaum abschrecken. Noch Jahre danach, zu Beginn unseres Jahrhunderts, beendete der Bongo *Allagabo Timm,* den der Afrikareisende Georg Schweinfurt nach Deutschland mitgebracht hatte, sein Leben als »wilder Mann« in der Bude eines Schaustellers.[124] Ungefähr zur selben Zeit erzählt ein aus Baltimore in den USA gebürtiger Afroamerikaner, dem in Berlin das Geld ausgegangen war und der sich aus diesem Grund von einem kleinen amerikanischen Zirkus, welcher damals gerade durch die deutschen Lande tingelte, als »Hottentott« verpflichten ließ, von ähnlich schlimmem Erleben:

> *»You see, boss, I'se been working here, got ten dollars a week to play wild man. I was all stripped 'cept around the middle and wore a claw necklace; had to make out as if I couldn't talk. 'Twas mighty tiresome to howl and grin all day. Then times got hard. I had to eat raw meat and drink blood. The circus man, he stood off as if he was afraid of me and chucked meat on the floor to me. I had to lean over, pick it up in my teeth and worry it like I was a dog. It was horse meat and pretty tough, boss, but it brought crowds for a while. Then it got drefful cold for a nigger with no clothes on and they put a snake around my neck. I couldn't stand that, so I'se come to the hospital.«*[125]

Der breiten Öffentlichkeit mochte dergleichen Sensationsmache genügen, die Wissenschaft aber konnte und wollte sich selbstverständlich nicht mit dem entfernten Augenschein aus der Loge des Rummelplatzes zufriedengeben; sie verlangte, wie gesagt, nach tieferen Einsichten. Es wird diesem Umstand zuzuschreiben sein, daß einige der nach Europa verbrachten Afrikaner nach ihrem Ableben in die »anatomischen Theater« der »Zergliederungskünstler« gerieten. Vielleicht waren diesem neuen wissenschaftlichen Interesse sogar schon jene in Spiritus aufbewahrten »Mohrenköpfe« zu verdanken, die ein russischer Adliger 1697/98 auf einer Reise durch Westeuropa in einer Stuttgarter Apotheke entdeckte und die von der Belagerung Wiens im Jahr 1683 stammten.[126] Sicher ist jedenfalls, daß die anatomische Untersuchung der

Eine »Buschmann-Hottentotten Gruppe« (Khoi-San), die 1887 auf Jahrmärkten in Deutschland von einem Hugo Schött zur Schau gestellt und in München auch Anthropologen und Linguisten vorgeführt wurde. Photo: Römmler und Jonas, Sächsische Hofphotographen, Dresden, Basel, Archiv des Zoologischen Gartens.

Afrikaner tatsächlich um diese Zeit einsetzte, und zwar wahrscheinlich mit dem Engländer Edward Tyson (1650–1708), der von der kurz zuvor ins Leben gerufenen Londoner *Royal Society* gefördert wurde.[127] Tyson verglich die verschiedensten anatomischen Einzelheiten des Menschen peinlich genau mit jenen der anthropoiden Affen und konnte dadurch sowohl die enge Verwandtschaft zwischen beiden als auch ihre eindeutige Verschiedenheit nachweisen.[128] Obwohl sich später herausstellte, daß der »Pygmäe«, den er als *missing link* zwischen Affe und Mensch identifiziert hatte, in Wahrheit ein Schimpanse gewesen war, gilt sein 1699 erschienenes Hauptwerk *Orang-Outang, sive Homo Sylvestris: or, The Anatomy of a Pygmie compared with that of a Monkey, an Ape, and a Man* bis heute als eines der Meisterwerke der frühen vergleichenden Anatomie.

Tyson hatte nur beschrieben, was er unmittelbar beobachtete; theoretische Schlußfolgerungen über das Verhältnis von Mensch und Tier finden sich an keiner Stelle seines Werks. Erst der schwedische Biologe Carl von Linné (1707–1778) wagte – ohne dies und die Folgen weiter zu theoretisieren – den entscheidenden Schritt: Linnés außerordentlich einflußreiches *Systema Naturae*, das allein zu seinen Lebzeiten zwischen 1735 und 1766 zwölf Auflagen erlebte, stellte den Menschen erstmals seit Aristoteles wieder in das Tierreich, in dem dessen 1. Klasse *Mammalia* (Säugetiere) in der 1. Ordnung *Primates* (Herrentiere) den *Homo sapiens*, die Menschenaffen und Faultiere umfaßte.[129] Da der schwedische Gelehrte jedoch mit seinem vielbändigen »Inventarium« eine umfassende und systematische Bestandsaufnahme der gesamten Natur mit ihren Abteilungen »Mineralien«, »Pflanzen« und »Tiere« versuchte, mußte er der Behandlung des Menschen notgedrungen relativ wenig Raum belassen: Ein begrenzter Katalog meist oberflächlicher Körpermerkmale wie Hautfarbe, Körpergröße, Körpergestalt usw. mußte ihm genügen, um die verschiedenen »Varietäten« des *homo sapiens* – sehr zum Nachteil der verschiedenen nichteuropäischen Rassen – in die Kategorien *Europaeus, Asiaticus, Americanus, Afer, Ferus* und *Monstrosus* zu gliedern.[130] Nicht viel anders verhielt es sich mit Buffon, Bonnet und anderen »Floristen« und »Faunisten« des 18. Jahrhunderts, die ihre großangelegten »allgemeinen Naturgeschichten« parallel zu Linné oder im Anschluß an ihn zusammenstellten.

Differenziertere Erkenntnisse konnten erst die hochspezialisierten »Zergliederer« des menschlichen Körpers beisteuern, welche schließlich die Anthropologie als besondere Wissenschaft vom Menschen begründeten.[131] Hier war es vor allem der Göttinger Naturwissenschaftler Johann Friedrich Blumenbach (1752–1840), der sich besonders um die Erforschung des Menschen bemühte.[132] Blumenbach, der im Wintersemester 1776 als erster eine spezielle Vorlesung über die empirisch vergleichende »Völkerkunde« hielt und seither als der eigentliche Begründer der wissenschaftlichen Anthropologie gilt[133], untersuchte schon als junger Medizinstudent die »Reisebeschreibungen mit Abbildungen fremder Völkerschaften«, welche er in der »zahlreichen Bibliothek« seines Lehrers, des Göttinger Professors Christian Wilhelm Büttner, fand.[134] Sein späterer Kollege und Freund Samuel Thomas Sömmerring sah ihn schon als jungen »Burschen« fachgerecht einen toten Pavian präparieren.[135] Frucht dieser Arbeiten war Blumenbachs berühmte Dissertation *De generis humani varietate nativa* (1775), die später auch in deutscher Sprache unter dem Titel *Über die natürlichen Verschiedenheiten im Menschengeschlechte* (3. Auflage, Leipzig 1788) erschien. Sein großes Interesse an den Problemen der vergleichenden Anthropologie und den Fragen, die mit der empirischen Verifizierung des Kontinuitätsgesetzes zusammenhingen, spiegelte sich auch in dem Fragenkatalog wider, den er später dem von ihm geförderten jungen Forschungsreisenden Friedrich Konrad Hornemann (1772–1801) aus Hildesheim mit auf den Weg nach Afrika gab.[136] Er verlangte darin von Hornemann neben einer Antwort auf verschiedene anthropologische Fragen, die der Klärung strittiger Punkte in bezug auf Hautfarbe, Form der Genitalien, Haartyp usw. galten, unter anderem auch eine »Möglichst genaue Charakteristik der Nationalgesichtsbildung und Schädelform bey den verschiedenen Neger-Stämmen«[137] sowie »Möglichst genaue Nachrichten von menschenähnlichen Affen einzusammeln«.[138] Schließlich hat dann, wie er selber schrieb, »[...] die weitere Verfolgung dieses interessanten Gegenstandes [...] den Anlaß zu meiner anthropologischen Sammlung gegeben, die mit der Zeit durch ihre in ihrer Art einzige Vollständigkeit allgemein berühmt worden«.[139]

An dieser Sammlung zeigt sich ein weiteres Mal sehr anschaulich, wie die bürgerliche Klasse anfänglich die Formen des höfischen Lebens imitierte und sie zugleich mit ihrem eigenen Inhalt erfüllte: Wenn – wie Norbert Elias erklärte – die Universität das bürgerliche Gegenzentrum zum feudal-absolutistischen Hof wurde, dann waren die anatomischen Sammlungen der Gelehrten das schauerliche Gegenstück zu den traditionellen fürstlichen Menagerien. Und ähnlich wie die Fürsten, die ihre prestigeträchtigen »Hofmohren« – wie etwa der bayerische Herzog Wilhelm V. – durch ein weitverzweigtes Netz von Handelsagenten aus der ganzen ihnen zugänglichen Welt herbeischaffen ließen, machte es jetzt der Göttinger Professor, um an seine wissenschaftlich aussagekräftigen »Mohrenpräparate« zu kommen. Freunde und Bekannte aus aller Welt waren ihm bei der Beschaffung seiner Studienobjekte behilflich. Neben Exemplaren verschiedener anderer Rassen, Mumienköpfen usw. finden sich beispielsweise schon 1787 »drey Negerschedel« in seiner Kollektion, von denen zwei der »Hr. Hofr. MICHAELIS aus Neu-York mitzubringen die Güte gehabt« hat.[140] Später vermerkt er handschriftlich auf einem anderen

Schädel: »Aethiopissae/Guinea. V(on) Pr. v. Geuns/in Utrecht. 1791«.[141] 1792 schickt ihm der Baron von Asch sogar aus Petersburg den »Schädel von einem Neger aus *Congo, Luc venera* hier gestorben«.[142] Als besonders hilfreich erwies sich auch der Hofcapellan C. H. F. Hesse, der einst in Göttingen studiert und anschließend zwanzig Jahre lang die evangelische Gemeinde in Kapstadt betreut hatte. Hesse lieferte nicht nur selber geeignete Objekte, darunter eine »Hottentottin»[143] und einen »Kaffernschädel«[144], sondern sorgte unter anderem auch dafür, daß »die Präparate u(nd) Schädel die HE. (Chirurgus) D^r Gl(äser) ausdrücklich für Sie gesamelt hat«, in Blumenbachs Hände gelangten.[145] Neben verschiedenen »Monstrositäten unnennbarer Art« befand sich darunter auch der Schädel eines weiteren »Kaffern« – (»oder gar ein Buschmannschädel«?) –, der im Kampf gegen die Kolonialisten gefallen war.[146] Schließlich dürfte auch noch so mancher Schwarze, der in Niedersachsen das Zeitliche gesegnet hatte, in die grausigen Vitrinen des gelehrten Anthropologen gewandert sein; die »zwey Mohrenkinder aus dem königlichen Museo zu Göttingen«, die Blumenbach nach dem Zeugnis Sömmerrings untersuchen konnte[147], mochten dazugehören.

Auf jeden Fall kam Blumenbach nach eingehendem Studium solcher Merkmale seines »Materials« wie Gestalt, Körperhaltung, Schädel, Haare, Haut, Blut, Nerven zu dem Schluß, daß es unbestreitbare Unterschiede zwischen den Menschen gäbe, doch bestand er darauf, daß diese insgesamt bei weitem nicht so groß wären wie die zwischen allen Menschen und den Affen.[148] Auf keinen Fall rechtfertigten sie Zweifel an der Einheit des »Menschengeschlechts«.[149] Nichtsdestoweniger neigte Blumenbach zu einer ästhetisch-hierarchisierenden Klassifizierung der Rassen, auf die an anderer Stelle zurückzukommen ist.

Neben Blumenbach haben noch andere Anatomen im In- und Ausland an einer Klassifikation der menschlichen »Spielarten« gearbeitet und dabei unter anderem auch einzelne »Mohren« seziert. Zu nennen ist vor allem der damals in Amsterdam tätige Anatom Pieter Camper (1722–1789), der ebenfalls als einer der bedeutendsten Anthropologen seiner Zeit galt. Als Arzt, Wundarzt und Geburtshelfer stand er mit den hervorragendsten Köpfen der europäischen Gelehrtenwelt in Verbindung; Goethe schickte ihm zum Beispiel sein berühmtes Heft über den Zwischenkieferknochen *(Os intermaxillare)*[150], und Georg Forster nannte ihn bewundernd »einen der merkwürdigsten Männer, welche die Niederlande hervorgebracht haben«.[151] Camper befaßte sich unter anderem intensiv mit vergleichend-anatomischen Studien über den »Neger« und verschiedene Affenarten[152], er hatte ein außerordentliches Interesse an der vergleichenden Osteologie, und er bemühte sich um die Fixierung der verschiedenen »Rassenphysiognomien«. Sömmerring gab 1792 Campers schon früher erschienenes Buch *Über den natürlichen Unterschied der Gesichtszüge in Menschen verschiedener Gegenden und verschiedenen Alters* in deutscher Sprache heraus. Grundlage für diese Arbeiten war eine umfangreiche Sammlung anatomischer Präparate, deren Herkunft den Wirkungskreis der damaligen Kolonialmacht Holland deutlich werden ließ: Nach seinen eigenen Worten besaß er »die Schedel einer ansehnlichen Anzahl verschiedener Nationen, welche ich [...] zusammengebracht oder zufällig gezeichnet habe [...] Ich besitze in meiner Sammlung, außer Köpfen unserer und benachbarter Länder, den Schedel eines Negers von *Angola*, und eines *bejahrten Negers*, den Kopf einer *Hottentottin*, den Schedel eines Jünglings von *Madagaskar*, eines *Mongolen*, eines *Chinesen*, eines Mannes von *Celebes*, und eines *Kalmukken*, folglich Schedel aus acht sehr verschiedenen Ländern.«[153] Neben zahllosen tierischen Präparaten besaß Camper außerdem »verschiedene Stücke Haut von *Mohren*, und *Italienern*, und den weißesten *Holländischen Frauenzimmern* [...]«.[154]

Die wichtigste zeitgenössische Spezialstudie über die anatomischen Besonderheiten der Schwarzen lieferte indessen Blumenbachs herausragendster Schüler und späterer Freund, der schon erwähnte Samuel Thomas Sömmerring (1754–1804). Sömmerring, der 1779 durch Vermittlung seines Freundes Georg Forster, den er anläßlich einer Studienreise in London kennengelernt hatte, als Professor für Anatomie an das Collegio Carolino in Kassel berufen wurde[155], erhielt dort ideale sachliche Voraussetzungen für diese Arbeit, als der Landgraf Friedrich II. von Hessen-Kassel nach Sömmerrings Plänen ein besonderes »anatomisches Theater« bauen ließ, dessen Leitung ebenfalls dem jungen Professor anvertraut wurde.[156] Es gab im damaligen Deutschland nichts, was dieser Einrichtung gleichgekommen wäre.[157] »Die Cadavera der Verunglückten und Ertrunkenen, deren sich niemand annehmen will«, waren auf höchste Anordnung der Anatomie zu übergeben, ebenso wie die Leichen der im Spinn-, Gefangenen- und Stockhaus Verstorbenen[158], die dort »in zinnernen Särgen aufbewahrt wurden, zu deren Auffüllung beständig einige Oxhöft[159] Branntwein« bereitlagen.[160] Wertvolles Vergleichsmaterial kam ferner aus der ansehnlichen Menagerie des Landgrafen, wo es auch einige Affen, darunter einen »Baboon« (Pavian) gab.[161] Von einigem Wert erwies sich schließlich die schon erwähnte, seit 1791 unter dem Namen »Mulang« bekannte[162], »Negercolonie«, die auf der Wilhelmshöhe bei Weißenstein angelegt worden war. Sömmering, der von 1779 bis 1784 in Kassel tätig war, hatte während dieser Zeit Gelegenheit, mehrere Leichen beiderlei Geschlechts der in dieser »Kolonie« und sonst noch in Kassel verstorbenen Schwarzen zu sezieren und mit dem inneren und äußeren Bau europäischer Leichen zu vergleichen. Drei der von ihm untersuchten Afrikaner waren an »Auszehrung« gestorben, einer hatte sich ertränkt.[163] Einen »Mohrenembryo von 4¼ Monaten [...], der in die von seiner Churfürstl. Gnaden für die Anatomie angekaufte Sammlung von Präparaten gehört«, konnte er schließlich auch noch eingehend studieren.[164] »Bey meinem Aufenthalte zu Hessen-Cassel«, schrieb er später aus Mainz, »beobachtete ich viele dort lebende Neger und zergliederte mit Muse mehrere männliche und auch einen weiblichen Negerkörper. Noch den letzten Tag erlaubte mir mein unvergeßlicher Gönner, Hr. Leibarzt Baldinger, [...], einen Mohren zu untersuchen.«[165] (Siehe Tafel 27.)

Nachdem Sömmerring schon 1781 im *Göttinger Taschenkalender* eine kleine vorbereitende Arbeit »über den Orang=Utang« publiziert hatte[166], entstand nun aufgrund dieser Untersuchungen seine Abhandlung *Ueber die körperliche Verschiedenheit des Mohren vom Europäer* (Mainz 1784), die im Klima der allgemeinen Diskussion über die Zusammenhänge der *Great Chain of Being* sogleich ein lebhaftes Echo auslöste: Schon ein Jahr später, 1785, sah Sömmering sich veranlaßt, eine zweite, stark veränderte und vermehrte Auflage herauszubringen.[167] Wie der junge Anatomieprofessor im Vorwort zu dieser zweiten Auflage und offenbar unter dem Eindruck heftiger Kritik, vor allem durch das außerwissenschaftliche allgemeine Publikum, noch einmal ausdrücklich (und wahrheitsgemäß) betonte, hatte er bei seiner Arbeit keineswegs von vornherein die Absicht, die Stellung des Afrikaners unterhalb des Europäers nachzuweisen; vielmehr wäre es ihm »bloß« darum gegangen, zu erfahren, ob sich die »Mohren« oder die Europäer mehr den Affen näherten: »Es war mir am Ende gleichgültig, dies eben so gut von den weissen als den schwarzen Menschen zu behaupten, nur hätte ich Gründe dafür finden müssen [...]«[168] Nachdem er jedoch eine bemerkenswerte Fülle anatomischer Details seiner Afrikaner- und Europäerleichen wie Skelett, Haut, Nerven, Blut, Schädel, Schädelinhalt und selbst die Samenflüssigkeit mit einer bis dahin unbekannten Genauigkeit untersucht hatte, schien ihm der (übrigens mit äußerster Vorsicht gezogene) »Schluß nicht unbillig, [...], daß allgemein im Durchschnitt die Neger doch in etwas näher ans Affengeschlecht, als die Europäer, grenzen«[169]; und er findet nach wie vor bestätigt, »[...] daß es nicht eingebildeter Stolz ist, der uns oft zu weit über die Mohren erhebt, sondern daß dasjenige, worin wir Europäer unter einander selbst uns nachstehen [...] ich meyne die auszeichnenden Organe des Verstandes, die unsern Abstand von den Thieren verursachen, den Mohren etwas hinter uns zurücklassen«.[170] Freilich: »Um allen gehäßigen Schlüssen und Mißbrauche vorzubeugen«[171], hatte er sich bereits in der ersten Auflage beeilt hinzuzufügen: »Die Mohren bleiben aber drum dennoch Menschen, und über jene Klasse wahrer vierfüßigen Thiere (d. h. der Affen, P. M.), gar sehr erhaben, gar sehr auffallend von ihnen unterschieden und abgesondert. Auch unter den Schwarzen giebts einige, die ihren weissen Brüdern näher treten, und manche aus ihnen sogar an Verstande übertreffen.«[172]

Vor herber Kritik seitens besorgter Kreise in Kirche und Gesellschaft konnte ihn dies allerdings nicht retten; unter anderem brandmarkte ihn ein Mainzer Theologe als Anhänger jener »Sekte der Naturalisten«, die »seit einiger Zeit in befremdlichen Irrtümern befangen (ist)«, und bedauerte, daß Sömmerring nunmehr auch noch »die Majestät eines der (»Heiligen«) Drei Könige angriff«, indem er die »Mohren« zu Affen erniedrigte.[173] In Köln, so beklagte sich der Anatom später, habe es daraufhin prompt »Verdruß« gegeben.[174]

Aus dem kollegialen Kreis der Wissenschaftler waren dagegen ganz andere Töne zu hören. Hier wurde die »treffliche Schrift« allgemein mit Beifall aufgenommen.[175] Sie findet sich zum Beispiel in der Bibliothek Goethes in Weimar, zusammen mit allen anderen Werken des Anatomen und Arbeiten über dessen Persönlichkeit.[176] »Ihre Abhandlung über die körperliche Verschiedenheit des Mohren vom Europäer, habe ich mit Vergnügen gelesen«, schrieb Goethe am 6. 3. 1785 nach Kassel.[177] Der schon erwähnte Historiker Theophil Friedrich Ehrmann (1763–1811), der sich auch als Herausgeber und Übersetzer von Reisesammlungen einen Namen gemacht hatte, äußerte sich ebenso positiv wie der Braunschweiger Professor für Naturwissenschaften E.A.W. Zimmermann (1743–1815), der als einer der führenden Geographen seiner Zeit galt.[178] Als Zimmermann später »Ueber den Stand der Neger in der Rangordnung der Menschenraçen« urteilt, vergißt er nicht zu betonen: »Niemand hat mit mehrerer Gründlichkeit und Scharfsinn die körperlichen Verschiedenheiten des weißen und schwarzen Menschen angegeben, als unser treffliche(r) Sömmering.«[179]

Es fehlte jedoch auch hier nicht gänzlich an Kritik. Denn Sömmerring hatte sich trotz oder vielleicht sogar gerade *wegen* der außerordentlichen Sorgfalt, mit der er im Interesse der damals noch um ihre Anerkennung kämpfenden, empirisch begründeten Naturwissenschaft methodisch »Theil für Theil (des anatomischen Vergleichsmaterials) durch(ging) und sich überall als der feinste Beobachter bewährt(e)«[180], in einen bemerkenswerten Widerspruch verwickelt: Erst hatte er die schwarzen Afrikaner als eine von allen Europäern in körperlicher Hinsicht distinkte Gruppe »nachgewiesen« und sich damit in eine Reihe mit Linné, Buffon und den vielen anderen gestellt, »die sich die Mühe gaben, die Menschen Varietäten zu ordnen« und die dabei »einstimmig den Neger in eine ganz eigne Klasse (gesetzt)« hatten[181]; dann aber hob er diese »eigne Klasse« wieder auf und erklärte, daß »der Neger nicht blos Mensch, sondern von gleicher Species mit uns sey, daß er eben so gut durch unmerkliche Nuancen der Bildung, der Farbe etc. zum Abessinier, Hottentotten etc. übergeht, als andre Menschenvarietäten durch eben so unmerkliche

Uebergänge in einander fliessen [...]«[182] In diesem Widerspruch deutete sich ein Dilemma an, das sich in der bald immer dringlicher an die Systematiker der Natur gerichteten Frage verdichtete: Wie war es möglich, daß sich nachweislich immer wieder Menschen als in einem Maß »culturfähig« erwiesen, für das sie nach dem äußeren und inneren Bau ihres Körpers, d. h. wegen ihrer Stellung im System der Natur, gar nicht eingerichtet waren? Tatsächlich stieß hier die Theorie des Kontinuitätsgesetzes an deutliche Grenzen.[183]

Der Fall Angelo Soliman

Die Arbeiten der Gelehrten wurden im allgemeinen nur einem relativ engen Kreis naturwissenschaftlich ausgebildeter Fachleute und gewissen philosophisch interessierten Laien zugänglich gemacht. Nur wenig war deshalb gelegentlich aus den Studierstuben und den Kellern der Anatomen nach außen gedrungen, und wenn, dann hatten die Leute den Kopf geschüttelt, sich gar bekreuzigt ob solcher wunderlichen und etwas unheimlichen Marotten. Und wirklich: Die Haushälterinnen und Bediensteten der gelehrten Käuze wußten zuweilen Merkwürdiges zu berichten, von Goethe zum Beispiel, dem Sömmerring einmal auf sein besonderes Ersuchen hin leihweise den Kopf eines in Kassel verendeten Elefanten schicken ließ, nach dessen Ankunft der an der vergleichenden Anatomie lebhaft interessierte »Dichterfürst« an Frau von Stein schrieb: »Ich halte ihn im innersten Zimmergen versteckt damit man mich nicht für toll halte. Meine Hauswirthinn glaubt, es sey Porzellan in der ungeheuren Kiste.«[184] Am Ende des 18. Jahrhunderts war dergleichen Geheimniskrämerei dann aber nicht länger nötig; jetzt zeigten selbst höchste Kreise offen ihr großes Interesse an den Zusammenhängen der Natur und machten damit das Anatomisieren und Systematisieren buchstäblich salonfähig. Das Sammeln von afrikanischen Schädeln und Körperteilen neben anderen tierischen und menschlichen Präparaten wird Mode und nicht mehr nur von Gelehrten leidenschaftlich betrieben.[185] Ein präparierter Schädel gehörte in diesen Jahren in jedes »ordentliche« Studierzimmer (siehe Tafel 28) und fand sich auch in so manchem fürstlichen Kabinett.

Der Landgraf von Hessen und der König von Preußen waren nicht die einzigen, die damals einen bemerkenswerten Sammeleifer entwickelten und damit ein erstaunliches Interesse an den naturwissenschaftlichen Fragestellungen ihrer Zeit bekundeten; auch in der Naturalienkammer beispielsweise des

Königs von Frankreich befand sich nach dem Zeugnis Buffons »Ein ausgesprützter Kopf von einem zwey= bis dreyjährigen Schwarzen oder Neger«[186], und schon früher hatte sich (angeblich) der allem Neuen stets aufgeschlossene russische Zar Peter der Große einen »ausgestopften Neger« zugelegt.[187]

Unter den vielen Herrschern Europas, die seit der Zeit der Französischen Revolution besondere naturkundliche Museen ins Leben riefen, war auch der liberale österreichische Kaiser Franz II. Seine Majestät, die regen Anteil an der neuen Institution nahm, besaß selbstverständlich auch menschliche Exemplare, und es scheint, als ob sie nicht immer zimperlich vorgegangen ist, wenn es darum ging, ein neues Schaustück zu akquirieren. 1802 ließ Franz im k. u. k. Hof-Naturalienkabinett zu Wien in einem grün lackierten Schrank ein ausgestopftes sechsjähriges »Negermädchen« aufstellen, das ihm Königin Marie Caroline von Neapel im Jahr 1798 als kleine Aufmerksamkeit geschenkt hatte, um seine »k. k. Sammlung von ›Repräsentanten des Menschengeschlechts‹ zu vervollständigen«, wie L. J. Fitzinger in seiner Geschichte dieser Institution zu berichten weiß.[188] Später kamen noch zwei weitere »Mohren« dazu, nämlich der 1808 im Wiener Spital der Barmherzigen Brüder im Alter von 38 Jahren verstorbene »Neger« Joseph Hammer, »der irgendwo Gärtnergehilfe gewesen war und dessen Haut in wahrhaft künstlerischer Weise über Holz gespannt dem kaiserlichen Kabinett von Frater Narciss, dem Oberkrankenwärter, zum Geschenke gemacht worden war [...]«[189], sowie der »Mulatte« Pietro Michaele Angiola, »welcher in der k. k. Menagerie in Schönbrunn als Tierwärter angestellt [...] (und) von Herrn Philipp Agnello, dem nachherigen Reisenden in Egypten ausgestopft (worden war)«.[190] Angiola, nach dem pseudo-realistischen Geschmack der Zeit »in reitender Stellung ausgeführt«[191], »paradirte« im »großen Saale im Erdgeschoße«, wo er die eintretenden Besucher hoch zu Roß »eine Lanze in beiden Händen haltend« empfing.[192]

Die bedeutendste Neuerwerbung der kaiserlichen Sammlung war aber Angelo Soliman.[193] Soliman (ca. 1721–1796), ein Galla, der ursprünglich Mmadi-Make hieß, aber am 11. September 1731 auf den Namen Angelo Soliman getauft wurde, war in Äthiopien geboren, von wo er wahrscheinlich als Sklave zunächst nach Sizilien in die Dienste der Marquise von Messina kam, bis er 1733 nach Wien gelangte, wo er in den höchsten gesellschaftlichen Kreisen verkehrte.[194] Als Mitglied der Freimaurerloge *Zur Wahren Eintracht*, wo er zum Beispiel in den Verzeichnissen der Jahre 5783 (1783) und 5785 (1785) unter den »anwesenden Rittern« sub Nr. 17 und 73 erscheint[195], pflegte er Umgang mit den hervorragendsten Intellektuellen der Hauptstadt. Zu seinen Logenbrüdern gehörten Mozart und Haydn.[196] Am 6. Februar 1768 heiratete er die Witwe Magdalena Christina Kellermann, möglicherweise die Schwester

Johann Gottfried Haid nach Johann Nepomuk Steiner, *Bildnis des Angelo Soliman,* 2. Hälfte 18. Jhd., Mezzotinto, 44,9 x 30,7 cm, Wien, Graphische Sammlung Albertina, Inv.-Nr.: Alte Aufst. Dtsch. Schulen, K 62, blaue Nr.15.

des Herzogs von Valmy, Napoleons General Kellermann, mit der er in glücklicher Ehe eine Tochter zeugte, Josephine (geb. am 18. Dezember 1772), spätere Baronin von Feuchtersleben.[197] Angelo Soliman starb am 21. November 1796, wie das Sterberegister der Pfarre Schotten vermerkt, »2 Uhr mittags, [...], katholisch, 75 Jahre, an Schlagfluss«.[198] Unter der Rubrik »Beerdigung« steht: »Am 23. November auf Währinger Friedhof«.[199] Wie die Nachforschungen seines Biographen Wilhelm A. Bauer ergaben, entspricht diese letzte Eintragung jedoch nicht ganz den Tatsachen; nicht Angelo Soliman, sondern nur Teile seiner Leiche wurden beigesetzt.

Um Angelo Solimans sterbliche Hülle entwickelte sich eine Schauergeschichte, die ein grelles Licht auf das Verhältnis zwischen Wissenschaft und Moral am Wiener Hof der napoleonischen Zeit wirft. G. Brabbée, ein Logenbruder Angelos, berichtet in seinem 1879 erschienenen Buch *Sub Rosa* in dem Kapitel »Ein schwarzes Mitglied der Wiener Loge zur wahren Eintracht« unter anderem von Soliman: »Ueber ihn wäre ferner noch zu vermelden: 1. Dass ihm auf Befehl des Kaisers Franz II. im Jahre 1796 die Haut über die Ohren gezogen, 2. dass diese Haut auf Holz gespannt, und so die frühere plastische Gestalt Angelo *Soliman's* täuschend ähnlich darstellend, zehn Jahre lang zur öffentlichen Besichtigung ausgestellt [...] wurde«.[200]

Wie konnte ein so angesehener Mann wie Soliman, katholisch und dem Adel verwandtschaftlich verbunden, so schimpflich behandelt werden? Die historischen Einzelheiten über diese einzigartige museale Neuerwerbung der kaiserlichen Sammlung wurden detaillierter als von Brabbée, aber in offiziöser Version von L. J. Fitzinger in dessen *Geschichte des k. k. Hof-Naturalienkabinetts zu Wien* (Wien 1856) wiedergegeben: »Am 21. November 1796 starb zu Wien in seinem 75. Lebensjahre, *Angelo Soliman*, ein Neger aus dem Stamme der Galla's und seit vielen Jahren eine in der Residenz allgemein bekannte, aber auch geschätzte und sehr geachtete Persönlichkeit. Die Schönheit seiner fein geschnittenen Gesichtszüge, so wie auch die Zartheit und Ebenmäßigkeit seines Baues, welche sich bis in das späteste Greisenalter in wunderbarer Weise erhalten hatten, erregten in dem Kaiser den Wunsch, denselben auch der späteren Zukunft zu erhalten und durch einen Künstler auf sorgfältigste Weise präpariren zu lassen, um ihm einen Platz in seinem neu gegründeten Museum anzuweisen. Die Familie Soliman's, durch den Direktor (der neuen Institution, P. M.) Abbé (Simon) *Eberle* von diesem Wunsch des Regenten in Kenntniß gesetzt, willigte in jenes Begehren und der Bildhauer *Franz Thaller*, später Medailleur im k. k. Münz- und Antiken-Cabinete, übernahm die Präparation, welche im Hof des k. k. Hofbibliothek-Gebäudes in einer Wagenremise vorgenommen wurde. Seine Leistung übertraf auch jede Erwartung, denn Gestalt sowohl als Gesichtszüge waren ein getreues Abbild des lebenden Originals, von welchem *Thaller* unmittelbar nach dem Tode einen Gypsabguss abgenommen hatte. *Angelo Soliman* war in stehender Stellung mit zurückgerücktem rechten Fuße und vorgestreckter linker Hand dargestellt, mit einem Federgürtel um die Lenden und einer Federkrone auf dem Haupte, die beide aus rothen, weißen und blauen, abwechselnd aneinander gereihten Straußfedern zusammengesetzt waren. Arme und Beine waren mit einer Schnur weißer Glasperlen geziert und eine breite, aus gelblichweißen Münz-Porcellanschnecken *(Cyprea Moneta*[201]) zierlich geflochtene Halskette hing tief bis an die Brust herab.«[202] Über Angelos neuen Aufenthaltsort sagt Fitzinger: »Das vierte Zimmer (im linken Flügel) endlich enthielt [...] eine [...] Landschaft, die eine tropische Waldgegend mit Strauchwerk, Wasserpartien und Geröhre darstellte. Hier bemerkte man ein Wasserschwein, einen Tapir, einige Bisamschweine und sehr viele amerikanische Sumpf- und Singvögel in mannigfaltiger Weise gruppirt. In demselben Zimmer [...] befand sich [...] ein [...] Glasschrank, dessen Thür [...] mit einem Vorhange aus grünem Taffet verkleidet [...] war. In diesem Schranke war *Angelo Soliman* verwahrt, der dem besuchenden Publicum, bevor dasselbe jene Abteilung verließ, von einem Diener besonders gezeigt wurde.«[203] Zusammen mit den erwähnten übrigen »Negern«, die sich ebenfalls dort befanden, war dies die Gruppe der »Repräsentanten des Menschengeschlechts«.

An der Darstellung Fitzingers fällt zunächst auf, daß er die Todesursache und überhaupt die Umstände von Solimans Tod mit Stillschweigen übergeht. Angelo ist vom Schlag getroffen worden und vermutlich sehr bald danach, wenn nicht gar auf der Stelle gestorben.[204] Wie erklärt es sich, daß Thaller schon wenige Stunden nach seinem Ableben in seiner Wohnung war und in Erfüllung seiner ihm vom Regenten aufgetragenen Aufgaben dort einen »Gypsabguss« von der Leiche anfertigte? »So schnell«, schreibt Bauer mit berechtigtem Mißtrauen, »pflegt es nun aber selbst mit kaiserlichen Wünschen nicht ernst zu werden: so werden wir denn vermuten dürfen, daß der gute Kaiser Franz schon zu Angelos Lebzeiten daran gedacht hat, ›ihn auch der späteren Zukunft zu erhalten‹. Der schöne Neger wird schon längst, als er noch vergnügt durch die Straßen Wiens ging, zum Museumsstück bestimmt gewesen sein [...]«[205]

So wäre also alles in bester Ordnung gewesen, meint Bauer, wenn es nicht einen kleinen Schönheitsfehler gegeben hätte, den zu nennen sich Fitzinger wohlweislich hütete. Die Familie Solimans hat nämlich keineswegs, wie Fitzinger behauptet, in »jenes Begehren« des Kaisers eingewilligt. Weder gegenüber dem Abbé Eberle noch sonst jemandem.[206] Bauer präsentierte die Dokumente, die dies beweisen. Und zwar steht in den Protokollen der Polizeihofstelle:

»Soliman Josephine bittet, dass ihr das Skelet und die Haut ihres Vaters zur Beerdigung ausgefolgt werde. Bittstellerin wird mit ihrer Vorstellung an die Regierung gewiesen. Am 14. Dez. 1796.«[207]

Und in den Protokollen der Regierung für die Jahre 1796 und 1797 sind die folgenden beiden Akten registriert:

»Soliman Josepha. Gesuch um Zurückstellung der Überbleibsel ihres verstorbenen Vaters.«
»Soliman Angelo, dessen Tochter JOSEPHA um Erfolglassung seiner Haut um solche zu dem übrigen Körper beerdigen zu können, sowie zur Aufbewahrung an das k. k. Naturalienkabinett übergeben worden.
Im Geistl. Depart. de 1796.«[208]

Es ist klar, daß die Tochter Solimans mit dem Vorgehen der kaiserlichen Beamten nicht einverstanden war. Leider ist der Wortlaut ihres Gesuchs unauffindbar geblieben. Wohl aber ist es Wilhelm A. Bauer gelungen, im Archiv der Landesregierung eine Akte des geistlichen Departments aufzufinden, die den ganzen Vorgang aufklärt. Josepha hatte sich nämlich in ihrer Verzweiflung auch an den Fürstbischof gewendet und um seine Intervention gebeten. Das fürstbischöfliche Konsistorium richtete daraufhin eine Eingabe an die Regierung:

»Hochlöbliche Regierung!
In den stärksten Ausdrücken, die nur die Wehmut in die Feder geben kann, hat die Josepha Soliman bei uns die einschliessige Anzeige gemacht, in der sie anbringt, dass, ehe sie sich noch von dem ersten Schrecken über den plötzlichen Todesfall ihres geliebten Vaters Angelo Soliman erholen konnte, schon eine andere traurige Nachricht, die nämlich, dass der Körper desselben zur medizinischen Fakultät, um damit medizinische Versuche vorzunehmen, abgegeben worden sei, sie in eine noch größere Bestürzung hineingerissen, welche bald darauf den höchsten Grad erreichte und in eine Art Betäubung und Schwermut übergegangen wäre, als sie in sichere Erfahrung gebracht, dass man auch dem schon verstümmelten Körper seine Ruhe nicht gönne, sondern diesen dem Herrn Abbe Eberl auf sein Verlangen abgegeben habe, der ihm dann vollends die Haut abgezogen, selbe ausge-

stopft und sie nebst anderen Tieren (!) im k.k. Naturalienkabinett zur Schau auszustellen den Antrag machte. Sie verlangt, dass die Haut zu dem übrigen Körper ins Grab und geweihte Erde gelagert (werde) [...].
Wir bitten daher [...], dem Abbe Eberl aufzutragen, dass er die Haut des Körpers des Angelo Soliman unverzüglich wieder zurückstelle, bei welcher Gelegenheit er auf die Schranken der Mässigung nachdrucksamst anzuweisen sein dürfte, über welche ihn seine Begierde, der Natur auf die Spur zu kommen, hinausgerissen zu haben scheint, da er bald den Kopf eines beredten Predigers als des P. Poschinger[209], bald jenen eines tiefsinnigen Mathematikers und Mechanikers als des Fr. Davids[210] und bald die Haut eines Schwarzen, wie itzt der Erde, die doch allein auf menschliche Überbleibsel einen geltenden Anspruch hat, entzieht und dadurch nur beim Publikum, dem solches nie unbekannt bleibt, Aufsehen erweckt«.[211]

Die Argumentation dieses Schreibens ist ohne Zweifel, und keineswegs nur aus kirchlicher Sicht, stichhaltig und überzeugend. Nach damaligem Recht hätte die Haut Solimans herausgegeben werden müssen. Die ungewöhnliche Schärfe, mit der die Landesregierung geradezu gereizt einer so bedeutenden Körperschaft wie dem fürstbischöflichen Konsistorium abschlägig antwortet, »läßt denn doch eine zuverlässige Rückgratversteifung eben von oben her vermuten«.[121] Mit Schreiben vom 17. Dezember 1796 wird der Kirchenbehörde mitgeteilt:

»Dem erzbischöflichen Konsistorium ist zurückeröffnet worden, dass solches dieses Gesuch nicht hätte annehmen und hierher begleiten sollen, nachdem dieser Gegenstand nicht in den Wirkungskreis des Konsistoriums gehört, nachdem der Verstorbene Angelo Soliman mit Beobachtung aller bestehenden christkatholischen Gebräuche beerdigt, folglich, was Religion und Sittlichkeit erfordert, erfüllt worden ist. Indess habe das Konsistorium die Bittstellerin hierueber zu beruhigen, dass die Haut bereits dem k. k. Naturalienkabinett übergeben sei und dass auch niemals die Absicht gewesen sei, einen wegen seiner Rechtschaffenheit allgemein bekannten Angelo Soliman in Gesellschaft mit anderen Tieren oder auf eine zur Unehre gereichende oder zum Spott und Gelächter der Zuschauer gereichende Art zur öffentlichen Schau auszustellen. Übrigens wird dem Konsistorium die

Bemerkung gemacht, dass beinahe alle im gegenwärtigen Bericht angeführten Facta unrichtig dargestellt sind. Hägelin.«[213]

Die Tatsache, daß die Landesregierung wie bereits vorher das Konsistorium nur Gutes über Soliman zu sagen wissen, hat ihm angesichts der »wissenschaftlichen Prioritäten« seiner einstigen Gönner nicht die Gesellschaft des Tapirs und der »Bisamschweine« ersparen können. Zaghafte Versuche einer öffentlichen Kritik in der Wiener Lokalpresse zogen einen harschen Verweis der Obrigkeit nach sich[214], was zur Genüge beweist, wie ernst man die Angelegenheit höchsten Orts nahm und daß man keinerlei Kritik des kaiserlichen Sammeleifers duldete.[215] Angelo blieb Prunkstück der k. u. k. Naturaliensammlung und gab wohl allmählich Anlaß zu dem noch heutzutage gelegentlich gehörten Ausdruck: »Ach geh', laß di ausstopfen!« Erst das Bombardement Wiens, mit dem Fürst Alfred Windischgrätz im Revolutionsjahr 1848 die aufgebrachte Stadt wieder »zur Räson« brachte und »in pazifistischer Mission« Ruhe und Ordnung wiederherstellte, machte dem unwürdigen Leben Solimans nach seinem Tod ein Ende: Eines der Geschosse traf den Dachboden der Hofbibliothek, woselbst es die Schmetterlingssammlung nebst »anderem Gethier« zerstörte, darunter auch Angelo Soliman und seine drei schweigsamen schwarzen Gefährten.

Angelo Soliman ist indessen nicht vergessen worden. Schon Mozart und Emanuel Schikaneder hatten ihm in der Gestalt des *Monostratos* der *Zauberflöte* (1791) ein Denkmal gesetzt[216], wenn auch eines, das weniger *al vif* geschaffen war als vielmehr aus Elementen uralter Mythen und (damals) höchst gängiger naturphilosophischer Klischees.[217] Neben verschiedenen anderen Bildnissen unbekannter Künstler stellt auch ein zwischen 1758 und 1760 entstandenes Bild des Malers Bernardo Bellotto, genannt »Canaletto« (1720–1780), welches das Liechtensteinsche Palais in der Roßau zeigt, einen kleinen Schwarzen dar, bei dem es sich – wahrscheinlich – um den jungen Angelo Soliman handelt.[218] Aber nicht die Musiker und auch nicht die Maler haben diesen Schwarzen unsterblich gemacht, sondern die Schriftsteller. Schon das (unter Mitarbeit Caroline Pichlers) 1808 in Paris unter dem Titel *La Littérature des Nègres, etc.* erschienene, einflußreiche Buch des Abbé Grégoire hat dazu wesentlich beigetragen.[219] Aus der Zahl derer, die sich später mit Soliman beschäftigt haben, sei hier ferner der Wiener Schriftsteller Fritz von Herzmanovsky-Orlando (1877–1954) erwähnt, der ihm eine Novelle und ein »Lustspiel« gewidmet hat: *Apoll von Nichts oder Exzellenzen ausstopfen – ein Unfug. Eine Gangsterkomödie aus dem Biedermeier in 11 Bildern.*[220] Neben einer durch das Schicksal ihres Großvaters schwermütig gewordenen »Josephine Freiin von Feuchtersleben, Kronprätendentin des Negerreiches

Pangutsiglang«, die zuweilen – »manchmal schlägt eben doch die Abstammung durch« – gewissen »anthropophagischen Träumereien« nachhängt, figurieren in diesem Stück unter anderem »Santorini«, der »großherzoglich toskanische Hofanatom« und zwei »Mohren«, denen die anthropophagische Neigung ebenfalls nicht abzugewöhnen ist.[221] Einen kaum noch an das wirkliche Geschehen erinnernden Aufguß dieser Posse hat dann noch in allerjüngster Zeit (1991) der aus Süddeutschland stammende Schriftsteller Ludwig Fels (geb. 1946) unter dem Titel *Soliman* veröffentlicht.[222] Neben Soliman selbst und seiner Ehefrau »Magdalena« figuriert darin auch »Leo«, ein Schwarzer, der dem historischen »Mulatten« Pietro Michaele Angiola nachgebildet ist, welcher zu Angelos Zeiten Tierwärter in der Menagerie zu Schönbrunn war. Einen bleibenden Platz in der Weltliteratur hat Soliman aber durch Robert Musil erhalten, in dessen in den Jahren 1930 bis 1952 geschriebenem *Mann ohne Eigenschaften* eine Figur gleichen Namens eine nicht unerhebliche Rolle spielt.

Die Erfindung des »Negers« als Bild der Unordnung

Die Systematisierer der Natur hatten zahlreiche anatomisch-morphologische Einzelheiten der verschiedensten Menschen minutiös untersucht und miteinander verglichen. Sie hatten gehofft, auf diese Weise die besondere Eignung der Einzelwesen für die ihnen nach dem vermeintlichen Plan der Natur jeweils »angewiesenen Geschäfte« herauszufinden. Am Ende aber mußten sie erkennen: Allein nach dem Maß biologisch-wissenschaftlicher Befunde war es nicht möglich, die unterschiedlichen Menschen in eine überzeugende hierarchische Ordnung zu bringen, in der die Position des einzelnen oder der einzelnen Gruppe Auskunft über ihre geistig-seelischen Eigenschaften und damit über das Quantum ihrer sozialen Verwertbarkeit gab.[223]

Allerdings haben sich die Anhänger des Kontinuitätsgesetzes auch nur selten allein auf naturwissenschaftlich-biologische Unterscheidungsmerkmale gestützt. Moralische Kriterien und vor allem ästhetische Gesichtspunkte wie »Schönheit« und »Häßlichkeit« wurden ebenso zu Prinzipien menschlicher Klassifikation.[224] Christoph Meiners klassifizierte die Menschheit zum Beispiel in seinem einflußreichen Buch *Grundriß der Geschichte der Menschheit*

Albrecht Dürer, *Kopfstudien,* Federzeichnung, ca. 1513, Berlin, Staatliche Museen, Stiftung Preußischer Kulturbesitz, Kupferstichkabinett (nach einer Reproduktion bei Champfleury).

(1. Auflage: Lemgo 1785) nach den Merkmalen der körperlichen Größe und Stärke, um dann fortzufahren: »Eins der wichtigsten Kennzeichen von Stämmen und Völkern ist *Schönheit* oder *Häßlichkeit*, entweder des ganzen Cörpers, oder des Gesichts.«[225]

Es fällt auf, daß in vielen Reisebeschreibungen, Werken der Naturphilosophie und der Literatur die Europäer als Gipfel der Schönheit betrachtet wurden, während die Afrikaner im allgemeinen weniger günstig davonkamen: »[...] durch die feinsten Schattirungen und unmerklichsten Gradationen steigt die Natur von der schönsten Europäerin zum häßlichsten Kaffern (hinunter)«, schrieb der viel gelesene englische Schriftsteller Laurence Sterne (1713–1768)[226], und Theophil Friedrich Ehrmann erklärte in der von ihm besorgten *Geschichte von Senegambien* (Frankfurt am Main 1792), daß man in Afrika »die allmäliche Abstufung der Menschenbildung, vom weissen, langhaarigen, wolgebildeten Menschen bis zum Neger« beobachten könne[227], von dem er dann sagte: »Die Form des Negerschädels ist gerade das Gegentheil der als Ideal von Schönheit angenommenen griechischen Kopfbildung [...]«[228] Tatsächlich besaßen die Weißen für ihn ebenso wie für Blumenbach und viele andere die »nach den europäischen Begriffen von Schönheit musterhafteste()

Schedel= und Gesichts=Form« (und auch eine entsprechende Körpergestalt)[229], weshalb er dann folgerte: »Nur der weiße Völkerstamm verdient den Nahmen des Schönen, und der Dunkelfarbige mit Recht den Nahmen des Häßlichen.«[230] Der seinerzeit auch in deutschen Gelehrtenkreisen beachtete englische Arzt und Anatom Charles White (1728–1813) verstieg sich 1799 gar zu folgendem Passus:

> »Wenn wir die Stufenleiter der Natur hinaufsteigen, dann kommen wir schließlich zum weißen Europäer; der – weil er am weitesten von der unvernünftigen Kreatur entfernt – als der Schönste der menschlichen Rasse anzusehen ist. [...] Wo, wenn nicht beim Europäer, werden wir jenes edel gewölbte Haupt finden, das eine solche Masse Gehirn enthält, und das von einer hohlen, kegelförmigen Säule getragen wird, die in seinem Mittelpunkt mündet? Wo das vorgeneigte Gesicht, die hervortretende Nase und das runde, vorspringende Kinn? Wo die Mannigfaltigkeit der Gesichtsbildung, und den Reichtum des Ausdrucks; jene langen, fließenden, anmutigen Löckchen; jenen majestätischen Bart, jene rosigen Wangen und korallenroten Lippen? In welchem Teil des Globus sollen wir das Erröten finden, welches die sanften Züge der Frauen Europas überzieht, jenes Sinnbild der Sittsamkeit, zarter Gefühle und des Empfindens. Wo jenen köstlichen Ausdruck liebenswerter und sanfter Leidenschaften im Mienenspiel des Gesichts, und jene allgemeine Eleganz der Gesichtszüge und der Hautfarbe? Wo, außer am Busen der europäischen Frau, zwei so ansehnliche und schneeweiße Halbkugeln mit ihren zinnoberroten Spitzen?«[231]

Wenn man nicht davon ausgehen will, daß sich in solchen Präferenzen lediglich ein bornierter Kulturchauvinismus ausdrückte, dann ist zu fragen, was denn die Gelehrten des 18. Jahrhunderts an dem von ihnen bevorzugten Kanon ästhetischer Merkmale so faszinierend fanden. Wie kamen sie darauf, in so eklatantem Widerspruch zu jeglicher Erfahrung zu glauben, daß derjenige, der »am weitesten von der unvernünftigen Kreatur entfernt« wäre, auch der Schönste sein müßte? Warum schienen ihnen ausgerechnet ein »vorgeneigtes Gesicht«, eine »hervortretende Nase« und ein »vorspringendes Kinn« so schön zu sein? Was meinten sie mit einem »edel gewölbten Haupt«? Was bedeutete ihnen ein »köstlicher Ausdruck liebenswerter und sanfter Leidenschaften im Mienenspiel des Gesichts«? Mit anderen Worten: Welchen Begriff von Schönheit hatten sie und warum?

Das gebildete Bürgertum des 18. Jahrhunderts führte eine für sein Selbstverständnis und die Formulierung seiner Ziele bedeutende Auseinandersetzung auch auf dem Gebiet der Ästhetik. Diese erhielt dabei durch die Verquickung kunsttheoretischer Auffassungen mit politischen, philosophischen und naturwissenschaftlichen Fragen ein Gewicht, das heute nur noch schwer vorstellbar ist. Die Kunsttheorie, speziell die Theorie des Schönen, entwickelte damals das Streben nach Harmonie zu einer Leitvorstellung, so wenn der auf Goethes Fürsprache zum Professor der Theorie der Schönen Künste an der Berliner Akademie ernannte Karl Philipp Moritz (1756–1793) erklärte, »daß das Schöne uns [...] Ordnung, Übereinstimmung und Bildung [...] darstellt«[232], oder wenn Georg Forster in seiner damals viel beachteten Arbeit über *Die Kunst und das Zeitalter* (1789) sagte: »Mit dem Schönen verbrüdert sind die Begriffe des Ganzen, Harmonischen, Vollkommenen. Diese Verhältnisse beschäftigen den Verstand; er findet die Schönheit in ihrer Mitte [...]«[233]

Die Naturphilosophen und -forscher hatten solche Schönheit schon im kosmischen Bau der Natur entdeckt; die Ästhetiker der Aufklärung fanden sie vor allem in der Harmonie und dem Gleichmaß der Meisterwerke griechisch-klassischer Malerei und Bildhauerkunst, denen mit ihren fließenden Konturen und bruchlosen Übergängen alles Krasse, Unmittelbare und Ausschweifende fremd ist. »[...] weil das Schöne in der Harmonie der Teile besteht, deren Vollkommenheit ein sanftes Steigen oder Sinken ist, die folglich in unsere Empfindung gleichmäßig wirkt und dieselbe mit einem sanften Zuge führt, nicht plötzlich fortreißt«, so erläuterte wegweisend der Kunsthistoriker Johann Joachim Winckelmann (1717–1768), wären den griechischen Kunstwerken niemals heftige Empfindungen anzusehen, gingen diese doch »über das Mittelbare hinweg zum Unmittelbaren, da das Gefühl hingegen gerührt werden soll, wie ein schöner Tag entsteht durch Anmeldung einer lieblichen Morgenröte. Es ist auch die heftige Empfindung der Betrachtung und dem Genuß des Schönen nachteilig, weil sie zu kurz ist, denn sie führt auf einmal dahin, was sie stufenweise fühlen sollte.«[234]

An dieser Stelle wird ein Zusammenhang der Kunsttheorie mit den politischen und gesellschaftlichen Vorstellungen und Ängsten des gebildeten deutschen Bürgertums deutlich. Tatsächlich entwickelte das schwache Bürgertum in den deutschen feudalabsolutistischen Kleinstaaten schon früh eine tiefsitzende Angst vor jeder Art von Extremen, vor heftigen Erschütterungen im Ablauf des wirtschaftlichen Lebens, in der Politik, ja, sogar in der Privatsphäre. »Die erwachende Freyheits=Liebe«, entsetzte sich so mancher, kaum daß die Französische Revolution begonnen hatte, »artete in Fürsten= und Adel=Stürmerei aus, und der Haß der Unterdrückung ging in einen fieberhaften Enthusiasmus für eine eben so unmögliche, als ungerechte Gleichheit aller

Stände und aller Völker über.«[235] Nicht mit radikalen Methoden und abrupt wollten viele Menschen deshalb die Dinge zu ihren Gunsten ändern, sondern allmählich und in »vernünftigen« Bahnen. Statt nach einem plötzlich und gewaltsam herbeigeführten Wandel, strebten sie vielmehr nach einem friedlichen Ausgleich der sozialen und politischen Gegensätze, der es ihnen erlauben würde, sich relativ frei und unbehelligt von anderen gesellschaftlichen Gruppen zu entfalten. Auf diese Weise verleiteten die für ein offensiveres oder gar revolutionäres Vorgehen keineswegs günstigen Verhältnisse der deutschen Kleinstaaten sehr viele Angehörige der bürgerlichen Intelligenz dazu, die gesellschaftliche Umwälzung durch »Aufklärung« herbeiführen zu wollen, mit dem Ziel, durch den Appell an die Vernunft eine Harmonisierung der gesellschaftlichen Zustände zu erreichen.[236]

Die Kunsttheorie, speziell die Theorie des Schönen, drückte dieses Streben nach gesellschaftlicher Harmonie aus, etwa wenn Winckelmann erklärte: »Die Schönheit der Komposition besteht in der Weisheit, das ist, sie soll einer Versammlung von gesitteten und weisen Personen, nicht von wilden und aufgebrachten Geistern gleichen [...]«[237]; wenn Herder bedeutete, daß »alles Wohlgeordnete und Schöne in der Mitte zweier Extreme« sich befände[238]; oder wenn Lessing fragte, ob es denn etwas gäbe, das mehr Schönheit besäße »als das Werk der ewigen Weisheit, ein *organisierter Körper*?«[239]

Mit anderen Worten: Die griechische Kunst brachte mit ihren sanften Linien und der übereinstimmenden Wirkung ihrer mannigfaltigen Teile auf wunderbare Weise das aufklärerische Ideal von Recht und Ordnung, Beherrschung der Leidenschaften, Mäßigung und Ruhe sowie die Sehnsucht nach Ganzheit zur Anschauung.[240] Nicht zufällig erkannten Winckelmann, Lessing und so viele andere in der berühmten *Laokoon-Gruppe* der griechischen Bildhauer Hagesandros, Polydoros und Athanadoros das vollkommene Sinnbild ihrer Lage und ihres Wollens: Von zwei Schlangen gewürgt, bleibt der trojanische Priester trotz größten Leidens graziös und gelassen.

Dieses schöne Ideal, das sich in formalästhetischen Bestimmungskriterien wie Ordnung, Anordnung, Proportion, Kombination, Beziehung, Harmonie, Symmetrie und Übereinstimmung manifestierte[241] und damit einer »weisen«, d. h. *vernünftigen* Verfassung der gesellschaftlichen wie der persönlichen Verhältnisse entsprach, wurde – weil es, um mit Hegel zu sprechen, die *Idee* angemessen *in Erscheinung treten* ließ – zur Grundlage der ästhetischen Hierarchisierung der Menschen.[242]

Der dem Leochares zugeschriebene *Apollo von Belvedere* und die sogenannte *Mediceische Venus* aus den Uffizien in Florenz wurden zum Maß erkoren, das fortan über deren Stellung in der großen Seinskette, der *Great Chain of Being*, mit entschied.[243]

Hagesandros, Polydoros und Athanadoros, *Laokoon-Gruppe,* Marmor, Mitte 1. Jhd. v. u. Z., Gesamthöhe: 245 cm, Vatikan, Museen.

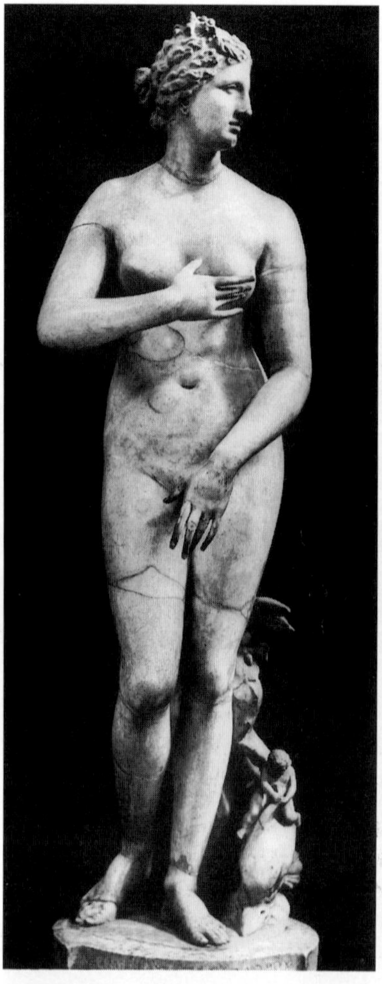

Mediceische Venus, Marmor, Höhe: etwa 180 cm, römische Kaiserzeit, Florenz, Uffizien.

Apollo vom Belvedere, Marmorreplik nach dem Bronzeoriginal des Leochares, ca. 330 v. u. Z., Höhe: 224 cm, Vatikan, Museen.

Afrikaner waren dabei keineswegs *a priori* von den Spitzenpositionen ausgeschlossen, aber sie konnten sie nur erreichen, wenn sie auf wesentliche Elemente ihrer »Afrikanität« verzichteten.[244] Um als schön zu gelten, mußte der Schwarze *nolens volens* aufhören, wie ein Afrikaner auszusehen; die zahlreichen heute in Ländern mit einem hohen »schwarzen« Bevölkerungsanteil (Frankreich, USA usw.) im Handel kursierenden chemischen Mittel zum Bleichen der Haut und zum Glätten der Kraushaare haben hier ihren Ursprung.[245] Es war wie im späten »Mittelalter«. Damals hatte Feirefiz alles »Heidnische« seines Wesens abgestreift, um als echter Christ und getreuer Ritter die Himmelsleiter emporzusteigen. Ganz ähnlich stieg ein Afrikaner nun die Hänge des Olymp hinan, je mehr er einem edlen Griechen glich, in dem in Wirklichkeit ein idealisierter aufgeklärter Bürger steckte. »Er war ziemlich groß«, so hatte schon die englische Schriftstellerin Aphra Behn (1640–1689) den edlen Afrikaner Oroonoko (Oronooko) beschrieben, und dabei sogar auf noch weiter in der Vergangenheit liegende Traditionen zurückgegriffen[246], »aber so wohlgestaltet, wie man es sich nur vorstellen kann. Der berühmteste Bildhauer wäre nicht imstande, die Statue eines von Kopf bis Fuß so wunderbar geformten Mannes zu schaffen. Sein Gesicht war nicht von jenem rostbraunen Schwarz wie das der meisten dieses Volkes, sondern makelloses Ebenholz oder geschliffener Gagat. Seine Augen waren unerhört groß und sehr durchdringend, ihr Weiß glich wie das seiner Zähne frisch gefallenem Schnee. Er hatte die vorspringende Nase der Römer, nicht die platte der Neger. Sein Mund war feiner geschnitten, als man je gesehen, weit entfernt von jenen dicken Wulstlippen, welche bei allen anderen Negern ganz natürlich sind. Die ganze Form und die Züge seines Gesichts waren so edel und sorgfältig geprägt, daß es abgesehen von der Hautfarbe nichts Schöneres, Anziehenderes und Wohlgestalteres in der Natur geben konnte. Nicht eine einzige jener Zierden fehlte, welche den Maßstab wahrer Schönheit bilden. Sein Haar fiel, kunstvoll mit einem Federkiel ausgezupft und häufig gekämmt, worauf er besondere Sorgfalt verwandte, bis auf die Schultern herab. Und die Vorzüge seines Geistes standen denen seines Äußeren durchaus nicht nach; denn seine Reden waren über nahezu jeden Gegenstand bewundernswert, und wer immer ihn sprechen hörte, war überzeugt von seinem Irrtum, daß geschliffener Geist allein auf die Weißen beschränkt sei [...]«[247] Die junge Imoinda, der Oroonoko mit ganzem Herzen zugetan war, war ihm in jeder Hinsicht ebenbürtig, sie war »eine Schönheit, von der man, um sie wahrheitsgemäß zu schildern, nur zu sagen braucht, daß sie das weibliche Gegenstück zu diesem edlen Mann war, die wunderschöne schwarze Venus für unsern jungen Mars, so bezaubernd von Aussehen wie er und mit erlesenen Tugenden ausgestattet«.[248]

Johann Heinrich Füssli, *Illustration für »Oroonoko«,* 1764–1769, Kupferstich, 167 x 114 mm, London, Britisches Museum.

Die deutliche Neigung, das idealisierte Selbstbild auch in »afrikanischer« Einkleidung zu verherrlichen, findet sich noch lange danach. 1709 erschien in Hamburg unter dem Titel *Lebens und Liebes-Geschichte des Königlichen Sclaven Oroonoko in West-Indien* eine Übersetzung von Aphra Behns Roman[249], 1786 in Mannheim[250] und erneut 1789 die wahrscheinlich von Wolfgang Heribert von Dahlberg besorgte Übersetzung der von Thomas Southerne für die Bühne des englischen Drury Lane Theaters adaptierten Fassung: *Oronooko, ein Trauerspiel in fünf Aufzügen*. Das Stück, in Mannheim auf die Bühne gebracht, wo es, wie schon das Buch, »allen weichen Herzen in Deutschland zahllose Tränen entlockte«[251], ist noch stärker als seine Vorlage vom Geist der Aufklärung durchtränkt: Oronooko ist beherrscht von Versöhnung und Milde, von Edelsinn und Menschlichkeit.[252] Eine für das Titelblatt der englischen Ausgabe der Tragödie (1764–1769) in Kupfer gestochene Darstellung Oroonokos, die von einem der Hauptvertreter des Klassizismus, Johann Heinrich Füssli (1741–1825), stammt, zeigt den Afrikaner in der klassischen Pose heroischer Nacktheit. Seit dieser Zeit findet sich die klassizistische Art, Afrikaner zu betrachten, sogar in der Reiseliteratur, so schreibt der damals vielgelesene Afrikaforscher Le Vaillant in seinen *Reisen in das Innere von Afrika, in den Jahren 1780 bis 1790*: »Ich habe einen solchen Wilden in aller seiner Herrlichkeit gezeichnet, d. h. tättuiert mit seinen Zierathen und Kostbarkeiten bedeckt und vom Kopfe bis zum Fuße wie am Tage der Schlacht bewaffnet. [...] Ich muß aber gestehen, daß seine gute Mine und sein kriegerisches Ansehen Eindruck auf mich machten, als ich ihn mit dem Köcher auf der Schulter, dem Schilde am Arme und mit dem langen, auf der Erde nachschleppenden Mantel edel gekleidet, in mein Zelt treten sah [...] Dann glaubte ich, Jugurtha oder Syphax bewaffnet zu sehen, wie sie in den numidischen Wüsten zum Kampf gingen.«[253] Gestalten, wie sie Karl von Eckartshausen (1752–1803) schuf, der tapfere Jacquer, dessen Frau Balma, »das schönste Mohrenmädchen«, und beider Sohn, der edle Isogin, »eine Bildsäule aus schwarzem Marmor«[254], ebenso später im gleichnamigen Gedicht Freiligraths die des *Mohrenfürsten*, wurden nach solchen Vorbildern und getreu Winckelmanns kunstästhetischer Forderung nach »edler Einfalt und stiller Größe« gemalt.[255] Vorher hatte freilich noch Johann Carl Wezel in seinem *Belphegor* (1776) den Medardus von einer schwarzen Tochter Afrikas schwärmen lassen, »die in ihrer pechschwarzen Haut so schön war als jede europäische Venus von dem glänzendsten Marmor. Das Gesicht war zwar etwas afrikanisch; aber ihre runden, fleischichten Arme, ihr luxurirender Busen, ihre vollen Hüften, das – Brüderchen, alles, alles war schön an ihr.«[256] Nicht unerwähnt bleiben soll hier schließlich noch ein Kupferstich, den der Engländer W. Grainger unter dem Titel *The Voyage of the Sable Venus* nach einem (inzwischen verschollenen) Gemälde seines Landsmanns Thomas Strothard anfertigte.[257] Das Bild wurde 1801 veröffentlicht und illustrierte ein Gedicht, das bereits 1781 entstanden war, *The Sable Venus; An Ode*, in welchem der anonyme Autor dem Leser am Beispiel der *Mediceischen Venus* vor Augen führte, wie die Afrikaner beschaffen sein mußten, die die Bürger damals in ihre schöne neue Welt zu integrieren bereit waren:

The loveliest limbs her form compose.
Such as her Sister VENUS chose,
In FLORENCE, where she's seen;
Both just alike, except the white,
No difference, no – none at night,
The beautious dames between.[258]

Solange die *Konturen* seines Körpers nur das Ideal des Wünschenswerten propagierten, durfte der Afrikaner also sein schwarzes Gesicht behalten. Winckelmann schrieb:

> »Die Farbe trägt zur Schönheit bei, aber sie ist nicht die Schönheit selbst [...] Da nun die weiße Farbe diejenige ist, welche die meisten Lichtstrahlen zurückschickt, folglich sich empfindlicher macht, so wird auch ein schöner Körper desto schöner sein, je weißer er ist [...]«[259] Aber er schrieb auch: »Ein Mohr könnte schön heißen, wenn seine Gesichtsbildung schön ist, und ein Reisender versichert, daß der tägliche Umgang mit Mohren das Widrige der Farbe benimmt und was schön an ihnen ist, offenbart, so wie die Farbe des Metalls und des schwarzen oder grünlichen Basalts der Schönheit alter Köpfe nicht nachteilig ist.[260] Der schöne weibliche Kopf in der letzten Art Stein in der Villa Albani würde in weißem Marmor nicht schöner erscheinen; der Kopf des älteren Scipio im Palaste Rospigliosi in einem dunklern Basalte ist schöner als drei andere Köpfe desselben in Marmor. [...] Es offenbart sich also in uns eine Kenntnis des Schönen auch in einer der Natur unangenehmen Farbe.[261] Es ist also die Schönheit verschieden von der Gefälligkeit.«[262]

Weil dieser Schönheitsbegriff der verlangten propagandistischen Funktion der Kunst weitgehend entgegenkam, indem ein ihm entsprechendes Kunstwerk den Betrachter mehr als alles andere in die Lage versetzte, »sagen zu können, was (sein menschlicher oder göttlicher Schöpfer, P. M.) gedacht hat und wie

Thomas Stothard, *Die Reise der schwarzen Venus von Angola nach Westindien,* Kupferstich, Illustration für Bryan Edwards, The History, Civil and Commercial, of the British West Indies, 3. Aufl., London 1801, Bd. 2 (gegenüber S. 32).

ich denken sollte«[263], hat man ihn absolut gesetzt: Für viele der aufgeklärten Kunstrichter handelte es sich bei den abstrakten Begriffen von Ordnung, Proportion, Harmonie usw. um »*ewige, ursprüngliche, souveräne, wesentliche Maßstäbe des Schönen*«[264], und für sie waren deshalb »unsere und der Griechen Begriffe von der Schönheit, welche von der regelmäßigsten Bildung genommen sind, *richtiger*, als welche sich (andere) Völker bilden [...]«[265] Lessing konnte folglich mit gutem Recht sagen: »Die Malerei, als nachahmende Fertigkeit *kann* die Häßlichkeit ausdrücken; die Malerei, als schöne Kunst, *will* sie nicht ausdrücken.«[266]

Insofern dieser radikale Schönheitsbegriff nach dem Willen der aufgeklärten Idealisten um Winckelmann und Lessing dazu beitragen sollte, die Menschen in aller Welt, unabhängig von ihrer Rasse und Kultur, dem Vernunftglauben zu öffnen, war er mit der Tradition christlich-universalistischen Missionsdenkens nahe verwandt. Er stand damit in direktem Widerspruch zu jenem, etwa von Wieland und Voltaire[267] vertretenen, ästhetischen Relativismus, der einen für alle Menschen gültigen Schönheitsbegriff in Abrede stellte und statt dessen jeder Gesellschaft ihren eigenen, spezifischen Begriff von Schönheit belassen wollte.[268] Die ästhetischen Relativisten unterwarfen die Afrikaner (und mit ihnen andere außereuropäische Völker) zwar nicht dem Maßstab des klassizistischen Ideals, doch fußte ihr Bild vom »Afrikaner« ebensowenig auf einer Kenntnis der afrikanischen Gesellschaften. Ihre Argumentation beschränkte sich im wesentlichen darauf, das Bild des »häßlichen Negers« bloß umzuwerten und kritisch gegen seine Urheber zu wenden, indem sie es – unter Preisgabe der begrifflichen Trennung des Schönen vom Reizenden oder Gefälligen – zum Schönheitsideal der Afrikaner erklärten, wie noch – jetzt freilich mehr in parodistischer Absicht – bei Grabbe:

Berdoa:

Nie Ella! werd' ich dich vergessen,
du Holdeste der Afrikanerinnen,
wie edel war ihr Herz! wie wollig war
Ihr Haar! zwei Schuhe lang ihr Busen!
Und ach! sie war Euch schwarz, schwarz wie
Die Unschuld.

Gustav (*lachend*):

Wie? ist denn Unschuld schwarz?

Berdoa:

Nun
Wir Neger haben einen anderen
Geschmack als ihr: uns ist das Schöne schwarz

Die *Teufel* aber sind uns weiss!
. . . . Im vollen Ernste:
Ein ordentlicher Mohr muss aussehn wie
Ein gut gewichster Stiefel![269]

Christoph Martin Wieland hatte als einer der ersten solchen relativistischen Ansichten Ausdruck verliehen[270], als er in der *Geschichte des Agathon* (1766/67) schrieb: »Stelle dir eine Versammlung von so vielen Liebhabern vor, als es verschiedne Nationen unter verschiednen Himmelstrichen gibt; was ist gewisser als daß ein jeder den Vorzug seiner Geliebten vor den übrigen behaupten wird? Der *Europäer* wird die blendende Weiße, der Mohr die rabengleiche Schwärze der seinigen vorziehen; der *Grieche* wird einen kleinen Mund, eine Brust, die mit der hohlen Hand bedeckt werden kann, und das angenehme Ebenmaß einer feinen Gestalt; der *Afrikaner* die eingedrückte Nase, die ölichte Haut, und die aufgeschwollenen Lippen; der *Perser* die großen Augen und den schlanken Wuchs; der Serer die kleinen Augen, den runden Wanst und die winzigen Füße, an der seinigen bezaubernd finden.«[271] In der *Geschichte der Abderiten* (1781), in der sich seine relativierende Sicht noch verstärkt[272], läßt Wieland den Demokritius sagen: »Es ist nicht meine Schuld, wenn die griechische Häßlichkeit in Aethiopien Schönheit ist. Auch seh' ich nicht, was mich berechtigen könnte, zwischen den Griechen und Aethiopien zu entscheiden. Ich vermuthe, es könnte sein, daß beide Recht hätten.«[273]

Diese kritische Anschauung gewann in der zeitgenössischen Literatur vorübergehend an Boden und wurde in vielfacher Form ausgesprochen, so von dem durch seine Fabeln bekannten Magnus Gottfried Lichtwer (1719–1783) als Gedicht:

Der Mohr und der Weiße

Ein Mohr und Weißer zankten sich,
Der Weiße sprach zu dem Bengalen:
Wär' ich, wie du, ich ließe mich
Zeit meines Lebens niemals malen.

Besieh dein Pechgesichte nur,
Und sage mir, du schwarzes Wesen!
Hat dich die spielende Natur
Nicht uns zum Scheusal auserlesen?

Gut! sprach der Mohr, hat denn ihr Fleiß
Sich deiner besser angenommen?
Die Tafel ist bey dir noch weiß,
Der Maler soll erst drüber kommen!

Die Welt, darinn wir Menschen sind,
Gleicht einem ungeheuren Baume,
Darauf bist du, mein liebes Kind,
Unstreitig die unreife Pflaume.

Sie zankten sich noch lange Zeit,
Und weil sich Keiner geben wollte,
Beschlossen sie, daß ihren Streit
Ein kluger Richter schlichten sollte.

Als nun der Weiße Recht behielt,
Da sprach das schwarze Kind der Mohren:
Du siegst; ich habe hier verspielt,
In Tunis hättest du verloren!

******

So manches Land, so mancher Wahn.
Es kömmt bey allen Nationen
Der Vorzug auf den Ort mit an;
Schön ist, was da gilt, wo wir wohnen.[274]

Auf das Bild der Afrikaner und in der Folge auf das Verhältnis zu ihnen hatten die Positionen dieses ästhetischen Relativismus nur geringen Einfluß: Die entscheidenden Wortführer der Aufklärung in Deutschland waren weniger daran interessiert, die besonderen ästhetischen und anderen Wertmaßstäbe fremder Völker zu verstehen, als vielmehr daran, der von ihnen angestrebten gesellschaftlichen Ordnung mit ihren sozialen Verhaltensnormen in Form allgemeiner Werte Gültigkeit zu verschaffen. Wenn sie das »Große und Erhabene« am Menschen im Kunstwerk sichtbar machen wollten, waren deshalb zugleich die Bedingungen seiner Produktion mit angesprochen.[275] All dies ließ sich freilich, wie Lessing darlegte, nur mit »griechischen Umrissen« erreichen, unter anderem deshalb, weil das Würdevolle und Erhabene gepaart mit dem »Häßlichen und Ekelhaften« nur lächerlich würde: »Man weiß, wie schmutzig die Hottentotten sind; und wie vieles sie für schön und zierlich und heilig halten, was uns Ekel und Abscheu erwecket. Ein gequetschter Knorpel von Nase, schlappe bis

Charles de Groff, *Allegorie des Erdteils Afrika,* weibliche Büste aus einem Paar, Polychromer Marmor und Stuckmarmor, H. 85 cm, B. 61 cm, T. 30 cm, 1768, München, Residenzmuseum (Bayerische Verwaltung der staatlichen Schlösser, Gärten und Seen), Inv.-Nr. Res. Mü. P I/255.

auf den Nabel herabhängende Brüste, den ganzen Körper mit einer Schminke aus Ziegenfett und Ruß an der Sonne durchbeizet, die Haarlocken von Schmer triefend, Füße und Arme mit frischem Gedärme umwunden: dies denke man sich an dem Gegenstande einer feurigen, ehrfurchtsvollen, zärtlichen Liebe; dies höre man in der edeln Sprache des Ernstes und der Bewunderung ausgedrückt und enthalte sich des Lachens!«[276] Sehr zu Recht, schrieb Lessing weiter, hätten sich die griechischen Künstler deshalb auf die »Nachahmung schöner Körper eingeschränket« und »nichts als das Schöne« geschildert. Denn, so habe schon ein alter Epigrammatist zu einem höchst ungestalten Menschen gesagt: »Wer wird dich malen wollen, da dich niemand sehen will.« Nicht als Künstler, sondern als Rhyparograph, als »Kotmaler«, hätte gegolten, wer gegen diese Regel verstieß.[277]

Das von der ästhetischen Theorie des Klassizismus geprägte Bild des edlen Afrikaners bestimmte die Produktionen der von den aristokratischen und bürgerlichen Verfechtern der Aufklärung beauftragten Künstler fast durchgängig. Friedrich II. von Preußen erwarb schon 1742 die nicht lange zuvor in Italien von unbekannter Hand geschaffenen Büsten von vier Schwarzen, zwei Frauen und zwei Männer mit ausgesprochen »klassischem« Gepräge, und ließ sie im »Mohrenrondell« der Hauptallee des Schloßparks in Sanssouci zu Potsdam aufstellen.[278] Solche oder ähnliche Skulpturen wurden in den sich anschließenden Jahrzehnten an verschiedenen deutschen Höfen in Auftrag gegeben. Unter

Andreas Schlüter, »*Afrika*«, Rittersaal des Berliner Schlosses, im Zweiten Weltkrieg zerstört.

anderem vollendete 1768 – im Todesjahr Winckelmanns – auch der Bildhauer Charles de Groff (1712–1774) zwei für den Speisesaal der kurfürstlichen Residenz in München bestimmte, den Erdteil Afrika symbolisierende Marmorbüsten[279], die – abgesehen von ihrer Farbe – eher römisch-antik als afrikanisch wirken. Die Angleichung an das vorgegebene Kunstprogramm geht bei diesen Figuren so weit, daß ihnen nahezu jegliche Individualität und jedes ethnographische Kolorit fehlen.[280] Das dunkle »Inkarnat« des Steins dient eigentlich nur dazu, den »schwarzen« Kontinent zu symbolisieren, ähnlich wie schon früher Andreas Schlüter (1664–1714) einen Löwen in Szene setzen mußte, um eine nur durch schwach angedeutetes Kraushaar und leicht aufgeworfene Lippen als »Afrikanerin« kenntlich gemachte elegante Marmorgestalt eindeutig als solche auszuweisen.[281]

Ein auch in Deutschland sehr bekannt gewordener Kupferstich von William Blake (1757–1827), *Flagellation of a Female Samboe Slave* in Surinam[282], zeigt den Zusammenhang des an der Antike orientierten Begriffs des Kunstschönen mit dem politisch-programmatischen Denken einer wichtigen gesellschaftlichen Strömung der Zeit noch auf einer anderen Ebene. Vordergründig handelt es sich um eine abolutionistische Anklage gegen die Sklaverei in Amerika, aber auf einer tieferen Ebene läßt sich das Bild durchaus auch als Selbstdarstellung des Bürgertums im absolutistisch regierten Europa lesen: Die gefesselte Tugend, kenntlich an den ebenmäßigen, wohlgebildeten Umrissen ihres jungen Körpers, ist schutzlos der Geißel barbarischer Despoten aus-

William Blake, *Flagellation of a Female Samboe Slave,* Illustration für John Gabriel Stedman, Narrative of a five Years' Expedition Against the Revolted Negroes of Surinam etc., 2 vols., London 1796, vol.1, pl.XXXVI.

geliefert.[283] Der afrikanische Anstrich der Gepeinigten dient so gesehen der Veranschaulichung einer allein durch Geburt determinierten Unfreiheit, die in der ständischen Feudalgesellschaft der Revolutionsjahre nicht länger widerspruchslos hingenommen wird.[284]

Den schönen Schwarzen, die dem klassizistischen Ideal entsprachen, wurden nun alle diejenigen Afrikaner gegenübergestellt, die mit ihren Körperkonturen – wulstigen Lippen, hängenden Brüsten, platten Nasen, fliehender Stirn, Incisionsnarben usw. – denselben Gedanken noch einmal mit negativem Vorzeichen ausdrückten. Als »Neger«, deren Körper sich durch das völlige oder teilweise Fehlen der formalästhetischen Bestimmungsmomente des Schönen auszeichneten, wurden diese Menschen grundsätzlich für häßlich angesehen.[285] »Jede Abweichung von dem Ebenmaß, welches Polyklet in seinem Kanon oder Parrhasius als anerkannter Gesetzgeber der Malerei gebot«, so Georg Forster, »jeder ungriechische Ausdruck der Köpfe, jede Gestalt, die nicht ihren Charakter, ihre Harmonie von irgendeiner griechischen Gottheit entlehnt, sinkt unverzüglich in die Region der Verunstaltung hinab.«[286] Was darunter verstanden wurde, hatte schon Lessing benannt: »Ein Feuermal in dem Gesichte, eine Hasenscharte, eine geplätschte Nase mit vorragenden Löchern, ein gänzlicher Mangel an Augenbrauen, sind Häßlichkeiten [...]«[287]; und Winckelmann hatte dann noch weiter präzisiert: »Die geplätschte Nase der Kalmücken, der Chinesen und anderer entlegener Völker ist eine Abweichung (vom griechischen Ideal, P. M.), *denn sie unterbricht die Einheit der Formen*, nach welcher der übrige Bau des Körpers gebildet worden [...] Der aufgeworfene schwülstige Mund, welchen die Mohren mit den Affen in ihrem Land gemein haben, ist ein überflüssiges Gewächs [...]«[288]

Auf diese Weise auch von der Ästhetik noch einmal eigens erfunden, wird der »Neger« zum Gegenbild des Schönen. Die Umrisse dieses Bildes sind bei den Relativisten und ihren Gegnern gleich. In Wielands *Geschichte der Abderiten* (1781) beschreibt Demokrit seinen griechischen Zuhörern eine schwarze Venus, die äthiopische Schönheit Gulleru: »Stellen Sie sich das völlige Gegentheil des griechischen Ideals der Schönheit vor: [...] schwarze Haare, aber nicht in langen, wallenden Locken um die Schultern fließend, sondern kurz und von Natur kraus wie Schafwolle, die Stirne breit und stark gewölbt, die Nase aufgestülpt und in der Mitte des Knorpels flach gedrückt, die Wangen rund wie die Backen eines Trompeters, der Mund groß – [...] Die Lippen sehr dick aufgeworfen, und zwei Reihen von Zähnen wie Perlenschnuren [...]«[289]

Dieses von der Ästhetik und der Literatur entworfene Gegenbild zum »menschlichen Meisterstück der Schöpfung«[290] mit seinen »vernünftigen« und »harmonischen« Linien wurde seit dem Ende des 18. Jahrhunderts einem zunehmend interessierten und wachsenden Publikum leibhaftig vor Augen geführt, indem besonders unproportioniert wirkende Personen, aber auch mißwüchsige oder »verrückte« Individuen »als die Cretins oder andre durch Krankheit oder Zufall entstellte Menschen«[291] öffentlich zur Schau gestellt wurden. Berühmt wurde die sogenannte »Hottentotten-Venus«, Saartjie Baartman, auch Sarah Bartmann oder Saat-Jee genannt, die man nicht nur in die Nähe der Affen, sondern auch in einen direkten Gegensatz zu den Schönen Europas stellte.[292] Das *Journal de Paris* berichtete, daß man Saartjies Porträt

»Kaukasierin und Hottentottin«, aus: Hubert Luschka, Die Anatomie des Menschen, Tübingen 1864, S. 8.

anläßlich einer Ausstellung in der Seinestadt genau gegenüber dem der für ihre Schönheit berühmten Schauspielerin Mademoiselle »Mars« (eigentlich: Françoise Hyppolyte Boutet, 1779–1847) aufgestellt hatte, die »in dieser Nachbarschaft noch schöner erschien als sie es ohnehin schon war«.[293] Auf einer anderen etwas später veranstalteten Ausstellung war unmittelbar neben einer »Griechin, 400 Jahre vor der christlichen Zeitrechnung« eine »Buschmännin (Süd=Afrika)« mit »ungemein stark entwickelt(en) Sitzmuskeln« (sog. Steatopygie, P. M.) zu sehen.[294]

Auf diese Weise zum idealtypischen Häßlichen gemacht, wurde der Schwarze erneut auch zu einem Sinnbild des Bösen; tatsächlich wurde er, wie Lichtenberg kritisch anmerkte, »zum Ideal von Dummheit und Hartnäckigkeit und gleichsam zur Asymptote der europäischen Dummheits- und Bosheitslinie ausgestochen [...]«[295] Denn dem Äußeren entsprach ein unmoralisches Verhalten. Davon waren jedenfalls nicht wenige jener Gelehrten überzeugt, die nicht nur in den Kategorien der zeitgenössischen Physiognomik dachten, sondern auch an die Gültigkeit der von den Theoretikern des Klassizismus entwickelten ordnenden Ästhetik glaubten: »Je moralisch besser; desto schöner. Je moralisch schlimmer; desto häßlicher«, hatte Johann Caspar Lavater (1741–1801) für erstaunlich viele und bedeutende Zeitgenossen bindend formuliert.[296]

Die »Neger« mit ihren »bizarren« Körperkonturen und »unterbrochenen« Gesichtslinien gerieten da *a priori* schon in Verdacht:

> Fiesco (*Graf von Lavagna. Junger schlanker blühender Mann von 23 Jahren, stolz mit Anstand, freundlich mit Majestät...*):
> ... wer bist du?
> Mohr (*Die Physiognomie eine originelle Mischung von Spitzbüberei und Laune*):
> Ein Sklave der Republik.
> Fiesco Sklaverei ist ein elendes Handwerk.
> Mohr Herr, ich bin ein ehrlicher Mann.
> Fiesco Häng immer diesen Schild vor dein Gesicht hinaus.
> das wird nicht überflüssig sein...[297]

Daß in den »Negern« eine gefährliche Portion Unmoral und Anmaßung stecken würde, die ständig die Gefahr einer unzulässigen und gewalttätigen sozialen Grenzüberschreitung beschwor, legt auch ein Märchen nahe, *Adis und Dahy*, das in Wielands Sammlung *Dschinnistan oder auserlesene Feen- und Geistermärchen, teils neu erfunden, teils neu übersetzt und umgearbeitet* (1786–1789) aufgenommen wurde[298] (siehe Tafel 29). Darin kommt der »übel am Leibe gebaute« schwarze Sklave Torgut vor, der in Diensten eines Braminen steht:

> »Unter den Bedienten des Braminen war ein sehr häßlicher schwarzer Sclave, Nahmens Torgut, dessen gewöhnliche Verrichtung war, eine Tartarische Stutte zu striegeln, welche Farsana zu reiten pflegte, wenn sie sich Bewegung im Freyen machen wollte. Diesen häßlichen Unhold kam die Verwegenheit an, seine Augen bis zu seiner Gebieterin zu erheben und ihr eine Liebes-Erklärung zu thun. So übel gebaut er am Leibe war, so hatte ihn die Natur dafür mit einem sehr kurzweiligen Geiste begabt; und wenn er so neben seiner zu Pferde sitzenden Gebieterin einhergieng, pflegte er sie mit allerley drollichten Geschichten zu unterhalten, an welchen Farsana großes Belieben fand. Einstmals fiel ihm ein von verschiedenen Mädchen vorzuschwatzen, von welchen er Gunstbezeugungen genossen zu haben vorgab. Wie, Torgut, sagte die

Dame mit Lachen, eine Figur wie du kann sich seines Glükes bey den Damen rühmen? – Warum das nicht, antwortete der Schwarze: bin ich etwa nicht so gut als ein anderer? O wahrhaftig, wenn das wäre, so hätte ich meine Rechnung ohne den Wirth gemacht: denn ich habe mir in den Kopf gesetzt, schöne Dame, die Liste meiner Eroberungen auch mit euerm Nahmen zu vermehren.

Bey diesen Worten des Negers brach Farsana in ein noch größeres Gelächter aus; denn sie dachte nichts anders, als er sage es bloß um ihr Spaß zu machen. Du hast Absichten auf mich? sagte sie, Es ist mir lieb daß ichs weiß; ich werde mich vor einem so gefährlichen Menschen wie du bist in Acht zu nehmen wissen. Torgut antwortete in vernehmlichen Tone, und so kam es mit lauter Scherzen endlich so weit daß der rohe Kerl aus Scherz Ernst machte, und sich so benahm, daß Farsana sich genöthigt sah, ihn nicht nur sehr ernsthaft und mit der Verachtung die ihm gebührte, abzuweisen; sondern, weil er unverschämt genug war ihren Unwillen noch immer für Scherz zu nehmen, ihm sogar zu drohen, daß sie sich bey dem Braminen über seine Verwegenheit beklagen würde. Der Neger wurde über eine Begegnung, die seinen vermeynten Verdiensten so schlecht entsprach, boshaft. Die gut Meynung, die er von sich selber hatte, ließ ihn nicht begreifen, daß ihm Farsana hätte widerstehen können [...]«[299]

Kurz vor der Französischen Revolution deutete also in der deutschsprachigen Literatur die »unförmige Häßlichkeit« der »Neger« auf die Möglichkeit eines bedrohlichen Handelns, erschien als Ausdruck der ihnen angeblich innewohnenden maßlos destruktiven Kräfte.[300] Erwiesen war dies für viele spätestens seit 1791, als die schwarzen Sklaven der französischen Kolonie Saint Domingue auf der Insel Haiti Robespierre beim Wort nahmen und sich zunächst unter dem »Neger« Boukmann, dann unter Toussaint L'Ouverture ihre Freiheit und staatliche Unabhängigkeit blutig erkämpften: Die aufständischen »Neger« erschienen ihnen jetzt wirklich als haßverzerrte Teufel, die den *horror naturalis*, den natürlichen Abscheu, den allein schon ihr Anblick erweckte, nun auch durch ihre verwerflichen Taten rechtfertigten. Die Berichterstattung über den Sklavenaufstand auf Haiti und dessen Kommentierung erfolgten bis zum Ende der napoleonischen Zeit und teilweise auch noch danach vor allem unter dem Gesichtspunkt der Frage, inwieweit jener nicht als Beleg für die unheilvolle Richtung angesehen werden müßte, die Revolutionen zwangsläufig annehmen würden:

»Fürstin! schau' dort durch die Zimmer,
Wo der Schwarze kaum entwich,
Sieh, mit hellentflammter Fackel
Ihn das weite Schloß durcheilen,
Und ich sorg', er steckt's in Brand.«[301]

Wie man sich eine solche aufrührerische Schreckensgestalt vorstellte, schildert der Anfang von Kleists Erzählung *Die Verlobung in St. Domingo* (1811), die als bedeutendste literarische Verarbeitung der Revolution auf Haiti gilt:

> »Congo Hoango, [...], ein fürchterlicher alter Neger [...], war von seinem Herrn, weil er ihm einst auf einer Überfahrt nach Cuba das Leben gerettet hatte, mit unendlichen Wohlthaten überhäuft worden. Nicht nur, daß Hr. Guillaume ihm auf der Stelle seine Freiheit schenkte, und ihm, bei seiner Rückkehr nach St. Domingo, Haus und Hof anwies; er machte ihn sogar, einige Jahre darauf, gegen die Gewohnheit des Landes, zum Aufseher einer beträchtlichen Besitzung, und legte ihm, weil er nicht wieder heirathen wollte, an Weibes Statt, eine alte Mulattinn, Namens Babekan, aus einer Pflanzung bei, mit welcher er durch seine erste verstorbene Frau weitläufig verwandt war. Ja, als der Neger sein sechzigstes Jahr erreicht hatte, setzte er ihn mit einem ansehnlichen Gehalt in den Ruhestand und krönte seine Wohlthaten noch damit, daß er ihn in seinem Vermächtniß sogar ein Legat auswarf; und doch konnten alle diese Beweise von Dankbarkeit Hrn. Villeneuve vor der Wuth dieses grimmigen Menschen nicht schützen. Congo Hoango war, bei dem allgemeinen Taumel der Rache, der auf die unbesonnenen Schritte des National-Convents in diesen Pflanzungen aufloderte, einer der Ersten, der die Büchse ergriff, und, eingedenk der Tyrannei, die ihn seinem Vaterlande entrissen hatte, seinem Herrn die Kugel durch den Kopf jagte. Er steckte das Haus, worein die Gemahlinn desselben mit ihren drei Kindern und den übrigen Weißen der Niederlassung sich geflüchtet hatte, in Brand, verwüstete die ganze Pflanzung [...]«[302]

Mit dem haßverzerrten »Neger«, der jenseits aller Moral seinen maßlosen Leidenschaften erlag, waren das ästhetische Gegenbild zum Schönen und das politische Gegenbild zum vernunftgeleiteten Wandel geschaffen worden. Es lag auf der Hand, daß diese Figur in der Skala der sozialen Wertschätzung tief unten eingeordnet wurde. Was in diesem Zusammenspiel von Ästhetik und

Toussaint L'Ouverture mit der Physiognomie des »äffischen Negers«, der sich die Generalsuniform anmaßt.
Toussaint L'Ouverture mit der Physiognomie des »edlen Menschen«, dem die Generalsuniform gebührt.

moralischer Bewertung indessen noch offen blieb, war die »naturgeschichtliche« Ursache solcher »Vernunftlosigkeit« der Schwarzen, ein Problem, das sich jedoch schon bald »löste«, als die Anthropologen angeblich feststellten, daß es einen Zusammenhang zwischen dem »häßlichen« Äußeren der Schwarzen und nicht nur ihren *moralischen* Defekten, sondern auch ihren *geistig-intellektuellen Fähigkeiten* gäbe.

Der Bezugsrahmen der Ästhetik war diesen Naturforschern insofern von vornherein vertraut, als ihre Arbeitsweise als beschreibende Anatomen, Morphologen und Physiognomen sie immer wieder mit Darstellungsproblemen konfrontierte und sie damit auf die Regeln, Begriffe und Techniken der darstellenden Kunst verwies, welche ihnen auf diese Weise mangels photographischer oder ähnlicher Techniken zu einer unentbehrlichen Hilfswissenschaft wurde.[303] Johann Gottfried Herder hat formuliert, worum es ihnen dabei ging:

> »Es wäre schön, wenn ich jetzt durch eine Zauberrute alle bisher gegebnen unbestimmten Wortbeschreibungen in Gemälde verwandeln und dem Menschen von seinen Mitbrüdern auf der Erde eine Galerie gezeichneter Formen und Gestalten geben könnte. Aber wie weit sind wir noch von der Erfüllung dieses anthropo-

logischen Wunsches! Jahrhundertelang hat man die Erde mit Schwert und Kreuz, mit Korallen und Branntweinfässern durchzogen; an die friedliche Reißfeder dachte man nicht, und auch dem großen Heer der Reisenden ist's kaum eingefallen, daß man mit Worten keine Gestalt male, am wenigsten die feinste, verschiedenste, immer abweichende aller Gestalten. Lange ging man aufs Wunderbare hinaus und dichtete; nachher wollte man hie und da, selbst wo man Zeichnungen gab, verschönern, ohne zu bedenken, daß kein wahrer Zoolog verschönere, wenn er fremde Tiergestalten malet. Und verdiente etwa die menschliche Natur allein jene genaue Aufmerksamkeit nicht, mit der man Tiere und Pflanzen zeichnet? Indes, da in den neuesten Zeiten der edle Bemerkungsgeist auch für unser Geschlecht wirklich schon erwacht ist und man von einigen, wiewohl nur von wenigen Nationen Abbildungen hat, gegen die ältern Zeiten de Bry[304], Bruyn[305], geschweige die Missionare nicht bestehen, so wäre es ein schönes Geschenk, wenn jemand, der es kann, die hie und da zerstreueten treuen Gemälde der Verschiedenheit unseres Geschlechts sammelte und damit den Grund zu einer sprechenden *Naturlehre und Physiognomik der Menschheit* legte. Philosophischer könnte die Kunst schwerlich angewandt werden, und eine anthropologische Karte der Erde, wie Zimmermann eine zoologische versucht hat, auf der nichts angedeutet werden müßte, als was Diversität der Menschheit ist, diese aber auch in allen Erscheinungen und Rücksichten: eine solche würde das philanthropische Werk krönen.«[306]

Wie sehr sich die Gelehrten dieses von Herder bezeichneten Mangels bewußt waren, zeigt das Bemühen zahlloser Naturforscher um eine naturgetreue bildnerische Wiedergabe der von ihnen studierten Objekte. Das naturwissenschaftlich-ästhetisch begründete Interesse insbesondere am Kopf als dem angenommenen Sitz der edlen inneren Eigenschaften, das sich in der doppelten Bedeutung des Wortes »Bildung« ausdrückte, und die daraus hervorgegangenen Teildisziplinen der vergleichenden Osteologie und Kraneologie, sind auch darauf zurückzuführen. Jedenfalls hat sich bereits der Begründer der vergleichenden Osteologie, Blumenbach, eingehend mit den Problemen der bildnerischen Dokumentation in den Naturwissenschaften, namentlich der Anthropologie, befaßt.[307] Ein symmetrisches Gesicht galt ihm als das schönste, weil es den »göttlichen« Werken der griechischen Kunst nahekäme, und ein solches Gesicht kam, nach Blumenbach, eher in gemäßigten Klimata als unter extremen Temperaturen vor.[308] Auch Lavater soll hier nicht unerwähnt bleiben, für dessen vierbändige *Physiognomische Fragmente* (erschienen ab 1775) Füssli und dann vor allem der Kupferstecher und Radierer Daniel Chodowiecki (1726–1801) Tafeln von »Physiognomien von Personen aus verschiedenen Zeitaltern, Nationen, Ständen und Lebensaltern« anfertigten.[309] Sömmerring, der schon als elfjähriger Junge die Formen der äußeren Natur zu zeichnen versuchte, gehört ebenfalls hierher; er stellte ein kleines Heft zusammen, das die Überschrift trägt: »Blumen und Kräuter nach dem Leben gemalt von SAMUEL THOMAS SÖMMERING, Anno 1766«.[310] Später, als Student in Göttingen, sah der angehende Anatom im Haus der aus Italien stammenden Brüder Ferari viele antike Büsten aus Gips, darunter die Gruppe des Laokoon.[311] Er beschrieb seinem Vater das Ehrendenkmal des Dichters Christian Fürchtegott Gellert, das der von Anton Raphael Mengs (1728–1779), einem der führenden klassizistischen Maler, beeinflußte Bildhauer und Radierer Adam Friedrich Oeser (1717–1799) geschaffen hatte, und bemerkte, daß er hier »besonders den Kopf schön gearbeitet« fände.[312] Zu diesem Zeitpunkt war er bereits mit Blumenbach bekannt und wartete begierig auf das Erscheinen von dessen Dissertation *De generis humani varietate nativa*. Ihn faszinierte die Anatomie der Tiere, wie er seinem Vater schrieb, und er lieh sich von Blumenbach die Skelettafeln des holländischen Anatomen Volcher Coiter (1534–1576)[313],»weil er dereinst *anatome comparata* zu treiben gedenke«.[314] In den Bücherverzeichnissen der von ihm angeschafften und gelesenen Werke, die er seinem Vater regelmäßig als Beleg seines Eifers schickte, befinden sich auch kunstgeschichtliche Titel.[315] Im Winter 1777, er lebte zu dieser Zeit mit Blumenbach in einem Haus, fing er an, sich »mit dem schwierigen Organe« zu beschäftigen, das ihn während seines ganzen Lebens ungemein anzog: mit dem Gehirn.[316] Zu Hause befaßte er sich mit dem Vergleichen, Zeichnen und Beschreiben der Gehirne aller Säugetiere, deren er habhaft werden konnte.[317] Bald stand er mit Camper in regem Briefwechsel.

Auch Camper hatte wie Blumenbach und Sömmerring von frühester Jugend an großes Interesse nicht nur für die »Naturkunde«, sondern auch für die Malerei gezeigt.[318] Anders als Sömmerring brachte er es freilich sowohl in der Naturwissenschaft als auch in der Malerei zu großer Meisterschaft. Herder, der später ebenfalls mit Camper über Probleme der Anatomie korrespondierte, nannte ihn »den großen anatomischen Zeichner«.[319] »Bei der besonderen Neigung, welche ich von der frühesten Jugend an zur Zeichenkunst und allen ihr nachahmenden Theilen hatte«, schrieb Camper in seiner 1768 vollendeten Abhandlung *Über den natürlichen Unterschied der Gesichtszüge in Menschen verschiedener Gegenden und verschiedenen Alters; über das Schöne antiker Bildsäulen und geschnitzter Steine; nebst Darstellung einer neuen Art, allerlei Menschenköpfe mit Sicherheit zu zeichnen*, »mußte ich mehr als ein Anderer, meine Betrachtungen auf die eigenthümlichen Züge der Menschen und Thiere richten, welche mir, als die erhabensten Gegenstände der Natur, am meisten gefielen. Zeichnen und in Thon bossiren, waren daher Erholungsbeschäftigungen meiner Kinderjahre.«[320] Er übte sich im Zeichnen, indem er »nach den besten Abgüssen von Werken alter Griechischer Meister, nach dem Kopfe des *Apollo Phythius*, der *Mediceischen Venus*, des *Antonius*, des *Farnesischen Herkules*, oder nach den schönsten Statüen des *Michel Angelo*, des *Quesnoi* und anderer vortrefflicher Meister neuerer Zeiten [...]« Kopien fertigte.[321] Dabei entdeckte er »eine sehr große Verschiedenheit zwischen diesen und unseren Gesichtern«, ohne sich jedoch klar werden zu können, »worin eigentlich dieser so sichtbare und auffallende Unterschied bestehe«.[322] Als er älter wurde, fielen ihm jedoch auf Darstellungen und vielleicht hin und wieder auch persönlich auf den Straßen Hollands immer häufiger »Mohren« auf, und zwar »vorzüglich der Unterschied in Farbe und Gesichtsbildung« dieser »Schwarzen, welche aus Ostindien oder aus Afrika kamen«.[323] Im Vergleich mit diesen Menschen stellte er fest: »Als ich die Kupfer nach GUIDO RENI, CARLO MARAT, SEB. RICCI, und P. P. RUBENS mit Aufmerksamkeit betrachtete, fand ich, daß sie in ihren Gemälden von den Weisen aus Morgenland (heiligen drei Königen) eben so, wie VAN DE TEMPEL, schwarze Menschen, aber keine Mohren gemalt hatten. Der berühmte und große Kupferstecher CORN. VISSCHER allein schien mir der Natur getreu gefolgt zu seyn und einen Mohren gut abgebildet zu haben.«[324] Seine Forderung, die Unterschiede der verschiedenen Bewohner der fünf Erdteile »der Natur getreu« abzubilden, sei jedenfalls in der Vergangenheit wenig befolgt worden.[325] »Die Bewohner dieser vier vornehmsten Welttheile (wozu man noch die *Südsee-Insulaner* von *Neu-Holland* und *Neu-Zeeland*, welche hinlänglich einen fünften Welttheil ausmachen, rechnen kann) hat man niemals an und für sich selbst durch sichere und erkennbare Züge abbilden können, sondern man sah sich genöthigt, ihnen einige jedem Lande eigene Producte, oder eigene sonderbare Zierrathen, Kleidungen, Gewohnheiten und dergleichen beizufügen. *Asien* wird von *Europa* durch Farbe und Kleidung, *Afrika* von *Amerika* als fast einfärbig, durch ein Crocodill, einen Elephanten, Tabak, Hauteinschnitte oder Tatowirung und Federn unterschieden.«[326] In seinen Ausführungen *Über das Schöne, besonders der Gesichter* verlangte er daher, »das Dichtermäßige vom natürlich und mechanisch Schönen, das Poetische vom Physischen (zu) unterscheiden«[327], freilich ohne dabei den kunsttheoretischen Aspekt des Schönen aufzugeben: Er wollte »der Zeichenkunst nützlich sein«, doch »hierdurch nicht nur den Liebhabern der erhabenen Kunstwerke des ehrwürdigen Alterthums, sondern auch den Lehrern der Naturgeschichte [...] ein Vergnügen machen.«[328]

Für Camper, der 1769 die Werke Winckelmanns »mit ungemeinem Nutzen [...] durchgegangen« war[329], hing die Schönheit eines Gesichts »von der verhältnißmäßigen Beziehung ab, welche die Theile auf einander haben [...]« [330] Antike Proportionen und Körper galten ihm als schön, weil sie frei von jeder Unvollkommenheit waren. Solche Schönheit kam jener unverfälschten Natur nahe, die Gottes letzte Wahrheit darstellte. Das schöne Gesicht, der schöne Körper waren eins mit der schönen Natur, und Winckelmann selbst hatte ja geschrieben, daß Schönheit ein Ganzes sein müsse. Diese Ganzheit umfaßte nach Camper auch die Seele des Menschen; äußere Erscheinung spiegelte innere Anmut. Und wieder einmal wurde hier der Wert der Mäßigung hervorgehoben. Als veranschaulichendes Beispiel diente auch Camper, wie Winckelmann und Lessing, die Statue des Laokoon.

Als Anatom suchte Camper die Antwort nach dem Wesen der Schönheit indessen nicht nur in theoretischer Reflexion über das Wesen des Schönen und seine Wirkung auf die menschliche Seele, sondern vor allem im menschlichen Körper. Hier verfügte er über die größte unmittelbare Anschauung und konnte auf eine lange Erfahrung zurückblicken. Es war deshalb durchaus konsequent, wenn er »absichtlich« allein vom sinnlich Schönen (*Gedaanteschoon*) oder physisch Schönen handelte.[331] Denn wie, so fragte Camper, der diese Gedanken auf Einladung der Zeichenakademie zu Amsterdam entwickelte[332], könne man das Erhabene in den Werken der alten Meister nachahmen, »so lange man die Beschaffenheit und die natürlichen Ursachen desselben nicht ausgeforscht hat!«[333] Aus einer vergleichenden Analyse, insbesondere »durch Betrachtung und Vergleichung der durchgesägten das Gehirn fassenden Höhle mit den Kiefern«, erhoffte er sich »Regeln der Gesichterkenntniß«, die ihrerseits Grundlage einer neuen Technik werden sollten, »um mit mehr Sicherheit alle Menschen- und Tierköpfe nach Gefallen zu entwerfen«.[334] Er sägte in dieser Absicht verschiedene Köpfe, »sowohl von Menschen, als von vierfüßigen Thieren, senkrecht mitten durch« und sah »nun deutlich, daß die für das Gehirn bestimmte Höhle im Ganzen regelmäßig ist, und daß die Stellung des Oberkiefers und des Unterkiefers den natürlichen Unterschied der auffallenden Verschiedenheit ausmacht«.[335] Zur Absicherung seiner These verglich er systematisch Schädelexemplare von Menschen, vierfüßigen Tieren und schließlich Fischen. Er fand, »daß eine von der Stirn zur Oberlippe gezogene Linie den Unterschied zwischen den Gesichtern« der verschiedenen Köpfe angab: »Ich reihete einige dieser Gesichter auf eine Horizontallinie, und zog die Gesichtslinie unter verschiedenen Winkeln dazu. Ließ ich nun die Gesichtslinie vorwärts herüber fallen, so erhielt ich ein antikes Gesicht; ließ ich sie hinterwärts fallen, ein Negergesicht; neigte ich sie noch mehr zurück, so gab diese Linie einen Affen, einen Hund, eine Schnepfe.«[336] Er entwickelte

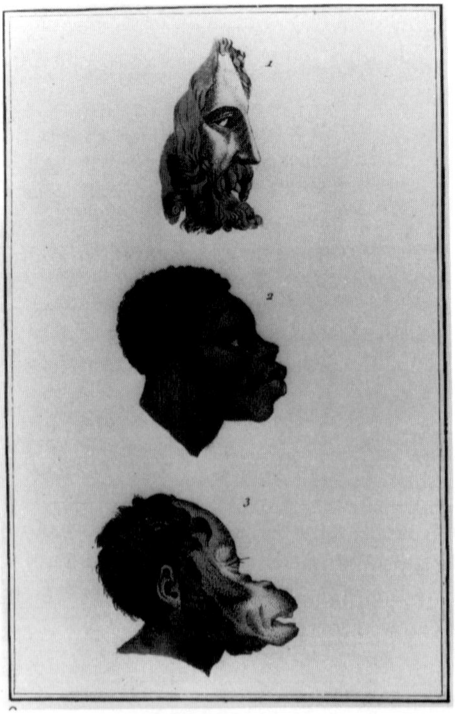

Mme. Migneret, *Espèces. Blanche; Nègre Eboë; Orang. (Singe)*, Kupferstich, Illustration für Julien Joseph Virey, Histoire naturelle du genre humain, 2 Bde., 2. überarbeitete und erweiterte Aufl., Paris 1824, hier: Bd. 2, Tafel 8 (gegenüber S. 42).

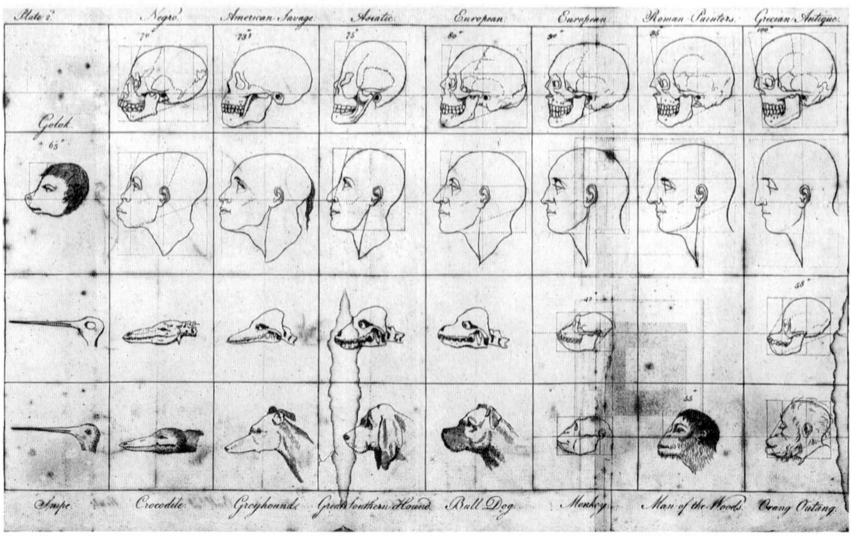

Reinier Vinkeles, *Illustration für* Verhandeling van Petrus Camper, over het natuurlijk verschil der wezenstrekken in menschen, von onderscheiden landaart en ouderdom, Diss., Utrecht 1791, Kupferstich.

und vervollkommnete seine Theorie weiter und schrieb schließlich: »Der Grund, worauf sich der Unterschied der Nationen gründet, bestehet in einer graden durch die Höhlen des Ohrs (Gehörgang) bis auf den Boden der Nase gezogenen Linie, und in einer andern graden Linie, welche die Hervorragung des Stirnbeins oberhalb der Nase berührt, und bis auf den am meisten hervorragenden Theil des Knochen der Kinnbacken gezogen wird, wohl verstanden, wenn man die Köpfe im Profil betrachtet, in dem Winkel nun, den diese beiden Linien beschreiben, bestehet nicht allein der Unterschied der Thiere, sondern auch der unterschiedenen Nationen; und man würde sagen können, die Natur habe sich gleichsam dieser Winkel bedienet, alle Verschiedenheiten der Thiere zu bestimmen, und sie gleichsam Stufenweise bis zum Schönen der schönsten Menschen hinaufsteigen zu lassen. Also beschreiben die Vögel die kleinsten Winkel, und diese Winkel werden größer, je nachdem das Thier sich mehr der menschlichen Gestalt nähert, welches aus den Affenköpfen erhellet, von denen einer den Winkel von 42 Grad, der andere (den man gemeiniglich den Todtenkopf nennt, und der am meisten einem Menschen ähnlich sieht) einen von 50 Graden beschreibt; Nächst dem der Kopf eines Afrikanischen Mohren, der so wie der Kalmücke einen Winkel von 70 bildet, der Europäer aber macht einen Winkel von 80 Graden. [...] Wegen dieses Unterschieds von 10 Graden ist der Europäer Kopf schöner, weil die höchste Schönheit an der Antiken in einem Winkel von 100 Graden bestehet.«[337]

Wenn man das antike Vorbild dergestalt zum Ideal macht, dann ist die Annäherung an dieses Ideal wirklich mit steigendem Winkelmaß gegeben. Wie Sömmerring betonte, haben dann Köpfe mit 80 Grad eine größere *Ähnlichkeit* mit dem Apollo Phythius' oder der Medusa des Sosoclis, zwei Plastiken des Altertums, die ebenfalls für besonders schön gehalten wurden.[338] Der Grund für ihre Schönheit lag allerdings nach Sömmerring weniger in dem besonderen Winkelmaß der Gesichtslinie, das lediglich geometrischer *Ausdruck* der außergewöhnlichen Schönheit dieser Stücke sei, sondern vielmehr in dem dadurch indizierten *maximalen Gehirnvolumen*. Camper habe diesen entscheidenden Gesichtspunkt zwar so nicht erkannt, doch habe er sehr klar gezeigt, »daß im höchsten griechischen Schönheitsideale bey der *größten Gehirnkapsel*, die zum Aufnehmen der äußerlichen Gegenstände gebildeten Instrumente möglichst klein erscheinen; die Stirn durfte bis zur graden Linie mit der Nase hervortreten, in einem ründlichen Scheitel übergehen, und sich, so wie das Hinterhaupt, mit einer angenehmen Wölbung verlieren; *man gab gleichsam dem Gehirn mehr Platz, und vergrösserte seinen Umfang und Menge.*«[339] Ganz ähnlich Herder: »Warum neiget sich die griechische Form des Oberhaupts so angenehm vor? Weil sie den weitesten Raum eines freien Gehirns umschließt, ja auch schöne, gesunde Stirnhöhlen verrät, also einen

Tempel *jugendlich-schöner und reiner Menschengedanken*. Das Hinterhaupt dagegen ist klein; So ist's mit den andern Teilen des Gesichts; sie zeigen als sinnliche Organe die schönste Proportion der sinnlichen Kräfte des Gehirns an, und jede Abweichung davon ist tierisch. [...] *Im Innern liegt der Grund des Äußern*, weil *durch organische Kräfte* alles *von innen heraus gebildet* ward [...]«[340]

Für die zu »Negern« erklärten Afrikaner bedeutete dies, daß die ihnen angelasteten ästhetischen und geistig-seelischen »Mängel« nun nicht mehr einfach als Abweichung vom klassizistischen Ideal begriffen, sondern fortan auch mit anatomischen Besonderheiten begründet wurden. Denn »die Gehirnhöhle, und das Gehirn«, so glaubten die Zergliederer herausgefunden zu haben, »sind im Neger um viele Grade kleiner, so wie der Uebergang vom Hinterkopf zum Nacken viel flacher, als in den Menschen unsers Erd=Theils ist«[341], oder, wie Sömmerring ausführte: »Es [...] erhellet [...] deutlich, daß derjenige Theil des Mohrenschädels, der die gehirnfassende Höhle bildet, im Vergleich mit dem, der dem Gesicht und zur Aufnahme der Werkzeuge der äussern Sinnen bestimmt scheinet, kleiner, als bey irgendeinem Europäer ist. Daher setzt nunmehr auch *Blumenbach* das Verhältnis der Hirnschaale zu den Gesichtsknochen bey Negern etwas kleiner, als bey Europäern, doch durchgehends auffallend grösser, als bey irgendeiner andern, auch noch so menschenähnlichen Thiergattung.«[342]

Einen Zusammenhang von Hirnvolumen, Kopfform und sittlich-intellektuellem Vermögen hatte man freilich schon länger behauptet und diskutiert; der Spanier Juan Huarte (1529–1588) hatte bereits 1575 in seinem 1752 von Lessing übersetzten Werk *Prüfung der Köpfe zu den Wissenschaften* darüber geschrieben[343], und auch der französische Arzt und Philosoph Julien Offray de La Mettrie (1709–1751) hatte sich ausführlicher darüber verbreitet: »Im allgemeinen gleicht das Gehirn der Vierbeiner in Form und Zusammensetzung dem des Menschen. Man findet stets die gleiche Gestalt und Anordnung, doch hat der Mensch unter allen Tieren als wesentlichen Unterschied das im Verhältnis zur Körpermasse größte und windungsreichste Gehirn. Es folgen als die dem Menschen ähnlichsten Tiere Affe, Biber, Elefant, Hund, Fuchs und Katze. [...] Nach den Vierbeinern sind es die Vögel, die das größte Gehirn haben. Sie haben zwar einen großen Kopf, doch ist dieser bar jeden Verstandes – wie der eines Gutteils der Menschen. Sie haben kein *corpus callosum* und nur sehr wenig Gehirn, das im übrigen den Insekten gänzlich fehlt. Ich will mich weder über weitere Einzelheiten der Mannigfaltigkeit der Natur verbreiten, noch in Vermutungen ergehen, [...] (sondern hier) nur jene Schlußfolgerungen ziehen, die sich aus den unbestreitbaren Beobachtungen klar ergeben: 1. Je weniger Gehirn ein Tier hat, desto schwieriger ist es zu zähmen. 2. Die

Gelehrigkeit eines Tieres scheint gewissermaßen mit der Größe dieses Organs zuzunehmen.«[344] La Mettrie hatte jedoch auch schon gesehen, daß zwischen den moralisch-intellektuellen Fähigkeiten eines Individuums und seiner Gehirnmasse nicht einfach ein simpler Kausalzusammenhang bestünde. »Man meine im übrigen nicht«, hatte er betont, »ich wolle [...] behaupten, die Kenntnis der Masse des Gehirns eines Tieres genüge, um sich ein Urteil über dessen Grad an Gelehrigkeit bilden zu können. Der Quantität muß eine Qualität entsprechen, und die festen und flüssigen Bestandteile müssen sich in jenem harmonischen Gleichgewicht befinden, das die Gesundheit ausmacht.«[345] Wie La Mettrie, so behielten auch die späteren Anatomen den Grundgedanken bei und modifizierten ihn durch weitere Faktoren wie die Anzahl der Gehirnwindungen, die Größe und Beschaffenheit des Nervensystems usw.

In der *Great Chain of Being* wiesen die von diesen Anatomen formulierten Behauptungen über die Größe seines Hirnschädels, die Natur seines Gehirns und die durch beides angeblichen bedingten Umrisse seines Gesichts dem Afrikaner aufs neue eine Stellung auf relativ niedriger Stufe zu, woran lange Zeit nicht einmal fundierte Kritik etwas ändern konnte.[346] Denn an der Spitze der hierarchisch gegliederten Natur, »da, wo der unterste Engel und der uneingeschränkteste Mensch« nebeneinander stehen, konnte eben nur derjenige sein, dessen Kopf so weit *ausgebildet* war, daß er »ein Meer von Kenntnissen in sich verschließt, und Ordnung und Licht darin zu erhalten weiß [...]«[347] Dieser »Sachverhalt« war unter Gebildeten bald so anerkannt, daß selbst der der Aufklärung distanziert gegenüberstehende Dichter Matthias Claudius einem schwarzen Sklaven ohne weiteres den Vers in den Mund legte: »Ohhh die weissen Männer, klug und schön!«[348]

V

Nachdem man den Schwarzen vom weltgewandten höfischen »Mohren« zum kaum noch menschlichen »Wilden« in der Nähe des Affen degradiert hatte, wurde er noch einmal zu einem Vorbild für andere erhoben. Fortschrittsbegeisterte Bürger, die an die enormen Möglichkeiten denken, welche in den ihrer Ansicht nach bis dahin mehr oder weniger dumpf und unproduktiv dahinvegetierenden heimischen Bauern schlummern, wählen ihn aus, um ihn zu einem besonders eindrucksvollen Beispiel für die Fähigkeit noch des »primitivsten« Vertreters der *Species humana* zu machen, sich bis zum höchsten Grad zu vervollkommnen: Man könne, sagen sie, ihn zum eigenen Vorteil und zum Nutzen aller *erziehen*. Ihr traditioneller Vorsprung vor dem Schwarzen bleibt dadurch freilich gewahrt: Als durchaus wohlmeinende Lehrmeister gebieten sie weiter über sein Los. Er selbst aber bleibt dabei wieder einmal eine Art Zwitter: Nicht länger mehr Kind und doch nicht erwachsen, löst er gemischte Gefühle aus. Seine vermeintlich »unverdorbene Frische« erinnert die Menschen am Vorabend der industriellen Revolution an die ungekünstelte »Natürlichkeit«, die sie angeblich besaßen und verloren; seine zuweilen durchbrechende, ungezügelte »kindliche Wildheit« erfüllt sie mit Angst.

Die Kette wird zur Leiter

Gottfried Wilhelm Leibniz und jene, die ihm im Zusammenhang mit den schrecklichen Erfahrungen des Dreißigjährigen Kriegs folgten, hatten gegen die beunruhigend chaotischen Zustände eines Universums gekämpft, das sich in Unordnung befand, seitdem umstürzlerische Neuerungen und aufregende »Erfindungen« in immer neuen Wellen und mit der Kraft von Naturgewalten über die Menschen hereingebrochen waren und den vertrauten kosmologischen Bau der Christenheit einstürzen ließen. Die durch diesen anhaltenden, fundamentalen Wandel tief verunsicherten Menschen des 17. Jahrhunderts sehnten sich nach stabilen, berechenbaren Verhältnissen, nach Ruhe und Ordnung. Die Gelehrten – die den Glauben, daß die Welt allem wüsten Anschein zum Trotz im Grunde vernünftig wäre, niemals aufgegeben hatten – lieferten mit ihren philosophischen Systemen das Rezept dafür: Jeder an seinem Platz, seiner Natur gemäß, unten der Affe, dann der Schwarze, danach der Weiße, ganz oben der deutsche Professor; alle ausschließlich um ihre eigene Achse kreisend; glücklich und effizient und ohne jemals nach etwas anderem zu streben. Ein Maximum an willkommener Ungleichheit (hierarchisch geordnet), um den harmonischen Gleichlauf der arbeitsteilig funktionierenden Weltmaschine zu gewährleisten. Noch bei Rousseau hallt dieser Gedanke nach. »O Mensch«, so steht es im *Emile*, »zieh dich in dich selbst zurück, und du wirst nicht mehr elend sein. Bleibe an der Stelle, die die Natur dir in der Ordnung der Wesen anweist, und nichts wird dich daraus vertreiben können. [...] Der Mensch ist sehr stark, wenn er sich damit begnügt, zu sein, was er wirklich ist; er ist sehr schwach, wenn er sich überhebt.«[1] Der mittelalterliche Gedanke, demzufolge die Menschen himmelwärts streben und ihren Status durch ein bestimmtes Verhalten transzendieren können, die Möglichkeit eines *ascensio mentis ad Deum per scalas creatuarum* ist hier vollkommen aufgegeben worden. Die große Seinskette der Leibniz und Locke wirkt eher wie eine versteinerte Momentaufnahme der auf der Himmelsleiter auf- und abeilenden Gläubigen. Man hat den eigentümlich statischen Charakter der Leibnizschen Weltordnung bemerkt, das Starre und Begrenzte, das seinem System innewohnt und das in seiner Nüchternheit fast ein wenig gekünstelt wirkt.

Solange die umwälzenden Erschütterungen der Reformation noch nachwirkten und die Menschen unruhige Zeiten erlebten, in denen ihnen die anscheinend aus allen Fugen geratene Welt wie eine unwirtliche Wildnis vorkam, darin es schwierig war, sich zurechtzufinden und zu behaupten, befriedigte eine solche Kosmologie elementare Bedürfnisse. Sie vermittelte ein inmitten aller Zerstörung und Gesetzlosigkeit schmerzlich vermißtes, wohltuendes Gefühl der Geborgenheit und gab dem Leben wieder einen Sinn. In dem Maß jedoch, in dem das politische und soziale Geschehen mit der Verfestigung der feudalabsolutistischen Macht seit Anfang des 18. Jahrhunderts allmählich wieder ruhigeres Fahrwasser erreichte und eine geregelte gesellschaftliche Entwicklung möglich wurde, trat das Verlangen nach Frieden und Sicherheit hinter andere Interessen zurück, aus denen bald Zweifel an der allgemeingültigen Wahrheit der unveränderlichen Ordnung des Kontinuitätsgesetzes erwuchsen.

Insbesondere das Bürgertum, das sich jetzt mehr oder weniger konsolidiert hatte und sich anschickte, in eine neue, offensivere Phase seines Emanzipationsprozesses einzutreten, begann nicht lange nach der Jahrhundertwende, bestimmte Elemente dieser Systemphilosophie als hemmend zu betrachten. Es wandte sich mehr und mehr gegen den apologetischen Wesenszug des Kontinuitätsgesetzes, der den politischen und gesellschaftlichen Status quo zementierte; der das Aufkeimen sozialer Unzufriedenheit als unsinnige Auflehnung gegen die ehernen Gesetze der Natur abtat; der jeglichen Egalitarismus in Wort und Tat als Verrat an der menschlichen Wohlfahrt hinstellte; kurz, der den Glauben an gesellschaftlichen Fortschritt als irrationalen Rückfall in religiöses Erlösungsdenken verbot. Immer lauter wurde deshalb gefragt, ob denn tatsächlich jedermann auf dem richtigen Posten sei und so zufrieden mit seiner Lage, wie behauptet wurde; ob man überhaupt annehmen könne, daß Gott die Dinge in eine so starre, unveränderliche Ordnung gebracht habe, die keinerlei Fortschritt erlaube.[2] Jenen, die in der besten aller möglichen organisierten Welten zu leben glaubten (und sich dabei auf das Kontinuitätsgesetz beriefen), warf man vor, blind zu sein gegenüber den Realitäten der menschlichen Erfahrung und der menschlichen Natur und keinen Sinn zu haben für den Schmerz, die Frustrationen und Konflikte, die sich überall im Leben manifestierten. Man kritisierte, daß die erhabene Harmonie der Natur, welche in der großen Seinskette zum Ausdruck kam, auf einer *notwendigen Unvollkommenheit* ihrer Glieder beruhte, *die dem einzelnen jede Hoffnung nahm, sich selbst zu vervollkommnen und seine Lage zu bessern.* Und wenn Spinoza erklärte, daß alles in dieser Welt erträglich wäre, solange man nur einsähe, daß anderes gar nicht möglich sei[3], dann hielt ihm Voltaire entgegen:

> *»Non, ne présentez plus à mon cœur agité*
> *Ces immuables loix de la nécessité,*
> *Cette chaîne des corps, des esprits & des mondes.*
> *O rêves de savants! ô chimères profondes!*
> . . . .
> *Et vous composerez, dans ce chaos fatal,*
> *Des malheurs de chaque être un bonheur général?*
> *Quel bonheur, ô mortel, & faible, & misérable!«*[4]

Die Ordnung, die Leibniz einer zunächst verzweifelten Welt geboten hatte, erwies sich unter diesen Umständen schon bald als brüchig und auch nicht länger gewollt. Statt dessen wurden immer mehr (zumeist bürgerliche) Denker von einem starken Glauben an den Fortschritt und ein berechtigtes Glücksstreben des einzelnen ergriffen und gingen spätestens seit Mitte des 18. Jahrhunderts davon aus, daß die künstlichen Grenzen, welche die Naturphilosophie zwischen die einander so ähnlichen Geschöpfe getürmt hatte, früher oder später überschritten würden.[5] Bereits Leibniz hatte ja den Dingen in einem merkwürdigen Widerspruch zu seiner eigenen Theorie mißtraut und insgeheim befürchtet, daß sehr wohl der eine oder andere versuchen könnte, seinen angestammten Platz zu verlassen, um in fremden Gärten zu wildern. Deshalb sollte ein jeder – wollte man nicht einen chaotischen Zustand völliger Gesetzlosigkeit riskieren – in seinen natürlichen Schranken gehalten werden: »Wenn alles gleich sein soll, würde der Arme gegen den Reichen, der Diener gegen den Herrn Bittschriften einreichen. Die Pfeifen einer Orgel dürfen ja auch nicht gleich sein.«[6]

Geleitet von ihrer politisch wie sozial motivierten Kritik an einer Theorie, die die Unterordnung der einen unter die anderen besiegelte und das Glück des einzelnen auf ewig dem Gemeinwohl opferte, bestritten die Theoretiker des Fortschritts, daß sich die verschiedenen Einzelwesen zwangsläufig immer selbst gleich blieben und ausschließlich für eine einzige, ihnen vorbestimmte Aufgabe taugten. Sie nahmen vielmehr an, daß die Individuen sehr wohl unter bestimmten Umständen über sich hinauswachsen könnten, und sie versuchten, das individuelle Glücksstreben mit der allgemeinen Wohlfahrt zu verbinden, indem sie behaupteten, daß alle Kreaturen auf ihrer unablässigen Jagd nach Fortkommen und persönlichem Glück immer stärker zu einer vollständigen Ausbildung gewisser ihnen von der Natur gegebenen Kräfte und Fähigkeiten angeregt und dadurch zu immer bewunderungswürdigeren Leistungen befähigt würden – was wiederum die kontinuierliche Perfektionierung der universalen Verhältnisse zur Folge hätte, »die sukzessive Vollendung der Schöpfung«, wie Kant dies in seiner 1755 erschienenen *Allgemeinen Naturgeschichte* nannte.[7] Auf diese Weise wurde aus der Kette wieder – wie im »Mittelalter« – eine Leiter, nur hieß der Glaube nunmehr »Leistung«, hieß das Paradies »Erfolg«. »Alle Geschöpfe«, erklärte ganz in diesem Sinn der Dichter Jakob Michael Reinhold Lenz (1751–1792) und brachte damit die Überzeugung der progressiven gesellschaftlichen Elemente seiner Zeit zum Ausdruck, »vom Wurm bis zum Seraph, müssen sich vervollkommnen können [...]«[8]

Angewendet auf die schwarzen Afrikaner mündete diese neue Auffassung der Dinge unmittelbar in den Versuch, die These von ihrer naturgegebenen, unverrückbaren Nachrangigkeit zu widerlegen, ein Bemühen, das von vornherein als integraler Bestandteil der aufklärerischen Argumentation gegen den feudalabsolutistischen »Despotismus« begriffen wurde: Hinter der Frage nach der Natur der »Neger« stand jetzt noch deutlicher als jemals zuvor die nach der Natur und den Möglichkeiten der bürgerlichen Gesellschaft, vor allem aber die nach der Legitimität gesellschaftlicher Ungleichheit.[9]

Zu erforschen, inwieweit und unter welchen Bedingungen sich auch die Schwarzen körperlich und geistig vervollkommnen könnten, war auf diese Weise zu einer wichtigen Aufgabe geworden, der sich fortan zahllose Gelehrte mit großem Eifer widmeten. Der Manie der Zeit entsprechend, die alle Erscheinungen mechanisch auf ihre Ursachen zurückführen wollte, begann man nach Faktoren Ausschau zu halten, die solches bewirken oder verhindern konnten.[10] Und da – wie schon im Zusammenhang mit der Begründung der Anatomie ausgeführt wurde[11] – das konkrete Leistungsniveau jedes einzelnen Wesens angeblich aus der besonderen Beschaffenheit seiner körperlichen Konstitution resultierte; da – in den Worten Kants – die »geistige(n) Fähigkeiten eine notwendige Abhängigkeit von dem Stoffe der Maschine haben, welche sie bewohnen«[12], bestand die erste Aufgabe darin, herauszufinden, ob und unter welchen Bedingungen sich dieses leibliche »Triebwerk« zu mehr oder weniger Vollkommenheit ändern würde.

Curiosum Scrutinium Nigredinis

Um zu verstehen, warum sich bestimmte Individuen und Gruppen wie die der schwarzen Afrikaner dem Ideal der entstehenden bürgerlichen Leistungsgesellschaft nicht weiter angenähert hatten, konzentrierten sich die Naturphilosophen und Naturforscher zuerst auf die Untersuchung der am meisten ins Auge springenden Körpermerkmale wie Hautfarbe, Form der Lippen, Haare und fragten nach ihrem Wesen, ihrem Ursprung, ihrem Zweck und ihrer Beständigkeit. Schon im Titel verwiesen einige der einschlägigen Arbeiten auf diese Fragestellung, so die (hier ins Deutsche übersetzte) Überschrift eines 1765 in Amsterdam erschienenen und damals viel gelesenen Buchs, das der französische Arzt Claude-Nicolas Le Cat (1700–1768), ehedem assoziiertes Mitglied der von Leibniz gegründeten Berliner Akademie der Wissenschaften, verfaßt hatte: *Abhandlung über die Farbe der menschlichen Haut im Allgemeinen, über die der Neger im Besonderen, und über die Metamorphose der einen dieser Farben in die andere, sei sie durch Geburt, sei sie durch zufällige Ursachen bedingt.*[13]

Ausgangspunkt solcher Untersuchungen waren damals immer noch die Texte des Alten und Neuen Testaments. Allerdings hatte man dem Phänomen der Veränderlichkeit des menschlichen Körpers unter dem Primat der christlichen Theologie bis dahin nur wenig Beachtung geschenkt: Angesichts der seit dem 12. Jahrhundert immer öfter eintreffenden Nachrichten von neuen, in der Bibel nicht erwähnten Völkern, war es vielmehr darum gegangen, die Ökumene zusammenzuhalten, indem man der von »ketzerischer« Seite des öfteren vorgetragenen Behauptung eines polygenetischen Ursprungs aller dieser Gruppen entgegentrat und die biblische Theorie von der »Monogenese«

verteidigte, welche im Anschluß an die sogenannte »Völkertafel«[14] dafür hielt, daß die gesamte Menschheit, in wie viele Völker sie sich immer gliedern mochte, von einem einzigen Menschen abstammte, von Noah, dem Überlebenden der Sintflut.[15] Die verschiedenen Apologeten der offiziellen Lehrmeinung konzedierten, daß die Völkertafel und die groben Einteilungen der alttestamentlichen Erzählungen von der babylonischen Sprachverwirrung und der anschließenden Zerstreuung der Menschen in »alle Welt« im wortgetreuen Sinn nicht länger zufriedenstellend waren und nach einer erweiterten Interpretation, wenn nicht gar nach Korrekturen verlangten.[16] Durch die Erarbeitung von erweiterten Stammbäumen der Urväter bemühten sie sich, das nach Europa strömende neue ethnographische Material – systematisch auf Adam oder Noah zentriert – in eine bibelkonforme genealogische Ordnung zu bringen, um den Gedanken von der Einheit der göttlichen Schöpfung zu retten.[17] Indem sie auf diese Weise besonders das *verwandtschaftliche* Element herauszustellen bestrebt waren, tendierten sie aber dazu, die *Unterschiede* zwischen den verschiedenen Völkern bis zur Bedeutungslosigkeit zu nivellieren. Eklatante Differenzen, wie sie zum Beispiel in unterschiedlichen gesellschaftlichen Produktionsweisen, kulturellen Besonderheiten und eben auch in physischen

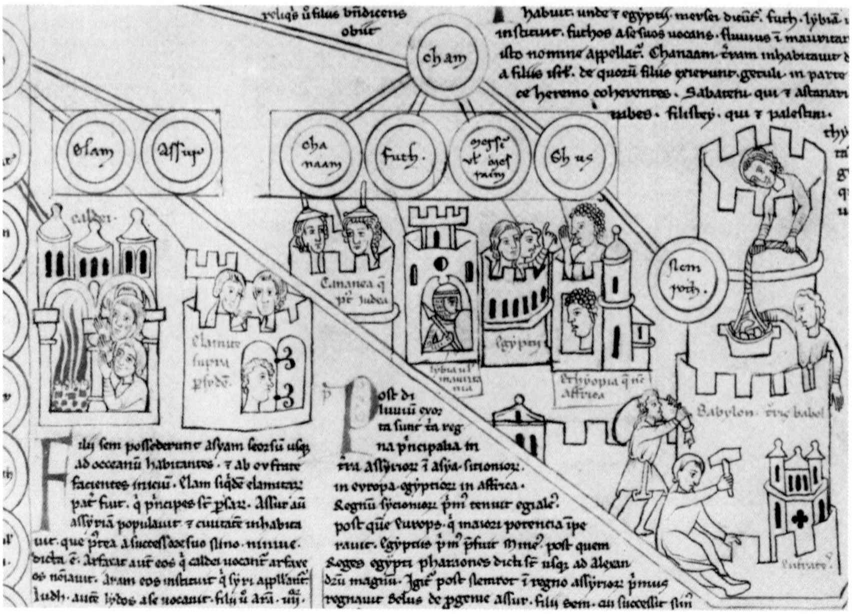

Die Abkömmlinge Hams, Ausschnitt einer Genealogie Christi (Rotulus) aus der Kathedrale von St.Patroklus, Soest, ca. 1230, Berlin, Staatsbibliothek Preußischer Kulturbesitz.

Charakteristika zum Ausdruck kamen, wurden demgegenüber nicht problematisiert. Bereits die Völkertafel präsentierte sich dergestalt »als ein wildes Gewächs, das keiner logischen Gliederung folgt; die geographische, ethnologische, sprachliche und politisch-historische Gliederung sind ohne Prinzip nebeneinander verwendet; auch eine rassographische oder klimatologische Gliederung läßt sich nicht ohne Zwang herausschälen.«[18]

Die Behandlung der Hautfarbe Hams und seiner Nachfahren zeigt dies exemplarisch. Auf einer Pergamentrolle, einer *Genealogia Christi*, die aus der Kathedrale von Soest stammt[19], sind Noah und seine Söhne Sem, Ham (Cham) und Japhet klar als »Weiße« zu erkennen, ebenso Hams Söhne Canaan, Futh (Phut) und Mersius (Mizraim). Chus (Kusch), der vierte Sohn Hams, dessen Wohnort mit »Äthiopien« angegeben wird, »das jetzt Afrika heißt«, wird dagegen als »Schwarzer« dargestellt, ebenso wie die Figur unter ihm, die seine Familie symbolisiert. Beider Profil und die üblichen Details lassen daran keinen Zweifel.[20] Hams Linie wird lediglich über den schwarzen Chus fortgeführt und dessen Sohn Nimrod, der merkwürdigerweise wieder »weiß« ist. Nichts deutet in Wort und Bild darauf hin, daß dieser Umstand den Autoren der Rolle problematisch erschienen wäre und einer Erklärung bedurfte. In Hartmann

Michael Wolgemut und Werkstatt, *Genealogie Hams,* aus: Hartmann Schedel, Liber chronicarum, Nürnberg 1493, fols. XIV^{v}–XV^{r}, Paris, Bibliothèque Nationale.

Schedels berühmter »Weltchronik« (*Liber Chronicarum*, Nürnberg 1493), die eine andere, später erarbeitete, bedeutende Genealogie enthält[21], ändert sich prinzipiell nichts an dieser Art der Behandlung des Stoffs, der Unterschied besteht nur darin, daß nicht mehr Chus »schwarz« ist, sondern sein Enkel Dadan, der Sohn seines Sohnes Regma. Regma ist »weiß« wie sein Vater und alle übrigen Mitglieder der Familie. Von Chus, heißt es ohne weiteren Kommentar, *»komen [...] ethiopes die morn«*[22], und auch von *»Dada dauon ethiopes«* erfährt der Leser nicht mehr.[23] Wie es zu einer so bemerkenswerten Mutation der Hautfarbe kommen konnte, scheint weder für Schedel noch für seine Leser eine Frage gewesen zu sein.

Solange eine unmittelbare Anschauung von und Erfahrung mit Angehörigen fremder Rassen weitgehend fehlten, mochten dergleichen Ungereimtheiten unerheblich sein und übersehen werden.[24] Nachdem man sich jedoch einmal auf eine rationale und an den »natürlichen« Vorgängen orientierte Vorgehensweise eingelassen hatte, änderte sich dies in dem Maß, in dem genauere Nachrichten zur Verfügung standen. Nun wurde die Frage, wie es denn möglich sein konnte, daß der »weiße« Ham den »schwarzen« Chus gezeugt hatte und dieser wieder zu dem »weißen« Nimrod kam, deutlich vernehmbar gestellt. Schließlich konnte man mit Bestimmtheit feststellen: »Wir haben schon Schwarze in mehreren hundert Jahren, sowohl in America als in Europa, erhalten. Sie haben sich unter sich vermehrt, und alle Generationen, auf welche wir bis itzo gekommen, sind beständig schwarz geblieben, eben so schwarz als die ersten, die ins Land gekommen.«[25] Dies waren Tatsachen, die Zweifel an der Theorie der Monogenese weckten, während sie den Glauben an einen polygenetischen Ursprung der Rassen verstärkten.

Vor allem diejenigen, die in der sich zuspitzenden Auseinandersetzung zwischen »Vernunft« und »Glauben«, welche seit dem späten »Mittelalter« entbrannt war[26], an einer Schwächung der kirchlichen Position interessiert waren (d. h. sehr oft Vertreter des progressivsten Flügels der protobürgerlichen Gelehrsamkeit), begannen schon früh, mit dem Gedanken eines polygenetischen Ursprungs der Rassen zu spielen, lieferte er doch nicht nur ein gewichtiges Argument gegen die christliche Orthodoxie, sondern bot auch zugleich eine einleuchtende Erklärung für die Existenz schwarzer (und anderer »farbiger«) Menschen.[27] Schon relativ früh erklärt im 14. Jahrhundert der spanische Mönch Thomas Scotius: »Es gab Menschen vor Adam. Adam ist von diesen Menschen gemacht worden [...]«[28] Nicht lange danach deutete dann Paracelsus (1491–1541) in vorsichtigen Formulierungen an, daß die Bewohner der »amerikanischen Inseln« von einem anderen Adam abstammen müßten.[29] An anderer Stelle äußerte er die Gewißheit, daß die afrikanischen Pygmäen nicht adamitischen Ursprungs seien.[30] Danach postulierte noch einmal der am 17.

Februar 1600 in Rom auf dem Scheiterhaufen hingerichtete Philosoph Giordano Bruno drei Ahnherren der Menschheit: Enoch, Leviathan und Adam. Adam, so behauptete er, sei lediglich Urahn der Juden, während Enoch Stammvater der weißen und Leviathan jener der schwarzen Menschen wäre.[31] Ihren höchsten Ausdruck fand die Theorie schließlich ein halbes Jahrhundert nach dem Feuertod Brunos durch Isaak de la Peyrère (1594– 1676) aus Bordeaux, der heute gemeinhin der libertären Strömung des französischen Spät-humanismus um den Philosophen und Naturwissenschaftler Petrus Gassendi (1592–1655) zugerechnet wird.[32] La Peyrère veröffentlichte 1655 in Amsterdam zwei (zusammengebundene) Arbeiten mit den Titeln: *Prae-Adamitae. Sive exercitatio super versibus duodecimo, tertio et decimo quarto capitis quinti Epistolae PAULI ad Romanos, quibus inducuntur primi hominis ante ADAMUM conditi* und *Systema theologicum ex Prae-adamitarum hypothesi Pars I.*[33] Er versuchte in diesen Schriften mit Hilfe einer kritisch-historischen Textanalyse der Bibel nachzuweisen, daß Adam und Eva nicht die ersten Menschen gewesen sein konnten; schon vor ihnen müsse es menschliche Wesen, die sogenannten »Prae-Adamiten«, gegeben haben, von denen sich die »farbigen« Bewohner der Erde herleiteten (La Peyrère hatte nicht so sehr die Afrikaner im Auge als vielmehr die amerikanischen »Indios«, deren Vorhandensein den Autoren der Bibel offenkundig verborgen geblieben war). Die Prae-Adamiten waren am sechsten Schöpfungstag zusammen mit den Tieren erschaffen worden; sie hatten keinen Zugang zum Garten Eden, woraus sich erklärte, daß ihre Nachfahren dem »Heidentum« verfallen blieben und nicht zwischen Gut und Böse zu unterscheiden wußten.[34]

Während die Reihe derjenigen, die sich mehr oder weniger zustimmend zu La Peyrères Theorie der »Prae-Adamiten« äußerten, von so scharfsinnigen Leuten wie dem gelehrten Arzt und Bibliophilen Guy Patin (1602–1672) über den Pater Mersenne (ein Freund Descartes'), den Historiker Isaac Vossius (1618–1689), die schwedische Königin Christine und Goethe[35] bis hin zu Radikalen wie Voltaire und Georg Forster reichte, reagierte die Kirche, als ob das Allerheiligste in Brand gesteckt worden wäre.[36] Der Vatikan, der wieder einmal den Zusammenhalt der Ökumene in Gefahr sah, beeilte sich, auf neue Weise den Nachweis von der Einheit der menschlichen Schöpfung, der »Monogenese«, zu erbringen. Unterstützung fand er dabei auch von bürgerlicher Seite, wo man sich schließlich mehrheitlich für die Monogenese entschied. Zwar schätzte man dort durchaus die antikirchlichen Vorzüge der These La Peyrères, ebenso wie ihre überzeugende Erklärung für den Ursprung der »menschlichen Varietäten«; und solange man an die unveränderliche Gradation der großen Seinskette glaubte, befand sich die These ja auch vollkommen mit dem protestantischen und dem wissenschaftlichen Credo im Einklang. Seitdem jedoch im 18. Jahrhundert aus der Kette eine Leiter geworden war, geriet die Theorie der Polygenese mit dem bürgerlichen Willen zur Verbreitung der Fortschrittsidee in Widerspruch, da sie jeden Gedanken an eine Überwindung des gegebenen Zustands verbot: *Dies* war denn auch – aus bürgerlicher Sicht – die eigentliche Sünde La Peyrères und seiner philosophisch-naturwissenschaftlichen Nachfolger, und nicht etwa ihr angeblicher »Rassismus« (ohnehin ein unverständlicher Anachronismus), wie in letzter Zeit wiederholt moralisierend und ohne die historischen Zusammenhänge ausreichend zu berücksichtigen, behauptet wurde.[37]

Bei ihrem Versuch, die Theorie von der menschlichen Polygenese unter den skizzierten neuen Voraussetzungen zu widerlegen und den Nachweis von der Einheit der *Species humana* zu erbringen, ging es also dem konservativen Teil der Monogenisten nach wie vor darum, die Positionen der Kirche zu halten, während die progressiven Theoretiker (wie bewußt auch immer) im Grunde die in den »farbigen« Bewohnern der Erde liegenden *Entwicklungsmöglichkeiten* des Menschen aufzeigen wollten, um auch auf diese Weise die Fortschrittsidee zu propagieren. Daß sie damit auch die Frage nach der Farbe Adams auf befriedigende Weise zu beantworten hatten, verstand sich von selbst; selbstverständlich stand aber auch das Ergebnis dieser Untersuchungen von vornherein fest: »Schwarz kann er nicht gewesen seyn [...]«, befanden die meisten Monogenisten; es sei »wahrscheinlich, daß (er) weiß gewesen [...]«[38]

Um die unbestreitbar voneinander abweichenden charakteristischen Körpermerkmale der verschiedenen menschlichen Gruppen auf befriedigende Weise zu erklären, versuchten zunächst namentlich einige der im Interesse der Kirche argumentierenden Monogenisten, die Unterschiede zwischen den »farbigen« und den »weißen« Völkern herunterzuspielen, und behaupteten, daß die schwarze Hautfarbe keineswegs erblich sei. Sie griffen – wie die meisten ihrer naturalistischen Opponenten – auf Aristoteles und die älteren griechischen Geographen zurück und erklärten, daß es sich bei der Pigmentation der Haut um eine »natürliche« Folge intensiver Sonneneinwirkung handelte, die bei einer Veränderung der klimatischen Verhältnisse auf ebenso »natürliche« Weise wieder verschwinden würde.[39] »Die Neger werden eben so weiß wie die Europäer geboren«, wurde immer wieder hervorgehoben, »allein nach kurzer Zeit kommt die schwarze Farbe zum Vorscheine, woran ohnstreitig die Luft und das Licht schuld ist.«[40] Tatsächlich ließ sich eine gewisse Unbeständigkeit der Hautfarbe kaum übersehen: Europäer, die lange an der afrikanischen Westküste lebten, waren zuverlässigen Berichten zufolge schließlich kaum noch von den dort ansässigen »Eingeborenen« zu unterscheiden, und selbst im hohen Norden bekamen die blonden Bauern, die ihr Leben in Wind und

Wetter verbrachten, im Lauf der Zeit eine tiefbraune, gegerbte Haut. Umgekehrt verlor sich solche Sonnenbräune in den langen Wintermonaten, und auch jene Unglücklichen, die man jahrelang in dunklen Kerkern gefangenhielt, verloren bekanntlich nach und nach alle Gesichts- und Körperfarbe, bis sie am Ende nur noch eine durchscheinende Leichenblässe zeigten. Insofern klang das Argument zunächst durchaus überzeugend.

Gegen Ende des 16. Jahrhunderts war dann aber klar, daß die Dinge komplizierter waren. Der Benediktinermönch Gilbert Genebrardus (1537–1597) studierte die Reiseliteratur seiner Zeit und stellte fest, daß nicht alle Völker, die in den tropischen Gebieten der Erde lebten, schwarz waren.[41] Das Klima, so schloß er daraus, konnte die Schwärze der Haut nicht verursacht haben.[42] Dreißig Jahre später kam der italienische Historiker Agostino Torniello (1543–1622) zu demselben Resultat.[43] Das Klima habe nichts mit den Unterschieden zwischen den Rassen zu tun, weil in den amerikanischen Tropen »weiße« Menschen geboren würden, dunkelhäutige Menschen in »Abyssinien« und »Schwarze« in Malabar. In den arktischen und antarktischen Regionen wären die »Eingeborenen« »schwarz wie die Nacht«, und alle Menschen am doch sehr weit vom Äquator entfernten Kap der Guten Hoffnung mit seinem gemäßigten Klima wären »Neger«. Und schließlich, so stellte er fest, würden die europäischen Landarbeiter, obgleich die Sonne ihre Haut in der Tat sehr dunkel färben konnte, dennoch niemals »Schwarze«.[44] Immer mehr Untersuchungen bestätigten die grundsätzliche Richtigkeit dieser Beobachtungen, in anderen fragte man sich, warum allein die *menschliche* Haut unter dem Einfluß der Sonnenstrahlen und bestimmter Umweltfaktoren dunkeln sollte, nicht aber die der »anderen Tiere«. Wenn das stimme, wunderte sich zum Beispiel schon der englische Arzt Thomas Browne (1605–1682), wie komme es dann, daß Löwen, Elefanten, Kamele, Schwäne und andere Tiere in farblicher Hinsicht denen in milderen Regionen entsprächen, obwohl sie doch »in Äthiopien« dem Nachteil zweier Sommer und den senkrecht einfallenden Sonnenstrahlen ausgesetzt seien?[45] »Wenn nun diese Schwärtze und Leibesmischung in dem Menschen von der Hitze herkäme / so würden ja an dergleichen auch andre Thiere Theil haben / als welche gleichen Einfluß haben von dieser allgemeinen Ursache.«[46] Browne war einer der ersten, der beobachtete und beschrieb, was schließlich 1781 auch der Kieler Professor Johann Christian Fabricius (1745–1808) (mit fast den gleichen Worten) über die Beständigkeit der schwarzen Hautfarbe sagte: »Wir finden zwar auch unter den Schwarzen Abänderungen von mehr oder weniger Dunkel, allein sie bleiben doch beständig schwarz, gehen nie in Weiß oder Braun über. Wir mögen sie in andere Himmelsgegenden, auch sogar in kalte, bringen, so bleiben nicht allein die Uebergebrachten, sondern auch ihre Kinder und Kindeskinder völlig schwarz, so lange sie sich nicht mit den Weißen vermischen.«[47] Mit einigem Grund durfte man deshalb sagen: »Ein Neger wird immer ein Neger bleiben, man bringe ihn nach Grönland, man reiche ihm Kreide, man ernähre und behandle ihn wie auch immer.«[48] Gab es am Ende also doch verschiedene, unabhängig voneinander geschaffene Rassen? Das biologische Argument, soviel steht fest, brachte die Anhänger der Monogenese und damit die biblische Autorität in große Bedrängnis.

Aber so schnell gaben sich diese nicht geschlagen. Sie wichen auf ein Feld aus, auf dem sie versierter waren als auf dem für sie schlüpfrigen Boden der naturalistischen »Wissenschaft«, und lieferten verschiedene moraltheologische »Erklärungen« für den Ursprung der schwarzen Haut, indem sie die uralten Traditionen aufleben ließen, die in der Schwärze der Afrikaner ein Kennzeichen ihrer diabolischen Herkunft erblicken wollten:

> »Mohr,
> Du lügst! Die Hölle hat dich schwarz gebrannt!« –

schleudert noch Grabbes Herzog Theodor von Gothland dem »Neger« Berdoa entgegen, als dieser ihm zuflüstert, der Kanzler Friedrich habe beider Bruder Manfred umgebracht.[49]

Einige Autoren verbreiteten den Gedanken, nach dem alle Afrikaner dem Geschlecht Kains entstammen: Die schwarze Färbung ihrer Haut entspräche dem Kainszeichen, mit welchem Gott den Brudermörder zur Strafe brandmarkte, bevor er ihn aus der menschlichen Gemeinschaft ausstieß. Insbesondere der Jesuitenpater August Malfert, der sich ausdrücklich gegen La Peyrère und seine Anhänger wandte, versuchte diese Idee in seinem Aufsatz *Mémoire sur l'origine des Nègres et des Américains* (Lyon 1733) mit großem wissenschaftlichem Aufwand unter die Leute zu bringen.[50] Malfert konnte sich dabei durchaus auf eine Reihe von Beispielen aus der Literatur stützen. Schon in dem Drama *Dulcitius*, das die Nonne Hrotsvit von Gandersheim in den Jahren zwischen 930 und 973 schrieb, wird ein orientalischer Herrscher zur Strafe für sein verbrecherisches Verhalten »geschwärzt«. Dulcitius hält zusammen mit allem möglichen Küchengeschirr drei christliche Jungfrauen, die ihm der Kaiser Diokletian zur Bestrafung übergeben hat, in der Vorratskammer seines Palastes verschlossen. Als er sich im Dunkel der Nacht »in sündhafter Absicht« dorthin begibt, bekommt er in der Finsternis irrtümlich die »rußigen« Tiegel und Pfannen in die Finger:

> »Irene.
> Jetzt sind sein Antlitz,

Sowie sein Kleid und seine Hände
So sehr besudelt und geschwärzt,
Daß er an Farbe einem Mohren
Ganz ähnlich sieht.
Agape.
Gerecht ist es,
Daß seiner dunklen Seele auch
Die Farbe seines Leibes gleiche.«[51]

Wie dem Dulcitius sollte es nach dem Willen der Frauen noch lange danach allen Männern ergehen, die Frauen vergewaltigten. Nach einer alten Handschrift aus dem 15. Jahrhundert verlangten sie zur Fastnacht beispielsweise auch in München:

»welcher man ein frauenschender ist,
den sol man schwerzen als ain morn
und schol in beschern als ainn torn.«[52]

In dieser oder ähnlicher Form hat sich das alte Motiv des Einschwärzens, das zur Strafe und zur Kenntlichmachung für einen unbotmäßigen Weißen dient, dann bekanntlich bis in jüngste Zeiten erhalten. Erinnert sei hier nur daran, daß ja selbst heute noch manch einer »angeschwärzt« wird, aber auch an Spiele wie das vom »Schwarzen Peter«, das in unzähligen Variationen vorkommt und noch immer nicht aus der Welt der Kinder wegzudenken ist.[53]

Die Vorstellung, daß jemand zur Strafe für begangene Untaten angeschwärzt werden könne, hatte es also schon lange vor Malfert gegeben. Aber in keinem der bekannten Fälle hatte das Einschwärzen des Missetäters zu einer rassischen Veränderung geführt; nirgends wird erkenntlich, daß man ihn danach *wirklich* für einen Afrikaner hielt: Es ging lediglich darum, das altbekannte Bild des »teuflischen Schwarzen« aus dem »Morgenland« und aus der eigenen Vorzeit für einen besonders eindrucksvollen *Vergleich* zu nutzen. Wenn Malfert deshalb die Theorie von der Monogenese verteidigte, indem er die Farbe der Schwarzen als eine stigmatisierende Strafe auffaßte und moraltheologisch auf eine Sünde zurückführte, so ging er damit in einem für das spätere Verhältnis von Schwarzen und Weißen entscheidenden Schritt über die biblische Erzählung und ihre volkstümlichen Abkömmlinge hinaus: Dort handelte es sich immer nur um ein Zeichen am Körper des Schuldigen; bei Malfert (und anderen Monogenisten) dagegen dehnte sich das Zeichen auf die gesamte Oberfläche des Körpers aus; *der Körper selbst wurde das Zeichen.* Schuldig zu sein und »Neger« zu sein wurden auf diese Weise identisch.[54] Der gelehrte Jesuitenpater hatte damit nicht nur aus der *individuellen* Brandmarkung eines *einzelnen* Bösewichts eine *kollektive* Bestrafung der ganzen »Rasse« gemacht (durch die stillschweigend unterschobene Annahme einer Art neuer Erbsünde[55]), sondern den Afrikanern zugleich jede Hoffnung auf Erlösung genommen, denn anders als Weiße konnten sich Schwarze ja niemals durch Reue und Buße von *ihrem* »sündigen« Stigma befreien: Sie blieben *zeitlebens* »bestraft«![56] Dieser letzte Punkt verdient besondere Beachtung, denn Malfert schrieb dies alles zu einer Zeit, in der in den amerikanischen Kolonien den Schwarzen, *nicht* aber den weißen Sklaven *(indentured servants)*[57], also den Iren, den Deutschen etc., endgültig und grundsätzlich die bis dahin noch bestehende Möglichkeit einer Emanzipation, d. h. einer *zeitlich befristeten* Sklaverei, genommen wurde, indem man die schwarze Hautfarbe zum Zeichen »perpetuierlicher Knechtschaft« erklärte.[58]

Häufiger noch als Kain wurde Chus als Ahnherr aller schwarzen Menschen hingestellt. Ähnlich wie der Mörder Abels durch die Strafe Gottes, sollte Chus durch einen Fluch geschwärzt worden sein, den Noah über dessen Vater Ham verhängte.[59] »Und es scheinet diese Meynung daher vor anderen ein ziemliches Gewichte zu bekommen«, heißt es dazu mit entwaffnender Logik noch in Zedlers *Universallexikon*, »weil weder die Chineser, noch andere Americanische Völcker, ob sie gleich mit den Schwartzen in einer Himmels-Gegend, nemlich unter der *zona torrida* wohnen, dennoch nicht sosehr schwartz sind, noch auch, wenn sie dahin kommen, werden.«[60] Wir wissen nicht, wann und von wem das Motiv der schwarzen Hautfarbe erstmals von christlicher Seite mit der Legende von Noah in Zusammenhang gebracht wurde, doch spricht alles dafür, daß dies im 16. Jahrhundert im protestantischen Norden und Nordwesten Europas geschah. Da diese Verknüpfung in der christlichen Tradition (auch in jener der Ostkirche) vollkommen fehlte[61], ist es wahrscheinlich – wenn man nicht annehmen will, daß die Monogenisten den Zusammenhang der schwarzen Haut mit der Noah-Legende angesichts ihres Beweisnotstands gegenüber den kritischen Rationalisten einfach willkürlich konstruiert haben –, daß dabei auf jüdisch-arabische Überlieferungen zurückgegriffen wurde, welche die iberischen Juden auf ihrer Flucht vor der Inquisition mit nach Norden gebracht hatten: In der arabischen Welt war die auf den Fluch Noahs gegründete These vom Ursprung der schwarzen Hautfarbe jedenfalls seit langem bekannt.[62]

Was immer jedoch ihr Ursprung sein mag, fest steht, daß sie – spätestens seit den Religionskriegen im Umlauf – eine wachsende Rolle im ideologischen Streit zwischen Polygenisten und Monogenisten spielte.[63] (Daß sie zugleich eine willkommene ideologische Stütze für den gerade jetzt in seine expansivste Phase eintretenden transatlantischen Handel mit schwarzen Sklaven war, sei hier nur am Rande vermerkt.) Der schon erwähnte englische Arzt Thomas Browne schrieb 1645/46 *Von der Schwärtze der Mohren* und befaßte sich auch mit den möglichen Ursachen, die ihren Ursprung erklären könnten; dabei nannte er den Fluch Noahs als eine der kursierenden Erklärungen, die zu dieser Zeit »allgemein akzeptiert« war.[64] Ein anderer Engländer, der Theologe und Historiker Peter Heylyn (1600–1662), hat die Geschichte in der ersten Edition seines *Microcosmus, or a Little Description of the Great World* (1621) unerwähnt gelassen.[65] In der zweiten Ausgabe (1627) wies er die Theorie als »*(a) foolish tale*« zurück.[66] Aber in der dritten Auflage, die in größerem Abstand 1666 folgte, räumte Heylyn schließlich ein, daß »*possibly enough the Curse of God on Cham and his posterity (though for some course unknown to us) hath an influence on it*«.[67] Danach, im 17. und vor allem im 18. Jahrhundert, wurde die These mehrfach aufgegriffen, nicht zuletzt von dem in dieser Frage bald einflußreichen, aus Amsterdam gebürtigen Theologen und Mediziner Johann Ludewig Hannemann (1639–1724)[68], der zunächst Physicus in Buxtehude wurde und anschließend in Hamburg praktizierte, bis er schließlich 1675 zum Professor der Medizin in Kiel aufstieg. Dort erschien 1677 auch seine Dissertation mit dem Titel *Curiosum Scrutinium Nigredinis posteriorum Cham, I. E., Æthiopum, juxta Principia Philosophiæ corpuscularis.* Später widmete er sich diesem Komplex noch einmal von der entgegengesetzten Seite und schrieb eine Abhandlung über das »Weißmachen des Äthiopiers«, *De albatio Æthiopis*, die 1718 in Tübingen erschien.

Hannemann und die anderen Verfechter der Monogenese konnten sich nicht auf die biblische Version der Noah-Legende und ihre traditionelle Auslegung stützen, um die Entstehung der schwarzen Hautfarbe zu erklären. Tatsächlich ist im biblischen Text nicht ein einziger Hinweis auf die Hautfarbe Hams und seiner Söhne enthalten, ein Umstand, auf den schon der arabische Historiker Ibn Khaldûn (1332–1406) verwiesen hatte.[69] In der Übersetzung Luthers wird ebenfalls nur erzählt, daß Noah die Arche mit seinen drei Söhnen Sem, Ham und Japhet verlassen hatte und ein »Ackermann« geworden war, der Weinstöcke pflanzte; daß Ham eines Tages zufällig das Haus seines Vaters betrat und diesen in tiefem Schlaf liegend fand, nackt und betrunken vom Wein; daß er daraufhin hinauseilte und seinen Brüdern berichtete, was er gesehen; daß diese dann – rückwärts gehend und mit abgewandtem Gesicht – die Blöße ihres Vaters mit einem Kleid bedeckten; und daß Noah, als er schließlich erwachte und erfuhr, in welchem Zustand ihn sein jüngster Sohn Ham gesehen hatte, diesen samt seinen Nachkommen verfluchte und sie dazu verdammte, »Knecht aller Knechte unter seinen Brüdern« zu sein.[70] (Luther und andere Übersetzer hielten sich damit im Rahmen der kirchlichen Lehrmeinung; Autoritäten wie die Kirchenväter Hieronymus und Augustinus hatten den Fluch Noahs im Kontext der von ihnen unter *juristischen* Aspekten betrachteten *Sklavenfrage* behandelt und dabei schon deshalb nicht an Afrikaner gedacht. Es ist unwahrscheinlich, daß sie die sprachliche Wurzel des Wortes »Ham« gekannt haben, die soviel wie »schwarz«, »heiß« oder auch »Sonnenbrand« bedeuten kann.[71] Aber selbst wenn dies der Fall war, hatten sie keinerlei Interesse, ihr Wissen zu benutzen, um die schwarze Hautfarbe mancher Menschen zu erklären.[72])

Wenn sich die Anhänger der Monogenese also auf theologische Texte stützten, um die schwarze Hautfarbe der Afrikaner zu erklären, dann konnte sie allenfalls eine in anderem Zusammenhang gemachte Äußerung Luthers dazu verführt haben. Der Reformator sprach da von Ham, der Gott und seine Eltern verachtet habe und deshalb »in den schwärzesten Farben gemalt« worden sei.[73] Aber man hat bereits mehrfach darauf hingewiesen, daß es sich bei dieser Äußerung Luthers um einen rein metaphorischen Ausdruck handelte, der keineswegs auf die physische Beschaffenheit der schwarzen Haut mancher Menschen anzuwenden sei.[74]

Wegen ihrer Unstimmigkeiten fand die Theorie, trotz der zeitweilig außerordentlichen Verbreitung, niemals die ungeteilte Zustimmung, nicht einmal der Theologen. Schon der französische Philosoph Jean Bodin, der sie um 1566 als einer der ersten erwähnte, hatte sie nur mit Skepsis zur Kenntnis genommen[75], und auch Hannemanns Zeitgenosse Johann Nicolai Pechlin, ebenfalls Professor in Kiel, wies sie in seiner Schrift *De habitu et colore Aethiopum qui vulgo Nigritæ, ...* (Kiel 1677) zurück, freilich ohne Hannemann direkt zu erwähnen[76], und für Thomas Browne war die Geschichte »leichter gesagt als bewiesen [...] stecken (doch) viel Dinge hierunter / die nicht zu glauben sind«.[77] Mit einigem Recht sah sich schließlich im späten 18. Jahrhundert der Abbé Nicolas-Sylvestre Bergier (1718–1790), seit 1769 Kanonikus in Paris und nebenbei Mitarbeiter an Diderots *Encyclopédie*, nach einer eingehenden Prüfung des Sachverhalts genötigt, sie in seinem *Dictionnaire de Théologie catholique* (1788–1790) endgültig als unschlüssig abzulehnen: »Der Fluch Noahs wurde nicht auf Ham, sondern auf Canaan gelegt; und Afrika ist nicht von der Nachkommenschaft Canaans bevölkert.«[78]

Moraltheologische Erklärungsversuche, die sich im wesentlichen auf philologisch-textkritische Untersuchungen der Bibel und der antiken Klassiker stützten, mochten sich hervorragend für ideologische Spiegelfechtereien eignen (zum bleibenden Schaden für die Afrikaner, wie wir heute wissen!), aber eine überzeugende Antwort auf die Frage nach dem Ursprung schwarzer Haut, platter Nasen, dicker Lippen und krauser Haare konnten sie ebensowenig beibringen, wie sie den Streit zwischen Monogenisten und Polygenisten zu lösen im Stande waren. Zunehmend begann man deshalb, dem Phänomen der

Veränderlichkeit des menschlichen Körpers auch mit Hilfe unorthodoxer Methoden nachzuspüren.

Es ist hier nicht möglich (und auch nicht nötig), die ganze Fülle der oft recht abenteuerlich anmutenden monogenistischen Theorien, die den Ursprung der negroiden Körpermerkmale erklären sollten, in allen Einzelheiten wiederzugegeben; das meiste davon findet sich zusammengefaßt in den größeren Nachschlagewerken der Zeit, etwa in Diderots *Encyclopédie.*[79] Als Beispiel soll die ernsthaft diskutierte These erwähnt werden, nach der die »Krafft und Würkung der Einbildung«, d. h. die *Phantasie* der Mutter, die schwarze Farbe (und im umgekehrten Fall bei schwarzen Müttern weiße Kinder) hervorgerufen haben könnte: »Denn davon hat man unterschiedliche unstrittige Exempel: Und lesen wir beym *Hippocrate* von einer Frauen / welche durch das blosse Ansehen eines gemahlten Bildes ein schwarzes Kind zur Welt gebohren; deßgleichen auch in der Geschicht des *Heliodori* einer Möhrischen Königin gedacht wird / welche aus blossem Anschauen des Bildes der Andromeda eine weisse Tochter zur Welt gebracht.«[80] Daß besonders die Damen das Wissen um dergleichen »Tatsachen« in bestimmten Notlagen sehr schätzten, dürften die Kavaliere verstanden haben, sogar in allerhöchsten Kreisen: Als 1656 am französischen Hof Ludwigs XIV. die »Mulattin« Louise-Marie Thérèse (1656–1732), genannt *La Mauresse de Moret*, das Licht der Welt erblickte, wollte man gerne glauben, daß es sich um eine legitime Tochter des Königs und seiner Gemahlin handelte, von der es hieß, sie hätte während der Schwangerschaft einen Schock erlitten.[81] Wie dem auch sei – was einer Königin passieren konnte, konnte im Volk noch viel leichter geschehen. In Braunschweig wurden dem Bürger der Auguststadt, Hans Myhen, laut Taufeintragung vom 6. September 1654 Zwillingsmädchen geboren, von denen das eine ein Mal am Munde hatte, »weil sich die Mutter am Mohren zu Hofe versehen«.[82] Arthur Schnitzler schrieb später die Erzählung *Andreas Thameyers letzter Brief* (1900), in der es um einen kleinen Wiener Spießbürger geht, dessen Frau ein schwarzes Baby gebar – nichts Ungewöhnliches, wie der gedemütigte Ehegatte seine spöttischen Mitmenschen beschwört: ». . . ihr werdet einsehen, daß es solche Dinge gibt, wie sie Hamberg, Heliodor, Malebranche, Welsenburg, Preuß, Limböck und andere berichten.«[83] Auch hier war freilich eher anzunehmen, daß ihn seine Angetraute heimlich mit einem der »unheimlichen Schwarzen«, die »unten im Tiergarten« kampierten, betrogen hatte – obschon sie unter Tränen beteuerte, »ein ungeheures Grauen vor diesen Riesenmenschen mit den glühenden Augen und den großen schwarzen Bärten« empfunden zu haben.[84]

Von einem ganz anderen Gewicht als dergleichen obskure Begebenheiten waren indessen die Arbeiten verschiedener Wissenschaftler, die sich seit dem

Ende des 17. Jahrhunderts immer intensiver um *nachprüfbare Fakten* bemühten, auf deren Grundlage der Streit um die Frage, wie denn die offensichtlich voneinander abweichenden Körpermerkmale der einzelnen menschlichen Gruppen entstanden seien, beigelegt werden sollte. Vor allem anatomische Befunde sollten nun die Basis für das theoretische Verständnis der unterschiedlichen Phänomene abgeben: *Über den Sitz und den Grund der Farbe der Äthiopier und der übrigen Menschen* heißt eine erste, 1737 in Leiden von dem in Frankfurt an der Oder geborenen Anatomen Bernhard Siegfried Albinus (1697–1770) zu diesem Thema veröffentlichte und für diese Phase typische Schrift, der bald andere ähnliche Arbeiten, so die 1741 in Paris publizierte *Dissertation sur la cause physique de la couleur des nègres, de la qualité de leurs cheveux, et de la dégéneration de l'un et de l'autre* des französischen Arztes Pierre Barrère, folgten: Nahezu alle bedeutenden Anatomen und Biologen des 18. Jahrhunderts haben sich mehr oder weniger eingehend mit diesem Problem beschäftigt.[85]

Bald stellte sich jedoch heraus, daß auch das von der »Zergliederungskunst« zusammengebrachte Material insgesamt zu widersprüchlich war und das Problem oft nur auf eine andere Ebene verlagerte, statt Entscheidendes zu seinem Verständnis beizutragen, ein Sachverhalt, auf den schon der bereits mehrfach erwähnte Abbé Henri Grégoire (1750–1831), jener unter Robespierre aktiv für die Sklavenbefreiung tätige Jakobiner, der später konstitutioneller Bischof von Blois wurde, zusammenfassend hingewiesen hat. »Meckel, der Vater«, schrieb dieser große Freund der Schwarzen, »glaubt, die Farbe der Neger rühre von der dunklen Farbe des Gehirns her; allein Walter, Bonn, Sömmering, Gall und andere große Anatomen, fanden keinen Unterschied der Farbe zwischen dem Gehirn der Neger und der Weissen. Barriere und Winslow glauben, die Galle der Neger sey dunkler gefärbt, als jene der Europäer; Sömmering hingegen hat sie grün=gelblicht gefunden. Will man die Farbe der Neger von derjenigen der Reticularhaut ableiten? Wenn aber diese bey den einen schwarz gefunden wird, so ist sie bey andern kupferfarbicht oder russicht. *Im Grund wird die Schwierigkeit damit nur hinausgeschoben, und keinesweges aufgelöst*; denn wenn man auch annehmen will, die Medullarsubstanz, die Galle, die Reticularhaut wäre immer schwarz, so müßte nun erst der Grund *davon* gefunden werden.«[86]

Einige der um eine Klärung der Problematik bemühten Gelehrten haben die Unzulänglichkeit des anatomischen Materials durchaus gesehen und deshalb versucht, noch auf andere Weise zum Ziel zu gelangen: Eine kritische und planvoll durchgeführte Sichtung der verschiedenen Erfahrungstatsachen, die man vor allem aus Reiseberichten zusammenstellte und nach Möglichkeit durch eigene Anschauung ergänzte, sollte die Basis für das theoretische Verständnis der empirisch festgestellten Unterschiede zwischen den Menschen erweitern. Wenn sich also zum Beispiel die Monogenisten auf gelegentlich vorgebrachte Berichte beriefen, denen zufolge die platten Nasen mancher Afrikaner einfach durch die Gewohnheit ihrer Mütter zustande kamen, ihren Neugeborenen aus Gründen »verschrobener« gesellschaftlich-ästhetischer Konventionen das noch weiche Näschen einzudrücken, ähnlich wie die Chinesen früher ihren vornehmen Frauen künstlich die Füße verkrüppelten, dann gab Blumenbach, der sich auch über diesen Punkt Gewißheit verschaffen wollte, dem von ihm geförderten jungen Afrikaforscher Hornemann die Frage mit auf den Weg: »Plätschen wohl noch jetzt manche Neger ihren neugebohrenen Kindern die Nase absichtlich breit?«[87]

Eine letzte Kategorie aufschlußreicher Fakten verdankte sich schließlich der Überzeugung vieler damaliger Naturphilosophen und -forscher, »daß die Natur gerade beim Abnormen Blicke vergönne in ihre schauerlichste Tiefe«.[88] Tatsächlich schienen ja gerade abnorme oder durch Krankheit verursachte Fälle häufig genug anzuzeigen, wie der menschliche Organismus unter dem Einfluß bestimmter Faktoren »ausarten«, aber unter günstigeren Bedingungen erneut seinem Ideal »anarten« konnte; nicht wenige der Anatomen widmeten sich deshalb besonders dem Studium des Pathologischen: Sömmerring, Camper und andere haben systematisch alle ihnen bekannt gewordenen Fälle pathologischer Veränderungen von weißen Menschen, die schwarz oder gelb wurden, und von Schwarzen, die ganz oder teilweise weiß wurden, gesammelt[89], ein Material, das nun allerdings die Annahme der Monogenese eher zu bestätigen schien.[90] Schon Thomas Browne hatte von einem Mann berichtet, der, um eine der Mode entsprechende, möglichst »weiße« Hautfarbe zu bekommen, sich angewöhnt hatte, regelmäßig »Silber=Crystalle« einzunehmen, »durch deren steten Gebrauch er endlich (ganz gegen seinen Willen) in seinem ganzen Gesicht so schwartz und glänzend worden wie ein Mohr [...]«[91] Ähnliches, meinte der Engländer, könnte ja auch die schwarze Farbe der Afrikaner verursacht haben.[92] Le Cat und nach ihm Camper fanden Beispiele von weißen Frauen, deren Retikularhaut in der Schwangerschaft so schwarz wurde, wie die der »Negerinnen von Angola«.[93] Nach Sömmerrings Zeugnis sah auch der Mainzer Chirurgieprofessor »Herr Hofrath Strack (1722–1805, P. M.) einen Weißen durch ein Fieber schwarz wie einen Mohren werden«[94]; Sömmerring selbst fand »magere Leute oft sehr schwarz«, doch würden diese »beym fett werden (bleichen). Auch haben andre mit mir, als Ludwig[95], und Blumenbach Europäer gesehen, die an einigen Stellen so schwarz als Mohren waren.«[96] »Ich selbst«, fügt er noch hinzu, »hebe Stücke von europäischer Haut, mit sehr dunkler Schleimhaut auf.«[97] Da die Kinder der Schwarzen bei der Geburt und in den folgenden Tagen bedeutend heller gefärbt sind als die späteren Erwachsenen[98], behauptete endlich auch der amerikanische Arzt Benjamin Rush (1745–1813), einer der Unterzeichner der amerikanischen Unabhängigkeitserklärung, der für seine Verdienste um die Medizin u. a. eine Medaille des preußischen Königs erhielt, daß die Farbe der Schwarzen die Folge einer erblich gewordenen Krankheit, nämlich Lepra, wäre.[99] In Afrika, meinte Rush, machten das extreme Klima, allzu scharfe Speisen und eine exzessive Lebensweise die »Neger« sehr anfällig für diese Krankheit. Darüber hinaus gäbe es eine auffallende Entsprechung zwischen den »typischen« Körpermerkmalen der »Neger« und den charakteristischen Auswirkungen der Lepra auf den Menschen: schwarze Haut, Insensibilität der Nerven, starke geschlechtliche Begierden, dicke Lippen, platte Nasen und wolliges Haar. Und da Lepra erblich sei, würden ihre Auswirkungen von Generation zu Generation weitergetragen. Vielleicht, so erlaubte sich der gelehrte Amerikaner zu spekulieren, habe die angeborene Lepra im Fall der Schwarzen ihre ursprünglich maligne und infektuöse Eigenschaft verloren, nachdem sie die physischen Besonderheiten dieser Menschen verursachte. Rush betonte, *»That all the claims of superiority of the whites over the blacks, on account of their color, are founded in ignorance and inhumanity«.*[100] Er legte deshalb Wert auf die Feststellung, daß die Behauptungen der Polygenisten jeglicher Grundlage entbehrten. Für ihn war der »Neger« nicht Gegenstand einer zweiten Schöpfung, sondern krank: Seine Schwärze wurde von Rush als Abweichung von einem gesunden Zustand begriffen, den es wiederherzustellen galt. Der Doktor wollte – mit anderen Worten – das Rassenproblem mit medizinischen Mitteln lösen, wobei er sich bei Gelegenheit auch auf den mit der Französischen Revolution sympathisierenden englischen Chemiker Thomas Beddoes (1760–1808) berief, der die Hand eines Afrikaners durch »oxigenirte Salzsäure beynahe gebleicht« hätte – was einen anonym gebliebenen Rezensenten seiner Arbeit prompt zu dem spöttischen Vorschlag reizte, man möchte doch, zusammen mit den Missionaren, »Bleichergesellschaften« nach Afrika senden![101]

Die Annahme, daß »Weiße« unter dem Einfluß bestimmter »nachteiliger« Faktoren zu »Schwarzen« werden könnten, war nichts anderes als eine säkularisierte Version der alten Geschichte von Noahs Fluch, nur daß hier das Klima, die chemische Umwelt oder eine Krankheit an die Stelle der strafenden Gerechtigkeit Gottes getreten waren.[102] Wenn man deshalb sehr bald auch Fälle fand, in denen umgekehrt aus Afrikanern »Weiße« wurden, dann ließ sich die Weißwerdung dementsprechend als eine Art profaner Erlösung von den Sünden und der ihnen folgenden Strafe eines barbarischen Lebens verstehen. Sömmering führte das Beispiel eines »Mohrenschusters aus Venedig« an, »der in seiner Jugend schwarz dorthin gekommen, allmählig aber (in der zivilisierten Welt der Lagunen-Stadt, so ist man versucht hinzuzufügen, P. M.) so abbleichte, als litte er nur noch an einer schwachen Gelbsucht [...]«[103] Ebenso sah der Prager Anatomie-Professor Joseph Thaddäus Klinkosch (1734–1778), auch er ein Mitglied der Akademie der Wissenschaften zu Göttingen, einen durch eine Krankheit gelb gewordenen »Mohren«.[104] Weitere Fälle dieser Art wurden aus Übersee gemeldet.[105] Die spektakulärste Erscheinung aber waren in diesem Zusammenhang die vereinzelt in Afrika und »Westindien« vorkommenden sogenannten »weißen Neger«, zumeist schwarz-weiß gefleckte Negroide, die man Dondos, Blafards, Kakerlaken, öfter aber Albinos (Weißlinge) nannte, wahrhaftig bürgerliche Feirefize, von denen einzelne auch in Europa öffentliches Aufsehen erregten.[106] Große Aufmerksamkeit zog ein Albino auf sich, der schon 1744 in Paris auf einer *exhibition célèbre* zu sehen war. Vom außerordentlichen Interesse der Intellektuellen an diesen bedauernswerten Geschöpfen zeugt unter anderem, daß sogar Voltaire diesen Menschen eingehend beschrieb.[107] Berühmt wurden ferner der kleine, auf dem *Bartholomew Fair* zur Schau gestellte, George Alexander Gratton, *»who was covered over with a diversity of spots«*[108], und John Richardson Primrose Bobey, der am 5. Juli 1774 auf Jamaica geboren wurde und später eine Engländerin heiratete.[109] Dank dem zu Beginn des 19. Jahrhunderts populären *Museum des Wundervollen oder Magazin des Außerordentlichen in der Natur, der Kunst und im Menschenleben* des Leipziger Verlegers Friedrich Gotthelf Baumgärtner (1759–1843), in dem Bobey mit weiteren Vertretern seiner Art ausführlich abgehandelt wurde, war er auch dem deutschen Publikum nicht unbekannt: »Man glaubte anfänglich, seine Haut sey weiß gemacht, allein dies war keineswegs der Fall. Wenn er sich angezogen und einen Hut auf hat, so kann man ihn kaum von einem andern Schwarzen unterscheiden, da blos ein kleiner Flecken an der Stirne weiß sieht. Am Hintertheile des Kopfes ist sein Haar so weiß wie Wolle, und glänzt wie Silber. Der übrige Theil des Kopfes und der Haare hingegen, der ungefähr drei Viertheile ausmacht, sieht glänzend schwarz aus. Die weißen Flecken auf der Brust, an den Armen und Beinen, welche mit schwarzen Flecken untermischt sind, geben der Haut das Ansehen einer Leopardenhaut: im Ganzen sieht sie aber vortrefflich aus. Bobey ist gegen 5 fuß 8 Zoll lang, gut proportionirt, seine Gesichtszüge sind regelmäßig, und man kann ihn für schön halten. [...] Er ist ein großer Liebhaber der Freimaurerei und ein Mitglied von vielen Freimaurergesellschaften in Großbritannien. Er läßt sich von Neugierigen sehr bereitwillig untersuchen, ist gefällig, ehrlich, und hat einen besonders guten Charakter. Die hier gelieferte Abbildung ist getreu, und er hat dem Künstler, der sie gemacht hat, mehrmals deshalb gesessen.«[110] Gab es wohl ein Objekt, an dem sich besser als an Bobey demonstrieren ließ, daß »selbst« ein »Neger« sich – wenn man ihn bloß in die

»richtige« Umgebung stellte – zu einem edlen Weißen wandeln konnte? »*Il moro di corpo bianco ossia Lo schiavo del propio onore*« war der zu dieser Erkenntnis passende Titel eines Balletts, welches am Ende des 18. Jahrhunderts in verschiedenen Städten auf die Bühne gebracht wurde.[111]

Wenn Menschen wie Bobey grundsätzlich die Ameliorationsfähigkeit aller Kreaturen (oder aber ihre Fähigkeit zur Degeneration) zu beweisen schienen, dann spielte dabei freilich im Bewußtsein vieler Naturforscher das soziogeographische Ambiente eine zunehmend wichtige Rolle. Tatsächlich setzte sich bis zum Ende des 18. Jahrhunderts eine modifizierte Version der Milieutheorie durch, die dem bei allen ihren Untersuchungen mehr oder weniger präsenten Fortschrittsdenken der aufgeklärten Naturforscher und Anthropologen am ehesten entsprach. Sie ging von einem einheitlichen Ursprung aller Menschen aus, postulierte aber zugleich die Möglichkeit ihrer »Ausartung«, d. h., einer vererblichen Diversifizierung der *species humana* unter dem Einfluß des »Klimas«, worunter man seit Montesquieu in einem erweiterten Sinn die physische und *soziale* Umwelt einer gegebenen Bevölkerung verstand.[112] »Buffon, Camper, Bonn, Zimmermann, Blumenbach, sein französischer Uebersetzer Chardel, Sömmering (und) Imlay sehen (auf diese Weise) das Klima, *in Verbindung anderer mitwürkender Umstände, als* Hitze, *Lebensweise u. s. f.* für die Ursache der Farbe der Neger und der übrigen Menschenvarietäten an.«[113] Wie sehr dabei offenbar die politisch-sozialen Wunschvorstellungen der aufgeklärten Naturforscher und -philosophen immer wieder unter der Hand in ihre Denkmodelle zur Erklärung bestimmter natürlicher Phänomene eingegangen sind, zeigt sich nicht zuletzt daran, daß sie die »entstellenden« Merkmale der »andersfarbigen« Menschen, also dunkle Hautfarbe, krauses Haar usw., durchgängig auf extreme, und das hieß für sie: auf barbarisch-unzivilisierte Bedingungen zurückführten, während sie sich die idealen Gestalten als Folge *gemäßigter* Verhältnisse nach antikem griechischem Muster (oder dem, was sie dafür ausgaben) dachten. »Das Land, in dem der Mensch aufwächst«, meinte zum Beispiel Rousseau, »spielt eine große Rolle; nur in gemäßigtem Klima kann er alle Qualitäten entwickeln, die er besitzt: Bei extremen Klimata ist der Nachteil offenbar. [...] (Auch) scheint es, daß die Beschaffenheit des Gehirns unter den verschiedenen Extremtemperaturen weniger vollkommen ist. Weder die Neger noch die Lappländer sind ihrem Geist nach Europäer.«[114] Je gemäßigter das Klima, so auch Blumenbach, desto schöner das Gesicht[115], und schließlich Winckelmann: »Der aufgeworfene schwülstige Mund, welchen die Mohren mit den Affen in ihrem Lande gemein haben, ist ein überflüssiges Gewächs und ein Schwulst, welchen die Hitze ihres Klimas verursacht, so wie uns die Lippen von Hitze oder von scharfen, salzigen Feuchtigkeiten, auch einigen Menschen in heftigem Zorne aufschwellen. Die

John Richardson Primrose Bobey, der »weißgefleckte Neger«, aus: J. A. Bergk und F. G. Baumgartner, Museum des Wundervollen oder Magazin des Außerordentlichen in der Natur, der Kunst und im Menschenleben, 2. Band, 4. Stück, Leipzig 1804 (gegenüber S. 345), Exemplar der Staatsbibliothek zu Berlin, Sign.: Ah 4011.

kleinen Augen der entlegenen nördlichen und östlichen Länder sind in der Unvollkommenheit ihres Gewächses mit begriffen, welches kurz und klein ist. Solche Bildungen wirkt die Natur allgemeiner, *je mehr sie sich ihren äußersten Enden nähert* und entweder mit der Hitze oder mit der Kälte streitet, wo sie dort übertriebene und zu frühzeitige, hier aber unreife Gewächse von aller Art hervorbringt. Denn eine Blume verwelckt in unleidlicher Hitze, und in einem Gewölbe ohne Sonne bleibt sie ohne Farbe, ja die Pflanzen arten aus in einem verschlossenen, finstern Orte. Regelmäßiger aber bildet die Natur, je näher sie nach und nach zu ihrem Mittelpunkt geht, unter einem gemäßigten Himmel [...]«[116]

»Beweise« für dergleichen Annahmen fanden die Naturforscher übrigens schon in den heimatlichen Wäldern Europas: Die meisten der sogenannten »wilden Kinder«, an denen das gelehrte Publikum des 18. Jahrhunderts ebenso wie an den »wilden Nigriten« außerordentliches Interesse zeigte[117], wurden als aus der zivilisierten Welt herausgefallene, vertierte Menschen beschrieben, deren Äußeres sich als Folge ihrer extremen Lebensverhältnisse dem der Schwarzen angenähert hatte.[118] Ein 1731 nahe dem Ort Songi in der Champagne aufgegriffenes, »in der Wildniß« aufgewachsenes Mädchen, das damals Naturforscher wie Carl von Linné, Anthropologen wie Johann Friedrich Blumenbach und Schriftsteller wie Johann Gottfried Herder sehr beschäftigte und das als *Puella campanica* in die wissenschaftliche Literatur eingegangen ist, hatte »ein so schwarzes Gesicht und Hände als eine Aethioperin«.[119] Von einem anderen »Wild-Fang« dieser Art, dem damals nicht weniger bekannten »Mädchen von Kranenburg« *(Puella trans-isalana)*, welches im holländischen Ober-Yssel »im Winter 1717 in einem deshalb angeordneten Treibjagen von 1000 Kranenburger Bauern in Netzen eingefangen worden« war, hieß es: »sie (sei) ganz nakt und ihre Haut hart und schwarz gewesen, *die aber einige Zeit nach ihrer Captur abgefallen und dafür eine hübsche neue zum Vorschein gekommen* [...]«[120] Noch weitere Kreise zog schließlich – um ein letztes Beispiel dieser Art zu nennen – der Fall des 1724 bei Hameln aufgefundenen »Wilden Peters« (Linnés *Juvenis Hannoveranus*), den Blumenbach unter allen damals bekannten Fällen auswählte, um ihn zum Ausgangspunkt für seine theoretischen Überlegungen zu machen.[121] Auch Peter hatte, einer Hamburger *Chronica* aus dem Jahr 1730 (1726) zufolge, bei seiner Gefangennahme eine »dunkle Haut«, »nachdem er (jedoch) gewaschen und gereiniget worden, hat er eine weisse Haut auffm Leibe gehabt«.[122] Unter den verschiedenen Theorien, die seine Herkunft erklären sollten, gab es auch die Annahme, »daß von Africanischen Eltern er seinen Ursprung her habe, weil seine äusserliche Bezeigung mit vielen Heydnischen Dingen verknüpffet, indem er die Erde küssete, imgleichen [...] daß die auff des Knaben Leibe sich befindende Narben gewisse *Characteres* und Kennzeichen wären, wodurch die Heydnischen Völcker ihre Kinder zu zeichnen pflegten, ferner, daß das Wort *ala, ala*, welches der Knabe zum öfftern von sich hören liesse, wenn er beleidiget wurde, ein Heydnisches Wort wäre, und so viel heissen könte, als: Mein Gott! Mein Gott!«[123] Wenn es auch stimmt, daß alles dies schon damals als unseriöse Spekulation zurückgewiesen wurde, so offenbart sich dessen ungeachtet darin eine Denkweise, die einer wichtigen theoretischen Strömung der Zeit entsprach.

Was sich an den verwilderten Kindern der europäischen Wälder schon recht gut erkennen ließe, so meinten die Gelehrten, könne man in der Wildnis Äquatorialafrikas, wo die Exzesse des sozialen Lebens einem gnadenlosen Klima entsprächen, noch besser beobachten. Denn dort verbrenne die sengende Sonne nicht nur die Haut der Menschen und entzöge selbst den Haaren jede Feuchtigkeit, bis sie sich kräuselten; sondern sie mache die Leute auch träge und für alle möglichen Laster anfällig.

Die Bildbarkeit ad oculos demonstrieren

Getrieben von dem im Verlauf des 18. Jahrhunderts stärker werdenden Emanzipationswillen und dem Fortschrittsglauben der bürgerlichen Klasse, bemühte sich also eine wachsende Zahl von Gelehrten darum, das grundsätzlich bestehende Vermögen aller Geschöpfe zu beweisen, sich unter bestimmten Umständen zu verändern und zu vervollkommnen. »Unterschätzen wir nicht die verborgenen Möglichkeiten der Natur!« – erklärte zum Beispiel der seit 1748 auf Einladung des preußischen Königs in der Berliner Akademie der Wissenschaften tätige französische Arzt und Philosoph Julien Offroy de La Mettrie (1709–1751), wobei er nicht zuletzt die Entwicklung des damals noch jungen preußischen Staats im Auge hatte: »Sie sind unermeßlich, vor allem, wenn sie mit Klugheit und Geschick erschlossen werden.«[124]

Wissenschaftliche Grundlage für dieses damals neue Denken, aus dem ein unerschütterlicher Optimismus im Hinblick auf die Zunkunft und ein enormes Vertrauen in die schlummernden Fähigkeiten der gesamten Bevölkerung sprachen, waren die Arbeiten der Milieutheoretiker, allen voran diejenigen Montesquieus, welche nicht nur die *körperliche*, sondern insbesondere auch die *geistig-moralische* »Bildbarkeit« des Menschen in Abhängigkeit von Umwelt, Sitte und Erziehung bewiesen.

Vor allem in die *Lernfähigkeit* der Menschen begann man fortan große Hoffnungen zu setzen.[125] Durch »Bildungsmaßnahmen«, so glaubten viele im seither oft auch als »Jahrhundert der Erziehung« bezeichneten Zeitalter der Aufklärung, würden sich die Menschen zu ihrem eigenen Vorteil und zum Wohl aller zu »Besserm und Höherm und mit einem Worte zu höherer Kultur« erheben lassen.[126] Bahnbrechende Schriften wie John Lockes berühmter *Essay Concerning Human Understanding* (1690), sein *Some Thoughts Concerning Education* (1693), später Lessings *Die Erziehung des Menschengeschlechts* (1780) oder Condorcets *Entwurf eines historischen Gemäldes der Fortschritte des menschlichen Geistes* (1796) schufen das Fundament für ein umfassendes Erziehungswesen, das in der allgemeinen Schulpflicht und einem gestaffelten System von Ausbildungseinrichtungen – von der Vorschule bis zur Akademie – gipfeln sollte: Die rohe Natur, nach einem Wort Leibniz', »durch gute Anstalt«[127] zu bilden und dadurch einer sinnvollen Verwertung durch die menschliche Gesellschaft zuzuführen, war das hohe Ziel.

La Mettrie schrieb: »Man wird als Mensch ebenso durch Dressur geformt wie ein Tier, zum Schriftsteller ebenso wie zum Lastträger. Ein Mathematiker, der schwierigste Beweise und Berechnungen durchführt, hat dies ebenso gelernt wie ein Affe, der auf einem dressierten Hund reitet und dabei ein Hütchen ab- und aufsetzt.«[128] Nicht nur dieser französische *Esprit fort* war davon überzeugt, daß auf solche Weise selbst ein Affe, vorausgesetzt, er werde »nach allen Regeln der Kunst trainiert«, zu Höchstem fähig sei: »Dann wäre er nicht mehr nur ein wilder oder fehlerhafter Mensch, sondern ein vollkommener; ein normaler Staatsbürger, der wie wir die Muskeln bzw. das Zeug hätte, zu denken und Nutzen aus seiner Ausbildung zu ziehen.«[129]

Nicht jeder hat so etwas freilich für möglich gehalten. Noch bis zum Ende des 18. Jahrhunderts und selbst darüber hinaus glaubten nicht wenige nach wie vor an die »gottgewollte« Unveränderlichkeit der Dinge und sprachen insbesondere den Schwarzen jede Fähigkeit zu höheren Kulturleistungen ab. Der schottische Philosoph und Historiker David Hume (1711–1776) hat zum Beispiel noch 1753 in einer Fußnote zu der in diesem Jahr veröffentlichten Neuausgabe seines Essays *Of National Characters* ausdrücklich angemerkt: »Ich bin geneigt zu glauben, daß Neger, und im großen und ganzen all' die übrigen menschlichen Rassen (denn es gibt vier oder fünf verschiedene Arten) den Weißen von Natur aus nachstehen. Es gab niemals eine zivilisierte Nation von irgendeiner anderen Hautfarbe als der weißen, noch nicht einmal irgendein Individuum, das sich, sei es durch Taten oder durch spekulatives Denken, ausgezeichnet hätte. Keine erfinderischen Fabrikanten unter ihnen, keine Künste, keine Wissenschaften. [...] es gibt über ganz Europa verstreut schwarze Sklaven, von denen nicht einer irgendwann einmal Anzeichen von Scharfsinn gezeigt hat [...]«[130] Wie Hume, so dachten Voltaire[131] und Rousseau[132], Thomas Jefferson[133], der Historiker Estwick[134], der Geograph Zimmermann[135], der Philosoph Meiners[136], der Ökonom und Kameralwissenschaftler Fabricius[137], der Anatom Gall[138] und viele andere. Wenn sie damit auf Kritik stießen, so lag das allerdings letztlich nicht so sehr daran, daß sie den Schwarzen keine Chance ließen, sondern vor allem daran, *daß sie mit ihren Gedanken gegen das von der heraufziehenden Fabrikgesellschaft hoch geschätzte Prinzip der optimalen Verwertung der menschlichen Arbeitskraft verstießen: Sie ließen einen Teil der grundsätzlich nutzbaren menschlichen Ressourcen brach liegen!*

»Man kann sich nicht vorstellen«, hatte in diesem Sinn schon Montesquieu die Vorläufer der Hume und der Estwick verspottet, »daß Gott, der doch ein allweises Wesen ist, eine Seele, und gar noch eine gute Seele, in einen ganz schwarzen Körper gelegt habe«.[139] Ein Beweis dafür, daß die »Neger« keine »gesunde Vernunft« hätten, läge ja schließlich schon »darin, daß sie eine Halskette aus Glasperlen höher schätzen als eine aus Gold, das doch bei zivilisierten Völkern eine so große Bedeutung hat«![140] Montesquieu und seine Nachfolger nahmen im Gegensatz dazu an, daß die Schwarzen den Weißen – unter gegebenen gleichen Verhältnissen – »in Rücksicht ihrer natürlichen Geistesanlagen und Fähigkeiten« durchaus nicht nachstünden. Schlecht abschneiden würden sie jedenfalls nur, so Georg Christoph Lichtenberg, solange »man Sklaven, Matrosen und Pauker, die Sklaven waren, einem Candidaten en belles lettres gegenüberstellt. Wenn sie (dagegen) jung in gute Hände kommen, wo sie geachtet werden wie Menschen, so werden sie auch Menschen; ich habe sie bei Buchhändlern in London über Büchertitel sogar mit Zusammenhang plaudern hören, und mehr fürwahr verlangt man ja kaum in Deutschland von einem Bel-Esprit.«[141] Jedenfalls dürfe man keinesfalls allein vom augenblicklichen – zugegebenermaßen »rohen« – Zustand der Schwarzen ausgehen, der ja doch nur die Folge der »barbarischen« Verhältnisse in Afrika, des Sklavenhandels und der Sklaverei in Amerika sei.[142] »Soweit ich urteilen kann«, faßte der schottische Arzt und Abolutionist James Ramsay (1733–1789) diese Überzeugung einer wachsenden Anzahl Menschen zusammen, »gibt es keine Unterschiede des Verstands zwischen Weißen und Schwarzen, außer solchen, wie sie Umstände und Erziehung natürlicherweise hervorrufen.«[143] Ähnliches hatte Daniel Defoe schon 1722 seinen *Colonel Jack,* einen sehr fortschrittlichen Sklavenaufseher, ausrufen lassen: »*Nature is the same, and Reason Governs in just Proportions in all Creatures.*«[144] Im übrigen, so wurde von dieser Seite mehrfach betont, könne man aus dem augenblicklichen Zustand der Schwarzen allein schon deshalb nicht auf ihre Unfähigkeit zur Perfektibilität schließen, weil ja die aufgeklärten Europäer selber von Menschen abstammten, deren Lage als nicht weniger elend eingestuft werden müßte. »Was waren denn unsere *verehrungswürdigen* Vorfahren«, fragte einer der Kritiker Humes, »die Gothen und Vandalen, auf die wir unsere edle Abkunft so stolz zurückführen? Unwissende Barbaren, im Naturzustand, und kaum erleuchtet von Vernunft oder Tugend.«[145] Und hätte Hume in den Tagen des römischen Kaisers Augustus gelebt, sekundierte Ramsay, »sein nördlicher Stolz würde weniger hochtrabend gewesen sein«.[146] Wer also hier an eine Entwicklung glaube, so der Schluß, dort aber nicht, handele nicht ganz konsistent. Auf diese Weise setzte sich schließlich eine Auffassung durch, der schon der englische Schriftsteller Joseph Addison (1672–1719) mit einem schönen Bild Ausdruck verliehen hatte: Man solle sich doch, hatte dieser erklärt, auch im Hinblick auf die Schwarzen nicht länger vom bloßen Anschein täuschen lassen; denn genauso wie ein Marmorblock nicht die Schönheit des Materials enthülle, sondern erst die herausgemeißelte Statue, so werde auch der »Neger« ein ganz anderes Wesen *durch Erziehung*. Ihnen diese nicht länger vorzuenthalten, sei deshalb nur konsequent.[147] Auf praktisch verwertbare Qualifikation sollte dabei freilich nach Auffassung sehr vieler unbedingt Wert gelegt werden; andernfalls würde es nämlich – falls es den Europäern einfallen sollte, die Schwarzen »zu diesem europäischen Industrie=Zweig abrichten zu lassen«[148], die der Geograph Theophil Friedrich Ehrmann befürchtete – eines Tages ein »negerisches Schriftstellerlexikon« geben[149], gäben die Afrikaner doch aufgrund ihrer geistigen Fähigkeiten gute Belletristen ab: »Doch, der Himmel bewahre die guten Neger vor *dieser* Kultur, und schenke ihnen dagegen Gelegenheit, ihre Geistesfähigkeiten zweckmäßig auszubilden!«[150]

Um empirisch zu prüfen, ob untergeordnete Geschöpfe der *Great Chain of Being* die behauptete Fähigkeit zur Weiterentwicklung besitzen, wurden seit Beginn des 18. Jahrhunderts unter dem Eindruck aufklärerischer Ideen und merkantilistischer Überlegungen über die Ausweitung des Welthandels sowie in Deutschland auch unter dem Einfluß des Pietismus[151] regelrechte *Erziehungsexperimente* gemacht, indem eigens ausgesuchte »Eingeborenenkinder« nach Europa gebracht und dort dem »Laboratorium der gebildeten Gesellschaft« ausgesetzt wurden: Exemplarische Karrieren wie in E.T.A. Hoffmanns satirischen *Kreisleriana* die des »gebildeten Affen«, der seine Kindheit unter rohen Verwandten verbracht hatte, »die noch in den weiten, unkultivierten Wäldern auf den Bäumen herumhüpfen«, sollten auf diese Weise beweisen, »wie selbst aus Geschlechtern, denen sonst eine höhere Bildung verschlossen, sich Talente zu einer seltenen Höhe aufschwingen« können.[152] Gefangen und nach Europa verbracht, hatte der Affe zunächst im Hause eines Kommerzienrats sprechen, lesen, schreiben und musizieren gelernt, um anschließend seine Ausbildung unter Anleitung eines Professors der Ästhetik so weit zu vervollkommnen, daß er schließlich »in allen geistreichen Zirkeln gern gesehen« war; mit verständlichem Stolz unterzeichnete er seither seine Briefe mit »*Milo*, ehemals Affe, jetzt privatisierender Künstler und Gelehrter«.[153]

Wenn die gelehrten Initiatoren solcher Experimente die Erziehung der verschiedenen »Wilden« und der *enfants sauvages* ins Auge faßten, jener dunkelhäutigen »Wolfskinder«, die man wild lebend in den Wäldern Europas gefunden hatte[154], dann ging es ihnen dabei von Anfang an weniger um diese selbst als vielmehr darum, sie als Versuchsobjekte zur Erprobung ihrer pädagogischen und anthropologischen Theorien zu benutzen: An ihnen sollte exemplarisch die »Bildbarkeit« noch des Rohesten und Unzivilisiertesten *ad oculos* demonstriert werden. »Es war«, so schrieb der durch ein solches Bildungsexperiment auch in einschlägigen Kreisen des deutschsprachigen Raums nicht unbekannt gebliebene Edinburgher Arzt Milsintown, »ein edelmüthiger Trieb in uns, der Welt [...] *eine Anleitung zu geben, wie mit einem weit leichteren Vortheil und mit besserm Gewinn auch unter den Wilden die christliche Lehre eingeführet, und in den Colonien ein brauchbarer und nützlicher Saame guther Unterthanen und gesitteter Menschen angeleget werden könnte.* Unsere Absicht war, (den kleinen Schwarzen, den Milsintown 1756 auf einer abgelegenen schottischen Insel gefangen und wenig später als »Afrikaner« identifiziert hatte, P. M.) [...] einstens, wenn er nach unserer Hofnung aufgewachsen wäre, dem großmütigen König, Georg II., der so viel rühmliche Anstalten in seinem Reich machet, daß die Schottischen Hochländer zu bessern Sitten und Ergreifung einer bessern Lebensart angewiesen würden, aus Dankbarkeit als ein Geschenke (zu) überlassen, da wir durch seine königlichen Wohlthaten im Stande uns befinden, die Vollziehung seines Willens zu befördern, und *durch das Beyspiel unsers Wilden den Hochländern zu zeigen, wie weit es die Zucht* (d. i. die Erziehung, P. M.) *bey ihnen bringen könne.*«[155] Auf diese Weise sollte der Weg gewiesen werden, auf dem die Integration der »rückständigen« Gebiete – also vor allem der europäischen Randzonen und der überseeischen Kolonien – an der Peripherie der sich herausbildenden »nationalökonomischen« Systeme mit ihren Handels- und Manufakturzentren erreicht werden könnte.[156]

Diese Experimente konnten nicht immer zu einem befriedigenden Abschluß gebracht werden. Obwohl ihre Initiatoren weder Kosten noch Mühe gescheut haben und obwohl sie sich angesichts der für das weitere Gedeihen von Gesellschaft und Staat »nützlichen« Zielsetzung ihres Tuns gewiß auch häufig der Unterstützung höchster Kreise erfreuen durften, führten dennoch Krankheiten oder andere Ursachen nicht selten zu einem vorzeitigen Abbruch der Ausbildungsversuche. Der kleine »Wilde« Milsintowns verfiel schon bald nach der Aufnahme seines Unterrichts in »Melancholie« und starb nur acht

Monate nach seiner »Befreiung« aus der schottischen Inselwüste: »Sein Cadaver stehet nun auf dem großen Saal der anatomischen Akademie zu Edenburg, und erhält noch sein Angedenken.«[157] In Königsberg wurde am 28. Januar 1733 im Amtshaus zu Balga zwischen dem Kriegs- und Domänenrat Jakob Philipp Manitius (1698–1749) und dem Schiffszimmermann Martin Harnack ein Kaufvertrag geschlossen, wonach Harnack für die damals erhebliche Summe von 100 Talern einen »etwa 7 bis 8 Jahre« alten »Mohrenknaben« verkaufte.[158] Der Kaufvertrag, in dem es heißt, Manitius habe den Jungen »vor sich und einige Freunde erhandelt, *um denselben in der christlichen Religion und anderen nützlichen Wißenschafften* erziehen *zu laßen*«[159], zeigt, daß hier ein »Bildungsexperiment« beabsichtigt war. Tatsächlich wurde der kleine Schwarze unmittelbar nach der Transaktion auf Kosten des Genannten in die Lateinklasse des strikt nach dem Vorbild der pietistischen Franckeschen Anstalten in Halle regierten[160] Friedrichskollegiums in Königsberg geschickt, damit er dort »in der christlichen Lehre unterrichtet, getauffet und zu Gottes Ehren erzogen werden könne«.[161] Er muß dort ein Mitschüler des späteren Philosophen Immanuel Kant gewesen sein. Im übrigen handelte es sich bei dem kleinen Afrikaner um jenen Jungen, der – wie schon an anderer Stelle erzählt[162] – kurz nach seiner Einschulung auf Betreiben der Herzogin von Holstein gewaltsam aus dem *Collegio Fridericiano* entführt wurde, ein Akt, der dem Erziehungsexperiment des Herrn Manitius und seiner Freunde ein vorzeitiges Ende setzte.

Nicht wenige Erziehungsexperimente konnten jedoch zu einem erfolgreichen Abschluß gebracht werden. Die Karrieren der verschiedenen Absolventen weisen allerdings bemerkenswerte Unterschiede auf und zeigen, daß die Gönner der schwarzen Zöglinge – trotz der ihnen allen gemeinsamen grundsätzlichen Zielrichtung ihrer Absichten – oft unterschiedliche Schwerpunkte setzten. Zwei besonders aussagekräftige Beispiele sollen dies deutlich machen: Ibrahim Hannibal (ca. 1698–1781), der berühmte »Mohr« Peters des Großen und Urgroßvater des russischen Dichters Alexander S. Puschkin, und Anton Wilhelm Amo (ca. 1700 bis nach 1753), der schwarze Philosoph aus Halle.

Der »Mohr« Peters des Großen

Die Ausbildung Ibrahim Hannibals ist letztlich nur im Zusammenhang mit dem »Modernisierungswillen« der leitenden Repräsentanten Rußlands zur Zeit Peters des Großen zu verstehen.[163] Sie wurde von vornherein als eine Art »unternehmerische Investition« betrachtet, die sich möglichst gut und möglichst lange bezahlt machen sollte. Deshalb wurde großer Wert auf *praktische* Kenntnisse und Fertigkeiten gelegt, die dem Aufbau des Reichs *unmittelbar* zugute kommen konnten. Um dies sicherzustellen, wurde der »Mohr« sein Leben lang direkt von der Staatsspitze in die Pflicht genommen und zugleich so abgesichert, daß er frei von finanziellen Sorgen arbeiten konnte.

Hannibal, dessen Lebensweg Verbindungslinien nach Deutschland aufweist, wird vor dem Hintergrund der am Vorabend der industriellen Revolution angeblich oft noch leistungsunwilligen und -unfähigen Menschen vieler Teile Europas zu einem besonderen Beispiel für die Möglichkeiten, die ein im Hinblick auf die Freisetzung menschlicher Produktivkräfte angelegtes Erziehungssystem bot. Besser noch als das Schicksal des »Schwarzen«, den Doktor Milsintown am »unzivilisierten« nordwestlichen Rand Europas aufgegriffen hatte, zeigt sich an diesem Afrikaner im damals noch wenig entwickelten Osten, was die aufgeklärten Verfechter des Fortschritts eigentlich bezweckten, wenn sie sich um eine möglichst umfassende Erziehung ausgewählter »Wilder« bemühten. Zwar ist bis heute kein beweiskräftiges Dokument bekannt, aus dem *expressis verbis* die Motive hervorgehen, die Peter I. zu Beginn des 18. Jahrhunderts veranlaßten, sich über seinen Gesandten in Konstantinopel um »etliche afrikanische Mohrenknaben von guten Fähigkeiten«[164] zu bemühen; indirekt lassen sich jedoch sehr wohl die Beweggründe des großen Zaren rekonstruieren. So mögen dabei – wie erst vor kurzem von sowjetischer Seite vorgetragen[165] – durchaus auch die (nicht zuletzt unter Mitwirkung von Leibniz entwickelten) Pläne des Zaren zur Vernichtung des türkischen Imperiums eine Rolle gespielt haben, in denen der Aufnahme von Beziehungen zu »Abyssinien« (der vermuteten christlichen Heimat dieser schwarzen Jungen an der, auch aus russischer Sicht, rückwärtigen Flanke des osmanischen Weltreichs) erhebliche Bedeutung beigemessen wurde.[166] Weit mehr als im Kontext der russischen Großmachtbestrebungen, scheint das faszinierende Leben Hannibals aber doch erst im Zusammenhang mit den petrinischen Reformen des Zarenreichs seinen tieferen Sinn zu erhalten.

Rußland war am Ende des 17. Jahrhunderts ein im Vergleich mit dem westlichen Europa noch wenig entwickeltes Land. Durch die damals einsetzende rasche wirtschaftliche, politische und kulturelle Entwicklung im Westen zunehmend in das europäische Geschehen verwickelt, wurde seine relative Rückständigkeit auf nahezu allen Gebieten des sozialen Lebens jedoch gerade in jener Zeit besonders offenkundig. Peter I. erkannte die Gefahren, die dem Land daraus erwuchsen, und stellte sich an die Spitze derjenigen Kräfte, die durch Entwicklung der Wirtschaft, der Kultur und des gesellschaftlichen Denkens den Anschluß an die westeuropäischen Staaten erreichen wollten.

Der Zar hatte sich gründlich auf seine gewaltige Aufgabe vorbereitet.[167] Schon frühzeitig hatte er sich eingehend mit den wichtigsten wirtschaftlich-technischen Neuerungen des Westens beschäftigt, und er war von Anfang an bestrebt, sich auf dem jeweils neuesten Stand der unter anderem auch für die Talentsuche so wichtigen naturwissenschaftlich-philosophischen Diskussion zu halten. Bereits auf seiner ersten Reise nach Westeuropa hatte er zwischen dem Sommer des Jahres 1697 und Mai 1698 in Deutschland, vor allem aber in Holland und England, Eindrücke empfangen, die für seine Reformvorhaben, darunter das von ihm angestrebte Bildungswesen, entscheidend wurden.[168]

Zurück von der großen Informationsreise (der 1716/17 noch eine zweite folgte), machte sich Peter der Große unverzüglich und mit der ihm eigenen ebenso rücksichtslosen wie zielstrebigen Energie daran, das theoretisch für gut Befundene praktisch ins Werk zu setzen. »Rußland«, so hat man geschrieben, wurde jetzt »zu einem gewaltigen Bauplatz, auf dem der unermüdliche Zar selbst die Baupläne und, durch sein persönliches Beispiel, auch den Arbeitsrhythmus bestimmt.«[169]

Zur Erreichung des weit gesteckten Ziels holte der Zar nicht nur aus dem Ausland zahlreiche Fachleute auf den Gebieten des Heerwesens, des Handwerks, der Schiffahrt, der Wissenschaften und der Künste ins Land[170], sondern tat vor allem auch vieles, um Untertanen aus allen Ständen und Schichten für seine Reformvorhaben heranzuziehen. »Jetzt aber unter den Russen solche ausfindig zu machen, die gelehrt sind und Neigung dazu haben«, war eines seiner ersten Anliegen, sobald er wieder moskowitischen Boden betreten hatte.[171] Es ist nicht klar, welche Einflüsse den Gedanken an ein umfassendes Pflicht- und Zwangsschulsystem in ihm hervorgerufen haben, aber jedenfalls hat ihm der anglikanische Theologe und Mediziner Francis Lee (1661–1719) (offenbar auf seine ausdrücklichen Bitten hin) bereits 1698 in London ein Konzept *»for the advancement of learning«* vorgelegt[172]; später war es dann besonders der Einfluß des pietistischen Theologen und Pädagogen August Hermann Francke (1663–1727), dessen Vater in Gotha mit dem Orientalisten Hiob Ludolf befreundet war, welcher wiederum den Äthiopier Abba Gregorius einst dorthin geholt hatte. Die von Francke in Halle, der damaligen Hochburg der deutschen »Frühaufklärung«, gegründeten Erziehungsanstalten galten weithin als vorbildlich und haben auf Peter den größten Eindruck gemacht.[173] Unter anderem hatte Francke schon 1701 Pläne für ein »Projekt zu einem Seminarium universali oder Anlegung eines Pflanzgartens« entworfen, »in welchem man eine reale Verbesserung in allen Ständen in- und außerhalb Deutschlands, ja Europas und alle Teile der Welt zu erwarten«.[174] Die hallischen Anstalten sollten ganz im Sinn von Franckes merkantilistisch-aufgeklärter Grundanschauung dazu dienen, daß zahlreiche Kräfte jedes Jahr frei würden, um an der »realen Verbesserung in der ganzen Welt« zu arbeiten.[175] Es war deshalb gewiß nicht zufällig, wenn dort Zöglinge aus allen Ständen und aller Herren Länder zu »nützlichen Subjecta« ausgebildet wurden; 1701 war unter anderem ein Araber in Halle, später noch ein Syrer aus Antiochien, der sogar an der Universität lehrte, und endlich kam 1733 auch noch ein Inder.[176] Neben Francke hat schließlich aber vor allem Leibniz, der Gründer der Berliner Akademie der Wissenschaften, eine maßgebliche Rolle gespielt. Leibniz, dessen Name untrennbar mit den Anfängen des russischen Bildungswesens verbunden bleibt, hat dem Zaren in einer über Jahre hinweg geführten, ausgedehnten Korrespondenz und wiederholt in persönlichen Gesprächen detaillierte Pläne für den Aufbau einer »Societät der Wissenschaften« und anderer Bildungseinrichtungen entwickelt[177], die ihre Wirkung wohl ebensowenig verfehlt haben wie die mehr praktisch ausgerichteten Vorschläge Franckes. Rund dreißig kaiserliche Schul- und Lernerlasse, die solche Anregungen in die Tat umsetzten, zeugen jedenfalls davon, daß Peter I. den Glauben seiner Zeit an die Macht der Erziehung und die Bedeutung des Unterrichts teilte.[178]

Die Schwierigkeiten, die sich diesem gigantischen Unternehmen in den Weg stellten, waren indessen enorm. Eine mangelhafte Vorbildung der in die verschiedenen Schulen Eintretenden, die Mühe der sprachlichen Verständigung mit den meist ausländischen Lehrkräften, die Unzulänglichkeiten der in der Regel aus anderen Sprachen übersetzten Lehrbücher, vor allem aber die allzu häufig fehlende Motivation der Schüler machten einen erfolgreichen Lehrbetrieb oft unmöglich: Mangels ausreichender Bewerber wurden die Schüler manchmal sogar wie Rekruten *zwangsweise* ausgehoben und kaserniert![179]

Es scheint, daß vor allem dieser letzte Umstand für das Leben Ibrahim Hannibals entscheidende Bedeutung hatte. Man weiß nicht, welche Quellen Hannibals Schwiegersohn Adolf Rotkirch zur Verfügung standen, als er gegen Ende des 18. Jahrhunderts (übrigens in deutscher Sprache) die erste (freilich von historischen Ungereimtheiten nur so wimmelnde) Biographie des berühmten »Mohren« schrieb, und über seine Einsichten in die historischen Prozesse des 18. Jahrhunderts und die damals heftig geführte Diskussion über die »Perfektibilität« des Menschen läßt sich nur spekulieren.[180] Auf jeden Fall aber

General Ibrahim Hannibal (unsicher), Öl auf Leinwand, Maler unbekannt, Moskau, Musei Imeni Puschkina.

brachte Rotkirch die Karriere seines Schwiegervaters (vielleicht sogar aufgrund ihm mündlich von diesem vorgetragener Ausführungen) unmittelbar mit dem Umgestaltungswerk Peters I. in Verbindung und schrieb: »Während dieser Zeit regierte Kayser Peter der Erste in Rußland und war bemüht bey Einführung der Künste und Wißenschaften in seinem Reiche, letzte auch auf den vornehmsten Theile seiner Unterthanen den Adel, zu verbreiten. Es gelung ihm zwar in diesem Vornehmen einigermaßen fortzuschreiten, doch in Erwegung der so großen Menge von Ritterschaft des weitläuftigsten Reiches in der Welt *war die Anzahl der zum lernen Lustbezeugenden zu geringe*; und eben dieses erweckte dem hochseeligen Kayser den bekümmerndsten, den kränkensten Schmerz: Er sann auf Mittel seinem Volke (auch) etliche *auch dem äußeren Schein nach auffallende Urbilder zu zeigen und dann zum Muster und Beyspiele auf zu stellen*; verfiel endlich auf den Gedanken, an seinen zu der Zeit sich in Constantinopel befindlichen Gesandten zu schreiben: daß er ihm etliche afrikanische Mohren Knaben von guthen Fähigkeiten verschaffen und übersenden sollte.«[181] Wahrscheinlich kam auf diese Weise im Jahr 1706 der kleine, vermutlich aus der Provinz Tigre im Norden Äthiopiens stammende[182] Ibrahim Hannibal nach Moskau.[183]

Der Herrscher aller Russen widmete diesem Afrikaner spätestens seit dessen Taufe, die im Jahr 1707 in Anwesenheit des Zaren und der Frau Augusts des Starken von Sachsen-Polen, Christine-Eberhardine, die beide als Taufpaten fungierten, in Wilna vollzogen wurde, zeitlebens die größte Aufmerksamkeit. Vor allem kümmerte er sich persönlich um die Erziehung Hannibals.[184] Peter wollte »die Besorgung (seines) Erzuges« keinem anderen überlassen, da ihm – wie es hier noch einmal ausdrücklich heißt – außerordentlich viel daran lag, »Beyspiele aus (ihm) zu ziehen, die er mit der Zeit seinem Volke zum Muster und zur Beschämung aufstellen wollte, um sie (d. h.: seine Untertanen, P. M.) zu überzeugen, *daß aus einem jeden Volke und nicht minder aus fast wilde Menschen, aus Neger, die unsere gesitteten Nationen nur dem Sclaven Stande widmen, Männer könnten gebildet werden, die durch Fleiß Kentniße und Wißenschaften zu erwerben im Stande seyend,* durch die sie geschickt und fähig würden, Ihrem Herrn in allen Fällen *als taugliche und brauchbare Diener behülflich und nützlich zu seyn.*«[185]

Hannibal verbrachte zunächst zehn Jahre beständig in unmittelbarer Nähe des Zaren, der ihm »[...] die besten, die würksamsten Belehrungen und in vielen, besonders mathematischen Wißenschaften und anderen Kenntnißen nebst Sprachen die geschicktesten Lehrer (gab)«.[186] »Dem Gedankenflug eines großen Mannes zu folgen«, schrieb Puschkin über diese Phase im Leben seines Urgroßvaters, »ist eine fesselnde Wissenschaft.«[187] 1716/17 nahm ihn der Monarch mit auf seine zweite große Reise nach Westeuropa und ließ ihn (zusammen mit drei anderen jungen Leuten) zur weiteren Ausbildung unter der Obhut des Herzogs von Orléans, des damaligen Regenten Frankreichs, in Paris zurück, wo er an der *École Militaire* Militärwissenschaften, namentlich aber Mathematik studierte und als Artillerieoffizier abschloß.[188] Es folgte die Teilnahme am Spanischen Erbfolgekrieg, aus dem er nach schwerer Verwundung und Gefangennahme nach Frankreich zurückkehrte[189], wo er zu weiteren Studien sogleich die gerade von dem französischen Marschall und Festungsbaumeister Sébastien le Prestre de Vauban (1633–1707) gegründete *École d'Artillerie* in Metz bezog.[190] 1723 erfolgte dann die Rückreise nach Rußland, nicht ohne eine Bibliothek von mehr als vierhundert Bänden über Naturwissenschaften, Mathematik, Geschichte, Philosophie und Politik, aber auch den *belles lettres* im Gepäck, die den ganzen Umfang seines weitgespannten und ja auch sonst vielfach bestätigten Wissens erahnen läßt.[191] Was sich anschließt, ist eine beispiellose Karriere, zunächst unter Peter I., danach vor allem unter dessen Tochter, Kaiserin Elisaweta Petrowna: Tätigkeit als Mathematiklehrer des Preobraschenskij-Garde-Regiments[192] und Ernennung zum Ehrenpauker und Kapitänleutnant der Artillerie dieser Einheit, die der Zar traditionell selbst als Kapitän befehligte; Oberkommandant von Reval, wo dem späteren

»ersten und besten Ingenieur in Rußland«[193] die Leitung beim Bau der neuen Festungswerke übertragen wird; Katharina I. vertraut ihm die Ausbildung ihres Enkels, des Kronprinzen Peter Alexejewitsch, an; er wird Generalmajor; Generalingenieur; schließlich General-en-chef und Direktor der Kanäle (»des von Peter dem Großen in Cronstadt und des Ladogaschen Cannal(e)s«), sowie Ritter des Alexander-Newski-Ordens.[194] Ein Buch des Äthiopiers über das Militäringenieurwesen ist wahrscheinlich 1726 entstanden.[195] In Reval heiratete er – in zweiter Ehe – Christina Regina von Schöberg, eine deutschstämmige Hauptmannstochter[196], die in rascher Folge elf Kinder zur Welt brachte, denen er alle möglichen ungewöhnlichen Namen gab. Das veranlaßte seine geplagte (und offenbar auch mit ihrem deutschen Akzent kämpfende) Frau zu dem von Puschkin überlieferten Ausspruch in der damals in ihren Kreisen üblichen französischen Sprache: *»Ce diaple noir, fait à moi enfants noirs et donne à eux des noms diapoliques.«* (»Der schwarze Teufel macht mir schwarze Kinder und gibt ihnen teuflische Namen.«[197]) Christina von Schöberg war lutherischen Glaubens und um 1750 der Gemeinde des Pastors Johann Wilhelm Henning zugehörig, der bis in die siebziger des 18. Jahrhunderts Jahre in Petersburg als Verbindungsmann für Gotthilf August Francke und den halleschen Pietismus wirkte.[198] Henning schätzte die »große Geschicklichkeit« Hannibals »in denjenigen Wissenschaften, die zu seinem foro gehören«.[199] Ibrahim Hannibal starb am 14. Mai 1781 im 83.(?) Lebensjahr, einen Tag nach dem Tod seiner 76jährigen Frau.[200] Alexander S. Puschkin, der zeitlebens mit Stolz auf seinen afrikanischen Vorfahren verwies[201], hat in der 1827 begonnenen (leider fragmentarisch gebliebenen und sachlich wohl im wesentlichen auf der Biographie Rotkirchs basierenden) Novelle *Der Mohr Peters des Großen* an ihn erinnert.[202]

Der schwarze Philosoph

In den Auseinandersetzungen um die Frage der Perfektibilität des Menschen war Ibrahim Hannibal gewiß ein großartiges Beispiel, an dem sich demonstrieren ließ, zu welchen Leistungen sich »selbst ein Neger«, vorausgesetzt nur, daß man ihm die Möglichkeiten dazu böte, aufschwingen konnte. Als Planer, Ingenieur und Herr über ein Gut mit 1500 Leibeigenen[203] hat er seinen gesellschaftlichen Nutzen zeitlebens unter Beweis stellen können. So wurde er durch seinen Beitrag zur Durchsetzung der petrinischen Reformen zu einem geschätzten Angehörigen der oberen Staatsränge, den – bis auf seine Hautfarbe – nichts mehr von anderen an diesem Prozeß Beteiligten unterschied.

Anton Wilhelm Amo (ca. 1700 bis nach 1753) hat demgegenüber wenig praktisch Verwertbares gelernt. Eine entsprechende Tätigkeit in Staat und Gesellschaft scheint in seinem Fall auch gar nicht ins Auge gefaßt worden zu sein. Amos Ausbildung legt vielmehr nahe, daß es seinen Förderern kaum um mehr ging als in Erfahrung zu bringen, in welchem Maß ein Schwarzer intellektuell bildbar ist. Nachdem Amos akademische Ausbildung abgeschlossen war, erlosch ihr Interesse an ihm. Amo mußte sich fortan genauso wie alle übrigen bürgerlichen Gelehrten auf sich selbst gestellt in der von Eifersüchteleien und Konkurrenzgehabe geprägten Welt der Universität behaupten. Zwar war ihm dort zunächst ein außergewöhnlicher Erfolg beschieden[204], doch ist er schließlich – anders als Hannibal – trotz seiner atemberaubenden Karriere gescheitert.

Amo stammte aus einem Dorf bei Axim an der damaligen »Goldküste«, dem heutigen Ghana. Als Kind von Sklavenjägern geraubt[205], kam er 1707 als ein für Herzog Anton Ulrich von Braunschweig-Wolfenbüttel bestimmtes »Geschenk« der Holländisch-Westindischen Kompanie an den Hof von Salzthal-Wolfenbüttel (einen Bruder verschlug es als Sklaven nach Surinam).[206] Herzog Anton Ulrich (1633–1714), ein weitgereister und im Vergleich zu vielen Dutzendfürsten der deutschen Kleinstaaten sehr gebildeter und aufgeschlossener Mann, strebte damals im Bund mit Holland und Frankreich nach einem politischen Aufstieg seines Hauses und bemühte sich – ähnlich wie Peter der Große, wenn auch natürlich in viel kleinerem Maßstab – um eine gezielte Modernisierung seines Landes. Es ist wahrscheinlich, daß er dabei auch den kleinen Afrikaner in seine Pläne mit einbezogen hat.

Welche Beweggründe im einzelnen zu der Entscheidung führten, den Jungen auszubilden, ist freilich auch in diesem Fall nicht mehr auszumachen. Man darf jedoch annehmen, daß das Bestreben des braunschweigischen Herzogs, sein Land an den Stand der damals fortgeschritteneren Staaten Westeuropas heranzuführen, nicht ohne Einfluß auf die ersten Lebensjahre Amos gewesen ist. Der Herzog befand sich mit einigen der führenden Gelehrten seiner Zeit in ständigem geistigen Austausch, so mit den Hallenser Frühaufklärern, darunter namentlich dem Juristen Christian Thomasius[207], und mit Leibniz, der gerade um die Zeit, als Amo in Wolfenbüttel eintraf, als Historiograph des Welfischen Hauses fungierte. Es kann sehr wohl sein, daß der Fürst mit diesen Männern auch über pädagogische Fragen gesprochen und in diesem Zusammenhang schließlich den Plan gefaßt hat, den kleinen Afrikaner unterrichten zu lassen. Möglicherweise hat auch das Vorbild Ibrahim Hanni-

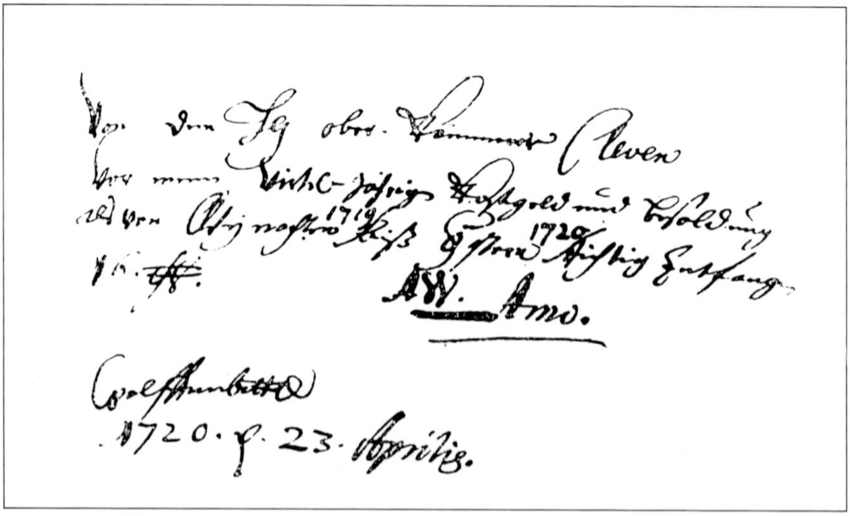

Quittung Anton Wilhelm Amos vom 23. April 1720.

bals gewirkt; Elisaweta Petrowna, die Tochter Peters des Großen, welche ein besonders gutes Verhältnis zu Ibrahim hatte, war eine Nichte Anton Ulrichs. Ob Hannibal auf der Rückreise von Paris im Jahr 1723 am Wolfenbütteler Hof eingekehrt ist, wie man seit langem vermutet, konnte bislang allerdings nicht bewiesen werden.[208] Ansonsten hat vielleicht auch eine Rolle gespielt, daß Wolfenbüttel 1722 durch eine Koalition von Reichsfürsten gezwungen wurde, auf seine ehrgeizigen Machtpläne zu verzichten, was den Welfen in der Folge mehr Zeit ließ, sich ihren wissenschaftlich-literarischen Neigungen zu widmen und ihr Augenmerk mehr auf die inneren Verhältnisse des Herzogtums zu richten.

Die erste Nachricht über Amo findet sich im Kirchenbuch der Schloßkapelle zu Salzthal unter dem 29. Juli 1707: »Den 29. Julij ist ein Kleiner mohr in der Salzthal=Schloß Capell getaufft u. Anthon Wilhelm genannt worden. Die geVatern waren die hiesige Sämbtl. Hochfürstl. Herrschaft.«[209] Für solche Fälle ungewöhnlich und deshalb bemerkenswert ist die Tatsache, daß man dem Jungen, der nach dem regierenden Herzog Anton Ulrich und dessen Sohn Wilhelm August[210] die Taufnamen »Anton Wilhelm« erhielt, gestattete, auch seinen afrikanischen Namen »Amo« weiterhin zu behalten: ein Hinweis vielleicht auf das schon in diesen jungen Jahren zutage tretende Durchsetzungsvermögen des späteren Professors, der möglicherweise die Erinnerung an seine Herkunft nicht preisgeben wollte.[211]

Über die folgenden Jahre im Leben des kleinen Anton Wilhelm ist fast

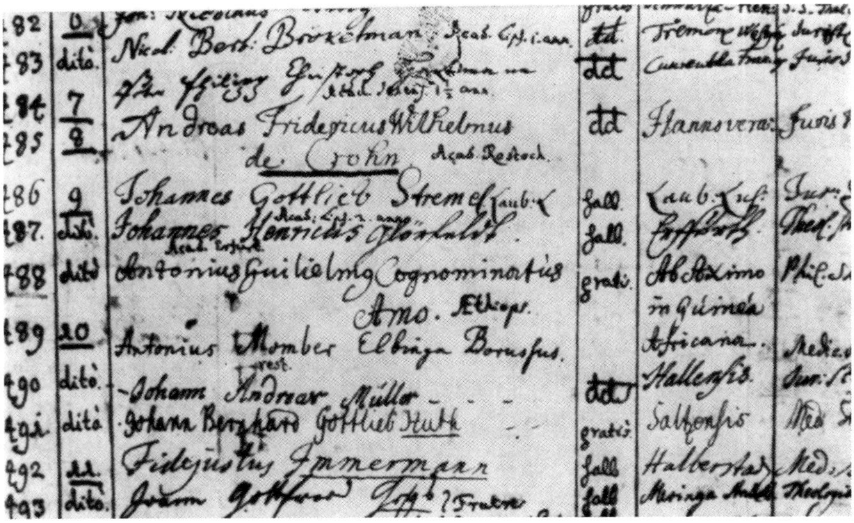

Eigenhändige Eintragung Anton Wilhelm Amos in die Matrikel der Universität Halle am 9. Juni 1727 (Nr. 488).

nichts bekannt.[212] Nur einige Kammerrechnungen des Wolfenbütteler Hofs aus den Jahren 1716/17 und 1719/20 nennen seinen Namen als den eines Gehaltsempfängers[213], und zwar steht er in der Abteilung »Hofstatt« nach den Kammerdienern, Kammerlakaien u. a., zwischen dem Büchsenspanner und den Trompetern.[214] Leider wird die Art seiner Tätigkeit nicht angegeben. Er scheint jedoch dieser Aufstellung zufolge nicht (oder doch wenigstens nicht lange) als Page oder Lakai seiner hohen Herrschaft beschäftigt gewesen zu sein; dafür, meint recht überzeugend sein Biograph, Burchard Brentjes, spricht allein schon die energische, flotte Handschrift, mit der er den Empfang seines Geldes quittierte: Wer so routiniert mit Feder und Tinte umzugehen wußte, war wohl kaum ein halbgebildeter Diener.[215] Auch in der Quittung vom 23. April 1720 ist, damit übereinstimmend, nur von »Besoldung« und »Kostgeld« die Rede, nicht aber von etwaigen Diensten; und endlich kann Amo auch die vielseitige Bildung, die er seit 1727 an den Universitäten von Halle und Wittenberg bewies, nicht in nur wenigen Jahren zuvor erworben haben. So mag man denn annehmen, daß der kleine Afrikaner schon bald nach seiner Ankunft am Wolfenbütteler Hof wegen seiner wachen Intelligenz aufgefallen war und auf Betreiben des Herzogs einer systematischen und guten Ausbildung zugeführt worden ist[216] – trotz der Tatsache, daß er sich weder zu dieser Zeit noch sonst jemals unter denen befand, die in den Kammerrechnungen als Stipendiaten geführt wurden.[217] Daß Amo, wie vermutet worden ist, vor 1727 schon die Universität Helmstedt (damals Braunschweigische Landesuniversität) besucht hat, ist unwahrscheinlich; das 1979 erschienene Matrikelverzeichnis dieser Hochschule enthält seinen Namen jedenfalls nicht.[218] Ob er dagegen andere vorbereitende Schulen besucht hat oder durch Privatlehrer bei Hof unterrichtet worden ist, bleibt noch offen.[219]

Tatsache ist, daß Anton Wilhelm Amo sich am 9. Juni 1727 (und offenbar im Einverständnis mit seinen herzoglichen Gönnern) als Student der Rechte und der Geschichtswissenschaften in die, zumindest in den ersten beiden Jahrzehnten des 18. Jahrhunderts, ausgesprochen progressive Philosophische Fakultät der Universität Halle eintrug: »*Antonius Guilielmus Cognominatùs Amo, Aethiops. Ab Aximo in Gúinéa Africana*« lautet die nicht ohne Stolz auf seine Herkunft verweisende Eintragung in die Matrikel der berühmten Institution[220], mit der seine über zwei Jahrzehnte währende Hochschulkarriere begann. Da der Philosoph Christian Wolff schon 1723 von den gerade damals in Halle sehr einflußreich werdenden orthodoxen und pietistischen Lutheranern vertrieben worden war und Christian Thomasius am 23. September 1728 verstarb, hielt sich der frischgebackene Student vor allem an den ebenfalls dem progressiven Flügel zugerechneten ehemaligen Kanzler der hallischen Universität, den Juristen und Historiker Johann Peter von Ludewig (1668–1743).[221] Ob er Thomasius noch kennengelernt hat und ihn in der kurzen Zeit, die zwischen seiner Immatrikulation und dem Tod des großen Juristen lag, noch zu seinen Lehrern zählen konnte, ist nicht bekannt; es liegt jedoch angesichts der guten Beziehungen, die der Wolfenbütteler Hof zu Thomasius pflegte, nahe.[222] Der schwarze Student verfaßte (vermutlich im Herbst 1729) unter Ludewig seine erste Disputation mit dem Titel *De iure Maurorum in Europa*, die jedoch leider nicht erhalten blieb. Erhalten hat sich nur ein Bericht über diese Arbeit, der in den von Ludewig herausgegebenen *Wöchentlichen Hallischen Frage= und Anzeigungs=Nachrichten* vom 28. November 1729 abgedruckt ist:

> »Hieselbst hat sich ein in Diensten Sr. Hochfürstl. Durchl. des regierenden Hertzogs von Wolfenbüttel stehender getaufter Mohr / Namens Herr Antonius Wilhelmus Amo, einige Jahre Studirens halber aufgehalten. Und / nachdem er vorhero die Lateinische Sprache zum Grund geleget / hat er hier die collegis iuris priuati und publici mit solchem Fleiß und success getrieben, daß er in solchem studio ziemlich geübet. Solchem nach er sich / *mit Vorbewußt seiner gnädigsten Herrschaft / welche ihn bisher allhier unterhalten* / bey dem Herrn Cantzler von Ludewig angegeben / unter dessen praesidio sich mit einer disputation öffentlich hören zu lassen. Damit nun das argument der disputation seinem

> Stande gemäß seyn möchte; so ist das thema de iure mavrorum in Europa oder vom Mohrenrecht beliebet worden. Darinnen daß nicht allein ex LL (d. h.: *ex Libris*, aus Büchern, P. M.) und der Historie gezeuget; daß der Mohren ihr König bey dem Römischen Kayser ehedem zu Lehen gegangen und jeder von denselben ein Königs-Patent / welches auch Justinianus ausgetheilet / hohlen müssen; sondern auch vornehmlich dieses untersuchet wie weit den von Christen erkaufften Mohren in Europa ihre Freyheit oder Dienstbarkeit denen üblichen Rechten nach sich erstrecke.«[223]

Nicht lange nach dem öffentlichen Vortrag seiner Disputation über das Mohrenrecht verließ Amo die preußische Universität Halle und wandte sich ins sächsische Wittenberg. Die Motive für diesen Schritt sind nicht ganz klar, möglicherweise haben die in diese Zeit fallenden politischen Spannungen zwischen Wolfenbüttel und Berlin, die erst 1732 beigelegt werden konnten, eine Rolle gespielt. Ausschlaggebend dürfte jedoch die sich zuspitzende Auseinandersetzung zwischen den von starken Impulsen der bürgerlichen Philosophie Westeuropas getragenen hallischen Frühaufklärern und der eher konservativ-religiösen Reformbewegung des Pietismus gewesen sein. Zwar hatten die Pietisten anfangs mit ihren sozialen und pädagogischen Anliegen, das sich in der von August Hermann Francke geforderten weltoffenen Mission und dem Verlangen nach Schulbildung auch für die unteren Schichten der Gesellschaft so deutlich manifestierte, sehr wohl zahlreiche Gemeinsamkeiten mit den Frühaufklärern entdeckt, schon bald aber verkrusteten ihre Anschauungen zu einem unduldsamen Dogmatismus, welcher ein auch nur punktuelles Zusammengehen mit den Anhängern der Wolff und Thomasius nicht länger duldete; spätestens seit dem Scheitern der ökumenischen Pläne Franckes und nachdem sich der preußische König offen auf ihre Seite gestellt hatte[224], indem er 1723 Christian Wolff unter entwürdigenden Umständen des Landes verwies, waren die Gegensätze zwischen den Kontrahenten unüberbrückbar. Die Angriffe der nunmehr gestärkten orthodox-lutherischen Theologen unter ihrem Wortführer Joachim Lange (1670–1744)[225] wurden jetzt immer heftiger und nötigten bald auch zahllose weniger prominente Vertreter des progressiven Flügels der Universität, darunter Amo, Halle zu verlassen.[226]

In Wittenberg, wo der Pietismus zu dieser Zeit noch nicht Fuß gefaßt hatte, begannen die wohl glücklichsten Jahre des Afrikaners. Obwohl er sich auch hier weiterhin dem Studium der Philosophie widmete (sein Lehrer wurde nun der Philosoph und Naturforscher Samuel Christian Hollmann, 1696–1787), scheint er sich jetzt aber stärker als in Halle der Medizin und den Naturwissenschaften zugewandt zu haben, was wohl dem Einfluß des damals zu den

Ein Festzug in der Collegiengasse in Wittenberg aus dem Jahr 1755 läßt nachempfinden, wie solche Feiern zur Zeit Amos durchgeführt wurden.

»gemäßigten« Materialisten gezählten Arztes und Physikers Martin Gotthelf Loescher (gest. 1735) zuzuschreiben sein dürfte, der dem jungen Gelehrten sogleich nach seiner Ankunft bereitwillig Aufnahme gewährte.

Nur wenige Wochen nach seiner Immatrikulation am 17. Oktober 1730 erwarb Amo den Grad eines Magisters der Philosophie und der Freien Künste[227], danach muß sein Ansehen kontinuierlich gewachsen sein. Eine Vorstellung von dem Ausmaß, welches dies erreichte, vermittelt ein Beitrag in den *Hamburgischen Berichten von Gelehrten Sachen* vom 2. Juni 1733, der es verdient, in längeren Auszügen wiedergegeben zu werden. Anlaß war eine Rundreise, die damals Kurfürst Friedrich August II. von Sachsen, der soeben die Nachfolge Augusts des Starken angetreten hatte und als König von Polen den Namen August III. führte, durch sein Land unternahm, um die Erbhuldigung seiner Untertanen entgegenzunehmen; am 10. Mai war der Monarch dabei auch nach Wittenberg gekommen:

> »Bey hoher Gegenwart unseres gnädigsten Chur=Fürsten und Herrn sind selbigen folgende Ehren=Bezeugungen geschehen:
>
> 1) Versammelten sich alle und jede Landsmannschafften, in den Häusern ihrer Seniorum, und zogen, unter Aufführung ihrer Marschälle, in das große Collegium, und auf den allgemeinen

Sammel=Platz. Nachdem sie sich daselbst in Parade gestellet, begaben sie sich in schönster Ordnung aus dem Collegio, und besetzten die Collegen=Gasse zu beyden Seiten. Die Marschälle stunden zertheilet in der Mitten, oben und zuletzt, gleichsam als Officier vor ihren Landsmannschaften, [...] (d)er Herr M. Amo, ein Africaner [...] in der Mitten, als Commandeur über das gantze Corpo, schwartz gekleidet, einen propren Stock in der Hand tragend, und über die Weste mit einem breiten weissen Ordens=Bande angethan, worauf das Chur=Sächs. Wapen mit Gold und untermengten schwartzen Seide prächtig gestickt war. Die beyden Marschälle aber, welche ihn in das Collegium begleitet, trugen schwartze Ordens=Bänder über das Hemde, damit zwischen ihnen, was den Putz anlanget, ein Unterschied seyn mögte. [...] Hierauf kam ihro Königl. Hoheit mit dero zahlreichen Begleitung zum Elster=Thor herein. Vorne an ritten, unter Anführung hiesigen Stallmeisters Meyern, 50 Studiosi, so meistentheils von Adel, roth gekleidet, auf welche hernach die übrige Suite folgte. Ihre Hoheit geruheten, diese Guarde recht in Augenschein zu nehmen, und that ihr die Ehre an, den Hut vor sie abzunehmen, als die Marschälle mit ihren Stäben, wie sonst die Officier mit den Espodon pflegen, salutierten. Nachdem der Einzug vorbey, schwenckten sich die Studiosi wieder in ihre Glieder, formirten den Marsch bis am Marckt, unter der Aufführung Hn. M. Amo, hernach giengen sie für dieses mal aus einander.

2) Des Montags versammelten sich alle Studiosi mit ihren Marschällen bey den Senioribus, und zogen jede Landsmannschaft wieder ins grosse Collegium, wo der Hr. M. Amo, wie den ersten Tag, von den meisten Marschällen begleitet sich eingefunden. Von da begaben sie sich aufs Schloß, um ihro Königl. Hoheit ihr Gratulations=Carmen (d. i. eine Art Festgedicht, P. M.) zu überreichen, in folgender Ordnung:

1 Der Herr M. Amo, in seinem oben beschriebenen Habit, welchen alle vom vorigen Tag behalten.
2 Ein Corpo von 12 Marschällen.
3 Einige Marschälle, welche diejenigen umringten, so das Carmen trugen [...]

Nachdem die gantze Gesellschaft in guter Ordnung sich dem Schloß genähert, stellten sich die Marschälle in zwey Reihen vor die Fronte, und Hr. M. Amo voran, und hinter diesen die gesamten Studiosi. Alsbald kam der Hr. General=Adjutant, mit Befehl das Carmen durch die erwählten 6 Deputierten, [...] , zu übergeben. Nachdem ihro Königl. Hoheit die Anrede, welche Hr. Graf Flemming that, stehend angehöret, und das Carmen eigenhändig übernommen, dimittirten sie diese Herren Abgeordnete sehr gnädig. [...] Als sich nun alles zum Abschied rüstete, kam wieder Ordre, es solten alle Studiosi um die Tafel herum marschiren. Herr Mag. Amo machte den Anfang, alsdenn die Marschälle, nachgehends alle und jede Studenten, und zogen die Treppe hinan um die Tafel herum, woselbst die Marschälle im vorbeygehen also salutirten, daß die Knöpfe von ihren Stäben just zu ihro Königl. Hoheit Füssen kamen.

Endlich wurde Herr Amo von 6 Marschällen nach Hause geführet, und also dieser solenne Actus zu ihro Königl. Hoheit höchsten Wohlgefallen, in schönster Stille beschlossen, welche auch deswegen denen Herren Studiosis sechs Eymer Rhein=Wein geben liessen.«[228]

Es ist offenkundig, schreibt Brentjes, daß die Universität auf ihren schwarzen Marschall und Philosophen stolz war, da sie ihn dem König von Polen und Kurfürsten von Sachsen als Leiter des feierlichen Empfangs bot.[229] Ein Jahr nach den festlichen Ereignissen, die das Hamburger Journal so ausführlich zu beschreiben für wert befand, am 16. April 1734, ließ die Philosophische Fakultät der Universität Wittenberg Anton Wilhelm Amo als *Magister legens*, d. h. als ordentlichen Hochschullehrer zu[230], wahrscheinlich aufgrund seiner soeben angenommenen (in lateinischer Sprache geschriebenen) Doktordissertation über *Die Apatheia der menschlichen Seele oder über Das Fehlen der Empfindung und der Fähigkeit des Empfindens in der menschlichen Seele und Das Vorhandensein von beiden in unserem organischen lebenden Körper*, einer Arbeit, die nach dem späteren Urteil Blumenbachs »eine viel unerwartete und wohlverdaute Belesenheit in den besten physiologischen Werken jener Zeit verräth«.[231] Die öffentliche Verteidigung dieser Schrift fand unter Vorsitz von Loescher am 17. April 1734 statt.[232] Im Anhang der erhalten gebliebenen Arbeit ist eine bei dieser Gelegenheit von dem damaligen Rektor der Wittenberger Universität, Professor Johann Gottfried Kraus, ebenfalls in lateinischer Sprache verfaßte Grußadresse an den »geneigten Leser« abgedruckt, in der Kraus sich namens des gesamten Lehrkörpers an die Öffentlichkeit wandte. Das hier abgegebene Urteil über Amo hätte nicht günstiger ausfallen können:

»Groß war einst das Ansehen Afrikas, sowohl im Hinblick auf die Talente als auch in bezug auf die wissenschaftlichen Bestrebungen und die kirchliche Organisation. Brachte es doch mehrere ganz außerordentliche Männer hervor, durch deren geistvolle Studien die Weltweisheit und noch mehr die Gottesgelahrtheit begründet worden ist. Den D. Terentius aus Karthago hat nach dem Urteil der Vergangenheit und der Gegenwart nichts an Klugheit im bürgerlichen Leben und an Geschmack übertroffen. Plato aber schien in den sokratischen Gesprächen des Apulejus aus Madaura unter so großem Beifall der früheren Jahrhunderte wieder Leben zu gewinnen, daß sich die Gelehrten in Parteien schieden und eine Partei der Apulejaner auftrat, welche es wagten, mit den Ciceronianern um den Vorrang in der Redekunst zu streiten. Und wie große Männer gingen in Afrika aus der christlichen Lehre hervor! Es mag genügen, von den wichtigeren Tertullian, Cyprian, Arnobius, Optatus Milevitanus und Augustinus zu nennen, deren Seelenadel mit ihrem umfassenden Wissen wetteifert. Mit welcher Treue endlich und Standhaftigkeit sich die afrikanischen Kirchenlehrer für die Reinheit der Religion eingesetzt haben, davon sprechen ihre Denkmäler, ihre Akten, ihre Martyrien und Konzilien. Man tut nämlich der afrikanischen Kirche Unrecht, wenn man lehrt, sie hätte immer ja gesagt. Wenngleich aber auch durch den Einbruch der Arabermassen nach Afrika eine große Umwälzung eintrat, so wurde doch durch ihre Herrschaft das Licht der Geister oder der Wissenschaften keineswegs völlig ausgelöscht. Denn auf Anordnung dieses Volkes, zu dem die Wissenschaften hingewandert zu sein schienen, wurden die Freien Künste gepflegt und, nachdem die Mauren aus Afrika nach Spanien hinübergegangen waren, wurden zugleich die alten Schriftsteller dorthin mitgenommen und leisteten der Pflege der Wissenschaften, die man anfing, der Vergangenheit zu entreißen, große Hilfe. So konnten die Wissenschaften Afrikas zurückerstatten, was sie in soviel älterer Zeit empfangen hatten. Zu unserer Zeit aber soll dieser Erdteil fruchtbar sein an anderen Dingen als an Studien. Daß er aber nicht erschöpft ist an Begabungen, das möge hier durch sein Beispiel beweisen der Hochberühmte Magister der Philosophie und der Freien Künste: Anton Wilhelm Amo, Afrikaner aus Guinea.

Geboren im äußersten Winkel Afrikas, wo es nach Osten blickt, kam er als ganz kleines Kind nach Europa. Er wurde in Halae Juliae getauft. Die Durchlauchtigsten Fürsten und Herzöge von Braunschweig=Wolfenbüttel: August Wilhelm und Ludwig Rudolf nahmen sich seiner mit solcher Milde an, daß er in der

Sorge um seine Erziehung die Hilfe eines lieben Vaters nicht zu vermissen brauchte. Als man seine geistige Gelehrigkeit erprobt hatte, zog er nach Halle in Sachsen und kam dann, in verschiedenen Wissenschaften ausgebildet, zu uns. Und da er in seinem Eifer fortfuhr, gewann er die ganze Philosophische Fakultät derart für sich, daß er von den Professoren einstimmig mit dem Lorbeer eines Doktors der Philosophie geschmückt wurde.

Diese Auszeichnung, die er sich dank seines Genies erworben hatte, mehrte er noch durch seine rühmlich hervorragende Rechtschaffenheit, seinen Fleiß und seine Bildung, die er bei öffentlichen und privaten Übungen an den Tag legte. Indem er sich so führte, machte er sich bei allen Besten und Gelehrten beliebt und leuchtete mühelos unter seinen Altersgenossen hervor. Durch ihre Begeisterung für ihn beglückt und angeregt, lehrte er eine Reihe von ihnen zu Hause die Philosophie; er untersuchte die Lehrmeinungen sowohl der Alten wie der Neueren, wählte jedesmal das Beste aus und interpretierte das Ausgewählte klar und bündig. Dies aber zeigte seine ebenso große Fähigkeit im Begreifen wie im Lehren, und er erwies sich nicht als ungeeignet, einmal an der Universität das Lehramt zu übernehmen, wozu ihn auch eine natürliche Neigung hinzieht. Weil er daher unseren Erwartungen entsprochen hat, lag kein Grund vor, ihm das erbetene öffentliche Urteil durch unser Zeugnis zu versagen. Wir aber hoffen von ihm alles Gute und halten ihn der fürstlichen Gnade für würdig, die er liebevoll verehrt und in allen seinen Reden preist. Wir bitten Gott, er möge dieses Glück lange genießen können und die reichsten Früchte seiner Hoffnung erlangen für das Heil des Besten und Größten Fürsten Ludwig Rudolf und für das Wohlergehen des ganzen Braunschweig=Wolfenbüttelschen Hauses, das durch so viele und so große Verdienste um ganz Deutschland berühmt ist.«[233]

Als *magister legens* war der Philosoph, der nebenbei bemerkt nicht nur das Hochdeutsche und Latein, sondern auch die hebräische, griechische, französische und niederdeutsche Sprache beherrschte[234], nunmehr befugt, selber philosophische Arbeiten zu betreuen und bei ihrer Verteidigung den Vorsitz zu übernehmen. Es ist auch wirklich eine Disputation erhalten, bei der er als Praeses fungierte, die *Disputaio philosophica continens Ideam distinctam eorum quae competunt vel Menti vel Corpori nostro vivo et organico* eines Johannes Theodosius Meiner aus Rochlitz im Meißener Land.[235] Diese am 29.

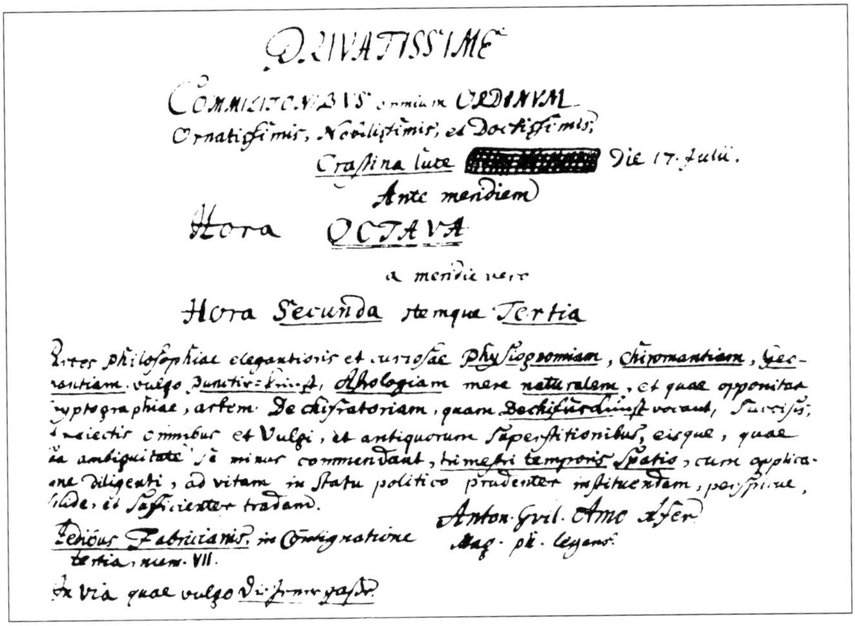
PRIVATISSIME
COMMILITONIBUS omnium ORDINUM
Ornatissimis, Nobilissimis, et Doctissimis;
Crastina luce [redacted] Die 17. Julii.
Ante meridiem
Hora OCTAVA
a meridie vero
Hora Secunda itemque Tertia
Anton. Guil. Amo Afer
Mag. ph. legens.

Eigenhändige Vorlesungsankündigung Anton Wilhelm Amos in Jena am 17. Juli 1739.

Mai 1734 gehaltene Disputation geht nach den Untersuchungen Brentjes' nach Thema und einigen Textstellen auf den afrikanischen Philosophen zurück. So wird auf Seite 1 und Seite 12 von »*diss. nostra inaugural. de humanae mentis*« (unserer Inauguraldissertaion de humanae mentis) gesprochen.[236]

»Seit dieser Zeit«, schreibt Brentjes, »führte Anton Wilhelm Amo die bisher nur gelegentlich genannte Herkunfts- und Rassebezeichnung ›Guinea=Afer‹ demonstrativ. Sein Selbstbewußtsein war offenbar gefestigt. Die Wolffianer rechneten ihn von nun an als einen ihrer ›Führnehmsten‹, so Carl Günter Ludovici in seinem ›Ausführlichen Entwurff einer vollständigen Historie der Wolffschen Philosophie‹ (Bd. 3, Leipzig 1738, §§ 202 und 448), der ihn allerdings irrtümlicherweise Amus nennt.«[237]

Die glücklichen Wittenberger Jahre dauerten indessen nicht ewig. 1731 war bereits Amos Wohltäter und Taufpate August Wilhelm von Braunschweig-Wolfenbüttel gestorben, 1735 verstarb dann auch dessen Bruder Ludwig Rudolf und noch im gleichen Jahr schließlich beider Vetter, Ferdinand Albrecht, der dem Afrikaner (anders als sein ihm nachfolgender Sohn) ebenfalls stets günstig gesonnen war.[238] Der Verlust seiner langjährigen Gönner traf Amo um so härter, als gerade damals die orthodoxen Lutheraner anfingen, nun auch in Wittenberg ein gegen die Wolffianer gerichtetes Klima des Unfriedens zu verbreiten, woraufhin mehrere fortschrittliche Lehrer (unter ihnen auch Hollmann, der 1734 als erster ordentlicher Professor einen Ruf an die soeben gegründete Universität Göttingen annahm) die Stadt verließen. Als dann 1735 auch noch sein Lehrer Loescher starb, wechselte Amo erneut die Hochschule und kehrte nach Halle zurück, wo sich die Verhältnisse inzwischen – etwas, und auch nur vorübergehend – gebessert hatten[239], wohl, weil die Krone fürchtete, daß eine fortgesetzte Abwanderung von Lehrkräften (und der ihnen in großer Zahl folgenden Studenten) langfristig zu negative Folgen insbesondere für den Fiskus haben würde.

Jedenfalls ist Amo im Herbst des Jahres 1736 wieder in Halle, wo er sogleich anläßlich einer Disputation öffentlich auftritt. In den *Wöchentlichen Hallischen Anzeigen* vom 6. November dieses Jahres war zu lesen: »Bey dieser disputation hat nebst andern, Hrn. Mag. Amo, aus Africa, und daselbst aus Guinea gebürtig, ein Genuiner=Mohr, aber ein bescheidener und ehrbarer *Philosophus* mit Vergnügen nach seiner Art *publice opponirt.*«[240] 1737 nennt dann das hallische Vorlesungsverzeichnis eine Vorlesung Amos zum Thema *De harmonia, seu concordia rerum*, die sich offensichtlich mit der philosophischen Lehre Leibniz' über die prästabilierte Harmonie auseinandersetzte.[241] Amo hat danach noch Vorlesungen verschiedensten Inhalts gehalten; aus den *Hamburgischen Berichten* vom 24. November 1739 geht hervor, daß er über die Politik Christian Wolffs (das war mutig, betont Lochner, denn die *Philosophie* Wolffens war in Halle schließlich noch bis 1740 vom preußischen König verboten!), über die *Institutiones iuris naturalis et gentium* des Rechtsgelehrten Johann Lorenz Fleischer (1689–1707) sowie über verschiedene andere Gegenstände einschließlich des Dezimalsystems gelesen hat.[242] Schließlich hat er dann sein Hauptwerk vorgelegt, den 1738 in Halle gedruckten *Tractatus de arte sobrie et accurate philosophandi* (»Traktat über die Kunst, nüchtern und sorgfältig zu philosophiern«), ein Werk, das durch seine schon im Titel ausgedrückte Sorgfalt und Nüchternheit charakterisiert ist und mit seinem streng logischen Aufbau Thesen und Beweisführungen aufstellt, die inhaltlich und formal in den Rahmen der Leibniz-Wolffschen Schule gehören.[243]

Wenn Amo sich mit dieser Arbeit endgültig als hochqualifizierte akademische Kraft ausgewiesen hatte, so hatte er sich doch damit zugleich den Weg in die eigene Zukunft verbaut: Als derart exponierter Vertreter der Wolffschen Schule wurde er in Halle schnell wieder untragbar, nachdem Friedrich Wilhelm I. sich trotz der Wiederaufnahme des Verfahrens gegen Wolff, an die dessen Anhänger so große Hoffnungen geknüpft hatten, doch auf die Seite der Lutheraner stellte. Er verfügte noch im gleichen Jahr, 1736, auf Betreiben Langes per Cabinets=Ordre an die Theologische Fakultät in Halle, daß sich die

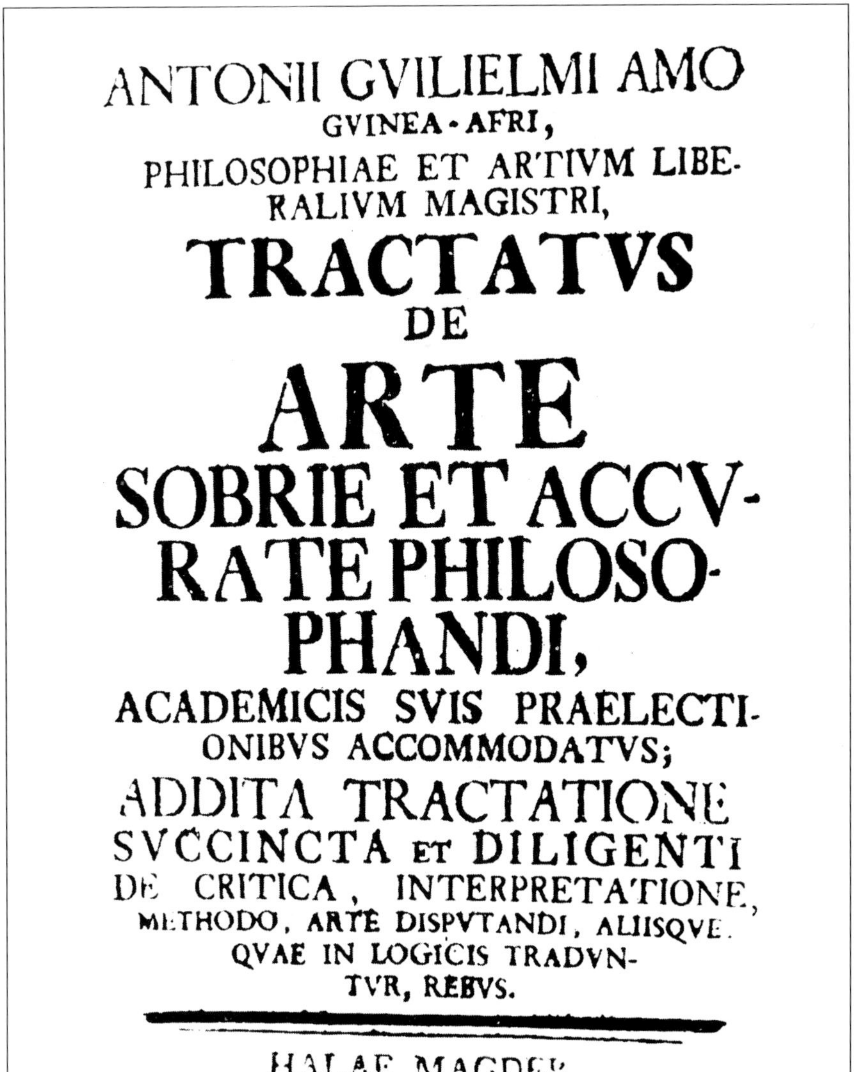

ANTONII GVILIELMI AMO
GVINEA-AFRI,
PHILOSOPHIAE ET ARTIVM LIBE-
RALIVM MAGISTRI,
TRACTATVS
DE
ARTE
**SOBRIE ET ACCV-
RATE PHILOSO-
PHANDI,**
ACADEMICIS SVIS PRAELECTI-
ONIBVS ACCOMMODATVS;
ADDITA TRACTATIONE
SVCCINCTA ET DILIGENTI
DE CRITICA, INTERPRETATIONE,
METHODO, ARTE DISPVTANDI, ALIISQVE,
QVAE IN LOGICIS TRADVN-
TVR, REBVS.

HALAE MAGDEB.
EX OFFICINA KITLERIANA,
CIↃ IↃCC XXXVIII

Deckblatt des Tractatus »De arte sobrie et accurate philosophandi«, Halle 1738.

Gedenktafel an einem Haus in Jena.

Studenten nicht länger »mehr auf die Philosophie und unnütze Subtilitäten und Fratzen appliciren« und befahl, »daß die Jugend mehr zum *studio thelogico* und zur wahren Erkäntniß der heiligen Schrifft angeführet werde, als zu unnützen philosophischen Sachen [...]«[244] Als es Amo gegen erhebliche Widerstände seitens eines Großteils der dortigen Professorenschaft gelang, noch einmal für kurze Zeit in Jena als Privatdozent Fuß zu fassen[245], das in Halle noch immer als der Ort »wolffianischer Verderbnis« der königlich-preußischen Landeskinder galt[246], mußte er schon bald erkennen, daß es für seinesgleichen nun keinen Platz mehr an einer deutschen Hochschule gab: Der Stern der Wolffschen Philosophie begann seit Anfang der vierziger Jahre des 18. Jahrhunderts rasch zu sinken. Neben den theologischen Anfeindungen eröffnete 1740 Albrecht von Haller seine wissenschaftliche Polemik gegen die Spekulationen der Jenaer Mechanici, und auch der Mathematiker Leonhard Euler (1707–1783) wandte sich nun offen gegen Christian Wolffs Lehren. Seit 1743 begann sich zu allem Überfluß auch noch die sogenannte Popularphilosophie in Jena festzusetzen, d. h., die Versuche von Persönlichkeiten wie Johann Georg Sulzer (1720–1779), Moses Mendelssohn (1729–1786), Christoph Friedrich Nicolai (1733–1811), welche die Lehren der Aufklärungsphilosophie, zumal der Philosophie Wolffs, einem breiteren Publikum auch von

Nichtfachleuten verständlich machen wollten, sie dabei aber sehr zu ihrem Nachteil vereinfachten und verflachten.

Besonders schwer muß den schwarzen Philosophen in dieser Situation der Tod seines langjährigen Freundes und Förderers Johann Peter von Ludewig (1743) getroffen haben, denn noch Jahre danach, als er schon längst wieder in Afrika war, begründete er gegenüber dem Schweizer Schiffsarzt in holländischen Diensten, David Henrij Gallandat, seine Heimkehr nach Axim mit der Schwermut, die ihn nach dem Tod seines Meisters befallen habe.[247] Die letzte erhaltene Handschrift Amos, die wir besitzen, läßt ahnen, über welch bittere Erfahrungen er bereits 1740 verfügte. Seinem ehemaligen Hörer und nachmaligen Freund, dem später als Begründer der Statistik in Deutschland berühmt gewordenen Göttinger Juristen Gottfried Achenwall (1719–1772) aus Elbing in Westpreußen, schrieb er am 5. Mai dieses Jahres ein Epiktet-Zitat ins Stammbuch: »*Necessitati qui se accommodat sapit, estque rerum Divinarum conscius*« (»Wer sich der Notwendigkeit anzupassen versteht, ist weise und göttlicher Dinge sich bewußt«).[248] Ausdrücklich und im Ton einer gewissen Trauer bezog er diese Lehre auf sich, als er hinzufügte: »*Haec in perpetuam sui memoriam adjecit Antonius Gvilielmus Amo Afer Philos. et Art. Liberal. Magister Legens*« (»Dies hat Anton Wilhelm Afer, der Dozent der Philosophie und der Freien Künste, zur ständigen Erinnerung an sich niedergeschrieben«).[249] Der schwarze Philosoph besaß diese Art der »Weisheit« nicht, von der Epiktet gesprochen hatte; jedenfalls verstand er es nicht, sich um der eigenen Karriere willen opportunistisch den Notwendigkeiten des Zeitgeistes zu fügen und darüber seine in langen Jahren gereiften Überzeugungen einfach preiszugeben; lieber zog er einer ungewissen Zukunft entgegen und beschloß, in das Land seiner Herkunft zurückzukehren, das seinem ganzen Wesen nach schon längst nicht mehr seine Heimat war.

Allerdings mögen für seinen Entschluß, nach Afrika zurückzukehren, auch noch andere Gründe bestimmend gewesen sein als der Verfall der Wolffschen Philosophie und der Tod seiner verschiedenen Gönner. Denn obwohl die Nachrichten über Amo nach 1740 plötzlich abbrechen, hat er Deutschland doch nicht unmittelbar danach verlassen: Er hat, wie man sah, den Tod Ludewigs (1743) erlebt und war noch 1747 als Bürger Jenas bekannt![250]

Zu den Gründen, die Amo schließlich den Entschluß zur Abreise nach Afrika fassen ließen, gehörten anscheinend auch anhaltende, ja, sich sogar verschärfende finanzielle Probleme. Angedeutet wird dies jedenfalls in dem Antrag des schwarzen Dozenten auf »Nostrifikation«, d. h. auf Anerkennung der von ihm an anderen Universitäten abgelegten Prüfungen und erworbenen Grade, den er am 27. Juni 1739 an die Universität Jena richtete.[251] Amo begründete seinen Antrag unter anderem mit seiner prekären finanziellen

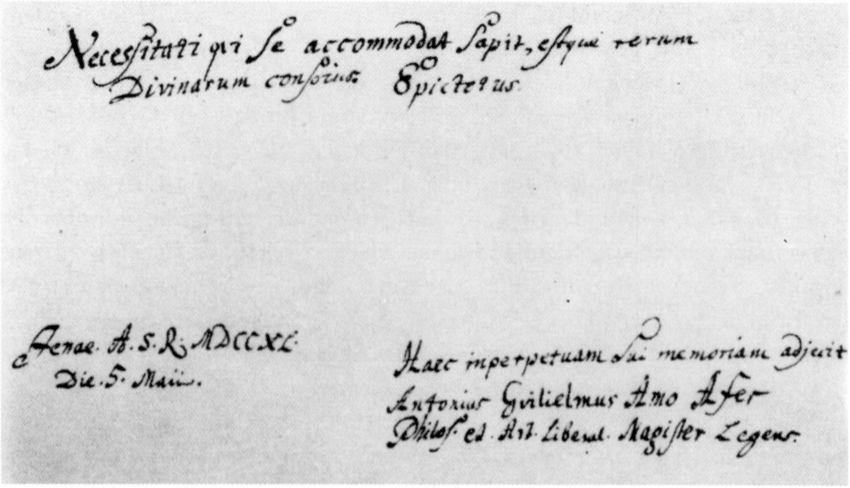

Necessitati qui se accommodat sapit, estque rerum Divinarum consors. Epictetus.

Jenae. A. S. R. MDCCXL Die. 5. Maii.

Haec in perpetuam sui memoriam adjecit Antonius Gvilielmus Amo Afer Philos. et Art. Liberal. Magister Legens.

Letzte handschriftliche Notiz Anton Wilhelm Amos im Stammbuch G. Achenwalls, Jena, vom 5. Mai 1740.

Lage: »[...] weil die Notwendigkeit gegeben ist und drängt (ich bin nämlich von Haus aus arm) [...]«[252] Tatsächlich muß Amo zu diesem Zeitpunkt bereits ohne jede fremde Hilfe und nahezu mittellos gewesen sein, denn der Dekan der Philosophischen Fakultät, Friedrich Andreas Hallbauer, machte seinen professoralen Kollegen auf Amos Vorstellungen hin am 29. Juni 1739 per Rundschreiben den Vorschlag, ihn »entweder gratis (zu) nostrificiren, oder sich den Abtrag, auf den Fall er hier sich was erwerben solte, vor(zu)behalten [...]«.[253]

Die Antwort der Professorenschaft fiel unterschiedlich aus. Die Professoren Wideburg und Stolle erklärten zum Beispiel: »H. M. Amo hat verschiedenes vor sich dadurch Er commiseration verdienet, daß man Ihm vor andern ein beneficium erweise: 1) ist Er aus einem andern theile der Welt in seiner zarten jugend entführet, 2) von den heydenthum zu christl. Religion bekehret worden, 3) ist er von seinen Eltern und angehörigen gänzlich abgesondert und verlaßen, hat also 4tens nichts als was er durch seinen vleis erwürbet; da er nun nicht betteln wil sondern sich ehrlig zu nehren suchet, mus man ihm dazu billig nach möglichkeit beförderlig seyn; und also bin ich wol zu frieden, daß ihm mit der zahlung pro nostrificatione nachsicht gegeben werden, bis er siehet, ob Er alhie applausum findet [...]«[254]

Andere Stellungnahmen zu dem Rundschreiben Hallbauers waren freilich weniger wohlwollend. »Wenn einer nur das geringste will erlaßen haben«, erklärte zum Beispiel der »Professor für Moral« Johann Jakob Lehmann

(1683–1740) in schönster Beamtenmanier selbstherrlich und ablehnend, aber ohne sich festzulegen, »so muß er zu allen Mitgliedern unserer Facultät herumb gehen, damit man ihn kennen lerne und sehe, ob er des beneficii würdig sey. Dieser Amo praetendirt nun gar viel umbsonst; daß ich mich seiner Umstände wegen erkundigen können; so bin ich auch nicht im Stande zu votiren.«[255]

Wenn es Amo trotzdem gelang, hier noch einmal – mit Hilfe des Wolffianers Johann Peter Reusch (1691–1758) – zu bestehen, so muß doch das ganze Verfahren vor dem Hintergrund der voraufgegangenen Entwicklung seinen Stolz nicht wenig verletzt und ihn im Innersten getroffen haben.

Daß er trotz alledem nicht sofort abreiste, ist möglicherweise auf den Thronwechsel in Preußen zurückzuführen, der auch für ihn günstige Änderungen versprach. Man hat deshalb vermutet, daß Amo noch einmal nach Preußen zurückgekehrt ist. Der neue preußische König, Friedrich II., hatte bekanntlich als Kronprinz heftig gegen seinen Vater opponiert und war mit Philosophen aus verschiedenen Ländern in Verbindung getreten; er galt im Gegensatz zu seinem Vorgänger, dem »Soldatenkönig«, als sensibel und gebildet, und in intellektuellen Kreisen hoffte man damals weithin, daß nun in Preußen die ersehnte glückliche Ehe zwischen einer aufgeklärten, fortschrittlichen Macht und der »Vernunft« der Philosophie geschlossen würde. Tatsächlich schien dann ja auch im Jahr 1740, als der junge Monarch den verbannten Wolff demonstrativ wieder in Gnaden aufnahm und dieser im Triumph nach Halle zurückkehrte, die Aufklärung gesiegt zu haben. Es ist möglich, daß Blumenbach später aus dem Dunstkreis solcher Wunschträume die von Hollmann übermittelte Nachricht zugetragen wurde, wonach Amo »nachher als königl. preuß. Hofrath nach Berlin gekommen ist«.[256] Eine derartige Ernennung würde zwar den verlängerten Aufenthalt Amos in Deutschland erklären, ließ sich jedoch weder durch Dokumente noch sonstwie bestätigen.[257] Im übrigen hat auch die glanzvolle Wiedereinsetzung Christian Wolffs nichts daran ändern können, daß die Hoffnungen, welche die Intellektuellen in den neuen König gesetzt hatten, sehr schnell zerstoben.

Wenn also Amo nach dem Machtantritt Friedrichs II. gehofft hatte, sich doch noch eine seiner Qualifikation entsprechende gesicherte Stellung verschaffen zu können, so mußte er sehr bald die Vergeblichkeit eines solchen Bemühens erkennen. Auch diese neuerliche Enttäuschung mag dazu beigetragen haben, daß der Wunsch, Deutschland zu verlassen, stärker wurde.

In dieser Situation scheint nun ein Ereignis eingetreten zu sein, das den schwarzen Philosophen schließlich den Entschluß zur Abreise fassen ließ: Amo hat sich anscheinend trotz seines Alters von nahezu 50 Jahren unglücklich verliebt! Die näheren Umstände dieser Liebe sind nicht bekannt, doch scheint es, als ob dabei auch diskriminierende Anwürfe gegen seine Person eine Rolle gespielt haben, die nur als Folge der gerade damals heftig geführten Diskussion über die Frage nach der Stellung der Schwarzen im System der Natur zu verstehen sind.

Hinweise darauf geben zwei Gedichte, die in den *Wöchentlichen Hallischen Anzeigen* vom 23. Oktober 1747 öffentlich zum Verkauf angeboten wurden.[258] Das eine dieser Gedichte ist so verfaßt, daß Amo selbst als Autor erscheint, und trägt den Titel: *Herrn M. Amo, eines gelehrten Mohren, galanter Liebesantrag an eine schöne Brünette, Madem. Astrine*; das andere stellt eine Persiflage darauf dar und ist überschrieben: *Der Mademoiselle Astrine, parodische Antwort auf vorstehendes Gedichte eines verliebten Mohrens*. Als Herausgeber zeichnete ein M. Leberecht Ehrenhold, »Mitglied der deutschen Gesellschaft zu Leipzig«.[259] Der Verfasser, der sich hinter diesem »Herausgeber« und seinem wohlklingenden Titel verbarg, war Johann Ernst Philippi, ein damals recht übel beleumdetes Subjekt[260], der nun offensichtlich auch Amo der öffentlichen Lächerlichkeit preisgeben wollte.

Die Motive für Philippis Vorgehen sind nicht bekannt, man darf jedoch davon ausgehen, daß er von der Affaire (vorausgesetzt, daß es sie wirklich gab) erfahren und – in dem Wissen, daß eine solche Liebe schon damals in bestimmten Kreisen als anrüchig empfundenen wurde – versucht hat, daraus Kapital zu schlagen. Theoretisch besteht auch noch die Möglichkeit, daß Amo das erste der beiden Gedichte selbst geschrieben hatte, um auf diese Weise der Dame seiner Wahl einen Liebesantrag zu machen; schließlich hatte er sich auch schon früher verschiedentlich als Poet versucht.[261] In diesem Fall bliebe dann freilich zu klären, auf welche Weise Philippi den doch sicher vertraulichen Briefwechsel zwischen Amo und seiner Erwählten in die Hand bekommen hat.

Mademoiselle »Astrine« wies Amo jedenfalls ab: »Weil mich der schönste Mohr zur Liebe nicht beweget«; sie unterließ nicht, auf seine bei aller Bildung untergründig fortbestehende »Wildheit« hinzuweisen: »[...] denn deine Liebligkeiten Erschrecken mich in Zeiten«[262], und legte ihm sodann nahe, sein Glück in Afrika zu suchen: »Im Mohrenlande kan dein Stern ohn Untergehen Dir noch vielleicht entstehen.«[263] Die Preisfrage lautet hier natürlich, wer denn »Astrine« wirklich war?

Einen Anhaltspunkt könnte eine *Sammlung gelehrter und freundschaftlicher Briefe* enthalten, die im Jahr 1769 in Halle erschien. Einem darin enthaltenen Schreiben aus dem Jahr 1746 war unter dem Pseudonym »Doris« ein Gedicht beigefügt, das wenige Monate vor dem Erscheinen von Philippis Hetzschrift verfaßt worden war. Ähnlich wie Mademoiselle »Astrine« weist »Doris« hier das Liebeswerben eines als »Satyr« und »Waldbewohner« bezeichneten Mannes zurück, der an seinesgleichen verwiesen wird.[264] Ein weiterer Brief, den »Doris« selbst erhielt, schildert eine Unterhaltung des Schreibers mit dem »Satyr«, in dem die Reaktion des Verspotteten beschrieben wird. Dieser erklärt: »Ich bin kein Waldbewohner [...] ich kann gute Zeugnisse vorweisen, daß ich mein Lebenlang in Dörfern und Städten mich aufgehalten [...]«[265] Eine derartige Aussage konnte man durchaus Amo zuschreiben, der sich damit gegen entsprechende Beleidigungen zur Wehr gesetzt haben würde. »Die mögliche Identität von ›Doris‹ und ›Astrine‹«, meint Brentjes, »würden dem Vorfall besondere Tragik verleihen. Amo würde in diesem Falle zugunsten seines philosophischen Gegners verschmäht und verspottet worden sein«[266], waren doch der Herausgeber der Briefsammlung niemand anderes als Samuel Gotthold Lange, der Sohn des durch seine Streitigkeiten mit Christian Wolff bekannt gewordenen Theologen Joachim Lange, und die Briefschreiberin seine spätere Ehefrau.

So haben also eine unglückselige Mischung politischer, wissenschaftlicher, wirtschaftlicher, persönlicher und vielleicht auch rassistischer Faktoren den schwarzen Philosophen aus Deutschland vertrieben. Anton Wilhelm Amo verließ nicht lange nach der Affaire »Astrine« das Land seiner denkwürdigen Karriere für immer und kehrte nach Afrika zurück. »Er lebte dort als ein Eremit«, berichtete später der Schweizer Schiffsarzt David-Henri Gallandat (1732–1782) aus eigener Anschauung, »und hatte unter den Seinen den Ruf eines Wahrsagers. [...] er hatte große Kenntnisse in Astrologie und Astronomie und war ein Weissager [...]«[267] Er starb nach 1753 im damals holländischen Fort Chama im heutigen Ghana.[268]

Schlußbemerkung

Anton Wilhelm Amo und Ibrahim Hannibal machten außerordentliche Karrieren, das vorherrschende Bild der Afrikaner wurde freilich von ihren Biographien ebensowenig günstig beeinflußt wie von den später von Blumenbach, Abbé Grégoire und anderen *amis des noirs* zusammengestellten Verzeichnissen weiterer Lebensläufe dieser Art. Die Leistungen dieser Afrikaner wurden im allgemeinen gar nicht zur Kenntnis genommen, und nur selten wurde aus ihnen geschlossen, daß sich Schwarze unter gleichen Bedingungen genauso entwickeln wie alle übrigen Menschen. Was von den mit den Afrikanern durchgeführten Erziehungsexperimenten blieb, war vielmehr die Vorstellung, daß »Neger« grundsätzlich unwissend und »kindisch« seien und folglich immer erst von »vernünftigen Menschen« erzogen werden müßten, bevor sie sich als gesellschaftlich nützlich erweisen könnten. Kombiniert mit der Annahme, daß sie wegen ihrer Physis ohnehin nicht zu »höheren« Leistungen fähig wären, bildete sich so bis zum Ende des 18. Jahrhunderts die noch heute wirksame Überzeugung, daß Afrikaner »primitiver« seien als Europäer.

Nach einer jahrhundertelangen Entwicklung, in der der überlegene militärische Gegner und Repräsentant einer fortgeschrittenen Kultur zum »Neger« verwandelt worden war und seine einstmals so bewunderten Eigenschaften allenfalls noch untergründig fortbestanden, ließ das bis heute vorherrschende Bild des Afrikaners damit schließlich an der Wende zum 19. Jahrhundert alle seine negativen Züge klar erkennen. Als die Deutschen in der weiteren Geschichte der deutsch-afrikanischen Begegnung mit kolonialen Interessen in Afrika auftraten, nahmen fast alle von ihnen nurmehr »Neger« wahr. In dem veränderten historischen Zusammenhang leistete das Bild, nun erweitert um die Nuance des biologistischen Rassismus, neue Dienste für die Legitimation der Unterwerfung und Ausbeutung des Afrikanischen Kontinents. Die mit der kolonialen Praxis einhergehende Zerstörung der Afrikanischen Kulturen formte schließlich viele Menschen selbst nach dem unheilvollen Bild.

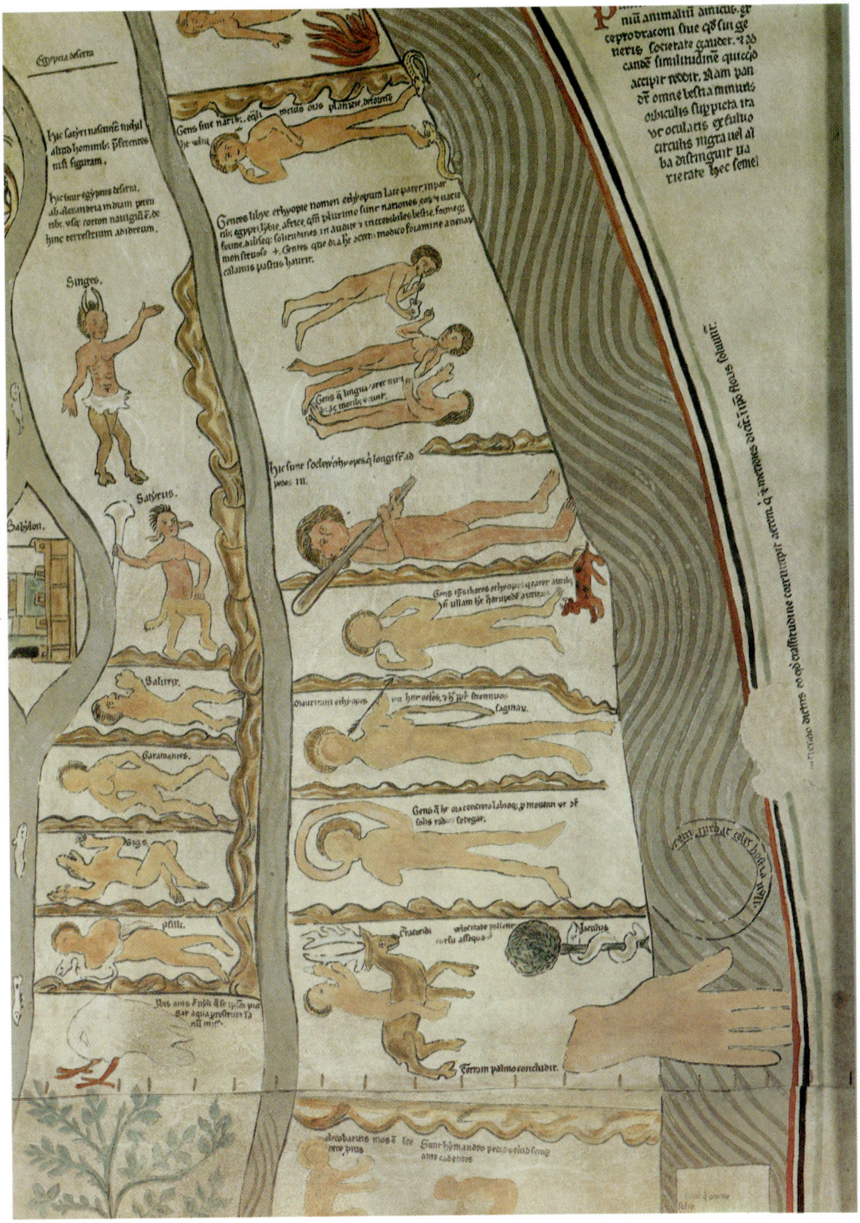

Tafel 1
Gesicht- und zungenlose Menschen im Süden Afrikas und zwischen dem oberen und unteren Nil, Ebstorfer Weltkarte (Ausschnitt).

Tafel 2
Nikolaus von Verdun, *Die Königin von Saba vor Salomon,* Emailaltar von 1181, Chorherrenstift Klosterneuburg.

Tafel 3
Königin von Saba, Conrad Kyeser, Bellifortis, Böhmen, vor 1405, Pergament, 140 fols., 320 x 240 mm, Göttingen, Niedersächsische Staats- und Universitätsbibliothek, Cod. philos. 63, fol 122r.

Tafel 4
Die schwarze Madonna von Notre-Dame de Meymac (Corrèze), Holz, bemalt und vergoldet, Höhe: 60 cm, 12. Jhd.

Tafel 5
Standbild des heiligen Mauritius, ca. 1240, Magdeburger Dom.

Tafel 6

Der falsche Friedrich und seine drei »Mohren«, aus: Clemens Specker, Österreichische Reimchronik, Bern, Burgerbibliothek, Cod. A 45, fol. 143.

Tafel 7

Stechen zwischen Herdegen Tucher und Berthold Nützel, aus: Turnierbuch Amb. 451.20, Bl. 52^{v} / 53^{r}, Nürnberg, Stadtbibliothek.

Tafel 8
»Freisinger Mohr«, aus: Prädialbuch (liber praediorum-Urbar) Bischof Konrads III., 1316, München, Archiv des Erzbistums München.

Tafel 9
Hieronymus Bosch, *Garten der Lüste,* Mitteltafel, Ausschnitt, ca. 1500, 220 x 195 cm, Öl auf Holz, Madrid, Prado-Museum.

Tafel 10
Die Göttin Fortuna, aus: Christine de Pisan, Mutation de Fortune (1403/04), Chantilly, Musée Condé, Ms. 494/567, fol. 16^{r}.

Tafel 11
»Mohr« und Bauer im Tanz, aus: Handschriften Nor. K. 444, Bl. 35v, Nürnberg, Stadtbibliothek.

Tafel 12
Erasmus Grasser, *Moriskentänzer (»Mohr«),* 1480, München, Stadtmuseum.

Tafel 13
»Mohrenmädchen« unter dem Wunderbaum, Maler unbekannt, ca. 1944.

Tafel 14
Nicolas de Largillière, *Bildnis der Comtesse de Ruppelmonde mit schwarzem Pagen*, ca. 1707, Öl auf Leinwand, 133 x 95 cm, Privatbesitz.

Tafel 15
Antoine Pesne, *Wilhelmine von Preußen und ihr Bruder Friedrich,* 1715, 174 x 163 cm, Leinwand, Berlin, Schloß Charlottenburg.

Tafel 16
Daniel Bretschneider d. Ä., *Wagen mit musizierenden Mohren, von Elefanten gezogen,* Bl.4 in: Abriß und Verzeichnis aller Inventionen und Aufzüge, welche an Fasznachten Anno 1609 . . ., Deckfarben, ca. 289 x 527 mm, Dresden, Sächsische Landesbibliothek, J 18.

Tafel 17
Daniel Bretschneider d. Ä., *Reiter mit Standarte,* B.6 in: Abriß und Verzeichnis aller Inventionen und Aufzüge, welche an Fasznachten, Anno 1609 . . ., Deckfarben, ca. 289 x 527 mm, Dresden, Sächsische Landesbibliothek, J 18.

Tafel 18
Schwarzer Trompeter im Zug eines edlen Herrn, aus: Petrus de Ebolo, Liber ad honorem augusti, Bern, Burgerbibliothek, Cod. 120, fol. 134.

Tafel 19
Uniformblatt des 1. hessischen Garderegiments zu Fuß, ca. 1780, Kassel, Staatliche Kunstsammlungen.

Tafel 20
Peter Schenk, *Schwarzer Militärmusiker am Brandenburger Hof,* kolorierter Kupferstich, 29 x 13,5 cm, aus: Peter Schenk, Kurfürstlich Brandenburgische Militär- und Hoftrachten, Amsterdam 1696–1701, Berlin, Staatliche Museen, Stiftung Preußischer Kulturbesitz.

Tafel 21
Antoine Pesne, *Friedrich Wilhelm von Preußen und Oranien,* 1711, 140 x 110 cm, Leinwand, Berlin, Schloß Charlottenburg.

Tafel 22
Wochenstube der »Mohrenfamilie«, Puppenstadt Mon Plaisir, Arnstadt/Thüringen, Schloßmuseum.

Tafel 23
»Kammermohr« bei der Arbeit, Puppenstadt Mon Plaisir, Arnstadt/Thüringen, Schloßmuseum.

Tafel 24
Machbuba, Ölgemälde eines unbekannten Malers, möglicherweise unmittelbar nach ihrem Tod (1840) entstanden, Cottbus, Schloß Branitz.

Tafel 25
Christian Rudolf Chely, Modell, *Mohrenpaar in modischer Kleidung des Rokkoko,* Braunschweig, 1745–56, Fayence, hell sandfarbener Scherben, staffiert, glasiert; Höhe je 20,5 cm, Düsseldorf, Hetjens-Museum, Inv.-Nr. R 129 und R 130.

Tafel 26
Lorenz Lönberg, *Heinrich Carl Schimmelmann,* Pastell, ca. 1773, Frederiksborg/ Dänemark, Nationalhistorisches Museum.

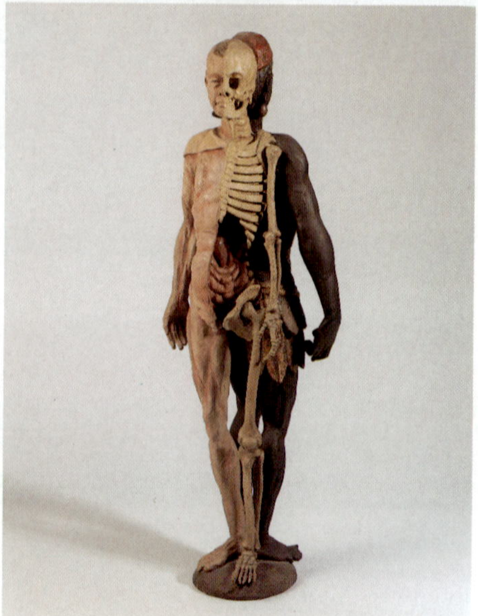

Tafel 27

Anatomisches Modell in Gestalt eines Mohren, Doppelfigur, wahrscheinlich Schaustück einer Apotheke, Lindenholz, farbig bemalt, ca. 1790, Nürnberg, Germanisches Nationalmuseum, Inv.-Nr. Pi 2947.

Tafel 28
»... meditirender Philosophe mit seiner Bibliotec und verschiedenen mathematischen und anathomischen Dingen«, Puppenstadt Mon Plaisir, Arnstadt / Thüringen, Schloßmuseum.

Tafel 29
Antiamerikanisches Propagandaplakat, Italien, Boccasile, ca. 1942.

Nachwort

»Ich begann die Menschen und die Völker von der Geschichte her zu verstehen [...] was gibt es Herrlicheres, als dazu auserlesen zu sein, mitzuhelfen an der Gestaltung unserer völkischen Gemeinschaft und Eigenart und an der Bildung des kommenden neuen afrikanischen Menschen.«[1]

Diese Aussage des togolesischen Medizinstudenten Martin Aku, der um 1930 in Deutschland weilte, ist bezeichnend für die Haltung vieler Afrikaner, die zumindest einen Teil ihrer »Lehrjahre« »zwischen Wunsch und Wirklichkeit« in Deutschland verbrachten.[2] Mit dem vorliegenden Buch möchte der Autor seinen deutschen Lesern helfen, die Afrikaner in ihrer Mitte aus deren Geschichte heraus zu verstehen. Dabei geht es ihm zunächst einmal darum, konkretes Wissen über die »Mohren«, »Schwarzen«, »Neger«, »Afrikaner«, »Wilden« und »Heiden«, die als einzelne oder in Gruppen seit dem Hochmittelalter in Deutschland lebten, zu vermitteln.

In unermüdlicher Sammel- und Ordnungstätigkeit hat Peter Martin eine reiche Fülle von Material zu seinem Thema zusammengetragen. Das ist ein Hauptverdienst dieses Buches. Es reiht sich ein in die besonders seit den siebziger Jahren wachsende Zahl von Studien zur afrikanischen Diaspora in europäischen Ländern. Da wäre zum einen Kenneth Littles bahnbrechendes Buch *Negroes in Britain* (1948) zu nennen. Des weiteren sei die bis jetzt unübertroffene Veröffentlichung des Afroamerikaners Shelby T. McCloy, *The Negro in France* (1961), angeführt. Als erster Versuch, die Geschichte der afrikanischen Diaspora in Europa als Ganzes darzustellen, erschien 1979 H.W. Debrunners *Presence and Prestige: Africans in Europe. A History of Africans in Europe before 1918.* Es folgten weitere Einzeldarstellungen, z. B. 1982 A.C. de C.M. Saunders *A Social History of Black Slaves and Freedmen in Portugal, 1441–1555* sowie 1986 Allison Blakelys *Russia and the Negro. Blacks in Russian History and Thought.* Alle diese Bücher sind in englischer Sprache erschienen. Einzig Gert Oostindies und Emy Maduros *Antillianen en Surinamers in Nederland, 1634/1667–1954* aus dem Jahr 1986 macht hier eine Ausnahme.

Peter Martins Buch ist das erste, das in deutscher Sprache die Geschichte der afrikanischen Diaspora in Deutschland behandelt. Fern von jeglicher Beschränktheit auf Deutschland nimmt der Autor jedoch stets auf die afrikanische Diaspora in anderen europäischen Ländern Bezug. Durch sein erstes Buch *Das rebellische Eigentum* hat sich Martin ja schon 1985 als eigenwilliger Kenner der afrikanischen Diaspora in Amerika ausgewiesen. Bei seiner Suche nach Informationen über die Afrikaner, die in Deutschland lebten, mußte er bald feststellen, daß diese – zumindest für die Zeit vor 1830 – kaum je als Subjekte erkennbar sind. Meist erscheinen sie nur maskenhaft in den Augen ihrer deutschen Zeitgenossen. Immerhin gelang es doch, von einigen der Afrikaner eine Individualität, ein eigenes Gesicht aus den Unterlagen zu gewinnen, etwa von dem äthiopischen Abba Gregorius am Hofe Herzog Ernsts von Sachsen-Gotha, von dem afrikanischen Philosophen Anton Wilhelm Amo in Halle und von dem schwarzen Feldtrompeter Christian Gottlieb in Plön.

Bei der Schilderung von Afrikanern in Deutschland sind Formulierungen gelungen, die sich dem Gedächtnis einprägen. Diese zeigen auch, welche Frage neben der Suche nach konkreten Fakten den Autor am meisten beschäftigte: Wie reagierten die Deutschen auf die Afrikaner in ihrer Mitte? – Der Untertitel seines Buches lautet darum auch: *Afrikaner in Geschichte und* Bewußtsein *der Deutschen*. Mit der Betonung dieses Aspekts gesellt sich Peter Martins Buch zu den einschlägigen Studien zum europäischen Afrikanerbild. Philipp Curtins *The Image of Africa* (1965) ist der Klassiker zu diesem Thema, und von Urs Bitterli gibt es hierzu *Die Entdeckung des schwarzen Afrikaners* (1970). Verwiesen sei auch auf die vorzügliche, von der Menil Foundation in Lausanne und Houston/Texas seit 1976 herausgegebene Reihe *The Image of the Black in Western Art*. Mit dieser Literatur ist Peter Martin aufs Beste vertraut, und seine Arbeit setzt diese Forschungsrichtung fort. Sein besonderes Anliegen ist dabei, das Entstehen, den Wandel und die Konstanten der Bewußtseins- und Handlungsstereotypen gegenüber dem Phänomen der »Mohren« und »Schwarzen« in Deutschland zu beschreiben[3], wobei ihm das Interesse an den Afrikanern in Perioden gesellschaftlichen Wandels besonders wichtig ist.

Ein Wort zur Aufmachung und Präsentation. Dem Hamburger Institut für Sozialforschung und dem Verlag ist zu danken, daß das Buch mit genügend Bildmaterial und mit einem wissenschaftlichen Anmerkungsapparat versehen werden konnte. Dadurch ist das Buch für den interessierten Laien lesbar und wird dennoch den Ansprüchen des Fachmanns gerecht.

In England, Frankreich und den Niederlanden ist die wachsende Zahl von Menschen afrikanischer Herkunft eine wichtige Gegenwartstatsache. Auch in Deutschland nimmt das Selbstbewußtsein der immerhin nach Zehntausenden zählenden Schar derer zu, die aus Afrika kommen und nun beginnen, »Farbe zu bekennen«.[4] Auch für sie ist dieses Buch geschrieben. So wie man in England von »Black Britons« redet, gibt es auch »schwarze Deutsche« oder »Deutschafrikaner«. Da unser Bewußtsein ein anderes ist als das des zu Beginn zitierten Martin Aku, und wir zudem gebrannte Kinder sind, reden wir nicht mehr von »völkischer Gemeinschaft« und zögern, vom »Remaking of Man in Africa«[5] unter europäischer Leitung zu reden. Dennoch bleibt die Aufgabe bestehen, an der Gestaltung des Zusammenlebens von Deutschen und »Germanoafrikanern« zu arbeiten, wozu Peter Martin mit seinem Buch einen Beitrag leistet.

Riehen bei Basel, im Januar 1993 Hans W. Debrunner

Anhang

Danksagung

Ein großer Teil des weitgestreuten Materials, auf das sich dieses Buch stützt, wurde in den Bibliotheken, Archiven und Museen vieler Orte des deutschen Sprachraums sowie in Großbritannien, Frankreich, Dänemark und Australien aufgespürt. Den Menschen, die mich im Lauf der Jahre dabei unterstützten, ebenso denjenigen, deren intellektuelle und persönliche Hilfe ich während meiner Forschungen und beim Schreiben fand, gilt mein herzlicher Dank. Von den Vielen danke ich namentlich den folgenden Personen und Institutionen für ihr freundliches Entgegenkommen:

Christine Alonzo, Hamburg;
Altonaer Museum in Hamburg;
Archiv der Firma Carl Hagenbeck, Hamburg;
Archiv der Freiherrlich von Welserschen Familienstiftung, Neunhof bei Eckental / Nürnberg;
Archiv der Norddeutschen Mission im Staatsarchiv Bremen;
Archiv des Erzbistums München und Freising, München;
Rosie Arndt-Schug, Nürnberg;
Basler Mission;
Dr. Jürgen Baumgarten, Berlin;
Bayerisches Hauptstaatsarchiv, München;
Bayerisches Nationalmuseum, München;
Bibliothek der Hansestadt Lübeck;
Bibliothèque Nationale et Universitaire de Strasbourg;
Bistumsarchiv des Bischöflichen Generalvikariats Münster (Westfalen);
Prof. Dr. Burchard Brentjes, Berlin;
British Library, Department of Manuscripts;
Burgerbibliothek Bern;
Commerzbibliothek Hamburg;
Evangelisches Zentralarchiv in Berlin;
Det kongelige Bibliotek, Kopenhagen;
Geheimes Hausarchiv München (mit freundlicher Genehmigung S. K. H. Herzog Albrechts von Bayern);
Geheimes Staatsarchiv Preußischer Kulturbesitz, Berlin;
Germanisches Nationalmuseum, Nürnberg;
Gutsarchiv Ascheberg bei Plön, Graf Brockdorff-Ahlefeldt;
Hamburger Arbeitsstelle des Goethe-Wörterbuchs;
Hamburger Kunsthalle (Kupferstichkabinett);

Hamburgisches Museum für Völkerkunde;
Heimatmuseum Schloß Schönebeck, Bremen-Vegesack;
Herzog-August-Bibliothek Wolfenbüttel;
Hessisches Staatsarchiv Marburg;
Historisches Archiv der Stadt Köln;
Historisches Archiv des Erzbistums Köln;
Institut für Afrika-Kunde, Hamburg;
Dr. Ingeborg Kittel, Detmold;
Dr. Jürgen Klein, Hamburg;
Kreisbibliothek Eutin;
Dr. Hans-Joachim Kruse, Museum des Kreises Plön;
Landesarchiv Schleswig-Holstein, Schloß Gottorf, Schleswig;
Landesarchiv Berlin;
La Trobe Library, Melbourne;
Norbert Löffler, Melbourne;
Martin-Luther-Universität Halle-Wittenberg, Abteilung Wissenschaftspublizistik;
Militärgeschichtliches Forschungsamt, Freiburg im Breisgau;
Mitchell Library, Sydney;
Museum für Hamburgische Geschichte;
Museum für Völkerkunde und Schweizerisches Museum für Volkskunde, Basel;
National Library of Australia, Canberra;
Naturhistorisches Museum der Stadt Wien (Anthropologische Abteilung);
Niederlausitzer Landesmuseum Cottbus, Fürst-Pückler-Museum, Schloß Branitz;
Niedersächsische Landesbibliothek (Leibniz-Archiv), Hannover;
Niedersächsische Staats- und Universitätsbibliothek Göttingen;
Niedersächsisches Hauptstaatsarchiv, Hannover;
Niedersächsisches Staatsarchiv in Bückeburg;
Niedersächsisches Staatsarchiv in Stade;
Niedersächsisches Staatsarchiv in Wolfenbüttel;
Nordelbische Kirchenbibliothek, Hamburg;
Nordrhein-Westfälisches Staatsarchiv Detmold;
Nordrhein-Westfälisches Staatsarchiv Münster;
Österreichisches Staatsarchiv, Abt.I: Haus-, Hof- und Staatsarchiv, Wien;
Ostfriesisches Landesmuseum, Emden;
Dr. Jan Philipp Reemtsma, Hamburg;
Rentamt im Kirchenkreis Plön;
Rentamt Kiel;

Rigsarchivet, Kopenhagen;
Römisch-Germanisches Museum, Köln;
Sächsische Landesbibliothek (Zentralbibliothek der DDR für Kunst und Musik), Dresden;
Dr. Erhard Schäfer, Rottorf / Winsen (Luhe);
Prof. Dr. Horst Schmidt, Halle (Saale);
Sylvie Shaw, Melbourne;
Staatliche Kunstsammlungen Kassel;
Staatliche Münzsammlung, München;
Staatliche Schlösser und Gärten Potsdam-Sanssouci, Abteilung Schlösser, Potsdam;
Staatsarchiv Bamberg;
Staatsarchiv Bremen;
Staatsarchiv Hamburg;
Staatsarchiv Landshut, Burg Trausnitz, Bayern;
Staatsarchiv Nürnberg;
Staatsarchiv Wien;
Staatsbibliothek zu Berlin, Stiftung Preußischer Kulturbesitz;
Staats- und Universitätsbibliothek Bremen;
Staats- und Universitätsbibliothek Hamburg, Carl von Ossietzky;
Stadtarchiv Bamberg;
Stadtarchiv Berleburg;
Stadtarchiv Calw;
Stadtarchiv Goslar;
Stadtarchiv Kassel;
Stadtarchiv Münster, Westfalen;
Stadtarchiv Worms;
Stadtbibliothek Nürnberg;
Stadtbücherei Nürnberg;
State Library of Victoria, Melbourne;
Universitätsbibliothek Kiel;
Wiener Stadt- und Landesarchiv, Wien;
Zentrales Staatsarchiv der DDR, Berlin.

Mein besonderer Dank gilt Dr. Hans Werner Debrunner, Basel, und Bernhard Gierds, Hamburg, ohne deren Rat und großzügige Unterstützung diese Studie nicht möglich gewesen wäre.

Verzeichnis der Abkürzungen

a. a. O.	am angegebenen Ort
Abh.	Abhandlung
Abt.	Abteilung
Ausg.	Ausgabe
Bd. (Bde.)	Band (Bände)
Best.	Bestand
Bez.	Bezirk
bibl.	biblisch
Bl.	Blatt
Dial.	Dialog
Diss.	Dissertation zur Erlangung des Doktorgrades
Doct.	Doktor
engl.	englisch
et al.	*et alii* (lat.) = und andere
f.	folgende Seite
ff.	folgende Seiten
fasc.	Faszikel
fol.	*folium* (lat.) = Blatt
franz.	französisch
griech.	griechisch
Hdb.	Handbuch
Hrsg.	Herausgeber
Hs.	Handschrift
ibid.	ebenda
Jb.	Jahrbuch
Jg.	Jahrgang
Kb.	Kirchenbuch
lat.	lateinisch
lit.	literarisch
Mscr.	Manuskript
myth.	mythologisch
N. Ch.	Nach Christi Geburt
Nr.	Nummer
Nr. ass.	Asservatennummer
o. J.	ohne Jahr
o. O.	ohne Ort
port.	portugiesisch
Rth. bzw. Rthr.	Reichst(h)aler
s. a.	*sine annum*
s. l.	*sine locum*
Suppl.	Ergänzungsband oder -heft
Tit.	Titel
Tl. (Tle.)	Teil (Teile)

tom.	Band
u. Z.	unserer Zeit, d. h. nach Christi Geburt
VO	Verordnung
Vol.	*Volume* = Band
v. u. Z.	vor unserer Zeit, d. h. vor Christi Geburt
zit.	zitiert

Verzeichnis der Siglen

ABUH	Archiv der Brüder-Unität, Herrnhut
ACH	Archiv der Fa. Carl Hagenbeck, Hamburg
AS	*Acta Sanctorum*
BA	Archiv Berleburg
BayHStA / M	Bayerisches Hauptstaatsarchiv München
BF	BOEHMER, J. F., *Regesta imperii*, neu herausgegeben und ergänzt von Julius FICKER, 1881 / 82, Repr., Hildesheim 1971
BL	British Library, London
B.N.U.S.	Bibliothèque Nationale et Universitaire de Strasbourg
CC	*Corpvs Christianorvm*, Tvrnholti, 1955
CSEL	*Corpus scriptorum ecclasticorum Latinorum*, Wien–Prag–Leipzig, 1866 ff.
DSK	*Deutscher Soldaten-Kalender,* München-Lochhausen
EI	*Enzyklopaedie des Islam,* siehe: Lexika und Sammelwerke: HOUTSMA, M. Th. et al. (Hrsg.)
GAA	Gutsarchiv Ahrensburg, im Schimmelmann-Archiv Ahrensburg, jetzt: LA / SH
GCS	Die Griechischen Christlichen Schriftsteller der ersten drei Jahrhunderte, herausgegeben von der Kirchenväter-Commission der königl. Preußischen Akademie der Wissenschaften, Leipzig 1901 ff.
G. H. A.	Geheimes Hausarchiv München (im BayHStA / M)
GNM	Germanisches Nationalmuseum, Nürnberg
GStA / PK	Geheimes Staatsarchiv Preußischer Kulturbesitz, Berlin
HA / K	Historisches Archiv der Stadt Köln
HAE/K	Historisches Archiv des Erzbistums Köln
HB	HUILLARD-BRÉHOLLES, Jean Louis Alphonse (Hrsg.), *Historia diplomatica Friderici II*, 6 Bde., Paris 1852–1861
Hob.	Hoboken-Verzeichnis
HStA / Mar	Hessisches Staatsarchiv Marburg
IOB	BUGNER, Ladislas (Hrsg.), *The Image of the Black in Western Art*, Vol. I, Lausanne 1976; Vol. II, Part 1 and Part 2, Lausanne 1979; Vol. IV, Part 1 and Part 2, Houston / Texas 1989 (Vol. III noch nicht erschienen)

KP	*Der Kleine Pauly. Lexikon der Antike in fünf Bänden*, herausgegeben von Konrat ZIEGLER und Walther SONTHEIMER, München 1975
KV	Köchel-Verzeichnis
LA/Greiz	Landesarchiv Greiz, München 1975
LA/SH	Landesarchiv Schleswig-Holstein, Schloß Gottorf
MEL	MEYERS ENZYKLOPÄDISCHES LEXIKON
MGH *Deutsche Chroniken*	*Monumenta Germaniae Historica.* Deutsche Chroniken und andere Geschichtsbücher des Mittelalters, Hannover 1892–1909
MGH *Scriptores*	*Monumenta Germaniae Historica. Scriptores, rerum Germanicarum in usum scholarum ex monumentis Germaniae historicis separatim editi,* Hannover und Leipzig 1846 ff.
MIGNE PG	MIGNE, J. P. (Hrsg.), *Patrologiae cursus completus... series Graeca,* 157 Vols., Paris 1857–1866
MIGNE PL	MIGNE, J. P. (Hrsg.), *Patrologiae cursus completus... series Latina,* 221 Vols., Paris 1844–1864
MURAT. SS.	MURATORI, Lodovico Antonio, *Rerum Italicarum Scriptores*, 24 Bde., Mailand 1724 ff. Nuova Edizione riveduta ampliata e corretta con la Direzione di Giosue CARDUCCI e Vittorio FIORINI, Città di Castello 1907/08
NHStA/H	Niedersächsisches Hauptstaatsarchiv Hannover
NÖLA/W	Niederösterreichisches Landesarchiv, Wien
NStA/Br	Niedersächsisches Staatsarchiv Braunschweig
NStA/St	Niedersächsisches Staatsarchiv Stade
NStA/W	Niedersächsisches Staatsarchiv Wolfenbüttel
NWStA/Det	Nordrhein-Westfälisches Staatsarchiv Detmold
NWStA/Mü	Nordrhein-Westfälisches Staatsarchiv Münster
RAK	Rigsarkiv, Kopenhagen
SAA	Schimmelmann-Archiv Ahrensburg, jetzt: LA/SH
SkmSA	Skatmester Schimmelmanns Arkiv, im RAK
SL/D	Sächsische Landesbibliothek, Dresden
StA/Ba	Staatsarchiv Bamberg
StadtA/Bg	Stadtarchiv Bamberg
StadtA/N	Stadtarchiv Nürnberg
StadtB/N	Stadtbibliothek Nürnberg
Stadt-u.LA/W	Wiener Stadt- und Landesarchiv
StA/HB	Staatsarchiv Bremen
StA/HH	Staatsarchiv Hamburg
StA/N	Staatsarchiv Nürnberg
U L B Halle	Universitäts- und Landesbibliothek Halle
WA	*Goethes Werke*, hrsg. im Auftrag der Großherzogin Sophie von Sachsen, Abt. 1–4, 1887–1912 (Auch: »Sophienausg.«)
ZB	Zentralblatt der Bauverwaltung, vereinigt mit der Zeitschrift für Bauwesen, herausgegeben im Preußischen Finanzministerium, Berlin 1880 ff.

ZStA / Mers	Ehemaliges Preußisches Geheimes Staatsarchiv, bis Oktober 1990 Zentrales Staatsarchiv, Dienststelle Merseburg, Ministerium des Innern (DDR)

Anmerkungen

Einleitung

1 WOLFRAM VON ESCHENBACH, 1964, I, 26 (10–22), Übersetzung: WOLFRAM VON ESCHENBACH, 1937, S. 18 f.
2 HEGEL, 1980, S. 155
3 Zum Bild der Schwarzen in der Bundesrepublik Deutschland vgl. u. a.: STEINS, 1972; LESTER, 1982, und MERGNER et al., 1985
4 Zu den schwarzen Soldaten im Königlich Deutschen Regiment vgl. McCLOY, 1973, S. 86 ff.

Kapitel I

1 Ein schwarzer Söldner in römischen Diensten ist beispielsweise um 210 u. Z. in Britannien nachgewiesen, wo er bei Carlisle mit Kaiser Septimus Severus zusammentraf. (Vgl. FRYER, 1984, S. 1 ff.) Ob archäologische Funde wie die in der Kölner Kathedrale von St. Gereon ausgegrabene Grabplatte eines römischen Offiziers mit der Inschrift: »*Donats ex protectoribus tribunus civis Afer*« (4. Jahrhundert u. Z., vgl. GERKAN, 1951, S. 59) unbedingt auf *schwarze* Afrikaner schließen lassen, ist indessen keineswegs sicher. [Siehe auch: NATTERMANN, 1960, S. 16 und S. 18. Vgl. ferner: LAGUERRE, 1975, S. 76 (52) und KEHRER, 1924, S. 69 (Nr. 4)]
2 Verschiedene bildliche und figürliche Darstellungen von Schwarzen, wie man sie u. a. in Köln, Mainz und bei Niederzieher im Kreis Neuwied gefunden hat (vgl. GOESSLER, 1928; STEIGER, 1967 und GRIMM, 1969, S. 49 f.), mögen einem begrenzten Personenkreis eine Vorstellung vom Aussehen schwarzer Afrikaner vermittelt haben. In Form von kleinen Öllampen aus Bronze, Terrakotta oder Glas dienten sie ebenso wie die sogenannten Kopf- oder Büstengefäße zur Aufnahme von Weihrauchkörpern (»Balsamarien«) im Zusammenhang mit orientalischen Kulten, die im 2. Jahrhundert u. Z. mit der Niederlassung orientalischer Handwerker in den germanischen Provinzen populär wurden. (GOESSLER, 1928, S. 85; STEIGER, 1967, S. 195; GRIMM, 1969, S. 50) Die meisten dieser Gefäße sind Importe aus Alexandria, obwohl einige der Figuren später in Germanien nachgeahmt worden sind. Warum deshalb, wie geschehen (STEIGER, 1967, S. 195), lebende Vorbilder in jedem Fall ausgeschlossen wurden, ist nicht recht einzusehen. Ein kleiner »Nubier« aus Straßburg, der mit dem gallischen *cucullus* bekleidet ist (!), scheint das Gegenteil zu bezeugen. (Vgl. STEIGER, 1967, S. 194)
3 MILLER, 1895, fasc. IV (Hereford) und fasc. V. (Ebstorf); Wittkower, 1942, besonders S. 167 f.; POCHAT, 1970, S. 65; MEDEIROS, 1973, S. 64; FLÜHLER-KREIS, 1980, S. 3, und HAHN-WOERNLE, 1988, S. 71

4 KUNST, 1967, S. 18. Weitere Bildbeispiele finden sich in: IOB, 1979, Vol. II, Part 1, S. 114 ff.

5 LANGER, 1891, S. 33; MANGIN, 1909, S. 450 f.; WÜSTENFELD, 1976, S. 128 ff. und vor allem die eingehenden Untersuchungen von ROTTER, 1967, Kap. II, 3 (»Waffensklave«), S. 65–74, sowie FRIES, 1921.

6 Der gelehrte byzantinische Kaiser Leon VI., der »Weise«, (ca. 865–912) hatte z. B. in seiner Schrift *Tactica* davon geschrieben, daß die muslemische Infanterie »aus Äthiopiern besteht, die mit langen Bogen bewaffnet sind. Diese Truppen marschieren vor der Reiterei, was es für diejenigen, die sie anzugreifen versuchen, sehr schwer macht [...]« Vgl. MIGNE PG, Bd. 107, Spalte 978 f. (135): »*Aciem suam non dissolvunt, si quis aut duo, aut tres invaserint eos, donec vel victoria freti insequantur, vel de victoria desperantes fugæ se mandaverint. Itaque primo incursio in illos sagittis est facienda. Si enim equi illorum, qui Parii dicuntur, et Æthiopes reliqui sagittarii equites vulnerentur, et feriantur, cum nudi sunt, facile in fugam se conjicient: quia equos, quos plurimi faciunt, et per quos se salutem comparare arbitrantur, incolumes custodire mangnopere laborant.*«

7 Hedschra (arab.) = Ausreise; hier: Auswanderung Muhammads von Mekka nach Medina im September 622; Beginn der islamischen Zeitrechnung.

8 Vgl. ROTTER, 1967, S. 67

9 MANGIN, 1909, S. 449; ROTTER, 1967, S. 65 und S. 69 ff.

10 LÉVY-PROVENÇAL, 1950–1953, Vol. III, S. 81 und S. 177; vgl. ROTTER, 1967, S. 73

11 MANGIN, 1909, S. 149

12 Zitiert nach: DANIEL, 1975, S. 56

13 ALBERT VON AACHEN (ALBERICUS AQUENSIS), *Historia Hierosolymitanæ Expeditionis*, Liber VI, Capitulum 41, in: MIGNE PL, Bd. 166, Spalte 557. Das ägyptische Heer setzte sich danach folgendermaßen zusammen: »*Gens [...] publicanorum, et gens nigerrimæ cutis de terra Æthiopiæ, dicta vulgariter Azepart, et omnes barbaræ nationes que erant de regno Babyloniæ [...]*«. Übersetzung nach: ALBERT VON AACHEN, 1923, S. 316

14 RICARDO, CANONICO SANCTÆ TRINITATIS LONDINIENSIS, 1864–65, Vol. I, liber I, capitulum XXXV, S. 83. In gewissem Widerspruch dazu stehen die von ROTTER, 1967, S. 72 angeführten arabischen Quellen, wonach Saladin die schwarzen Waffensklaven aus seinem Heer *entfernen* ließ.

15 SHETELIG, 1940, S. 134 ff.; BRØNSTED, 1960, S. 50 f.

16 O'DONOVAN, 1860, S. 162 f.; SHETELIG, 1940, S. 25 f. und S. 139; vgl. auch: LANGER, 1891, S. 15 und FRYER, 1984, S. 2 f.

17 STURDA, Thordi filius, *Historia Hakonis Hakonidae*, Kap. 243, Bd. 10, 1841, S. 2. Die lateinische Version spricht von »*quinque homines (æthiopas)*«, in der dänischen Fassung, »*Oldnordiske Sagaer*«, Tiende Bind, Kjöbenhavn 1836, S. 2, heißt es »*fem Blaamænd*« (fünf »Blaumänner«) – was gewöhnlich mit »Äthiopier« übersetzt wird.

18 Man hat vor kurzem bei North Elmham in Norfolk, ungefähr 40 km nordwestlich von Norwich, die sterblichen Überreste eines afrikanischen Mädchens ausgegraben, das um das Jahr 1000 u. Z. gelebt haben muß (vgl. EDWARDS, 1981,

S. 2). Es ist anzunehmen, daß es damals dergleichen auch im heutigen deutsch-dänischen Grenzgebiet gegeben hat, wo gerade im 10./11. Jahrhundert mit Haithabu an der Schlei eines der wichtigsten Handelszentren der Wikinger in voller Blüte stand, dessen weitreichende Bedeutung im 10. Jahrhundert nicht zuletzt durch den Besuch eines arabischen Fernkaufmanns belegt wird, At-Tartuschi aus der Kalifenstadt Cordoba. (Näheres bei: BRØNSTED, 1960, S. 34 ff., und KELLENBENZ, 1962, S. 119) Wenn jedoch der *schwarze Sîvrit von Môrlant* aus dem um 1240 entstandenen *Kudrun-Epos*, wie wiederholt geschehen, mit einem Siegfried zusammengenommen wurde, der dabei war, »als wikingernde Dänen im Jahre 882 in Friesland einbrechen«, dann entbehrt dies – einstweilen – jeder historisch nachweisbaren Grundlage. (Vgl. NEUMANN, in: KUDRUN, 1986, S. 17)

19 Friedrich II. sah bekanntlich »in dem sizilianischen Normannenstaat ausbaufähigere Grundlagen und betrachtete Deutschland als Nebenland«. (LÖWE, 1977, S. 31) Auf der Ebstorfer Weltkarte wird Deutschland in Übereinstimmung mit dieser Auffassung am extremen nordwestlichen Rand des Erdkreises abgebildet, während Sizilien (neben Jerusalem) ziemlich genau im Zentrum der Welt erscheint. Vgl. auch: PRUTZ, 1883, S. 46 ff., und DUBY, 1981, S. 3

20 GOTIFREDI VITERBIENSIS, MG-SS. , Bd. XXII, S. 348 (34–39). Die Übersetzung folgt KANTOROWICZ, Bd. 1, 1973, S. 370. Vgl. ferner: *Annal. Colmar. Min.*, in: MGH *Scriptores*, Bd. XVII, S. 189

21 MANGIN, 1909, S. 449; COMHAIRE, 1956, S. 340 f.; ROTTER, 1967, S. 72; HUNWICK, 1981, S. 470

22 GOTIFREDI VITERBIENSIS, MGH *Scriptores*, Bd. XXII, S. 348 f.

23 Aus der schier unübersehbaren Fülle wissenschaftlicher Arbeiten zu diesem Thema sei hier aus relativ jüngerer Zeit zur Einführung (und kritischen Lektüre) nur empfohlen: BARRACLOUGH, 1953

24 DELESALLE, 1972, S. 84 ff.; McCRILLIS, 1974, S. 154; vgl. auch: GRIMM, 1885 und GRIMM, 1889

25 KONRAD DER PFAFFE, 1967, S. 234 f. (Verse 6337 / 38 und 6346). So wie hier der aus »Kartagein« stammende *Nordafrikaner* als »swarz« beschrieben wird, so werden umgekehrt sehr häufig die *wirklich* schwarzen *Äthiopier* auch »Mauri« genannt: *»Mauri de terra Aethiopiae«*, heißt es zum Beispiel bei ALBERT VON AACHEN (ALBERICUS AQUENSIS), LIBER VI, Capitulum 50, in: MIGNE PL, Bd. 166, Spalte 562

26 Vgl. BITTERLI, 1980, S. 37 ff.

27 SZKLENAR, 1966, S. 213 f., schreibt: »[...] kein Interesse liegt Konrad so fern wie das ethnographische.« Zum Beleg dieser Behauptung führt Szklenar den folgenden Dialog zwischen Roland und Turpin an, in dem es um die Karthager und Äthiopen geht: *»Do sprach der bischof Turpin: waz liutes mac dizze sin? ob der walt lebete unt waren diu pleter elliu perente, so waere iz groz wunder. wâ wûchs dize tiueles kunter? ob ich ir stimme uername? ich wesse gerne, wer si waren.« »liebir gotes friunt Turpin, nune ruche wir, wer si sin: si wellent gemarteret werden. ouch scule wir ersterben: der sele phlege min trechtin. En ruchet, wer di wizenare sin! [...]«* (KONRAD DER PFAFFE, 1967 S. 235, Vers 6348–6361)

28 HRABANUS MAURUS, *De Universo*, 2. Buch, 1. Kap. *(De hominibus qui quodam præsagio nomina receperunt)*, Spalte 33 f. und 4. Kap. *(De regionibus)*, Spalte 351 ff. Hrabanus Maurus war Abt des Klosters Fulda.

29 RICHARD VON CLUNY, der in der Mitte des 12. Jahrhunderts geboren ist und der als einer der ersten sein Augenmerk auf die Völker Afrikas richtete, schrieb: *»De rege autem Marroch, qui dicitur rex Asiriorum, [...] et de rege Bugie et de rege Numidie et Libie et Cyrene et de rege Ethiopum tam rara et tam pauca audivimus, quod fere prorsus ignoremus, quid ibi agatur; ex quo enim christianitas de terra illa repulsa est propter errorem Mahumet, et gens illa incredula alienata est a nobis et ab imperio Romano [...]« (Richardi Pictaviensis Chronica*, in: MGH *Scriptores*, Bd. XXVI, S. 84 (12–16) Eine neuere Studie über das Afrikabild dieser Frühzeit bietet: HERKENHOFF, 1990, hier vor allem S. 56 ff.

30 McCRILLIS, 1974, S. 154 f.; FLÜHLER-KREIS, 1980, S. 31, schreibt: »In der Literatur der Ketzerbekämpfung des Hochmittelalters wurde die Gestalt des Mohren als Symbol des Heiden, des Häretikers, der von Dämonen besessen ist, in einzelnen Fällen sogar als Zeichen für das Dämonische selber gewählt. Obwohl auch diese schwarzen Gestalten als Aethiopier bezeichnet werden, wird der Begriff *ohne einen geographischen Bezug* als Synonym für Mohr verwendet.« (Hervorhebung von mir, P. M.)

31 KONRAD DER PFAFFE, 1967, S. 148 (Vers 3380)

32 ibid., 1967, S. 235 (Vers 6353)

33 Schon im altfranzösischen Rolandslied (vgl. HILKA / ROHLFS, 1942, 54, Vers 1916) heißt es: *»Ethiope, une tere maldite.«* Bei KONRAD, 1967, S. 159, Vers 3770, ist dann auch die Heimat des fürchterlichen schwarzen Cernubiles eine *»uerfluchet erde«*.

34 KLAUSER, Bd.VII, 1969 (Stichwort: »Farbe«), S. 381 ff.; RADKE, 1936; LAUFFER, 1948

35 DÖLGER, 1971, S. 49–73; RADKE, 1936, S. 69–73; KLAUSER, Bd. VII, 1969, Spalten 381, 393, 408 und 432; RUSSELL, 1972, S. 113 f.

36 DÖLGER, 1971, S. 58 ff.

37 Vgl. etwa: ALBIUS TIBULLUS (ca. 50 bis ca. 17 v. u. Z.), Lib. III, 5, 5, Ed. ROSSBACH, S. 41: *»At mihi Persephone nigram denuntiat horam.«*

38 Vgl. etwa: SEXTUS PROPERTIUS, (ca. 50 bis nach 16 v. u. Z.), Lib. IV, 11, 1 f., Ed. ROTHSTEIN, Bd. 2, S. 306 f. *»Desine, Paulle, meum lacrimis urgere sepulcrum: Panditur ad nullas ianua nigra preces.«*

39 So sagt z. B. SENECA, *Hercvles II (Oetaevs)*, PEIPER und RICHTER, 1867, Vers 1708 f.: *»non me mortis infernae locus nec maesta nigri regna conterrent Iovis [...]«* (»Nicht schreckt mich der Ort des Todes in der Unterwelt und nicht das trostlose Reich des schwarzen Jupiter.«) Und bei OVID, 1964, S. 258, Vers 436 ff., heißt es: *»novique, qua sit iter, manes, Stygiam qua ducat ad urbem, ignorant, ubi sit nigri fera regia Ditis* (d. i. Jupiter, P. M.).« (»Fahles Licht herrscht über den dornigen Feldern und Kälte; fremd ist den Geistern, die neu erscheinen, der Pfad, der zur grausen Burg des düstern Dis und zur stygischen Stadt sie geleite.«)

40 DÖLGER, 1971, S. 69 f.

41 DÖLGER, 1971, S. 71

42 ASS, Feb. 2, 876 D: *»Ego sum Belial daemon (quem aliqui Jopher Nigrum vocant) malitiis hominum oblectatus [...]«*

43 ZIMMERMANN, 1912, S. 631 f.; DÖLGER, 1971, S. 49; RUSSELL, 1972, S. 114; McCRILLIS, 1974, S. 156 ff.

44 CYRILL VON JERUSALEM, *Mystagogica prima catechesis*, 4, 1967, Bd. II, S. 348

45 KLAUSER, Bd. VII, 1969, Spalte 420

46 *»Tali primum parente generati nigri sumus«*, hier zit. nach: RUSSELL, 1972, S. 114 und S. 316

47 AUGUSTINUS, Doct. 3, 32, in: MIGNE PL, 1841–1849, Bd. 34, S. 83

48 AMBROSIUS, *Commentarius in cantica canticorum*, 1, 5, in: MIGNE PL, Bd. 15, 1887, Spalte 1956 (C)

49 NORK, 1848, S. 412; GOLTHER, 1895, S. 163; LAUFFER, 1948, 51 ff.

50 GRIMM, 1. Bd., 1844, S. 289; SIMROCK, 1. Buch, 1853, S. 350 f.

51 NORK, 1848, S. 528 ff.; SIMROCK, 1. Buch, 1853, S. 350 ff., S. 383 f. und S. 414 ff.; ferner: LAUFFER, 1948, S. 10 und S. 52

52 NORK, 1848, S. 528 ff.; SIMROCK, 1853, S. 352

53 CAESARIUS VON HEISTERBACH, 1851, z. B. S. 284 und S. 287; ders., 1929, Kap. XVIII, S. 35. Über die vorzügliche Brauchbarkeit dieser Quelle für den hier behandelten Gegenstand: ROSKOFF, 1. Bd., 1869, S. 318 f.

54 So sieht zum Beispiel in den *Asketischen Fragmenten* des sogenannten Kodex Bolognese 2702 ein Greis Dämonen, die in Gestalt schwarzer Reiter und auf schwarzen Pferden kommen, um die Seele eines Reichen zu holen. Vgl. AMANTE, 1912, S. 535 (f. 196: 329–333), und NASELLI, 1943, S. 245. Zum Thema »Wütendes Heer« vgl. GRIMM, Jacob, *Deutsche Mythologie*, 4. Ausgabe, Bd. II, Berlin 1876, S. 765 ff.

55 ORDERICUS VITALIS, Historia Ecclesiastica, Pars III, Liber VIII, in: MIGNE PL, Vol. 188, 1890, Spalte 607–612, hier: Spalte 610 (A): *»agmen Æthiopum«* und Spalte 611 (A): *»Æthiopicamque phalangem«*. Eine englische Übersetzung der Werke des Ordericus nach der in der BL befindlichen Hs. Bibl. nat. MS lat. 5506 bietet: CHIBNALL, 1968, die hier erwähnte Stelle in Vol. IV, S. 236–251 (17)

56 DRIESEN, 1904, S. 26. Die Übersetzung folgt der Ausgabe: ORDERICUS VITALIS, Bd. II, 1845, S. 376 ff. Es darf hier daran erinnert werden, daß nur knapp vier Jahre, bevor Ordericus Vitalis diese Zeilen niederschrieb, im Jahr 1087, 4000 schwarze Krieger unter Yusuf Ibn Taschfin auf arabischer Seite an der Schlacht von al-Zalaqa in Spanien teilgenommen hatten. Der Historiker Umar Al-Naquar, der sich bei dieser Angabe auf den *Wafayat al'ayan wa anbà abnà al-zuman* Ahmed Ibn Khalikans beruft, nimmt an, daß diese schwarzen Soldaten aus Takrūr, dem im 11. Jahrhundert gegründeten ersten muslimischen Staat im Sudan, stammten, der sich mit den Almoraviden verbündet hatte. (Vgl. AL-NAQAR, 1969, S. 367, n. 14)

57 WOLFRAM VON ESCHENBACH, 1964, I, 17 (24), S. 20

58 Vgl. McCRILLIS, 1974, S. 159 ff., und NASELLI, 1943, S. 250 ff. McCrillis

zeigt in seinem Buch über die Dämonisierung von Minderheiten im sogenannten »Hochmittelalter«, wie die Kreuzzugsidee und -erfahrung und der Reformeifer dieser Zeit wesentlich zu einer intoleranten Haltung gegenüber den Muhammadanern aller Schattierungen, insbesondere aber gegenüber den Schwarzen beitrugen, was bis zu deren Dämonisierung führen konnte.

59 Vgl. PAPP, Edgar, in: ANONYMUS 1, 1969, S. 7f.

60 Vgl. STEIN, 1933, S. 19; BRUMMACK, 1966, S. 155 und GREEN, 1966, S. 132 f. und S. 293, n. 2. Die entsprechenden Stellen im Original finden sich bei: ANONYMUS 1, 1969, S. 102, Vers 3043: »*die alswarze môre*«; S. 106, Vers 3198: »*die uil swarze môre*« und S. 108, Vers 3256: »*die heidenisken môre*«.

61 BRUMMACK, 1966, S. 155; GREEN, 1966, S. 293, n. 2; MEDEIROS, 1973, S. 274 ff.

62 BRUMMACK, 1966, S. 159; SZKLENAR, 1966, S. 187; MEDEIROS, 1973, S. 274 f. Vordenker für diese Interpretation waren verschiedene frühchristliche Theologen wie zum Beispiel der in Karthago geborene Kirchenschriftsteller Tertullian, der um 200 u. Z. erklärte, daß der Auszug der Israeliten aus Ägypten und der Untergang Pharaos im Nil nichts anderes wären als der Auszug aus der Knechtschaft des Satans und die Ertränkung des Teufels im Taufwasser. (TERTULLIAN, *De baptismo* Liber VIII, 9, in: CC, Series Latina, *Tertvlliani Opera*, Pars I, 1954, S. 283 f.) Auch METHODIUS VON OLYMPUS (PHILIPPI) sah in dem Ägypterkönig Pharao ein Sinnbild des Teufels und in Ägypten ein Sinnbild der sündigen Welt. (Vgl. METHODIUS, *Gastmahl*, 4. Rede (II), 1911, S. 318)

63 ALBERT VON AACHEN, 1923, S. 321 f. Vgl. NAUMANN, 1925, S. 85–88

64 RICARDO, CANONICO SANCTÆ TRINITATIS LONDINIENSIS, 1864, Vol. I, Liber I, Capitulum XXXVIII, S. 86

65 ibid., Capitulum XXXV, S. 83. Ähnlich wie hier bildeten die schwarzen »Azopart aus Äthiopien«, von denen ALBERT VON AACHEN (ALBERICUS AQUENSIS) spricht (Liber VI, Capitulum 46, in: MIGNE PL, Bd. 166, Spalte 560), den besonderen Schrecken der Kreuzfahrer: »*Nam Azopart, qui flexis genibus suo more bellum solent committere, praemissi, in fronte belli graviter sagittarum grandine Gallos impugnaverunt, tubis et tympanistris intonantes, ut tam horribili sonitu equos et viros perterritos a bello et locis campestribus absterrerent. Habebant etiam iidem Azopart, viri horridi et terrimini, flagella ferrea et saevissima, quibus loricas et clypeos gravi ictu penetrabant, equos in frontibus percutiebant, et sonitum terribilem per universa agmina fidelium faciebant.*« Auch der Kölner »Domscholaster« Oliverus, der 1219 die Eroberung von Damiette mitgemacht hatte, ließ – um ein weiteres Beispiel zu nennen – etwas von dem Entsetzen durchblicken, das die Kreuzfahrer zuweilen ergriff, wenn sie es mit den schwarzen Hilfstruppen der muslimischen Streitkräfte zu tun hatten. »[...] wie Heuschrecken«, schrieb er etwa von den äthiopischen Fußsoldaten, »brachen sie [...] in unsere Nachhut ein«. Vgl. schließlich: FLÜHLER-KREIS, 1980, S. 6 f. und S. 11 f.

66 Aus diesem Grund ließen sich die »schwarzen Heiden« ja auch – sofern sie nur zur Umkehr, d. h. zur Taufe bereit waren – für die Kirche gewinnen. Schon Augustinus hatte dies klar geäußert als er schrieb: »*Quomodo intelligo populos*

Æthiopes? Quomodo, nisi per hos, omnes Gentes? Et bene per nigros; Æthiopes enim nigri sunt. Ipsi vocantur ad fidem, qui nigri fuerunt; ipsi prorsus, ut dicatur eis: **Fuistis enim aliquando tenebræ; nunc autem lux in Domino** *(Ephes. v, 8). Ipsi prorsus vocantur nigri; sed ne remaneant nigri: de his enim fit Ecclesia, cui dicitur,* **Quæ est ista quæ ascendit dealbuta** *(Cant. VIII, 5, sec. LXX)? Quid enim de nigra factum est, nisi quod dictum est:* **Nigra sum, et speciosa** *(Cant. I, 4)?«* (AUGUSTINUS, *Enarratio in Psalmum LXXIII*, in: MIGNE PL, Bd. 36, Spalte 938). Vgl. Kap. I, Anm. 111

67 ANONYMUS 2, 1932, 37 f., Vers 1306–1317: »*Svmeliche flurn pegarewe/ir sconen uarwe,/* **si wurten suarz unt egelich.** */den ist nehein liut gelich:/dei ogen in scinent,/die zêni glîzent suenne si si lazent plecchen,/so mahten si ioch den tiufel screchen./die afterchomen an in zeigtun/waz ir uorderen garnet heten:/* **alsolich si waren innen,/ solich wurten dise uzzen.**« (Hervorhebungen von mir, P. M.) Auch AMBROSIUS sagt in diesem Zusammenhang: »*fusca per culpam*«, »*fusca per vitium*« und »*fusca sum quia peccavi*«. (Vgl. *Commentarius in cantica canticorum,* 1, 5, in: MIGNE PL, Vol. 15, 1887, Spalte 1956 (C))

68 KONRAD DER PFAFFE, 1967, S. 202, Vers 5210. An anderer Stelle (Vers 7365) spricht Konrad übrigens noch von den »mêiske môre«, womit offenbar »medische Mohren« gemeint sind (vgl. SZKELNAR, 1966, S. 215, Anm. 25), also *Meder*, die natürlich ebensowenig »Mohren« waren wie die Ungarn. Es ist hier vielleicht von Interesse anzumerken, daß heute noch in einigen Gebieten Ostdeutschlands und Polens, wo während des Dreißigjährigen Kriegs die protestantischen (d. h. die aus römisch-orthodoxer Sicht einem unrechtmäßigen Glauben verfallenen) Schweden gewütet haben, die dort lebende vorwiegend *katholische* Bevölkerung sprichwörtlich sagt: »Schwarz wie ein Schwede« – und damit offensichtlich an die alte Gleichung schwarz = teuflisch anknüpft. (Vgl. SACHS, 1969, S. 885) GRIMMELSHAUSEN, 1956, S. 544, erzählt kurz nach dem Dreißigjährigen Krieg außer von den »Unteutschen hinter Livland, die sich zu gewissen Zeiten des Jahrs in Werwölf verwandeln [...]« unter anderem auch von den »**schwarzen Tartarn,** deren Kinder ihre Zähn mit auf die Welt bringen [...]« (Hervorhebung von mir, P. M.)

69 EKKEHARD VON AURA, in: MGH *Scriptores*, Bd. VI, 1844, S. 217 (34 und 44). Die immer wieder erfolgende Verwechslung von »Mauren« und »Mohren«, d. h. Schwarzen, findet hier und nicht so sehr in den mehr oder weniger unzulänglichen geographisch-ethnologischen Kenntnissen der Zeitgenossen ihre eigentliche Ursache: Entscheidend war eben das allen »heidnischen« Gegnern der Christenheit gemeinsame Böse in ihrer Seele und nicht das äußere Erscheinungsbild ihres Körpers, das sie oft stark voneinander unterschied. (Vgl. SZKLENAR, 1966, S. 185, n. 4)

70 Vgl. auch: SCHÄFER, 1988, S. 36. Beim schwäbischen *Pfingstritt* wurden der Winter bzw. der Tod nach SIMROCK, 1. Buch, 1853, S. 565, zumindest noch im 19. Jahrhundert, wahlweise als »Türke« oder als »Mohrenkönig« bezeichnet.

71 OTTO BISCHOF VON FREISING, *Chronik*, VIII, 12, 1960, S. 608 ff. Immerhin interessierten aber auch Otto von Freising bei dieser sehr unterschiedlich zusammengesetzten Gruppe von »Gebrechen«, die er im Anschluß an Hierony-

mus vornehmlich als Ausdruck der Strafe Gottes ansah, weit eher die *theologischen* als die *ästhetischen* Aspekte.

72 DÖLGER, 1971, S. 56 f.; STEIDLE, 1958

73 AUGUSTINUS, *De civitate dei*, Liber XXII, 8, in: CC, Series Latina, Vol. 48, 1955, S. 819 (172–176)

74 CASSIANUS, *collationes patrum*, II, 13, in: CSEL, Vol. XIII, S. 55; vgl. auch: CASSIANUS, *collationes patrum*, IX, 6, wo der Teufel »wie ein Äthiopier« als Verführer an der Seite eines anderen Einsiedlers steht.

75 ERICH, 1931, S. 90

76 KONRAD VON HIRSAU, BL, Arundel 44, fol. 93v.; vgl. SUCKALE-REDLEFSEN, 1987, S. 20; KATZENELLENBOGEN, 1968, S. 16 und S. 25, und MARTIN, 1954

77 ERICH, 1931, S. 90. Zum Fortleben dieser Tradition z. B. im Theater späterer Zeiten vgl. ENZINGER, 1918, 1. Theil, S. 382 ff., und GILMAN, 1975

78 Zum Beispiel in *Dial. V, 5* und *Dial. V, 7*. Vgl. ROSKOFF, 1. Bd., 1869, S. 319 und SOLDAN/HEPPE, Bd. 1, 1968/69, S. 163

79 VINTLER, 1874, S. 27 f., Vers 823–828; vgl. NEUBERT, 1911, S. 584 f. (Kapitel: *»D. Diabolische Schönheit«*)

80 KUDRUN, 1902, 136 (583): *»Ez kunde ein ritter edele nimmer gevaren baz, sie truoc im holden willen (ofte tete si daz), swie salwer varwe er wære ze sehene an sînem lîbe.«* Übersetzung nach: KUDRUN, 1986, S. 103. Nach NEUBERT, 1911, S. 589 f. kennt auch die französische Literatur bis zum Ausgang des »Mittelalters« »eine Anzahl Sarazenen, die einen sympatischen Charakter und in gleicher Weise angenehmes Äussere besitzen. Ihre Körpergestalt wird ähnlich wie die der christlichen Helden beschrieben: sie sind schön, stattlich, kräftig u. s. w. Wenn sie trotzdem hie und da schwarz genannt werden, so gilt das doch in diesem Falle nicht als häßlich (vgl. Fierabras). Diese Sarazenen sind, ihrem Äusseren entsprechend, tapfere, edle, vornehme Helden, die den besten christlichen Rittern gleichzustellen wären, wenn sie – Christen gewesen wären! Doch werden sie meistens noch zum christlichen Glauben bekehrt und oft treue Verbündete der Christen.« (Dazu weiter unten, S. 32 ff.)

81 Benutzte Ausgabe: WOLFRAM VON ESCHENBACH, 1964, hier I, 17 (24) S. 20: *»liute vinster sô diu naht«* und I, 54 (23), S. 36: *»ez enwart nie wîp geschicket baz«*; Übersetzung nach: WOLFRAM VON ESCHENBACH, 1937, S. 14 und S. 34. Vgl. auch: PANZER, 1940

82 WOLFRAM VON ESCHENBACH, 1964, I, 28 (11), S. 25: *»swie sie wære ein heidenin«*, I, 24 (10–13), S. 23: *»der touwegen rôsen ungelîch. nâch swarzer varwe was ir schîn, ir krône ein liehter rubîn: ir houbet man derdurch wol sach«*, und II, 91 (4–6), S. 53: *»nu wænt manc ungewisser man daz mich ir swerze jagte dane: die sah ich für die sunnen ane.«* Übersetzung nach: WOLFRAM VON ESCHENBACH, 1937, S. 17f. Otto von Freising sagt im Zusammenhang mit einer Erörterung der Frage, in welcher Gestalt die Toten auferstehen werden: »(Alle) werden also von Fehlern befreit sein, ihre natürliche Beschaffenheit aber bleibt ihnen erhalten. [...] Wie groß (aber) wird [...] die Schönheit der Farbe (d. h. der Hautfarbe, P. M.) sein, wo die Gerechten leuchten werden in ihres Vaters

Reich wie die Sonne!« (Vgl. OTTO VON FREISING, *Chronik*, VIII, 12, 1960, S. 608 ff.) Wenn es also bei Wolfram kurz vorher, I, 20 (25 f.), S. 21, geheißen hatte, daß Belakane »*Gahmureten kuste, des in doch wênc geluste*«, dann lag der Grund für diesen anfänglichen Widerwillen des »sonst so frauenseligen Helden« demnach durchaus nicht in dem angeblich für ihn »Peinliche(n) des Rassenunterschiedes«, wie PANZER, 1940, S. 9, im Widerspruch sogar zur Grundlinie seiner eigenen Ausführungen behauptete, sondern in der vermeintlich sündhaften Lebensweise der ihm bis dahin unbekannten Frau, die er in ihrer schwarzen Hautfarbe angezeigt glaubte.

83 HERMANN VON SACHSENHEIM, 1878, S. 56 (296 ff.); vgl. HUSCHENBETT, 1962

84 Vgl. auch SCOBIE, 1985 (1990), S. 215 ff., wo zahlreiche Beispiele aus dem südlichen Europa für die Zeit vom 13. bis zum 17. Jahrhundert angeführt werden.

85 Vgl. ROTTER, 1967, S. 56 ff.

86 NIESE, 1912, S. 492, n.5; HASELHOFF, 1920, 113 ff.; KANTOROWICZ, 1973, Bd. 1, S. 285–287 und Bd. 2, S. 137

87 Vgl. zum Beispiel: ANONYMUS 2, 1846, S. 183 ff.; ferner: PRUTZ, 1883, S. 63

88 Eine ältere der vielen Versionen dieser Geschichte bei: MUSEUS, 1976, S. 659–744 (»*Melechsala*«), eine aus jüngerer Zeit bei: MOSTAR, 1960, S. 55–76. Historisches und Literaturgeschichtliches über das immer wieder behandelte Thema bei: ERSCH/GRUBER, 1973, Teil 69, 1. Sektion, S. 227–315); NORK, 1848, S. 997.; REINECK, 1891; HÖFER, 1935; PANZER, 1940, S. 5 ff. und WEISERT, 1948.

89 *Proselyt* = von griech. *prosélytos*, »der Hinzugekommene«: Bezeichnung für einen »Heiden«, der zum Christentum übergetreten ist.

90 AMOS, Kapitel 9, Vers 7. Vgl. BORST, 1957, Bd. 1, S. 130

91 AUGUSTINUS, *Opera*, in: MIGNE PL, Bd. 38, Spalte 1033: »*Suscepit ergo devotissime istum diem celebrandum universa Ecclesia Gentium, quia et illi Magi quid jam fuerint, nisi primitiae gentium?*« und MIGNE PL, Bd. 39, Spalte 2005: »*Magi, tamquam primitiae gentium.*« Bereits im 7. Jahrhundert zählt Venantius Fortunatus (530–ca. 600), Hofdichter am merowingischen Hof, die sich an der Wiege Christi versammelnden Völker in (wenn auch recht unspezifischer Weise) auf, wobei er als einer der ersten auch »Äthiopier« nennt: »*Undique currentes ad nova dona patris. Æthiopes, Thraces, Arabes, Dacus, Indus, Alanus, Aurora, et vesper, Persa, Britannus adest.*« (FORTUNATUS, 1850, Spalte 282) Bei Rupert von Deutz (gest. 1135) heißt es dann später: »*[...] primitiae gentium, [...] et tres homines, tribus partibus orbis, Asiae, Europae atque Africae fidei vel confessionis atque adorationis exemplar existere meruerunt*«. (*Commentarium in Matthaeum*, in: MIGNE PL, Bd. 168, Spalte 1338) (Vgl. weiter unten, Kap. I, Anm. 133 und 134)

92 1. Buch Mose, Kapitel 10

93 KEHRER, 1976, S. 34 ff.; KANTOROWICZ, Hauptband, 1973, S. 87 ff.

94 Näheres bei CASPAR, 1924, S. 19 ff.; ERDMANN, 1935; BRACKMANN, 1937; DEBRUNNER, 1965 und IOB, Vol.II, Part 1, 1979, S. 153 ff.

95 Vgl. Kap. I, Anm. 94

96 Barbarossa, der im Rahmen seiner expansionistischen Ambitionen als erster ausdrücklich eine »*renovatio imperii (romanorum)*« anstrebte, behauptete deshalb nicht nur »die Herrschaft über die Stadt (Rom) und die Welt« von Gottes Gnaden empfangen zu haben, sondern beanspruchte angeblich u. a. auch die Herrschaft über »*[...] ambas Æthiopias, Mauritbumanam, Parthiam, Syriam, Persiam [...]; Judæam, Samariam [...], Arabiam, Chaldæam, ipsamque Ægyptum*«, d. h. über »die beiden Äthiopien, das Land der schwarzen Mohren, das Land der Parther, Syrien, Persien [...]; Judæa, Samaria [...], Arabien, Chaldæa und Ägypten« sowie »andere Länder«. *(Epistola Friderici Imper. ad Saladinum*, in: MIGNE PL, Vol. 207, Epistola CCXIII, Spalte 498(B); vgl. IOB, Vol. II, Part 1, 1979, S. 125 ff.; S. 156 und S. 248, Anm. 102 und Anm. 103)

97 Es handelt sich hier um einen Auszug aus dem in Catania abgefaßten sogenannten »Kaisermanifest« vom März 1226 für den deutschen Orden, abgedruckt in MGH *Scriptores*, Bd. XVIIII, S. 538 (46–52): »*Fridericus secundus, divina favente clemencia Romanorum imperator semper augustus, Ierosolime et Sicilie rex.* ***Ad hoc Deus imperium nostrum pre regibus orbis terre sublime constituit ut per diversa mundi climata dicionis nostre terminos ampliavit, ut ad magnificandum in seculis nomen eius et fidem in gentibus propagandam, prout ad predicationem evangelii sacrum Romanum imperium properavit*** *sollicitudinis nostre cura versatur,* ***ut non minus ad depressionem, quam ad conversionem*** *intendamus, illius promissionis graciam indulgentes, per quam viri katholici pro subiugandis barbaris nacionibus et divino cultui reformandis instanciam diurni laboris assumant et tam res, quam personas indeficienter exponant.*« Die Übersetzung nach: KANTOROWICZ, Hauptband, 1973, S. 87. Zur Bedeutung dieser Urkunde vgl. CASPAR, 1924, insbesondere S. 25 ff.

98 MGH *Scriptores*, S. 538 (46–52)

99 Zuerst auf dem 1181 von Nikolaus von Verdun geschaffenen Flügelaltar von Klosterneuburg in der Nähe der heutigen Stadt Wien. Näheres weiter unten, S. 31 f.

100 HERMANN VON SACHSENHEIM, 1878, S. 57 (341)

101 Vgl. CALLISTHENES, 1974, S. 137 (18, 3)

102 Das Gedicht WALTHERS ist hier zitiert nach: FEUSER, 1975 (1976), wo es ohne Quellenangabe lediglich als Motto für den ganzen Aufsatz dient. Leider war es mir nicht möglich, die Stelle in den Werken Walthers wiederzufinden; eine briefliche Anfrage bei Professor Feuser ergab, daß er sich nach so langer Zeit und von seinem Arbeitsplatz in Afrika aus ebenfalls außerstande sah, die Stelle wieder ausfindig zu machen. Immerhin enthalten die Gedichte Walthers einige Stellen, die dem Sinn des Zitats recht nahe kommen, so bei LACHMANN, 1827, S. 35 (33–36): »*ir müezet in die liute sehen, welt ir erkennen wol:/ nieman ûzen nâch der varwe loben sol./vil manic tôre ist innen tugende vol:/wie wîz der biderben herze sint, der si wil umbe kêren*«, und S. 124 (37 f.): »*diu welt ist ûzen schoene, wiz, grüen unde rôt,/und innân swarzer varwe, vinster sam der tôt.*«

103 ANONYMUS 3, 1906, S. 8 (61). Für NAUMANN, 1925, S. 92, ist die Ornitepisode, aus der dieses Zitat stammt, und in der der edle, weise und tugendreiche »Heide« Zacharis dem Kaiser in Messina (!) seine Flotte zur Verfügung stellt, »unmittelbar von Wolframschen Geiste angeweht«.

104 MEDEIROS, 1973, S. 249–259; HELCK, 1979, Spalte 201. Homer hatte die »unsträflichen Aithiopen« gerühmt und geschrieben, daß Zeus selber und die übrigen »Himmlischen« mit ihnen gespeist hätten. (Ilias I, 23, 24) Allerdings waren die »Aithiopen« für Homer weniger wirkliche Menschen als vielmehr fabelhafte Wesen aus mythischer Vorzeit, die ihrer edlen Eigenschaften wegen eher den Göttern glichen, mit denen sie freundschaftlich verkehrten. Herodot hat später die positive Sicht Homers aufgegriffen, zugleich machte er aus den unwirklichen Äthiopiern der Legende erstmals richtige Menschen, die in einem fernen, aber tatsächlich existierenden Land in der Nähe »Libyens« und an den Gestaden des »Südmeers« wohnten. (HERODOT, 1985, 3. Buch *(Thaleia)*, Kap. 17, S. 201) Für Herodot waren sie »die größten und schönsten Menschen«, »aufrichtig« und »redlich«, im Besitz von viel Gold und von einem bemerkenswerten Freiheitswillen beseelt, der sie unbesiegbar machte. (HERODOT, 1985, Kapitel 17–25) Die Tatsache, daß der griechische Geschichtsschreiber diese so vollkommenen Äthioper den durch Kambyses vertretenen eroberungswütigen »ungerechten«, »blindwütigen«, »willkürlichen« und kannibalischen Persern in tiefer Feindschaft gegenüberstellte, machte sie für die »mittelalterlichen« Kreuzzugsideologen besonders interessant (vgl. MEDEIROS, 1973, S. 253); es erinnerte sie an ihre eigene Auffassung von den Unterschieden zwischen »Christenmenschen« und »Muselmanen«. Nach Herodot kam Diodorus von Sizilien, ein Zeitgenosse Caesars, auf das Thema der edlen Äthiopier zurück. Er berief sich ausdrücklich auf Homer, als er schrieb: »Auch habe man unter den Äthiopiern zuerst gelehrt, die Götter zu ehren und Opfer zu bringen und Aufzüge und Festversammlungen zu veranstalten, und was sonst die Menschen thun, um den Göttlichen ihre Verehrung zu bezeugen. Deshalb sei auch der Ruf ihrer Frömmigkeit durch alle Menschenvölker gedrungen, und daher komme der Glaube, daß die Opfer der Äthiopier der Gottheit die angenehmsten seien.« [DIODOR VON SIZILIEN, 3, 2, 3.Buch, 6 (2)]. Im Licht der Kreuzzugsproblematik und der von den Hohenstaufen betriebenen Zentralisationsbestrebungen im Reich, erschien es überdies von besonderer Bedeutung, wenn der sizilianische Geschichtsschreiber hinzufügte: »Auch zeige sich [...] bei diesem Volke ganz offenbar, wie Frömmigkeit gegen die Götter belohnt werde, da es niemals die Herrschaft einer fremden Nation habe ertragen müssen, denn von allem Anfang an verharre es in Freiheit und innerer Eintracht, und obwohl Viele und Mächtige gegen sie zu Felde gezogen, so habe doch Keiner seinen Zweck gegen sie erreicht.« [DIODOR VON SIZILIEN, 3, 2, 1866, 3. Buch, 6 (2)]. Im Anschluß an Diodorus verbreiteten zahllose antike Autoren dies günstige Bild von den Bewohnern »Äthiopiens«, unter ihnen Seneca, Strabo, Statius, Lucian, Pausanias, Heliodorus, Dionysios der »Perieget« und Lactantius Placidus. (Vgl. MEDEIROS, 1973, S. 254 f.; SNOWDEN, Jr., 1979, S. 146 ff.) Für diese Schriftsteller waren die »Äthiopier« »fromm«, »gerecht«, »freiheitsliebend«, »gastfreundlich«, »ein Modell für Weisheit und Aufrichtigkeit«, jeder Grausamkeit im Krieg abhold, sie »verschonen die Demütigen und bezwingen die Stolzen«, sie kämpfen für die Abschaffung von Menschenopfern usw. (Vgl. SNOWDEN, Jr., 1979, S. 146 ff.)

105 »Kandake« (Candace) ist kein Eigenname, sondern war Titel der äthiopischen

Herrscherinnen. Strabo ist der erste, der von einer äthiopischen »Kandake« spricht, »ein mannhaftes Weib und auf einem Auge blind« *(Geographica,* 7. Bd., 17. Buch, 1. Kap. (820), ca. 1915, S. 135). Diese Herrscherin fiel im Jahr 24 v. u. Z. in Ägypten ein und behauptete auch gegen die Römer erfolgreich ihre Unabhängigkeit. Die alte äthiopische Hauptstadt Meroe war zu ihrer Zeit durch Napata ersetzt. Später hat Pseudo-Kallisthenes (ca. 320/30) »Kandake« als »eine Frau von stolzer Schönheit« gepriesen. (CALLISTHENES, 1926, S. 116 (3.18, §6), Übersetzung nach: CALLISTHENES, 1974, S. 137) Im »Mittelalter« beschäftigte die Menschen eine »indische« Königin gleichen Namens, die freilich auffälligerweise aus »Merove« stammte. In der Alexandersage erlebt der Held außerordentliche Wunder an ihrem Hof. Seit dem 12. Jahrhundert glaubten einige Leute, das Paradies unweit von ihrem jetzt wieder weiter westlich vermuteten Reich finden zu können. Sie konnten sich dabei auf alte Außenseiterpositionen stützten, die – wie etwa der aus dem 3.(?) Jahrhundert v. u. Z. stammende »Reisebericht« des griechisch-nabatäischen Schriftstellers Iambulos – lange Zeit als »zu handgreiflich nicht wahr« abgetan worden waren, so von LUCIAN VON SAMOSATA in *Der Wahren Geschichte erstes Buch*, in: *Werke*, 4. Theil, 1789, S. 147. Iambulos, dessen Bericht in Auszügen bei DIODOR VON SIZILIEN, 1866, 2. Buch, 72–78 (55–60) wiedergegeben ist, wollte von einem am Oberlauf des Nil gelegenen Reich namens »Äthiopien« aus in südöstlicher Richtung über den Ozean gesegelt sein, bis er in Äquatornähe eine Gruppe »glücklicher Inseln« erreichte, deren utopische Verhältnisse er übrigens mit so lebhaften Farben schilderte, daß sie später Thomas Morus und Campanella angeregt haben. (Vgl. RÖLLIG, 1979, Bd. 2, Spalte 1308 f.) Dergleichen Geschichten paßten gut zu den biblischen Aussagen über Äthiopien. Denn hier war es, wo man die Quellen des Nil vermutete, die nach dem Buch der Genesis (2:10,11) mit dem Garten Eden in Verbindung standen. Außerdem hatten schließlich auch Autoritäten wie ISIDORUS VON SEVILLA *(Ethymologie*, Buch 13, Kapitel 21, 7, in: MIGNE PL, Bd. 82, Spalte 490) behauptet, daß der Nil (»Geon«) unweit Äthiopiens im Paradies entspringe: »*Geon est fluvius de Paradiso exiens et totam Ethiopæam cingens: sic dictus quod incremento inundationis sue irriget terram Egipti.*« Näheres bei: WITTKOWER, 1942, S. 179 ff.; ABEL, 1955, Coll. »Lebègue et nationale« 112, S. 29 und S. 43 f.; BRUMMACK, 1966; SZKLENAR, 1966, S. 65 und S. 105f.; POCHAT, 1970, S. 61 f.; MEDEIROS, 1973, S. 270 ff. Der äthiopische Kämmerer der Königin Kandake von Äthiopien, der vom Apostel Philippus zum Christentum bekehrt wurde, wird zum erstenmal in der Apostelgeschichte des Lukas *(Acta Apostolorum)*, Kapitel 8, Vers 27 f. erwähnt. (Vgl. PAULYS REALENCYCLOPÄDIE DER CLASSISCHEN ALTERTUMSWISSENSCHAFTEN, 1919, Neudruck: Stuttgart 1965, Bd. X, 2, Spalte 1858 und IOB, Vol. II, Part 1, 1979, S. 21 f.)

106 ORIGENES, *in cantica canticorum*, Liber II., in: GCS, Bd. 33, 1925, S. 119, Zeile 22 ff.: »*Sic ergo impletur, quod dixit, quia ›non fuit verbum, quod non enuntiaverit‹ pacificus Dominus ›reginae Saba‹, ecclesiae ›ex gentibus congregatae. Quodsi intuearis ecclesiae statum et dispensationes eius ordinationesque consideres, tunc advertes, quomodo ›mirata sit regina omnem prudentiam Salo-*

monis‹.« (Vgl. auch: ibid., S. 115 ff. und S. 118, Zeile 23 ff.) Sonst zu diesem Komplex: KÖHLER, 1884; IOB, 1979, Vol. II, Part 1, S. 129; JANKOWSKI, 1987 und DAUM, 1988

107 ISIDORUS VON SEVILLA, *Quæstiones in Vetus Testamentum: In Regum tertium, Caput* V, in: MIGNE PL, Vol. 83, 1862, Spalte 417

108 Zur ideologisch-künstlerischen Bedeutung Ruperts von Deutz vgl. HAACKE, 1974, S. 1 ff. Ferner: IOB, Vol. II, Part 1, S. 126 ff.

109 RUPERT VON DEUTZ, *De Trinitate et operibus ejus libri XLII: In libros Regum 3.30*, in: MIGNE PL, Bd. 167, Spalte 1176 (B und C). Die von da an für die Behandlung des Gegenstands zentrale Passage lautet: »*Hoc modo actum est, ut veniret ad regem istum, regina Saba, id es dives et insignis de gentibus Ecclesia; non quia prius regina erat, quippe quæ dæmonum potius erat ancilla, sed quia veniendo ad Christum regina facta est, credendo in Christum regio diademate coronata est, ornata bonorum operum vestibus deauratis, cunctarumque virtutum lapidibus pretiosis [...] Venit hæc regina in Hierusalem, cum multo comitatu, id est, non jam cum una gente tantum, scilicet Judæorum, sicut prius Synagoga solos habebat Hebræos,* ***sed totius mundi gentibus diversis que nationibus.*** *Venit ergo exhibens munera digna Christo, aurum et gemmas pretiosas, et hoc camelis portantibus, id est ex gentili populo venientibus [...]*« (Hervorhebungen von mir, P. M.)

110 Vgl. dazu: IOB, 1979, Vol. II, Part 1, S. 129 f.

111 Wenn Rupert an anderer Stelle (*Commentariorum in Duodecim Prophetas Minores*, in: MIGNE PL, Bd. 168, Spalte 677 f.) von der »Schwärze Äthiopiens« spricht, dann ist dies in der Tat nur *allegorisch* zu verstehen und meint die seelische Finsternis jener Völker, die erst noch der Kirche zugeführt werden müssen, »so wie die Königin von Saba vom äußersten Rand der Erde kam, um die Weisheit Salomons zu hören«: »*[...] dicendo:* ***Ultra flumina Aethiopiae,*** non quod de sola debeant Æthiopia venire, cum per alium prophetam dixerim: ›*Ecce isti de longe venient, et ecce illi ab aquilone et mari, et isti de terra australi*‹ *(Isai. XLIX), sed quo universitas gentium* ***propter tenebras, in quibus erant, ignorantiæ,*** *et propter persecutionem principum vel tyrranorum recte significetur, per impetus fluminum, et* ***per nigredinem Æthiopiae.*** *Simul et plurimum lauris dat supplicibus suis quod transmeare debeant flumina Æthiopiæ, et deinde sibi* ***dispersorum suorum munus*** *deferre, id est omnium persequentium tyrannorum sævitiam exsuperare, et Ecclesiam sibi de gentibus adducere, secundum typum qui in eo præcessit,* ***quod regina Saba venit a finibus terræ audire sapientiam Salomonis*** *(LII Reg. X). Nunquid autem, o filia, semper nigri erunt illi Æthiopes supplices mei, aut tu semper Æthiopissa eris, ut sit semper unde erubescere possis?*« (Hervorhebung von mir, P. M.) Vgl. auch: KAPLAN, 1985, S. 38

112 Thietmar von Merseburg berichtet 1217 als erster ein wenig exakter von einer Gegend »*ultra Egyptum*«, die vollständig von Christen bewohnt sei, welche »*Issini*« hießen (und unter denen wir uns heute doch wohl »Abessini« vorstellen dürfen). Sie bekämpfen mit Eifer die Moslems und sind davon überzeugt, daß sie bald in großer Zahl gegen »*Babylon*« (d. i. Kairo, P. M.) ziehen werden. (THIETMAR VON MERSEBURG, Kap. 24, Anhang, S. 49) Oliverus von Köln, der

1219 schrieb, hat ebenfalls schon eine Menge mehr über das Land südlich von Ägypten zu sagen: So weiß er zum Beispiel, daß jenseits von »*Leemannia*« (d. i. vom Jemen, P. M.) Äthiopien liegt, das ein sehr ausgedehntes Gebiet einnimmt und ein unzählbar großes Volk unter christlichen Herrschern besitzt, von denen einige, die Nubier, den Sarazenen untertan sind: »*Ultra Leemanniam Aethiopia regiones habet latissimas, populum Christianum innumerabilem, partim sub regibus partim sub dominio Saracenorum constitutum. Hic sunt Nubiani [...]*« (OLIVERUS, *Historia Damiatina*, 1894, S. 161 ff.) Nach BRINCKEN, 1973, S. 268, hat Oliverus damit als erster die Nubier und die Äthiopier identifiziert. Einen kurzen Überblick über das europäische Wissen von »Äthiopien« und »Nubien« bis ungefähr zum Jahr 1300 bieten: RANDLES, 1959, S. 1–16; SZKLENAR, 1966, S. 16 ff.; BRINCKEN, 1973, S. 286 ff.; IOB, 1979, Vol. I, Part 1, S. 164, und KAPLAN, 1985, S. 48 ff. Es mag hier übrigens im Zusammenhang mit der Frage nach den Ursprüngen des neuen Interesses an den »Äthiopiern«, welches sich damals in Europa entwickelte, von einiger Bedeutung sein, daß Saladins Aufstieg zum Sultan von Ägypten und damit zum Begründer der die Fatimiden ablösenden Aijubiden-Dynastie nur gegen den erbitterten Widerstand der zahlreichen Schwarzen möglich wurde, die die Geschicke Ägyptens gerade in der letzten Phase der Fatimidenherrschaft entscheidend mitbestimmten. (Dazu: WÜSTENFELD, 1976, 3. Abtheilung, VIII; GRAEFE, in: EI, Bd. II, S. 95 f. und ROTTER, 1967, S. 125 ff.; vgl. auch n. 10) Dabei war es eine schwarze Frau, die eine zentrale Rolle spielte; es kann keineswegs ausgeschlossen werden, daß nach Europa gedrungene Berichte über diese Schwarze in die Bilder der Kandake und der Belakane eingegangen sind. Der Fatimidenkhalif al-Ẓâhir (1021–1036) hatte sie als Sklavin gekauft und mit ihr einen Sohn gezeugt, der unter dem Namen al-Mustanṣir (1036–1094) sein Nachfolger werden sollte. Der Mischling al-Mustanṣir galt als der reichste Herrscher seiner Zeit und lebte in unerreichter Pracht, die Zahl seiner sudanesischen Truppen wird mit mindestens 30 000 Mann angegeben. Als al-Mustanṣir schon im zarten Alter von sieben Jahren inthronisiert wurde, gewann seine Mutter noch zusätzlich Einfluß am Hof; besonders nach dem Tod des Wezirs el-'Garǵarâ'i im Jahr 1044/45 »herrschte die Mutter al-Mustanṣir's im Staate«. Im Zusammenhang mit der »äthiopischen« Bündnispolitik von Kaiser und Papst gegen die Sarazenen sowie der Frage nach Ursprung und Inhalt der Parzivalsage (Belakane, Feirefiz) verdient die Tatsache besondere Aufmerksamkeit, daß die schwarze Regentin Ägyptens »jene auffallende Begünstigung der *Ahl-al-Kitāb* (d. h. der andersgläubigen Fremden, P. M.), speziell der Christen, die für die Fatimiden charakteristisch ist«, weiterhin gewährte: Mit dem byzantinischen Kaiser Michael IV. (1034–1041) unterzeichnete sie zum Beispiel 1039 einen Friedensvertrag, der u. a. die bereits von ihrem einstigen Herrn, al-Ẓâhir, erteilte Erlaubnis erneuerte, die (1009 durch den geisteskranken Khalifen al-Ḥâkim zerstörte) Auferstehungskirche in Jerusalem wieder aufbauen zu dürfen. Ihr politisches Ende fand die »nubische« Fraktion nach längeren, zum Teil äußerst blutigen Reibereien zwischen den schwarzafrikanischen und türkischen Heeresteilen: drei Jahre vor dem Ende der Fatimidendynastie, als Saladin mit seinen türkischen Soldaten praktisch schon die Macht über

Ägypten in Händen hielt. Wenn man nun, wie weiter oben angedeutet, davon ausgehen kann, daß die Kreuzfahrer zu dieser Zeit, in der Saladin sich zu ihrem gefährlichsten Gegner entwickelte, bereits nähere Kenntnisse über Land und Leute besaßen, was lag dann näher, als in diesen Afrikanern natürliche Verbündete zu sehen? Und war es (von Europa aus gesehen) nicht auch leicht, die schwarzen Feinde Saladins für jene »Äthiopier« zu halten, von denen neuerdings so viel gemunkelt wurde? Und könnte es nicht sein, daß so etwas auch an das Ohr des deutschen Dichters drang? Und schließlich: Konnte nicht der durch die allzu große Ferne und seine besonderen politischen Absichten getrübte Blick des Deutschen die historische Gestalt der schwarzen Mutter Mustanṣirs mit der phantastischen Figur der Königin von Saba und der Candace sehr leicht zum idealen Bild der Belakane vermischen?

113 HONORIUS AUGUSTODUNENSIS (gest. 1153), *De imagine mundi*, Lib. 1, Cap. 33, in: MIGNE PL, Bd. 172, Spalte 131, äußerte sich zum Beispiel im 12. Jahrhundert über die verschiedenen Regionen Nordafrikas, um dann fortzufahren: »*Versus* ***meridiem*** *vero est Æthiopia, [...], una in Oriente, in qua est Saba urbs, de qua fuit illa regina quæ ad Salomonem venit, altera* ***in occidente.***« (»Nach *Süden* aber liegt Äthiopien, [...], das eine im Osten, wo die Stadt Saba liegt, über die jene Königin herrschte, welche zu Salomon kam, das andere *im Westen*«. Hervorhebung von mir. P. M.)

114 KUNST, 1967, S. 10 f.; IOB, 1979, Vol. II, Part 1, S. 129

115 Vgl. KUNST, 1967, S. 11, und WEISGERBER, 1940, S. 32 und S. 128. Nach FLÜHLER-KREIS, 1980, S. 6, erscheint der »Mohr« in der christlichen Interpretation des »Hochmittelalters« (auch in den bildlichen Darstellungen) sehr häufig »als Symbol des bekehrbaren oder des bekehrten Heiden«.

116 KUNST, ibid. Der unmittelbare Einfluß Ruperts von Deutz auf dieses Kunstwerk ist wiederholt hervorgehoben worden. WEISGERBER, 1940, S. 53, schrieb: »Die Arbeiten des Rupertus sind ohne allen Zweifel in der Kölner kirchlichen Welt eifrig studiert und weiterentwickelt worden, und sie bilden, so kann man immerhin vermuten, die Grundlage des reich entwickelten Gehaltes des Klosterneuburger Altares.« Vgl. ferner: HAACKE, 1974 und IOB, 1979, Vol. II, Part 1, S. 129 ff.

117 1. Könige 10, Vers 8

118 Kehrer hat in seiner Studie über die »heiligen« drei Könige eine aufrechte und eine fußfällige Form der Huldigung unterschieden. Die erste leitet er aus der hellenistischen Kunst ab, von der sie die christliche Antike übernommen habe. Sie habe nur stattgefunden, wenn Gott oder dem Kaiser *freiwillig* gehuldigt wurde. Sie konnte auch mit der Überreichung von Geschenken verbunden sein. Die Anbetung in gebeugter Haltung mit Sichzubodenwerfen (sog. Proskynese) oder bloßem Niederknien war demgegenüber ein Ausdruck der Unterwürfigkeit, der aus dem altorientalischen, persischen Hofzeremoniell stammte und in römischer Zeit bei unterworfenen Völkern vor dem Kaiser üblich war. Es verdient an dieser Stelle gesagt zu werden, daß die drei Weisen aus dem »Morgenland« in allen Kunstwerken frühchristlicher und auch noch in vielen aus späterer Zeit ausnahmslos in aufrechter Stellung dargestellt werden. Erst mit dem 10. Jahrhundert

tauchen die ersten Bilder auf, auf denen zwei von ihnen niederknien, während der »Mohr« auffälligerweise auch weiterhin nur sehr selten kniend dargestellt wird. (Vgl. ZAPPERT, 1857, S. 345 ff., und BOCKELBERG, 1941, S. 96 und S. 122 ff.)

119 Näheres bei: SAID, 1978, S. 58 ff.

120 WOLFRAM VON ESCHENBACH, 1964, I, 33 (9), S. 27: *»sie kniete nider (daz was im leit)«* und I, 29 (3), S. 25: *»si kunde ouch liehte varwe spehen«*. Übersetzung nach: WOLFRAM VON ESCHENBACH, 1937, S. 22 und S. 20

121 WOLFRAM VON ESCHENBACH, 1964, I, 34 (21 f.), S. 27: *»gebietet, hêrre: swes ir gert, daz schaf ich [...]«* Übersetzung nach: WOLFRAM VON ESCHENBACH, 1937, S. 23. Eine dem Sohn Belakanes, dem schwarz-weißen Feirefiz, ähnliche »verwunschene«, d. h. *Erlösung suchende* Frau, »halb weiß und halb schwarz«, zeigte sich noch im 19. Jahrhundert bei Hennickendorf in der Mark Brandenburg einem Schäfer, *»ihm Schätze anbietend, wenn er sie erlösen wollte«*. (Vgl. NORK, 1848, S. 520, Hervorhebung von mir, P. M.) Vgl. auch weiter unten, Kap. I., Anm. 124

122 WOLFRAM VON ESCHENBACH, 1964, I, 28 (14–19), S. 25: *»ir kiusche was ein reiner touf, und ouch der regen der sie begôz, der wâc der von ir ougen flôz ûf ir zobel und an ir brust. riwen phlege was ir gelust, und rehtiu jâmers lêre.«* Übersetzung nach: WOLFRAM VON ESCHENBACH, 1937, S. 19 f.

123 WOLFRAM VON ESCHENBACH, 1964, I, 57 (15–22), S. 37. Feirefiz betritt die Bühne dann erst wieder im vorletzten (15.) Buch des *Parzival*.

124 WOLFRAM VON ESCHENBACH, 1964, XVI, 822 (21–30), S. 386. Über den Sohn der Repanse de Schoye und des Feirefiz, den »Priester Johannes«, weiter unten, S. 89 f. – Nach SIMROCK, 1. Buch, 1853, S. 350 f., erscheinen, »in unzähligen deutschen Sagen verwünschte, Erlösung suchende Jungfrauen, [...], halb schwarz, halb weiß [...]« Und weiter: »Wenn in deutschen Märchen schwarze, schwarzweiße und weiße Farbe *nur verschiedene Stufen der Erlösung* bezeichnen, so hängt diese Vorstellung damit zusammen, daß die letzte Farbe für die gute, die dunkle für die böse gilt. Bei Hel aber (der zweifarbigen Göttin der Unterwelt, P. M.) verhält es sich mit den beiden Farben wie bei Feirefiz: sie hatte eine lichte und eine dunkle Seite, und kehrte bald die eine bald die andere hervor, je nachdem sie lohnend oder strafend erschien.« (Hervorhebung von mir, P. M.) Vgl. auch NORK, 1848, S. 520 f., und weiter oben, Kap. I, Anm. 121

125 WOLFRAM VON ESCHENBACH, 1964, XV, 735 (5)–737 (4), S. 346 f. Übersetzung bei: WOLFRAM VON ESCHENBACH, 1937, 419 ff. Vgl. NAUMANN, 1925, S. 90 f. Endlich: MÜLLER, 1983, insbes. S. 44 ff.

126 Vgl. BRACKMANN, 1937; LEVINSON, 1931, S. 40–47; NATTERMANN, 1960, S. 48 ff.; IOB, 1979, Vol. II, Part 1, S. 149 ff. Diese Märtyrer (Mauritius, Gereon, aber auch die weniger bekannten »Thebäer« St. Victor, St. Cassius, St. Florentius usw.) waren bis dahin durchaus nicht unbedingt als »Afrikaner« beschrieben und sind auch bildlich keineswegs als »Schwarze« dargestellt worden (vgl. zum Beispiel DUPRAZ, 1961, S. 241 und IOB, Vol. II, Part 1, 1979, S. 164 ff.); ihre »Afrikanisierung« oder »Einschwärzung«, nach IOB, Vol. II, Part 1, 1979, S. 158, *»a sensational mutation in the field of iconography«*, beginnt erst mit dem Anlaufen der Kreuzzugsbewegung im 11. Jahrhundert.

127 OTTO VON FREISING, 1960, III, 43 (18–22), S. 285, schrieb: »Mauricius erlitt also mit seinen Kameraden – es sollen 6666 gewesen sein – in Agaunum an der Rhone den Märtyrertod. [...] Gereon aber mit 330 Kameraden machten sie in einer Vorstadt von Köln nieder.« Weiterführende Literatur siehe Kap. I, Anm. 30 (Gereon) und Kap. I, Anm. 147 (Mauritius).

128 Dazu: VOGEL, 1973, S. 177–203

129 Vgl. DEBRUNNER, 1979, S. 21f., und: KAPLAN, 1985, S. 74

130 ANONYMUS 4, *Sanctorum Gereonis, Victoris, Cassii et Florentii Thebæorum Martyrum Passio ab Heliando Scripta*, in: MIGNE PL, Bd. 212, Spalte 759–771, das Zitat Spalte 766 (16). Es handelt sich bei dieser um das Jahr 1000 u. Z. von einem Unbekannten verfaßten Schrift um eine eigens für das Fest des »heiligen« Gereon und seiner Gefährten verfaßte Predigt, die häufig fälschlicherweise dem Cisterciensermönch Heliandus von Froidmond (ca. 1160 bis nach 1229) zugeschrieben wurde, welcher die *Passio Gereonis* in seine *Weltchronik* aufgenommen hatte, die vom 634–1204 u. Z. reicht. (Vgl. LEVINSON, 1931, S. 43 und NATTERMANN, 1960) Vgl. ferner: *De SS. CCCLX Martyribus Mauris, Coloniæ Agrippinæ. Sylloge Historico-Critica,* § I. Martyrium memoria ex Hieronymianis: quot numero et ex qua gente extiterint... In: AS, Bd. 7, pars prior, S. 11 ff.

131 Wie aus der Lebensbeschreibung Erzbischof Annos II. von Köln, der 1105 geschriebenen *Vita Annonis*, Capitula Libri Secundi, hervorgeht (vgl. MGH *Scriptores*, Vol. XI, S. 491, 25 ff.), blieb dieser Kult der »Goldenen Heiligen« *(Sanctos Aureos)* zunächst bis weit über die Mitte des 11. Jahrhunderts hinaus eher unbedeutend. Es heißt da, daß der Erzbischof einen schweren Traum hatte, in welchem 360 »Mohren« – allesamt Märtyrer aus »Mauretanien« – ihm handgreiflich beibrachten, daß es mit der Vernachlässigung ihrer Verehrung nicht mehr so weitergehen dürfe. Anno sah sich im Traum von diesen »Mohren« umgeben, wie sie mit finsteren Blicken eine Untersuchung über seine Taten und Verdienste anstellten. Die Untersuchung fiel nicht zu seinen Gunsten aus. Mit lautem Geschrei erhoben sie Klage, daß sie schon seit langem mißachtet würden. Sie hätten bisher an der Südseite des Gotteshauses nur eine niedrige, wenige Personen fassende Memorienkrypta zur Verfügung. Von Annos Vorgängern habe man solche Mißachtung hingenommen, aber von ihm, von dem man größeren Eifer erwarten könne, dürfe man die gleiche Vernachlässigung nicht ertragen. Ihm wird deshalb eine Prügelstrafe zudiktiert und nach Entfernung der Kleider so lange fortgesetzt, bis er Besserung gelobt und – am ganzen Körper zitternd und mit Bewegungen, als wolle er sich gegen die Schläge schützen – erwacht. Aus Furcht, es möchte beim nächstenmal noch schlimmer abgehen, es möchte für ihn dann überhaupt keine Möglichkeit des Erwachens mehr geben, berief Anno dann bald kundige Männer zum Bau. Am 22. Oktober 1067, noch bevor der Neubau vollendet war, erfüllte er bereits einen Teil seines Gelübdes und weihte die alte Memorienkapelle zu Ehren der »Mohren«. Die anläßlich dieser Gelegenheit neu verlegten Mosaiken auf dem Fußboden der alten Krypta zeigen den Krieg der Christen gegen die »Heiden«. Archäologische Untersuchungen aus neuerer Zeit scheinen den Tenor dieser Traumgeschichte zu bestätigen. Dazu

GERKAN, 1951, S. 64, und GERKAN, 1952, S. 101: »Man hat den Eindruck, daß der Bau im Mittelalter zunehmend verwahrloste und daß der äthiologische Traum Annos II. seinen realen Hintergrund hatte.« Zur Quellenlage über die »Mohrenheiligen« von St. Gereon siehe: R, 1. Bd., 1954–1961, S. 17 f. (Nr. 18 und S. 27 (Nr. 51) und OTTO VON FREISING, *Chronik*, III, 43, 1960, S. 284 f.; sonst: LEVISON, 1931, S. 40–47 und NATTERMANN, 1960.

132 In der östlichen Literatur und Kunst (von wo das Motiv ursprünglich stammte) symbolisierte das Trio lediglich *die drei Lebensalter* und gewann erst im Westen *zusätzlich* die Bedeutung der drei damals bekannten Weltteile. Nur im Westen entwickelte sich deshalb auch die allegorische Darstellung Afrikas durch einen »Mohren«. *Kirchliche* Autoren bezeichnen dabei bemerkenswerterweise erst im späten 13. Jahrhundert einen der Weisen als »Mohren«; die Farbe Schwarz galt den Theologen eben als dämonische Farbe und erschien der Kirche noch lange der hohen Stellung eines Heiligen unwürdig. So zeigt sich auch hier, daß es *zuerst weltliche* Instanzen waren, die die Schwarzen für ihre Zwecke einsetzten. Vgl. ZAPPERT, 1857; HAMILTON, 1901, S. 85; KEHRER, 1976; BOCKELBERG, 1941; IOB, Vol. II, Part 2; KIRSCHBAUM, Bd.1, 1968, S. 541; BRINCKEN, 1973, S. 412 ff.; VALDES, 1981; BUDDE, 1982; KAPLAN, 1985, S. 51 ff. Im übrigen wurden auch die Könige gelegentlich als *miles christianes*, d. h. als *Ritter* Christi aufgefaßt: Auf einem Kölner Guldengroschen aus dem Jahr 1512 erscheinen alle drei Könige in ritterlicher Rüstung. Zwei von ihnen tragen tartschenförmige Schilde; der eine Schild zeigt den Halbmond mit dem Stern, der andere das Bild des »Mohren«. (HORSTMANN, 1969, S. 58 f.)

133 OTTO VON FREISING, *Chronik,* VII, 33, 1960, S. 558 f.; vgl. JESAJA, Kap. 60, Vers 6, und MATTHÄUS, Kap. 2, Vers 1 ff. Vgl. weiter oben, Kap. I, Anm. 91 und Anm. 93

134 JOHANNES HILDESIENSIS, Kap. XI, 1886, S. 227 f.: »*In tercia India fuit regnum Tharsis, in quo regnauit Jaspar mirram offerens; cuius eciam fuit insula Egriseula, in qua corpus beati Thome quiescit, in qua plus quam alibi crescit mirra [...]*«; in deutscher Übersetzung: JOHANNES VON HILDESHEIM, Kap. 11, 1960, S. 36 f.: »In dem dritten Indien lag das Reich Tharsis. Dort herrschte zur Zeit der Geburt des Herrn König Caspar, der dem Herrn die Myrrhe geschenkt hat. Ihm gehörte auch die berühmte Insel Egrisoulla, auf der jetzt der Leichnam des heiligen Thomas ruht. Hier wächst die Myrrhe [...]« Und: JOHANNES HILDESIENSIS, Kap. XXI, 1886, S. 237: »*et erat Malchiar minor in persona, Balthazar mediocris, Jaspar maior in persona, et ethiops niger, de quo nulli (dubium); vnde Dauid: ›Coram illo procident Ethiopes‹*«, deutsch nach JOHANNES VON HILDESHEIM, Kap. 20, 1960, S. 51 f.: »Melchior, [...], war von kleiner Gestalt. Balthasar, [...], war von mittlerer Größe. Caspar, [...], war der Größte unter ihnen; er war ein schwarzer Äthiopier, daran ist kein Zweifel.« Vgl. BRINCKEN, 1973, S. 412 ff., und KAPLAN, 1985, S. 62 ff.

135 In der Kreuzzugszeit stellte man sich den afrikanischen Kontinent in Übereinstimmung mit dem ptolemäischen Weltbild stark nach Osten ausgebeult und mit der asiatischen Landmasse zusammenhängend vor – weshalb man auch den Indischen Ozean nur für ein Binnenmeer hielt. Auf diese Weise glaubte man eine

Erklärung für die aus der Antike überkommene Auffassung zu besitzen, wonach es ein Indien in Asien und ein zweites in Afrika gäbe, als das man dann »Äthiopien« identifizierte: Die beiden stießen eben im äußersten Osten bzw. Südosten der runden Erdscheibe zusammen, daher die Tendenz, die beiden (manchmal waren es drei) Indien miteinander zu verwechseln. Vgl. WITTKOWER, 1942, S. 161, n. 4; HENNIG, 3. Bd., 1953, S. 86f.; DORESSE, 1957, S. 211 ff.; MEDEIROS, 1972–1973, S. 265 f.

136 »***Rex Baltasar, qui niger*** *et rubea tunica indutus et calciamentorum varietate eadem stella dono dei securus et per mirram eius incarnationem eius crucem et sanguinem figurasti, quem inmortalem, que divine nature, quem ineffabilis potentie cognovisti, te rogo pro peccatis et negligentiis meis.*« Vgl. ROTH, 1884, S. 176 (Anlage X), Hervorhebung von mir, P. M. Siehe ferner: KEHRER, Bd. 2, 1976, S. 223 f. (der diese Äußerung irrtümlich der »heiligen« Elisabeth von Schönau zuschreibt, die in der Mitte des 12. Jahrhunderts lebte); dann: HOFMANN, 1975, S. 151; DEVISSE, in: IOB, Vol. II, Part 1, S. 135 f. und KAPLAN, 1985, S. 26 ff.

137 KEHRER, Bd. 2, 1976, S. 224, n. 2. Nach BOCKELBERG, 1941, S. 114, hat »(die) deutsche Kunst einschließlich der niederländischen [...], die physiognomischen Rassenmerkmale [...] besonders des Mohrenkönigs betont herausgestellt«.

138 Zur Verwechselung von Caspar und Balthasar: KEHRER, Bd. 2, 1976, S. 223 f.; HORSTMANN, 1969, S. 57 und vor allem: KAPLAN, 1985, S. 31

139 Wenn GRIMM, Bd. 1, 1844, S. 289, die schwarze Madonna mit der bei PAUSANIAS 8,42 genannten schwarzen Demeter von Phigalia, mit der Proserpina *furva* (Censorin. de die natal. c. 17), mit der ebenfalls bei PAUSANIAS (II, 2; VIII, 6 und XI, 27) vorkommenden schwarzen Aphrodite (Melanis) sowie mit der schwarzen Diana aus Ephesus in Zusammenhang bringt, dann scheint dieser antike Ursprung der schwarzen Maria bis heute nicht eindeutig beweisbar. Es geht hier eben um eine plausible Erklärung für das »Mohrencolorit« der Madonna und erst in zweiter Linie um die Frage, inwieweit ihre spirituell-sozialen Qualitäten mit den Eigenschaften anderer Gottheiten übereinstimmen. Wenn man deshalb wie etwa CASSAGNES-BROUQUET, 1990, S. 180, zu dem Schluß kommt: *»l'idée d'une permanence d'un rituel antique, celtique ou païen, à travers le syncrétisme religieux, paraît très probable«*, dann läßt sich eben nicht erklären, warum die Jungfrau so lange, d. h. zwischen dem Ende der Antike und dem 11. Jahrhundert, *weiß* war, um auf einmal wieder *schwarz* zu werden. Schon BEISSEL, 1909, S. 345 f., hat in diesem Zusammenhang nicht ohne Grund darauf hingewiesen, »daß das älteste derartige Marienbild in einer Zeit auftaucht, als jene Götzenbilder lange vergessen und verschollen waren«. Einen »orientalischen« Einfluß anzunehmen, *»difficiles à soutenir«*, wie CASSAGNES-BROUQUET, a. a. O., in einem gewissen Widerspruch zu ihren eigenen Ausführungen über die Bedeutung, welche die Kreuzzüge gegen die »Heiden« für das Wesen der schwarzen Maria hatten, behauptet, ist demgegenüber gerade für den zuerst in Deutschland auftauchenden Typus der schwarzen Maria durchaus nicht von vornherein von der Hand zu weisen: Theodor MUNDT, *Völkerschau auf Reisen*, Bd. 1, S. 227 ff., hat meines Wissens als erster darauf hingewiesen, daß

allerhand ägyptische und äthiopische Elemente daran mitgewirkt haben, der Jungfrau ihr »afrikanisches« Ansehen zu geben. Für diese Hypothese spricht unter anderem, daß die nach deutschem Muster gebildeten schwarzen Madonnen wie die meisten ägyptischen Gottheiten in der Regel *aus einem massiven Block geschnitzt* und *in sitzender Stellung* auf einem Thron dargestellt sind. (Vgl. NORK, 1848, S. 876.) Nach CASSAGNES-BROUQUET, a. a. O., S. 18, unterscheiden sie sich eben dadurch von einem byzantinisch-östlichen Typus von Ikonen, zu dem die *stehende* schwarze Maria von Czenstochow als eine der bekanntesten ihrer Art gehört. (Dazu auch: BEISSEL, 1909, 343) Für die »Kreuzzugshypothese« spricht im übrigen auch die folgende Passage in der *Chronik* OTTOS VON FREISING (I, 11), a. a. O., S. 78 f., in der es um die ägyptische Göttin Isis geht, die ja bekanntlich ebenfalls mit Maria in Verbindung gebracht worden ist (so von NORK, 1848, S. 878): »In der Zeit (Jakobs) soll auch Io, die Tochter des Inachus, gelebt haben, die später Isis genannt und nachmals von den Ägyptern als höchste Göttin verehrt worden ist. Nach anderen Berichten *stammte sie aus Äthiopien* und hat als *Königin der Ägypter* weithin gerecht geherrscht; sie soll die ägyptischen Buchstaben erfunden haben und deswegen von ihnen als Göttin verehrt worden sein.« (Hervorhebung von mir, P. M.) Vgl. auch: REDD, 1985 (1990)

140 CASSAGNES-BROUQUET, 1990, S. 18

141 NORK, 1848, S. 872 ff.; CASSAGNES-BROUQUET, 1990, S. 32 ff. Vgl. auch: KIRSCHBAUM, Bd. 1, 1971, S. 198

142 GRIMM, Bd. 1, 2. Ausgabe, 1844, S. 289, Anm.**; NORK, 1848, S. 872 ff.; BEISSEL, 1909, S. 344 ff.; CASSAGNES-BROUQUET, 1990, S. 35

143 CASSAGNES-BROUQUET, 1990, S. 63 f.

144 ibid., S. 229

145 Im *Annolied*, 1895, S. 117 (98 ff.), heißt es lediglich: »*un sô manigin heiligin [...] (und) ein sulich menige van senti Maurîciin herige unt eilf tûsent megide durch Cristis minn irslagine [...]*« Auch bei OTTO VON FREISING, steht nur: »*Mauricius tanquam primicerius et ductor aliorum [...] cum legione christiana Romam ad Marcellinum papam, [...], venit.*« [*Ottonis Episcopi Frisingensis Chronicon*, in: MG *Scriptores*, Bd. XX, S. 190 (40–43)] Endlich fehlt auch in der *Sächsischen Weltchronik*, Ausgabe: MGH *Deutsche Chroniken*, 2. Bd., S. 113 (73, 1–6), jeder Hinweis auf das Aussehen des Heiligen: »*An sineme here was sente Mauricius mit siner ridderscap, der waren ses dusent unde seshundert unde sestich unde sesse, de wurden al gemarteret durch dat si cristen waren. Van der scare was sente Gereon unde sine gesellen, de worden to Colne gemarteret, sente Victor mit sinen gesellen to Santen bi deme Rine, Ursus unde Victor to Solodere in Burguntrike, unde oc Felix unde Regula to Zurch, sente Afra to Ousburch unde andere martelere vile.*« (Vgl. auch Kap. I, Anm. 151)

146 *Die Kaiserchronik eines Regensburger Geistlichen*, in: MGH *Deutsche Chroniken*, 1. Bd., 1. Abt., 1892, S. 200 (6503) und S. 201 (6562). Vgl.: SUCKALE-REDLEFSEN, 1987, S. 52

147 JANTZEN, 1925; HERZBERG, 1936; BRACKMANN, 1937; GREISCHEL, 1939; BERCHEM, 1956; DUPRAZ, 1961; DEBRUNNER, 1965; KUNST,

1967, S. 15 f.; IOB, 1979, Vol. II, Part 1, S. 149 ff.; SUCKALE-REDLEFSEN, 1986

148 DEBRUNNER, 1965, S. 28

149 GREISCHEL, 1939, S. LXIII.

150 Vgl. DEBRUNNER, 1979, S. 20

151 JANTZEN, 1925, S. 180, schreibt: »Magdeburg war als Erzbistum seit den Tagen Ottos des Großen das wichtigste Kulturzentrum Ostdeutschlands und bewahrt diesen Charakter auch im 13. Jahrhundert als Stützpunkt für die Ausbreitung des deutschen Volkstums im Osten.« Vgl. DEBRUNNER, 1965 und 1979, S. 20 f., sowie KUNST, 1967, S. 15f. Wenn GREISCHEL, 1939, S. LXIV, von diesem Kunstwerk sagte, daß »seine Aufrichtung eine staatliche Kundgebung war, also nicht Rückschau, sondern Gegenwart Friedrichs II.«, dann darf daraus allerdings nicht unbedingt auf eine unmittelbare Veranlassung Friedrichs II. geschlossen werden. Zwar stimmt es, daß Mauritius seit den Tagen Ottos I. als *der* Heilige des deutschen Kaisertums galt, und Friedrich II. hatte sich dementsprechend demonstrativ vor dem Mauritiusaltar im Petersdom zu Rom salben lassen. Trotzdem spricht jedoch vieles dafür, daß die Initiative zur Aufstellung des *Mauritus niger* von Erzbischof Albrecht von Brandenburg ausging, der freilich als einer der engsten Vertrauten des Kaisers mit dessen Wissen, Einverständnis und Unterstützung gehandelt haben dürfte. (Albrecht »suchte fast Jahr für Jahr und oft mehrmals im Jahre und für Monate den Hof Friedrichs II. auf. Man könnte fast sagen, er regierte sein Erzstift von dort aus.«) Schon 1220 war er nach einem Aufenthalt am Hoflager des Kaisers mit einer angeblich wunderwirkenden Reliquie nach Magdeburg zurückgekehrt, dem Schädel des »heiligen« Mauritius, den Friedrich II. dem Herzog von Meran abverlangt hatte. Vgl. IOB, Vol. II, Part 2, 1979, S. 160 (Anm. 150).

152 Kunsthistoriker schreiben das Standbild »einem der großen Bildhauer aus Bamberg« zu, welcher am Magdeburger Dom auch die steinernen Bilder Kaiser Ottos des Großen und seiner Gemahlin, Königin Edith, gemeißelt habe. Ferner stamme vom gleichen Meister das Kaiser-Otto-Denkmal auf dem Markt zu Magdeburg – ein Werk, das formal und geistig mit dem berühmten Bamberger Reiter verwandt sein dürfte. GREISCHEL, 1939, S. LXVI: »Der heilige Mauritius in der Kilianskapelle, [...] (zeigt) eine Stufe des Menschlichen, wie sie in Naumburg ganz ausgeprägt sich findet. Der Bildhauer ist auf die körperlichen und persönlichen Sonderheiten eingegangen.« Vgl. DEBRUNNER, 1965, S. 27 und KUNST, 1967, S. 11: »Hier ist der Afrikaner dem Europäer gleichgestellt, ja, er verkörpert das *gleiche Ritterideal wie der kaiserliche Reiter*, der bis zum zweiten Weltkrieg auf dem Alten Markt der Elbmetropole stand und, wie angenommen wurde, von dem gleichen Bildhauer stammt.« (Hervorhebung von mir, P. M.)

153 Vgl. DEBRUNNER, 1979, S. 20. Johannes Morus wurde um 1200 als Sohn einer schwarzen Sklavin *»de domo imperatoris«* wahrscheinlich auf Sizilien oder in Lucera geboren und anschließend am Hof Friedrichs II. erzogen. Der intelligente Junge erregte die Aufmerksamkeit des Kaisers und erwarb sich als persönlicher Kammerdiener bald sein Vertrauen. Als einer der wenigen einflußreichen Sarazenen bekleidete er später nacheinander die Ämter eines Kämmerers *(custos*

camerae), des Praefecten der kaiserlichen Kammer und des Kommandeurs von Lucera, bis er schließlich Wesir des Königreichs Sizilien wurde. Zum Verhängnis wurde ihm – nach dem Tod Friedrichs – seine Parteinahme für den Papst gegen die Hohenstaufer. Sarazenen, die Friedrichs Nachfolger Manfred treu geblieben waren, ermordeten ihn für seinen »Verrat«. Als Hauptquellen dürfen nach wie vor gelten: JAMSILLA, 1726, Spalte 522 (B) ff. (sogenannte »Jamsilla-Chronik«) und HB, Bd. 5, 603. Vgl. NIESE, 1912, S. 492, Anm. 5; HASELHOFF, 1. Bd., 1920, S. 113 f.; KANTOROWICZ, Bd. 1, 1973, S. 288 und Bd. 2, 1973, S. 137; DEBRUNNER, 1979, S. 19 f.

154 Vgl. Kap. I, Anm. 129

155 Für KANTOROWICZ, Hauptband, 1973, S. 76 f., ist dieses Kunstwerk so bedeutend, weil sich hier »als ein ›Fremdester‹ zum erstenmal ein echter Deutscher im Bild zeigte«, und weil sich darin »jene Möglichkeit offenbart eines zugleich weltweiten und dennoch deutschen Wesens«. Zur amtlichen Propaganda in der Staatskunst Friedrichs II. vgl. neben dem schon erwähnten Buch von CASPAR, 1924, auch: VEHSE, 1929, hier insbesondere S. 175 ff.

156 Vgl. KUDRUN, 1902, S. 350 (1664): »*Sîn vater und sîn muoter diu wâren niht enein. sîn varwe kristenlîche an dem helde schein. sîn hâr lac ûf dem houbte als ein golt gespunnen.*« Vgl. NAUMANN, 1925, S. 93.

157 NEUBERT, 1911, S. 592, hält es für erwiesen, daß in der »mittelalterlichen« Kreuzzugsliteratur ganz allgemein »die heidnischen Persönlichkeiten, deren Charakter als gut anzusehen ist, in ihrer Physiognomie eigentlich nicht anders als die Christen dargestellt werden. Der Kontrast zwischen ihrer Physiognomie und der ihrer Stammesgenossen ist der denkbar schärfste; ja in den meisten Fällen gleichen sie sich nicht einmal mehr in der Hautfarbe [...]« SZKLENAR, 1966, S. 179, sagt von den »Heiden«, die gemeinsam mit *Herzog Ernst* gegen die ägyptischen Feinde der Christenheit kämpfen: »[...] und wenn der Name den Gedanken nicht nahelegte, so wüßten wir nicht, daß der Held sich in Môrlant unter Mohren befindet.« ZAPPERT, 1857, S. 331, wies (mit Beispielen) darauf hin, daß der eine der drei »heiligen« Könige häufig als »Neger-Typus« dargestellt wurde, jedoch ohne »ihm das Gesicht zu schwärzen, so dass er sich uns gewissermaßen als weiss gewaschener Mohr vorstellt«. BOCKELBERG, 1941, S. 117 ff., stellte fest, daß in der bildenden Kunst bis zum Ausgang der Renaissance der »schwarze« der Kölner Könige »bald hellfarbig mit Negergesicht, bald dunkelfarbig mit europäischen Gesichtszügen« häufig anzutreffen ist. Zuletzt hat FLÜHLER-KREIS in ihrer Untersuchung über *Die Darstellung des Mohren im Mittelalter*, 1980, S. 30, festgestellt: »Die schwarzen Gestalten zeigen keine negroiden Gesichtszüge.«

158 WOLFRAM VON ESCHENBACH, 1964, I, 26 (10–22), Übersetzung: WOLFRAM VON ESCHENBACH, 1937, S. 18 f.

159 Vgl. KANTOROWICZ, Bd. 1, 1973, S. 288, und aus neuerer Zeit – etwa: MEYER, 1985, S. 146 ff.

160 Nach KANTOROWICZ, Bd. 1, 1973, S. 288, sah Friedrich II. »mehr auf Brauchbarkeit als auf Herkunft seiner Beamten [...]«. Entscheidend für die Amtsübertragung, schreibt Kantorowicz, war im allgemeinen nicht der Besitz

von Lehen, sondern die Person; nur im persönlichen Dienste des Kaisers war es – je nach persönlicher Eignung – möglich, zu Ehren zu kommen. Nach FLECKENSTEIN, 1977, S. 106, erlangte das Leitbild des *miles christianus*, des christlichen Ritters, das sich in diesen Werten manifestierte, eine so außerordentliche Bedeutung, weil »es die alten germanischen Vorstellungen von Ehre, Recht und Tapferkeit in sich aufnahm und weit und elastisch genug war, sich neben den christlichen zugleich antike und im Fortgang der Kreuzzüge sogar islamische Elemente zu assimilieren. Ihre Aneignung und Einschmelzung im Ideal des miles christianus bilden die Voraussetzung für die Entstehung des neuen ritterlichen Sitten- und Gesellschaftskodex, der mit der Verbindlichkeit der ritterlichen Verhaltensnormen zugleich das Bewußtsein der Gemeinsamkeit des Rittertums bestimmt. So geht es letztlich auf dieses Ideal zurück, daß die in ihrer rechtlichen, politischen und wirtschaftlichen Stellung so unterschiedlichen Gruppen der milites wie die großen und kleinen Vasallen und die aus der Unfreiheit aufsteigenden Ministerialen in der großen Gemeinschaft der militia auch innerlich zusammenwuchsen. Es ist kennzeichnend für den religiös-kirchlichen Hintergrund des Ideals des miles christianus, daß es eine Konkretisierung und Steigerung in der Gestalt von Ritterheiligen gefunden hat. Es sind die alten Kriegerheiligen wie Georg, Martin, Victor und Mauritius, die ursprünglich allerdings weniger als Krieger denn als den Kriegsdienst um ihres Glaubens willen verschmähende Christen und Märtyrer verehrt worden waren. Jetzt, im Zeitalter des Rittertums, trat dieser alte Zwiespalt bezeichnenderweise zurück, und die Heiligen verwandelten sich in Ritter, die zu Vorbildern der ritterlichen Tugenden und Helfern im Kampf um die gute Sache wurden.«

161 *»der touf sol lêren triuwe«* (Die Taufe soll uns Treue lehren), heißt es ausdrücklich bei WOLFRAM VON ESCHENBACH (*Parzival*, 1964, XV, 752 (27), S. 354).

162 Es ist in diesem Zusammenhang interessant, daß die *Sächsische Weltchronik* Eike von Repkows (ca. 1230), die sich nicht an Geistliche und Ritter, auch nicht an Bürgerliche, sondern in erster Linie an *Bauern* wendete, die »heiligen« Mauritius, Gereon usw. nicht als Schwarze hinstellte. (Vgl. weiter oben, Kap. I, Anm. 145) Ähnliches könnte auch für die *Weltchronik* des um 1280 in Wien gestorbenen mittelhochdeutschen Dichters JANSEN ENIKEL zutreffen, in der es (Ausgabe: MGH *Deutsche Chroniken*, S. 484 f., V, Vers 6464 ff.) lediglich heißt: *»si hiezen den heiligen Vitium toeten und Pangracium, Mauricium und kristen vil, die ich niht alle nennen wil.«*

Kapitel II

1 Daß an dieser Entwicklung das Zusammentreffen der Kreuzritter mit der aus ihrer Sicht weit fortgeschritteneren arabischen Zivilisation entscheidenden Anteil hatte, darauf hat schon Hans PRUTZ, 1883, S. 46 ff., hingewiesen: »Begreiflicher Weise aber machte dieser Reichthum auf den Sohn des ärmeren Abendlandes einen tiefen Eindruck. Durch die Kreuzzüge nach dem Morgenlande verpflanzt, beobachtete derselbe mit Staunen den Reichthum, der sich in einem Wohlleben des Orientalen offenbarte, wie es dem in gleicher Lebenssphäre stehenden Abendländer völlig unbekannt war. Das blendete und bestrickte, das erweckte sofort die Begierde, sich in gleich behäbigen Genuß zu versetzen.« Tatsächlich ist hier, wie man seither des öfteren bemerkt hat (vgl. Kap. I, Anm. 19), der Grund dafür zu suchen, daß »wir jetzt (an den Höfen), häufiger als je zuvor, von edlem Schmuck und schönem Geschirr, von Teppichen und kostbaren Stoffen wie Seide und Brokat hören. Sie bleiben jedoch nicht auf die Höfe beschränkt, sondern haben von hier aus auch Einzug in die Burgen und ebenso in die Städte gehalten. Auch die höfische Kleidermode, die die Buntheit der Heraldik liebt, strahlt aus und findet überall Nachahmung. So kann man sagen, daß die Welt mit dem Aufstieg des Rittertums weiter, reicher und bunter geworden ist. Dabei ist diese Welt erstaunlich offen; ihr Reichtum und ihre Lebendigkeit beruhen nicht zuletzt auf ihrer, auf Länder und Reiche übergreifenden Kommunikation.« (FLECKENSTEIN, 1977, S. 109; sonst zum Thema »Luxus«: SOMBART, 1922)

2 Bis dahin war die Gesellschaft des Abendlands eine vorwiegend bäuerliche Kultur. Die weitaus meisten Menschen lebten von einer relativ schwach entwickelten landwirtschaftlichen Produktion und arbeiteten fast ausschließlich für die eigene Subsistenz. Über rudimentäre Ansätze zu Arbeitsteilung und Tausch waren sie noch kaum hinausgekommen. Die Städtebildung, von wenigen Ausnahmen abgesehen, befand sich erst in den Anfängen; das Bewußtsein der Stadtbewohner war entsprechend der gesellschaftlichen Gesamtlage insgesamt noch stark bäuerlich geprägt. Sogar die Burgen waren nicht viel mehr als befestigte größere Bauernhöfe, ebenso wie die Lebensführung des Ritters sich noch nicht so sehr von der des Bauern unterschied. Herren und Knechte (und das gilt noch bis weit in das ausgehende »Mittelalter« selbst für die meisten Städter) trugen ähnliche Stoffe und aßen ähnliche Speisen; kurz, die soziale und damit die kulturelle Distanz war verhältnismäßig gering. Erst vor kurzem hat FLECKENSTEIN, 1977, S. 107, erneut auf diesen Punkt verwiesen und daran erinnert, daß sich bis zum Beginn der Kreuzzugsperiode zumindest »die weniger Mächtigen unter (den deutschen Adligen) [...] in ihrer Lebensführung [...] von derjenigen der Bauern nur wenig unterschieden (haben)«. Sonst zu diesem Thema: PIRENNE, 1976, S. 15 ff.; LE GOFF, 1970, S. 35 f.; BORST, 1979 (1. Aufl.: 1973), und BORST, 1983; zuletzt: MEYER, 1985, S. 90 ff.

3 »Die adlige Gesellschaft des 12. und 13. Jahrhunderts in Deutschland war an den [...] Modeneuheiten, den technischen Verbesserungen der Waffen und den zeremoniellen Formen des höfischen Umgangs offenbar so sehr interessiert, weil die

Kenntnis und Beherrschung des neuen Gesellschaftsstils zur Grundlage eines gesteigerten Selbstbewußtseins wurde, das die eigene Lebensform als ›höfisch‹ empfand und alles, was diesem Anspruch nicht genügte, als ›dörperlich‹ abwertete.« (BUMKE, 1986, Bd. 1, S. 26)

4 In der Literatur hatte *Herzog Ernst* in dem gleichnamigen epischen Gedicht (entstanden ca. 1180) allerdings schon etwas früher von jedem Volk, das er auf seiner abenteuerlichen Orientreise besuchte, einige Vertreter mitgenommen und damit – wohin er auch kam – nicht nur beträchtliches Aufsehen erregt, sondern auch die Wahrheit seiner Reiseberichte gewissermaßen »episch beglaubigt«. (Vgl. dazu: SZKELNAR, 1966, S. 181 und weiter unten, Kap. II, Anm. 9)

5 OTTOKAR, *Österreichische Reimchronik* (abgefaßt zwischen 1305 und 1320), 1890, S. 421 (32189); S. 422 (32242) und S. 421 f. (32194 f.). Vgl. auch die *Österreichische Chronik von den 95 Herrschaften* des schweizerischen Minoriten Clemens SPECKER (Codex A 45 der Burgerbibliothek, Bern), f. 71v, S. 143 (Drei »swartz lutt alß die mören« kommen als Reisende hoch zu Roß zu einem Gastwirt), sowie: STEIGER, 1986, S. 135 ff.

6 Über Sarazenenknaben, die am sizilianischen Hof der Normannen großgezogen wurden, siehe HASELHOFF, Bd. 1, 1920, S. 118 und KANTOROWICZ, Bd. 2, 1973, S. 137.

7 PRUTZ, 1883, S. 63.

8 Zuletzt ist dieses Thema in der *Mohrenlegende* Gertrud Fusseneggers literarisch verarbeitet worden. (Siehe FUSSENEGGER, 1986) Von Kaufleuten, die – nach längerem Aufenthalt im Orient an die Dienste von Sklaven gewöhnt – diese mit nach Europa gebracht haben, berichtet HEYD, Bd. 1, 1879, S. 546 f. Vgl. auch: POESCHEL, 1985, S. 22

9 Vgl. FLÜHLER-KREIS, 1980, S. 14. Leider konnte ich in der Fassung ANONYMUS 4, 1869, nicht eindeutig bestätigt finden, ob es sich dabei wirklich um »Mohren« handelte. In Vers 5418 ff., S. 114, steht lediglich: *»ouch brâhte er dar ûf verstoln/den risen und alle sîniu wunder/brâhte er allez besunder/ûf daz schif zuo den môren:/Plathüeve Prechamî und Oren./dô daz allez was getân,/dannoch hâte er zwêne man/liep von Arimaspî.«* Ob diese beiden letzteren »Schwarze« waren, vermag ich hier nicht zu entscheiden; auf jeden Fall aber bekam Herzog Ernst keine solchen vom König der »Mohren«: Nach Vers 5637 ff. gab ihm der schwarze Herrscher lediglich *»zwêne soumære,/geladen mit golde swære,/und ein dromedâr wol getan.«* Vgl. ferner die Verse 5970 ff., sowie weiter oben, Kap. II, Anm. 4

10 Neben ihrer Tante Eleonora d'Aragona war die politisch einflußreiche Isabella d'Este, seit 1490 Markgräfin am damals wichtigen Hof zu Mantua, eine der ersten, die sich nachdrücklich um schwarze Diener bemühten, ein Interesse, *»(which) encompassed something more than [...] (a) frivolous fascination with African retainers«*, wie KAPLAN, 1982, S. 15, zu Recht hervorhebt. Denn zur gleichen Zeit, als Isabella sich um ihre Schwarzen bemüht und eifrig alles zu sammeln beginnt, was sie über Afrika in Erfahrung bringen kann, schickt ihr Gemahl, Alfonso d'Este, seiner Schwester Zeichnungen von den gerade »entdeckten« Einwohnern »Ghineas«, wobei es sich möglicherweise um Illustratio-

nen eines Briefes handelte, den man kürzlich in Ferrara erhalten hatte und der sich mit den jüngsten Umtrieben der Portugiesen im westlichen Afrika befaßte. *»It seems obvious«*, schreibt KAPLAN, 1982, S. 15, *»that both actions reflect* ***an attempt*** *by the Italian ruling classes* ***to participate in the expansion of the European world.*** *They were surely correct in thinking this expansion to be a most critical development [...]«* (Hervorhebung von mir, P. M.)

11 Vgl. LOISEL, 1912. LOISEL, Vol. I, S. 210, zählt zu den Hauptgründen, die zur Entwicklung dieses in seiner vollendeten Form aus Mineralien, Tieren und Menschen bestehenden »Mikrokosmos des Universums« beigetragen haben: *»les communications plus fréquentes avec l'Orient et l'Afrique, le commerce plus actif, la richesse plus grande, un amour du luxe plus intense, amenèrent également une rénovation des idées et des moeurs dans la plupart des autres pays d'Europe.«*

12 MATARAZZO, 1910, S. 208

13 Vgl. WATTENBACH, 1874, S. 39; LANGER, 1891, S. 26; ORIGO, 1955, besonders S. 354 ff. und KAPLAN, 1982. Viel früher hatten sich freilich schon die auch hier wieder führend auftretenden Araber gern mit einem solchen Völkergemisch umgeben: In einem in der *British Library* (MS. Royal 16 G.VI., fol. 168v) aufbewahrten Exemplar einer aus dem 2. Viertel des 14. Jahrhunderts stammenden *Chroniques de France*, die einst König Johann dem Guten gehörte, wird die legendäre Belagerung der nordwestlich von Toulouse liegenden Stadt Agen durch Karl den Großen beschrieben. Die Stadt wurde durch einen schwarzen Sarazenen namens Agolant verteidigt. Der Text besagt, daß Agolant *»de divers nations«* um sich versammelte, *»mors moabithiens, éthiopiens, sarians, thurs, affricans et persans et tants de rois et de princes sarrasins comme il faut avoir de toutes les parties du monde.«* (Vgl. WARNER / GILSON, Vol. II, 1921, S. 209–212)

14 GIOVIO, 1596, Liber VI, *(Hippolytus Medices Cardinalis)*, S. 202: *»Relatum in Vrbem eius funus, urbanæ multitudinis ordinumque omnium verissimæ lachrymes (quod antea surda in Vrbe nemini contigerat) per triduum decorârunt, quum tumultario apparatu lugentium Afrorum & Æthiopum humeris ædiblis suis inferretur. Nam præter hos præstantissima eruditionis exquisitarum artium ingenia, patrono inexhaustæ liberalitatis ante diem erepto orbata destitutaque, de Fortune sæuitia conquerebantur. Eius namque domus, ex omnibus cogniti orbis gentibus virtute animi aut corporis conspicuos, liberaliter admittebat; videreque erat homines diuersissimo sub coelo nates, eundem dolorem ex Heri morte, eandemque tristitiam, sed dispari vultu, garritùque dissono contundendo pectora, sulcandoque ora vnguibus, præferentes. Gaudebat siquidem ille mirum in modum, quod Barbari viginti amplius linguarum in eius Coenaculis recenserentur. In his suêre Numides Regulorum sanguine progeniti, qui equitandi desultandique peritia spectantium oculos admiratione complerent. His accedebant Tartari Sagittarii incomparabiles & Aethiopes, qui in luctatione & palæstra quosque validissimos anteirent. Ex India porrò natandi, vrinandique peritos, quibus studiis iuuenili feruore impensè deditus, tanquam magistris ad æmulationem vtebantur. Turcas autem, tanquam ad expedienda da arma promptissimos, in venationibus ita exercebat, vt interdiu noctuque corporis custodiæ præcipuos*

adhiberer; egregio certè exercitationum genere, nisi dignitatis oblitus, per vanitatem ostentandi militatis ingenii, salutis quoque aleam stultè periclitari, quam familiæ atque ordinis decus tuerimalnisset. Non inane prodigium imminentii morti suæ præstruxisse videtur, quum pro argumento insignium suorum, crinitum cometem iuuenili atque amatoria vanitate gestaret, qua specie diro olim fulgore in coelo ardene C. Iulij Cæsaris necem porrendisset.«

15 HERODOT, *Das Geschichtswerk*, 4. Buch, Kap. 183, 1. Bd., 1985; HÜNE, 1. Theil, 1820, S. 149 ff.; LANGER, 1891, S. 19 f.; FRANCHINA, 1907, S. 383 ff.; MAUNY, 1947; LHOTE, 1951; BOVILL, 1958, S. 22 und S. 41; DESANGES, in: IOB, Vol. I, 1979, S. 260

16 VERLINDEN, 1963; KÖPSTEIN, 1966

17 LANGER, 1891, S. 14; VERLINDEN, 1966, S. 339

18 BURCKHARDT, Phaidon-Ausgabe, o. J., S. 351, Anm. 585; VERLINDEN, 1966, S. 340; derselbe, 1968

19 LAZARI, 1862; BURCKHARDT, Phaidon-Ausgabe, o. J., S. 351, Anm. 585; VERLINDEN, 1966, S. 341 f.; KÖPSTEIN, 1966, S. 87 ff.

20 KÖPSTEIN, 1966, S. 87 ff.; GIOFFRE, 1971; HAVERKAMP, 1974

21 Nach der Chronik des Pedro Niño bringen Kaufleute aus der »Berberei« im Jahr 1403 neben anderen auch *schwarze* Sklaven auf einem aragonesischen Schiff nach Barcelona. (Vgl. CAPMANY, Vol. III, S. 215: *»[...] moros é moras negras é ortos esclavos«)* Ausgeführt wurden schwarze Sklaven von Barcelona seit dem 15. Jahrhundert vor allem nach Italien: 1517 segelt ein Schiff von Barcelona nach Sizilien, beladen u. a. mit *»Serrahíns negres«*. (CAPMANY, Vol. II, S. 329, Nr. 225). Vgl. LANGER, 1891, S. 19; SCHAUBE, 1973, S. 104; PIRENNE, 1976, S. 153; VERLINDEN, 1966, S. 336 ff. (31); derselbe, 1968 (32); endlich: MIRET I SANS, 1917

22 HUMBOLDT, Bd. 2, 1836, S. 217; SCELLE, Vol. I, 1906, S. 83; AZEVEDO, 1929, S. 75; CRONE, 1937, S. 18; Anm. 2; VERLINDEN, 1955; MAGALHAES GODINHO, 1962; CURTIN, 1969; BLAKE, 1977; SAUNDERS, 1982, S. 15 ff.

23 *Anales de Sevilla*, lib. 12, No. 10, hier zit. nach: SCHOELCHER, 2. Theil, 2. Abteilung, 1851, S. 196; DOMINGUEZ ORTIZ, 1952; FRANCO SILVA, 1979

24 SCHAUBE, 1973, S. 549; CORTES, 1964; SAUNDERS, 1982, S. 28 f.

25 MARTIN, 1931; WISMES, 1983

26 DENUCÉ, 1937, S. 47 ff.; GORIS, 1923. GILLIODTS-VAN-SEVEREN, 1ère Série, 5. Bd, 1876, S. 566, erwähnt auch *»ung morien«*, der im Jahr 1468 von Lissabon nach Brügge verkauft wurde.

27 MADURO, Emy, *»Swarten en Swartinnen« in Nederland*, in: OOSTINDIE und MADURO, Bd. 2, 1986, S. 140–152

28 LITTLE, 1947 (1948), S. 165 ff.; WALVIN, 1971; SCOBIE, 1972; WALVIN, 1973; SHYLLON, 1974; FRYER, 1984

29 DEGN, 1974, S. 108 ff.; LÜDEN, 1983

30 DEGN, ibid.

31 Vgl. zum Beispiel: GIOVIO, 1596, *(Galeacius Sfortia)*, S. 100

32 PONTANUS, 1538, Lib. III, Cap. VIII *(De seruitute)*, S. 45. Nach SCHULTE, 1900, Bd. 1, S. 151, »(ist) als letztes Handelsobjekt, das (neben einer ganzen Reihe von anderen) über die Alpen gebracht wurde, [...] wohl der Mensch anzuführen. Der Sklavenhandel ist erst langsam durch den Geist des Christentums beseitigt worden, in Italien blieben Reste infolge der Verbindung mit dem Orient bis in die letzten Tage des Mittelalters bestehen. In Deutschland sind wohl die letzten Spuren die beiden Erwähnungen am Zolle von Walenstaad und zu Konstanz. Walenstaad war geradezu der Ort, wo mit Sklaven gehandelt wurde, damit beschäftigten sich vorwiegend die Juden.« Wohlgemerkt: Es handelte sich hier zunächst um Sklaven aus den Gebieten *nördlich* der Alpen, die in den Orient verbracht wurden, *nicht* etwa *um Schwarze*, die man von Süden nach Norden führte! (Vgl. auch: VERLINDEN, 1977, S. 377–389) Entscheidend ist hier jedoch, daß durch diesen Handel *eingefahrene Wege* geschaffen wurden, auf denen später – unter geänderten Voraussetzungen – tatsächlich auch schwarze Sklaven leicht in das deutschsprachige Gebiet gelangen konnten.

33 Vgl. BLAKE, 1977, S. 85 ff.; VERLINDEN, 1955; RUMEU DE ARMAS, 1956/57; MAURO 1960; CORTES, 1964; CURTIN, 1969

34 Vgl. WINKLER, 1939, Bd. 4, S. 40 (Nr. 818)

35 GUGITZ, 1959, S. 34

36 ibid., S. 35

37 LITTLE, 1947 (1948); WALVIN, 1971; SCOBIE, 1972; WALVIN, 1973; SHYLLON, 1974; FRYER, 1984

38 GUGITZ, 1959, S. 35

39 Näheres bei: BLÜMML und GUGITZ, 2. Bd., 1921, S. 253 ff.

40 TILL EULENSPIEGEL, 17. (15.) *Historie*, 1981, S. 60

41 *Ain Spil von Mayster Aristotiles*, in: FASTNACHTSPIELE AUS DEM FÜNFZEHNTEN JAHRHUNDERT, 1858, Nr. 128, S. 222 (Vers 31)

42 Zu Lupold von Wedel vgl. BÄR, Max, *Lupold v. Wedel's Beschreibung seiner Reisen und Kriegserlebnisse*, Stettin 1895 (*Baltische Studien*, hrsg. v. d. Gesellschaft für Pommersche Geschichte und Alterthumskunde, 45. Jg.)

43 LITTLE, 1947 (1948), S. 166

44 Anders als bei vielen Afrikanern, die heute nach England kommen, lagen die Paßprobleme bemerkenswerterweise darin begründet, daß der Schwarze England verlassen und nicht etwa *betreten* wollte!

45 Außer der Bezeichnung *morian* für »Mohr« finden sich zwischen dem 13. und dem 16. Jahrhundert auch noch die Formen *morien, moriel* und *morican* in den Quellen. (Vgl. GILLIODTS-VAN SEVEREN, 1876, 1. Serie, 5. Bd., S. 566, Anm. 1)

46 BÄR, 1895, S. 367f.

47 StA/N, Rst. Nürnberg, B-Laden, Akten, S. IL.189, Nr. 11, Blatt 1, Zeile 1f. und Blatt 3, Zeile 19–22

48 MÜNSTER, 1628, S. 1660

49 Brief vom 14. Dezember 1513, aus Rom: *»Id unum ergo me rerum novarum indagatorem sciri per dominationem tuam cupio,* ***plures Aethiopes quam (et) tota Italia totaque Germania*** *contineant homines in his litteris Chaldaeis in eorum sacris uti et sanctissimam Trinitatem unum in essentia et trinum in persona profiteri.«*

(Hervorhebung von mir, P. M.) Der gesamte Brief ist abgedruckt bei: KNOD, 1892, S. 204.

50 Das heute im G. H. A. im BayHStA / M aufbewahrte Material für diesen Abschnitt wurde größtenteils bereits 1943 von Berndt Phil. BAADER veröffentlicht (BAADER, 1943) und von mir nur noch einmal überprüft.

51 BAADER, 1943, 99 f.

52 G. H. A. 607 Fa (Brief von Fasoli, 16. Dezember 1575); *Fürstentom.* XXIX fol. 137 (Brief von Hans Jakob Fugger, 17. Mai 1575, an den Erbprinzen); G. H. A. 607 Fu (Brief Wilhelms an Hans Fugger vom 24. Mai 1575). Die Briefe des Rubeus befinden sich in der Hauptsache in: G. H. A. 607 Ru; G. H. A. 1712 D 1, *Fürstens.* 426 / II; ferner: SIMONSFELD, *Mailänder Briefe*, Nr. 17c, 34, 55, 59, 231.

53 Vgl. dazu den Briefentwurf Wilhelms an den Mailänder Senator Scipio Simonetta vom 20. August 1569 (G. H. A. 607 Si)

54 Für die aus Lissabon bezogenen »Mohren« vgl. das Schuldverzeichnis des Hauses Fugger, a. a. O., fol. 18. Zu den Schwarzen aus Hamburg siehe den Brief Hans Fuggers vom 7. August 1573 (G. H. A. 607 Fu)

55 Die Briefe Sittinghausens befinden sich im wesentlichen in: G. H. A. 607 Si; vereinzelt auch in: *Fürstensachen* 426 a, 426/II, G. H. A. 607 Da (Akt des Dax) und K.schw. 405/9. Von Rem sind nur einige Briefe erhalten: G. H. A. 607 Re, 1712 D 1; *Fürstens.* 426/II; K.schw. 486/3.

56 G. H. A. 607 Si; *Wilhelm an seinen Vater, 13. Januar 1570, Fürstens.* 428 fol. 154

57 *Rechnung des Gaspar Visconti vom 24. Sept. 1569,* in: SIMONSFELD, 1902, S. 248. Eine Übersetzung dieser Rechnung befindet sich in: G. H. A., 609 XIII

58 *Brief Georg von Rosenbergs aus Raab vom 17. Oktober 1572 (Fürstens.* 426 a)

59 *Brief des Großherzogs Joan von Medici an Wilhelm V. vom 8. Juni 1573* (G. H. A. 609 1/3)

60 »Schuldverzeichnis« des Hauses Fugger, a. a. O., fol. 18

61 *Brief Hans Fuggers vom 7. August 1573* (G. H. A. 607 Fu)

62 G. H. A., *Fürstentom.* XXIX fol. 75. Es heißt dort: »der kleine Mohr und die Mohrin sollen wie zuvor bei Baptista (Scolari) unterhalten werden, die beiden Dirndln bei der Pflegerin im Neuen Bau.« Waren das vielleicht auch »Mohrinnen«?

63 *Briefe Sittinghausens vom 16. und 25. Februar und vom 26. März 1575* (G. H. A. 607 Si). Nach einem weiteren *Brief vom 4. Juni 1575* (ibid.) wird die Frau erst an diesem Tag auf die Reise nach Bayern geschickt.

64 PICCOLOMINI, 2. Buch (34), 1962, S. 124. Vgl. auch: LANGER, 1891, S. 44, und LOISEL, Vol. I, 1912, S. 204

65 PONTANI, *Diario Romano*, 3. und 4. Februar 1488, in: MURAT. SS. , Vol. III, Parte II, S. 68: *»Alli 3 (**domenica**). entrorno in Roma cento mori; li mandò re di Spagna a donare al papa, tutti vestiti a una livrea, con un ferro al collo per uno et tutti ad una catena et dove mancava la catena suppliva una fune. Alli 4 (**lunedì**). furno prsentati al papa li detti mori et Sua Santità ne donò a cardinali et ad altri Signori.«* Der Papst behielt demnach offenbar einige der Sklaven für sich zurück. Die »mori« waren übrigens nicht unbedingt schwarz: Es handelte

sich um gefangene Bewohner Malagas, von denen nur wenige »richtig« schwarz gewesen sein dürften.

66 LAU, 3. Bd., 1897, S. 74; vgl. auch: IRSIGLER / LASSOTTA, 1989, S. 128

67 Schon früh und sehr gut läßt sich dies am Beispiel Kölns zeigen. Kölner Kaufleute haben schon im 12. Jahrhundert Fahrten nach Lissabon und Palästina unternommen, die Fahrt eines Kölner Kaufmanns nach Indien Mitte des 14. Jahrhunderts ist wahrscheinlich. (Vgl. WINTERFELD, 1925, S. 75 und allgemein: HEYD, 1879, sowie: SOMBART, 1922, hier insbesondere, S. 141 ff.) Zum Fernhandel verschiedener hanseatischer Kaufleute in dieser frühen Zeit zum Beispiel: MARQUES, 1959, und KELLENBENZ, 1962.

68 Vgl. dazu und für das folgende auch: MEYER, 1985, S. 147 ff.

69 WINTERFELD, 1925, S. 6 und S. 76; GATZ, 1949, S. 162 ff.; MILITZER, 1980, S. 8 f.

70 WINTERFELD, 1925, S. 76 f.

71 WINTERFELD, 1925, S. 77; GATZ, 1949, S. 163

72 WINTERFELD, 1925, S. 77; GATZ, 1949, S. 163.

73 Man nimmt an, daß die Patrizierdichtung *Der Gute Gerhard von Köln* des Rudolf von Ems (ca. 1220) – auch er ein erklärter Parteigänger der Hohenstaufen – auf Betreiben Gerhard Unmâzes entstanden ist. (Vgl. SENGLE, 1950, und ERTZDORF, 1976)

74 LAU, 1893, S. 65 ff.; SENGLE, 1953, S. 72 f.; WINTERFELD, 1925, S. 78; STEUER, 1982, S. 98

75 StadtB / N, *Turnierbuch* Amb. 451.2° (Bl. 52v / 53r)

76 Das Buch befindet sich heute im GNM, Sign. Hs. 123725, Bl. 30. Vgl. SALMEN, 1976, S. 122

77 Vgl. DEBRUNNER, 1979, S. 139, und MEYER, 1985, S. 130 f.

78 Zitiert nach: GATZ, 1949, S. 163 f. GRIMMELSHAUSEN, 1956, S. 7 – um nur eines der bekannteren Beispiele herauszugreifen – eröffnet seinen *Simplizissimus* mit folgender Spottrede auf die neureichen Handelsherren: »Es eröffnet sich zu dieser unserer Zeit [...] unter geringen Leuten eine Sucht, in der die Patienten, wenn sie daran krank liegen, und soviel zusammen geraspelt und erschachert haben, daß sie neben ein paar Hellern im Beutel ein närrisches Kleid auf die neue Mode mit tausenderlei seidenen Bändern antragen können, oder sonst etwa durch Glücksfall mannhaft und bekannt worden, gleich rittermäßige Herren und adelige Personen von uraltem Geschlecht sein wollen; da sich doch oft befindet, daß ihre Voreltern Tagelöhner, Karchelzieher und Lastträger; ihre Vettern Eseltreiber; ihre Brüder Büttel und Schergen; ihre Schwestern Huren; ihre Mütter Kupplerinnen oder gar Hexen; und in Summa ihr ganzes Geschlecht von allen 32 Anichen her also besudelt und befleckt gewesen, als des Zuckerbastels Zunft zu Prag immer sein mögen; ja sie, diese neuen Nobilisten, sind oft selbst so schwarz, als wenn sie in Guinea geboren und erzogen wären worden.« (GRIMMELSHAUSEN, 1956, S. 7)

79 So jedenfalls der Lyriker Julius Wilhelm ZINCGREF (1591–1635), 1982, S. 38; vgl. KLEINSCHMIDT, 1881, S. 122

80 DENUCÉ, 1937, 35 ff.; STRIEDER, 1938, S. 155 ff. In Brasilien besaßen die

Schetz darüber hinaus – im 16. Jahrhundert – eine Faktorei und Zuckerplantagen, die mit schwarzen Sklaven betrieben wurden. Dazu: STRIEDER, 1962, S. 383 ff. (Nr. 742a) und S. 385, Anm. 1, und ibid., S. 343, Anm. 4 [»Rege Handelsbeziehungen der Kölner Grunenberg (Groenenbergh) zu den afrikanischen Inseln«]. Vgl. auch: STRIEDER, 1938, S. 155 ff.: »Deutscher Metallwarenexport nach Westafrika im 16. Jahrhundert«. Ferner: KULISCHER, 2.Bd., 1929, S. 244; PÖLNITZ, 1951, S. 150f. Endlich noch: MÜNSTER, 1628, S. 1663, der davon schreibt, daß die Holländer im »Königreich Guinea in Morenland« Gold von den Schwarzen bezögen, und »darfür allerley Nürnbergische Waren / alß Messer / Schellen / Spiegel vnd dergleichen: Item Aext / Sägen / Kessel / Becke / Thuch / Leinwad / etc.« zahlten.

81 Vgl. KONETZKE, 1974, S. 76 f., und DAVIDSON, 1966; S. 54. Das betreffende, vom König unterzeichnete Dokument, »*Los Alemanes. Asiento sobre los IIII mil esclavos*«, ist abgedruckt in: OTTE, 1963, S. 241 f. (Nr. 145)

82 ZIEGLER, 1976, S. 11, 21 und 39

83 Zuletzt stellte SUCKALE-REDLEFSEN, 1987, S. 50, fest: »Bei einer Durchsicht mittelalterlicher Wappen fällt auf, daß im Gegensatz zu anderen Ländern (z. B. Frankreich oder Italien) gerade im Deutschen Reich Bilder von Mohren sehr beliebt waren.« Münzbeispiele, Medaillen, einseitige Kupfermarken etc. bei: SELLIER, 1966, Bd. 4; sonst: MERZ / HEGI, 1930; HORSTMANN, 1969; VEIT, 1976, 25 ff.; IOB, Vol. II, Part 2, S. 7 ff. Es darf hier ferner daran erinnert werden, daß Wappen ursprünglich keineswegs willkürlich angenommen werden durften; vielmehr handelte es sich um imperiale oder königliche Hoheitszeichen, die vom jeweiligen Herrscher *als Recht verliehen* wurden und *mit bestimmten Privilegien verbunden* waren. Dies galt für Einzelpersonen ebenso wie für Körperschaften und Städte. Es fällt auf, daß neben bestimmten (seit dieser Zeit meist reichsunmittelbaren) Städten anscheinend zumeist verdiente Angehörige der Reichsministerialität und andere kaiserliche Beamte zu den ersten Trägern solcher Wappen gehört haben.(Vgl. GRITZNER, 1906, S. 372 ff., und VEIT, 1976) Speziell im Hinblick auf die süddeutschen Bischofsstädte, die besonders häufig ein »Mohrenwappen« führen, schrieb Ziegler in seiner Arbeit über die Entstehung des Freisinger »Mohren«: »Einen Markstein in der Reichsgeschichte hat Kaiser **Friedrich II.** gesetzt mit dem **Privileg** zugunsten der geistlichen Fürsten vom 26. April 1220; *zum Dank für ihre Treue* überließ der Kaiser den geistlichen Füsten in ihren Territorien u. a. die Regalien der Zoll- und Münzgerechtigkeit [...]« (ZIEGLER, 1976, S. 33, Hervorhebung von mir, P. M.)

84 DERSCH, 1931, S. 469, kennt zum Beispiel Fälle von Pilgern, die die Erinnerung an ihre glücklich bestandene Wallfahrt in ihrem Wappen festhielten. Vgl. auch: GRITZNER, 1906, S. 373; SCHRAMM, Bd. III, 1956, S. 971 ff.(»redende Wappen«, »Sinnzeichen« etc.), und BAXANDALL, 1987, S. 94

85 Der enge Zusammenhang zwischen Wappen und Kommerz wird u. a. auch daran deutlich, daß die Wappen ja sehr häufig nicht nur als *Hoheitszeichen*, sondern – ähnlich wie heutzutage das zu Reklamezwecken verwendete Firmenlogo (man denke nur an den »Mohren« im Emblem der Tucherbrauerei) – zugleich als *Erkennungs-* und *Kontrollzeichen* fungierten, die es auf Maße und Gewichte,

Münzen und Waren gestempelt den Kaufleuten ermöglichten, ihr Eigentum zu kennzeichnen, Qualitätsgarantie und Rechtmäßigkeit zu belegen, usw. In Köln dienten zum Beispiel die Kronen der »heiligen« drei Könige dazu, u. a. auch Heringsfässer, die man in alle Welt verschickte, mit einer Qualitätsmarke zu versehen. (Vgl. GRITZNER, 1906, S. 375 f., wo von »Steinmetzzeichen an älteren Gebäuden« und »sonstige(n) Handwerksattribute(n)« gesprochen wird, sowie: STEUER, 1982, S. 97)

86 Zu den Handelswegen im »späten Mittelalter« zum Beispiel KUSKE, 1956 (1908), S. 20f.; SCHULTE, 1900, und SCHULTE, 1. Bd., 1923, S. 319; HASSINGER, 1978, S. 313–372. Zur geographischen Verbreitung der »Mohrenwappen« IOB, Vol. II, Part 2, S. 10 ff. Es ist hier natürlich nicht möglich, alle natürlichen oder juristischen Personen zusammenzustellen, die irgendwann einmal im deutschsprachigen Gebiet einen »Mohren« im Wappen oder in der Helmzier führten. Die außerordentliche Häufigkeit dieses Wappentyps mag jedoch daraus zeigen, daß zum Beispiel allein für das Gebiet von Nordrhein-Westfalen folgende Adelsfamilien mit einem »Mohren« im Wappenschild oder in der Helmzier ermittelt werden konnten: Grafen von Baer, Basse, Grafen und Fürsten zu Bentheim und Steinfurt, Fürsten zu Mentheim-Tecklenburg-Rheda, Köppen, Graf von Velen, Freiherr von Eller-Eberstein, Elverfeld, Freiherr von Viermund, Freiherr von Vely-Jungkenn, Freiherr von Grüter-Morrien, Morrien, Münchow, Moselage, Morsbecke, Freiherr von Scheffert, Freiherr von Schade zu Ahausen gen. von Rump, Schwarte, Wachtendonck, Willenson. (Vgl. SPIESSEN, 1901–1903)

87 Die ersten dieser Wappen *»tell clearly enough what were the geographical horizons in question – a region, one or two kingdoms – or the field of expansion [...]«* (IOB, Vol. II, Part 2, 1979, S. 10) Eines der ältesten nachweisbaren »Mohrenwappen«, dasjenige »Bosniens«, das zusammen mit 36 weiteren Wappen, darunter das des Priesters Johann oder des Sultans von Babylon auf dem um 1300 entstandenen »Tristanteppich« (Tristan I) des niedersächsischen Klosters Wienhausen abgebildet ist, weist auf »weltlichge Interessen« des Auftraggebers und gibt zusammen mit den übrigen Wappen »Hinweise auf die persönlichen Bindungen des Braunschweig-Lüneburgischen Hauses in der Zeit um 1300«. (Vgl. FOUQUET, 1971, S. 149 und S. 62 ff., sowie: IOB, Vol. II, Part 2, 1979, S. 10)

88 GROTE, 1961, S. 55 f.; VEIT, 1976, S. 26

89 LAU, 1895, S. 154; WINTERFELD, 1925, S. 32 f.; IOB, Vol. II, Part 2, S. 10.

90 BOOS, Bd. 1, 1886, S. 454 f. Ein *Eberhard de Moro* wird in den Urkunden bereits im Jahr 1209 genannt, wobei der Familienname möglicherweise sogar von dem heraldischen Zeichen abgeleitet wurde, das sich an seinem Haus befand. (Vgl. GROHNE, 1912, S. 113 ff.)

91 Nach MERZ/HEGI, 1930, S. 23, bieten die Wappen der Grafen Eberhart (1263) und Gerhart (1276) – beide entstammen den Kirchberg – die ältesten bekannten Beispiele von deutschen »Wappenmohren«. Vgl. auch: IOB, Vol. II, Part 2, S. 14 ff. (mit weiterführenden Literaturangaben), und KAPLAN, 1985, S. 72 f., der in diesem Zusammenhang ausdrücklich noch auf die *»adherence* (der Kirchberg) *to the Hohenstaufen imperial cause«* hinweist, welches *»brings to mind the possiblity that the particular use of blacks by Frederic II and his*

immediate successors had some impact on the formation of the heraldic motif of the black.«

92 Vgl. ZIEGLER, 1976, S. 18 f. und S. 25, Anm. 13

93 ZIEGLER, 1976, S14 f., S. 33 f. und S. 39; KAPLAN, 1985, S. 73 f.

94 ZIEGLER, 1976, S. 29

95 VEIT, 1976, S. 25

96 ibid.

97 IOB, Vol. II, Part 2, 1979, S. 10

98 Allgemein zum Thema »Kaufmannsgilden und Bruderschaften im frühen und hohen Mittelalter«: SCHWINEKÖPER, 1985, darin besonders die Arbeiten von Hermann JAKOBS, *Bruderschaft und Gemeinde: Köln im 12. Jahrhundert*; und von Knut SCHULZ, *Patriziergesellschaften und Zünfte in den mittel- und oberrheinischen Bischofsstädten.* Zum Thema »Bruderschaften und Wappen«: BAXANDALL, 1985, S. 68

99 HORSTMANN, 1969, S. 53 f.; STEUER, 1982, S. 97–111. Nach STEUER, a. a. O., S. 97, hatte »keiner [...] den Königen mehr zu verdanken als die Kölner Patrizier und Großkaufleute« – was wohl der Grund dafür war, daß sich auch jener Fernhändler, der 1470 in Reval verstarb, in Dankbarkeit das Kölner Drei-Kronen-Wappen auf seinen Grabstein setzen ließ. (Vgl. STEUER, ibid., S. 98)

100 PAGEL, 1942, S. 361; vgl. auch: THOMSON, 1974, S. 5 ff., wo die verschiedenen Theorien über die Entstehung des Namens der »Schwarzhäupter« referiert und beurteilt werden.

101 DOLLINGER, 1981, S. 47

102 GRITZNER, 1906, S. 375

103 KNIGGE, 1978, S. 299. Knigge benutzt hier in verkürzter Form ein bekanntes Zitat aus der *Aeneis* VERGILS (1988, 1. Buch, Vers 203), das vollständig lautet: *»Forsan et haec olim meminisse iuvabit«*, d. h.: »Wer weiß, einst freut es euch noch, an dieses zu denken.«

104 Vgl. WINKLER, 1939, Bd. 4, S. 101 (Nr. 941)

105 SCHMID, 1934, S. 13

106 Zitiert nach: KUSKE, 1956, S. 144

107 KERLER, 1905, S. 131; KEHRER, 1976, 1. Bd., S. 78; TORSY, 1964, S. 69; HOFMANN, 1975, S. 295; STEUER, 1982, S. 97 ff. KUSKE, 1956, S. 144, schrieb: »Die Überführung der heiligen drei Könige nach Köln im Jahre 1164 und ihre großartige Verehrung bedeuteten auch wirtschaftliche Zusammenhänge, da die Drei die Schutzpatrone für weite Reisen waren und damit auch religiöse Verbindungen zu den Großkaufleuten hatten.«

108 KEHRER, 1976, 1. Bd., S. 78

109 CASSAGNES-BROUQUET, 1990, S. 32 ff.

110 ibid., S. 35

111 BEISSEL, 1909, S. 345; CASSAGNES-BROUQUET, 1990, S. 221 ff.

112 CASSAGNES-BROUQUET, 1990, S. 221 f.

113 ibid.

114 ibid., S. 221. Eine Ausnahme scheint dabei die schwarze Madonna von Czenstochow zu machen, deren Anhänger – zumindest im 19. Jahrhundert, als Theodor

Mundt sie beobachtete –, folgendermaßen beschrieben wurden: »Wohlgekleidete Menschen, und solche die nur einigermaßen den besseren Klassen der Gesellschaft angehören, erblickt man niemals unter diesem Haufen. [...] Der arme Theil der Bevölkerung aber nimmt den allereifrigsten Antheil daran.« (MUNDT, 1840, 1. Bd., S. 229 f.) Die polnische Jungfrau scheint freilich ohnehin einen anderen Ursprung zu haben und muß wahrscheinlich einem anderen, in der orthodoxen Tradition des Ostens wurzelnden Typus zugerechnet werden. (Vgl. CASSAGNES-BROUQUET, 1990, S. 18)

115 Vgl. HANSEN, 1979, S. 62, S. 198 und S. 200

116 Nach GROHNE, 1912, S. 70 ff., ist die Sitte, den Häusern in den Städten Namen zu geben, zuerst in Deutschland, und zwar seit dem 12. Jahrhundert am Rhein und in Südwestdeutschland nachweisbar. Am zahlreichsten treten die Hausnamen in den alten volkreichen Bischofsstädten am Rhein – in Basel, Straßburg, Speyer, Worms, Mainz und Köln – und zwar ziemlich gleichzeitig um 1200 auf. Noch im 13. Jahrhundert folgen Frankfurt a. M., Würzburg, Erfurt, Aachen, Trier, dann Freiburg i. Br., Konstanz, Augsburg, Nürnberg und endlich im 14. und 15. Jahrhundert auch Wien, Brünn, Prag, Breslau, Leipzig und im Norden die Städte Lübeck, Magdeburg und Braunschweig.

117 Beispiele bei: GROHNE, 1912, der u. a. auf S. 190 allein für Erfurt, wo die Quellen offenbar besonders ergiebig, weil gut erhalten waren, folgende dort vorkommende Häusernamen auflistet: *Zum Mohren, Zum güldenen Mohren, Zum schwarzen Mohren, Zum stolzen Mohren, Zum großen u. kleinen Mohrenkopf, Zum kleinen schwarzen Mohrenkopf*. Siehe auch: SCHMID, 1934, und MEISEN, 1949, S. 20. SCHMID, a. a. O., S. 16, schreibt: »An den großen Verkehrsstraßen treffen wir überall den Gasthof zu den ›Drei Königen‹, sie galten wohl als das Urbild der frommen Pilger und Reisenden. Meist wurden sie als Fussgänger in orientalischer Tracht abgebildet.«

118 GROHNE, 1912, S. 64

119 StadtA / Bg, Rep. 2 Nr. 8 fol. 241

120 Persönliche Mitteilung von Archivrat Dr. ZINK, StadtA / Bg, vom 31. August 1981

121 SCHMID, 1934, S. 17

122 Noch 1785, zwei Jahre nachdem der Pascha von Tanger in politischer Mission nach Wien gekommen war (und dabei auch einige Schwarze im Gefolge mit sich führte), schrieb ein Wiener: »Wir haben nicht nur verschiedene neuangelegte Kaffee=, Wirts= und Bierhäuser mit Schildern behangen, worauf sie (d. h.: die Marokkaner, P. M.) in Lebensgröße noch zu sehen sind; sondern auch Uhrketten, Geldbeutel, Handschuhe und sogar eßbare Waren, als Mandelotti, Würstel u. dgl. mit ihren Namen zu belegen geruht, etc. etc.« (Vgl. BLÜMML und GUGITZ, 1921, S. 264 und S. 425, n. 7, wo die entsprechenden Wirtshäuser namentlich aufgeführt werden.)

123 GROHNE, 1912, S. 71, der in diesem Zusammenhang u. a. TAULERS PREDIGTEN zitiert: *»Und so machent sie venster und elter und gerwe, und wellent das man das wisse, und zeichnent das mit schilten, das es alle lutte sehent.«* Siehe auch: SCHMID, 1934, S. 6

124 Vgl. HAGEN, 1969, S. 1658 und 1663, sowie: GAUDE, 1979, S. 82 ff. Die Apotheker waren ursprünglich in der »Innung der Werke und Handelschaften, nämlich des Gewürzhandels, der Apothekerei, der Wachsarbeiten und Zuckerconfituren«, über die sie meist die Aufsicht führten. Ihr Handel mit Drogen, Gewürzen und Zuckerwerk, d. h. mit Waren, die sie zumeist mit großen Kosten aus dem Orient bezogen, verlieh ihnen eine besondere Wichtigkeit. Die Innung zu London war z. B. so angesehen, daß König William III. Mitglied derselben zu werden wünschte und sich den Aufnahmebrief aushändigen ließ. (Vgl. PHILIPPE, 1859, S. 96, S. 102 und S. 115) HAGEN, a. a. O., S. 1658, weist darauf hin, daß sich die Verbreitung des Namens »Mohrenapotheke« weitgehend mit den heute vorwiegend *katholischen* Gebieten Deutschlands deckt und *besonders in Sachsen* eine auffallende Häufigkeit aufweist. Einen noch anderen Ursprung für die »Mohrenwappen« und den ihnen entsprechenden Namen vieler Apotheken nimmt Hermann PETERS, 1891, S. 7 f., an. Peters beruft sich auf eine alte Legende, die in einem 1513 von einem Mathis Hupffuf in Straßburg gedruckten Buch mit dem Titel *»Der heiligen Leben«* enthalten ist. Danach haben die beiden als Schutzherren der Arzneikunst bekannten »Heiligen« Cosmas und Damian einen Römer geheilt, der an einem von Krebs befallenen Bein litt: »(Die) zwee heiligen kamen zu im, und trugen salb und scharpffe eysen und rührten ihm sein bein an, und sprach einer zu dem anderen: Wa wöllen wir ein bein nemen an deß stat. Da sprach der ein: Man hat heut einen schwartzen moren begraben, deß bein sind frisch. Da sprach der annder: so bring es bald. Da schneid er dem moren ein bein ab und setzet im das bein an, und salbten im das bein überall und legten das böß zu dem moren in das grab. Und da der man erwachet, da empfand er keins weetagen mer, da stund er uff, und hieß ihm sein gesind ein liecht bringen und sagt überall wie im geschehen ware, da lieffent die leuth zu dem moren und sahen das böß bein da liegen [...] und dankten gott und sanct Cosme und Damiano.«

125 StadtA / Bg, Rep. 2 Nr. 8 fol. 241

126 Vgl. GROHNE, 1912, S. 160 f.

127 HEYD, 2. Bd., 1879, S. 546 f.

128 Vgl. VERLINDEN, 1968, S. 383 (32). König, der ausdrücklich als Kaufmann bezeichnet wird, hatte am 27. Januar 1472 schon eine cirkassische Sklavin gekauft. (Vgl. a. a. O., S. 369)

129 GRABBE, Christian Dietrich, *Herzog Theodor von Gothland, Tragödie in fünf Akten*, 1. Akt, 2. Szene (entstanden 1819 bis 1822, erschienen 1827), hier in: GRABBE, 1. Bd., 1960, S. 38 (18 ff.). Vgl. auch: KÖPSTEIN, 1966, S. 93

130 ABAKARI, 1901

131 ibid., S. 292

132 ibid., S. 286

133 ibid., S. 292

134 PARDESSUS, Bd. 4, 1837, S. 515 (Cap. LXXXVIII. *Quot leventur sclavi super navigiis*). Das Gesetz will erreichen, daß die Schiffsführer den knappen Stauraum der Galeeren vollständig für die vom Orient bestellten Waren ausnutzen, und droht deshalb den Kapitänen für den Fall, daß sie Sklaven an Bord lassen, eine Geldstrafe an, fährt dann aber – und gerade hierin zeigt sich der bemerkens-

werte Druck, den die Kaufleute in dieser Frage ausübten – fort: »*Possit tamen dictus patronus,* ***nonobstantibus supradictis,*** *in dicta galea ejus levare et portare cuilibet mercatori secum venienti,* ***sclavum unum tamen quem ipse mercator ducere possit pro famulo.***« (Hervorhebung von mir, P. M.) Ähnlich lautet ein offenbar noch älteres venezianisches Gesetz, an das am 13. Juni 1412 eine Entschließung des Senats erinnerte. (Vgl. HEYD, 1. Bd., 1879, S. 547, Anm. 2, und LANGER, 1891, S. 17)

135 Vgl. Kap. II, Anm. 21

136 CAPMANY Y DE MONPALAU, Vol. I, 1961, S. 423 (285): »*Exceptat, empero, que per vitualles, ne encara per vestidures, armes, vexella, cavalcunures, sclaus e altres coses* ***que sien per lur propi servey e us,*** *no paguen alguna cosa, ans ne sien franchs, segons se usa en lo General de Cathalunya.*« (Hervorhebung von mir, P. M.)

137 CHMEL, 2. Abteilung, 1962, S. 467, Nr. 4542: »*[…] et signanter Sclauos emptitios siue mancipia quecunque sexus utriusque res et bona vestras et vestra in quibuscunque consistentes et constistentia per totum Romanum imperium absque ulla solutione mute*« usw.

138 ENNEN, 3. Bd., 1869, S. 920; vgl. auch: HA/K, Briefbuch 33, fol. 326a (Schreiben der Stadt Köln an den Amtmann zu Mainz vom 14. November 1483)

139 WINKLER, 1939, Bd. 2, S. 111f. (Nr. 431)

140 StA/N, Rst. Nürnberg, B-Laden, Akten, S. IL. 189, Nr. 11, Blatt 7 (Vgl. Chronik Nr. 2, Bd. 6, in: *Müllners Annalen*, S. 755)

141 GNM, HB 2323, Kapsel 1338 und HB 2776, Kapsel 1338

142 Vgl. AS, 15. Jg., Heft 11, Nov. 1938 (Gelegenheitsfunde)

143 Vgl. HAUSCHILD-THIESSEN, 1982, S. 12

144 LANGER, 1891, S. 33

145 RAYNALDO, 1693, S. 423: »*[…] ad Ghineam provinciam tandem pervenirent, […] Exinde quoque multi Ghinei & alii Nigri sex capti, quidam etiam non prohibitarum rerum permutatione, seu alio legitimo contractu ad dicta sunt regna transmissi […]*«

146 BROOKS, 1928, S. 233 f.; vgl. auch: LITTLE, 1947, S. 169

147 Vgl. z. B. LATIMER, 1893, S. 146

148 Vgl. DONNET, 1926, S. 8, wo sich noch weitere Beispiele finden.

149 DENECKE, 1931; RAVENS, 1983, S. 58

150 KOEHN, 1961, S. 160

151 KOEHN, 1961, S. 139 und S. 159

152 *Beschreibung der Insel Nordmarsch, von Jes SIEMSEN, Pastor auf Nordmarsch von 1803–1807,* in: *Beiträge zur Kenntniß der Dänischen Monarchie,* herausgegeben von C. U. D. Freyherrn von EGGERS, Schleswig und Flensburg 1807, 2. Sammlung, hier zit. nach: LORENZEN, 1983, S. 140 f.: »Das Hauptgewerbe der Einwohner ist Schiffahrt […] Vormals fuhren sie alle für Amsterdammer Rheder […] Alle Producte des Luxus, als Zucker, Thee, Liqueure usw. bringen sie, wenns möglich ist, von Holland mit, oder lassen sie von dorther kommen. Sie haben überhaupt eine große Vorliebe für Holland, und Amsterdam ist bey ihnen das non plus ultra.«

153 Gemeint ist die 1482 von den Portugiesen erbaute und 1637 in den Besitz der Holländer übergegangene Feste Elimina an der Goldküste (Ghana).
154 *auctroi* (franz.) = Auktion
155 Vgl. KRÜGER, 1969, S. 84
156 LEIP, 1927 (1954), S. 45 und S. 61 f.
157 Persönliche Mitteilung von Dr. Eichhorn, Direktor des Ostfriesischen Landesmuseums, Emden
158 ibid. Vgl. auch: PÖTTER, 1980
159 EICHENDORFF, Tagebucheintrag vom 28. April 1805, in: Werke, Bd. 4, 1980, S. 473
160 LEIP, 1927 (1954), S. 67. Der Name »Husemang« ist wahrscheinlich eine Anspielung auf den Hamburger Advokaten und Domvikar Dr. Joachim Carl Kellinghusen (1740–1823), der zu Beginn des 19. Jahrhunderts einen kleinen Schwarzen erwarb und ihn später in Eppendorf bei Hamburg auf die Küsterschule schickte. Im Kirchenbuch von Eppendorf findet sich eine Eintragung von »Georg Mohr«, der am 19. Mai 1802 auf den Namen Franz Georg Husen getauft wurde: »Dieser Mohr ist im 7. Lebensjahre von seinem Geburtsorte St. Eustache (d. i. eine der Leeward-Inseln der Kleinen Antillen, P. M.), wo er Francis genannt wurde, über Boston und London am 1. 6. 1793 mit Dr. v. Exter nach Hamburg gekommen.« StA/HH, Kirchenbuch von Eppendorf (Eppendorfer Umschreibelisten von 1831); vgl. auch: ALBERS/CLASEN, 1963, S. 3
161 BOHMBACH, 1977, S. 32. Die *»Merchant Adventurers«*, eine Handelsvereinigung verschiedener Engländer, hatten sich 1592 in der damaligen Hansestadt Stade niedergelassen, nachdem ihnen gewisse Handelsprivilegien gewährt worden waren. Sie blieben zehn Jahre lang in Stade, obgleich sie durch eine vehemente Opposition anderer fremder Kaufleute in Hamburg und anderen Hansestädten, die durch spanische Interessen genährt wurde, starken Behinderungen ausgesetzt waren. Fynes Moryson, der im Oktober 1592 in »Stode« war, sagte: *»It is strange how the people raile on English-men in these parts.«* Auf Anordnung von Kaiser Rudolph II. wurden die Engländer schließlich 1597 aus Stade verbannt, worauf Königin Elizabeth I. die sogenannten *»Easterlings«* (von denen das Wort *»Sterling«* auf die Bezeichnung des englischen Geldes übergegangen ist) aus dem »Stahlhof«, dem Londoner Sitz der Hanse in der Lower-Thames-Street, vertrieb. Vgl. WHEELER, *Treatise of Commerce*, 1601 (1931), S. 21 (147) und S. 332; S. 48 f. (174 f.) und S. 384 f.; S. 66f. (192 f.) und S. 367 f.; schließlich: S. 112 (238) bis S. 135 (261) und S. 403 bis S. 418
162 NStA / St, Rep. 5b, Fach 149 Nr. 21 *(»[...] concedit ipsis aliisque Hebraeae stirpis mercatoribus boni nominis quibiscumque, sive Lusitani, Hispani, Itali, Orientales, **Africani** vel alii fuerint et undecumque venerint [...]«* – Hervorhebung von mir, P. M.); vgl. BOHMBACH, 1977, S. 60. Die Annahme, daß in dieser Zeit schwarzafrikanische Kaufleute so weit nach Norden gekommen sein mögen, wird – nebenbei gesagt – wahrscheinlicher, wenn man bedenkt, daß dies in der Tat auch schon früher gelegentlich vorgekommen war. Schon im »Hochmittelalter« hört man aus Alexandria, daß dort »Deutsche, Dänen, spanische und andere Araber, *Abessinier* und *Nubier*« verkehrten. (HENNIG, 2. Bd., S. 437, Hervor-

hebung von mir, P. M.) In dem um 1180 entstandenen epischen Gedicht *Herzog Ernst*, dem man »die größte Klarheit« im geographischen Detail bescheinigt hat (SZKLENAR, 1966, S. 153), ist von äthiopischen Kaufleuten die Rede, die von Indien aus die Rückreise in ihre afrikanische Heimat antreten (Ausgabe BARTSCH, 1869, S. 113, Verse 5338–5349), vielleicht ein Hinweis darauf, daß afrikanische Kaufleute schon damals sehr weit kamen. In der zweiten Hälfte des 11. Jahrhundert finden sich nach Auskunft des Dichters Wilhelm von Apulien in Amalfi Araber, Libyer, Sizilier und *Afrikaner*. (Vgl. SCHAUBE, 1973, S. 33) Nach SOMBART, 1. Halbband, 1969, S. 118 f., sind neben Arabern, Libyern, Nordafrikanern, Griechen und Italienern auch *Afrikaner* in den europäischen Norden gelangt.

163 Vgl. GRUNWALD, 1902, S. 142 ff., wo auf S. 146 ff. auch ein entsprechendes Privileg in holländischer Sprache abgedruckt ist. (Siehe dort bes. §14 auf S. 148)

164 Vgl. GRUNWALD, 1902, 128 ff.

165 Heinrich LOTH, 1990, S. 23, verdanke ich den Hinweis auf eine arabische Chronik, welche die Zusammensetzung der Bevölkerung Ägyptens im 7. Jahrhundert, zur Zeit des Einfalls der Muhammadaner, beschreibt: »Als die Moslimen nach Ägyptenland kamen, war es gänzlich mit Christen angefüllt, die sich in zwei nach Abkunft und Religionsglauben verschiedene Teile teilen: der eine, die regierenden, bestand aus lauter Griechen von den Soldaten des Beherrschers von Constantinopel, Kaisers von Griechenland [...] und deren Zahl sich auf mehr als 3 000 000 belief, der andere Teil, die ganze Masse des Volkes von Ägypten, Copten genannt, war ein *vermischtes Geschlecht, so daß man nicht mehr unterscheiden konnte, ob jemand unter ihnen von Coptischer, Habessinischer (d. i. äthiopischer, P. M.), Nubischer oder Israelitischer Abkunft war* [...] Ihre Zahl belief sich auf mehrere Hundert Tausend, denn sie waren eigentlich die Bewohner von Ägyptenland im oberen und unteren Teile.« (Hervorhebung von mir, P. M.) NIEBUHR, 1787, S. 424, schreibt: »Mohammedanische Kaufleute zu Kahira, Dsjidda, Suratte und in andern Städten, kaufen gern [...] (eigentliche Neger-) Knaben, lassen sie Schreiben und Rechnen lernen, betreiben ihren großen Handel fast gänzlich durch Negersklaven, und schicken sie zu Errichtung von Handelskomtoiren in entfernte Länder.«

166 Nach Manuel CHAVES Y REY, *Cosas nuevas y viejas*, Sevilla 1904, gab es zum Beispiel in Sevilla unter denjenigen, deren Wohlstand über das gewöhnliche Maß hinausging, kaum eine Familie, die nicht zwei oder mehrere Schwarze in ihren Diensten gehabt hätte. Vgl. auch: BROOKS, 1928

167 LA/SH, Abt. 11, Bd. XIII.1, Stadt Glückstadt, Nr. 1815 I, »1680 No. 92 betrifft den vom Obrist-Lieutenent Richelieu den Juden Moses Josua Henriques entwandten Mohren«, Blatt 24, Zeile 9 ff.

168 ibid., Blatt 8, Zeile 16 f.

169 ibid., Blatt 7, Zeile 15 und Blatt 23, Zeile 4 ff.: (»[...] für ohngefehr 3 Jahren ich einen Mohren aus Guinea durch einen Schifer, der von hir järlich an selbige Küsten fähret, anhero (habe) bringen laßen [...]«)

170 Nach FEILCHENFELD, 1898, S. 3, n. 3, sind die iberischen Juden eher *direkt aus Portugal* als auf dem Umweg über Zwischenstationen wie Amsterdam hier-

her gekommen, und tatsächlich findet sich im StA / HH zum Beispiel eine Akte von der Ankunft eines Schiffes aus Portugal, mit dem am 10. April 1648 auch einige Juden in Hamburg eintrafen. (Cl. VII, Lit. Hf. Nr. 5, Bd. 4a) Vgl. auch: KELLENBENZ, 1958

171 Vgl. CASSUTO, 1911, S. 280, n. 1. Wenn die nach Norddeutschland gekommenen portugiesischen Juden schwarze Bedienstete mit sich führten, dann haben sie freilich nur getan, was im Fall ihrer Glaubensgenossen, die es nach Amsterdam verschlagen hatte, viel besser belegt werden kann. Dazu etwa: CASTRO, 1883, S. 21 (28. Sept. 1617): »*Eene slavin van Ab.Aöaf, naast de slavin van David Netto*«; S. 22 (9. Juni 1619): »*Abigail Obediente, eene Mulatin, aan het hoofd van den, in leven onbesneden, zoon van Lobatto*«; S. 23 (25. Dec. 1620): »*Eene Mulatin, vrouw van den Mulat Trombeta, naast David Soares*«; S. 26 (10 Maart 1624): »*Sara Israël de Mulatin, buiten de schuting, op de bestemde plaats, omdat ook zij zich niet gebaad had*«; schließlich S. 31 (27. Maart 1627): »*Eliezer, de neger van Paulo de pina, rij 10 No 32.*«

172 Vgl. STILL, 1970, 285

173 Vgl. FEILCHENFELD, 1898, S. 3, Anm. 3, und GRUNWALD, 1902, S. 7

174 StA / HH, Cl. VII Lit., Hf. Nr. 5, Bd. 3a, Fasc. 3 (»Rolla der Portugisischen Nation [...]«, Nr. 14). Nach CASSUTO, 1927, S. 1, »(waren) die meisten der Neuankömmlinge [...] Großkaufleute, deren Reichtum bald Neid erweckte [...]«

175 Das Dokument ist abgedruckt in: CASSUTO, 1911, 278 ff., das Zitat auf S. 280; siehe dort auch Anm. 1.

176 StA / Br, HV Nr. 234 (Leichenpredigt zum »[...] Andencken der Redlichkeit Des Weyland Hoch=Fürstl. Cammer=Dieners Rudolph Mohrens«, S. 1). Zum weiteren Lebensweg dieses Schwarzen, dessen vollständiger Name offenbar Rudolph August Mohrens lautete, siehe: KITTEL, 1965, S. 80 ff.

177 ibid.

178 ibid.

179 Zur Einführung in diesen Komplex: WALLERSTEIN, Vol. I, 1974, Kap. 1, besonders S. 24f.; HILTON, 1974; DUBY, 1977; endlich: ZÖLLNER, 1979, S. 185 f., wo es heißt: »Die später so schmerzlich empfundene passive Handelsbilanz im Verkehr zwischen Europa und dem Orient trat schon zur Zeit der Kreuzzüge in Erscheinung, indem Italiener, Provençalen und Katalanen die Importe aus Asien und Afrika nicht durch Rohstoffe und Gewerbeprodukte ausgleichen konnten, sondern auch erhebliche Zahlungen in Geld und Edelmetall leisten mußten.«

180 Vgl. DELUMEAU, Bd. 2, 1985, S. 363 f.

181 ULRICH VON HUTTEN, Bd. 4, 1860, vgl. etwa: S. 391 (25) bis S. 392 (1), wo der Kaufmann zu Hutten sagt, nachdem dieser sich über die wahrhaft königliche Verschwendung der Fugger verbreitet hatte: »*Mitte Fuccheros, odiose satis contactos prius [...]*«, d. h. »Laß die Fugger, die du widerwärtig genug früher angegangen hast [...]«

182 ibid., S. 373 (22)

183 ULRICH VON HUTTEN, ibid., S. 369 (27) bis S. 370 (18), das Zit. S. 370 (11–18): »***Franciscvs:*** *[...] omnia loca, omnes regiones, maria, terras atque*

omnes mundi angulos exploratis, ut inveniatur quod adversum nobis pecuniam hinc avertat, ia ut credibile sit coniurasse vos ne aurum vel argentum sinatis in Germania reliquum esse ullum. ***Mercator:*** *Et tamen negare non pulchrum esse peregrina ista hic haberi.* ***Franciscvs:*** *Imo contra naturam dico adportari quae hic non nascuntur.«*

184 Zitiert nach: PARACELSUS, 1570. Nach FLÜHLER-KREIS, 1980, S. 3 ff. und S. 31 f., ist eine ambivalente Haltung den »Mohren« gegenüber – zumindest für das gesamte sogenannte »späte Mittelalter« – charakteristisch: Der Mohr »verkörpert sowohl ein fremdländisches Element, dem ein märchenhafter Beiklang anhaften kann, wie auch ein symbolisches, das mit dämonisch oder widernatürlich umschrieben werden kann.«

185 HERMANN VON SACHSENHEIM, 1878, S. 56 (Verse 292, 300, 307, 309 und 311)

186 FLÜHLER-KREIS, 1980, S. 10, schreibt: »Etwas vom geheimnisvoll Exotischen schimmert in der Beschreibung des nubischen Königs und seines Gefolges bei Robert de Clari durch, wenn Andeutungen auf den unermesslichen Reichtum des Mohrenfürsten sowie auf sein unbekanntes, weitentferntes, nur unter Schwierigkeiten zu erreichendes Land gemacht werden. Die anwesenden französischen Barone zeigen denn auch Erstaunen und Bewunderung ob all der fremdländischen Pracht.« Vgl. auch weiter oben, Kap. II, Anm. 1

187 CHRISTINE DE PISAN, *Mutation de Fortune*, 1403/4, Chantilly Musée Condé, Ms. 494/567 folio 16r. Vgl. SCHAEFER, 1937, S. 119–208 (siehe besonders S. 187–193), und MEISS, 1974, Vol. I (Text Volume), S. 8–12 und S. 291 f., sowie Vol. II (Plate Volume), Plate 20

188 MEISS, 1974, Bd. 1, S. 11

189 IOB, Vol. II, Part 2, S. 76

190 FAHNE, 1854; RUDWIN, 1915; LEHMANN, 1922; ERICH, 1931, S. 81; YOUNG, 1933; CATHOLY, 1961; HEERS, 1986, S. 200 f.

191 Dazu: FAHNE, 1854, S. 48 und S. 55, wo eine französische Quelle aus dem Jahr 1444 zitiert wird, in der ein geistlicher Würdenträger sagt: »Fässer mit Wein würden springen, wenn man ihnen nicht von Zeit zu Zeit Luft ließe«; und ERICH, 1931, S. 81. Vgl. ferner: HEERS, 1986, S. 200 f., S. 253 und S. 274 f.

192 RUDWIN, 1915, S. 32

193 Zit. nach: SUMBERG, 1966, S. 145

194 Näheres zu diesem Elefanten, der die Gemüter lange Zeit außerordentlich beschäftigt hat, bei: KANTOROWICZ, Bd. 1, 1973, S. 168 und S. 286 f. und Bd. 2, S. 137

195 SUMBERG, 1966, S. 124 f.; HEERS, 1986, S. 276 ff.

196 PHILOPATRIDAE CHARITINI, *Wahrhaffte Relation vnd Historischer, Politischer, Höfflicher Discours vber deß Durchl. etc. Johann Fridrichen Hertzogen zu Würtemberg etc. gelegentlich der Taufe des Prinzen Friedrich im März 1616 stattgefundenen Festlichkeiten*, Stuttgart 1616, Quer-Folio, hier zit. nach: SITTARD, 2. Bd., 1891, S. 180 f.

197 Vgl. dazu: RUDWIN, 1915, S. 76, wo sich zahlreiche Beispiele finden. Ferner: DRIESEN, 1904, S. 172 ff.; HEERS, 1986, S. 267

198 StadtB/N, Hs. Nor. K. 444, fol. 35v. Vgl. auch Cod. Ms. 55b der Staats- und Universitätsbibliothek Hamburg, in dem sich ein ähnliches Bild befindet. Ferner: SUMBERG, 1966, S. 123, und HEERS, 1986, S. 278. In den Nürnberger Ratsprotokollen ist später auch unter »*Sabbato post Erhardi* (9. Jan.) 1479« verzeichnet: »[...] dem Gutpier, rotsmid, ist vergonnt, ein morischkotanz und etlich in paurenweis darbei ze haben [...]« (Vgl. HAMPE, 1899, S. 101, Nr. 8)

199 Ratsprotokoll der Stadt Nürnberg vom »*Sabbato, ipso die Blasii*« (3. Febr.) 1487 (Vgl. HAMPE, 1899, S. 102, Nr. 13)

200 Vgl. HOLBACH, 1989, S. 443

201 BRANT, 1980, S. 351 (3–8), vgl. auch ibid., S. 352 (60–65)

202 HOLBACH, 1989, S. 443. In Göttingen wurde beispielsweise schon im 14. Jahrhundert nach voraufgegangenen »Exzessen« das dort, wie auch andernorts, übliche »Pfänden« untersagt, bei dem zu Fastnacht bestimmte Personen – zumeist Angehörige der betuchten Bürgerschichten – entführt wurden, um dann ein Lösegeld von ihnen zu fordern; in Hildesheim, wo die »Betteleien« im Schutz des Trubels offenbar immer »unverschämter« wurden, hieß es 1444 (und erneut 1522): niemand solle »woerste halen eder bidden yn den dorendagen«. (Vgl. HOLBACH, ibid., S. 443 f.)

203 *reconquista:* der mehrere Jahrhunderte währende Krieg gegen die Mauren zur Rückeroberung der Iberischen Halbinsel. Sonst auch allgemeiner die Kreuzzugsbewegung gegen die Muselmanen zur Wiedergewinnung des »Heiligen Grabes«.

204 Nach HEERS, 1986, S. 264, wurde die *Morisca* zuerst bei Hof getanzt und erst später bei Karnevalsbelustigungen parodistisch nachgeahmt. In Deutschland wird die *Morisca* schon 1479 als Bauerntanz erwähnt. Im Jahr 1538 tanzten die Straßburger Schneider einen Moriskentanz und waren dabei schwarz gefärbt wie die »Mohren« (DOMOKOS, 1968, S. 251), von Schwerttänzen mit geschwärzten Gesichtern ist 1578 aus Winterthur und Danzig zu hören. Zum Moriskentanz sonst: WOLFRAM, 1953; CATHOLY, 1961, S. 168 ff.; DOMOKOS, 1968; MÜLLER-MEININGEN, 1984, S. 35 ff.

205 Ein Textbeispiel für einen »Morischgentanz« findet sich in: FASTNACHTSPIELE AUS DEM FÜNFZEHNTEN JAHRHUNDERT, 1. Teil, Nr. 14, 1853, S. 121 ff. Allgemein zu diesem Thema siehe: MÜLLER-MEININGEN, 1984, S. 37 f.

206 PHILOPATRIDAE CHARITINI, *Wahrhaffte Relation und Historischer, Politischer, Höfflicher Discours . . .*, Stuttgart 1616, S. 181 (Hervorhebung von mir, P. M.)

207 Zu der Figurengruppe von Grasser siehe: MÜLLER-MEININGEN, 1984

208 MÜLLER-MEININGEN, 1984, S. 56; vgl. auch: IOB, Vol. II, Part 2, 1979, 197

209 ibid., S. 58

210 CATHOLY, 1961, S. 169; MÜLLER-MEININGEN, 1984, S. 38

211 DEBRUNNER, 1979, S. 21

212 Vgl. SUMBERG, 1966, S. 124

213 LINDANUS, 1575, S. 481; vgl. auch: ZAPPERT, 1857, S. 332

214 GRIMM, Jacob und GRIMM, Wilhelm, *Deutsches Wörterbuch*, 5. Bd, Leipzig 1873, S. 259 (Stichwort: »Kasper«)

215 HEERS, 1986, S. 243

216 GRIMM, Jacob und GRIMM, Wilhelm, *Deutsches Wörterbuch*, 5. Bd., Leipzig 1873, S. 258 f. (Stichwort: »Kasper«); vgl. ferner: ROSKOFF, 1. Bd., Leipzig 1869, S. 399, KEHRER, 1976, S. 223 f., und ERICH, 1931, S. 79 ff.

217 SACHS, 1969, S. 885

218 KONRAD, 1974, S. 26 f.

219 ibid., S. 29 f.

220 MARTIN, 1954, S. 31 f.

221 KÖHLER, 1884. André CHASTEL in: DAUM, 1988, S. 119, schreibt: »Den Ursprung der Königin mit dem Gänsefuß muß man in deutschen Texten des 13. und 14. Jahrhunderts suchen; die Legende wandert dann nach Frankreich, wo die Königin von Saba in einer Interpolation des Werkes De *Imagine Mundi* des Honorius von Autun einen Gänsefuß bekommt. [...] Hier dürfte auch das Verbindungsglied zur französischen Volkstradition der ›Reine Pédauque‹ liegen.« Vgl. auch ibid., S. 109, *»Die Königin von Saba als Lilith«*.

222 KÖHLER, 1884, S. 55

223 *Ain Spil von Mayster Aristotiles*, in: FASTNACHTSPIELE AUS DEM FÜNFZEHNTEN JAHRHUNDERT, 1858, Nr. 128, S. 218 (Vers 30–32)

224 VINTLER, 1874, S. 28 (Vers 829–833). Zur Männerkleidung der höfischen Welt vgl. BUMKE, 1986, Bd. 1, S. 197 ff.

225 Für dies und die folgenden Zitate: GRIMMELSHAUSEN, 1956, 20. Kap., S. 572 ff.

226 ibid., S. 277

227 CASSAGNES-BROUQUET, 1990, 241 ff.

228 ibid.

229 ibid.

230 ibid., S. 246

231 CASSAGNES-BROUQUET, 1990, S. 243. Näheres zu Etienne Dolet bei: WOLFF, 1974, S. 266 f. und S. 272

232 CASSAGNES-BROUQUET, 1990, S. 246

233 CASSAGNES-BROUQUET, 1990, S. 248. Ein ähnliches Schicksal erlitten damals selbstverständlich auch die »Heiligen Drei Könige«: Von 1798 bis 1803 nannte sich zum Beispiel das ehrwürdige Gasthaus »Drei Könige« in Straßburg freiheitlich *»Au trois Citoyens«*. (SCHMID, 1934, S. 16)

234 Vgl. BLOCH, 1909, S. 674 f., und BLOCH, 1978, S. 138 f., wo zahlreiche Beispiele angeführt werden.

235 SACHER-MASOCH, *La Tsarine noire (900)*, in: SACHER-MASOCH, 1985, S. 286: *»C'était une superbe femme, qui semblait découpée dans de l'ébène. Une femme troublante par la splendeur nocturne de son corps de bacchante, par le rire cruel de son visage félin et par le sanguinaire éclat de ses yeux voluptueux.«*

236 SACHER-MASOCH, 1980, S. 99. Es ist in diesem Zusammenhang nicht uninteressant, daß auch der Marquis de Sade mehrfach ein »schwarzes Scheusal« erwähnt, »Zingua, die Königin von Angola, die grausamste aller Frauen, (die) ihre Liebhaber hin(schlachtete), sobald sie sie genossen hatte [...]«. (SADE, *Philosophie im Boudoir*, 1980, S. 91)

237 In dem seinerzeit berüchtigten Bordell der Theresa Berkley zu London hielt sich zum Beispiel in den zwanziger Jahren des 19. Jahrhunderts immer auch eine »Negerdirne« speziell für die Ausübung der aktiven Flagellation bereit! (Vgl. BLOCH, 1978, S. 211) Klaus Mann hat später in seinem Roman *Mephisto* (1936) der »schwarzen Venus«, Prinzessin Tebab, eine wichtige Rolle eingeräumt, einer kuriosen Melange aus dem Mädchen *Juliette* De Sades, der »Venus im Pelz« des Sacher-Masoch, einem wilden »Urwaldmädchen« und einer jener schwarzen Prostituierten, die es seit langem in Hamburgs Hafenzone gegeben hatte. Die Augen ihres Liebhabers, des Schauspielers Hendrik Höfgen, hingen stets »zugleich begehrend und furchtsam an ihrer gebieterischen Miene«, wenn sie mit ihren grünen Schaftstiefeln aus geschmeidigem Lackleder erschien, die ihr bis über die Waden reichten. »Zu den schönen Stiefeln und dem kurzen Rock trug die Prinzessin ein graues Pelzjäckchen, dessen Kragen im Nacken hochgeschlagen war. An den dunklensehnigen Handgelenken klirrten breite Armbänder aus gemeinem Goldblech. Das eleganteste Stück ihrer Ausstattung war die Reitpeitsche – ein Geschenk Hendriks. Sie war leuchtend rot, aus geflochtenem Leder. Juliette klopfte mit ihr, in einem kurzen, harten und drohenden Rhythmus, gegen die grünen Schaftstiefel.« *»Viens-tu du ciel profond ou sors-tu de l'abîme – o Beauté?«* – fragte der Schauspieler jedesmal entzückt. (Vgl. MANN, 1991, S. 63, S. 67, S. 72, S. 138 f., S. 180 f. und S. 250 f.)

Kapitel III

1 HAMY, 1906, S. 271 ff.

2 ibid. Daß damals eine so große Zahl von Schwarzen an einem Ort in Deutschland versammelt war, scheint unglaublich, doch stammt der Hinweis aus einer durchaus zuverlässigen Quelle, die im Jahr 1906 immerhin der Präsident der *Société D'Anthropologie de Paris*, M. T. Hamy, veröffentlicht hat. Es handelt sich dabei um einen Brief des Agenten von Monsieur d'Avaux, einem gewissen Saint-Romain, der seinerzeit nach Münster vorausgeschickt wurde, wo er sich seit September 1643 um Quartier für die französische Delegation kümmerte. Wenige Tage nach der Ankunft von d'Avaux am 17. März 1644 schreibt Saint-Romain an den Baron de Rorté, einen anderen Botschafter des Königs, *»estant maintenant à Embden«* einen Brief, in dem der Vorfall zur Sprache kommt. Die Sache ist deshalb nicht ohne weiteres von der Hand zu weisen. Wie sich ein Graf 140 Schwarze leisten konnte, wo selbst Könige es allenfalls auf einige Dutzend brachten, bleibt andererseits ein Rätsel. Tatsächlich fehlt jede Angabe darüber, woher die Schwarzen stammten und wohin sie sich im Anschluß an ihren Aufenthalt in Münster wandten. Als sich d'Avaux Ende 1644 weiter nach Osnabrück begab, ist kein Wort mehr von ihnen zu hören, was bei der für die damaligen Verhältnisse geradezu sensationellen Begleitung von 140 Schwarzen verwunderlich ist. In Münster selbst konnte kein weiterer Hinweis auf die »Mohren« ermittelt werden, sie sind nach ihrem einmaligen Auftritt spurlos verschwunden. Eduard VEHSE, der in seiner *Geschichte der kleinen deutschen Höfe,* 12. Theil *(Die geistlichen Höfe,* 2. Theil), Hamburg 1859, S. 320, den Auftritt des Grafen d'Avaux erwähnt, weiß offenbar auch nichts von den »Mohren«. Es heißt da lediglich: »›die schlimme Excellenz‹ Graf d'Avaux ließ lange auf sich warten, trat dann 1644 in höchster Pracht auf, unter anderem sah Münster damals ganze Hundert mit Sechsen bespannte Karossen.« Vgl. auch: MATHOREZ, Vol. I., 1919, S. 392, und McCLOY, 1973, S. 12 f.

3 Vgl. CURTIN, 1975, S. 117. Herzog Jakob von Kurland (1642–1682), der die Inseln Trinidad und Tobago seinem Patenonkel, dem von Oliver Cromwell im Jahr 1649 hingerichteten König Charles I. von England, verdankte, besaß an der westafrikanischen Küste Faktoreien, von wo aus er sich eifrig in den Sklavenhandel eingeschaltet hatte, an dem er nicht schlecht verdiente.

4 Es sollte hier nicht übersehen werden, daß Europa trotz dieser Steigerung bis zu dieser Zeit den Löwenanteil von allen Sklavenexporten, die von Afrika ausgingen, auf sich zog. Der amerikanische Historiker Philip D. Curtin konnte nach eingehenden Recherchen feststellen: *»Contrary to the usual impression of the earlier literature, the Old-World slave trade was and remained dominant to the middle of the seventeenth century. The trade to Europe itself was preponderant to the end of the fifteenth century [...]«* (CURTIN, 1975, S. 15) Die Zahl der schwarzen Sklaven, die zwischen 1451 bis 1600 nach Europa gebracht wurden, ist bei einer jährlichen Einfuhrrate von ca. 3275 Personen auf insgesamt 488 000 beziffert worden. (Vgl. CURTIN, 1975, S. 116, Tab. 33)

5 Morea = andere Bezeichnung für die griechische Halbinsel Peloponnes
6 HAASE, 1908, S. 244 und S. 348 f.
7 ibid., S. 245
8 Vgl. CURTIN, 1975, S. 115: *»most African slaves who entered Europe after 1600 came as re-exports from the West Indies.«*
9 HAUSCHILD-THIESSEN, 1987, S. 12
10 LA / SH, Abt. 11, Bd. XIII.1, Stadt Glückstadt, Nr. 1815 I, »1680 No. 92 betrifft den vom Obrist-Lieutenent Richelieu dem Juden Moses Josua Henriques entwandten Mohren«, Blatt 23, Zeile 4 f.
11 KITTEL, 1965, S. 84
12 HERQUET, 1883, S. 135
13 SPRINGER, *Merfart,* 1509, in: HIRSCHBERG, Bd. 1, 1962, S. 10
14 ULTZHEIMER, 1971, 150
15 Lediglich im »Königreich Melli« – schreibt Münster – wären »die Leut was kluger«, aber auch nur, weil sie »das Mahometanische Gesetz angenommen«. Münster erweist sich hier als ein Ahnherr jener so zahlreichen Autoren, die den Schwarzen Afrikas jede eigene Kulturleistung absprechen und das, was diese dennoch unbestreitbar an zivilisatorischen Errungenschaften vorzuweisen haben, entweder gern bagatellisieren oder, noch lieber, dem muslimisch-»weißen« Einfluß Nordafrikas zuweisen möchten, hinter dem sich ja im Grunde doch nur die am südöstlichen Rand Europas entwickelte »abendländische Kultur« verberge. (MÜNSTER, 1628, 8. Buch, Kap. 32, S. 1662)
16 ibid., Kap. 31–36, hier S. 1662 ff.
17 Das Werk von Alvares erschien erstmalig 1540 in Coimbra und gilt als das erste umfassende und relativ zuverlässige Werk über Äthiopien. Vgl. PAULITSCHKE, 1882, S. 102 (Nr. 1022) und S. 103 (Nr. 1028), sowie weiter unten, Kap. III, Anm. 18
18 ALVAREZ, Francisco, *Wahrhafftiger Bericht von den Landen, auch geistl. und weltl. Regiment des mechtigen Königs in Ethiopien den wir Priester Johann nennen [...] Aus der Portugall. und Italien. Sprachen in das Deutsche gebracht,* Eiszleben 1566
19 Wie hartnäckig die Vorstellungen vom Paradies im Bewußtsein vieler der damaligen Menschen mit Afrika verbunden waren, zeigt sich, nebenbei bemerkt, nicht zuletzt daran, daß das Paradies selbst nach den ernüchternden Erkenntnissen über die wahre Natur Äthiopiens noch für längere Zeit in Afrika gesucht wurde (bevor man es dann endgültig nach Amerika verschob), nur wurde es jetzt in den in jenen Tagen noch weitgehend unerschlossenen Süden des Kontinents verbannt: Vincent le Blanc, zum Beispiel, der im Jahr 1648 schrieb, lieferte eine (noch bis ins 18. Jahrhundert für bare Münze genommene) phantastische Schilderung des kongolesischen *mwene mutapa*, die ziemlich genau dem Klischee der äthiopischen Wunderwelt des »Priesters Johannes« entsprach. (Vgl. RODNEY, 1975, S. 581) Später stellt sich auch noch Grimmelshausens Protagonist *Simplizissimus* sein utopisches, von den alten Weltmachtträumen der Hohenstaufen durchsetztes Modell von Deutschland so vor, wie Juppiter ihm u.a. auch das Reich des »Priesters Johannes« in Afrika schildert: »[...] eine Stadt mitten in

Teutschland bauen, welche viel größer sein wird als Manoah in America und goldreicher als Jerusalem zu Salomons Zeiten gewesen, deren Wäll sich dem tyrolischen Gebürg und ihre Wassergräben der Breite des Meeres zwischen Hispania und Africa vergleichen soll. Er wird einen Tempel hineinbauen von lauter Diamanten, Rubinen, Smaragden und Saphiren; und in der Kunstkammer, die er aufrichten wird, werden sich alle Raritäten in der ganzen Welt versammeln von den reichen Geschenken, die ihm Könige in China, in Persia, der große Mogul in den orientalischen Indien, der große Tartar Cham, Priester Johann in Africa und der große Zar in Moskau schicken [...]« (GRIMMELSHAUSEN, a. a. O., S. 223)

20 Ein Beispiel für diese Art der Berichterstattung bietet das 1670 in Nürnberg veröffentlichte Buch von *P. Hieronymi, eines Jesuiten in Portugal/Neue Beschreibung und Bericht von der wahren Beschaffenheit 1. des Mohrenlandes/sonderlich des Abyssinischen Kayserthums, etc. ... aus langwueriger Erfahrung zusammengetragen/und dem Weltkuendigen Leser zur angenehmen Nachricht/in die Teutsche Sprache übersetzt.«* Weitere Beispiele bei PAULITSCHKE, 1882, S. 106 ff.

21 KLUGE, 1975, S. 506 (Stichwort: *Neger*)

22 ENS, Gaspar, *West- vnnd ost indischer lustgart: das ist eygentliche erzehlung/wann vnd von wem die Newe welt erfunden ...*, Cöllen 1618, Teil 1, S. 99; vgl. auch: KLUGE, 1975, S. 506 (Stichwort: *Neger*)

23 MEL, Bd. 17, 1976, S. 37 (Stichwort: *Neger*). Eine ähnliche Entwicklung ist seit Mitte des 17. Jahrhunderts auch z. B. in Frankreich zu beobachten, siehe dazu: DELESALLE und VALENSI, 1972, S. 83. Vgl. ferner weiter unten, Kap. III, Anm. 120

24 Vgl. MERGNER et al., 1985, S. 153 ff. In einem 1944 in Berlin bei Knaur Nachf. erschienenen Märchenbuch von Ursula LANGE mit dem Titel *Die drei wunderbare Dinge* wird ein »Mohrenmädchen« als allegorische Figur eingeführt. Sie ist nackt. Ihr gehört der Wunderbaum mit allen Früchten der Welt. Der Schneider (ein Weißer) näht ihr ein Gewand und nimmt den Baum mit. Damit bekommt er die alleinige und unumschränkte Verfügungsgewalt über die Lust. Das Mädchen bleibt zurück. Das im nebenstehenden Bild deutlich als eine junge Frau (und nicht etwa als Kind!) in aufreizender Pose dargestellte »Mohrenmädchen« ist als Sexualobjekt des mit erhobenem Zeigefinger stehenden Schneiders nicht zu verkennen. (Vgl. MERGNER et al., ibid., S. 168, und Kap. III, Anm. 25)

25 In den exotischen Phantasien der »Orientalisten« der ersten Hälfte des 19. Jahrhunderts, die – wie zum Beispiel der Dichter Ferdinand Freiligrath mit seinen »malerischen« Gedichten oder Ludwig Deutsch mit seinen phantastischen Bildern – der damals noch neuen und deshalb noch als besonders farblos empfundenen Nüchternheit der entstehenden Industriewelt entfliehen wollten, zeigte sich dies besonders deutlich: »Wär' ich im Bann von Mekkas Toren ...« war in den tristen Kontoren und frühindustriellen *sweatshops* ein insgeheim häufig gehegter Wunsch, in dessen Kontext die Versprechungen des aus alter Zeit bekannten »orientalischen Mohren« ihren neuen Stellenwert bekamen, indem sie es als ein Medium des exotisch Fremden ermöglichten, die feuchten Träume nach

wilder Erotik, nach Nacktheit, Abenteuer, Trunkenheit, Verweigerung, Müßiggang und Genuß, kurz all die verborgenen, abgewerteten, verbotenen Wünsche und Sehnsüchte der Industriegesellschaft phantasievoll auszuleben. Gedichte und Balladen Freiligraths, die hier zu nennen wären, sind etwa: *Der Schlittschuhlaufende Neger* (1833); *Wär' ich im Bann von Mekka's Thoren* (1836); *Der Mohrenfürst* oder *Am Kongo* (Alle in: FREILIGRATH, *Werke*, Bd. 1, 1886). Vgl. auch: SPANN, 1928, insbesondere S. 75–94

26 Reklamefiguren wie der berühmte »Sarotti-Mohr« von Julius Gipkens und ähnliche Werbeembleme, wie sie schon vor dem Ersten Weltkrieg etwa der Grafiker Ludwig Hohlwein schuf, beweisen, daß die doppelgesichtigen exotischen Schwarzen der Hohenstaufen auch heute noch weiterleben und den Menschen wie eh und je unerhörte Genüsse versprechen. Abbildungen bei: MIRABEL, 1987, S. 61 (Nr. 48 und Nr. 49), sowie S. 63 (Nr. 54)

27 MATHOREZ, Vol. I, 1919, S. 390 f.; McCLOY, 1973, S. 15; DEBRUNNER, 1979, S. 52 f.

28 Vgl. DEBRUNNER, 1979, S. 21

29 Die näheren Umstände dieser Gesandtschaft beschrieb schon Graf von HERTZBERG in seiner *Histoire de la marine et de la compagnie Africaine de Prusse,* eine Handschrift, die später von D. Carl Friedrich PAULI im Rahmen seiner *Allgemeinen preußischen Staats=Geschichte* (7. Bd., Halle 1767, S. 483–512) in deutscher Übersetzung unter dem Titel *Geschichte der Preußischen Seemacht und der africanischen Handelsgesellschaft unter Friedrich Wilhelm dem Grossen und Könige Friedrich I.* herausgebracht wurde. Sehr eingehend hat sich dann auch SCHÜCK, 1. Bd., 2. Theil, 1889, S. 322 ff. diesem Thema gewidmet. Vgl. aber auch: STELTZER, 1981, S. 82 ff. Die (von den genannten Autoren bereits benutzten) Urkunden für das folgende stammen aus dem ehemaligen Preußischen Geheimen Staatsarchiv (PGStA) und befinden sich heute im Zentralen Staatsarchiv der ehemaligen DDR (ZStA), Dienststelle Merseburg, Repositurnummer 65.12 und 60 *(»Contract mit den Capuciers zu Mamfort, Accada und Taccarary getroffen«)* und Repositurnummer 65.10 *(Schutzbrief des Großen Kurfürsten für die Cabisiers von Accada, Taccarary und Tres Puntas nebst deren Angehörigen,* vom 29. September 1684). Beide Dokumente sind abgedruckt bei: SCHÜCK, 1. Bd., 2. Theil, 1889, S. 222 f. (Nr. 89) und S. 236 f. (Nr. 94)

30 HERTZBERG, in: PAULI, 7. Bd., 1767, S. 499

31 *»Contract mit den Capuciers zu Mamfort, Accada und Taccarary getroffen«* (12. Mai 1684), ehemaliges PGStA, heute: ZStA / Mers., Repositurnummer 65.12 und 60; vgl. SCHÜCK, 1. Bd., 2. Theil, 1889, S. 222 f. (Nr. 89)

32 Dazu die unter Anm. 22 angegebene Urkunde sowie den *Schutzbrief des Großen Kurfürsten für die Cabisiers von Accada, Taccarary und Tres Puntas nebst deren Angehörigen* vom 29. September 1684, ehemaliges PGStA, heute: ZStA / Mers., Repositurnummer 65.10; vgl. HERTZBERG, in: PAULI, 7. Bd., 1767, S. 499, und SCHÜCK, 1. Bd., 2. Theil, 1889, S. 236 f. (Nr. 94)

33 Vgl. STELTZER, 1981, S. 83

34 HERTZBERG, in: PAULI, 7. Bd., 1767, S. 499

35 *Capucier* (franz.), *caboceer* (engl.), bzw. auch: *caboceiro* (port.) war nach dama-

ligem Sprachgebrauch die Bezeichnung für einen wichtigen Sklavenhändler an der westafrikanischen Küste, meist unter der Oberaufsicht eines örtlichen »Königs«. Einige von ihnen waren Mischlinge, die sich formell zum Christentum bekannten; einige waren »ehrlich«, andere »gewöhnliche Banditen«, die sich dem Menschenraub verschrieben hätten.

36 Akten des ehemaligen PGStA zu Berlin, heute: ZStA / Mers., 2. Oktober 1684, Reposinturnummer 65.10; vgl. SCHÜCK, 1. Bd., 2. Theil, 1889, S. 323. Der Historiker Eduard VEHSE hat in seiner älteren *Geschichte des preußischen Hofs und Adels und der preußischen Diplomatie*, 1. Theil, Hamburg 1851, S. 132 lediglich dieses über diese Sache zu sagen: »Eine Gesandtschaft aus Guinea von Negerhäuptlingen kam zwar damals unter den großen Kurfürsten nach Berlin, um den neuen Herrn zu verehren, aber die brandenburgische Colonie vermochte sich nicht zu erhalten, die erbauten Forts wurden 1686 von den handelseifersüchtigen Holländern erobert. Später, im Jahre 1720, mußte die ganze Colonie an Holland um 7200 Ducaten und 12 Neger wieder verkauft werden.«

37 Akten des ehemaligen PGStA zu Berlin, heute: ZStA / Mers., 9. Dezember 1684, Reposinturnummer 65.10; vgl. SCHÜCK, 1. Bd., 2. Theil, 1889, S. 323. Eine Anfrage beim St/A Emden ergab, daß sich dort keinerlei weitere einschlägige Dokumente befinden.

38 KNIGGE, 1978, S. 44 ff. Der fortschrittlich gesinnte Freiherr, der seinerzeit in Kassel tätig war, wußte natürlich ebenso wie etwa auch der Kasseler Stadtkirchenkastenmeister Knyriem, der sich schon am 5. März 1759 zu diesem Punkt geäußert hatte, daß »Kriegs Dienste«, speziell eine Tätigkeit als Tambour oder Pfeiffer, »hier zu land die ein(z)ige Emploi solcher leute« war. (Vgl. StA / M, 315 L, Nr. 24, und weiter unten, Kap. III, Anm. 219)

39 Gegen 1460 kamen Serbien und Bosnien unter die Herrschaft Konstantinopels, zwei Jahre später die Walachei, 1517 Syrien, Mesopotamien, der Hedschas und Ägypten, zwei Jahre danach Algerien, dreißig und fünfzig Jahre später Tripolis und Tunesien. Die Krim, das Moldaugebiet, Siebenbürgen und Ungarn wurden Verbündete und Vasallen. 1683 standen die Türken vor Wien.

40 Aus der umfangreichen Literatur zu diesem Thema wurden hier benutzt: OPPERT, 1870; ZARNCKE, 1876–79 (diese Arbeit enthält alle bekannten Originalquellen zum Thema); HENNIG, Bd. 2, 1953, S. 79 ff. und Bd. 3, 1953, S. 438 ff.; DORESSE, 1957; BAUDET, 1965, S. 14 ff.; MEDEIROS, 1972–1973, S. 61 ff.; BRINCKEN, 1973, 382 ff.; IOB, Vol. II, Part 2, S. 24 ff.; KNEFELKAMP, 1985

41 Vgl. Kap. I, Anm. 135

42 OTTO BISCHOF VON FREISING, Chronik, VII, 32–33, 1960, S. 556 ff.; vgl. WITTKOWER, 1942, S. 179 ff.; HENNIG, Bd. 3, 1953, S. 11–23; DORESSE, Bd. 2, 1957, S. 213 f.; BAUDET, 1965, S. 17; MEDEIROS, 1972–1973, S. 262, und DEVISSE, in: IOB, Vol. II, Part 1, S. 119–130

43 Die Originalabschrift des Briefs findet sich bei: ZARNCKE, 1. Abhandlung, 1879, S. 940–944, eine Übersetzung bietet HENNIG, Bd. 2, S. 442–445. Zur Frage der »afrikanischen« Identität des »Priesterkönigs« siehe: BRINCKEN, 1973, S. 266 und S. 389 ff. sowie: KAPLAN, 1985, S. 46 f.

44 Vgl. zum Beispiel: MEDEIROS, 1972–1973, S. 265 ff., wo es u. a. heißt: »*Le Prêtre Jean est un instrument idéologique de combat. Son évolution dans l'espace est fonction du rôle qu'on lui prête dans la lutte contre l'Islam.*«

45 CERULLI, 1943/47; HENNIG, Bd. 3, 1953, S. 84

46 MAURO DA LEONESSA, 1929; BRINCKEN, 1969, S. 98

47 Eine 30 Mitglieder (!) zählende äthiopische Gesandtschaft, die im Jahr 1306 nach Rom und Avignon gekommen und auf der Rückreise durch ungünstige Wetterverhältnisse längere Zeit in Genua aufgehalten worden sein soll, hat jedenfalls kaum merkliche politische oder sonstige Spuren hinterlassen, wenn man von einem lange praktisch unbeachteten Bericht des Kartographen Giovanni da Carignano (ca. 1291–1329) absehen will, der überdies nur noch in Form einer von Jacopo Filippo Foresti von Bergamo (1434–1520) stammenden Zusammenfassung auf uns gekommen ist. Vgl. dazu: R. A. SKELTON, in: CRAWFORD, 1958, Appendix III, S. 212–215, wo auch der Text Forestis vollständig abgedruckt ist, sowie: LACHAT, 1967

48 HENNIG, Bd. 3, 1953, S. 87, schreibt, nachdem er über die vergeblichen Bemühungen um eine Union der katholischen und der koptischen Kirche auf dem Konzil zu Florenz (1439) gesprochen hat: »Im übrigen darf nicht verkannt werden, dass die [...] fortgesetzten Bemühungen, mit Abessinien als dem angeblichen Reiche des Priesters Johannes in Verbindung zu kommen, stark durch politische Wünsche mitbeeinflußt wurden. [...] Es kann schwerlich ein Zufall sein, dass kurz zuvor, um 1320, Marino Sanudo als begeisterter Befürworter einer politischen Ausdehnung der Macht der christlichen Länder, ein möglichst enges Bündnis mit dem christlichen Staat Abessinien zur Bekämpfung des Mohammedanismus warm empfohlen hatte. Und des Papstes gesteigerte Bemühung seit 1439, die abessinischen Christen zur Union zu bewegen, gingen sichtlich ebenfalls Hand in Hand mit der Erwartung, sie vielleicht zum Kampf gegen die drohende Türkengefahr heranziehen zu können.«

49 MAURO DA LEONESSA, 1929; HOFMANN, 1942, S. 8 f.; ULLENDORFF, 1960, S. 3–8; BONO, 1966; BRINCKEN, 1969, S. 98 ff.

50 ULLENDORFF, 1960, S. 7 ff.; HAMMERSCHMIDT, 1968, S. 4 ff.; BRINCKEN, 1969, S. 98 ff.

51 LAZZARINI, 1923–1924, S. 840 f.; HOFMANN, 1942, S. 8

52 LAZZARINI, 1923–1924

53 ibid. FEGER, 1964, Bd. 2, S. 263, gibt den Text der Chronik Ulrichs von Riechental wieder: »*Dominus prespiter Johannes debet esse archiepiscopus, et habet sub se 4 archiepiscopos et 30 episcopos, et habebat nullum nuntium hic, nisi fuerunt 3 Ethiopi, qui finxerunt se esse de terra et regno isto. Qui autem ignorabant Latinum neque habebant ydeoma, quod intelligi quisquam poterat.*« Siehe ferner: MUNDY und WOODY, 1961, S. 108 und S. 190

54 Der Name der drei ist durch einen erhalten gebliebenen Geleitbrief bekannt, den ihnen Papst Martin V. ausstellte, als sie 1418 die Rückreise in ihre Heimat antraten (Vatikanisches Archiv, Reg. Vat. 352, 21^{v}–22^{r}). Das päpstliche Schreiben lautet: »*Martinus etc. Universis et singulis, ad quos praesentes pervenerint, salutem etc. Cum dilecti filii Petrus, Bartholomaeus et Antonius Aethiopes exhibito-*

res praesencium et qui in partibus istis per menses plurimos, sicut accepimus, laudabiliter conversati comitante patre Angelo nunc ad propria redire proponant, nos cupientes, ut iidem Petrus, Bartholomaeus et Antonius in reditu plena securitate gaudeant [...] (Es folgt der in der üblichen Form abgefaßte salvusconductus, P. M.) *Datum Constanciae, kalendis ian., pontificatus nostri anno primo.*« (Vgl. HOFMANN, 1942, S. 9)

55 Unter *Schisma* wird im theologischen Sprachgebrauch allgemein jede Spaltung der Kirche Christi durch einzelne Glieder oder Gruppen verstanden, die unter Berufung auf besonderen Geistesbesitz exklusive Heiligkeitsgemeinden bilden. Den zahlreichen Schismen, die die Kirche besonders in den frühen Jahrhunderten ihrer Geschichte immer wieder entzweiten, folgte im »Mittelalter« das bedeutendste und bis heute bestehende *west-östliche Schisma*, d. h. der endgültige Bruch zwischen Rom und Konstantinopel, der sich bereits im 9. Jahrhundert anbahnte. Hauptursachen waren die Verbindung der Päpste mit den fränkischen Herrschern und die Errichtung des westlichen Kaisertums, das im 9. Jahrhundert zwischen Rom und Konstantinopel einsetzende Ringen um den Vorrang in der Slawenmission sowie das bei Päpsten und bei Patriarchen wachsende Selbständigkeitsbewußtsein. Außerdem kamen Verschiedenheiten in Ritus und Liturgie hinzu.

56 HOFMANN, 1942, S. 6 f. Zur besonderen handelspolitischen Bedeutung von Konstanz in diesem Zusammenhang vgl. STRIEDER, 1919, S. 6 ff.

57 ULRICH VON RICHENTAL, 1913, S. 5. Graf Froben Christoph von ZIMMERN berichtet in seiner *Chronik der Grafen von Zimmern* (1566), hier: Bd. 1, 1964, S. 147, lediglich vom *»[...] concilium zu Constanz, welches von allen nationen Europæ, auch von den Indianern, Moren und vilen asiatischen, libischen und scitischen völkern besucht ward [...]«*

58 HOFMANN, 1942, S. 9

59 Am deutlichsten wurde dies auf dem sogenannten »Unions-Konzil« in Florenz (1441), zu dem sich neben koptischen Christen erneut eine äthiopische Delegation einfand. (Vgl. die weiter oben, in Kap. III, Anm. 49 angegebene Literatur.) 1450 kam dann schon wieder eine äthiopische Gesandtschaft, diesmal nach Rom. (Vgl. WITTE, 1956, S. 286–298)

60 Vgl. KNOD, 1892, S. 198f.

61 Vgl. weiter oben, Kap. II, Anm. 49. Man wußte damals nicht, daß es sich um eine semitische Sprache handelte. Ge'ez wurde erst zu Beginn des 19. Jahrhunderts von Lorenzo Hervas y Panduro als eine semitische Sprache identifiziert. (Vgl. Holgar PEDERSEN, *Linguistic Science in the Nineteenth Century*, Cambridge, Mass., 1931, S. 9f.) Die wichtigste Arbeit über Potken ist vielleicht: BRINCKEN, 1969; sonst auch: KNOD, 1892; ULLENDORFF, 1960, S. 8, und HAMMERSCHMIDT, 1968, S. 4 f.

62 *Annales Mellicenses* (1517), in: MG-SS. , Vol. IX, S. 530: *»Septem fratres ordinis predicatorum, Ethiopes de India maiori, fuerunt aput nos, et unus eorum legit missam ad unam horam, more et lingua Caldeorum.«*

63 KNOD, 1892, S. 198; BRINCKEN, 1968, S. 81 f.

64 Vgl. weiter oben, Kap. III, Anm. 17

65 Sie erschien in Eisleben unter dem Titel: *Franciscom Aluares Wahrhafftiger Bericht Von den Landen/auch Geistlichem und Weltlichem Regiment/des Mechtigen Königs in Ethiopien/den wir Priester Johan nennen/wolches durch die Kron Portugal mit besondern vleis erkundigt worden.*
66 ULLENDORFF, 1960, S. 7 ff.; HAMMERSCHMIDT, 1968, S. 4 ff.
67 ULLENDORFF, 1960, S. 9 f.; HAMMERSCHMIDT, 1968, S. 7 ff.; DEBRUNNER, 1966. Die wichtigste Quelle für das Leben und Wirken des Abba Gregorius ist *Iobi LUDOLFI alias Leutholf dicti ad suam historiam Æthiopicam antehac editam Commentarius*, Frankfurt 1691, S. 28–47 (enthält eine ausführliche Lebensbeschreibung und einige seiner Briefe auf Äthiopisch mit einer lateinischen Übersetzung); die übrigen Briefe des Äthiopiers in Amharisch mit deutscher Übersetzung in: FLEMMING, 1890 und 1894. Für das folgende benutzt wurde auch: GELBKE, 1810, 1. Bd., S. 162–165, und BECK, 1. und 2. Theil, 1865, wo sich ebenfalls wichtige Originalquellen im Wortlaut und weitere Hinweise befinden. Das vorhandene Porträt des Abba Gregorius befindet sich in dem erwähnten Werk Ludolfs. Es handelt sich dabei um einen Kupferstich, den Elias Ch. Heiss in Augsburg nach einem Porträt anfertigte, welches der Maler Georg Balthasar Sand (gest. 1718) während des Gothaer Aufenthalts Abba Gregorius hergestellt hatte. Das Bildnis ist das erste Porträt eines Äthiopiers, das in Deutschland angefertigt worden ist.
68 Hier zitiert nach: DEBRUNNER, 1966, S. 27; vgl. GELBKE, 1810, 1. Bd., S. 162 f., und BECK, 1. Theil, 1865, S. 565
69 DEBRUNNER, ibid.
70 ZEDLER, 18. Bd., 1738, Spalte 995
71 BENZ, 1947, S. 7
72 HAMMERSCHMIDT, 1968, S. 7. Zur Biographie Ludolfs sei hier zunächst auf den sehr materialreichen Artikel in ZEDLERS UNIVERSAL LEXICON, 18. Bd., 1738, Spalte 991–996 verwiesen, der eine leicht überarbeitete Fassung eines Aufsatzes bietet, welcher schon 1731 in FRITSCHENS ALLGEMEINEM HISTORISCHEN LEXICON, (3. Aufl.), 3. Theil, S. 256 f., erschienen war.
73 MICHAELIS, Halle 1724, S. 92 ff.
74 Grundlegend hierzu: MAURO DA LEONESSA, 1929; sonst: ULLENDORF, 1960, S. 8 und S. 10, sowie: HAMMERSCHMIDT, 1968, S. 8, und DEBRUNNER, 1979, S. 49 ff.
75 ZEDLER, 18. Bd., 1738, Spalte 993
76 Vgl. BECK, 1. Theil, 1865, S. 564 und 566, sowie: DEBRUNNER, 1966, S. 27
77 Vgl. weiter oben, Kap. III, Anm. 27
78 Schreiben Georg Achaz Heldburgs an Herzog Ernst, Heldburg, 29. Mai 1652, in: Haus und Staatsarchiv zu Gotha, E.X. 12, hier zit. nach: BECK, 1. Theil, 1865, S. 565, Anm. 816
79 Gregorius schreibt von Ludolf (Rom, 8. August 1649): »*Quemadmodum fuisti in tristitia et moerore propter separationem tuam a me: ita et me quoque adussit ignis tristitiae in interiore animi mei hucusque [...] Propterea ego quoque dilexi te, sicut dilectum filium et possui te sicut annulum in corde meo, sicut sigillum in bracchio meo, sicut dixit Salomon in Cantico canticorum cap. 5.*« Ludolf aber

sagte später von Gregorius: »*Erat vir egregius, comis ingenio et hilaris: modeste et facetus, et caude facundus, simulque probus et prudens, conversationis jucundissimae, ita ut ex istius viri ingenio bonam de caeteris Habessinis spem conciperemus, posse aliquid pro communi Christianorum bono cum illis agi.*« (Vgl. LUDOLFI, Iobi, *Historiae Æthiopicae Commentarius*, Frankfurt 1691, S. 36 sowie ibid., Dedicatio)

80 Hiob Ludolf an den Hofrat Georg Achaz Heldburg, Schreiben vom 24. Mai 1652, in: Haus- und Staatsarchiv zu Gotha, E.X., 12, hier zit. nach: BECK, 1. Theil, 1865, S. 564 f., Anm. 816

81 ibid.

82 ibid., S. 566

83 MICHAELIS, 1724, S. 92

84 BECK, 1865, 1. Theil, S. 569

85 MICHAELIS, 1724, S. 95 f.

86 ibid., S. 94

87 Zit. nach: DEBRUNNER, 1966, S. 28

88 Eine zusammenhängende Darstellung dieser Äthiopienexpedition ist auf Betreiben Hiob L. Ludolfs von D. IO. Henr. MICHAELIS verfaßt worden und unter dem Titel *Sonderbarer Lebens=Lauff Herrn Peter Heylings, Aus Lübec, Und dessen Reise nach Ethiopien; Nebst Zulänglichem Berichte Von der in selbigem Reiche zu Anfange des nächst=verwichenen* ***Sæculi*** *entstandenen Religions=Unruhe: Aus des Sel. Hn. Geh. Rath Ludolfs Edirten Schriften und andern noch nicht gedruckten* ***Documenten****. . .*, Halle 1724, erschienen. Das Buch enthält bzw. benutzt alle wesentlichen Dokumente zu diesem Thema, auch die, die Ludolf in seinem *Commentarius ad suam Historiam Aethiopicam, altera Adpendice*, Frankfurt a. M. 1691, herausbrachte. Zur Person von Peter Heyling vgl. auch: ZEDLER, 12. Bd., 1735, Spalte 2080 (Stichwort: »*Heyling, Petr.*«), sonst: DEBRUNNER, 1966

89 MICHAELIS, 1724, S. 6f.

90 ibid., S. 100

91 ibid.

92 ibid., S. 175

93 Vgl. DEBRUNNER, 1966, S. 27

94 MICHAELIS, 1724, S. 101

95 ibid., S. 175

96 ibid., S. 177

97 ibid., S. 175

98 ibid., S. 176

99 ibid.

100 LUDOLF, *Iobi Ludolfi alias Leutholf dicti ad suam Historiam Aethiopicam antehac editam ommentarius*, Frankfurt a. M. 1691, S. 554, Vgl. auch: MICHAELIS, 1724, S.):(4 f.

101 MICHAELIS, 1724, S. 177

102 Die folgenden Angaben über Acalexus sind ebenfalls in den Grundzügen von MICHAELIS übernommen.

103 MICHAELIS, 1724, S. 178
104 ibid., S. 179
105 ibid., S. 180f.
106 ibid., S. 182
107 BECK, 1. Theil, 1865, S. 570
108 Zit. nach: DEBRUNNER, 1966, S. 28; vgl. BECK, 1. Theil, 1865, S. 570
109 HAMMERSCHMIDT, 1968, S. 10
110 *Instructions=Puncta für Johann Michael Wansleben*, vom 29. Juni 1663, hier zit. nach: BECK, 2. Theil, 1865, S. 165
111 Die von Herzog Ernst unterzeichneten *Instructions=Puncta für Johann Michael Wansleben* datieren vom 29. Juni 1663 und sind vollständig im Wortlaut abgedruckt bei: BECK, 2. Theil, 1865, S. 162 ff.(44)
112 Vgl. dazu auch die Angaben über die Person und die Reise von Wansleben, die Leibniz Ende Dezember 1691 oder Anfang Januar 1692 brieflich dem Landgrafen Ernst von Hessen-Rheinfels übermittelte. Der Brief ist enthalten in: LEIBNIZ, *Sämtliche Schriften und Briefe,* 1. Reihe, 7. Bd., Berlin 1964, S. 229 f. (Nr. 121)
113 Die von Sachsen ausgehenden, nach Afrika gerichteten Aktivitäten hörten damit freilich keineswegs auf. So schickte beispielsweise Kurfürst August II. im Jahr 1731 eine Expedition nach Afrika, an der mehrere Gelehrte und auch ein Maler teilnahmen. Sie stand unter Leitung von Professor Hans Ernst Hebenstreit. (Vgl. WEBER, 1865) Der von Hebenstreit verfaßte Expeditionsbericht ist abgedruckt in: BERNOULLI, Johann (der Jüngere), *Sammlung kurzer Reisebeschreibungen*, Bde. 9–12, Berlin 1743
114 MARINELLI, 1581, Das XX. Capitel, S. 555 ff.
115 MONTAGUE, Vol.1, 1763, S. 98 f. (*Letter XVIII,* To The Lady R(ich), Hanover, Oct. 1, O. S. 1716): »*All the women (in Hanover) have, literally, rosy cheeks, snowy foreheads and bosoms [...] Those perfections never leave them, till the hour of their deaths, and have a very fine effect by candle light; but I could wish they were handsome with a little more variety. They resemble one another as much as Mrs.* ***Salmon's*** *court of Great Britain* (ein Wachsfigurenkabinett, P. M.), *and are in much danger of melting away, by too near approaching the fire, which they, for that reason, carefully avoid, though 'tis now such excessive cold weather, that I believe they suffer extremely by that piece of self-denial.*«
116 MONTAIGNE, *Essays*, 1. Buch, Kap. 40, 1908, S. 163
117 ALEXIUS, 1575, S. 155
118 Vgl. SIMON, 1983, S. 56
119 Als Zeitgrenze für den Beginn der neuen Mode wird etwa das Jahr 1660 angenommen. (SIMON, 1983, S. 16) Zur Frage der gesellschaftlichen Funktion der neuen Kosmetik ebenfalls vor allem SIMON, 1983, S. 67–71, wo es u. a. auf S. 69 heißt: »Kosmetika hatten aber über die ›*civilité*‹ hinaus in der stilbildenden höfischen Gesellschaft Europas auch eine soziale Funktion, die dem Wunsch der ›*upper classes*‹ entsprang, ›*to be different from the lower classes*‹.« Vgl. auch: ANGELOGLOU, 1970, und CORSON, 1972.
120 GRIMM, Jacob und GRIMM, Wilhelm, *Deutsches Wörterbuch*, 7. Bd, 1889,

Spalte 520 (Stichwort: *Neger*) und 14. Bd., 1955, Spalte 1191 (Stichwort: *Weisz*); KLUGE, 1975, S. 506 (Stichwort: *Neger*); JORDAN, 1974, S. 52; GEISS, 1988, S. 113

121 Vgl. JORDAN, 1969, S. 5, und GEISS, 1988, S. 113

122 Vgl. ZINCGREF, 1982 (1683), S. 87

123 DE SADE, *Juliette*, Part VI, 1968 (1. Aufl.: 1797), S. 1083: *»There was one who brought two Negresses with him. Naked and flanked by those two women, I was to submit myself to frigging at their hands: the contrast of black and white shortly took effect upon him.«*

124 Von bürgerlicher Seite sah man die Dinge freilich etwas anders. Weniger an den *trennenden* Aspekten interessiert als vielmehr an den Möglichkeiten einer kontrollierten, aufwärts gerichteten *Überwindung* der sozialen Schranken, drückte sich eine der aristokratischen Auffassung geradezu entgegengesetzte Position auch in der ästhetischen Theorie aus, so, wenn der Kunsttheoretiker Winckelmann sich kritisch mit dem kontrastreichen Licht- und Schattenspiel der Maler Caravaggio und Spagnoletto auseinandersetzte und sagte: »Der Grund ihrer finsteren Schatten ist der Satz: Entgegengesetzte Dinge nebeneinander werden scheinbarer, wie es eine weiße Haut durch ein dunkles Kleid wird. Die Natur aber handelt nicht nach diesem Satze; sie geht stufenweis auch in Licht, Schatten und Finsternis, und vor dem Tage geht vorher die Morgenröte und vor der Nacht die Dämmerung.« (WINCKELMANN, *Abhandlung von der Fähigkeit der Empfindung des Schönen in der Kunst und dem Unterrichte in derselben*, in: WINCKELMANN, *Werke in einem Band*, Berlin und Weimar 1986, S. 161; vgl. auch weiter unten, S. 243 f.)

125 KAPLAN, 1982, S. 17, Anm. 28

126 Zit. nach: LUZIO und RENIER, 1891, S. 140; vgl. KAPLAN, 1982, S. 14 f.

127 LUZIO und RENIER, ibid.

128 Zit nach: LUZIO und RENIER, 1891, S. 143

129 Es handelt sich hier um die deutsche Übersetzung einer Bildunterschrift, die der Satiriker François Gacon (1667–1725) für eine Arbeit Simon de la Vallées verfaßte, und die im Original folgendermaßen lautet:

»Sous le riant aspect de Flore
Cette beauté touche les coeurs,
Et par le contraste d'un More
Relève ses attraits vainqueurs.
Mais que disje! des dons de flore
Son teint augmente la fraicheur,
Et la noirceur même du More
Tire un éclat de sa blancheur.«

(Zit. nach: KOPPLIN, 1987, S. 323). Es sei in diesem Zusammenhang schließlich noch auf David DABYDEEN verwiesen, der kürzlich in seiner Studie über *Hogarth's Blacks,* 1987, S. 30 geschrieben hat: *»In van Dyck's* ***Henrietta of Lorraine****, the black is a mere aesthetic foil. The lady's tallness comes out in relation to his smallness, and his dark skin throws into relief the whiteness of her skin. In real life blacks were greatly prized for the intensity of their colour, as the ›For*

Sale‹ advertisements in English newspapers indicate. The Williamson's Liverpool Advertiser of 20 April 1756 carries this advertisement: ›Wanted immediately a Black Boy. He must be of a deep black complexion . . .‹« Vgl. endlich auch: SHYLLON, 1974, S. 6 ff., wo mehrere solcher Anzeigen abgedruckt sind, und RATHELF, 1775, S. 45, wo es die schöne Emilia sehr bedauert, daß die »Mohrin« Cadige sie nicht auf dem Spaziergang begleitete: »Es war mir sehr unangenehm, daß Du nicht bey mir warest, denn der Baron von Schock sagte, ich wäre noch einmal so weiß als sonst, wenn ich bey Dir gienge.«

130 Vgl. HERQUET, 1883, S. 133

131 Zit. nach: ibid., S. 133

132 ibid.

133 Dieses Märchen ist mir seit meiner Kindheit und auch einigen meiner Freunde bekannt. Leider ist es mir jedoch bislang nicht gelungen, eine gedruckte Fassung ausfindig zu machen.

134 GRIMMELSHAUSEN, 1956, S. 235 f.

135 LA/SH, Abt. 11, Bd. XIII. 1, Stadt Glückstadt, Nr. 1815 I, »1680 No. 92 betrifft den vom Obrist-Lieutenant Richelieu dem Juden Moses Josua Henriques entwandten Mohren«.

136 ibid., Blatt 15, Zeile 20 ff.

137 ibid., Blatt 17, Zeile 1 f.

138 Vgl. ZIPPEL, 1898, S. 116 und S. 256, sowie: KOEPPEN, 1972. Alle im folgenden zu diesem Fall angeführten Angaben und Quellenzitate sind der Arbeit KOEPPENS entnommen.

139 HOLTMEYER, 1910 (Textband), S. 287f. Auch »der seit dem Abbruche des alten Schloßes ohnbenuzt in der Materialienkammer aufbewahrt gewesene, von der Statüe eines knienden Mohrs getragen werdende Sonnenanzeiger« kam im folgenden Jahre hierher, um zwischen Salon und Milchhäuschen seinen gebührenden Platz zu finden. (HOLTMEYER, a. a. O., S. 288) Zu der Kasseler »Mohrenkolonie« siehe ferner: HEIDELBACH, 1909, S. 195 f.; HEINEMANN, 1960, S. 90; BOTH und VOGEL, 1973, S. 171 f., und neuerdings auch: SCHÄFER, 1988, S. 44 ff., der allerdings die Bedeutung dieses kleinen Dorfs eher geringer veranschlagen möchte angesichts der Tatsache, daß sich heute lediglich drei schwarze Dorfbewohner nachweisen lassen, und zwar die »Mohrinnen« Betty (Bette) Johnson und Hanne sowie Catharina, »die als Tagelöhnerin ›bei der Wind Mühle‹ arbeitete, die 1784/85 erbaut worden war«.

140 Vgl. HOLTMEYER, 1910 (Textband), S. 287 f.

141 HStA/Mar, Best. 5 Nr. 12249, fol. 4 *(Schreiben an Daniels, datiert: Kassel, d. 21. Juni 1772)*

142 *Brief Schimmelmanns an seinen Prokuristen Gondolatzsch, Hamburg, 5. September 1777,* in: SkmSA A III

143 ibid.

144 Am Hof in Kassel trugen sie zum Beispiel eine Livrée, die aus blauem Rock, Kamisol, roter Hose mit einem Bund aus Samt, seidenen Strümpfen, roten und blauen Kniebändern, Turban und gelben Stiefeln bestand und mit drei großen und dreißig kleinen Knöpfen, Tressen und Litzen verziert war, während an der

Kopfbedeckung eine weiße Feder schwankte. Wie aus der folgenden Quelle ersichtlich, scheute man zur Anschaffung solcher Ausstattung weder Kosten noch Mühe: Dem hessischen Gesandten in Paris, Baron von Boden, wurden zum Beispiel im Jahr 1783 allein »für einen überschickten reichen Mohren Bund« 53 R(eichs)th(a)l(e)r 10 Alb. 1 H(e)l(le)r« aus der landgräflichen Schatulle ersetzt. (SCHÄFER, 1988, S. 41) Ähnliche Beispiele lassen sich leicht von vielen Höfen erbringen.

145 Der preußische »Hofpoet und Ober=Ceremonienmeister« Johann von Besser schrieb zum Beispiel anläßlich der Eheschließung des Königs mit einer mecklenburgischen Prinzessin ein Singspiel mit dem Titel »Alexanders und Roxanens Heirath«, das am 28. November 1708 aufgeführt wurde. In dieser »Opera« halten »vier große Mohren« den »königlichen Dais oder Himmel [...], unter welchem die Vertrauung geschiehet«; zwei kleine »Mohren« tragen »den Schweif des königlichen Mantels von der Roxane«. (Vgl. VEHSE, *Geschichte der deutschen Höfe seit der Reformation*, 2. Theil (2. Bd., 1. Abtheilung): *Geschichte des preußischen Hofs und Adels und der preußischen Diplomatie*, 2. Theil, Hamburg 1851, S. 145 ff.) Noch lange danach wurde solches Gehabe der fürstlichen Damen beim Karneval parodiert, so im Jahr 1824 in Köln, als »8 Mohren die Schleppe [...] (des) reich gestickten Azurmantels« der Prinzessin »Venetia« trugen. (Vgl. FAHNE, 1854, S. 230 f.)

146 MONTAIGNE, *Essays*, 1. Buch, Kap. 42 *(»Über die Ungleichheit unter den Menschen«)*, 1908, S. 189

147 Vgl. HAENDCKE, 1906, S. 297 f., und ALEWYN, 1985, S. 41 ff.

148 Seit der Antike war ein fest um den Hals geschmiedeter Metallring, meist aus Silber oder Kupfer, Kennzeichen der Sklaven. Auf der iberischen Halbinsel wurde später nach der Vertreibung der Mauren aus Kastilien und Leon angeordnet: *»los moros captivos [...] que traigen hierros, porque sean conocidos«* (Vgl. LANGER, 1891, S. 32). Die Sklavenhalter Amerikas haben diesen Brauch ebenso übernommen wie die prunkliebenden europäischen Fürsten. Über Fachkreise hinaus bekannt wurde in diesem Zusammenhang eine Passage bei LITTLE, 1947, S. 167 f., wo es heißt: *»The practice of riveting silver or copper collars round the necks of the Negro serving boy or manservant [...] was part of the mode, and a clear indication of their status as playthings and chattels. In this habit of the ladies and gentlemen of Queen Anne's time of inscribing their coats of arms and cyphers on the collars of their Negro slaves there is an interesting cultural parallel with the modern dog collar engraved with the name and address of the animal's owner. That such a collar was considered as essential for a Negro slave as for a dog is shown by an advertisement in the* London Advertiser *for 1756, in which ›Matthew Dyer intimates to the public that he makes silver padlocks for Blacks or Dogs; collars, etc.‹«* Über die auf den britischen Inseln weit verbreitete Sitte, den schwarzen Sklaven metallene Ringe um den Hals zu schmieden, vgl. auch: FRYER, 1984, S. 22 f., wo zahlreiche weitere Beispiele angeführt werden.

149 NOSTITZ, 1941, S. 144

150 Vgl. KLEMM, 1861, und MACKOWSKY, 1904

151 MACKOWSKY, 1904, S. 85 ff.

152 BRETSCHNEIDER, Daniel, *Abriß und Verzeichnis aller Inventionen vnd Aufzüge, welche an Faßnachten Anno 1609 Als den Durchl. Hochgeb. Fürsten v. Herrn Christian den Andern Hertzogen vnd Churf. zu Sachsen etc. die Durchl. v. Hochgeb. F. v. H. Herr Johann Casimir, Herr Johann Ernst, Hertzogen zu Sachsen etc. so wie Herr Christian Marggraff zu Brandenburg etc. freundlich besucht uff die im Churf. Schloßhoff in Dresden auffgerichte Rennbahn gebracht worden. Verfertigt durch Daniel Bretschneidern Bürgern vnd Mahlern zu Dresden* (SL / D, Mscr. Dresd. J 18). Vgl. auch: MACKOWSKY, 1904, S. 91

153 MACKOWSKY, 1904, S. 91. Bretschneider beschrieb noch verschiedene andere »Inventionen«, in denen ebenfalls Afrikaner auftraten. (Vgl. KLEMM, 1861, S. 186, S. 232 und S. 247)

154 Die anschließende Darstellung folgt KLEMM, 1861, S. 184.

155 ibid.

156 LINDAU, 1885, S. 428

157 VEHSE, *Geschichte der deutschen Höfe seit der Reformation*, 5. Theil (32. Bd.): *Geschichte der Höfe des Hauses Sachsen*, Hamburg 1854, S. 40

158 NOSTITZ, 1941, S. 124

159 NEUMANN, 1970, S. 285. Als sein Sohn Detlef 1676 die gräfliche Residenz nach Drage verlegte, nahm er die inzwischen erwachsenen Schwarzen dahin mit.

160 Zu diesen beiden Schiffen: SZYMANSKI, 1939, S. 38 ff., S. 72 und S. 77. SCHÜCK, 1889, gibt den Namen der *Wappen von Brandenburg* irrtümlich mit *Wappen von Hamburg* an.

161 *Instruction vom 7. Juli 1680*, ehemaliges PGStA, heute: ZStA / Mers., Repositurnummer 65.7

162 *Instruction der brandenburgisch-afrikanischen Kompanie an den Oberkaufmann Herrn von Colster*, StA / Emd. Nr. I / 279A

163 Die meisten der für das folgende herangezogenen Dokumente stammen aus dem ehemaligen Preußischen Geheimen Staatsarchiv zu Berlin (PGStA) und befinden sich heute im Zentralen Staatsarchiv der ehemaligen DDR, Dienststelle Merseburg (ZStA / Mers.). Abgedruckt sind sie bei: SCHÜCK, 1. Bd., 2. Theil, 1889, S. 562–567. Vgl. auch: STELTZER, 1981. Der Hinweis, daß Friedrich Wilhelm I. diese »Mohren« in der beschriebenen Weise verwenden wollte, findet sich im Konzept einer bei SCHÜCK, 1. Bd., 2. Theil, 1889, S. 566, wiedergegebenen königlichen Order, wo die (anschließend wieder gestrichenen) Worte stehen: »weiln Wir Willens sein solche, wann sie vorhero abgerichtet worden, bei Unseren *Troupen* als *Hautbois* zu gebrauchen«. Vgl. weiter oben, Kap. III, Anm. 162

164 *Von Ilgens Bericht über eine Offerte von Rotterdamer Kaufleuten* (5. Oktober 1714), ehemaliges PGStA, heute: ZStA / Mers., Repositurnummer 65.34; vgl. SCHÜCK, 1. Bd, 2. Theil, 1889, S. 562 (Nr. 185)

165 SCHÜCK, 1. Bd., 1. Theil, 1889, S. 297

166 Vgl. *Ramler's Bericht über die Anschaffung von 150 Mohren* (25. November 1714), ehemaliges PGStA, heute: ZStA / Mers., Repositurnummer 65.34; vgl. SCHÜCK, 1. Bd., 1889, S. 564 ff. (Nr. 186), und DEBRUNNER, 1979, S. 96f.

167 SCHÜCK, ibid., S. 566

168 *Königliche Order an Präsident und Bewindhaber, betr. den Kostenanschlag einer Expedition nach Arguim und Guinea*, vom 8. Dezember 1714, ehemaliges PGStA, heute: ZStA / Mers., Repositurnummer 65.34; vgl. SCHÜCK, 1. Bd., 2. Theil, 1889, S. 566 f. (Nr. 187)

169 SIEVEKING, 1936/37, S. 272 f.

170 NStA / Br. H V Nr. 234; vgl. KITTEL, 1965, S. 90

171 ALTENBURG, 1795, S. 26

172 FURTWÄNGLER und REICHHOLD, 1909, Tafel 104 (auch abgedruckt in: SNOWDEN, 1979, pl. 22)

173 Vgl. IOB, Vol. II, Part 2, 1979, S. 197

174 Ein »Äthiopier« aus Mekka, Sa'id ibn Misjah (gest. ca. 714), formulierte sogar die ersten Regeln der arabischen Musik; ein anderer, ein herumreisender Musikant, der sich etwa zur gleichen Zeit großer Beliebtheit erfreute, war Ma'bad, ein »Mulatte« aus Medina. (COMHAIRE, 1956, S. 337) Auch auf einem alten Bild, das im *Schachbuch Alfons X* (des »Weisen«) aus dem Jahr 1283 enthalten ist und heute im Escorial, Bibliothek des Real Monasterio, Madrid, fol. 22[r], 1283 aufbewahrt wird, spielen, um ein weiteres Beispiel zu nennen, zwei dunkelhäutige Mauren Schach und lassen sich dabei von einer schwarzen Sklavin bedienen, während ein schwarzer Musikant auf einer 14saitigen Harfe spielt. Vgl. STEIGER, 1941, S. XIX und S. 104 (Tafel XXII RECTO, Nr. 25), und IOB, Vol. II, Part 1, 1979, S. 88 f.

175 Näheres bei: ROTTER, 1967, S. 58f. Vgl. auch: RESCHER, 1925–26, S. 185, und MEZ, 1922, S. 154

176 PETRUS DE EBULO, *Liber ad honorem augusti*, in: MURAT.SS. , Vol. 31, P. 1, S. 160; vgl. auch: die Hs. Codex 120 (Petrus de Ebulo), f. 102 und f. 134, in der Burgerbibliothek, Bern.

177 HB, Bd. 5, S. 535 f.

178 ibid.: »*mandamus quatenus de sclavis nigris curie nostre si habes ex eis, vel si non habes de sclavis curie nostre, emas de pecunia nostra usque ad quinque, qui habeant a XVI vel XX annis supra, et ipsos instrui facias ad sonandum tubas, quatuor doceantur ad tubas, et unus ad tubectam, et ipsos instructos cum quatuor tubis et una tubecta ad presentiam nostram quam citius poteris, debeas destinare.*«

179 HB, Bd. 5, S. 676: »*[...] de sclavis docendis ad tubam et tubectam et ipsis mictendis ad curiam nostram cum tubis et tubectis juxta quod tibi mandavimus,* **celeriter** *exequi et adimplere procures [...]*« (Hervorhebung von mir, P. M.)

180 HB, Bd. 5, S. 676: »*[...] mandamus quatenus ipsas tubectam et tubas argenteas fieri facias et ipsas factas saubriter ad cameram nostram mictas [...]*«

181 Richards überaus lebendige Beschreibung der Empfangsfeierlichkeiten ist entnommen: *Ex Mathei Parisiensis Cronicis Maioribus* (*Chronik* des MATTHÄUS VON PARIS), in: MG-SS. , Bd. 28, 1880, S. 220 (15–24). Eine deutsche Übersetzung findet sich in: GRANDAUR, G. und WATTENBACH, W., *Auszüge aus der größeren Chronik des Mattäus von Paris*, nach der Ausgabe der Monumenta Germaniae, Leipzig 1896, S. 132–134

182 FARMER, 1950, S. 103

183 FARMER, 1941, S. 236 f.; FARMER, 1970, S. 17 ff.; BOWLES, 1972; WRIGHT, 1974, Kap. X, c *(»Music«)*, S. 503

184 Die Handschrift, ein *Tractatus de septem vitiis*, befindet sich heute in der BL *(Add.)*, MS. 27, 695, fol. 13[r]. Eine Schwarzweißreproduktion der betreffenden Abbildung findet sich u. a. in: IOB, Vol. II, Part 2, 1979, S. 98

185 PICCOLOMINI, 1571 (1967), S. 456. Es handelte sich um einen »maurischen Flötenspieler«, der in eine pikante Affaire verwickelt war: Die Frau des Fürsten von Piombino *(Plumbinum)* erwartete ein langersehntes Baby. »Die Frau mühte sich unter den Händen der Hebammen lange Zeit ab und gebar schließlich (zur allgemeinen Überraschung) ein schwarzes Kind *(Aethiopem tandem peperit)*.« Die Erklärung für diese Peinlichkeit war bald gefunden, denn: »Damals befand sich in der Dienerschaft des Fürsten zufällig ein maurischer Flötenspieler *(tibicen [...] Maurus in familia eius erat)*, von dem – wie man glaubte – der Knabe stammte. Als dieser dann merkte, daß seine Schandtat entdeckt war, suchte er sein Heil in der Flucht.«

186 BARONE, 1884 (Fascicolo II), S. 228 (17): *»Si pagano a Raimondo Tolsa 35 duc. pel prezzo di uno schiavo nero chiamato Martino, venduto al Re, giusta istrumento per Notaio Antonello de Martino. Questo schiavo è consegnato a Francesco Pastore, padrone della nave reale detta la* ***Barcha,*** *affinchè se ne serva per trompetta.«*

187 Vgl. IOB, Vol. II, Part 2, 1979, S. 195 ff.; OSEI, 1971, S. 57 f., und BOWLES, 1972, S. 21 ff.

188 Vgl. z. B.: NEUMANN, 1970, S. 285

189 G. H. A., *Fürstensachen, Ausgabeverzeichnis 1573*, fol. 31[v]; vgl. auch: MAHLING, 1968, S. 649–670

190 G. H. A., *Fürstensachsen,* ibid.

191 ibid., fol. 32

192 Um 1630 hatte zum Beispiel auch Graf Christian von Waldeck (1585–1637) vom Kaiser das Sonderrecht erlangt, sich einen Pauker halten zu dürfen: »Ferdinand II. [...], bey welchem er Cammer-Herr gewesen, hat denen sämbtlichen Graffen [...] auch / daß sie sich der Pauken bedienen mögten verstattet / welches [...] zu selbiger Zeit gar hohe Privilegia waren«, schreibt im Jahr 1713 der fürstlich waldeckische Hofrat und spätere Kanzler, Diderich August von Klettenberg und Waldeck (1687–1740), in seinem *Reichsgräflich Waldeckischen Helden- und Regentensaal.* (Manuskript und Druckexemplare befinden sich in der Schloß- und Regierungsbibliothek zu Arolsen; vgl. ROUVEL, 1962, S. 25 f.)

193 Siehe KUHLKE, 1965, und KITTEL, 1965, S. 86 ff.

194 RISCHMANN, 1936, S. 82; ANONYMUS 6, in: DSK, 7. Jb., München 1959, S. 177. Der »Neger Hassan«, von dem hier gesprochen wird, ist wahrscheinlich mit dem schwarzen Feldtrompeter von Plön, dem »Mohren« Christian Gottlieb, identisch, worauf der (vermutete) Irrtum zurückzuführen ist, konnte nicht ermittelt werden.

195 KINDER, 1922, S. 38 ff.; PULS, 1979, S. 93. Nach RISCHMANN, 1936, S. 82, handelte es sich bei dem »Mohren Hassan« und Christian Gottlieb um ein und dieselbe Person.

196 NWStA / Mü, *Akte Großherzogtum Berg* A 1 Nr. 121. Vgl. auch: HOLSENBÜRGER, 1869, S. 199, und RISSE, 1961, S. 4

197 RISSE, 1961, S. 4. Der schwarze Organist heiratete später die Tochter von Hermann Herz, dem seinerzeitigen Küster von St. Pantaleon. Das Paar hatte mehrere Kinder.

198 PANOFF, 1938, S. 73. M. Hanotaux, Mitglied der Académie Française und ehemaliger Außenminister Frankreichs, berichtete noch am Ende des 19. Jahrhunderts von seinem Besuch in der Türkei: »*En 1885, j'étais à Constantinople. Je vis défiler dans les rues les troupes de la garde noire du sultan: c'étaient les soldats soudanais envoyés par le Khedive. Ils avaient combattu à Plewna; le vieil Osman pacha ne tarissait pas sur leur valeur! Quand ils passaient, ›le fez en tête, crépus et lippus, le corps sanglé dans l'uniforme bleu sombre et le pied lourd dans la botte à la prussienne, scandant la marche rythmée par les fifres et les timbales, je me disait: Voilà les grandes, les invincibles armées de l'avenir! Ceux-là savent mourir!‹*« (Zit. nach: MANGIN, 1909, S. 460)

199 Zu den türkischen Einflüssen auf die europäische Heeresmusik vgl. PANOFF, 1938, S. 71 ff., und FARMER, 1941, S. 238 ff.

200 ZEDLER, 45. Bd., 1745, Spalte 1095; Hanns von FLEMING, *Der vollkommene teutsche Soldat*, Kap. 14 (§1), Leipzig 1726, S. 143, schreibt dazu: »Die Trompeten, Paucken, Trommeln, Querpfeiffen, und *Hautbois*, animiren die Soldaten in *Bataillen* und Stürmen, sie reguliren die Märsche, *Evolutiones und Retraites*.« Vgl. auch: CHOP, 1925, S. 8 ff.

201 CHOP, 1925, S. 12; PANOFF, 1938, S. 36

202 ALTENBURG, 1795, S. 132

203 ZEDLER, 45. Bd., 1745, Spalte 1096. Zedler hat hier übrigens wörtlich eine Formulierung von Fleming übernommen, vgl. Hanns von FLEMING, *Der vollkommene teutsche Soldat*, Kap. 14 (§4), Leipzig 1726, S. 143.

204 Vgl. dazu zum Beispiel die Angaben bei: KITTEL, 1965, S. 94 ff., und SCHÄFER, 1988, S. 51, wo für die schwarzen Tambouren des hessischen Landgrafen »ein sehr niedriges Alter, die jüngsten waren nur 11–13 Jahre alt«, angenommen wird.

205 Für das folgende vor allem: ALTENBURG, 1795; ZEDLER, Bd. 45, Spalte 1095–1097 und Spalte 1106–1131. Vgl. auch: SITTARD, 1891, und: DANCKERT, 1963, S. 275 f.

206 ALTENBURG, 1795, S. 132

207 ALTENBURG 1795, S. 33, schreibt: »Ein Zeichen ihres Ansehens ist es auch, daß dieses Metier in den Freiheitsbriefen den Namen einer Adelich=Ritterlichen Kunst erhalten; wie denn auch ausdrücklich darinnen begriffen, daß man einen Trompeter oder Paukker einem Officier gleich halten solle. Eben deswegen haben sie auch die Freyheit, gute Straußfedern auf ihren Hüthen, gleich denen vom Ritterstande, zu tragen.« Der Degen als Zeichen des Waffen tragenden Standes gehörte ebenfalls zu diesen Insignien. (Dazu weiter unten, S. 121 und S. 345 (Tafel 20))

208 Näheres bei: FLEMING, Kap. 17, 1726, S. 584 ff. *(Von denen Trompetern und deren Rechten)*

209 FLEMING, ibid., Kap. 17, (§3), S. 585 (Hervorhebung von mir, P. M.)

210 Vgl. FLEMING, ibid. (§5), Kap. 17 (§5), und ALTENBURG, 1795, Kap. IV, S. 25 ff. *(»Von den Vorzügen der privilegierten Trompeter und Paukker überhaupt«)*

211 FLEMING, Kap. 17 (§9), 1726, S. 586 f., und ALTENBURG, 1795, S. 42

212 NStA / Br., H V Nr. 234; vgl. KITTEL, 1965, S. 89

213 Die Akten, die den ganzen Vorgang dokumentieren, befinden sich im NHStA / H, unter: Hann. 41 XX Nr. 51

214 NHStA / H, Hann. 41 XX Nr. 51 (*Regimentssachen.* »Contract mit Dem Garde=Paucker Hocker wegen information des Mohren Johann Ludewig Ehrlich«)

215 NHStA / H, Hann. 41 XX Nr. 51 *(Freisprechungsurkunde des Johann Ludewig Ehrlich, ausgestellt durch Wolfgang Wilhelm Hocker et al.)*

216 ibid.

217 Schon 1783 hatte der Herzog von York, der Vater Georgs III., eine Militärkapelle von Hannover mit nach England genommen, deren Trommeln, Zymbeln und Triangeln von Afrikanern gespielt wurden. (OSEI, 1971, S. 57; FRYER, 1984, S. 85 f.) Leider war nichts mehr über die Hannoveraner Zeit dieser Gruppe in Erfahrung zu bringen; lediglich aus England wurde seinerzeit gemeldet: »Diese Band wurde sehr populär und zog eine große Menge von Leuten in den (Londoner) St. James's Park, um ihren Darbietungen zuzuhören. [...] Die Afrikaner [...] machten einen solchen Eindruck mit ihren Tambourins, daß diese Instrumente später, unter ihrer Anleitung, zu einer besonders beliebten Modesache wurden und viele junge Schöne von Rang sie spielten, die eifrig türkische Ansichten und türkische Posen nachahmten und zur Schau stellten.« (PARKE, William Thomas, *Musical Memoirs; comprising an account of the general state of music in England, from [...] 1784 [...] to 1830. Interspearsed with numerous anecdotes, etc.*, (Henry Colburn & Richard Bentley), Vol. II, London 1830, S. 240 f.; vgl.auch: PANOFF, 1938, S. 105)

218 Näheres bei: KITTEL, 1965, und KULKE, 1965

219 Das *Hessische Wochenblatt*, No. 14, Kassel, den 7. April 1877, schrieb unter der Überschrift »Erzählungen aus alter Zeit«: »Fast ein Jahrhundert hindurch zählte Kassel unter seinen Bewohnern viele Mohren und Mulatten, seitdem es Sitte geworden war bei den Leibregimentern nur Mohren zu Tambours und Pfeifern in reicher Kleidung zu verwenden. [...] Solche Mohren=Tambours, meist von knabenhaftem Alter, hatten die hessischen Regimenter seit dem Landgrafen Carl bis in die ersten Regierungsjahre des Landgrafen Wilhelm IX.« Das kurhessische Leibgarderegiment, aus dem später das Füsilierregiment von Gersdorf Nr. 80 hervorging, hatte unter dem Landgrafen Friedrich II. (1720–1785) ein aus Schwarzen bestehendes Tambourkorps. (ANONYMUS 6, in: DSK, 7. Jb., München 1959, S. 176; vgl. auch: WORINGER, 1937, S. 27, und KNIGGE, 1978, S. 46) Einer dieser hessischen Trommler wurde nach seinem Tod zu einer medizinischen Berühmtheit, als der Anatom Samuel Thomas Sömmering bei der Sektion im »Anatomischen Theater« des Kasseler »Collegium Carolinum« entdeckte, daß im Gegensatz zu der bisherigen Annahme der Schulmedizin der Körper eines Schwarzen nicht auch *innen* schwarz war. (ANONYMUS 6, in: DSK,

a. a. O.; vgl. auch weiter unten, S. 229 ff.) Ebenfalls in Kassel wurde 1750 der »Mohr« Friedrich May dem landgräflichen Leibkavallerie-Regiment übergeben, damit er das Paukenschlagen lerne. (HStA / Mar, Best. 5 Nr. 12248 Bl. 1a) Einen eigenen Abschnitt zum Thema *»Mohren« in hessen-kasselischen Regimentern* hat vor kurzem Schäfer in seinem Beitrag *Von ›Kammermohren‹, ›Mohren‹-Tambouren und ›Ost-Indianern‹, Anmerkungen zu Existenzbedingungen und Lebensformen einer Minderheit im 18. Jahrhundert unter besonderer Berücksichtigung der Residenzstadt Kassel*, vgl. SCHÄFER, 1988, S. 48 ff., geschrieben.

220 PANOFF, 1938, S. 74, schrieb: »*August der Starke,* Kurfürst von Sachsen und König von Polen, liebte ebenfalls die soldatische Pracht und hat sich ein ganzes Janitscharen-Bataillon zugelegt. Schon 1699 soll er ein Janitscharen-Musikkorps von 27 Mann gehabt haben, das aus 9 Pfeifern, 4 Beckenschlägern, 4 kleinen Pauken und 10 Trommlern bestand.« Wenn dieser Musikhistoriker allerdings hinzufügt: »Die Musiker sollen aber Deutsche gewesen sein«, dann dürfen daran Zweifel angemeldet werden, wenn man bedenkt, daß, wie weiter oben ausgeführt, schon zu Beginn des 17. Jahrhunderts nachweislich schwarze Trompeter und Pauker in bemerkenswert großer Zahl in Dresden wirkten. (Vgl. weiter oben, S. 109 ff.) Dem ANONYMUS 6, in: DSK, 7. Jb., München 1959, S. 176, zufolge, »hatte der Spielmannszug des Janitscharenbataillons Augusts des Starken von Sachsen ›Negermusiker‹ in seinen Reihen«.

221 In den österreichischen k. u. k. Streitkräften gab es noch bis weit ins 19. Jahrhundert hinein schwarze Militärmusiker. Verschiedentlich ist von Musikzügen zu hören, die bestrebt waren, als Träger des Schellenbaums möglichst einen »echtfärbigen Neger« zu finden. (RAMEIS, 1976, S. 25) Ebenso überließ man hier die Bedienung der Tschinellen und der großen Trommel nach Möglichkeit schwarzen Musikern. Das 24. Infanterie-Regiment war zu Beginn des 19. Jahrhunderts lange Zeit von anderen Einheiten um das Glück beneidet, zwei Schwarze in seiner Musik zu haben, wurde jedoch noch vom Musikkorps der Marine übertroffen. Dieses verfügte über sechs Afrikaner, welche ein österreichisches Schiff auf hoher See, in einem Kanu treibend und halbverhungert, geborgen hatte. Das Kanu, ein Einbaum, ist noch heute in einem Museum im jugoslawischen Pola zu sehen. (Vgl. DOLLECZEK, 1970, S. 139)

222 Schwarze Militärmusiker wurden noch an folgenden Orten ausfindig gemacht, wobei diese Liste keineswegs einen Anspruch auf Vollständigkeit erheben kann: Am 19. April 1773 starb in Bückeburg der »Mohr Matthias England, Trompeter unter den gräflichen Carabiniers«, der mit Sophie Caroline N. aus Ansbach vermählt gewesen war. (Vgl. SCHÄFER, 1988, S. 56) In einem Verzeichnis der aktiven und ehemaligen Soldaten des Königlich Deutschen Regiments von Elsaß aus dem Jahr 1777 erscheint der 66 Jahre alte »Neger Davijon« als pensionierter Kesselpauker, der von der westafrikanischen »Goldküste« stammte und 1743 nach Frankreich gekommen war, wo er bei den berühmten Ulanen der *»Saxe Volontées«* Moritz von Sachsens stand. (McCLOY, 1973, S. 87 ff.) Weiter war auch den Russen an schwarzen Militärmusikern gelegen, wobei sie sich in vielem an das Vorbild der Preußen hielten. Unter anderem wurde Ibrahim Hannibal, der

»Mohr Peters des Großen«, von dem noch ausführlicher zu sprechen sein wird (vgl. weiter unten, S. 303 ff.), zum »Ehrenpauker« der Artillerie des Preobraschenskij-Regiments ernannt, als dessen Kommandeur der Zar persönlich fungierte. (DEBRUNNER, 1979, S. 115; vgl. PANOFF, 1938, S. 92) Die von RISCHMANN, 1936, S. 82, und dann erneut vom ANONYMUS 6, in: DSK, 7. Jb., München 1959, S. 176, erwähnten »farbigen« Trompeter, die angeblich bei der Kaiserkrönung Karls VI. in Frankfurt am Main (1711) unter der kurpfälzischen Garde in Erscheinung traten, gehören allerdings möglicherweise ins Reich der Phantasie. Die Quelle, auf die sich Rischmann und der DSK hier beziehen, das *Theatrum Europaeum*, Neunzehender Theil, Franckfurth am Mayn, 1723, S. 509 (89), erwähnt zwar sechs Trompeter, aber von »Schwarzen« bzw. von »Mohren« oder »Farbigen« ist weder hier noch an einer anderen Stelle des langen Berichts etwas zu finden.

223 RISCHMANN, 1936; ANONYMUS 6, in: DSK, 7. Jb., München 1959, S. 176f.

224 Schriftliche Mitteilung des Magistrats von Berlin, Hauptstadt der DDR, mit Schreiben vom 25. Oktober 1983; vgl. auch: PANOFF, 1938, S. 73

225 Das Werk, es handelt sich um insgesamt 20 kolorierte Kupferstiche von jeweils 29 x 19,5 cm, befindet sich jetzt in Berlin, *Staatliche Museen Preußischer Kulturbesitz*, Kunstgewerbemuseum

226 Der lateinische Text lautet in deutscher Übersetzung etwa: »Ein Äthiopier der kurfürstlichen Kämmerer (sagt): Unter dem Großen Kurfürsten von der entlegenen Küste meiner Heimat verschleppt, verbringe ich meine Tage in größerer Annehmlichkeit.«

227 PANOFF, 1938, S. 73; vgl. auch: ANONYMUS 6, in: DSK, 7. Jb., München 1959, S. 177

228 Elers hat seinen Vorschlag noch einmal in einem Brief an Gottfried Wilhelm Leibniz und anscheinend auch in einem Schreiben an Johann Daniel Crafft in Dresden schriftlich niedergelegt. Vgl. LEIBNIZ, 1991, S. 558–561 (Nr. 319: *Martin Elers an Leibniz*, Berlin, 28. Januar (7. Februar) 1682); LEIBNIZ, 1991, S. 568–571 (Nr. 328: *Johann Daniel Crafft an Leibniz*, Dresden, 14. (24.) Februar 1682) und LEIBNIZ, 1991, S. 598–600 (Nr. 347: *Johann Daniel Crafft an Leibniz*, Dresden, 27. April (7. Mai) 1682)

229 Vgl. den *Brief von Johann Daniel Crafft an Leibniz* vom 14. (24.) Februar 1682 (Nr. 328), in: LEIBNIZ, 1991, S. 569

230 ibid.

231 ibid., S. 568 f. (Nr. 328)

232 *Martin Elers an Leibniz*, Berlin 28. Januar (7. Februar) 1682, in: LEIBNIZ, 1991, S. 559 f. (Nr. 319)

233 ibid.

234 ibid.

235 ibid.

236 ibid.

237 ibid., S. 560

238 ibid.; *particoulier* (auch: *particulier* oder »Partikülier«) = Privatmann; jemand, der von seinem Vermögen lebt; Rentner

239 ibid.
240 ibid.
241 ibid.
242 ANONYMUS 6, in: DSK, 7. Jb., München 1959, S. 177
243 DEGELE, 1937, S. 120 f.
244 Vgl. weiter oben, S. 112
245 Vgl. weiter oben, Kap. III, Anm. 163
246 RISCHMANN, 1936, S. 83
247 PANOFF, 1938, S. 74
248 ibid.
249 ANONYMUS 6, in: DSK, 7. Jb., München 1959, S. 177
250 Unter »Janitscharenmusik« verstand man damals eine Spielweise, die durch einen marschartigen Rhythmus, weite Lagen und das hohe Geklingel der Metallschlaginstrumente ein besonderes fremdländisches, »türkisches« Kolorit entstehen ließ und auf die Zeitgenossen sehr martialisch wirkte. Als ein Beispiel sei Joseph Haydns »Militärsymphonie« (Hob. I.: 100) genannt, ein anderes ist der 4. Satz *»alla turca«* aus Wolfgang Amadeus Mozarts Klaviersonate A-Dur, KV 331. Die charakteristischen Instrumente: große und kleine Trommel, Becken, Pauke, Tambourin, Triangel und Schellenbaum stammten ursprünglich zumeist aus dem afrikanisch-arabischen Raum und hatten besonders seit den Türkenkriegen Eingang in die europäische Militärmusik gefunden. (Vgl. FARMER, 1956, S. 182)
251 ZB, 53. Jg., 1933, S. 638 *(»Die Mohrenkolonaden und ihr Architekt«)*; KRECKER, 1934, S. 80
252 Geheimes Staatsarchiv Preussischer Kulturbesitz (GSPKB), persönliche Mitteilung von Dr. VOGEL mit Schreiben vom 4. Oktober 1983; Magistrat von Berlin, Hauptstadt der DDR, schriftliche Mitteilung vom 25. Oktober 1983
253 Zit. nach: PANOFF, 1938, S. 74
254 Zit. nach: PANOFF, 1938, S. 81
255 Vgl. dazu weiter oben, Kap. III, Anm. 148
256 FARMER, 1941, S. 239 f. und derselbe: *Händels Kettledrums and other papers on military music*, (Hinrichsen Edition Ltd.), o. O., 1950, S. 46
257 FARMER, 1941, S. 240
258 RISCHMANN, 1936, S. 83; ANONYMUS 6, in: DSK, 7. Jb., München 1959, S. 176
259 PANOFF, 1938, S. 79
260 ibid.
261 ibid.
262 RISCHMANN, 1936, S. 83
263 PANOFF, 1938, S. 79
264 RISCHMANN, 1936, S. 83
265 ibid.
266 ibid., S. 83 f.; WORINGER, 1937, S. 27; ANONYMUS 6, in: DSK, 7. Jb., München 1959, S. 176
267 RISCHMANN, 1936, S. 84

268 RISCHMANN, 1936, S. 84; ANONYMUS 6, in: DSK, 7. Jb., München 1959, S. 179

269 *Deutsche Tageszeitung*, 1909, hier zit. nach: RISCHMANN, 1936, S. 84, der leider nicht angibt, wann der Artikel erschien. Die *Deutsche Tageszeitung* selbst, die in einem (unvollständigen) Exemplar in der Bibliothek des Instituts für Weltwirtschaft, Kiel, erhalten ist, konnte leider nicht mehr durchgesehen werden.

270 ibid., S. 178 f.

271 Die folgenden Angaben nach: RISCHMANN, 1936, S. 84, und ANONYMUS 6, in: DSK, 7. Jb., München 1959, S. 179

272 In dem Artikel *»Kärls und Köppe…«* des ANONYMUS 7, 1959, wird als Todesjahr 1937 angegeben. Die folgenden Angaben nach: ANONYMUS 7, 1959, und: ANONYMUS 6, in: DSK, 7. Jb., München 1959, S. 179. Vgl. auch: PANOFF, 1938, S. 79

273 ANONYMUS 6, in: DSK, 7. Jb., München 1959, S. 179. Middendorf beauftragte später einen Maler, »in Erinnerung an Sr. Majestät Patenkind und Kesselpauker« ein Porträt Sambos anzufertigen. Nach Auskunft des Münsteraner Stadtmuseums hat das Gemälde den Krieg überlebt und befindet sich heute vermutlich in Privatbesitz.

274 Vgl. HERZMANOVSKY-ORLANDO, 1960, S. 133. Gemeint ist Angelo Soliman, der »Mohr« des Fürsten von Lobkowitz in Wien, von dem noch in anderem Zusammenhang zu sprechen sein wird. (Vgl. weiter unten, S. 232 ff.) Von diesem Afrikaner schrieb BRABBÉE, 1879, S. 154 f.: »In zwei vor mir liegenden BBr.-Verzeichnissen dieser Loge von den Jahren 5783 und 5785 erscheint er unter den ›anwesenden Rittern‹ sub Nr. 17 und 73. Die Rubrik [...] ›profaner Stand‹ (ist) aber in beiden Listen in bianco gelassen. Letzteres mit gutem Grunde, denn Angelo **Soliman's** Stellung im gesellschaftlichen Leben Wiens war eben ein undefinierbares Etwas. Wenn auch durch seine Eigenschaften in vielen Richtungen ein ausgezeichneter, sogar in den hochstehenden Kreisen vielbeliebter und geachteter Mann, ein Mann ›**von gutem, ja bestem Ruf**‹, wie nicht geläugnet werden kann und soll, war er doch, strenge genommen, kein eigentlich ›**freier Mann**‹ und das Verhältniss, seinen jeweiligen Gebietern gegenüber, ein so wenig unabhängiges, als leicht lösliches. Nicht geradezu ›Sklave‹, war er doch gewissermaßen nicht einmal als Diener im herkömmlichen Sinne des Wortes, sondern nur als eine höhere Gattung von ›Leibmohr‹, als eine Art von ›Höriger‹, von ›lebendiger Sache‹ zu betrachten, wie er denn auch thatsächlich als **Verkaufsobjekt**, als **Geschenk**, ja sogar als ›**testamentarisches Vermächtniss**‹ in die Hände diverser ›**Besitzer**‹ gelangte.«

275 NWStA / Det, L 114, v. Borries, Nr. 4

276 SADJI, 1980, S. 43

277 Vgl. KOEPPEN, 1972, S. 49

278 Vgl. KRÜGER, 1969, S. 84

279 Vgl. KITTEL, 1965, S. 87

280 Vgl. SCHÄFER, 1988, S. 42

281 NWStA / Det, Taufregister Detmold, Eintragung vom 30. August 1795 *(Tauf-Eintragung für Justine Luise Junka)*

282 NWStA / Det, L 114, Kopial-Register Schötmar, *Eintragung vom 1. Januar 1789 (Franz Wilhelm Yunga)*

283 HStA / Mar, Best. 5, Nr. 12248, Bl. 3–18; zwei andere Fälle dieser Herkunftsbezeichnung bei: SCHÄFER, 1988, S. 42

284 Vgl. RISSE, 1961, S. 4

285 Vgl. weiter oben, Kap. III, Anm. 62

286 Vgl. VERLINDEN, 1964, S. 9

287 Vgl. KRÜGER, 1969, S. 84

288 Vgl. KOEPPEN, 1972, S. 49. Gemeint ist hier die Hafenstadt Settra Kru an der Malaguetta- oder Pfefferküste im Gebiet des heutigen Liberia.

289 Das Kirchenbuch Lübtheen (Bez. Schwerin) gibt unter dem 18. Mai 1783 Auskunft über die Taufe von Louis Friedrich Carl Ulrich Jacky, »vorhin gewesener Mohr und Heide. Sein Vater hat gewohnt in dem Dorfe Groß Princeß auf der Insel St. Croix«. Das Kirchenbuch der Festungskirche in Dömitz an der Elbe (ebenfalls Bez. Schwerin) enthält unter dem 19. Oktober 1788 den Taufeintrag des »Mohren« Friedrich Ludwig Heinrich, zu dessen Vater bemerkt wurde: »[...] ein freyer Moor in Neuyork, annoch ein Heide seiner profession ein leinweber«. (Zu beiden Fällen vgl.: FAMILIENGESCHICHTLICHE BLÄTTER, *Deutscher Herold, Auslandsdeutsche Sippenforschung,* 34. Jg., 1936, Heft 8, S. 247)

290 Vgl. LINDNER, 1963, S. 554

291 Vgl. KITTEL, 1965, S. 100

292 Vgl. dazu als Beispiel weiter unten, Kap V, Anm. 204

293 Vgl. SADJI, 1980, S. 44

294 Unter Berücksichtigung der generellen ökonomischen Entwicklung dieser Zeit und der gut belegten Zunahme der Sklavenzahl insgesamt (vgl. CURTIN, 1964 (1973), S. 165 ff.) ist der Preisverfall naheliegend, es gibt jedoch bislang keine auf Europa und schon gar keine speziell auf einzelne Länder bezogene Untersuchung, die diese Schlußfolgerung empirisch bestätigt.

295 Vgl. dazu weiter unten, S. 138, wo als durchschnittliches Jahresminimum für eine hessische Familie der Betrag von ca. 70 Reichstalern genannt wird.

296 Vgl. weiter oben, S. 47

297 GRIMMELSHAUSEN, 1956, S. 237

298 Vgl. KITTEL, 1965, S. 80

299 Vgl. LEIBNIZ, 1991, S. 560

300 Vgl. weiter oben, Kap. III, Anm. 164

301 Vgl. KOEPPEN, 1972, S. 49

302 Vgl. ANONYMUS 12, 1780, 4. Abschnitt, VI, S. 297

303 Franz von Borries hatte den Sklaven in London gekauft. Der »Kaufbrief über den Mohren Yonga«, ausgestellt am 20. Juli 1765 in London, nennt als Kaufsumme den Betrag von 47 engl. Pfund und 15 Schillingen. (Vgl. die *Registraturen des Hofmarschallamts* im NWStA / Det, L 98, Tit. 4, Nr. 6)

304 NWStA / Det, L 114, v. Borries, Nr. 4

305 Vgl. DEGN, 1974, S. 114

306 HStA / Mar, 5, Nr. 12249, fol. 2 / 2v. *(Schreiben Dr. Luttgendorff, Amsterdam, 7. Juni 1771)*. Die Urkunde ist vollständig abgedruckt bei: SADJI 1980, S. 43.

307 Vgl. KITTEL, 1965, S. 80 f.

308 Vgl. NEUMANN, 1970, S. 285. »Ich habe eben mit zu der Erbschaft Mynheers van Kunemund gehört«, läßt später noch Wilhelm Raabe, der mit Sicherheit von den »Mohren« in Braunschweig und Wolfenbüttel gewußt hat, den schwarzen Signor Ceretto in seiner 1872/73 niedergeschriebenen Erzählung *Meister Autor* sagen. (Vgl. RAABE, 2. Serie, Bd. 3, o. J., S. 502)

309 Vgl. weiter oben, S. 129 und HERZMANOVSKY-ORLANDO, 1960, S. 133

310 ANONYMUS 12, 1780, 4. Abschnitt, VI, S. 307 ff.

311 Vgl. dazu etwa: LAWÄTZ, 1797, wo allerdings nicht von schwarzen Sklaven die Rede ist.

312 Vgl. dazu etwa: LANGER, 1891, 1. Kapitel, und LÜDEN, 1983, S. 137 f.

313 ANONYMUS 12, 1780, 4. Abschnitt, VI, S. 306 f., und MATHOREZ, Bd. 1, Paris 1919, S. 388. Man sollte dergleichen Urteile freilich nicht überbewerten, denn eine Abschaffung der Sklaverei bedeuteten sie trotz der schönen Worte nicht: Ein im Oktober 1716 vom königlich französischen Staatsrat erlassenes Edikt erlaubte es nämlich den Sklavenhaltern erneut, ihre Sklaven mit nach Frankreich zu bringen, sie dort in ihren Diensten zu belassen und sie nach einer unbestimmten Zeit als Sklaven wieder mit in die Kolonien auszuführen. (Vgl. dazu: McCLOY, 1973, S. 25) Ähnlich wie in Frankreich verhielt es sich auf den britischen Inseln und in anderen westeuropäischen Staaten.

314 ANONYMUS 12, 1780, 4. Abschnitt, VI, S. 307. Vgl. GROENEWEGEN, 1649, *Institvtionvm.* Liber I., Tit. VIII. *(De his qvisvi vel alient jvris svnt.)*, S. 5: »*[...] atque hinc servitus paulatim ab usu recessit, ejusque nomen hodie apud nos exolevit: adeo quidem ut servi, qui aliunde huc adducuntur, simul ac imperii nostri fines intrarunt, invitis ipsorum dominis ad libertatem proclamare possint: id quod & aliorum Christianorum Gentium moribus recpetum est.*« MADURO, in: OOSTINDIE und MADURO, Bd. 2, 1986, S. 141, berichtet von einem Fall aus Middelburg, wo 1596 »*hondert stuks Mooren en Moorinnen*« eintrafen: »*Burgemeester Ten Haeff van Middelburg verzette zich echter tegen een mogelijke verkoop van deze Afrikanen als slaven en betoogde in de vergadering von den Staten van Zeeland, dat dese ›Mooren en Moorinnen [...] nyet en behooren bij yemanden gehouden oft vercocht te worden als slaeven, maer gestellt in heure yrye Liberteyt zonder dat yemandt van deselver eygendom behoort te pretenderen‹. Hierop bepaalden de Staten van Zeeland in hun resolutie von 15 november 1596 dat op de eerstvolgende zondag in de kerken diende te worden verkondigd dat de ›Mooren, zoo vrouwen, als manspersoonen ende kinderen‹ de maandag darop met de daartoe behorende plechtigheden door het Stadsbestuur van Middelburg ›gestelt zullen werden van wegen de Staden van Zeeland in heure natuerlicke lyberteyt‹.*«

315 KLUTH, 1957, S. 77

316 COWPER, William (1731–1800), *The Task*, Book II *(The Time-Piece)*, in: COWPER, 1967, S. 147 (1. Ausg.: 1785)

317 ANONYMUS 12, 1780, 4. Abschnitt, VI, S. 308. HUBER, 1694, Lib. II., Sect. I., Cap. VI *(De Dominis & servis, atque famulis)*, §29, S. 336, hatte gesagt: »*Moribus alioquin hodiernis, utimur, ut dictum, servis ingenuis, adeò, ut qui*

servi ex Indiis aut aliunde huc adducuntur, statim atque fines nostros attigerunt, ad libertatem proclamare possint, ut omnium fere gentium in Europâ Scriptores citati à Groenewegio ***ad tit. Inst. de jur. person.*** *testantur.*« Gundling, hier benutzte Ausgabe: GUNDLING, 1734, Cap. XXXIII *(De Dominis ac servis in statu civitatis)*, S. 411 f., hatte darauf erwidert: »*Huber*, da er gelesen hat: *Servos Romanos apud nos non esse,* so hat er gemeinet, wenn ich in Indien einen Knecht hätte, woselbst die Sclaverey *obtiniret,* und ich brächte denselben nach Europa, so könnte er *ad libertatem* provoziren, weil da keine *servitus obtinirte.* Dieses hat er in seinem Jure Civit. proponiret, welches aber sehr *absurd* ist; *Huber* ist allzusehr ins *Jus Romanum* verliebt gewesen; Wir haben nicht *servitutem Romanam*, aber doch eine andere *servitutem*. So wenig derjenige, so ein Teutscher Knecht ist, kan vor einen Römischen gehalten werden, eben so wenig kan ein Indianischer Knecht in Europa vor gar keinen gehalten werden.«

318 Eine auf zehn Jahre befristete Sklaverei war damals möglich. Vgl. dazu weiter unten, Kap. V, Anm. 58

319 ANONYMUS 12, 1780, 4. Abschnitt, VI., S. 296

320 ibid., S. 297

321 ibid.

322 ibid.

323 ibid., S. 309 (Hervorhebung durch mich, P. M.)

324 ibid. (Hervorhebung durch mich, P. M.) Nach Aussage des Klägers (vgl. ibid., S. 296) hatte von Arnim diesen »von dem geh. Rathe Wurm mit der Bedingung erkaufet: daß er nur noch 2 Jahre [...] zu dienen hätte [...]«. Obwohl es damit einen wichtigen Zeugen gab, hat es das Gericht dennoch anscheinend versäumt, diesen zu vernehmen, obwohl die Institution einer befristeten Sklaverei, so wie sie der Kläger darstellte, damals durchaus nicht unbekannt war. (Vgl. dazu weiter unten, Kap. V, Anm. 58)

325 Der König lehnte das »Freilassungsgesuch« ab und entschied, daß »dem von Arnim die Herrschaft und das Wiederverkaufsrecht über seinen erhandelten Mohren zuzusprechen« war. (Vgl. *Schreiben des preußischen Jusitzministers Johann Heinrich Kasimir von CARMER, Berlin, 12. July 1780, an das Kammergericht*, in: ANONYMUS 12, 4. Abschnitt, VI, S. 310 f.)

326 ANONYMUS 12, 1780, 4. Abschnitt, VI, S. 310

327 Zum Thema Sklaverei und Sklavenflucht vgl. MARTIN, 1985, S. 209 ff.

328 HA/K, *Briefbuch 33*, fol. 326a

329 STEINER, 1919, S. 20

330 Das Testament ist abgedruckt in: CASSUTO, 1911, S. 278 ff., das Zitat auf S. 280; siehe dort auch Nr. 1.

331 RATHELF, Ernst Lorenz Michael, *Die Mohrinn zu Hamburg*, Erster Act, II. Scene, Hamburg 1775, S. 17 f.

332 Vgl. KINDER, 1922, S. 43

333 STEINER, 1919, S. 19 f.

334 Fürst Heinrich XXII. von Reuß-Plauen, der Vater der zweiten Gemahlin (Hermine) Kaiser Wilhelms II., hat zum Beispiel seinem Geheimrat Paul Arnold (1856–1928) erzählt, daß man es in seiner Familie so gemacht hätte. (Vgl. LIND-

NER, 1962/63, S. 554 f.) Von der Zeit, in der Mensa »Bast« noch seinem alten Herrn diente, schreibt STEINER, 1919, S. 11: »Wohl war er auch in dieser Stellung Sklave, aber sein Herr war ein edeldenkender Mann, der ihn freundlich und mild behandelte. Ueberdies war der Hausdienst nicht mit so viel Härte und Grausamkeit verbunden, wie die Arbeit auf den Pflanzungen (Amerikas). Auch bot seine Stellung als Diener des vornehmen Mannes viel Abwechslung, und er sollte als solcher gar mancherlei von der Welt sehen und erleben.«

335 In Braunschweig verschaffte Herzog Anton Ulrich so einem seiner »Mohren« eine Lehrstelle als Militärmusiker und ordnete bei dieser Gelegenheit an: »[...] auch ist zu sorgen, daß er in gute Hände komme und nicht aus(ge)schimpft (werde); es ist jemand aufzugeben, der Acht auf ihn habe.« (NStA/Br H V Nr. 234; vgl. auch: KITTEL, 1965, S. 90) »Mohr« Mars in Aurich erhielt anläßlich seiner Taufe sogar ein Patengeschenk in Höhe von 100 Reichstalern, allerdings nicht in bar, sondern in Form einer Anweisung an die Oberrentkammer: Laut fürstlicher Order vom 17. Dezember 1705 sollte der Oberrentmeister Teepken dieses Kapital »bis der Mohr es zu seinem Nutzen würde gebrauchen können« festlegen und jährlich um Michaelis um fünf Prozent verzinsen. (Vgl. HERQUET, 1883, S. 134)

336 Vgl. z. B. KITTEL, 1965, S. 88 f.

337 Vgl. dazu weiter unten, S. 181 ff. (Fall des Feldtrompeters Christian Gottlieb)

338 Als z. B. die junge »Mohrin« Victoria in Kassel seit Herbst 1782 kränkelte, wurde ihr am 19. August 1783 auf Kosten der landgräflichen Schatulle eine Kur »in. Pyrmonter Wasser« bezahlt. (Vgl. HStA/Mar, *Rechnungen II, Journal Chatoul-Kasse* 1783, S. 54) Schon am 8. Oktober 1782 bekam Küster Weimar seine Auslagen »wegen der kranken Mohrin Victoria« in Höhe von 1 Rthlr., 22 Albus und 4 Heller zurückerstattet. (*Chatoul-Rechnung* 1782, S. 89 f.) Ferner: »*Chatoul-Rechnung* 1783«, S. 83: »Cur und Brunnen Kosten wegen der Mohrin Victoria«.

339 Vgl. KITTEL, 1965, S. 81

340 ibid., S. 102, und SCHÄFER, 1988, S. 40 f.

341 NWStA/Det, L 114, v. Borries, Nr. 4: *Schreiben Franz v. Borries an Graf Leopold, Eckendorf, 28. Oktober 1795*

342 ibid.

343 Von den vielen Beispielen, die sich hier anführen ließen, nur dieses: Der Afrikaforscher Hugo ZÖLLER erzählt in seinem Buch *Als Jurnalist und Forscher in Deutschlands großer Kolonialzeit*, Leipzig 1930, S. 216, wie er die Afrikaner, mit denen er auf einer seiner Reisen zu tun hatte, gewöhnlich auf Portugiesisch angeredet hatte, und schreibt dann: »Als ich das auch einmal wieder gegenüber einem mein Gepäck befördernden riesigen Neger getan hatte, grinste dieser mich lachend mit den Worten an: ›Wir beiden verständigen uns doch wohl besser auf Berlinerisch.‹ Er war nämlich während langer Jahre Kutscher des Prinzen Karl von Preußen gewesen.«

344 Vgl. BURCHARD, 1941, Anhang (*Kopfschatz=Register von Fürstl. Cantzley de Anno 1689*, 1.)

345 Vgl. DEGN, 1974, S. 115

346 *Scatulier* (wahrscheinlich alt-it.) = zur Goethezeit gebräuchlich; wohl soviel wie Schreiber oder Abschreiber für Briefe usw., d. h. Angehöriger einer nur schlecht bezahlten Berufsgruppe.
347 HOCHFÜRSTLICH BRANDENBURGISCH CULMBACHISCHER ADRESS- UND SCHREIB-CALENDER auf das Jahr nach der Geburt Jesu Christi 1751, S. 100
348 Im Gegensatz zu ihnen wurde zum Beispiel den »Mohrinnen« Hanne und Betty Johnson, die in der Weißensteiner »Mohren-Kolonie« auf der Wilhelmshöhe zusammen mit zwei Kuhhirten, einer Milchmagd, einem Eselsknecht und einem Schäfer arbeiteten, lediglich 3 Reichstaler monatlich, d. h. nur 36 Reichstaler pro Jahr ausgezahlt. (Vgl. SCHÄFER, 1988, S. 45) »Mohr« Wilhelm Junka (Yonga) in Detmold bekam – auch nach der Geburt seines ersten Kindes – nicht mehr als 6 ⅔ Taler monatlich, d. h. 80 Taler pro Jahr. (NWStA / Det, L 92 P, Tit. 2, Nr. 7 *(Gesuch des Franz Wilhelm Junka, Detmold, 3. Mai 1791)*
349 Vgl. SCHÄFER, 1988, S. 41
350 *Registraturen des Hofmarschallamts zu Detmold*, NWStA / Det, L 98, Tit. 11, Nr. 2, Bd. 1
351 Vgl. ROUVEL, 1962, S. 234
352 Vgl. SCHÄFER, 1988, S. 41
353 HERQUET, 1883, S. 134
354 *Bürgschaftsschein des »Obristen« Rantzau für Christian Gottlieb*, zit. bei: KINDER, 1922, S. 44
355 RATHELF, Ernst Lorenz Michael, *Die Mohrinn zu Hamburg*, Erster Act, II. Scene, Hamburg 1775, S. 17f.
356 Das Testament ist abgedruckt in: CASSUTO, 1911, S. 278 ff., das Zitat auf S. 280; siehe dort auch Anm. 1
357 Vgl. SCHÄFER, 1988, S. 39
358 Dies behauptete jedenfalls Caroline Pichler in ihrem Aufsatz über Soliman, vgl.: GRÉGOIRE, 1809, S. 112. BAUER, 1922, S. 38, konnte diese testamentarische Übertragung allerdings nicht bestätigen: »im Testament des Fürsten Wenzel kommt Angelo überhaupt nicht vor [...]«
359 In Braunschweig bat z. B. »Mohr« Peter im Jahr 1764 um Aufbesserung seines Gehalts oder – ersatzweise – um Erstattung der Hausmiete, woraufhin er die Hausmiete bekam. (NStA / Wolf., 2c Alt Suppl. VI, Nr. 1957); vgl. auch weiter unten, Kap. III, Anm. 371, den Fall der beiden »Mohrenkinder« in Kassel, die auf Kosten des Landgrafen bei einem Feldwebel und später bei dem Küster Weymer in Kost und Logis kamen.
360 Der »Mohrenjunge« Christian Eden, der ca. 1713 als Sohn des 1699 auf den Namen des Landesfürsten getauften »Mohren« Christian Eberhard und einer unbekannten Mutter in Aurich geboren war, wurde zum Beispiel im Jahr 1725 im Alter von sechzehn Jahren einem Knopfmacher in die Lehre gegeben. Der Herzog ließ ihm seit 1713 die Summe von 416 Stübern (gleich 7 Talern 19 Schaff) *pro anno* für Unterhalt und Erziehung auszahlen. Die letzte Zahlung ist für 1727 (evtl. das Jahr der Gesellenprüfung) belegt. [Vgl. HERQUET, 1883, S. 134 (108)]
361 In Braunschweig-Wolfenbüttel gaben die Herzöge Anton Ulrich und August Wil-

helm dem »Rudolf August Mohr« auf dessen Gesuch hin in den Jahren 1713 und 1714 die schriftliche Zusicherung, daß ihm und seiner Witwe, solange sie sich nicht wiederverheiraten würde, das volle Gehalt ausgezahlt werden solle. Er hatte besonders darauf hingewiesen, daß er »als ein aus gantz frembden Landen entsproßner Ausländer« allein auf die Gnade seines Fürsten angewiesen wäre und daß er dem Fürstenhaus bereits 28 Jahre lang gedient hätte. (Vgl. KITTEL, 1965, S. 81)

362 In Arolsen übernahm die fürstliche Rentkammer beispielsweise im Jahr 1738 die Kosten für das Begräbnis des Paukers August Mohr. (HStA / Mar, 118 / 1, Protokoll Nr. 17)

363 Vgl. SCHÄFER, 1988, S. 40 f.

364 Vgl. SADJI, 45, ferner: BOTH und VOGEL, 1973, S. 253, Anm. 62a. Schließlich: SCHÄFER, 1988, S. 64, Anm. 69

365 Vgl. dazu: SCHÄFER, 1988, S. 35

366 Vgl. KITTEL, 1965, S. 81

367 Vgl. BAUER, 1922, S. 41

368 ibid.

369 ibid.

370 Noch 1855 schrieb man in der *Ziegler'schen Chronik von Hanau* von einem aus Porto Allegre in Brasilien gebürtigen 6½ jährigen »Negerknaben«, der mit seinem Herrn, dem »Particulier« (vgl. weiter oben, Kap. III, Anm. 238) Fraeb, nach Deutschland gekommen war: »Gewohnt, stets auf einem Teppich vor dem Bette seines Herrn zu schlafen, kam er am Abend des 4. August (1855) in ein Bett zu liegen, wodurch er sich die Masern zuzog und sehr krank wurde.« (HANAUISCHES MAGAZIN. *Monatsblätter für Heimatkunde*, 4. Jg., Nr. 3, 1925, S. 22: »Die Konfirmation eines Negers in Hanau«)

371 Daß nicht *alle* »Mohrenkinder« in die unmittelbare Nähe der fürstlichen Familien gelangten, zeigt der Fall zweier schwarzer Kinder, die im Oktober 1775 nach Kassel gebracht wurden und dort zunächst für wenige Tage bei einem Feldwebel wohnten, um anschließend bei dem Küster Weymer in Kost und Logis zu kommen. (HStA / Mar, Rechnungen II, Kassel Nr. 96, »Chatoul-Rechnung 1775«, dort auf S. 120: Dem Feldwebel Umbach wurden am 31. Oktober »für die Verplegung der 2 Mohren Kinder vom 13. bis 17. Oktober« 1 Rthlr. u. 16 Albus ausgezahlt. Der Küster Weymer erhielt für Kost und Logis der beiden Kinder für den halben Monat Oktober 5 Rthlr. und danach monatlich 10 Rthlr.) Vgl. auch: SCHÄFER, 1988, S. 42. Vgl. weiter oben, Kap. III, Anm. 359

372 NStA / W, 17 Alt Fb. III, Nr. 143–145 u. 148. Schon früher, in den Jahren 1573 / 74, war eine schwarze Sklavin, die am bayerischen Hof zu Landshut lebte, bei einem Goldschmied untergebracht. Der Herzog ordnete 1575 an, sie sollte »wie zuvor bei Baptista (Scolari, der Frau des Goldschmieds) unterhalten« werden. (G. H. A., *Fürstentom.* XXIX, fol. 75)

373 Vgl. KITTEL, 1965, S. 87

374 WEBER-OLDECOP, 1977, S. 1; vgl. auch: *GENEALOGIE, Deutsche Zeitschrift für Familienkunde*, Bd. 10, 19. / 20. Jg., 1979 / 71, S. 336 (»Gelegenheitsfunde aus dem Kirchenbuch Holtensen bei Hannover«)

375 HStA / Mar, 315 L, Nr. 24 (Landeskirchenamt Nachträge, Schreiben des Superintendenten Ledderhose an den Landgrafen, Kassel, 5. Dezember 1757: *»Mohren Alexander und die Taufe anderer Mohren betr. 1752«).* Nach dem Tod des George Dominicus blieb Alexander zunächst bei dessen Witwe wohnen, und erst, als diese im Herbst 1757 ins Hof-Hospital kam, bemühte sich das Konsistorium darum, Alexander bei dem Hof-Opfermann Kürßner unterzubringen. Vgl. dazu: HStA / Mar, 5, Nr. 12248 (Kammermohren 1750–1772), fol. 13–14 (Bericht des Konsitoriums an den Landgrafen vom 9. Dezember 1757), sowie: SCHÄFER, 1988, S. 39

376 Vgl. weiter oben, Kap. III, Anm. 139 und Anm. 140

377 *Acta die Verpachtung der zu Moulang und Wilhelmshöhe bei Weißenstein befindlichen herrschaftlichen Schweitzereien, sammt dazu gehörigen Gebäuden und und Grundstücken, ingleichen einer kleinen Wirtschaft in Moulang betr. 1797*, S. 9 f., in: HStA / Marg, hier zit. nach: HOLTMEYER, 1910 (Textband), S. 289

378 Vgl. dazu: LEBER, 1965

379 Die Porträtechtheit der Dargestellten ist mehrfach bezeugt worden, so 1820 durch F. J. Bertuch, der schrieb: »[...] was die Abbildungen der Fürstin, ihrer Räthe, Beamten, Damen, Diener usw. betraf, so wurden dieselben nach dem Leben gemacht, und sind also Porträts (wie von einigen wenigstens, ein noch lebender geachteter Schriftsteller in Arnstadt), [...] die Versicherung gab, der einige derselben noch recht gut gekannt hatte.« (Vgl. auch: LEBER, 1965, S. 12 ff.) Die Fürstin, eine Tochter Herzog Anton Ulrichs II. von Braunschweig-Wolfenbüttel, an dessen Hof es zahlreiche »Mohren« gab, muß im übrigen auch eine sehr genaue Kenntnis von den Wohnverhältnissen der dortigen Schwarzen gehabt haben.

380 Zur Frage der Beschaffenheit bürgerlicher Wohnhäuser im 17. Jahrhundert vgl. HAENDCKE, 1906, S. 288 ff.

381 Es gab aber anscheinend Ausnahmen: In Braunschweig kaufte der »Mohr« Rudolf August Malabar im Jahr 1715, *ohne das Bürgerrecht gewinnen zu müssen*, das Haus Nr. ass. 973 in der Langen Straße. Malabar war allerdings kein Afrikaner, sondern kam »auß Asien, auß des Großmoguls Reiche von der Küste Coromandel«, d. h. aus dem Südwesten Indiens, wie auch das Gildebuch der Braunschweiger Brauer meldet; er soll deshalb hier auch nur nebenbei Erwähnung finden. (Vgl. KITTEL, 1965, S. 82 f.)

382 BRUNS, 1985, S. 203, Nr. 699; vgl.: SCHÄFER, 1988, S. 59

383 BA, Litt. F., Nr. 184, darin: *Renterey Rechnung* vom 1. März 1794 bis zum 1. März 1795, S. 33. Danach zahlte der Kammerhusar Coridon 22 Albus und 4 Pfennige Zins für den »Garten an der faulen Seite«.

384 Vgl. dazu weiter oben, S. 128

385 Vgl. ROUVEL, 1962, S. 27

386 HStA / Mar, 118 / 2535 *(Kaufbrief von dem Paucker More, Arolsen, 29. November 1723)*

387 SCHÄFER, 1988, S. 36

388 Vgl. ROUVEL, 1962, S. 238

389 Vgl. KINDER, 1922, S. 43

390 Das Gehöft bestand ursprünglich aus einem »Wohnhaus von 7 Fach mit Garten, das in der Adligen Brandkasse mit 700 rt. Courant versichert war, und eine(r) mit 200 rt. versicherte(n) Scheune. [...] Die Größe des Hofes betrug nach der Vermessung (im Jahr 1778) 61 To. 1 Scheffel 84 R., dazu eine kleine Parzelle Holzland. Veranlagt ist sie zu 59 Steuertonnen mit einem Steuerwert von 9440 rbt.« Vgl. *OST=HOLSTEIN, Beiblatt zum Ost=Holsteinischen Tageblatt (Plöner Zeitung) (früher Plöner Wocheblatt)*, 8. Jg., Oktober 1938, sowie: KLÜVER, 1970, S. 92

391 BAUER, 1922, S. 38

392 ibid., S. 47

393 Vgl. dazu weiter unten, S. 307 f.

394 Nach Römischem Recht, das in viele der »neuzeitlichen« Sklavengesetze Eingang gefunden hatte, konnten die Sklaven unter dieser Bestimmung keine Ehe im zivilrechtlichen Sinn eingehen. (Vgl. GUNDLING, 1734, Cap. XXXIII, S. 412)

395 Näheres dazu weiter unten, Kap. III, Anm. 612

396 Vgl. dazu etwa: SPANN, 1928, S. 81

397 Zu Mahbuba vgl. ZAHN und KALWA, 1928, S. 163 ff.; PANKHURST, 1976, S. 171 ff. (225), und DEBRUNNER, 1979, S. 267f. Obwohl Fürstin Lucie ihm am 29. März 1837 brieflich den Wunsch übermittelt hatte, ihr doch eine »Negerin« mitzubringen, hielt es der fürstliche Libertin angesichts der pikanten Situation für ratsam, seine daheim gebliebene Frau auf die Ankunft Mahbubas vorzubereiten. Er teilte mit, daß er durch seinen Aufenthalt im Orient nun daran gewöhnt sei, als unumschränkter Gebieter mit Sklaven umzugehen und das, was er als seinen »kleinen Harem« bezeichnete, nicht mehr entbehren könne und wolle. (ZAHN und KALWA, 1928, S. 166) Lange konnte der Fürst seine Mahbuba indessen nicht mehr genießen, denn nur wenige Monate, nachdem sie im Frühjahr 1840 auf dem Stammsitz des Fürsten in Muskau eingetroffen war, starb sie bereits (am 27. Oktober des gleichen Jahres). »Was ich dabei gelitten«, schrieb er am 18. November an seine Freundin, die Gräfin Thurn, »kann ich nicht aussprechen [...]«, und es werde »doch der Verlust nie von mir ganz verwunden werden«. War doch Mahbuba, wie er der Gräfin gestand, das »von mir unter allen Menschen geliebteste() Wesen() [...]«. Vgl. ASSING-GRIMELLI, Bd. 7, 1875, S. 37 (22. Brief). In literarischer Form hat sich schließlich noch Carl Heinz WALTER mit Mahbuba beschäftigt: *Machbuba, die Sklavin des Fürsten Pückler. Der Roman einer märkischen Heimkehr,* Mit einer Widmung von Graf PÜCKLER und einer Einleitung von Hofrat URBAN, Cottbus (bei Otto Enke), 1935

398 Das hessische Anmelde- und Genehmigungsverfahren für Verlobung und Hochzeit ist detailliert geschildert bei: LEDDERHOSE, 1785, S. 165–225. Zu den hier wiedergegebenen Punkten vgl. ibid., S. 175, S. 177 f. (§207), S. 191 (§223), S. 292 (§224), S. 207 (§241), S. 208 (§242), S. 213 f. (§246) und S. 218 (§251). Siehe auch: SCHÄFER, 1988, S. 55. Eine weitere *Verordnung betreffend die Verlöbnisse, Hochzeiten und Kindtaufen in der Stadt Ploen 1678* ist abgedruckt bei: KINDER, 1887, S. 26–31

399 LEDDERHOSE, 1785, S. 175

400 ibid., S. 177 f. (§207)
401 ibid., S. 207 (§241) und S. 208 (§242)
402 ibid., S. 213 (§246)
403 ibid., S. 218 (§251)
404 SCHÄFER, 1988, S. 55
405 NStA/Br, C VI Nr. 134
406 Vgl. BAUER, 1922, S. 36 ff.
407 ibid., S. 34
408 ibid., S. 34 ff. In Wien muß es wohl so wie in Hessen gewesen sein. Dort wurde der »Eid des ledigen Standes« gewöhnlich von »Ausländern und unbekanten Personen« verlangt, »weil aber die Herbeyschaffung eines solchen Zeugnisses, zuweilen unmöglich, oder wenigstens äuserst Kost= und Zeitspielig ist: so hat man den Eid, womit jene Personen den ledigen Stand, und daß sie nicht anderwärts bereits ehlich verlobt sind, erhärten, als ein Surrogat des Aufgebots eingeführt« Vgl. LEDDERHOSE, 1785, S. 191 (§223)
409 BAUER, 1922, S. 36. Am Rand des Heiratsdokuments steht noch der Vermerk: »Diese Ehe darf auf Befehl Seiner Eminenz des Cardinalerzbischofs niemandem mitgeteilt werden.«
410 Vgl. LEDDERHOSE, 1785, S. 210 (§243)
411 Vgl. dazu: SADJI, 1980, S. 46, und SCHÄFER, 1988, S. 67, Anm. 102: »Auffallend ist, daß an den europäischen Höfen und adligen Häusern wohl vorwiegend ›Mohrenknaben‹ lebten.«
412 SCHULZ, 1935, S. 95
413 Vgl. KITTEL, 1965, S. 80 ff.
414 ANONYMUS 5, 1935, S. 260 f. (Wie sich die beiden kennengelernt haben, bleibt leider im dunkeln. Auch nähere Angaben über den – offenbar einem Bürgerlichen gehörenden – »Mohren« aus Pirmasens konnten nicht ermittelt werden.) – Eine (allerdings nichteheliche) Verbindung zweier »Mohren« hat es gegen Ende des 18. Jahrhunderts auch noch in Kassel gegeben: Dort gebar die »Mohrin« Catharina Tamasin aus Amerika dem »Mohrentambour« Babes aus dem landgräflichen Garderegiment am 30. Mai 1789 eine Tochter. (Vgl. SCHÄFER, 1988, S. 56)
415 Vgl. KITTEL, 1965, S. 96
416 Vgl. SCHÄFER, 1988, S. 56. Die kleine Susanne, die im August 1783 in New York geboren war, verstarb bereits im Februar 1784 (begraben am 14. 2.) und ist wahrscheinlich mit jenem »echten Mohrenkind« identisch, das der Anatom Sömmerring in einem Brief vom 8. Mai 1784 an Johann Heinrich Merck erwähnte. (Näheres dazu weiter unten, Kap. IV, Anm. 157; vergl. auch: SCHÄFER, 1988, S. 69, Anm. 124)
417 Vgl. SCHULZ, 1935, S. 95
418 Vgl. ALBERS und CLASEN, 1963, S. 3. Das Kind, Catharina Elisabeth Mohr, Tochter von George Mohr, wurde am 14. August 1801 geboren, starb aber bereits am 7. März 1803.
419 Außer den schon weiter oben angeführten Beispielen hier noch einige andere: Der »Negertambour« Dermain hatte bei seiner Heirat mit der Johanne Sophie

Nicolini aus Braunschweig schon zwei voreheliche Kinder (Kb. der Gemeinde St. Katharinen in Braunschweig); der »Negertambour« Simon Bretswood hatte vor der Heirat mit seiner zweiten Frau mit dieser zusammen vier uneheliche Kinder gezeugt. (NStA / Br, H V, Nr. 234)

420 Im Taufregister von Detmold finden sich, um ein Beispiel zu nennen, drei Eintragungen über die Taufe dreier unehelicher Kinder der »Mohrin« Justine Luise Junka und des Soldaten Johann Friedrich Rosenbusch.

421 Wenn SCHÄFER, 1988, S. 56, schreibt, daß »eheliche (und außereheliche) Verbindungen unter ihnen ausgesprochen selten gewesen« sind, dann ist dies – vielleicht – für Kassel und Umgebung zutreffend gewesen, bei einer zusammenfassenden Betrachtung des für den gesamten deutschen Sprachraum vorhandenen Materials wird jedoch erkenntlich, daß dergleichen Verbindungen keineswegs so selten gewesen sind.

422 ANONYMUS 5, Vol. 12, 1935, S. 260. Vgl. auch: SCHULZ, 1935, S. 95

423 *Familiengeschichtliche Blätter*, 34. Jg., 1936, Spalte 204

424 Vgl. KITTEL, 1965, S. 92

425 Auch in den Fällen, wo weitergehende Angaben über die soziale Stellung der angeheirateten Personen und der Familien, aus denen sie stammten, fehlen, ist häufig anzunehmen, daß es sich um Angehörige von eher unteren sozialen Schichten handelte; jene Anna Maria Kathrine, geb. Menke aus Ehrdissen / Amt Schötmar, die dem »Mohren« William Yunga in Detmold am 10. Juli 1790 einen Sohn gebar, wird ganz gewiß das Kind »kleiner Leute« gewesen sein. (Vgl. NWStA / Det, *Tauf-Register Detmold*, Eintragung vom 14. Juli 1790)

426 ANONYMUS 5, 1935, S. 260

427 ibid., S. 260 f.

428 NStA / W, *Feldkirchenbuch der Braunschweigischen Truppen;* vgl. KITTEL, 1965, S. 96 f.

429 NStA/W, *Feldkirchenbuch der Braunschweigischen Truppen;* vgl. KITTEL, 1965, S. 97

430 HStA / Mar, *KB der Hofgemeinde Kassel* (Konfirmierte, Kopulierte, Begrabene), 1685–1739, S. 256

431 Vgl. KITTEL, 1965, S. 97

432 ibid., S. 96

433 ibid., S. 97

434 Vgl. dazu weiter unten, S. 183 ff. (Fall des Christian Gottlieb in Plön)

435 NStA / W, 2c Alt, Suppl. VI, Nr. 1957 (Hervorhebung von mir, P. M.)

436 NStA / W, *Feldkirchenbuch der Braunschweigischen Truppen*; vgl. KITTEL, 1965, S. 100

437 Vgl. weiter oben, S. 128

438 Vgl. SCHÄFER, 1988, S. 55

439 Vgl. SCHMIDT, 1963, S. 48

440 Sophies Urgroßvater Hein Kempe wurde am 8. 7. 1652 als Kaufmann Hamburger Großbürger mit einem Bürgergeld von 50 Reichstalern. Diese Summe hatten Nichtbürgerssöhne zu entrichten, wenn sie Großhandel betreiben wollten. Hein Kempe erwarb noch im Jahr seines Zuzugs nach Hamburg, d. h. 1652, ein Brau-

erbe, das später auf seine Nachkommen überschrieben wurde. Er heiratete die Witwe des Kaufmanns Jakob Muhle und war imstande, am 24. 3. 1670 die beträchtliche Summe von 378 Mark für ein Kirchengrab in St. Katharinen auszugeben. Für die soziale Stellung, die er sich errungen hatte, zeugen auch die Eheverbindungen seiner Kinder. Daniel, Hamburger Bürger und Kaufmann, heiratete Agatha, die Tochter des Ratsherrn Johann Danckwerth. Drei Töchter wurden Ehefrauen von Hamburgischen Oberalten. Die Tochter Elisabeth heiratete den aus Osnabrück zugewanderten wohlhabenden Kramer Wichmann Lastrop und wurde Ahnherrin bedeutender Hamburger Geschlechter. (Vgl. SCHMIDT, 1963, S. 49)

441 SÖMMERRING, 1785, S. 34

442 Vgl. dazu weiter oben, S. 95

443 Vgl. BRENTJES, 1976, S. 46

444 Die traurige Geschichte dieses Schwarzen wird ausführlich im 2. Bd. des *Curiositäten- und Memorabilien-Lexicons von Wien*, das REALIS (d. i. Gerhard DÜTZELE VON COECKELBERGHE) 1846 herausgegeben hat, beschrieben. Mehr darüber weiter unten, S. 177 f.

445 ibid.

446 Vgl. dazu: ROUVEL, 1962, S. 37 f.

447 Protokoll über die Aussage des Hoftrompeters Schäffer *In praesentia des Hn. Ober Forstmeisters von Biela: Actum Arolsen den 7. apr. 1725*, hier abgedruckt bei: ROUVEL, 1962, S. 237 ff., Zitat auf S. 237

448 Protokoll des Hof-Pauquers »Mohr« *In praesentia des Hn. Ober Forstmeisters von Biela: Actum Arolsen den 7. apr. 1725*, hier abgedruckt bei: ROUVEL, 1962, S. 234 ff., Zitat auf S. 236

449 Protokoll über die Aussage des Hoftrompeters Schäffer *In praesentia des Hn. Ober Forstmeisters von Biela: Actum Arolsen den 7. apr. 1725*, hier abgedruckt bei: ROUVEL, 1962, S. 237 ff., Zitat auf S. 241

450 Protokoll über die Aussage des Hof-Pauquers »Mohr« *In praesentia des Hn. Ober Forstmeisters von Biela: Actum Arolsen den 7. apr. 1725*, hier abgedruckt bei: ROUVEL, 1962, S. 234 ff., Zitat auf S. 236

451 ibid.

452 Vgl. zum Beispiel: SADJI, 1980, S. 49, und SCHÄFER, 1988, S. 46f.

453 Mehr darüber weiter unten, S. 156 f.

454 Vgl. SCHÄFER, 1988, S. 54

455 HStA / Mar, *Rechnungen II, Kassel*, Nr. 96: »Chatoul-Rechnung / Leib-Compagnie-Rechnung 1783«, S. 19: »Unkosten wegen dem desertirten Tambour Adrian«.

456 HStA / Mar, 10 c, Nr. 67 *(Rangier-Listen Leibgarde-Regiment 1787)*

457 Vgl. KITTEL, 1965, S. 97 f.

458 Wenn trotzdem nur wenige Fälle bekannt sind, in denen ein schwarzer Fahnenflüchtling wieder eingefangen wurde, so mag das überraschen, findet jedoch wahrscheinlich seine sehr einfache Erklärung darin, daß die flüchtigen »Mohren« bei adeligen Familien oder in anderen Heeren Unterschlupf fanden, die dadurch ohne große Mühe zu einem der begehrten Statussysmbole kamen.

SCHÄFER, 1988, S. 77, vermutet: »Da in vielen europäischen Armeen ›Mohren‹ dienten, dürften Desertionen aus einer, verbunden mit dem Übertritt in eine andere europäische Armee, ebenfalls nicht ausgeschlossen werden.«

459 BÖHM, 1983, S. 83; vgl. auch: SCHÄFER, 1988, S. 76 f., Anm. 192

460 Vgl. dazu weiter unten, S. 323 ff.

461 Vgl. STEINER, 1919, S. 22 ff.

462 Zu Selim Schwartz vgl. SCHÄFER 1988, S. 46 f.

463 Vgl. GREINER, 1981, S. 6

464 ibid.

465 ibid. Daß der »Neger Daud« hier – ohne es zu wissen – durchaus berechtigt in Sorge war, dazu weiter unten, S. 232 ff.

466 GREINER, 1981, S. 6

467 Näheres bei: WELLENKAMP, 1970, S. 107 ff.

468 Zit. nach: ibid., S. 108 f., da der Originalbrief, der diesem offenbar noch vorgelegen hat, inzwischen nicht mehr auffindbar ist. (Briefliche Auskunft des Heimatmuseums Schloß Schönebeck in Vegesack/Bremen vom 5. 11. 1992, Herr H. Guettner)

469 ibid., S. 111

470 NStA/W, 2 c Alt, Suppl. VI, Nr. 1957; vgl. auch: NStA/W, 3 Alt Fb. 2 a 1 (Rudolf August) Nr. 23, sowie: KITTEL, 1965, S. 87 f.

471 NStA/W, 2c Alt, Suppl. VI, Nr. 1957

472 LA/Greiz, *Rechnung über Einnahmen und Ausgaben bei der Hochgräflich Reuß-Plauischen Herrschaft zu OberGreitz, HofstattGelder, geführt zu Köstritz 1743*. Seitenzahlen fehlen. (Vgl. auch: LINDNER, 1963, S. 552)

473 Näheres z. B. bei: HAENDCKE, 1906, S. 254–324

474 Vgl. dazu weiter oben, S. 47 f.

475 BayHStA/M, Fürstentom. XXIX, fol. 75

476 HStA/Mar, 118/1 (Protokoll Nr. 7); vgl. auch: ROUVEL, 1962, S. 59 ff.

477 HStA/Mar, 118/2535 (*»Kaufbrief von dem Paucker More«*, datiert Arolsen, 29. November 1723)

478 HStA/Mar, 118/2535 (Bl. 15)

479 HStA/Mar, 118/1 (14. September 1728, Protokoll Nr. 409)

480 HStA/Mar, 118/30

481 HStA/Mar, 118/1, *Supplikenprotokoll* Nr. 94 vom 10. März 1738

482 HStA/Mar, 118/36, Bl. 215

483 Vgl. dazu: BOTH, 1963, S. 216

484 HStA/Mar, 315 L, Nr. 24 (*Schreiben Kastenmeister Knyriem*, Kassel, d. 5. März 1759)

485 ibid.

486 Erst Mitte des Jahres 1766 wurde wieder eine »Kammermohrenstelle« besetzt, und zwar durch Franz Wallis. (Vgl. SCHÄFER, 1988, S. 40)

487 RISCHMANN, 1936, S. 82

488 Die Zusammenstellung der folgenden Tatsachen folgt KITTEL, 1965, S. 89 ff.; ich habe die Quellen lediglich noch einmal überprüft.

489 NStA/W, 17 Alt Fb III, Nr. 186

490 NStA/W, 2c Alt, Suppl. VI, Nr. 1957
491 ibid.
492 ibid.
493 ibid.
494 ibid.
495 ibid.
496 NWStA/Det, L 92 P, Tit. 2, Nr. 7 *(Abschrift des Gesuchs vom 3. Mai 1791, mit Antwort-Konzept)*
497 NWStA/Det, L 114, Tit. 4 *(Schreiben Graf Leopold zur Lippe, an Geheimrat Franz von Borries, Detmold, 25. Oktober 1795)*
498 NStA/Br, H XXII, Nr. 27 (die beiden zogen daraufhin in Anschluß an ihre Trauung in der Braunschweiger St. Andreaskirche nach Bad Grund im Harz).
499 HStA/Mar, *Akte Wilhelm VIII.* (Aktennotiz 1758); vgl. SADJI, 1980, S. 46
500 Der Pfeifer des »hochlöbl. Printz=Heinrich Füsilir Reg.«, Johann Daniel Goldofsky, wurde nach seiner Entlassung aus den Armeediensten als »Ackerknecht« vermittelt. (Vgl. ANONYMUS 5, 1935, S. 260)
501 Vgl. SADJI, 1980, S. 44
502 NWStA/Mü, *Akte Großherzogtum Berg* A 1 Nr. 121. Vgl. auch: HOLSENBÜRGER, 1869, S. 199, und RISSE, 1961, S. 4
503 Vgl. ALBERS und CLASEN, 1963, S. 3
504 DENECKE, 1931; RAVENS, 1983, S. 58
505 Vgl. BLUMENBACH, 1787, S. 3. Mehr zu dieser »Mohrin« weiter unten, Kap. IV, Anm. 260
506 SADJI, 1980, S. 47, hat festgestellt, daß bei der Taufe der »Mohrenkinder« die Paten nicht mehr – wie bei der ersten Generation – »vorwiegend adlige Personen waren, sondern ebenfalls Mohren«. Wenn sich nach Sadji daraus schließen läßt, »daß einerseits die Existenz von Mohren für die Besitzer den Reiz des Neuen und Exotischen verloren haben mußte und man sich ihrer weniger annahm«, dann ist dem zuzustimmen. Nicht zu akzeptieren ist dagegen ihr zweiter Schluß, wonach »andererseits die Mohren (bei Hof, P. M.) eine in sich geschlossene, beziehungsweise eine ausgeschlossene Bevölkerungsgruppe bildeten«.
507 Vgl. HERQUET, 1883, S. 134, Anm.**
508 Vgl. KITTEL, 1965, S. 92
509 Vgl. LINDNER, 1962/1963, S. 555 f.
510 Vgl. DEBRUNNER, 1970, S. 22
511 Es handelt sich um den »Mohre u. Gärtners Gesell« Johann Wilhelm Anton, der am 26. Mai 1707 mit Anna Jacobine, der Tochter des Barbiers Adam Lorenz Stöhr, in Kassel getraut wurde. (Vgl. SCHÄFER, 1988, S. 39) 1877 wurde dann der »Neger« Daud aus Calw bei dem Gründer und langjährigen Leiter der ersten deutschen Obstbau-Lehranstalt, Eduard Lucas in Reutlingen, in die Gärtner-Lehre gegeben. (Vgl. GREINER, 1981, S. 6)
512 Vgl. HAUSCHILD-THIESSEN, 1987, S. 12
513 Vgl. dazu: DEGN, 1974, S. 113
514 Zur Person und Bedeutung Schimmelmanns vgl. DEGN, 1974, ein Werk, dem der folgende Abschnitt im wesentlichen folgt. Herangezogen wurden aber auch

die ältere Arbeit von ALBERS und CLASEN, 1963, sowie diverse Akten des StA / HH, die jeweils gesondert angegeben werden.

515 SP 68 (in dieser Akte finden sich noch verschiedene andere Schriftstücke zu diesem Thema)

516 SkmSA A III (Schimmelmann mit *Brief vom 30. August 1765* aus Hamburg)

517 Vgl. den *Briefwechsel zwischen Schimmelmann und Heydrich* in: GAA (jetzt im LA / SH), hier: 393. Vgl. zu diesem wie zu den folgenden Angaben auch: DEGN, 1974, S. 109 f.

518 ibid.

519 ibid.

520 ibid.

521 ibid.

522 ibid.

523 ibid.

524 *Brief des Baron von Watteville* (Auszug) im GAA (jetzt LA / SH), hier: 714

525 Vgl. ALBERS und CLASEN, 1963, S. 3f.

526 SP 65

527 ABUH R 19 E, Nr. 10a *(Brief Briants vom 28. 4. 1767)*

528 ABUH R 19 E, Nr. 10a *(Brief Briants vom 5. 9. 1767)*

529 Vgl. ALBERS und CLASEN, 1963, S. 4

530 ibid.

531 ibid. Hieraus ergibt sich, daß von den sieben Schwarzen dieser Gruppe offenbar nur vier und nicht fünf zur Brüdergemeinde gehörten, wie von dieser im eingangs zitierten Schreiben behauptet wurde.

532 ABUH R 19 E, Nr. 10a *(Brief Briants vom 5. 9. 1767)*

533 DEGN, 1974, S. 154

534 ALBERS und CLASEN, 1963, S. 4

535 Vgl. *Stamtavle over slaegten Schimmelmann. Danmarks Adels Aarbog 1934*, und ALBERS und CLASEN, 1963, S. 4

536 ALBERS und CLASEN, 1963, S. 4. Auch später finden sich gelegentlich Notizen in den Schimmelmannschen Akten, wo von schwarzen Lehrlingen die Rede ist. Einmal gibt der Baron zum Beispiel die Anweisung: »Da gewünscht wird, daß der das Kupferschmidt-Handwerk lernende, von den Plantagen hier seiende Neger zugleich auch lernen möchte, den Pferden und Kühen zur Ader lassen und die Mäuler derselben reine zu machen, so wolle d. H. Buchhalter Lassen dafür Sorge tragen, daß solches geschehn möge.« (SP 65, *Schreiben des Barons v. Schimmelmann, Kopenhagen, d. 17. Januar 1775*) An anderer Stelle heißt es: »Den Maurer-Neeger wollen Sie zu einem Maurermeister hinthun, wo er was mit arbeitten und lernen kann; sollte es in Copenhagen nicht möglich seyn, so ist die Fabrique nicht gänzlich zu verwerffen.« (*Schimmelmann an seinen Prokuristen in Kopenhagen, Hamburg, 21. Juli 1780*, in: SkmSA A III) Einige der Schwarzen haben das Schreiben und Lesen gelernt; Schimmelmann setzte sie zu Büroarbeiten ein. (DEGN, 1974, S. 113)

537 Vgl. dazu: McCLOY, 1973, S. 29; DEGN, 1974, S. 80 ff., und STELTZER, 1981, S. 164

538 DANTZIG, 1978, S. 60 (*Archives of the Second West India Company* 124, Document 86 vom 10. 3. 1700: »*Resolutions concerning morals and religion, [...] Art. 4: [...] the D-G. and Members of Council hereby rule, that anybody who (thus) has bred or is breeding children in whoredom, shall be obliged to take them on their departure with them to our fatherland on their own expense, or, in case he happens to die here, to reserve, each for himself, according to his position, a proper sum for honest maintenance and Christian education of such products. [...]*«

539 ibid.

540 Die kleine Schrift ist möglicherweise unter dem Eindruck des amerikanischen Bürgerkriegs entstanden. Der Literaturwissenschaftler Winfried Freund schreibt: »In der Tat handelt es sich bei der makabren Erzählung kaum um ein Märchen. [...] Die Wahl Hamburgs erfolgt mit Bedacht, da gerade hier in dem bedeutendsten Handelsumschlagplatz im Norden Europas, die für das 19. Jahrhundert bestimmenden Kräfte früh hervortraten. Darüber hinaus fällt in die eigentliche Geschehenszeit zwischen 1790 und den ersten Jahren des 19. Jahrhunderts ein wirtschaftlicher Aufschwung Hamburgs, da sich der französische und niederländische Handel wegen der Revolution in Frankreich in die freie Hansestadt zog. Die Fiktion des Augenzeugenberichts, in dem der Organist von seiner persönlichen Begegnung mit Herrn Bulemann erzählt, tut ihr übriges, um das Geschehen ganz und gar realistisch und authentisch erscheinen zu lassen [...] In Herrn Bulemann verkörpern sich beispielhaft Tendenzen der im 19. Jahrhundert um sich greifenden kapitalistischen Gesinnung [...]« (Vgl. dazu das Nachwort in: STORM, 1983, S. 74 ff.) Vielleicht hat Storm auch Kenntnis vom Hamburger Sklavenhandel mit Afrika und den spanischen Kolonien in Amerika gehabt, der gerade in dieser Zeit zwischen 1770 und dem Beginn des 19. Jahrhunderts erheblich an Bedeutung gewann. (Vgl. MARTIN, 1985, S. 13 f.)

541 *Supercargo* = Bevollmächtigter, der Schiffsladungen im Auftrag der Absender nach den Absatzhäfen begleitet, um die Waren dort zu verkaufen.

542 STORM, 1983, S. 41. Literarische Vorlage war wohl die in Deutschland besonders durch Christian Fürchtegott Gellert popularisierte Geschichte von *Inkle und Yariko* (1748, abgedruckt in: GELLERT, 1987, S. 45–47). Inkle, ein profitsüchtiger Engländer, der von der indianischen »Prinzessin« Yariko vor dem Tod gerettet wurde, verkaufte seine edelmütige Retterin, nachdem er sie geschwängert hatte, in die Sklaverei.

543 DEBIEN, 1953, S. 455; McCLOY, 1973, S. 29

544 Der Fall wurde durch KRÜGER, 1969, bekannt gemacht, der die Abschrift eines heute im »Sylter Archiv« befindlichen Briefs veröffentlichte, den Mochgel Eben am 2. Dezember 1761 an seine Mutter und seine Geschwister auf Sylt schrieb. Die Aufschrift auf dem Umschlag des Schreibens lautet: »*An de Wittwe van Ebe Jensen in Tinnum op Eylant Silt*« und: »*hiebey Een Swarte Jong*«. Der Text des eigentlichen Briefs lautet wie folgt: »*Amsterdam de 2 Decembr. 1761 – Ehrwarde Mutter, Broder en Süsters, heb de Ehre om ju hirmede te be Richten dat ick de 22. Novmbr. gelücklig gesont en behauden in Tesel en den 29 tot Amsterdam sei ge Ariviret en hoop dat Jeij te Häus alle gar mach gesunt en in goed wel*

Stant anoch wesen, was het anders het saud mey led wesen. Hir mede send ick an mein lieben Mutter Een Kleyn Swarte Jonge is genannt Jan Deo versück dat mein lieben Mutter will im van de Winter latten schoel gaen en den in de sommer laaten schaapen en goosen Hord wesen en anders vor Ju lop Jong heben. En in dien mein lieben Mutter hem nich wil hebben, Kan Sie hem int frü Jaar met de smack weder over senden. En ick vorsück dat sey hem niet schlecht behandelt, want het is mey Eygen Jonge. Mein Mutter draag voor al sorg voor mein swarte Jonge Jan Deo en lat hem schol gaen, ick sall alles wer betaellen. En schreib mei mar om alles wat Gie noedig heb, ick sal het Ju Stürn als das Gelegentheid is, mar om vor mein te Heus te kommen, dat kan ick selfs nich weetten hoe dat het noch looppen wil. Vorblyve Ju liefe sohn en broder Mochgel Eben.«

545 Vgl. KRÜGER, 1969, S. 83

546 ibid.

547 ibid.

548 NØRREGÅRD, 1966, S. 168

549 *Archiv für Sippenforschung*, 15. Jg., Heft 11, November 1938 (8)

550 ibid.

551 ibid.

552 STORM, Brief vom April 1845, in: STORM, 1915, S. 58 f.

553 Die *Kindeskinder* dieser »Mohren« haben es aber anscheinend manchmal geschafft, so wurden zwei Urenkel des Greizer »Mohren« Heinrich Conrad *Guinea*, genannt »Ninaruk«, Webermeister, und ein Ururenkel Bäckermeister in Greiz. (Vgl. LINDNER, 1962/1963, S. 556)

554 Zur Geschichte dieser Baderfamilie vgl. LINDNER, 1963. Der »Negersklave« Mensa »Bast« (Sebastian), der sich längere Zeit im Hause eines Adligen zu Weimar aufgehalten hatte, schließlich aber, wie berichtet, floh, wurde, allerdings in Dänemark, zum *Müllermeister* ausgebildet. (Vgl. STEINER, 1919, S. 25)

555 Vgl. dazu etwa: DANCKERT, 1963, S. 64 ff.

556 Ausführliche Quellen- und Literaturhinweise finden sich bei SOMBART, 1. Bd., 2. Halbband, 1969, S. 788 ff. Sonst auch: SACHSSE und TENNSTEDT, 1980, S. 85 ff.

557 Vgl. dazu weiter unten, S. 174, den Fall des Allagabo Timm aus Weimar.

558 Vgl. dazu weiter unten, S. 325 ff.

559 Persönliche Mitteilung von Herrn Ludwig BODE, Bodenwerder/Weser v. 9. Dezember 1982

560 ibid. (Ich habe inzwischen die Steine in Augenschein genommen und die Inschrift geprüft, P. M.) Im übrigen ließ sich nicht feststellen, welcher Ferdinand Schlüter gemeint war. Die Familie Schlüter in Hamburg hatte verschiedene Zweige und es gab mehrere Ferdinands, von denen jedoch keiner mit den Lebensdaten Antonio Congos in Einklang zu bringen ist. Andererseits sind die Angaben auf den beiden Steinen zu genau, als daß sie die Verbindung mit den Hamburgern von vornherein als unglaubwürdig erscheinen lassen. (Eine persönliche Anfrage bei der Familie Schlüter ergab, daß man sich dort in keinem Zweig der Familie an einen solchen Fall erinnern kann, daß jedoch ein Teil des Familienarchivs verloren gegangen ist.) Möglicherweise handelt es sich um Ferdinand David Schlüter,

geboren am 10. November 1792, gestorben am 8. Juni 1857, der als Argentinischer Generalkonsul sehr wohl nach Brasilien gekommen sein kann. (Vgl. *DEUTSCHES GESCHLECHTERBUCH, Hamburgisches Geschlechterbuch*, Bd. 12, Limburg a. d. Lahn, 1975, S. 418 f.)

561 Vgl. hierzu die Ausführungen über die Zivilberufe von Afrikanern, die großenteils gar nicht selbständig ausgeübt werden konnten. S. 138

562 Vgl. MOHNEY, 1978, S. 44. Im *Geheimen Staatsarchiv Preußischer Kulturbesitz* zu Berlin (Dahlem) konnten allerdings keinerlei Quellen über Olivier ermittelt werden. (Persönliches Schreiben von Dr. Werner Vogel, AZ: B 1845/83, vom 4. Oktober 1983 auf eine entsprechende Anfrage)

563 KÜSTER, Teil III., 1756, S. 29

564 MOHNEY, 1978, S. 44

565 Vgl. weiter oben, S. 128

566 Vgl. ALBERS und CLASEN, 1963, S. 2

567 HOFFMEISTER, 1878, S. 3. Eine »ächte Negerin« war Mademoiselle Elise Sabaton allerdings nicht: Sie war die vorehelich geborene Tochter der Maria Victoria Sabbadon, ihrerseits Tochter des »Mohrentambours« Johannes Sabbadon, und des Gardisten und späteren Universitätsjägers (ca. 1822) in Göttingen, Friedrich Banse (auch: Banzer) aus Halle. (Vgl. SCHÄFER, 1988, S. 55)

568 SANDRART, 1683, Kap. XV, S. 34 (Text) und S. 180 (Abb.)

569 Vgl. weiter oben, S. 79, Kap. III, Anm. 237

570 Die Geschichte dieser schwarzen Prostituierten findet sich in: ANONYMUS 10, 1858, S. 46 f.

571 ibid. In einer »engen, vom Tabaksqualm und vom Lärm besoffener Schiffer erfüllten Kneipe, wo sie, für eine Abendgage von drei Mark, ihre dunklen, glatten Glieder zur Schau stellte«, hatte auch Klaus MANNs Romanfigur Hendrik Höfgen die Bekanntschaft seiner afrikanischen Geliebten gemacht. »Auf dem Programm des finsteren Kabaretts war die schwarze Tänzerin Juliette Martens als ›Prinzessin Tebab‹ angezeigt – ein Name, den sie nur als Künstlerin führen durfte, auf den sie aber auch im zivilen Leben Anspruch zu haben behauptete. Durfte man ihren Angaben Glauben schenken, so war ihre verstorbene Mutter, die verlassene Geliebte des Hamburger Ingenieurs, von rein fürstlichem Blute gewesen: Tochter eines veritablen, unermeßlich reichen, großmütigen und leider in relativ zartem Alter von seinen Feinden verspeisten Negerkönigs.« (MANN, 1991, S. 66)

572 Vgl. HAMPE, 1902, S. 113.

573 Die Schausteller-Ankündigung zu diesem Ereignis befindet sich im LA/SH, Landesarchiv Abtl. 10, Nr. 371; nach dem Wortlaut der Ankündigung nannte sich der Afrikaner »Hoongoo Rhyhoo; er wurde vom Cap Coast durch ein holländisches Schiff, geführt vom Kapitain Jansen, nach Amsterdam gebracht«.

574 Vgl. dazu weiter unten: S. 223 f. Weitere Beispiele bei HAMPE, 1902, S. 123 (1606 darf, ebenfalls in Nürnberg, ein Johann Bisan aus Paris neben Affen und abgerichteten Hunden auch seine »Mohren« zur öffentlichen Belustigung vorführen); ferner bei: DEBRUNNER, 1979, S. 221 (auf einem Jahrmarkt in Elberfeld ist ein San zu sehen) und S. 363: Der Clown Tottit und sein schwarzer Partner

»Chocolat« ziehen zwischen 1890 und 1918 mit beachtlichem Erfolg durch Deutschland und die Schweiz.

575 Für dies und das folgende: SCHWEINFURTH, 1878, S. 469 f., und GUENTHER, 1954, S. 162, S. 246 ff. und S. 259 f.

576 GUENTHER, 1954, S. 248 f.

577 Nicht zuletzt haben die Kinderbuchautoren dieses Motiv häufig aufgegriffen. Beispiele bei: MERGNER et al., 1985, S. 163 (E-22); S. 163 (E-23) und S. 167 (E-45: Seppl trifft den »schwarzen« Trommler Tom, ein Waisenkind, das sich schwarz anmalen muß und als Zirkusattraktion auftritt, weil es keine guten Eltern hat, die es versorgen. »Mit dem Bild vom ›Neger‹, das Tom verkörpert«, heißt es dazu im Katalog, »wird die Dienerrolle, die Dummheit und die Heimatlosigkeit als fehlender Platz in der geordneten Gesellschaft assoziiert. In diese kehrt Seppl zurück und alles kehrt sich für ihn zum Guten. Auch hier ist wieder heimatliche Beschaulichkeit in Gegensatz zur unberechenbaren Fremde gestellt [...]«) Der 1847 in München geborene Bilderbuchkünstler Lothar Meggendorfer brachte um die Weihnachtszeit des Jahres 1887 seinen berühmten aufklappbaren »Internationalen Circus« für Kinder heraus, in dem er in pädagogischer Absicht einen für die damalige Zeit »typischen« Zirkus darstellte. Unter den Zuschauern sitzt ein Schwarzer mit einem roten Fez auf dem Kopf, und in der Manege steht ein »Neger«, der – den stereotypen goldenen Ring im Ohr – nur mit einer blauen Turnhose bekleidet ist und – eine Art »strammer Maxe« – am kleinen Finger des ausgestreckten Arms ein riesiges Eisengewicht baumeln läßt.

578 FREILIGRATH, *Der Mohrenfürst*, in: ders., 1886, 1. Bd., S. 85 ff. Vgl. auch Heinrich HEINES *Atta Troll* (1841), hier: HEINE, 1986, Caput XXVI, S. 82 f.: »Ich bin ja der Mohrenfürst, / Der bei Freiligrath betrommelt, / Damals ging's mir schlecht, in Deutschland / Fand ich mich sehr isoliert. / Aber hier (in Paris, P. M.)/ [...] /Hier ist mir gemütlich wohler, / Als bei euch auf deutschen Messen, / Wo ich täglich trommeln mußte / Und so schlecht gefüttert wurde!«

579 Vgl. KUNST, 1967, S. 23 f.

580 RINGELNATZ, 1984, Bd. 1, S. 211

581 Es würde eine lohnende Aufgabe sein, einmal zu versuchen, dies im einzelnen quantifiziert in einer speziellen Studie nachzuweisen.

582 Vgl. KITTEL, 1965, S. 98

583 NStA / Br, H VII, Nr. 68; H VIII A, Nr. 75; H IV, Nr. 111

584 Kb. der Gemeinde St. Magni in Braunschweig

585 Vgl. weiter oben, S. 158

586 Nach einem Auszug aus dem Stadtkirchenkasten vom 28. November 1757 hatte Alexander von 1751 bis 1757 an Kostgeld, Hauszins, Gebühr für den Religionsunterricht, Bekleidung etc. insgesamt 430 Rthlr., 14 Alb und 6 Heller erhalten. Hinzu kamen noch aus dem Hofkirchenkasten (Aufstellung vom 25. November 1757 für den gleichen Zeitraum) 60 Rthlr., 21 Alb. und 4 Heller. (Vgl. SCHÄFER, 1988, S. 57)

587 HStA / Mar, 315 L, Nr. 24 (*Landeskirchenamt Nachträge:* »Mohren Alexander und die Taufe anderer Mohren betr. 1752« – *Schreiben des Superintendenten Ledderhose an den Landgrafen, Kassel 5. Dezember 1757*)

588 Die Formulierung stammt von v. Borries. Vgl. NWStA / Det, L 114, v. Borries *(Brief von Borries an den Grafen Leopold, v. 28. 10. 1795)*

589 HStA / Mar, 5, Nr. 12248 (»Kammermohren 1750–1772«), fol. 13–14 *(Bericht des Konsistoriums an den Landgrafen vom 9. Dezember 1757)*

590 HStA / Mar, Amtsdrucksachensammlung der Dienstbibliothek, Karton Nr. 79, *»Actenmässige Verzeichnuß und Beschreibung [...] herum vagierender [...] Räuber und Diebe [...]«*, Bruchsal im Monat December 1770, S. 6 (Nr. 15)

591 ibid.

592 DÜTZELE VON COECKELBERHGE, Bd. 1, 1846. In Wien wird sich ferner auch jener »Mohr« »aus Amerika« strafbar gemacht haben, Karl Magnus, der dort am 25. November 1784 im Alter von 35 Jahren »als Arrestant des Polizeihauses im Zuchthausspital« sein Leben beendete; leider ist nicht mehr festzustellen, was man ihm vorwarf, und auch die Todesursache ist nicht mehr zu klären. (Vgl. GUGITZ, 1959, S. 35)

593 Einen solchen Fall erwähnt KITTEL, 1965, S. 96. Weitere Beispiele für die angegebenen »Diagnosen« finden sich außer bei KITTEL, a. a. O., zum Beispiel auch im NWStA / Det, Sterbe-Register Detmold, Eintragungen vom 9. 3. 1796, 23. 1. 1797, 23. 9. 1797 und vom 28. 9. 1798; dann: GUGITZ, 1959, S. 36; ALBERS und CLASEN, 1963, S. 4; WELLENKAMP, 1970, S. 123, und DEGN, 1974, S. 113.

594 Leider gibt es bislang keine spezielle Studie über die relative Höhe der Sterberate der »Mohren« im Vergleich zu der »nichtmohrischen« Bevölkerung. Die Frage, ob die Schwarzen dieser gegenüber schlechtere Chancen hatten, muß daher einstweilen offen bleiben.

595 Vgl. SCHÄFER, 1988, S. 39

596 Vgl. GUGITZ, 1959, S. 35

597 Vgl. BAUER, 1922, S. 48

598 Vgl. WELLENKAMP, S. 123

599 Vgl. GUGITZ, 1959, S. 34 f.

600 HStA / Mar, *Protokolle II*, Kassel C. b., Nr. 10, Bd. 7 *(Fürstliche Original-Reskripte 1701–1702)*, vgl. auch: SCHÄFER, 1988, S. 38

601 Unter einer *»Praebende«* oder *»Kostpraebende«* verstand man zunächst die tägliche Versorgung von leibeigenen Knechten mit Lebensmitteln bzw. Speisen, dann aber auch namentlich die Versorgung im Hospital. (Vgl. GRIMM und GRIMM, *Deutsches Wörterbuch*, Bd. 7, Leipzig 1889, Spalte 2041)

602 HStA/Mar, *Protokolle II,* Kassel C. b., Nr. 10, Bd. 7 *(Fürstliche Original-Reskripte 1701–1702),* vgl. auch SCHÄFER, 1988, S. 38

603 ibid. Sie erhielt auf landgräfliche Anordnung hin die beantragte »Kostpraebende« bestehend aus 2 Vierteln Korn, 2 Vierteln Gerste, einem halben Schwein, 1 Metze Salz, 1 Metze Erbsen und 1 Metze Samen.

604 Vgl. zu allen diesen Fällen: GUGITZ, 1959. In anderen Residenzstädten, in Braunschweig, in Berlin, in Kassel usw. sah es ähnlich aus, verwiesen sei hier nur noch einmal auf die in diesem Abschnitt vorwiegend benutzte Literatur, namentlich auf: LINDNER, 1962/63, ALBERS und CLASEN, 1963, KITTEL, 1965, S. 94 ff., KULKE, 1965, und SCHÄFER, 1988

605 Vgl. GUGITZ, 1959, S. 35

606 ibid.

607 Zu den Ausnahmen von dieser Regel siehe weiter unten, S. 235 ff.

608 Der lange Jahre am Welfenhof in Braunschweig-Wolfenbüttel tätige Rudolf August »Mohr« wurde zum Beispiel 1725 »mit einem großen Gefolge« beigesetzt. (Vgl. NStA / W, *Kirchenbuch der Schloßkirche zu Wolfenbüttel*) Auch der »Neger« Daud, um ein weiteres Beispiel zu nennen, der am 3. September 1877 in Calw starb, wurde von vielen Bürgern dieser Stadt zum Friedhof geleitet, wie GREINER, 1981, S. 7, zu berichten weiß.

609 Vgl. KULKE, 1965

610 Das Grab zum Beispiel des »Negers Daud« auf dem Friedhof in Calw war noch bis Ende der sechziger Jahre zu sehen, um dann völlig unverständlicherweise eingeebnet zu werden. (Vgl. GREINER, 1981, S. 5)

611 Auf dem Waldfriedhof in Stolberg im Harz steht eine halbeingesunkene sechseckige Grabsäule, die – von den Grafen von Stolberg errichtet, deren ehemaliges Schloß auf dem Berghang gegenüber steht – nach Art der arabischen Moscheen mit einem zwiebelförmigen Aufsatz geschmückt ist. Die Inschriften der drei dazugehörigen, verwitterten Sandsteintafeln sind nur noch mit Mühe zu entziffern: »Hier ruht früh dahingeschieden Abdessid ben Abdallah aus Darsar, ein Kind der Wüste, in geweihter Erde, Ihn einem traurigen Leben der Sklaverei entziehend, suchten die demselben einen schönen Abend zu bereiten, die Heimat nie ersetzend, für ihn betend dieses Erinnerungszeichen widmend.« (Vgl. SADJI, 1980, S. 42)

612 Ein paar Beispiele mögen diese erschreckend hohe Kindersterblichkeit illustrieren: In Braunschweig wurden dem Rudolf August Mohr in der Zeit von 1706 bis 1717 insgesamt neun Kinder geboren, drei Söhne und sechs Töchter, von denen jedoch nur ein Sohn und eine Tochter ihren Vater überlebten; alle übrigen starben bereits im frühen Kindesalter. (KITTEL, 1965, S. 81; vgl. auch: KULKE, 1965, der nur insgesamt sieben Kinder gezählt hat); die »Negerin« Hanne gebar ihrem Mann, dem »Mohren« Friedrich Bill, acht Kinder, die allesamt nicht am Leben blieben, so daß auch die Mutter 1802 »am Jammer« verschied. (KITTEL, 1965, S. 96) Und auch der »Negertambour« Simon Bretswood mußte schon früh alle vier Kinder, die er mit seiner zweiten Frau unehelich gezeugt hatte, zu Grabe tragen. (ibid., S. 99) Im thüringischen Greiz wurden dem »Mohren« François Rosa del Ribeer und seiner deutschen Ehefrau bis 1780 insgesamt sieben Kinder geboren, die alle im Kindesalter verstarben. (Vgl. LINDNER, 1962 / 1963, S. 553) Nach dem Tod seines sechsten Kindes kann auch François Rosa del Ribeer nicht mehr und stirbt im Alter von 35 Jahren. (ibid.) Das siebente Kind, ein Sohn, stirbt zwei Jahre danach. (ibid., S. 554) In Detmold verlor der »Mohr« Wilhelm Yunga kurz nacheinander alle seine Kinder: Sofie Yunga stirbt am 8. März 1796 im Alter von 5 Jahren; Johanna Yunga am 21. Januar 1797 mit 2 Jahren und 5 Monaten und Simon Heinrich Wilhelm Yunga am 21. September 1797 mit 7 Jahren und 2 Monaten. (NWStA / Det, *Sterberegister Detmold*, Eintragungen vom 9. März 1796, 23. Januar 1797 und 23. September 1797) Schließlich muß auch in Wien der kaiserliche »Mohr« Christian Martin kurz hintereinander zwei sei-

ner drei Kinder begraben: Am 25. Februar 1771 das erste, dann am 5. Juni 1712 das zweite, das dritte Kind stirbt später, am 3. August 1744. (GUGITZ, 1959, S. 34) Es wäre eine spezielle Studie wert, die Sterberate der »Mohrenkinder« mit der Kindersterblichkeit der entsprechenden »nichtmohrischen« Bevölkerung zu vergleichen. Im Augenblick ist nicht zu sagen, welche von beiden höher war; die Kindersterblichkeit auch unter der deutschen Bevölkerung war noch bis weit ins 19. Jahrhundert hinein ebenfalls relativ hoch. Als wesentliche Ursache hierfür können der unentwickelte Stand der medizinischen Versorgung und das für die Zeit typische geringe Hygienebewußtsein der Bevölkerung angenommen werden; ob auch das angeblich für die »Mohren« »unverträgliche« Klima in Deutschland eine Rolle spielte, wie man damals – ohne an die Möglichkeit des Einflusses sozialer Faktoren auch nur zu denken – weithin annahm, bliebe ebenfalls zu untersuchen.

613 Zu den wenigen Beispielen, die sich hier anführen lassen, gehören die auf den gräflichen »Kammermohren« Heinrich Conrad Guinea zurückgehende Baderfamilie *Thomas* in Greiz (vgl. LINDNER, 1962/63), und eine heute noch in Köln ansässige Familie, die von dem ehemaligen »Kammermohren« Rudolf August Malabar in Braunschweig abstammt. (Ich verdanke den Hinweis auf diese Familie Frau Dr. Ingeborg Kittel, bei der ich mich bei dieser Gelegenheit herzlich bedanken möchte.)

614 Die Schrift Kinders ist mit geringfügigen Änderungen und einigen Zusätzen erneut 1893 als Monographie und dann noch einmal 1922 in der Zeitschrift *Ost=Holstein* erschienen. (Siehe: KINDER, 1922) Die Akten selbst konnten bisher noch nicht wieder aufgefunden werden, befinden sich jedoch aller Wahrscheinlichkeit nach heute im LA/SH. Die zahllosen Quellen sind jedoch offensichtlich von Kinder mit einer so großen Genauigkeit wiedergegeben worden, daß sie hier benutzt werden können. Die anschließende Darstellung folgt deshalb in den Grundzügen der Arbeit Kinders, stützt sich aber darüber hinaus auch auf eine kleine Akte, die sich heute im Gutsarchiv von Ascheberg befindet, auf einige mündliche Auskünfte von Graf Brockdorff-Ahlefeldt, Ascheberg, auf Kirchenbücher der Plöner St. Johannis-Kirche, der St. Nikolai-Kirche zu Kiel sowie auf die Beiträge von KLÜVER, 1970, und PULS, 1979. Die Quellenangaben beziehen sich auf die Ausgaben: KINDER, 1887, und KINDER, 1922.

615 KINDER, 1887, S. 6. Die von Kinder erwähnte, aber nicht konkret nachgewiesene Taufe wird durch die Eintragung Nr. 5 im Kirchenbuch Kiels vom 23. Januar 1675 (heute im Rentamt Kiel) bestätigt: »Eodem einen Africaner und Mohren welchen H. Oberst Bartram Rantzow zur Taufe gesand, und unter ... zu Tauffpaten oder Zeugen gehabt. Ist genandt worden Christian Gottlieb.« (Die Punkte stehen für unleserliche Passagen, P. M.)

616 ibid., S. 7

617 ibid., S. 8 f.

618 ibid., S. 11

619 ibid., S. 10

620 *Verordnung betreffend die Verlöbnisse, Hochzeiten und Kindtaufen in der Stadt Ploen 1678*, hier abgedruckt bei: KINDER, 1887, S. 26–31

621 KINDER, 1887, S. 13
622 ibid., S. 14
623 *Verordnung betreffend die Verlöbnisse, Hochzeiten und Kindtaufen in der Stadt Ploen 1678*, hier abgedruckt bei: KINDER, 1887, S. 26–31
624 KINDER, 1887, S. 16
625 ibid., S. 17
626 ibid.
627 ibid.
628 Vgl. weiter oben, S. 135 f.
629 KINDER, 1887, S. 18 f.
630 ibid., S. 19 f.
631 ibid., S. 20
632 ibid.
633 Vgl. KINDER, 1922, S. 44 f.
634 KINDER, 1887, S. 22 f.
635 Vgl. KINDER, 1922, S. 46: »Aus dem von einem ehrbaren Rath unterthänigst überreichten Extractus Protocolle *sub dato* Ploen, den 12. Januar 1685 und der sämmtlichen Radeleff'schen Freunde und Vormünder darin enthaltenen *petitio* ist so viel zu ersehen gewesen, daß sie bei der einmal offerirten Pfennighausen'schen Obligation zu verbleiben gesonnen, es wäre denn, daß Ihro Hochfürstl. Durchlaucht ein anderes darin zu verordnen geruhen möchten. Ob nun wohl derselbe nicht gemeint gewesen, wegen der einmal offerirten Obligation an daraus abgesprochenen *decreto* etwas zu ändern, weil aber die Obligation nachgehends wider Vermuthen zurückgefordert worden, als lassen Ihro Hochfürstl. Durchl. es endlich so weit geschehen, jedoch, daß dero vorigem *decreto sub dato* den 3. October *Ao* 84 wegen hier in loco genugsam zu leistender Caution dem beschehenen schriftlichen Erbieten nach von dem Trompeter Christian Gottlieb völliges und sicheres Genüge durch einen oder mehr allhier angesehene Bürger geschehe, und soll bis dahin von *den der Braut zukommenden Sachen nichts* aus der Stadt verabfolget werden.«
636 KINDER, 1887, S. 22
637 Rantzau schrieb: »Ew. Hochfürstl. Durchl. ist ohne mein geringes Erinnern zu Genüge bekannt, was die Obstagial=Obligationen in diesem Lande für Gerechtsamkeiten und Prärogationes haben, auch also, daß sie mit keinem Arrest oder sonsten in etwas, es sei, was es wolle, können beleget und graviret werden. Welches das römische Reich auch wohl consideriret, indem es bei Stiftung des westphälischen Friedens dieses als ein Special holsteinisches Privilegium den Reichsabscheiden einverleibet, wodurch es demnach mehr *vigeur* und Kräfte bekommen.« (Vgl. KINDER, 1887, S. 22)
638 KINDER, 1887, S. 24
639 Das ungefähre Geburtsdatum ergibt sich aus dem *Kirchenbuch der Neustädter St. Johannis-Kirche*, wo sich auf S. 66 unter dem 27. Februar 1755 als Nr. 718 folgender Sterbeeintrag findet: »Margaretha Magdalena Gottlieb, als ... ligen Mohren ... Gottlieb zu Ascheberg ... Tochter ward öffentl., begraben, alt 70 Jahr.« (Die Punkte stehen für unleserliche Passagen, P. M.).

640 *Kirchenbuch der St. Johannis-Kirche der Plöner Neustadt* (Rentamt im Kirchenkreis Plön, Preetz), für das Jahr 1689, Taufeintrag Nr. 48 vom 19. November 1689: »Christian Gottlieben/Trompeter/undt Gertraudt Gottliebin, ... ihres Vaters ... Söhnlein Hans Adolph ward in der Kirche offentlich getaufft. Die Gevattern waren 1. Ihre Fürstl. Durchl., unser gnädigster Fürst, Hans Adolph. 2. Der Hr. D(oktor) Pastor ... Löwendahl. 3. Die Wohlgeb. Fr. Hedewig Brockdorffen, geborene ... Hrn. Obristen Brockdorff auf Bottkamp (?) ...« (Die Punkte stehen für unleserliche Passagen, P. M.)

641 *Kirchenbuch der St. Johannis-Kirche der Plöner Neustadt* (Rentamt im Kirchenkreis Plön, Preetz), für das Jahr 1690, S. 5, Sterbeeintrag Nr. 45 vom 10. Juni 1690. KINDER, 1887, S. 4, gibt die Eintragung unvollständig und leicht verändert wieder.

642 Vgl. außer dem Stein selbst noch die Akte 620 des Gutsarchivs in Ascheberg.

Kapitel IV

1 HEINZELMANN, 1961, S. 61
2 CURTIN, 1964 (1973), Vol. 1, S. 32 f.
3 MÜHLEN, 1977, S. 41
4 HADDON, 1910, S. 88; MÜHLMANN, 1984, S. 43. Der Artikel Berniers findet sich in: BERNIER, 1684, wo es, S. 148, unter anderem heißt: »*[...] que dans la forme exterieure du corps, & principalement du visage, les hommes soient presque tous differens les uns des autres, selon les divers Cantons de Terre qu'ils habitent, [...] j'ay neanmoins remarqué qu'il y a sur tout* **quatre ou cinq Especes ou Races d'hommes** *dont la difference est si notable, qu'alle peut servir de juste fondement à une nouvelle division de la Terre.*« (Hervorhebung durch mich, P. M.)
5 Die Bevölkerungsverluste beliefen sich durchschnittlich auf ein Drittel, in den Hauptzerstörungsgebieten sogar auf 50 bis 70 Prozent (!) der Vorkriegsbevölkerung.
6 MERCHANT, 1980, S. 119; vgl. auch: FISCHER, 1929, S. 134, und BOAS, 1988, S. 201 ff.
7 ARISTOTELES, *De partibus animalium,* IV. 5: »*Natura enim continue transit ab inanimatis ad animalia per ea, quae vivant quaedam, sed non sint animalia, ita ut parum admodum differe alterum ab altero videatur, propter suam propinquitatem.*« Auf deutsch: »Denn die Natur schreitet stetig fort von den unbeseelten Dingen zu den Geschöpfen durch die zwar lebenden Dinge, die aber noch keine Tiere sind, so daß der Unterschied des einen vom andern nur klein erscheint, weil sie sich so nahe stehen.« (Übersetzung nach: ARISTOTELES, *Über die Glieder der Geschöpfe*, 1959, S. 149) Vgl. auch: ARISTOTELES, *Tierkunde (Historia animalium)*, VIII. 1 (Übersetzung nach: ARISTOTELES, 1957, S. 324): »So macht die Natur auch den Übergang von den unbelebten zu den lebendigen Dingen nur schrittweise, so daß infolge dieser Stetigkeit überall Zwischenglieder vorhanden sind, ein Mittelding, von dem man nicht weiß, zu welchem Grenznachbarn es zu rechnen ist. Auf die unbelebte Natur folgt zunächst die Gattung der Pflanzen, die auch wieder Unterschiede der Lebendigkeit im Vergleich zueinander aufweisen. Aber die ganze Gattung erscheint, verglichen mit den anderen Körpern, als beseelt, verglichen mit den Tieren freilich als unbeseelt. Und der Übergang von ihnen zu den Tieren ist stetig [...] Bei manchen Gebilden im Meere kann man nämlich streiten, ob es ein Tier oder eine Pflanze ist.« Vgl. ferner: UFERMANN, 1927, S. 81, und FISCHER, 1929, S. 134
8 Vgl. dazu THIENEMANN, 1909, insbesondere S. 230 ff.; UFERMANN, 1927; FISCHER, 1929, und vor allem das für diesen Komplex grundlegende Werk von LOVEJOY, 1964 (1936), ohne das die folgenden Ausführungen undenkbar wären.
9 LEIBNIZ, *Über das Kontinuitätsprinzip*, 1924, 2. Bd., S. 77 f.
10 LOCKE, 1968, Bd. 2, 3. Buch, Kap. 6, S. 61
11 So der englische Poet Henry Brooke im Jahr 1735, hier zit. nach: LOVEJOY, 194, S. 243

12 VOLTAIRE, *Dictionnaire Philosophique, Paris, o. J., S. 103 (Artikel »Chaîne des êtres crées«): »Cette hiérarchie plaît beaucoup aux bonnes gens, qui croient voir le pape et ses cardinaux suivis des archevèques, des évêques; après quoi viennent les curés, les vicaires, les simples prêtres, les diacres, les sous-diacres; puis paraissent les moines, et la marche est fermée par les capucins.«*

13 JENYNS, 1757 (1976), S. 165 ff.: »*God cannot impart knowledge to Creatures, of which he himself has made them incapable by their nature and formation: he cannot instruct a Mole in Astronomy, or an Oyster in Musick, because he has not given them Members, nor Faculties necessary for the acquisition of those sciences [...]*« Vgl. LOVEJOY, S. 204

14 Das Buch erschien erstmals 1684 in französischer Sprache unter dem Titel *Traité de la vérité de la religion chrétienne* und durchlief anschließend zahlreiche Auflagen. Es wurde auch ins Deutsche übersetzt. (Vgl. weiter unten, Kap. IV, Anm. 15)

15 ABBADIE, *Gründlicher Tractat von der Warheit und Gewißheit der christlichen Religion*, etc., 12. Kap., §II, 3, Leipzig und Rudolfstadt 1739, S. 95

16 DIDEROT, 1985, S. 531 [Artikel »*Mensch – Homme (Moral)*«]

17 DIDEROT, Denis (Hg.), *Encyclopédie*, Artikel »*Oisiveté*« *(Droit nat. Mor. & Polit.)*, Bd. XXIII, 1780, S. 584 f.: »*La pratique de l'***oisiveté** *est une chose contraire aux devoirs de l'homme & du citoyen, dont l'obligation générale est d'être bon à quelque chose, & en particulier, de se rendre utile à la société dont il est membre. Rien ne peut dispenser personne de ce devoir, parce qu'il est imposé par la nature [...]*« Vgl. auch: FOUCAULT, 1978, S. 80 ff.

18 DIDEROT, 1985, S. 75 (Artikel »*Tier – Animal*«)

19 MEINERS, 1790, S. 387

20 SANDER, 1785, S. 204 (Hervorhebung durch mich, P. M.)

21 SPRAT, 1667, S. 110: »*Such is the dependance amongst all the orders of creatures; the inanimate, the sensitive, the rational, the natural, the artificial: that the apprehension of one of them, is a good step towards the understanding of the rest: And this is the highest pitch of* **humane reason;** *to follow all the links of this chain, till all their secrets are open to our minds; and their works advanc'd, or imitated by our hands. This is truly to command the world; to rank all the* **varieties,** *and* **degrees** *of things, so orderly one upon the other; that standing on the top of them, we may perfectly behold all that are below, and make them all serviceable to the quiet, and peace, and plenty of Man's life.*«

22 ST. JOHN, Bd. 5, 1754 (1968), S. 377: »*The several parts of the material world, like the machines of a theatre, were contrived not for the actors, but for the action [...]*«

23 KANT, *Kritik der reinen Vernunft*, 1956, Bd. 4, S. 582

24 LEIBNIZ, *Über das Kontinuitätsprinzip*, 1924, 2. Bd., S. 78, vgl. auch die Einleitung zu dieser Arbeit von CASSIRER, ibid., S. 25 f.

25 Vgl. LEIBNIZ, 1879, 1. Abt., 2. Bd., S. 506: »*[...] neque enim natura unquam agit per saltum [...]*«; und LEIBNIZ, 1882, 2. Abt., 5. Bd., 16. Kap., S. 455: »*Tout va par degrés dans la nature, et rien par saut, et cette règle à l'égard des changements est une partie de ma loy de la continuité.*« Schon vor Leibniz stand freilich der Satz »*Natura (in operationibus) non facit saltum*« in einem 1613

gedruckten *Discours véritable de la vie, mort du géant Theutobocus*, den Édouard FOURNIER in sein *Variétés historiques et littéraires, receuil de pièces volantes rares et curieuses en prose et en vers, revues et annotées par Édouard Fournier*, Bd. 9, Paris 1862, abgedruckt hat.

26 DIDEROT, *Encyclopédie*, 9. Bd., Lausanne 1779, Artikel »*Cosmologie*«, S. 592: »*Tout est lié dans la nature; tous les êtres se tiennent par une chaîne dont nous appercevons quelques parties continues, quoique dans un plus grand nombre d'endroits la continuité nous échappe. [...] l'art du philosophe consiste à ajouter de nouveaux chaînons aux parties séparées, afin de les rendre le moins distantes qu'il est possible [...]*«

27 RAY, 1693, S. 147: »*[...] It would [...] follow, That many species of Shell-fish are lost out of the World, which Philosophers hitherto have been unwilling to admit, esteeming the destruction of any one Species a dismembring of the Universe, and rendring it imperfect; whereas they think the Divine Providence is especially concerned to secure and preserve the Works of the Creation [...]*«

28 SANDER, 1779, Erstes Stück, S. 201. In der Ausg. von 1785, S. 201 ff., fehlt diese Passage; Sander hat sie wohl wegen ihrer Unhaltbarkeit unter dem Eindruck der Kritik gestrichen.

29 Samuel BOCHART (1599–1667), französischer Gelehrter, Autor eines seinerzeit viel beachteten Werks mit dem Titel *L'Hierozoicon, sive Historia animalium S. Scripturae*, Caen 1646, auf das sich Voltaire hier bezieht.

30 VOLTAIRE, *Dictionnaire Philosophique*, o. J., S. 103f. (Artikel »*Chaîne des êtres crées*«): »*Cette chaîne, cette gradation prétendue, n'existe pas plus dans les végétaux et dans les animaux; la preuve en est qu'il y a des espèces de plantes et d'animaux qui sont détruites. Nous n'avons plus de murex. Il était défendu aux Juifs de manger du griffon et de l'ixion; ces deux espèces ont disparu de ce monde, quoi qu'en dise Bochart: où donc est la chaîne?*«

31 Vgl. THIENEMANN, 1909, S. 234 f., und LOVEJOY, 1964, S. 233 f.

32 *Forster an Samuel Thomas Sömmerring*, Wilna, am 8. Juni 1786, in: FORSTER, 1877, S. 305

33 FORSTER, 1979, S. 3 ff. »Ueberall« – schreibt der junge Gelehrte – »trifft man [...] völlig ungleiche Abstände zwischen den einzelnen Erdwesen, die unseren bestimmten Eintheilungen nicht entsprechen. Unsere Fächer sind alle nach Einem Maßstabe entworfen, alle gleichgroß, alle gleichweit von einander gerückt, alle in einer langen unabsehlichen Reihe hinter einander gestellt. Von dem allen findet sich nichts in der Natur. Sie bringt Wesen hervor, die sich bald so völlig ähneln, daß wir keinen Unterschied an ihnen wahrnehmen können; bald solche, die in geringen Kleinigkeiten abweichen; bald andere, wo nur von ferne die Analogie beybehalten ist; jetzt ist es die Bildung, jetzt die Größe, jetzt die Farbe, die in ihren Formen wechselt. Oft stoßen wir auf ein Geschöpf, das wie im Mittelpunkt zwischen mehreren verwandten Gattungen steht. – Mit Einem Worte, die Ordnung der Natur folgt unseren Eintheilungen nicht, und sobald man ihr dieselben aufdringen will, verfällt man in Ungereimtheiten.« (FORSTER, 1794, 2. Theil, S. 323 f.) Vgl. auch: MÜHLMANN, 1984, S. 58: »Vorwegnehmende theoretische Prinzipien, wie die Rassendefinition KANTS, muß-

ten durch ihre – mangels ausreichender empirischer Begründung – abstrusen Folgerungen sofort in Mißkredit geraten und verfielen notwendig der Vergessenheit. Es ist daher auch kein Wunder, wenn gerade die erfolgreichsten und am meisten Schule machenden Forscher der damaligen Zeit sich von theoretischen Problemen mehr oder weniger fern hielten und sich auf das unmittelbar Beobachtbare beschränkten. So vor allem J. F. BLUMENBACH (1752–1840).«

34 Am Ende seines Aufsatzes, in dem Forster sich auch eingehend mit den Unterschieden zwischen schwarzen und weißen Menschen beschäftigte, kam Forster auf die moralischen Aspekte zu sprechen: »Wo ist das Band, wie stark es auch sey, das entartete Europäer hindern kann, über ihre weißen Mitmenschen ebenso despotisch wie über Neger zu herrschen? War es nicht vielmehr noch immer edles Selbstgefühl und Widerstreben desjenigen, den man bedrücken wollte, das hier und dort den Uebermuth des Tyrannen in Schranken hielt? Wie sollen wir also glauben, daß ein unerweislicher Lehrsatz die einzige Stütze des Systems unserer Pflichten seyn könne, da er die ganze Zeit hindurch, als er für ausgemacht galt, nicht Eine Schandthat verhinderte? Nein, mein Freund, wenn Moralisten von einem falschen Begriffe ausgehen, so ist es wahrlich ihre eigne Schuld, wenn ihr Gebäude wankt und wie ein Kartenhaus zerfällt.« (FORSTER, 1794, 2. Theil, S. 342 f.)

35 LEIBNIZ, *Über das Kontinuitätsprinzip*, 2. Bd., 1924, S. 77

36 MÜNSTER, 1628, *Das achte Buch*, S. 1674

37 ibid.

38 WURFFBAIN, 1931 (1. Aufl.: 1686), Bd. 2, S. 136

39 DAPPER, 1686 (1964), S. 161

40 HERPORT, 1930 (nach der 1669 in Bern erschienenen Originalausgabe), S. 20

41 SAAR, 1930 (nach der 1672 in Nürnberg erschienenen 2. Aufl.), S. 178

42 HOFFMANN, 1931 (1680), S. 26

43 Sehr eingehend dazu: JANSON, 1952, vor allem S. 268 ff. (mit verschiedenen Beispielen) und S. 332; vgl. auch: HUARTE, 1968 (1. Ausg.: 1575), S. 432 f.; HERDER, *Ideen zur Philosophie der Geschichte der Menschheit*, 7. Buch, 1982, 4. Bd., S. 109 f., und DAVIS, 1970, S. 453 f.

44 FASTNACHTSPIELE AUS DEM FÜNFZEHNTEN JAHRHUNDERT, 1853, S. 135

45 FOLZ, 1961, S. 184–187 (24): *(»Die Herkunft der Affen«)*

46 BODIN, 1966, S. 105

47 ibid. Der Kieler Professor Johann Christ. Fabricius, der die Afrikaner gern in eine von den anderen Menschen separate Gruppe einordnen wollte, erklärte später die Tatsache, daß es in Amerika ursprünglich keine Schwarzen gegeben hatte, damit, daß es dort keine Affen gab! (Vgl. FABRICIUS, 1781, S. 330, Hervorhebung von mir, P. M.)

48 JANSON, 1952, S. 29 ff.

49 DAPPER, 1668 (1964), S. 293

50 Vgl. JORDAN, 1969, S. 238 f. Vgl. auch JANSON, 1952, S. 268 ff.

51 MÜNSTER, *Cosmographia, Das achte Buch*, 1628, S. 1674

52 TOPSELL, 1607, S. 10: *»There is another kind of Munkey [...] you would iudge*

him a wilde man, such as inhabit **Numidia,** *and the* **Lapones** *[...] (who) is so venerous, that he will attempt to rauish women [...]*«; S. 11: »(These Babouns) [...] *are as lustfull and venerous as goats, attempting to defile all sorts of women [...]*« und S. 4: »*Men that haue low and flat Nostrils are Libidinous as Apes that attempt women, and hauing thicke lippes the vpper hanging ouer the neather, they are deemed fooles, like the lips of Asses and Apes.*« Zumindest die letzte dieser Behauptungen war freilich nicht gerade neu: Schon lange vorher hatte der in Lauingen a. d. Donau geborene Gelehrte Albertus Magnus (ca. 1200–1280) behauptet, daß die flache Nase der Affen eine große Bereitschaft zur geschlechtlichen Ausschweifung verrate, während hervorstehende Nasen, wie beim Adler, auf Großherzigkeit hindeuteten. (Näheres dazu bei: JANSON, 1952, S. 86 f.)

53 BURNET, 2. Aufl., 1774, Book II, Chapter IV, S. 277: »*They carry away young negroe girls, and keep them for their pleasure . . .*«

54 BUFFON, *Histoire naturelle, générale et particulière*, Bd. 14, Paris 1766, S. 3: »*un singe aussi haut, aussi fort que l'homme, aussi ardent pour les femmes que pour ses femelles*«. Der Mythos hielt sich in der Tat hartnäckig und selbst bei so kritischen Leuten wie dem Göttinger Anthropologen Blumenbach. Dieser schrieb – wenn auch mit einem vorsichtigen »sollen« – in seinem einflußreichen *Handbuch der Naturgeschichte* (Göttingen 1779), das mehrere Auflagen erlebte, von den »*Satyri (Orangutangs)*«: sie »sollen Feinde der Elephanten aber Liebhaber der Frauenzimmer seyn«, und von den Pavianen: »Meist sind es unbändige, säuische und äusserst geile Thiere, die den Weibern der Wilden furchtbar seyn sollen.« (BLUMENBACH, 1779, S. 65 und S. 67)

55 BUFFON, a. a. O., S. 31: »*L'appétit véhément des singes mâles pour les femmes [...] les mélanges forcés ou volontaires des Négresses aux singes, dont le produit est rentré dans l'une ou l'autre espèce [...]*«

56 VOLTAIRE, Bd. 1, 1976, 326

57 ibid.

58 ibid.

59 PFEIFFER, 1787

60 BONNET, 1789, S. 178, Anm. 1

61 *The Lay Monastery, By BLACKMORE and HUGHES* (2nd ed. of *The Lay Monk*), 1714, S. 28, hier zit. nach: LOVEJOY, 1964, S. 234: »*Nor is the Disagreement between the basest Individuals of our species and the Ape or Monkey so great, but that, were the latter endow'd with the Faculty of Speech, they might perhaps as justly claim the Rank and Dignity of the human Race, as the savage* **Hotentot,** *or stupid native of Nova Zembla.*«

62 ibid.: »*[...] not only in his Countenance, but in the Structure of his Body, his Ability to walk upright, as well as on all fours, his Organs of Speech, his ready Apprehension, and his gentle and tender Passions, which are not found in any of the Ape Kind, and in various other respects*«.

63 EHRMANN, 1792, S. 3 (Hervorhebung durch mich, P. M.) BLUMENBACH, 1779, S. 12, sagte im gleichen Tenor: »Es ist unterhaltend, es ist, wie wir so eben selbst gesagt haben, nutzbar, wenn der Naturforscher die Creaturen nach ihrer nächsten Verwandtschaft unter einander ordnet, an einander kettet u. s. w.«

64 St. JOHN, *Works*, Vol. 5, 1754 (1968), S. 375 f: »*[...] that man is connected by his nature, [...] with the whole tribe of animals, and so closely with some of them that the distance between his intellectual faculties and theirs, [...], appears, in many instances, small, and would, probably, appear still less, if we had the means of knowing their motives, as we have of observing their actions.*«

65 Für das folgende wurde vor allem der 2. Bd. der 2., 1774 erschienenen Ausg. von BURNETS *Of the Origin and Progress of Language* benutzt, der textlich sehr stark von der 1. Ausg. aus dem Jahr 1773 abweicht. Tatsächlich sind in der 1. Ausg. die meisten der angeführten Zitate nicht oder nicht in dieser Form enthalten. Die ebenfalls eingesehene deutsche Übersetzung von E. A. SCHMID (Riga 1784) wurde hier vor allem zu Vergleichszwecken und wegen der *Vorrede* Herders herangezogen.

66 Vgl. dazu Herders *Vorrede* zu der von E. A. SCHMID übersetzten und herausgegebenen deutschen Ausg. von MONBODDOS *Ursprung und Fortgang der Sprache*, 1. Theil, Riga 1784, wo sich Herder freilich auch kritisch mit Burnets Ausführungen über den Gorilla befaßt.

67 BURNET, *Of the origin and progress of language*, Vol. 1, 2. Aufl., 1774, S. 262, Anmerkung. (In der 1. Ausg. von 1773 ist dieser Hinweis nicht enthalten.) Siehe ferner die deutsche Übersetzung, Riga 1784, S. 220 ff. Im übrigen vgl. in diesem Zusammenhang auch: THIENEMANN, 1909, S. 226 f., wo (mit Literaturangaben) darauf verwiesen wird, daß auch Linné und Blumenbach sich mit dem Problem der geschwänzten Menschen befaßt haben. Die Vorstellung, daß es irgendwo in der Großen Seinskette menschliche Wesen mit Schwänzen geben müsse, war übrigens selbst am Ende des 19. Jahrhunderts noch immer nicht vollends überwunden, wie das Beispiel eines kleinen Afrikaners zeigt, der von 1869 bis 1877 in Hermann Hesses Geburtsstadt Calw lebte, wo man sein Grab vor nicht allzu langer Zeit noch besuchen konnte. Es handelte sich um den »Neger Daud« des in Calw ansässigen Arztes Dr. Schüz, der den kleinen Schwarzen von einer Orientreise mitgebracht hatte. »Unser Doktor ist ein merkwürdiger Mensch« – sagten damals die Leute in der kleinen Stadt im Schwarzwald: »Viele seltsame Pflanzen wachsen in seinem Garten hinter dem Haus; er hält in seinem großen Käfig Papageien und andere seltene Vögel, und jetzt wollte er eben auch noch einen seltenen Menschen haben, der zu den Pflanzen und Tieren paßt.« Als ein Blutsturz dem Leben des Kleinen am 3. September 1877 ein Ende setzte, eilte zur Leichensektion ein Stuttgarter Kollege von Dr. Schüz herbei, und zwar weniger, um mit dem Calwer Mediziner zusammen Krankheitsverlauf und Todesursache festzustellen, als vielmehr zur Untersuchung des Steißbeins, »weil die Niam-Niam Schwanzansätze haben sollen.« Vgl. GREINER, 1981, S. 4–8 (*»Der Neger Daud oder der Beitrag Calws zur ›Sklavenbefreiung‹«*), hier: S. 7

68 BURNET, 2. Aufl., 1774, Book II, Chapter IV, S. 289: »*[...] the Orang Outang is an animal of the human form, inside as well as outside [...]*«

69 ibid., S. 270: »*[...] a barbarous nation, which has not yet learned the use of speech.*«

70 ibid., Chapter V, S. 344 f.: »*[...] the great Orang Outang carries off boys and girls to make slaves of them [...]*«; vgl. ferner: Book II, Chapter IV, S. 277: »*They carry*

away young negroe girls, and keep them for their pleasure: And, [...], he knew one negroe girl that had been with them three years.« Schließlich: ibid., S. 290: »*They shew also counsel and design, by carrying off creatures of our species, for certain purposes, and keeping them for years together, without doing them any harm.«*

71 ibid., Chapter IV, S. 276: »*[...] they learn to perform all domestic offices, and, particularly, to carry water; and, if they let fall, and break the vessel, they fall a crying.«*

72 ibid., »*[...] and they play very well upon the pipe, harp, and other instruments.«*

73 BURNET, *Antient Metaphysics: Or, the Science of Universals*, 6 Bde., 1779–1799, hier: Bd. 2, 1977 (1782), Book II, Chapter II, S. 125: »*(An Orang Outang) who served as a sailor on board a Jamaica ship that traded to the slave coast, messed with the sailors, did the duty of a common sailor, and also served the Captain as a cabin boy [...]«*

74 Vgl. BURNET, 2. Aufl., 1774, Book II, Chapter IV, S. 287 f., wo MONBODDO von einem Orang Utan spricht, der den »Neger«, welcher seine Frau getötet hat, bestrafte: »*If he had severely beaten or killed the negro, it was nothing more than what might have been expected from brutal fury and revenge;* ***but the dragging him to the place where his mate lay dead could not, in my apprehension, be with any other design, but to shew him what he had done, and then, perhaps, offer him up to the manes of the dead.«*** (Hervorhebung von mir, P. M.)

75 HERDER, *Ideen zur Philosophie der Geschichte der Menschheit*, 4. Buch, 1982, 4. Bd., S. 37

76 BONNET, 1789, S. 178 f., n. 1

77 Vgl. JANSON, 1952, S. 287 ff. und S. 336 f.

78 Vgl. SADJI, 1980, S. 42

79 Vgl. weiter oben, S. 113 f. u. S. 148 ff.

80 STAPELMOHR, 1937, S. 96: »Vnde alle de lude, de in dem lande syn, beyde vrowen vnde ma*n*, de syn an deme antlate alzo apen; vn*de* hebben tame apen in er*en* huse*n*, alzo wy hiir hebben hunde edd*er* honer. Van den apen nere*n* syk de lude vnde theen iu*n*ghe apen vn*de* vorkopen de vnde wynnen darut ere (lif) neringe.«

81 JENYNS, 1757 (1976), S. 40: »*Thus the Universe resembles a large and well regulated Family, in which all the officers and servants, and even the domestic animals, are subservient to each other in a proper subordination: each enjoys the privileges and perquisites peculiar to his place, and at the same time contributes by that just subordination to the magnificence and happiness of the whole.«* Fast gleichlautend heißt es auch zum Beispiel bei SANDER, 1785, S. 203: »[...] bei mäßig aufmerksamer Beobachtung der Natur sieht man bald, daß alle Geschöpfe, so weit sie sonst durch alle innre oder äussere Verhältnisse von einander entfernt sind, doch immer eine wechselseitige Beziehung haben, und zusammengenommen, *Eine Familie, Ein grosses Haus, Eine Welt,* und zwar die schönste, die regelmäßigste Welt ausmachen [...] *Das Maß des Glücks, das jedem bestimmt ist, ist unendlich verschieden.«* (Hervorhebung von mir, P. M.)

82 SCHNABEL, 1979 (1982), S. 217

83 ibid.

84 ibid., S. 218. Schnabels Menschenaffen wurden (zusammen mit den »Yahoos«

Jonathan Swifts) Vorbild für eine bis heute nicht abreißende Folge ähnlicher Gestalten in Literatur und Kunst. Der »Affe Milo« in E. T. A. Hoffmanns *Nachricht von einem gebildeten jungen Mann* (4. Stück der »Kreisleriana« aus dem 4. Band der *Fantasiestücke in Callots Manier* (1815); jener andere in Wilhelm Hauffs Erzählung *Der Affe als Mensch* (1826); Edgar Allan Poe's »Orang-Utang« in der Erzählung *The Murder in the Rue Morgue* (1841); die »Gorillas« in Edgar Rice Burroghs *Tarzan of the Apes* (1912); die »Deltas« und »Epsilons« (»Kulis in schwarz« und »schwarze Halbkretins«) in Aldous Huxleys *Brave New World* (1932) sind nur einige der bekannteren Stationen auf dem Weg, der von Leibniz bis hin zu *King Kong* führt. Vieles von dem, was schon Schnabel (und mehr noch Swift) der Diskussion um die große Seinskette entnommen hatten, findet sich im Zusammenhang mit diesen zugleich schrecklichen und faszinierenden Wesen: Die Vorstellung einer »praestabilierten Weltenordnung« in Verbindung mit der Idee einer kosmischen Arbeitsteilung aller Geschöpfe; die Stellung der Affenmenschen im Niemandsland zwischen Mensch und Tier, und die daraus resultierenden Gefahren einer Grenzüberschreitung; die (mehr oder weniger klar ausgesprochene) Identifikation oder Vermischung von »Afrikaner« und Affe; die sexuelle Gier der »Mittelwesen« nach den weiblichen Mitgliedern der menschlichen Gesellschaft (man kennt das Bild *King Kongs*, der – eine bildhübsche Blondine auf den Armen – hoch oben auf dem Dach des Chrysler-Buildings turnt), usw.

85 LOVEJOY, 1964, S. 144

86 WIELAND, *Geschichte des Agathon*, 1. Theil, 2. Buch, 5. Kap., 1984, S. 85. Wieland scheint hier unmittelbar auf La Mettrie zurückgegriffen zu haben, der den Menschen ähnlich charakterisierte: »[...] Ein paar Rädchen und Triebfedern mehr als bei den vollkommensten Tieren, ein Gehirn, das proportional nähe beim Herzen liegt und somit bei sonst gleichen Verhältnissen besser mit Blut versorgt ist [...]« (Vgl. LA METTRIE, 1988, S. 67) An anderer Stelle (S. 83), sagt La Mettrie: »(Der Mensch) ist dem Affen und den intelligentesten Tieren gegenüber das, was die Planetenuhr von *Huygens* gegenüber der Stundenuhr von Leroy ist. Wenn zur Anzeige der Planetenbewegungen mehr Einzelteile, Räder und Triebfedern notwendig waren als zur Anzeige bzw. Wiederholung der Stunden; wenn *Vaucanson* für die Herstellung seines Flötenspielers mehr Aufwand und Geschick aufbieten mußte als für seine Ente, dann müßte er sich für einen Sprecher eben noch mehr anstrengen (denn eine solche Maschine kann heute als Werk eines neuen Prometheus nicht mehr für unmöglich gehalten werden).«

87 »Die verschiedenen Zustände der Seele«, schrieben ja in diesem Zusammenhang nicht nur Persönlichkeiten wie La Mettrie (der freilich einer der radikalsten Anhänger dieser Methode war), »stehen also immer in Wechselbeziehung zu denen des Körpers. Um diese Abhängigkeiten und ihre Ursachen besser darlegen zu können, wollen wir uns der vergleichenden Anatomie bedienen. Schauen wir uns das Innere der Menschen und Tiere also einmal an! Das ist die Methode, die Natur des Menschen, sofern Unklarheiten über sie bestehen, durch einen angemessenen Vergleich der Organe des Menschen und der Tiere zu erforschen.« (LA METTRIE, 1988, S. 32)

88 Vgl. weiter oben, Kap. IV, Anm. 19
89 BLUMENBACH, 1779, S. 13
90 ibid., S. 14
91 MEINERS, *Ueber die Natur der Afrikanischen Neger, und die davon abhangende Befreyung, oder Einschränkung der Schwarzen*, 1790, S. 396.
92 BACON, 1982 (1988), S. 46 f. Hier darf nicht übersehen werden, daß die anatomische Forschung zu Beginn des 17. Jahrhunderts bereits eine ganze Reihe von Ergebnissen vorweisen konnte. Zwar schreibt BOAS, 1988, S. 143: »Vor dem sechzehnten Jahrhundert ist der Fortschritt in der Anatomie genauso rätselhaft langsam, wie er nach 1500 erstaunlich schnell ist. Man kann nicht sagen, daß dies deshalb der Fall war, weil Anatomie zu den verbotenen Gegenständen gehört hätte; denn der alte Mythos, wonach das Sezieren des Menschen das ganze Mittelalter hindurch verboten gewesen sei, hat sich längst als Irrtum herausgestellt.« Aber etwas später, auf S. 165, zitiert sie dann den Anatomen Vesalius mit Worten, die die notwendige Vorsicht zum Ausdruck bringen: »Überdies werde ich mich, damit mir nicht Ketzerei zur Last gelegt wird, jeglicher Erörterung bezüglich der Art der Seele und ihres Sitzes enthalten. Denn es gibt heutzutage, besonders unter unseren Landsleuten viele, die sich zum Hüter unserer allein wahren Religion machen und die, wenn sie irgend etwas läuten hören von dem, was Plato, Aristoteles und seine Interpreten oder Galen über die Seele gemeint haben – vielleicht, weil wir uns mit der Sektion von Leichen befassen und dergleichen von Anfang an erwägen sollten –, sich gleich einbilden, man habe sich vom Glauben entfernt und hege gewisse Zweifel an der Unsterblichkeit der Seele.«
93 HADDON, 1910, S. 19; MÜHLMANN, 1984, S. 48. Man beschäftigte sich allerdings schon am Hof Friedrichs II. in Palermo im Interesse einer zweckrationaleren Umgestaltung von Staat und Gesellschaft mit anatomisch-medizinischen Studien, die Aufschluß über Charakter und Befähigung einzelner Menschen geben sollten. Michael Scotus, ein Schotte oder Ire, der das damalige Wissen der Medizin mit erstaunlichen Sprachkenntnissen verband und deshalb als Übersetzer der Werke des Aristoteles eingesetzt wurde, hatte zum Beispiel auf Verlangen Friedrichs auch eine besondere »Physiognomik« zusammengestellt, in deren Vorwort er dem Kaiser versicherte: Mit diesem Wissen im Kopf könne der Herrscher Laster wie Tugenden der ihn Umgebenden so scharf erkennen, als ob er selbst in ihnen wohne! (Vgl. KANTOROWICZ, 1973, Bd. 1, S. 327 ff., und FLASCH, 1986, S. 117 ff., S. 236 und S. 265 ff.)
94 Bereits der englische Arzt Dr. Thomas Winterbottom, der sich längere Zeit in Sierra Leone aufgehalten hatte, wendete gegen die Vorgehensweise der Anatomen Sömmering und White (näheres dazu weiter unten) ein, *»it may be objected, that the result of a few comparative examinations ought not to be assumed as a standard; particularly as we frequently witness the occurrence of great and striking varieties in the bony compages even of Europeans.«* (Vgl. WINTERBOTTOM, Bd. 2, 1969, *Appendix* No. III, S. 255 f., und CURTIN, Bd. 1, 1973, S. 228 f.)
95 Seit etwa 1660 häufen sich in Deutschland Schriften über Charakterunterschiede und Begabtenauslese, in denen sich pädagogisch-philosophische Überlegungen mit psychologisch-physiognomischen Erwägungen vermengen. (Vgl. FRANZ-

BACH, in: HUARTE, 1968, S. XXV) Typisch für dieses bemerkenswerte Interesse sind die *Meditatio de ingeniorum scrutinio* von Johann Justus von Einem (1734) oder Christian Thomasius' *Versuch vom Wesen des Geistes* (Halle 1699), in dem die Möglichkeit behauptet wird, Charakter und Fähigkeiten eines Menschen durch mathematisch-physikalische Observationen feststellen zu können. Besonders aufschlußreich ist in diesem Zusammenhang der seinerzeit außerordentliche Erfolg eines von Lessing übersetzten und herausgegebenen älteren Werks des Spaniers Juan Huarte: *Prüfung der Köpfe zu den Wissenschaften*, Zerbst 1752 (1. Aufl.: Baeza, 1575). Der Untertitel dieser Arbeit zeigt, worauf es den Gelehrten damals ankam: »Gezeigt wird die Verschiedenheit der menschlichen Fähigkeiten und die jeder entsprechende Wissenschaft. Der aufmerksame Leser wird seine geistige Veranlagung finden und das Fach wählen, in dem er am nützlichsten ist. Wenn er sich aber schon zu einem Beruf bekannt hat, wird er sehen, ob seine Geschicklichkeit ihn das Richtige treffen ließ.« (Näheres zur Rezeptionsgeschichte dieses Werks bei: FRANZBACH, 1965)

96 Das Zitat stammt aus einer Predigt des Dominikanermönchs Fra Michele da Carcano, die im Jahr 1492 veröffentlicht wurde. Dabei bezieht sich Carcano allerdings auf Gregor den Großen: »Es steht geschrieben: ›Ich habe erfahren, daß Ihr, entflammt von unbedachtem Glaubenseifer, die Bilder der Heiligen mit der Begründung zerstört habt, sie dürften nicht angebetet werden. Und wir loben Euch von ganzem Herzen, weil Ihr nicht erlaubt habt, daß sie angebetet werden, aber wir tadeln Euch dafür, die Bilder zerschlagen zu haben [...] Denn es ist *eine* Sache, ein Gemälde anzubeten, und eine ganz andere, von einer gemalten Erzählung zu lernen, was man anzubeten hat. Was ein Buch ist für jene, die lesen können, ist ein Bild für die Unwissenden, die es betrachten. Denn in einem Bild können selbst die Ungebildeten sehen, welchem Beispiel sie folgen sollen; in einem Bild können sie, die keine Buchstaben kennen, dennoch lesen.‹ St. Gregor der Große schrieb diese Worte an Serenus, den Bischof von Marseille.« Vgl. Fra Michele da CARCANO, *Sermones quadrigesimales fratris Michaelis de Mediolano de decem preceptis*, Venedig 1492, S. 48 v. – 49 r. (Sermo XX, *De adoratione*). Für das Zitat Gregors des Großen vgl. GREGOR, *Epistolæ*, XI. 13, in: MIGNE PL, Bd. 77, S. 1128. Der Brief wurde 787 an Serenus, den ikonoklastischen Bischof von Marseille, geschrieben.

97 Vgl. weiter oben, S. 75

98 LICHTENBERG, o. J., Bd. 2, S. 48 (zur Kritik Lichtenbergs an Lavater und der Physiognomik vgl. auch: GILMAN, 1978). Unter anderem machte sich auch Gottfried August Bürger in seinem *Münchhausen* (1788) über die Physiognomen lustig, als er über die Bewohner des Mondes schrieb, die bis zu ihrer Geburt in Nüssen heranwüchsen, aus denen sie schließlich herausbrächen: »Ihr Geist ist immer schon, ehe sie in die Welt kommen, von der Natur zu einer besondern Bestimmung gebildet. Aus einer (Nuß-)Schale kommt ein Soldat, aus einer andern ein Philosoph, aus einer dritten ein Gottesgelehrter, aus einer vierten ein Jurist, aus einer fünften ein Pächter, aus einer sechsten ein Bauer usf.; und jeder fängt sogleich an, sich in der Ausübung dessen, was er vorher bloß theoretisch wußte, vollkommen zu machen. – Der Schale mit Gewißheit anzusehen, was in

ihr steckt, ist sehr schwer; doch machte ein lunarischer Theologe (d. i. Johann Caspar Lavater, P. M.) zu meiner Zeit mächtigen Lärmen, er sei im Besitze dieses Geheimnisses. Man achtete aber wenig auf ihn, und hielt ihn durchgängig für krank.« (BÜRGER, 1980, S. 96)

99 Die Äußerung Bonapartes findet sich im *Mémorial de Saint-Hélène* des Grafen und ist hier zit. nach: LESKY, 1979, S. 41

100 So Georg Forster in einem Brief aus Wilna vom 5. März 1785 an den Anatomen Sömmerring. (Vgl. WAGNER, 1844, S. 171 f.)

101 Herder wies ausdrücklich auf diesen Zusammenhang zwischen Physiognomik und Anatomie hin, als er erklärte: »Die Naturgeschichte für Jünglinge und Kinder (d. h. die Physiognomik, P. M.) muß sich, um dem Auge und Gedächtnis zu Hülfe zu kommen, an einzelnen Unterscheidungen der äußeren Gestalt begnügen; die männliche und philosophische Naturgeschichte (aber) suchet den Bau des Tiers von innen und außen, um ihn mit seiner Lebensweise zu vergleichen und den Charakter und Standort des Geschöpfs zu finden. Bei den Pflanzen hat man diese Methode die *natürliche* genannt, und auch bei den Tieren muß die *vergleichende Anatomie* Schritt für Schritt zu ihr führen. Mit ihr bekommt der Mensch natürlicherweise *an sich selbst* einen Leitfaden, der ihn durchs große Labyrinth der lebendigen Schöpfung begleite [...]« (HERDER, *Ideen zur Philosophie der Geschichte der Menschheit*, 2. Buch, Kap. 4, in: *Werke in fünf Bänden*, 4. Bd., 1982, S. 27) Vgl. hierzu auch: OEHLER-KLEIN, 1990.

102 Hier benutzte Ausgabe: EHRMANN, 1792, S. 79

103 ibid. Nebenbei sei hier noch darauf hingewiesen, daß sich EHRMANN u. a. auch durch einen (anonym erschienenen) zweibändigen *Beytrag zu einer redenden Naturlehre und Physiognomik der Menschheit* (Nürnberg 1791) hervortat.

104 Jean-Philippe Rameau (1683–1764), berühmter franz. Musiker, Komponist und Musiktheoretiker.

105 Jacques de Vaucanson (1709–1782), verfertigte außer Maschinen für die Seidenfabrikation (Webstuhl) verschiedene künstliche Automaten, darunter einen Flötenspieler, einen Tambourinschläger und einen Hahn, der die aufgenommene Nahrung in eine kotähnliche Masse verwandelte und aus dem After ausstieß!

106 René Antoine Ferchault de Réaumur (1683–1757), franz. Naturwissenschaftler (Untersuchungen zur Eisen- und Stahlerzeugung, Thermometerskala, Klassifizierung von Insekten)

107 BONNET, 1789, X. *Hauptstück*, S. 197–199

108 Vgl. VESALIUS, *De humani corporis fabrica, libri septem*, 1543. Es ist in diesem Zusammenhang wichtig, hervorzuheben, daß es Vesalius dabei nicht etwa auf eine Positionszuweisung der Affen und Menschen im Sinne der *Great Chain of Being* ankam (an ein solches Vorhaben der Anatomen war seinerzeit noch kaum zu denken), sondern um eine notwendige Korrektur der Anatomielehre Galens, die damals als oberste Autorität galt. Vesalius warf dem antiken Anatomen verschiedene Ungenauigkeiten bei der Beschreibung der menschlichen Organe vor, ein Punkt, auf den Galen schon selber andeutungsweise hingewiesen hatte, als er sich über die mangelhafte Qualität seines »Materials« und über die Schwierigkeiten, in Rom menschliche Anatomie zu studieren, beklagte: Dort könne man nur

sehr schwer menschliche Leichen für dergleichen Zwecke auftreiben und er habe deshalb *nolens volens* Affen und andere Tiere genommen. Näheres zu Vesalius bei: BOAS, 1988, S. 157–166; sonst auch: JANSON, 1952, S. 335 f.

109 Vgl. etwa: LEIBNIZ, *Brief an Larroque*, vom 26. Januar (5. Februar) 1694, in: LEIBNIZ, *Sämtliche Schriften und Briefe*, 1. Reihe, 10. Bd., Berlin 1979, S. 250 (Nr. 145); ders.: *Brief an Joh. Gabriel Sparwenfeld*, vom 29. Januar (8. Februar) 1697, in: LEIBNIZ, *Sämtliche Schriften und Briefe*, 1. Reihe, 13. Bd., Berlin 1987, S. 544 f. (Nr. 329); vgl. ferner: SADJI, 1979, S. 278

110 Hier zit. nach: SÖMMERRING, 1785, S. XIV f.

111 HAMPE, 1902, S. 123

112 Vgl. dazu zum Beispiel das Vorwort der Ausgabe von Werner JOPP, Tübingen und Basel 1979, S. 20

113 Vgl. dazu: JAHN, 1964

114 KOLB, 1719, Vorrede, S.)(2

115 ibid., Zweyter Theil, 2. Brief, S. 371

116 FINDER, 1930, S. 326

117 StA/Bre, ad S. 8. u. 8., S. 26 *(»Dito von den Hottentot. Ein Wilt Mensch etc. ...«)*

118 BREMER WÖCHENTLICHE NACHRICHTEN, Donnerstag, den 24. October 1811, Nr. 85. Im Jahr 1854 sind dann auf dem Freimarkt in Bremen schon wieder einige »Wilde aus Neuholland in Südafrika« zu sehen. Diesmal handelte es sich um vier »Buschmänner«, die über Holland an die Weser gelangt waren und – genau wie ihre Vorgänger – die Aufmerksamkeit weiter Kreise der Bevölkerung fanden. Unter anderem erschienen mehrere ortsansässige Mediziner in der Bude beim Bahnhof, wo die Afrikaner zu sehen waren, um »diese menschlichen, Menschen so wenig gleichenden [...] Geschöpfe zu sehen, mit denen die armen Missionare, die ihnen das Heil zu bringen berufen sind, so eng verkehren müssen«. (DER BÜRGERFREUND, Nr. 86, vom 25. Oktober 1854, S. 677) Wenige Tage nach Schluß des Freimarkts hatte die Gruppe den Tod eines ihrer Mitglieder zu beklagen: Yey-ang-Ky, die Frau des »Buschdoktors«, die von den Holländern »Cacus« genannt wurde, erlag nach längerer Krankheit einer Lungenentzündung. »Die Trauer ihrer Gefährten, namentlich des alten Buschdoktors, ist sehr groß; der Fortführung der Leiche haben sie sich aufs entschiedenste wiedersetzt und dieselbe erst am Grabe verlassen. Daß Begräbniß fand gestern Abend um 6 Uhr statt. Ein Prediger hielt eine Rede in holländischer Sprache in der Bude und eine Rede in deutscher am Grabe. Die drei Hinterbliebenen folgten der Leiche, und warfen unter herzzerreißendem Wehklagen die erste Erde auf den Sarg ihrer Gefährtin.« (DER BÜRGERFREUND, a. a. O.) Die Verstorbene hatte ein Alter von 50 Jahren erreicht, ihr Ehemann war ein Jahr jünger. (DER BÜRGERFREUND, a. a. O.)

119 Vgl. dazu etwa: GOULD, 1983 (1981). Daß dieser Einfluß tatsächlich beträchtlich war, mag an dieser Stelle vielleicht nur ein Plakat verdeutlichen, mit dem der amerikanische Zirkus *Barnum*, der ja auch wiederholt in Europa war, seit Mitte des 19. Jahrhunderts auf eine seiner Hauptattraktionen hinwies, den sogenannten *»Man Monkey«* Zip, angeblich *»captured by a party of adventurers while*

they were in search of the Gorilla (in Africa)«, bei dem es sich aber in Wahrheit um einen »mikrocephalischen« (d. h. kleinköpfigen) Afroamerikaner mit Namen Henry Johnson aus Bridgeport / Connecticut handelte, der zwischen 1859 und seinem Tod 1926 weltweite Berühmtheit erlangte. Der Text erschien mit einem entsprechenden Bild Zips und hat folgenden Wortlaut: *»What Is IT?« Is it a lower order of MAN? Or is it a higher order of MONKEY? None can tell! Perhaps it is a combination of both. It is beyond dispute THE MOST MARVELOUS CREATURE LIVING. It was captured in a savage state in Central Africa, is probably about 20 years old, 4 feet high, intelligent, docile, active, sportive, and PLAYFUL AS A KITTEN. It has the skull, limbs and general anatomy of an ORANG OUTANG and the COUNTERNANCE of a HUMAN BEING.«* (Die Lithographie ist abgedruckt in: HUGHES, Langston, *Black Magic: A Pictorial History of the Negro in American Entertainment*, Englewood Cliffs, N. J., ca. 1967.)

120 Symptomatisch dafür war der außerordentliche Rummel, der zwischen 1810 und 1815 um Saartje Baartman gemacht wurde, *»a heavy-arsed heathen«*, d. h. eine Frau mit einem sog. Fettsteiß *(Steatopygie)*, die als »Hottentotten-Venus« in die Geschichte eingegangen ist. Diese Südafrikanerin war von einem Schiffsarzt namens Alexander Dunlop nach Europa gebracht worden, wo sie auf sensationelle Weise öffentlich in England und Frankreich zur Schau gestellt wurde. Später wurde sie von dem Naturforscher George Cuvier eingehend untersucht, der sie bei dieser Gelegenheit auch nackt malen ließ. Die Bilder sind zusammen mit dem Untersuchungsbericht abgedruckt bei: ST. HILAIRE und CUVIER, 1824, Stichwort *»Femme de Race Bochismann«*. Nach ihrem Tod am 29. Dezember 1815 (nach anderen Aussagen am 1. Januar 1816) wurde ihr Leichnam von Cuvier und seinen Mitarbeitern in Wachs abgedrückt und anschließend seziert. Das Skelett und die in Wachs gegossenen Teile waren noch vor fünf Jahren im *Musée de l'Homme* zu Paris öffentlich zu sehen. Saartje gab Anlaß zu mehreren damals weit verbreiteten Karikaturen, Spottgedichten und sogar zu einem musikalischen Melodrama, das am 19. November 1814 unter dem Titel »Die Hottentotten-Venus« in Paris auf die Bühne gebracht wurde. (Vgl. KIRBY, 1949 und: KIRBY, 1953) Neuerdings hat sich besonders Berndt Lindfors, University of Texas, mit dieser »Hottentottin« beschäftigt.

121 Vgl. LINDFORS, 1982, S. 14, und OETTERMANN, 1992, S. 90 f. (*»Künstliche Wilde«*)

122 RINGELNATZ, Bd. 1 *(Gedichte)*, 1984, S. 78

123 Vgl. HÜCKING und LAUNER, 1986, S. 94. Wahrscheinlich handelte es sich bei diesem Schwarzen um jenen San, den der Prediger Johann Peter Diedrichs (1761–1836) 1826 auf dem Jahrmarkt in Elberfeld sah und – getrieben von dem Gedanken, »daß wir Missionare zu den Heiden senden, aber uns nicht um den einzelnen Heiden in unserer Mitte kümmern« – »gerettet« hat: Der San wurde in der »Rettungsanstalt« von Düsseldorf untergebracht und in der Bibel unterrichtet, starb jedoch schon bald danach. (Vgl. DEBRUNNER, 1979, S. 221)

124 WELLENKAMP, 1970, S. 117

125 THOMPSON, 1903, S. 70

126 Vgl. BRÜCKNER, 1879, S. 195. Für die Annahme, daß es sich bei den Stuttgarter »Mohrenköpfen« um anatomische Präparate handelte, die zumindest *auch* zu wissenschaftlichen Zwecken konserviert worden waren, spricht nicht nur die Tatsache, daß sie statt auf dem Rummelplatz in einer *Apotheke* aufbewahrt wurden, sondern auch, daß sich der offenbar sehr gebildete Russe bei allen seinen Fahrten stets ausdrücklich für die neuesten Entwicklungen auf dem Gebiet der Naturwissenschaften besonders interessierte und seine Beobachtungen dementsprechend – wo immer es ihm möglich war – aufzeichnete. Zur Person dieses anonym gebliebenen Reisenden und zu dem von ihm verfaßten Reisetagebuch vgl.: BRÜCKNER, 1878 (1972), S. 23 ff.

127 MÜHLMANN, 1984, S. 56. Sonst zu TYSON die Biographie dieses Wissenschaftlers von Ashley MONTAGU, *Edward Tyson, M. D., F. R. S., 1650–1708, and the rise of human and comparative anatomy in England; a study in the history of science.* With a foreword by George SARTON, Philadelphia, The American philosophical Society, 1943, und JANSON, 1952, S. 335 ff.

128 MÜHLMANN, 1984, S. 56; ferner: HADDON, 1910, S. 17 f.

129 MÜHLMANN, 1984, S. 47 f.

130 ibid.

131 Dazu etwa: MÜHLMANN, 1984, S. 56, und MOSSE, 1978, S. 25 ff.

132 MÜHLEN, 1977, S. 43

133 MÜHLMANN, 1984, S. 58; LOVEJOY, 1968; MOSSE, 1978, S. 25

134 So Blumenbach selber in einem kurzen Lebensabriß, den er seinem Schüler und Hausarzt K. F. Marx, zur Verfügung stellte. (Vgl. PLISCHKE, 1937, S. 2 f.)

135 WAGNER, 1844, S. 8

136 *»Die wissenschaftlichen Anweisungen, die Blumenbach Hornemann gab«*, aus dem Archiv der Familie Blumenbach zu Hannover, sind abgedruckt bei: PLISCHKE, 1937, S. 81 ff.

137 ibid., S. 81 (Nr. 14)

138 ibid., S. 82 (Nr. 23)

139 Blumenbach, hier zit. nach: PLISCHKE, 1937, S. 2 f.

140 BLUMENBACH, *Einige naturhistorische Bemerkungen bey Gelegenheit einer Schweizerreise,* in: *Magazin für das Neueste aus der Physik und Naturgeschichte*, Des vierten Bandes drittes Stück, Gotha 1787, S. 5

141 DOUGHERTY, 1984, S. 151 (Nr. 183)

142 ibid., S. 150 (Nr. 180, 5). Die Tatsache, daß selbst aus Rußland der Schädel eines dort verstorbenen Schwarzen kommen konnte, erscheint weniger überraschend, wenn man bedenkt, daß bereits seit der Mitte des 18. Jahrhunderts eine erstaunliche Anzahl von Schwarzen in St. Petersburg, Kronstadt, Moskau und selbst in Archangelsk anzutreffen war. Neben Afrikanern, die auf den üblichen Wegen über Konstantinopel und die westeuropäischen Hafenstädte dorthin gelangten, kamen spätestens seit der amerikanischen Unabhängigkeitserklärung am Ende des 18. Jahrhunderts auch immer wieder afroamerikanische Seeleute in die Hafenstädte des Zarenreichs. Vgl. dazu BLAKELY, 1986, S. 15 ff., wo es u. a. heißt: *»A survey of United States Customs Bureau shipping records for the ports of Baltimore, Boston, New York, and Philadelphia shows that out of 132 ships*

bound for Russia from 1798 to 1880, there was rarely a ship which did not have at least one Negro crewman. For example, the ship **Margarett** *of Philadelphia went to St. Petersburg in 1815 with five of its twenty crewmen described as having black or mulatto complexions and black hair.*«

143 DOUGHERTY, 1984, S. 179 (Nr. 219)

144 Brief von Christian Heinrich Friedrich Hesse an Blumenbach in Göttingen, Hannover den 18. Dezember 1817, in: DOUGHERTY, 1984, S. 175 ff., hier: S. 177

145 ibid.

146 ibid.

147 SÖMMERRING, 1785, S. 4

148 Vgl. dazu: JORDAN, 1978, S. 101 f. Zur wissenschaftlichen Position Blumenbachs in der Frage des Kontinuitätsgesetzes, dem er kritisch gegenüberstand, wenn ihm auch »ein unverkennbarer Wert für die Methodologie [...] nicht abzusprechen (sei)«, vgl. THIENEMANN, 1909, S. 264 f.

149 Vgl. dazu: BITTERLI, 1980, S. 111

150 Vgl. dazu z. B. Gottfried BENNs Aufsatz *Goethe und die Naturwissenschaften*, in: *Gesammelte Werke in acht Bänden*, herausgegeben von Dieter WELLERSHOFF, Bd. 3, *Essays und Aufsätze*, Wiesbaden–Zürich, 1968, S. 724–762, hier: S. 744

151 FORSTER, *Ansichten vom Niederrhein*, etc., 1843, S. 311

152 U. a. hielt er eine Vorlesung über *Den Ursprung und die Farbe des Negers* und schrieb eine Abhandlung mit dem Titel *Der Orang-outang und einige andere Affenarten*. (Vgl. HADDON, 1910, S. 30)

153 CAMPER, 1792, S. XIII f.

154 ibid., S. 3. Außer Camper und Blumenbach ist in diesem Zusammenhang auch der in Wien und später in Paris tätige Mediziner und Anatom Franz Joseph Gall (1758–1828) zu nennen. Gall, der trotz seiner aus heutiger Sicht fragwürdigen Theorien als außerordentlich fähiger Arzt und Wissenschaftlicher galt und zu Recht weithin geachtet war, sammelte unermüdlich menschliche Schädel zu vergleichenden Studien. Er ließ Gipsmodelle von besonders bemerkenswerten lebenden Persönlichkeiten anfertigen. Wie Blumenbach, Camper u. a. stellte er Verzeichnisse von bildnerischen Darstellungen von Angehörigen fremder Völker zusammen. Tierschädel in großer Zahl bildeten ebenfalls einen Eckpfeiler seines unfangreichen und wertvollen »Kabinetts«. (Vgl. MANN, 1985; LESKY, 1979, und OEHLER-KLEIN, 1990) Endlich sind in diesem Zusammenhang noch der Franzose Louis-Jean-Marie Daubenton (1716–1800) zu erwähnen, der seine Karriere als Mitarbeiter Buffons begonnen hatte; der Schweizer Albrecht von Haller (1708–1777); der Engländer John Hunter (1728–1793); aber auch die in Berlin wirkenden Anatomen Johann Friedrich Meckel der Ältere (1714–1774), ein Schüler Hallers, und Johann Gottlieb Walter (1734–1818), seinerseits ein Schüler Meckels und Gründer des anatomischen Museums in Berlin, in dem es auch verschiedene »Mohrenpräparate« gab. Die Sammlung Walters wurde 1803 für 100 000 Taler vom preußischen Staat angekauft. Sie bildete die Grundlage des später bedeutenden Museums der Berliner Universität. 1833 erwarb das Museum unter anderem dreizehn in Spiritus eingelegte Köpfe von Schwarzen,

darunter Männer, Frauen und Kinder, die bei einem Aufstand in Brasilien umgekommen waren. Der Bildhauer und Maler Johann Gottfried Schadow benutzte diese Köpfe als Vorlage für ein umfangreiches und aufwendiges Werk, das 1835 unter dem Titel *National-Physiognomien* in Berlin herauskam. (Vgl. IOB, Vol. 4, Part 2, S. 19 ff.)

155 WAGNER, 1844, S. 32 und S. 122 (Briefe Forsters); BOTH und VOGEL, 1973, S. 77 f.

156 WAGNER, 1844, S. 33; vgl. auch: HEINEMANN, 1960, S. 89; sowie: BOTH und VOGEL, 1973, S. 78

157 In einem Brief vom 8. 5. 1784 an Johann Heinrich Merck schreibt Sömmerring, wie sehr ihn sein holländischer Mentor und Kollege, der Anatom Pieter Camper, um seine idealen Arbeitsbedingungen beneidete: »Er verlangt sehr darnach, und schrieb mir, daß er mich beneidete, soviel Gelegenheit zu haben, Mohren zu disseciren. Er hätte allenthalben hingeschrieben, z. B. an seinen Sohn nach Lissabon, ihm Mohrinnenbecken zu verschaffen, und hier ist just ein weibliches Mohrenkind.« (Zit. nach: WAGNER, 1835, S. 424)

158 Herzogliche VO vom 10. Dezember 1779, zit. nach: BOTH und VOGEL, 1973, S. 78

159 Oxhöft = altes Hohlmaß, ca. 210 Liter

160 HStA / M, Best. 5: Hess. Geh. Rat Nr. 1144, Bl. 19; vgl.: HEINEMANN, 1960, S. 89 f., und BOTH und VOGEL, 1973, S. 78

161 Vgl. WAGNER, 1844, S. 43 f. sowie: BOTH und VOGEL, 1973, S. 78

162 Vgl. HOLTMEYER, 1910 (Textband), S. 288

163 SÖMMERRING, 1785, S. 72 (§67). Von diesem Schwarzen schreibt SCHÄFER, 1988, S. 46: »Bei diesem Suizidenten handelte es sich ohne Zweifel, denn von keinem anderen liegt eine solche Nachricht vor, um den bei der Landgräfin tätigen ›Kammermohren‹ Selim Schwartz, der am 19. März 1780 ins Wasser der Fulda gegangen war.«

164 SÖMMERRING, 1785, S. 9 (§6)

165 ibid., S. XVII

166 SÖMMERRING, 1781

167 SÖMMERRING, Samuel Thomas, *Ueber die körperliche Verschiedenheit des Negers vom Europäer*, Mainz 1785

168 ibid., S. XIX

169 ibid., S. 77 (§69)

170 SÖMMERRING, *Über die körperliche Verschiedenheit des Mohren vom Europäer*, Frankfurt am Main 1784, S. 3 (1. Aufl., man beachte die gegenüber der 2. Aufl. unterschiedliche Formulierung des Titels!)

171 SÖMMERRING, 1785, S. XX

172 Hier zit. nach der 2. Aufl., 1785, S. XIXf.

173 *Lettre à Mr. de *** Theologien de Mayence*, in: SÖMMERRING, 1785, S. XXII ff.: »*Je viens d'apprendre, avec qu'elle sainte fureur vous vous êté élévé contre la ridicule opinion de Mr. le Professeur* **Sömmering,** *qui prétend trouver quelque analogie entre la tête du Negre & celle d'un Orang-Outang. [...] Vous ne les avez point combattu en Naturaliste. Cette secte depuis quelque tems donne*

dans d'étranges erreurs. Et en prouvant que ce systême attaquoit la Majesté d'un des trois Mages, c'étoit le ruiner à jamais.«

174 SÖMMERRING, 1785, S. XXI

175 WAGNER, 1844, S. 43

176 Vgl. RUPPERT, 1958, S. 734 ff. (Nr. 5128)

177 GOETHE am 6. 3. 1785 an Sömmerring, WA, *Briefe*, Bd. 7, S. 21

178 Vgl. EHRMANN, 1792, S. 8, Anm. 1: »[...] HofR(at) u(nd) Prof(essor) Sömmering in Mainz, der uns ein trefliches Werkchen geliefert hat [...]« und: ZIMMERMANN, Bd. 2, 1810, S. 234

179 ZIMMERMANN, ibid.

180 WAGNER, 1844, S. 43

181 SÖMMERRING, 1785, S. 78 (§71)

182 ibid., 1785, S. 79 (§73)

183 DOUGHERTY, 1985, hat überzeugend gezeigt, daß Blumenbach die Arbeit Sömmerrings über die körperliche Verschiedenheit des Mohren vom Europäer trotz ihrer freimütig zugestandenen technisch-methodischen Vorzüge letztlich aus theoretischen Gründen ablehnte, weil sie von der unausgesprochenen Voraussetzung des Kontinuitätsgesetzes ausging, von dessen Geltung in der Natur der Göttinger Professor immer weniger überzeugt war. Mit anderen Worten: Nicht die *Befunde* Sömmerrings gaben dem Göttinger Professor Anlaß zur Kritik, sondern die daraus abgeleiteten *theoretischen Schlußfolgerungen,* die das Kontinuitätsgesetz zur Voraussetzung hatten.

184 GOETHE an Charlotte von Stein, 7. Juni 1784, zit. nach WA, 4. Abt., Bd. 6, 1890, S. 288

185 Im Verlauf des 19. Jahrhunderts wird das Interesse an dergleichen ethnologischen und anatomischen Gegenständen allgemein: Überall werden jetzt besondere naturkundliche Museen gegründet und ziehen nicht zuletzt mit ihren anatomisch-menschlichen Präparaten zahllose Menschen in ihren Bann. Als ein besonders erfolgreiches Beispiel dieser Art galt damals *Hartkopff's Museum*, dessen anatomische Schaustücke mit der goldenen und silbernen Medaille der Königlichen Kunst-Akadamie in Kopenhagen und mit einer Preis-Medaille der Pariser Weltausstellung von 1867 ausgezeichnet wurden. Vgl. ANONYMUS 9, o. J., S. 10 (201: *Tasmanischer Häuptling in trunkenem Zustande. Australien [Malayischer Race]. Dieser Stamm steht auf der niedersten Stufe der menschlichen Civilisation*); S. 12 (217: *Mumienkopf einer Negerin aus Congo [Afrika]*); S. 14 (247: *Hottentotte aus Südafrika, im Hinterhalte liegend und den Feind beschießend mit seinen vergifteten Pfeilen*). Zu welchen Auswüchsen das anatomische Interesse bereits an der Wende zum 19. Jahrhundert geführt hatte, ist u. a. einer Arbeit des österreichischen Historikers Gustav Gugitz zu entnehmen. Gugitz zeigt, daß damals in weiten Teilen der Bevölkerung in Wien, in Berlin und andernorts die Angst umging: »[...] nun ist kein merkwürdiger Kopf, auch in der Toten-Ruhe, vorm Ausgraben mehr sicher, und so mancher Lebende muß sich abformen lassen, um dies Museum jetzt schon vermehren zu helfen.« (Vgl. GUGITZ, 1934, S. 32–39, und OEHLER-KLEIN, 1990, S. 40 f.) Die amerikanische Historikerin Gladys Fry berichtet von ähnlichen Vorkommnissen aus

Irland und verknüpft sie mit einer lange in der schwarzen Bevölkerung der USA verbreiteten Angst vor sogenannten »*Night Doctors*« und »*Night Riders*«, die nach damaliger Auffassung vieler Schwarzer entlaufene Sklaven ermordeten, um ihre Leichen an medizinische Schulen zu verkaufen. (Vgl. FRY, 1975)

186 BUFFON, *Allgemeine Historie der Natur*, 2. Theil, 1752, S. 99 (CCLXXXIV).

187 KANT/HENSCHEID, 1985, S. 35. Diese Angabe Henscheids konnte nicht bestätigt werden. VOLTAIRE, *Essai sur les mœurs et l'esprit des nations,* in: *Œuvres complètes de Voltaire,* Bd. 16, Paris 1785, S. 8, schreibt allerdings von einem Hautstück, der ***reticulum mucosum*** *d'un nègre dissequé par le célèbre Ruysch:* »*Tout le reste de cette membrane fut transporté par* **Pierre le grand** *dans le cabinet des raretés à Petersbourg.*«

188 FITZINGER, 1868, S. 14

189 BAUER, 1922, S. 72, und ibid., S. 80; vgl. BRABBÉE, 1879, S. 167

190 FITZINGER, 1868, S. 16 und S. 19; BRABBÉE, 1879, S. 165; BAUER, 1922, S. 80

191 FITZINGER, 1868, S. 16 und S. 19

192 ibid., S. 16

193 Die wichtigsten, doch offenbar selten wirklich eingesehenen Arbeiten zu diesem oft angesprochenen Thema sind: GRÉGOIRE, 1808. Der in diesem Buch enthaltene Beitrag über Angelo Soliman stammt von der österreichischen Schriftstellerin Caroline PICHLER und ist nahezu gleichlautend im 17. Bd. (*Prosaische Aufsätze*, 1. Theil) ihrer *Sämtlichen Werke*, Wien 1822, S. 86 ff., enthalten. Hier benutzte Ausg.: GRÉGOIRE, 1809, S. 104–115 (die ebenfalls 1809, aber in Berlin bei Friedrich Braunes unter dem Titel *Die Neger. Ein Beitrag zur Staats= und Menschenkunde* erschienene Übersetzung des gleichen Werks weicht im Text nur geringfügig von der benutzten Ausgabe ab und wurde lediglich zu Vergleichszwecken herangezogen); GRÄFFER, 4. Bd., 1850, S. 225–236; GRÄFFER, 1. Bd., 1918, S. 95–98, sowie die von Gustav GUGITZ besorgten Anmerkungen dazu auf den Seiten 385 f. und 411–416; FITZINGER, 1868; BRABBÉE, 1879; BAUER, 1922. Vgl. auch: DEBRUNNER, 1979, S. 112–114

194 GRÉGOIRE, 1809, S. 105 ff.; vgl. GRÄFFER, 4. Bd., 1850, S. 226 ff.

195 BRABBÉE, 1879, S. 154

196 BAUER, 1922, S. 42 ff. Für die Zusammenhänge von Leben und Nachleben Solimans sowie zum weiteren Verständnis der Gedankenwelt verschiedener hier angesprochener Personen und ihrer Werke sei ein kurzer Exkurs über die Freimaurerlogen des 18. Jahrhunderts erlaubt. Die Bedeutung dieser Logen in der ersten Hälfte des 18. Jahrhunderts ist heute kaum noch zu verstehen, damals hatten sie jedoch mit ihren Toleranzideen, die eine unbedingte Anerkennung von Geistes- und Gewissensfreiheit bedeuteten, eine nicht unerhebliche Anziehungskraft auf die aufgeklärten bürgerlichen (und auch einige der adligen) Intellektuellen ausgeübt. Als Sammelbecken von – freilich durchaus nicht immer nur aufklärerisch-rationalen, sondern oft auch höchst obstrusen – Idealen und Wunschbildern einer vorrevolutionären Zeit, die sich nicht zuletzt aus naturphilosophischen und pietistischen Gedanken speisten, hatten sich ihnen – zeitweilig – zahlreiche der bedeutendsten Persönlichkeiten angeschlossen. Herzog Ferdi-

nand von Braunschweig wurde 1782 Generalgroßmeister der deutschen Logen. Franz I. und Friedrich der Große, Klopstock, Lessing, Wieland, Voß, Claudius, Herder und Goethe, Haydn und Mozart (und eben auch Angelo Soliman!) gehörten einer Loge an. Vorübergehend spielte in Freimaurerkreisen auch der 1776 von dem Ingolstädter Professor Weißhaupt unter Mitwirkung des Kasseler Freimaurers Baron von Knigge gegründete Illuminationsorden eine Rolle, der sich die »Säuberung« der Loge von okkultistisch-reaktionären Einflüssen zum Ziel gesetzt hatte. Neben Mitgliedern des Hofs gaben in dieser Gruppe vor allem die Professoren des *Collegium Carolinum* den Ton an: die Prinzen von Hessen-Philippstal und Rotenburg, der Hofmarschall v. Canitz, Knigge, Johann Heinrich und Friedrich August Tischbein, die Professoren Dohm, Runde, **Sömmerring, Forster,** Casparson, Stein u. a. m. Forster war in den letzten Jahren (der Illuminationsorden wurde 1784 aufgelöst) »Redner«; fast alle Protokolle erwähnen seine schönen und wohlgesetzten Reden. (Vgl. BOTH und VOGEL, 1973, S. 85 f.) Das Schicksal Angelo Solimans sollte allerdings nicht gleich zur Annahme eines wie auch immer gearteten »Rassismus« seiner an den Fragen der Naturphilosophie so sehr interessierten Logenbrüder verleiten. Man bedenke, daß z. B. auch die Leiche des Dichters Wilhelm Heinse einige Zeit nach seiner Beerdigung exhumiert wurde. Heinse hatte seinen eigenen Schädel testamentarisch seinem Freund Sömmerring vermacht, und dieser ließ den Schädel dann tatsächlich im April 1805 ausgraben, um ihn zu Studienzwecken zu präparieren. Sömmerrings Sohn Wilhelm berichtete später: »Heinses Schädel wurde von meinem Vater, mit goldenem charnier versehen, in einem sauberen glaskästchen nicht unter den andern köpfen seiner sammlung, sondern gleich einer reliquie in seiner bibliothek besonders aufbewahrt.« In das Scharnier ließ Sömmerring die Inschrift *»poeta summus«* eingravieren. (Vgl. DICK, 1985, S. 227 f.)

197 GRÉGOIRE, 1809, S. 112. Nach BRABBÉE, 1879, S. 158, handelte es sich bei Solimans Frau um »eine() verwitwete() Frau von Christiani, eine() geborene() Niederländerin«.

198 BAUER, 1922, S. 48

199 ibid.

200 BRABBÉE, 1879, S. 160

201 Es handelt sich hier um eine Schneckenart, deren Gehäuse in Afrika weite Verbreitung als Zahlungsmittel fand und deshalb immer wieder in den Reiseberichten erwähnt wurde. Eine Kette aus solchen Schnecken war folglich besonders gut geeignet, ihren Träger als »typischen Afrikaner« auszuweisen.

202 FITZINGER, 1868, S. 5 f.

203 ibid., S. 12

204 Bei GRÄFFER, 4. Bd., 1850, S. 235, heißt es: »In seinem siebzigsten Jahre machte ein Schlagfluß seinem Leben ein Ende. Er wurde nach Hause gebracht, aber es war keine Möglichkeit mehr ihn zu erwecken.«

205 BAUER, 1922, S. 64

206 Eberle hat sich bei seinem Bemühen, die Leiche Solimans zu bekommen, offenbar auch gar nicht erst an dessen Familie, sondern an die Regierung gewandt. In den Protokollen der Niederösterreichischen Landesregierung befand sich jeden-

falls unter den Präsidialprotokollen der Jahre 1783–96 (Signatur: *Handschriften der NÖ. Reg. 5/1*) auf S. 119 ein (inzwischen leider zerstörtes) Dokument, das dies nahelegt: »Gegenstand: Nummer 264, Bitte des Kunst- und Naturalienkabinetts Direktors Abbé Eberl um die Leiche des verstorbenen Mohren Soliman. Verfügung: Wurde mit Bedingniß bewilliget und deßwegen ein Dekret an die P(olizei) O(ber) D(irektion) erlassen.«

207 StA / W, *Protokolle für Niederösterreich im Archiv des Ministeriums des Innern*, Bd. 1796, S. 666; vgl. GRÄFFER, 1. Bd., 1918, S. 413, Anm. 236, und BAUER, 1922, S. 66. Das Dokument ist inzwischen der Zerstörung anheimgefallen, doch befindet sich im NÖLA/W, *Protokoll des C-Departments* (Kultusangelegenheiten) *der Niederösterreichischen Regierung* (Handschriften der NÖ Reg. 15/14, Buchstabe S, S. 34) von 1796, noch ein ähnlich lautendes Schriftstück: »Soliman Josepha, daß der Leichnam ihres Vaters zu Begrabung ausgefolgt werden möchte, W(iener) Consist(orium) 4254.«

208 StA / W, *Protokolle für Niederösterreich im Archiv des Ministeriums des Inneren*, Bd. 1796, S. 666 und S. 678; vgl. GRÄFFER, 1. Bd., 1918, und BAUER, 1922, S. 66. Auch diese beiden Dokumente sind leider inzwischen nicht mehr vorhanden. Im NÖLA/W, *Spezialrepertorium zu den C-Akten* (Handschriften der NÖ Reg. 16/27, Buchstaben S, S. 75) von 1796, findet sich jedoch ein ähnlich lautendes Protokoll: »Solyman Josepha wegen Bewilligung einer ordentlichen Begrabung ihres Vaters Angelo und Zurückgebung der zur Ausstopfung bestimmten Haut desselben F(aszikel) 23.«

209 Pater Poschinger war Wiener Dominikaner und als Bibliothekar des Klosters allseits geschätzt. Ungerechtigkeiten, die ihm von geistlicher Seite widerfahren sind, machte Kaiser Joseph dadurch wieder gut, daß er ihn zum Hofprediger ernannte, was ihn freilich vor dem Schicksal Solimans auch nicht schützte! (Vgl. BAUER, 1922, S. 69, Anm.*, und GUGITZ, 1934)

210 Frater David war Laienbruder bei den Augustinern und verfertigte im Jahr 1793 eine damals als »Wunderwerk« berühmte mathematische Standuhr. (Vgl. BAUER, 1922, S. 69, Anm.**, und GUGITZ, 1934)

211 Zit. nach: BAUER, 1922, S. 69

212 ibid., S. 70

213 *Konzept des Herrn von Hägelin*, vom 17. Dezember 1796 (NÖLA/W, C-Akten, Karton 424, Fasz. 23, Nr. 4254/1030 von 1796) Vgl. BAUER, 1922, S. 70

214 GRÄFFER, 1. Bd., 1918, S. 413, Anm. 236, und BAUER, 1922, S. 73. Der betreffende recht dümmlich-naive Artikel in der *Grätzer Zeitung* Nr. 287 vom Freitag, d. 9. Dezember 1796 zeigt den Zustand der damaligen Presse»freiheit« und lautet: »In der verflossenen Woche sollte der verstorbene Mohr, Angelo Salemann, ausgegraben und für das Naturalienkabinett, seiner Schönheit wegen, ausgeschoppt werden. Die Grube wurde zu diesem Zwecke aufgegraben, unter den Leichnamen herum gesucht, und kein Angelo mehr gefunden. Wahrscheinlich ward der Todtengräber von irgendeinem Wundarzt bestochen, daß er ihm die Leiche nächtlicherweile ausfolgen ließs. Er wurde darüber zur Rede gestellt; allein er blieb standhaft dabey, daß er den Mohren seit der Beerdigung nicht gesehen habe, mit dem Beysatz, daß er vielleicht auferstanden seyn müsse. Das Weib

des Todtengräbers sagte aus, sie hätte den Schwarzen, mit zwey Fackeln in der Hand, zur Mitternachtszeit, über die Gottesacker-Mauer springen sehen.«

215 Wie wirksam die Zensurbehörden der k. u. k.-Monarchie arbeiteten, zeigte sich noch mehr als ein halbes Jahrhundert später, etwa wenn in den *JOSEPHINISCHEN CURIOSA* (vgl. GRÄFFER, 1850, S. 235) – ohne in diesem Zusammenhang den Vorgang auch nur mit einem Wort zu erwähnen – lediglich gesagt wird: »(Soliman) starb den 21. November 1796, betrauert von allen seinen Freunden, denen sein Andenken noch jetzt heilig ist, und die größtentheils nicht ohne Rührung und Thränen seiner gedenken können. Die Achtung aller Redlichen folgte ihm ins Grab.« An ganz anderer Stelle, versteckt (a. a. O., S. 226) und ohne jede weitere Erklärung, wird beiläufig erwähnt: »Die Gestalt Angelo Solimans, plastisch in seiner natürlichen Haut existirt noch, und zwar im Wiener natur=historischen Museum, im vierten Stockwerk in einer besondern Localität, nicht Jedermann zugänglich.«

216 Vgl. GILMAN, 1975, und ROTH, 1989, S. 80

217 Die Historiker Moritz Enzinger und Sander L. Gilman haben das im Wiener Theater (und auch sonst) sehr häufig vorkommende »Mohrenmotiv« in besonderen Studien untersucht (ENZINGER, 1918; GILMAN, 1975); es genügt deshalb an dieser Stelle darauf hinzuweisen, daß die meisten dieser »Theatermohren« nach einem ziemlich stereotypen Muster geschnitzt waren, welches sich inhaltlich im wesentlichen an dem Klischee des »teuflischen«, »geilen«, »häßlichen« und »wilden« Schwarzen orientiert.

218 Vgl. Bauer, 1922, S. 20 f. und S. 52 ff.

219 Vgl. weiter oben, Kap. IV, Anm. 193

220 HERZMANOVSKY-ORLANDO, 3. Bd., 1960, S. 119–144; vgl. auch: BRONNEN, 1965. Einige der darin enthaltenen Szenen wurden 1954 unter der Regie von Jörg Mauthes von *Radio Rot-Weiß-Rot* und 1958 unter der Regie von Theodor Grädler vom Österreichischen Fernsehen gesendet.

221 HERZMANOVSKY-ORLANDO, 3. Bd., 1960, S. 131 f.

222 FELS, 1991. Das Stück wurde noch im gleichen Jahr (mit mäßigem Erfolg) bei den Bregenzer Festspielen (in Koproduktion mit dem Wiener »Volkstheater«) uraufgeführt. Kritiken der Aufführung brachten die *Frankfurter Allgemeine Zeitung* vom 19. 8. 1991, Nr. 191, S. 29; die *Frankfurter Rundschau* vom 21. 8. 1991, Nr. 193, S. 11; der *Rheinische Merkur* vom 23. 8. 1991, Nr. 34, S. 18; *Die Bühne*, Nr. 9 / 1991, S. 46 f., Wien, sowie der Norddeutsche Rundfunk, NDR 3 *(Texte und Zeichen)* am 15. 8. 1991.

223 Vgl. CURTIN, 1964 (1973), Bd. 1, S. 38 f.

224 Vgl. MOSSE, 1978, S. 23 ff.; MÜHLEN, 1977, S. 43 ff.; IOB, Vol.4, Part 2, 1989, S. 12 ff.

225 MEINERS, 1785, hier benutzte Ausgabe: Lemgo 1793, S. 89

226 Sterne an Ignatius Sancho, Coxwould near York, 27. Juli 1766, in: STERNE, 1965, S. 170 (Brief Nr. 170 A): *»It is by the finest tints, and most insensible gradations, that nature descends from the fairest face about St James's, to the sootiest complexion in africa: at which tint of these, is it, that the ties of blood are to cease? and how many shades must we descend lower still in the scale, 'ere*

Mercy is to vanish with them? – but 'tis no uncommon thing, my good Sancho, for one half of the world to use the other half of it like brutes, & then endeavour to make 'em so.« Übersetzung nach SÖMMERRING, 1785, S. XVII. Es ist unklar, wie Sömmerring diese Passage, die er auch im englischen Original zitiert, kennen konnte, da der Brief erst 1803 als Faksimile auf den in London herausgegebenen *Letters of the Late Ignatius Sancho* veröffentlicht wurde, wo er als Frontispiz diente. (Vgl. STERNE, 1965, S. 286)

227 EHRMANN, 1792, S. 6

228 ibid., S. 11

229 Hier zitiert nach: BLUMENBACH, 1830, IV. Abschnitt, S. 56

230 MEINERS, 1785, hier benutzte Ausgabe: Lemgo 1793, S. 89

231 WHITE, 1799, S. 134 f.: *»Ascending the line of gradation, we come at last to the white European; who being most removed from the brute creation, may, on that account, be considered as the most beautiful of the human race. No one will doubt his superiority in intellectual powers; and I believe it will be found that his capacity is naturally superior also to that of every other man. Where shall we find, unless in the European, that nobly arched head, containing such a quantity of brain, and supported by a hollow conical pillar, entering its centre? Where the perpendicular face, the prominent nose, and round projecting chin? Where that variety of features, and fulness of expression; those long, flowing, graceful ringlets; that majestic beard, those rosy cheeks and coral lips? Where that erect posture of the body and noble gait? In what other quarter of the globe shall we find the blush that overspreads the soft features of the beautiful women of Europe, that emblem of modesty, of delicate feelings, and of sense? Where that nice expression of the amiable and softer passions in the countenance; and that general elegance of features and complexion? Where, except on the bosom of the European woman, two such plump and snowy white hemisheres, tipt with vermillion?«*

232 MORITZ, *Bestimmung des Zwecks einer Theorie der schönen Künste*, hier in: MORITZ, 1989, S. 103

233 FORSTER, *Die Kunst und das Zeitalter*, 1843, S. 238

234 WINCKELMANN, *Abhandlung von der Fähigkeit der Empfindung des Schönen in der Kunst und dem Unterrichte in Derselben* (1763), hier in: *Werke in einem Band*, 1986, S. 146. Vgl. MICHEL, 1989, S. 43 ff. (Winckelmann: *Le beau idéal*)

235 MEINERS, *Ueber die Natur der Afrikanischen Neger, und die davon abhangende Befreyung, oder Einschränkung der Schwarzen*, 1790, S. 386. Der Göttinger Gelehrte und Publizist August Ludwig Schlözer fürchtete bereits angesichts der »Rebellion« in Amerika um die Wahrung der später in den Schlagworten »Freiheit, Gleichheit und Brüderlichkeit« zusammengefaßten Ideale der Aufklärung. (Vgl. MIELKE, 1984, S. 71) Und Freiherr Adolph von Knigge schrieb 1793 in einem (anonym erschienenen) Artikel *Ueber die Ursachen, warum wir vorerst in Teutschland wohl keine gefährliche politische Haupt=Revolution zu erwarten haben:* »Der durch Zurücksetzung gekränkte *tiers-état* hat in Frankreich die Revolution bewürkt und den Volkshaufen getrieben; Woraus aber besteht bey

uns größtentheils der *tiers-état*? Aus Fürsten=Dienern, Räthen, Secretarien, Beamten, Officianten, Hof=Factorn, Livranten, Advocaten, Aerzten u. d. gl., die Alle, mehr oder weniger, von den Brosamen leben, welche von der Herrn Tischen fallen. In Staaten Aber, wo dies nicht also ist, wo zum Beyspiel reiche Negocianten, Capitalisten und Fabricanten den *tiers-état* ausmachen, herrscht entweder schon eine Art republicanischer Verfassung, wie namentlich in den nördlichen Reichsstädten, wo man kaum einen Begriff von Fürsten= und Adel=Druck hat; oder wenn solche reiche und wichtige Männer in despotischen Staaten leben; so werden sie sehr geschont und geschmeichelt. Selbst aber in manchen Reichsstädten hat die größere und bedeutendere Anzahl der Bürger ein Interesse, die Fürsten=Regierungen fortdauern zu sehn. Dies ist bey Frankfurth am Main der Fall; Man sey doch ja nicht zu freygebig mit dem Lobe, das man den dortigen Bürgern über ihre uneigennützige Anhänglichkeit an die teutsche Verfassung ertheilt! Zwey Drittel der Einwohner lebt von dem Aufwande, ja! selbst von der Verschwendung der benachbarten Höfe, von dem Aufenthalte der vornehmen Fremden und von den Kaiserwahlen. Ein Mann mit einem Ordensbande ist ihnen kein Gegenstand des Wiederwillens, sondern der Speculation und dieser Vortheile wegen ertragen sie ganz gern hie und da ein bischen Uebermuth und Zurücksetzung von Seiten des Adels und der Patricier. Was sollte sie also bewogen haben, den Freiheits=Baum aufzupflanzen und die vornehmen Herrn, bey denen sie große Summen auf schönen Interessen stehen haben, zu Bettlern zu machen?« (KNIGGE, 1793, S. 284 f.) Vgl. auch: MERKER, 1982, S. 52 f.: »Wenn der Bürger den Adel auch kritisiert [...], so stellte er doch in der Regel die Rechtmäßigkeit der Existenz [...] eines adligen Standes nicht in Zweifel. Wie es ihm nicht gelingt, sich eine Gesellschaft vorzustellen, in der es keine Diener gibt, so kann er sich auch nicht eine Gesellschaftsform denken, in der der aristokratische Stand fehlte [...] Sich abzuschließen in dem begrenzten Bereich des eigenen Standes [...], das ist die typische Haltung einer sozialen Schicht, die, obwohl ihrer eigenen menschlichen und moralischen Würde bewußt, dennoch eine *politisch untergeordnete*, und mit dieser Abhängigkeit versöhnte Klasse ist. Und die wesenhafte Schwäche der Klasse macht, daß noch am Ende des Jahrhunderts in Deutschland angesichts des Widerhalls der Französischen Revolution, die die ›natürliche und göttliche‹ Ordnung der ›Stände‹ gründlichst umgewälzt hat, die bürgerlichen Autoren [...] wie August Wilhelm Iffland 1794 gegen das Niederreißen der ›Standeswände‹ protestieren, da es die Quelle für ›Bankerotte und Tumulte‹ ist [...]«

236 Im damaligen Deutschland gab es zwischen dieser gesellschaftlichen Zielvorstellung und dem Harmoniestreben, wie es in den ästhetischen Theorien formuliert wurde, eine Übereinstimmung. Der Umkehrschluß, daß man es überall dort, wo Harmonievorstellungen geäußert wurden, mit vergleichbaren gesellschaftlichen Verhältnissen zu tun hätte, kann daraus freilich nicht gezogen werden.

237 WINCKELMANN, *Abhandlung von der Fähigkeit der Empfindung des Schönen in der Kunst und dem Unterrichte in Derselben* (1763), hier in: *Werke in einem Band*, 1986, S. 159. Ganz ähnlich schreibt Heinse in seinem *Ardinghello* (1787): »Alles muß auf Ungemach, Krankheit, Feindseligkeit und Bedürfnis von

Zusammenkünften berechnet werden; dies bestimmt hernach ihre Vollkommenheit. Harmonie, Ebenmaß, Übereinstimmung mit jedes Zweck macht dessen Schönheit, wenn man das, was nichts Lebendiges nachahmt, so nennen will [...]« HEINSE, 1975 (1985), S. 29

238 HERDER, *Ideen zur Philosophie der Geschichte,* 15. Buch, in: HERDER, 1982, 4. Bd., S. 344. Der Maler A. R. Mengs, ehedem als »Raphaël seiner Zeit« gerühmt, schrieb in dem Versuch, die Gedanken Winckelmanns zu verbreiten: Die Anmut »besteht aus dem, was wir Élégance nennen, welche mit der Vielfalt der Formen verbunden ist«. Die Élégance aber »besteht darin, allen Extremen der Formen zu entfliehen und aus einem gewissen Gleichgewicht zwischen den konkaven und den konvexen Umrissen«. (Vgl. MICHEL, 1989, S. 46)

239 LESSING, *Laokoon*, V, in: *Lessings Werke*, 66. Bd., 9. Teil, 1. Abteilung, o. J., S. 44 (Hervorhebung durch mich, P. M.)

240 Vgl. MOSSE, 1978, S. 16

241 DIDEROT, *Encyclopédie,* Artikel *»Schön« – Beau (Metaphysik)«*, hier zit. nach Ausgabe: 1985, S. 110

242 Vgl. dazu: LANGE, 1976, S. 96; und SADJI, 1979, S. 107: »In den Anmerkungen und Abhandlungen (des 18. Jahrhunderts) beschäftigt man sich angeblich mit (den) Problemen (der Afrikaner), setzt sich aber in Wirklichkeit, sei es bewußt oder unbewußt, nur mit den deutschen Verhältnissen auseinander. [...] Ausgangspunkt und Maßstab ist immer der zivilisierte Europäer [...]« Vgl. auch: SADJI, 1979, S. 137 f. und S. 159 f.

243 Vgl. MOSSE 1978, S. 26 ff.

244 Ähnliches galt (und gilt) freilich auch für alle anderen Menschen, die nicht dem geforderten Ideal entsprachen: Wer in der bürgerlichen Welt akzeptiert werden will, muß sich bei Strafe einer gesellschaftlichen Marginalisierung dem Zwang *auch ihrer ästhetischen* Normen unterwerfen und sein Möglichstes tun, auszusehen *comme il faut.*

245 Vgl. dazu z. B. den unter dem Titel »L'Effet Michael Jackson« veröffentlichten Beitrag von Sylvie BARBA und Christian de THUIN in der französischen Zeitschrift *50 Millions de Consommateurs*, No. 237, vom März 1991, S. 80 f.

245 MOSSE, 1978, S. 33 f. schrieb hierzu: »Das Stereotyp, das hier aufkam, hatte allerdings schon feste Wurzeln. Das in englischen Briefen des 13. und 14. Jahrhunderts geschilderte Schönheitsideal scheint z. B. das des viel späteren Winckelmann vorwegzunehmen. Die in mittelalterlichen Romanzen gepriesene ›äußere Gestalt‹ entsprach griechischer Bildhauerkunst. [...] Solche Schönheit symbolisierte Güte, wohingegen dunkle Haut, kleine Statur und ein schlecht proportionierter Körper häßlich und böse waren. Walter Clyde war 1916 davon überzeugt, daß diese englischen Vorbilder im mittelalterlichen Italien, Deutschland und Frankreich nachgeahmt wurden. So mag die Wiederbelebung des Klassizismus im 18. Jahrhundert einer tiefen und ziemlich beständigen Strömung europäischer Schönheits- und Häßlichkeitsideale entsprochen haben.«

247 BEHN, hier: 1966, S. 13 f. Zu Aphra Behn und *Oroonoko* und ihrem Einfluß auf die Literatur vgl. BEHN, 1967; SIEGEL, 1902; ALAFBERG, 1907, S. 54 ff.; BERNBAUM, 1913 (1967); SEEBER, 1936; FEUSER, 1976, S. 249

248 BEHN, 1966, S. 14 f. Bis in die neuere Literatur werden auf diese Weise besonders bei Liebesverhältnissen zwischen Menschen schwarzer und weißer Hautfarbe die äußeren »negroiden« Körpermerkmale der ersteren entfernt, denn nur unter der Bedingung, daß die schwarzen Partner als untypisch für ihre Rasse dargestellt werden, kann es angesichts der Verhältnisse des kolonialen deutschen Kaiserreichs in solchen Fällen zu einem Happy-End kommen: Von der Entfernung der »negroiden« Körpermerkmale wird ohne weitere Umstände auf die moralische und geistige Annäherung der betreffenden Person an europäische Ideale geschlossen. In einer Anfang des 20. Jahrhunderts niedergeschriebenen Erzählung des Kolonialschriftstellers Ludwig Foehse nimmt ein deutscher Naturforscher die afrikanische Prinzessin (!) Afidu mit nach Europa und heiratet sie. Afidu hat im Gegensatz zu anderen Afrikanerinnen eine geradezu griechisch geformte Nase, prachtvolle Augen und zierliche Lippen wie eine Europäerin, ist von schlankem Wuchs, kurz, sie ist eine Ausnahme von der Regel, die überdies ein großes Herz besitzt, wie der Weiße an seine Eltern schreibt. (Vgl. MERGNER et al., 1985, S. 102, und: LESTER, 1982, S. 69 ff. und S. 84 f.)

249 Vgl. BEHN, 1967, S. 127

250 Die Mannheimer Ausg. trägt den Titel *Oronooko, ein Trauerspiel in 5 Handlungen*, Mannheim in der Schwan'schen Hofbuchhandlung, 1786, 132 Seiten

251 Vgl. ALAFBERG, 1907, S. 54

252 ibid., S. 55

253 LE VAILLANT, 1796, Bd. 2, S. 141

254 ECKARTSHAUSEN, 1787 (2. Stück des Buchs *Duldung und Menschenliebe. In rührenden Erzählungen*, I. Theil), in: ECKARTSHAUSEN, 1830, S. 72 ff.

255 Vgl. SPANN, 1928, S. 79 f.

256 WEZEL, 1984, S. 176 f.

257 Auch dieses oft reproduzierte Bild ist noch einmal abgedruckt und besprochen in: IOB, Vol. 4, Part 1, 1989, S. 34

258 Zit. nach: IOB, Vol. 4, Part 1, 1989, S. 34

259 WINCKELMANN, *Geschichte der Kunst des Altertums* (1764), in: *Werke in einem Band*, 1986, S. 193 f.

260 Der deutsch-dänische Arzt Paul Erdmann Isert, der 1785 Guinea besuchte, konnte dies nur bestätigen: »Es ist andem, daß der Umriß des Gesichts der herrschenden Menge der Neger allerdings von denen der Europäer verschieden ist; allein hie und da findet man dennoch Gesichter, die ihre Farbe ausgenommen, selbst in dem Center von Europa für Schönheiten passiren würden.« (ISERT, 1788, S. 197) Blumenbach, der im schweizerischen Yverdon die Brüder Treytorrens besuchte, um ihre »reiche Naturaliensammlung« in Augenschein zu nehmen, erzählte: »Wie ich in den Hof ihres herrlichen neuen Hauses am Wege nach Goumoens eintrat, sah ich niemand, der mich hätte zurecht weisen können, als ein rücklings stehendes Frauenzimmer, von einer Schönheit des Wuchses, die mir auffallend war. Aber wie ward ich nicht folgends frappirt, da sie sich auf meine Ansprache umwandte, und ich an ihr eine *Negresse* von einer Gesichtsbildung fand, die einem solchen Wuchse aufs vollkommenste entsprach, und die porträtmäßige Treue von *van Dyk's* Negerköpfen, die ich in Pommersfelden gesehen,

nun vollkommen bey mir rechtfertigte. Ein Gesicht, das durchaus – selbst in der Nase und in den etwas stärkern Lippen, – doch so gar nichts auffallendes, geschweige denn unangenehmes hatte, daß die gleichen Züge bey einer weissen Haut gewiß allgemein gefallen haben müßten. Und nun zu allem dem nicht nur die aufgeweckteste munterste Lebhaftigkeit bey einem sehr gesunden Verstande [...]« (BLUMENBACH, 1787, S. 2 f.) Zur »Négresse« von Yverdon siehe ferner: MICHAUD, 1958, S. 1 und S. 5, sowie: DEBRUNNER, 1970

261 Für Heinse behält deshalb die Bildhauerei grundsätzlich den Rang vor der Malerei, »denn sie zeigt das Edelste der bildenden Kunst, nämlich die Form, am vollkommensten. Bei Weibern, es ist wahr, und bei Knaben ist die Farbe auch sehr reizend; allein sie ist doch bloß ein seichter Augengenuß, der nicht in den ganzen Menschen so eindringt wie die Form.« HEINSE, 1985 (1787), S. 175 f.

262 WINCKELMANN, *Geschichte der Kunst des Altertums* (1764, in: *Werke in einem Band*, 1986, S. 193 f.) Warum den Kunsttheoretikern der Aufklärung die Form wichtiger war als die Farbe, erhellt unter anderem eine Passage aus d'Alemberts Einleitung zur *Encyclopédie*, wo es heißt: »Farbe und Form, die ständigen, wenn auch jeweils veränderlichen Eigenschaften des Körpers, dienen gewissermaßen zu dessen Abhebung vom Hintergrund, ja, eine von beiden genügt dazu schon. Wir ziehen daher bei einer möglichst begrifflichen Betrachtung der Körper die Form der Farbe vor, weil sie uns einmal infolge gleichzeitiger Erfassung durch Gesichts- und Tastsinn nähersteht und weil andrerseits die Form eines Körpers ohne Farbe leichter vorstellbar ist als die Farbe ohne Form; endlich auch, weil die Form eine leichtere und eindeutigere Festlegung der Raumteile gestattet.« (Vgl. D'ALEMBERT, 1989, S. 21 f.)

263 WINCKELMANN, *Beschreibung des Torso im Belvedere zu Rom*, in: *Werke in einem Band*, 1986, S. 60. Heinse formulierte die der Kunst gestellte Aufgabe so: »Ein neues Ganzes [...] oder ein altes neu auf die wahrste und lebendigste Weise den Menschen in die Seele bringen ist Kunst.« (HEINSE, *Ardinghello und die glückseligen Inseln*, 1975 (1985), S. 171)

264 DIDEROT, 1985, S. 111 (Artikel *»Schön – Beau«)*

265 WINCKELMANN, *Geschichte der Kunst des Altertums* (1764), in: *Werke in einem Band*, 1986, S. 193. Vgl. auch: MIELKE, 1984, S. 70

266 LESSING, *Laokoon*, XXV, in: *Lessings Werke*, 66. Bd., 9. Teil, 1. Abteilung, o. J., S. 141

267 Vgl. VOLTAIRE, *Histoire des voyages de Scamentado* (1756), in: *Œuvres complètes*, Bd. XXI, S.131, wo ein europäischer Reisender, der vor der nordafrikanischen Küste in die Gefangenschaft eines schwarzen Seeräubers gerät, fragt: *»[...] pourquoi ils violaient ainsi les lois des nations?«* und die ironische Antwort erhält: *»Vous avez le nez long, et nous l'avons plat; vos cheveux sont tout droits, et notre laine est frisée; vous avez la peau de couleur de cendre, et nous de couleur d'ébène; par conséquent nous devons, par les lois sacrées de la nature, être toujours enemis.«*

268 Vgl. dazu: GILMAN, 1975, S. 384, und MIELKE, 1984, S. 70

269 GRABBE, *Herzog Theodor von Gothland*, 4. Akt, 1. Szene, in: GRABBE, 1960, 1. Bd., S. 144 f.

270 Vgl. dazu: MIELKE, 1984, S. 69 f.

271 WIELAND, *Geschichte des Agathon*, 1. Theil, 3. Buch, 5. Kap., in: *Werke*, Bd. I., 1984, S. 147 f.

272 Vgl. GILMAN, 1974–1975, S. 385

273 WIELAND, *Geschichte der Abderiten*, 4. Kap., in: *Werke*, Bd. VI., 1984, 19. Bd., S. 53

274 HEINSE (Hrsg.), 1967, S. 156 f. (XII); vgl. auch: MIELKE, 1984, S. 70

275 Winckelmann schrieb von den Griechen: »Überhaupt wurde alles Vorzügliche in allerlei Kunst und Arbeit besonders geschätzt, und der beste Arbeiter in der geringsten Sache konnte zur Verewigung seines Namens gelangen. Wir wissen noch jetzt den Namen des Baumeisters einer Wasserleitung auf der Insel Samos und desjenigen, der daselbst das größte Schiff gebaut hat, ingleichen den Namen eines berühmten Steinmetzen, welcher in Arbeit an Säulen sich hervortat; er hieß Architeles. Es sind die Namen zweier Weber oder Sticker bekannt, die einen Mantel der Pallas Polias zu Athen arbeiteten. Wir wissen den Namen eines Arbeiters von sehr richtigen Waagen oder Waagschalen; er hieß Parthenius. Ja es hat sich der Name des Sattlers, wie wir ihn nennen würden, erhalten, der den Schild des Ajax von Leder machte.« (WINCKELMANN, 1986, S. 185)

276 LESSING, *Laokoon oder die Grenzen der Malerei und Poesie*, Kap. XXV, in: *Lessings Werke*, 66. Bd., 9. Teil, 1. Abteilung, o. J., S. 147 f.

277 LESSING, *Laokoon oder die Grenzen der Malerei*, Kap. II, in: *Lessings Werke*, 66. Bd., 9. Teil, 1. Abteilung, o. J., S. 11 f.

278 Vgl. KOPPLIN, 1987, S. 335

279 ibid., S. 325

280 ibid.

281 ibid.

282 Das Bild entstand im Rahmen einer oft reproduzierten Serie und ist u. a. abgedruckt und besprochen in: IOB, Vol. 4, Part 1, 1989, S. 87: »*William BLAKE. Illustration for John Gabriel Stedman,* ***Narrative of a Five Years' Expedition Against the Revolted Negroes of Surinam,*** *1796, Dated 1793*«.

283 Vgl. IOB, Vol. 4, Part 1, 1989, S. 87. MIELKE, 1984, S. 74, S. 77 und S. 79, schreibt: »Der Menschenhandel des deutschen und englischen Adels, von unzähligen Zeitgenossen gebrandmarkt und auch von Schiller in *Kabale und Liebe* behandelt, weckt das unmittelbare Interesse des Dichters (Gottlieb Conrad Pfeffel, P. M.), ruft direkte Betroffenheit und Kritik hervor. Der Vergleich (in dem Gedicht *Lied eines Negersklaven*, in: PFEFFEL, 1. Theil, 1816, S. 70–72) zwischen dem Schicksal der schwarzen Sklaven und dem Los der deutschen Soldaten (die nach Amerika verkauft wurden, P. M.) richtet sich nicht nur allgemein gegen die Sklaverei, sondern bezieht gezielt und unmißverständlich die politisch-ökonomische Situation des schamlosen Menschenhandels und des gnadenlosen Profitdenkens der Herrschenden ein. [...] (Auch) geht es Herder (in seinen »Neger-Idyllen«, P. M.) nicht nur um den Ausdruck einer Mitleidsbekundung, sondern um direkte und auf Wirkung bedachte Kritik an europäischen und deutschen Verhaltensweisen. [...] ›Moral der alten Zeiten! Doch wohin/ Sind wir verwirrt? Vom Nationenruhm/ Zu deutschen Negern!‹«

284 Nach BAUER, 1983, S. 118, erscheint der Schwarze häufig in der deutschsprachigen Literatur, »besonders vor 1848, als Objekt eines Freiheitskampfes, der gar nicht ihn selbst meinte, sondern Projektion der politischen Erlösungssehnsucht der Autoren selbst war«.

285 Zugleich galt dies offenbar auch als Ausdruck ihrer »rohen Wildheit«. Heinse schreibt in seinem *Ardinghello:* »Geht man in die Wildheit zurück: so findet man Grotten und Waldung, und *durchgerißne Felsen*, um über *Abgründe* von Strömen zu gelangen.« (HEINSE, 1975 (1985), S. 29, Hervorhebung von mir, P. M.)

286 FORSTER, *Die Kunst und das Zeitalter*, 1843, S. 236

287 LESSING, *Laokoon*, Kap. XXV, in: *Lessings Werke*, 66. Bd., 9. Teil, 1. Abteilung, o. J., S. 146

288 WINCKELMANN, 1986, S. 192 (Hervorhebung durch mich, P. M.)

289 WIELAND, *Geschichte der Abderiten*, 4. Kap., in: *Werke*, Bd. VI., 1984, 19. Bd., S. 44 f.

290 BLUMENBACH, 1779, S. 64

291 ibid., S. 64. Blumenbach kritisiert hier die Auffassung, nach der Menschen wie »weiße Mohren«, »Cretins«, »von Natur geschürtzte Hottentottinnen« usw. außerhalb der menschlichen Gattung stünden, indem er durch Krankheit oder Mißbildung entstellte Personen von jenen trennt, die er – wie Centauren, Syrenen und dergleichen – eindeutig und endgültig ins Reich der Fabel verweist.

292 Zu Saartjie Baartmann: KIRBY, 1949; KIRBY, 1953; LINDFORS, 1981; GILMAN, 1985, S. 76–108, und GILMAN, 1992, 119–154. Über das Interesse, auf das Saartjie bei den Zeitgenossen stieß, schrieb LINDFORS, 1981, S. 6: »*Immortalized in song, drama, literature, science and art as well as in plaster, wax and bone, found freakishly fascinating both alive and dead, Saartjie Baartman has assumed proportions much larger than life, proving in the end to be of enduring interest to western man.*«

293 Hier zit. nach: KIRBY, 1953, S. 130

294 Man bewunderte bei der Griechin »die [...] Anmut und Schönheit, *alle steifen Linien*, welche der Gebrauch des Mieders veranlaßt, (waren) hier *abgerundet*, wollüstig (und) *ohne Unterbrechung der Wellenlinien*. Wie erscheint uns dieser Körper in einer wundervollen Schönheit, verglichen mit einem Körper, der durch das Mieder verdorben!« (Vgl. ANONYMUS 9, S. 12 (207), Hervorhebung durch mich, P. M.) GILMAN, 1985, S. 76–108 (deutsch: GILMAN, 1992, S. 154), hat in seiner Studie *The Hottentot and the Prostitute: Toward an Iconography of Female Sexuality* darauf hingewiesen, daß man damals auch unter Prostituierten sehr häufig die Steatopygie anzutreffen glaubte, womit ein Zusammenhang zwischen der »Primitivität« der verschiedenen als »Hottentotten-Venus« bekannt gewordenen Afrikanerinnen und der als kaum weniger »entartet« angesehenen europäischen »Dienerinnen der Venus« hergestellt wurde.

295 LICHTENBERG, s. a. (2. Aufl.: 1778), S. 69

296 LAVATER, *Physiognomische Fragmente zur Beförderung der Menschenkenntnis und Menschenliebe*, 1984 (1775), S. 53 (Kap. »Von der Harmonie der moralischen und körperlichen Schönheit«). Wie eine Äußerung Christian Friedrich Daniel Schubarts aus der Zeit vor der Französischen Revolution zeigt, war es

geläufig, die physiognomische Methode, das Äußere als Spiegel des Inneren zu nehmen, zu verallgemeinern und zur politischen Physiognomik werden zu lassen: »Jeder Staat hat, wie der einzelne Mensch, seine Tugenden, seine Laster, seine Schönheit und seine Häßlichkeit, [...] Weise Gesetze und eisernes unbeugsames Harren über diesen Gesetzen sind eben das in einem Staate, was das gute Gewissen bei einem einzelnen Menschen ist. Beedes verhütet alle Verzerrungen und widrige Lineamenten in den äußeren Teilen des Staats- und Menschenkörpers und breitet Ruhe und Schönheit wie einen Lichtschleier über ihn hin. Eine häßliche Staatsphysiognomie setzt allemal Verachtung der Gesetze, der Ordnung und Tugend voraus, und je mehr der politische Physiognomist Verzerrungen und Mißzüge wahrnimmt, je sicherer kann er auf den unausbleiblichen oft sehr nahen Verfall des Staats schließen. [...]« (SCHUBART, *Politische Physiognomik*, 4. März 1776, in: SCHUBART, 1776, 19. Stück, S. 145–147)

297 SCHILLER, *Die Verschwörung des Fiesco zu Genua* (1783), 1. Aufzug, 9. Auftritt, hier: Stuttgart 1982, S. 21. DELTGEN, 1977, S. 127, gibt den Text eines Singspiels für Kinder wieder, das noch zuweilen zu hören ist: »2 Kinder: Wir kommen aus dem Mohrenland [...] und sehen aus wie Mohren. Gruppe der übrigen Kinder: Ihr seid Spitzbuben!«

298 WIELAND, 1938, S. 51 f.

299 ibid., S. 83–85

300 Vgl. GILMAN, 1975, S. 87, der in diesem Zusammenhang von *»ugliness as the hyperbolic representation of terror«* spricht.

301 GRILLPARZER, *Der Traum ein Leben* (1831), hier in: *Werke*, 1932, Bd. 2, 253 (2433–2437). BAUER, 1983, S. 117, sagt im Zusammenhang mit einer Erörterung des Grillparzer-Stücks, daß die Schwarzen bei diesem Autor »die – wie in einem Albtraum erlebte – Angst vor der Umkehr der Herrschaftsverhältnisse« bedeuten. Zur Frage der Berichterstattung und Kommentierung der Revolution auf Haiti vgl.: SCHÜLLER, 1992, S. 167 ff. Sonst auch: LANGE, 1976, S. 106, demzufolge es bei dergleichen Äußerungen »stets auch um die politischen Veränderungen ging, die im Namen der gleichen Ideale, der Menschenrechte, auch in Europa angestrebt wurden. Man sagte Haiti und meinte Frankreich oder Deutschland, so wie der anonyme Rezensent, der in den ›Göttinger Anzeigen‹ 1797 gegen den ›Freiheits-Enthusiasmus‹ der ›Amis des Noirs‹ wetterte und die Jakobiner und die aufständischen Neger unter Toussaint als ›Empörer und Unzufriedene‹ charakterisierte, die ›keiner Rechte und Würden, keines Eigenthums und Lebens‹ schonten.«

302 KLEIST, 1811, S. 7 ff. Auffällig ist die Ähnlichkeit zwischen diesen Zeilen und einer Passage bei Meiners, wo es heißt: »Die Neger [...] kennen die Regungen der Dankbarkeit eben so wenig, als die des Mitleidens, oder der Mit=Freude, oder der Bewunderung guter und erhabener Handlungen. [...] Es ist daher nicht zu verwundern, daß die Neger, wie alle ähnliche Völker, gerade gegen ihre größten Wohlthäter am undankbarsten sind, und an diesen die scheußlichsten Verräthereyen und Grausamkeiten ausüben.« (MEINERS, 1790, 6. Bd., S. 439 f.) Vgl. auch: KÖRNER, *Toni. Ein Drama in drei Aufzügen*, hier: 1890, sowie: FEUSER, 1978–1979, S. 127

303 Vgl. dazu SMITH, 1969, S. 8 ff.: *»Graphic aids to science«*
304 Gemeint ist der als Herausgeber von Reisewerken bekannt gewordene Goldschmied und Kupferstecher Theodor De Bry (1528–1598).
305 Gemeint ist der deutsche Maler und Porträtist Bartholomäus Bruyn d. Ä. (1493–1555).
306 HERDER, *Ideen zur Philosophie der Geschichte der Menschheit*, 6. Buch, 7. Kap., 1982, S. 105 f.
307 Vgl. CURTIN, 1964 (1973), Bd. 1, S. 39; MÜHLMANN, 1984 (1967), S. 58 f. Nach MÜHLEN, 1977, S. 45, fanden die von der Antike übernommenen ästhetischen Kategorien Eingang in die Anthropologie.
308 Vgl. MOSSE, 1978, S. 26
309 Vgl. HOFMANN (Hrsg.), 1989, S. 172 f. Siehe auch: LAVATER, 1984, S. 159 ff.
310 Vgl. WAGNER, 1. Abtheilung, 1844, S. 4 f.
311 ibid., S. 7
312 ibid.
313 Volcher Coiter stammte aus Groningen in den Niederlanden und hatte in Rom und Padua Medizin studiert, ehe er ab 1569 als praktischer Arzt in Nürnberg tätig war. Er war einer der ersten, die sich systematisch der vergleichenden Anatomie zuwandten, u. a. verglich er die Skelette von Menschen und Affen. Seine Skelettafeln *Externarum et internarum principalium humani corporis partium tabulae*, Nürnberg 1573, dienten generationenlang als eine unverzichtbare Grundlage der vergleichenden Anatomie.
314 Vgl. WAGNER, 1. Abtheilung, 1844, S. 11
315 ibid., S. 14
316 ibid., S. 17
317 ibid.
318 CAMPER, 1792, S. VI *(Vorrede des Verfassers)*
319 HERDER, *Ideen zur Philosophie der Geschichte der Menschheit*, 13. Buch, 3. Kap., 1982, S. 261
320 Hier nach der von Georg FORSTER besorgten Ausg.: CAMPER, 1792, S. VI
321 ibid.
322 ibid, S. VI f.
323 ibid., S. VI
324 CAMPER, 1792, S. VII f.
325 ibid.
326 ibid., S. 2
327 ibid., 3. Theil, 1. Kap., 1792, S. 49
328 ibid., S. XVIII und S. XVII
329 ibid., S. IX
330 ibid., S. 56
331 ibid., S. IX
332 ibid., S. IX und S. XVIII
333 ibid., S. X
334 ibid., S. XVI
335 CAMPER, 1792, S. XII f.

336 ibid., S. XV
337 CAMPER, hier zit. nach: SÖMMERRING, 1785, S. 5 f. (§ 4)
338 SÖMMERRING, ibid.
339 ibid., S. 17 (13) (Hervorhebung von mir, P. M.)
340 HERDER, *Ideen zur Philosophie der Geschichte der Menschheit*, 4. Buch, 1. Kap., 1982, S. 48 f. (Hervorhebung von mir, P. M.)
341 MEINERS, 1790, 6. Bd., S. 403
342 SÖMMERRING, 1785, S. 53 (50, 9). Der Anatom Charles White fand ebenfalls: »*The cavity of the skull, which contains both* **cerebrum** *and* **cerebellum,** *is less capaciuos in the African than in the European, and still less in the brute species.*« (Vgl. WHITE, 1799, S. 63)
343 HUARTE, 1968 (1752), 3. Hauptstück, S. 32 f.: »Zu dem guten Baue des Gehirns gehören [...] vier Stücke. Das erste ist die gute Figur; das zweyte die hinlängliche Menge; das dritte die genaue Absonderung seiner vier Ventrikeln, wovon jedes an seiner gehörigen Stelle liegen muß; das vierte der Raum derselben welcher weder grösser noch geringer seyn muß als es ihre Wirkungen erfordern. Die gute Figur schließt Galenus (ca. 129–ca. 199 u. Z., P. M.) aus der äussern Gestalt des Kopfes. Diese, spricht er, ist alsdann so wie sie seyn muß: wenn in einer vollkommenen runden hohlen Kugel von Wachs, die man ganz sachte auf den Seiten zusammen angedrückt hat, die Stirne und das hintre Theil des Haupts einen kleinen Buckel machen. Wenn folglich der Knabe eine sehr platte Stirne hat und der hintre Theil des Haupts sehr abschießend ist, so ist es ein Zeichen daß sein Gehirne die Figur nicht hat welche es haben müßte wenn er geschickt und fähig seyn sollte. Was die Menge des Gehirnes anbelangt welche die Seele zum Denken und Schliessen braucht, so ist es etwas sehr bewundernswürdiges, daß kein einziges unvernünftiges Thier ist welches so viel Gehirne habe als der Mensch. [...] Was aber noch mehr angemerkt zu werden verdienet ist, daß diejenigen unvernünftigen Thiere die der menschlichen Vernunft am nächsten kommen können, als der Affe, der Fuchs und der Hund, weit mehr Gehirne haben als andre Thiere die ungleich grösser sind als sie.«
344 LA METTRIE, 1988, S. 32 f.
345 ibid.
346 Der englische Schiffsarzt Thomas Masterman Winterbottom (1765?–1859), der über erhebliche Erfahrung im Umgang mit Afrikanern verfügte, hatte zum Beispiel gegenüber den anatomischen Arbeiten der Sömmerring, White usw. eingewendet: »*[...] admitting their accuracy, it may be objected, that the result of a few comparative examinations ought not to be assumed as a standard; particularly as we frequently witness the occurrence of great and striking varieties in the bony compages even of Europeans.*« (WINTERBOTTOM, 1969, Bd. 2, *Appendix* No. III, S. 255 f.) Und selbst nachdem der Heidelberger Anatom Friedrich Tiedemann (1781–1861) in seiner Arbeit *Das Hirn des Negers mit dem des Europäers und Orang-Outangs verglichen* (Heidelberg 1837), die unter dem Eindruck der im britischen Parlament geführten Debatte über die Abschaffung der Sklaverei entstanden war, endgültig bewies, daß es keinerlei Rechtfertigung für die Annahme eines geringeren Hirnvolumens »der Neger« gäbe, ebensowenig für die

Behauptung einer geringeren oder andersartigen Hirnqualität dieser Menschen, hielt sich der von den Anatomen des 18. Jahrhunderts geschaffene Mythos.

347 SANDER, 1785, S. 205

348 CLAUDIUS, *Der Deutsche, sonst Wandsbecker Bothe*, No. 139, Dienstags, den 31ten August 1773

Kapitel V

1 ROUSSEAU, 1963, S. 67 und S. 65
2 Vgl. LOVEJOY, 1964, S. 208 ff.
3 SPINOZA, *Ethica*, 5. Theil, Propositio VI., in: *Opera*, 2. Bd., 1967, S. 516f.: »*Quatenus Mens res omnes, ut necessarias intelligit, eatenus in affectûs potentiam habet, seu minus ad iisdem patitur.*« (6. Lehrsatz. Insofern der Geist alle Dinge als nothwendige erkennt, sofern hat er eine grössere Macht über die Affecte oder leidet er weniger von ihnen.«)
4 VOLTAIRE, *Le Désastre de Lisbonne, ou Examen de cet Axiome, Tout est Bien*, in: VOLTAIRE, 1777, S. 13–22, hier: S. 16 und S. 18
5 Auch dem Albert Julius in Schnabels *Insel Felsenburg* machte der Grenzcharakter seiner nützlichen Arbeitsaffen zu schaffen, denn er barg ein beunruhigendes Element der Unberechenbarkeit. Schließlich konnten sie in jedem Augenblick ihr bißchen Menschlichkeit vergessen und zur wahren Bestie werden. Ihre Geschlechtslust, vor allem, ließ sie nur allzu leicht die gottgewollte Ordnung der Natur durchbrechen. Diese latent vorhandene Möglichkeit machte sie in den Augen ihres Bezwingers so unheimlich. Die Gefahr einer unerwünschten Grenzüberschreitung der dressierten Arbeitstiere nach unten und – schlimmer noch – nach oben ließ sich in der Tat nie ganz verdrängen. Albert Julius hatte denn auch »immer ein geheimes Mißtrauen gegen dieses sich so getreu anstellende halb vernünfftige Gesinde« und baute deshalb »vor dieselben einen geraumlichen festen Stall mit einer starcken Thüre, [...], und verschloß (die) Bedienten in selbigen, nicht allein des Nachts, sondern auch bey Tage, so offt es [...] beliebte«. Vgl. SCHNABEL, 1979 (1982), S. 219
6 LEIBNIZ, *Die Théodicée*, 1925, S. 290 (246)
7 KANT, *Allgemeine Naturgeschichte*, 2. Teil, in: *Werke in zwölf Bänden*, Bd. 1, 1960, S. 333
8 LENZ, *Versuch über das erste Prinzipium der Moral*, in: *Gesammelte Schriften*, 4. Bd., 1910, S. 10
9 Vgl. LANGE, 1976, S. 107
10 Selbstverständlich konnte es, damit es oben auf der Leiter kein Gedrängel gäbe, auch solche geben, welche abwärts stiegen: Wer versagte und ohne Erfolg blieb, fiel zurück; am Ende fiel er gar der Hölle des irdischen Elends und Ausgestoßenseins anheim. So blieb die alte Hierarchie nach dem Prinzip der Nützlichkeit erhalten.
11 Vgl. weiter oben, S. 215 f.
12 KANT, *Allgemeine Naturgeschichte*, 3. Teil, in: *Werke in zwölf Bänden*, Bd. 1, 1960, S. 386 f.
13 Der Originaltitel lautet: LE CAT, Claude-Nicolas, *Traité de la Couleur de la Peau Humaine en général, de celle des Nègres en particulier, et de la Métamorphose d'une de ces Couleurs en l'autre, soit de Naissance, soit Accidentellement*, Amsterdam 1765
14 1. Buch Mose, Kapitel 10

15 BORST, Bd. 1, 1957, S. 126; ARLDT, 1917–1918

16 IOB, Vol. II, Part 1, 1979, S. 142 ff., und IOB, Vol. II, Part 2, 1979, S. 220 ff.

17 Seit dem 13. Jahrhundert wird in immer neuen und komplizierteren genealogischen Tafeln versucht, mit dem wachsenden ethnographischen Wissen Schritt zu halten. Die verschiedenen »Völker« werden auf diesen Tafeln in der Regel personifiziert und als Nachkommen Adams und ihrer Familien dargestellt. Jede abgebildete Person repräsentiert den Stammvater einer bestimmten Gesellschaft, aus der sich in »unilinearer« (meist »patrilinearer«) Abfolge neue »Völker« auszweigen, die als seine Kinder und Kindeskinder erscheinen. (»Unilinear« bezeichnet in der Fachsprache der Ethnologie die bei wenig komplexen Gesellschaften weit verbreitete Sitte, die Abstammung nicht wie bei uns *durch beide Eltern zu gleichen Teilen*, sondern nur jeweils *durch einen Elternteil* zu verfolgen. Geschieht dies durch die väterliche Linie, dann sprechen die Ethnologen von »patrilinearer« Verwandtschaft, geschieht es durch die mütterliche Linie, spricht man von »matrilinearer« Deszendenz.)

18 BORST, 1957, Bd. 1, S. 121. Vgl. auch: ARLDT, 1978 (1917/18), S. 267 und S. 315

19 Das Dokument befindet sich heute in der Staatsbibliothek Preußischer Kulturbesitz, MS. lat. fol. 141, Rotulus: *Genealogia Christi*, um 1230, aus Soest, Kathedrale von St. Patroklus.

20 IOB, Vol. II, Part 1, 1979, S. 144

21 Benutzte Ausg.: SCHEDEL, *Das buch der Cronicken und Geschichten*, Nürnberg 1493, fol. XV *(Das ander alter der werlt)*

22 ibid.

23 ibid.

24 Konrad von Mergenberg, dessen im Jahr 1349/50 geschriebenes *Buch der Natur* als erste Naturgeschichte in deutscher Sprache gilt, erwähnt bei der Behandlung der Haut überhaupt nicht deren Farbe. Vgl. KONRAD VON MERGENBERG, 1962, S. 23 f. (29). Auch die theologische Literatur des »Mittelalters« zeigte lange wenig Interesse daran: In dem damals alles beherrschenden inneren Drama um die Erlösung blieb der oberflächliche Unterschied zwischen schwarz und weiß weitgehend unerheblich, was sich folglich auch in der »mittelalterlichen« Ikonographie zeigte. Devisse und Mollat haben an mehreren Stellen ihrer Arbeit über *The Image of the Black in Western Art* darauf hingewiesen, daß in der kirchlichen Kunst dieser Periode immer wieder schwarze und weiße Gläubige nebeneinander stehen, ohne daß dies zu besonderen, die Hautfarbe betreffenden Kommentaren Anlaß gegeben hätte. (Vgl. IOB, Vol. I und Vol. II, beide 1979) Nach JORDAN, 1978, S. 7, scheint vor dem 16. Jahrhundert kaum jemand in Europa Interesse am Ursprung der schwarzen Hautfarbe mancher Menschen gehabt zu haben.

25 FABRICIUS, 1781, S. 321

26 Eine ausführliche Darstellung dieser Auseinandersetzung bei: ALLEN, 1963, 1. Kapitel.

27 Vgl. ZÖCKLER, Bd. 1, 1877, S. 340 f. und S. 383 f., sowie: MÜHLMANN, 1984, S. 56. Der Gedanke einer anzunehmenden »Polygenie« der verschiedenen

menschlichen Rassen, der in der östlichen Welt schon früher formuliert worden war, ist vielleicht durch den arabischen Gelehrten Al-Bīrūnī im Westen bekannt geworden. Al-Bīrūnī (973–1048), von Aristoteles beeinflußt, schrieb über die einheitliche Abstammung der Menschheit und sagte: »Unter den Buddhisten gibt es solche, die Adam als den Urvater ansehen, andere leugnen das und legen jedem Volk einen eigenen Vater bei. Sie sagen: ›Wenn der Urvater am Anfang ein einziger gewesen wäre, so müßten die Körperformen ähnlicher sein und die Zungen und Sprachen übereinstimmen.‹ Mir ist nicht klar, was das für ein Beweis sein soll. Denn die Unterschiede der Körper in bezug auf die Hautfarbe, die Gestalt, die Veranlagungen und den Charakter kommen nicht allein von einer unterschiedlichen Abstammung her, sondern auch von der Verschiedenheit des Bodens, des Wassers, der Luft und der Wohnorte auf der Erde.« Vgl. AL-BĪRŪNĪ, 1991 (1. Aufl.: 1988), S. 119

28 Zit. nach: MENENDEZ Y PELAYO, Bd. 7, 1948, S. 324.

29 PARACELSUS, Sämtliche Werke, 1. Abt., Hrsg. Karl Sudhoff, 14 Bde., München–Berlin 1922–1933, hier: *Astronomia magna*, I, 2, in: Bd. 12, S. 35, und I, 5, ibid., S. 114, sowie: *Entwürfe*, ibid., S. 469; vgl. auch: ZÖCKLER, 1878, S. 38 f.; BASTIAN, 1881, S. 8; HOFSTEN, 1919, S. 219 und S. 284 f., und ALLEN, 1963, S. 132 f.

30 PARACELSUS, *Liber de nymphis, sylphis, pygmaeis et salamandris*, in: *Opera*, Vol. 2, Geneva 1658, S. 389–391

31 BRUNO, *Spaccio della bestia trionfante*, London (mit der unrichtigen Angabe »Paris«) 1584. In der deutschen Ausgabe von 1904 heißt es u. a.: »Da fügte Momus hinzu und sagte: ›Mir scheint es besser, daß wir uns auf folgende Weise helfen, indem wir beispielsweise behaupten, diese Eingeborenen der neuen Welt seien gar kein Teil des Menschengeschlechts, seien gar keine Menschen, wenn sie auch in ihren Gliedmaßen, Gestalten und Gehirn=Funktionen denselben sehr ähnlich sind und sich in vielen Beziehungen viel weiser zeigen und zum Teil auch in ihrer Gottes=Anschauung weit weniger Unwissenheit an den Tag legen.‹ Merkur antwortete: ›Dieses verdammte Faktum ist schwer zu verdauen. [...] aber ich denke, daß es sehr angebracht ist, irgendeine niedliche Ursache zu erfinden, etwa einen mächtigen Blasewind oder eine Passagier=Post=Schiffahrt von Walfischen, welche Menschen von einem Lande verschluckt und lebendig an andere Küsten und Kontinente wieder ausgespieen hätten. Andernfalls werden uns die Griechen nicht mehr glauben; denn man wird sagen, daß Du, o Zeus, durch Vermittlung des Deukalion nicht der Wiederhersteller der ganzen Menschheit, sondern nur eines bestimmten Teiles derselben seiest.‹« (BRUNO, 1904, S. 237) Vgl. BORST, Bd. 3, 1, 1960, S. 1, S. 183 und S. 185

32 René PINTARD hat dieser Gruppe eine Monographie mit dem Titel *Le Libertinage érudit*, 2 Bde., Paris 1943, gewidmet, in der auch La Peyrère gewürdigt wird.

33 Obwohl beide Schriften zusammengebunden sind, tragen die *Praeadamitae* das Herausgabejahr 1656 und das *Systema* das Jahr 1655. Die Flüchtigkeit, mit der der Druck offenbar vorgenommen wurde, weist auf eine gewisse Klandestinität hin, die bei dem heiklen Inhalt allerdings nur zu verständlich wäre.

34 Vgl. BITTERLI, 1980, S. 109 f. Die Literatur, die sich – zumeist eingebunden in andere Zusammenhänge – mit dieser Problematik beschäftigt, ist inzwischen recht umfangreich. Hier sollen deshalb neben den bereits genannten Arbeiten nur noch die speziellen Studien von ZÖCKLER, 1878, und McKEE, 1944, genannt werden.

35 Vgl. dazu ECKERMANN, *Gespräche mit Goethe*, Dienstag, den 7. (Montag, den 6.) Oktober 1828: »[...] und so kam die Unterhaltung auf die verschiedenen Menschenrassen, wie sie als Schwarze, Braune, Gelbe und Weiße die Länder der Erde bewohnen, so daß man mit der Frage schloß, ob denn wirklich anzunehmen, daß alle Menschen von dem einzigen Paare Adam und Eva abstammen. [...] ›Dieser Meinung‹, sagte Goethe, ›muß ich widersprechen. Ich behaupte vielmehr, daß die Natur sich immer reichlich, ja verschwenderisch erweise, und daß es weit mehr in ihrem Sinne sei, anzunehmen, sie habe statt eines einzigen armseeligen Paares die Menschen gleich zu Dutzenden, ja zu Hunderten hervorgehen lassen. Als nämlich die Erde bis zu einem gewissen Punkt der Reife gediehen war, die Wasser sich verlaufen hatten und das Trockene genugsam grünete, trat die Epoche der Menschwerdung ein, und es entstanden die Menschen durch die Allmacht Gottes überall, wo der Boden es zuließ, und vielleicht auf den Höhen zuerst. Anzunehmen, daß dieses geschehen, halte ich für vernünftig [...]‹ [...] ›Wenn ich auch‹, sagte (der Müncher Naturforscher und Reisende) Herr von Martius mit einiger Schalkheit, ›mich als Naturforscher von der Ansicht Eurer Exzellenz gerne überzeugen ließ, so fühle ich mich doch als guter Christ in einiger Verlegenheit, zu einer Meinung überzutreten, die mit den Aussagen der Bibel nicht wohl zu vereinigen sein möchte.‹ ›Die Heilige Schrift‹, erwiderte Goethe, ›redet allerdings nur von Einem Menschenpaare, das Gott am sechsten Tage erschaffen. Allein die begabten Männer, welche das Wort Gottes aufzeichneten, das uns die Bibel überliefert, hatten es zunächst mit ihrem auserwählten Volke zu tun, und so wollen wir auch diesem die Ehre seiner Anstammung von Adam keineswegs streitig machen. Wir anderen aber, sowie auch die Neger und Lappländer, und schlanke Menschen, die schöner sind als wir alle, hatten gewiß auch andere Urväter; wie denn die werte Gesellschaft gewiß zugeben wird, daß wir uns von den echten Abkömmlingen Adams auf eine gar mannigfaltige Weise unterscheiden, und daß sie, besonders was das Geld betrifft, es uns allen zuvortun.‹« (Zitiert nach Ausg.: HOUBEN, S. 226 f.)

36 Man klagte La Peyrère an, als dritter im Bund mit Hobbes und Spinoza ein diabolisches Triumvirat zu bilden, dessen empörende Lehren nur vom Satan diktiert sein konnten; seine Bücher wurden auf Verfügung des Pariser Stadtrats öffentlich durch den Scharfrichter verbrannt; er selbst – wie vor ihm Thomas Scotius und Giordano Bruno – zum Widerruf seiner Lehren gezwungen.

37 Vgl. dazu BITTERLI, 1980, S. 110. Die verschiedenen Systeme der Polygenisten, »die eine wesentliche Verschiedenheit zwischen den Negern und den Weissen aufstellen«, sagte dazu ausdrücklich der gelehrte Abbé Henri Grégoire (1750–1831), einer der bedeutendsten Fürsprecher der Schwarzen und u. a. auch Mitglied der königlichen Gesellschaft der Wissenschaften in Göttingen, »haben (nur) Beyfall gefunden: erstens bey denjenigen, die dem Materialism ergeben

sind und *dem Menschen seine schönsten Hoffnungen rauben wollen;* zweytens bey jenen, die in einer ursprünglichen Verschiedenheit der Menschenraçen Stoff zur Wiederlegung der mosaischen Erzählungen suchen; und drittens bey denen, die bey der Kultur der Kolonien interessiert sind, und den vorgeblichen Mangel moralischer Fähigkeiten beym Neger benutzen möchten, um ihn desto ungestrafter als Lastvieh behandeln zu dürfen«. (GRÉGOIRE, 1809, S. 29 f., Hervorhebung von mir, P. M.) Über die von jedem emanzipatorischen Element »gesäuberte« Rezeption der Präadamitentheorie durch die Fraktion der Sklavenhalter und Kolonialisten seit dem späten 18. Jahrhundert (das irische Parlamentsmitglied Dobbs, die Anatomen Morton, Knox usw.) ebenso wie durch den deutschen Philosophen Schelling und seine diversen Nachfolger in Naturwissenschaft und Philosophie im 19. Jahrhundert vgl.: ZÖCKLER, 1878, S. 40 ff.

38 FABRICIUS, 1781, S. 331 f.; vgl. auch: LA MOTHE, 1757, S. 376 (»Wir haben aber Ursache zu glauben, daß er weiß gewesen.«), sowie: JORDAN, 1978, S. 109

39 Vgl. ARISTOTELES, *Problemata* Buch 10.66.898b und Buch 38.66b-67b, hier: Ausgabe 1961, S. 149 und S. 389–392; HERODOT, 2. Buch, Abschnitt 22, hier: Ausgabe Berlin und Weimar, Bd. 1, S. 116; sowie: SNOWDEN Jr., 1979, S. 258, Anm. 6

40 BERGK und BAUMGÄRTNER, 2. Bd., 4. Stück, 1804, S. 345

41 GENEBRARD, 1580, S. 26 f.

42 ibid.

43 TORNIELLO, 1616, S. 132 ff.

44 ibid., S. 133: »*An vero omnes nigri ab ipso Chus originem duxerint, non facile est definire; quoniam videtur esse communis opinio, atrum illum cutis colorem, potius ex loci aridate, & solis adustione, quam ex aliqua alia cassa produci. Communiter namque videmus, in aridissimis, calidissimisque terrarum plagis, nigros, aut saltem subnigros homines reperiri: contra vero in humidioribus, frigidioribusque admodum albos. Sed huic opinioni officere videntur, quærefert Abrahamus Ortellius, in tabulæ quartæ sui Theatri commentariolo, nempe in calidioribus quibusdalocis, sub eodem parallelo, atq; adeo sub eadem coeli constitutione alicubi nasci homines albos, vt in America; alicubi subfusci coloris; vt in Abyssinoram regionibus; alicubi nigerissimos, vt in Asiæ prouincia, quam vocant Malabar, in qua est ciuitas nomine Calecuth, negotiantibus famosissima. Et prætera, in aliquor Africæ prouiniis, & fere in omnibus Americæ regionibus, quantumuis calidis, ac siccis homines esse albos, vel cerre non nigros. Constat demum, eos, qui incolunt australes Cretæ, Siciliæ, Hispaniæq; partes candidi esse coloris, cum tamen certum sit, cosdem no minus ab æquinoctiali distare, in nostro hoc hemisphero Arctico, quam in Antarctico distet ab eodem Æqatore, extremum illud Africæ promontorium, quod Caput bonæ spei dicitur, cuius habitatores esse nigerrimos, testantur Lusitani, qui in suis ad Indias orientales nauigationibus frequenter admodum per illas oras pertransire coguntur.*«

45 BROWNE, 1680, 6. Buch, X. Kap., S. 923 f.

46 ibid., S. 924

47 FABRICIUS, 1781, S. 320

48 Vgl. SCOTT (Hrsg.), 1814, S. 27 f. (*Two Essays, Sent in a Letter from Oxford,*

to a Nobleman in London. The First Concerning Some Errors About the Creation, General Flood, and the Peopling of the World […], By L. P. Master of Arts, 1695): »A negroe will always be a negroe, carry him to Greenland, give him chalk, feed and manage him never so many ways.«

49 GRABBE, *Herzog Theodor von Gothland*, 1. Akt., 2. Szene (35 f.), 1960, S. 31

50 MALFERT, 1733

51 HROTSVIT VON GANDERSHEIM, 1857, S. 95 f.

52 *Die Frauenschender Vasnacht* (Alte Münchner Handschrift, M 397), in: FASTNACHTSPIELE AUS DEM FÜNFZEHNTEN JAHRHUNDERT, 2. Theil, 1853, S. 705, 87., Vers 23–25

53 Vgl. dazu: DELTGEN, 1977, S. 126 ff., und MERGNER et al., 1985, S. 156 und S. 164f. (E-27; E-32). Vgl. auch z. B. HOFFMANN, 1845, wo die Geschichte von den drei bösen Buben erzählt wird, die mit Schwarzsein bestraft werden, weil sie sich über einen ›armen schwarzen Mohren‹ lustig gemacht haben. Dabei setzt der strafende Niklas die Diskriminierung, das Ausgeschlossensein aus der Gesellschaft wegen der Hautfarbe, selbst als Strafmittel ein.

54 MALFERT, 1733, S. 1935 f., schreibt: »*On lit dans l'Ecriture que le Seigneur dit à Caïn, [a] ›quiconque vous tuera, sera puni très sévérement, & je vous donnerai un signe, afin que ceux qui vous trouveront, ne vous tuent point‹. On demandera peut-être pourquoi Dieu prend un si grand soin de conserver Caïn qui avoit fait un si grand crime; & pourquoi il lui donne un signe qui le distingue de son Peuple, & empêcher qu'on ne le tuë? on répond que le Seigneur a puni le fratricide, par ce signe même qu'il a fait paroître sur le corps de Caïn; afin de le distinguer de son Peuple, de l'obliger de fuïr, d'aller vagabond habiter les autres Regions,* **& d'une autre couleur que celle d'Adam.** *[…]* **La noirceur des Peuples des Indes & des Isles adjacentes,** *joint au miracle que Dieu a fait en faveur de Caïn, que l'Anatomie nous a découvert, nous détermine à croire* **que c'étoit là le signe,** *que Dieu fit paroître en sa personne, pour le rendre méconnoissable aux siens, & mettre sa vie en assurance […]*« (Hervorhebung von mir, P. M.)

55 Schon Thomas BROWNE, 1680, 6. Buch, XI. Kap., S. 931, hat hier angemerkt: »Zum andern / wenn Noah den Cham verfluchet so hätte er *alle* dessen Nachkommen verfluchet; da doch nur *einer* Schuld hatte von denselben.« (Hervorhebung von mir, P. M.)

56 Es mag hier interessieren, daß fortan noch bis zum Ersten Weltkrieg immer wieder auch (meist in erzieherischer Absicht geschriebene) *Kinderbücher* auftauchen, in denen sich die kleinen Missetäter nunmehr tatsächlich und unwiderruflich in wirkliche Afrikaner verwandeln. Als Beispiel darf ein 1877 von einem H. Oswald unter dem Titel *Unterm Märchenbaum* veröffentlichtes und damals außerordentlich weit verbreitetes Buch dienen (es erreichte über zehn Auflagen!), in dem von einem Kind erzählt wird, das sich nicht waschen wollte. Erst als die anderen Kinder es als »Mohrenkind« beschimpften, wollte es wieder »ordentlich und sauber« sein: »Allein zu spät! […] Man rieb und rieb, / Man wusch und wusch das Kind, – es blieb / so schwarz und schmutzig wie zuvor, / Es blieb sein Leben lang – ein Mohr!« (Zitiert nach: MERGNER et al., 1985, S. 157) Vgl. weiter unten, Kap. V, Anm. 122

57 *Indentured servant* (engl.) = ein eingewanderter Arbeiter, der sich als Gegenleistung für seine Schiffspassage in die amerikanischen Kolonien für eine begrenzte Zeit vertraglich als »Arbeitssklave« verkaufte. MIELKE, 1984, S. 75, zitiert folgenden Fall: »*An Englishman who settled in Western Pennsylvania in the years before independence paid L 56 for two negroes and L 4 per year for his indentured German servants. The price of the negroes was equal to seven years' service of an indentured German.*« Solange die Vertragszeit andauerte, war der *indentured servant* rechtlich weitgehend den afrikanischen Sklaven gleichgestellt, d. h. er besaß keinerlei bürgerliche Rechte, konnte insbesondere kein Eigentum besitzen, konnte verkauft, verschenkt und vererbt werden und unterlag in allen die Arbeit betreffenden Punkten der Verfügungsgewalt seines Besitzers. Vgl. z. B. MANNIX und COWLEY, 1972, S. 56–59

58 Ursprünglich war die koloniale Sklaverei keineswegs von vornherein lebenslang, auch für die Schwarzen nicht. Die Wende zur unbefristeten Sklaverei kündigte sich jedoch bereits 1630 in Virginia mit der Gerichtsentscheidung im Fall John Punch an. Punch, ein schwarzer Knecht, mußte sich zusammen mit weißen Dienern vor Gericht verantworten, weil sie gemeinsam ihrem Herrn entlaufen waren. Die weißen Knechte wurden mit vier Jahren Zwangsarbeit zusätzlich zu ihrer schon bestehenden Dienstzeit bestraft; Punch aber wurde verurteilt, seinem Herrn sein ganzes Leben lang zu dienen. Wenn ein Schwarzer nach 1640 mit den Gesetzen in Konflikt kam, mußte er immer häufiger damit rechnen, daß seine Sklaverei ohne zeitliche Begrenzung verlängert wurde. Ende des 17. Jahrhunderts ist diese Entwicklung vom Dienstverpflichteten auf Zeit zum lebenslangen Sklaven in den meisten »protestantischen« Kolonien abgeschlossen und gesetzlich verankert. (Vgl. dazu: RÜSTER, 1973, S. 36 ff.)

59 ALLIER, 1930; PERBAL, 1940, und ALLEN, 1963, S. 119 ff.

60 ZEDLER, 24. Bd., 1740, Spalte 887 f.

61 Im 13. Jahrhundert erzählt zum Beispiel Otto von Freising die Geschichte, ohne Schwarze oder überhaupt anthropologische Aspekte anzusprechen, ja sogar, ohne auch nur zu sagen, *welcher* der Söhne Noahs denn eigentlich die Sünde auf sich geladen hätte: »Als Noah nach der Sintflut einen Weingarten pflanzte und Wein trank, wurde er trunken und lag infolge der Trunkenheit nackt da. *Der eine seiner Söhne* lachte ihn aus, als er ihn sah, der andere deckte ihn zu. Diese beiden Brüder waren also nach der Sintflut die ersten Bürger der beiden Staaten, von denen wir handeln. Von diesen und dem dritten, also Sem, Ham und Japhet, deren Söhne und Enkel sich überallhin verbreiteten, stammt das gesamte Menschengeschlecht ab.« (OTTO VON FREISING, 1960, S. 64 f.) In anderen älteren Dokumenten, wie etwa der früher besprochenen Pergamentrolle aus Soest, die um 1230 entstand, ist im Zusammenhang mit dem Fluch Noahs ebensowenig von der Hautfarbe die Rede, die ganze Angelegenheit wird überhaupt nur beiläufig erwähnt. In der Welt von Byzanz, wo das Thema häufiger in Bild und Schrift behandelt wurde, gibt es keinerlei Hinweise auf irgendeine Schuld, die den Schwarzen angelastet wurde. Der schwarze Mann und die schwarze Frau werden nicht als Sünder und noch viel weniger als Verdammte dargestellt. Sie erscheinen vom Augenblick der babylonischen Zerstreuung der Völker an als Schwarze,

doch geschieht dies ohne jede Andeutung, aus der ihre Schwärze als Folge einer Verbannung in »heiße und sündige« Länder ersichtlich wäre. (Vgl. IOB, Vol. II, Part 2, 1979, S. 100–103) Im 14. Jahrhundert bezieht sich Andrew Horne, ein englischer Jurist, in seiner Abhandlung *The Mirror of Justices* [...] bei der Behandlung der Sklavenfrage weiterhin nach dem Vorbild der Kirchenväter auf die Noah-Legende, ohne Schwarze oder überhaupt anthropologische Aspekte zu berühren. (Vgl. HORNE, 1903, S. 123 f.) Und selbst noch in Schedels Version des Themas fehlen jede herabsetzende Äußerung über Ham (vgl. auch IOB, Vol. II, Part 2, 1979, S. 222) und jeder Hinweis auf die Hautfarbe: »[...] dan ire angesicht waren ebgekert das sie die menlichen glider irs vaters nit sehe. do nw noe dis empfunde het hat er de andern suene seligkeit gewünscht aber de cha hat er vo sein selbs erkantnus wege nit geflucht. sunder seine samen.« (SCHEDEL, 1493, Nachdruck im Faksimile, o. O., 1980: *Das ander alter der Welt.*) Vgl. auch: ALLIER, 1930, S. 7

62 Vgl. weiter unten, Kap. V, Anm. 69; ferner: ALLIER, 1930, S. 16 ff.

63 Die These ist von Pechlin, Ruysch, Albin, Littre, Santurini, Winslow, Mittchill, Camper, Zimmermann, Meckel (d. Älteren), Demanet, Buffon, Sömmerring, Blumenbach, Stanhope-Smith und vielen anderen namhaften Gelehrten des 18. Jahrhunderts abgehandelt worden. (Literaturangaben dazu bei: GRÉGOIRE, 1809, S. 18 f.)

64 BROWNE, *Pseudodoxia Epidemica*, in: *Works*, 1964, Bd. 2, S. 461: *»generally received«.*

65 Nach: JORDAN, 1969, S. 19

66 ibid.

67 ibid.

68 Vgl. PERBAL, 1940, S. 159 (Perbal gibt Hannemanns Geburtsort irrtümlich mit Leyden an)

69 Ibn Khaldûn schrieb: »Einige Genealogen, die nichts von Naturgeschichte verstehen, haben behauptet, daß die Neger, eine Rasse, die auf Ham, den Sohn Noahs, zurückgeht, als Erkennungsmerkmal die schwarze Haut haben, ein Resultat des Fluchs, den sich ihr Ahnherr durch seinen Vater zugezogen hat und der die Haut Hams und seiner Nachfahren geändert habe [...] Aber der Fluch Noahs gegen seinen Sohn Ham wird im Pentateuch erzählt und kein Wort wird dabei über die Farbe verloren [...]« (Vgl. IBN KHALDÛN, 1959, S. 169 f.)

70 1. Buch Mose, Kap. 9, Vers 25. Vgl. dazu auch: ALLIER, 1930, S. 12. Worin bestand eigentlich das »Verbrechen« Hams? Dieser Version Luthers zufolge ist doch eigentlich *Noah selbst* der Übeltäter, während Ham ihn lediglich dabei ertappte!

71 BORST, Bd. 1, 1957, S. 122; JORDAN, 1969, S. 18

72 JORDAN, 1969, S. 18

73 LUTHER, Bd. 42, 1911, S. 384: *»Non enim propter Noah, non propter* ***Ham, sed propter posteros et nos omnes haec Historia scripta est, et Ham Contemptor Dei et Parentis foedissimis coloribus depictus.****«* (Hervorhebung von mir, P. M.) Vgl. dazu: ALLIER, 1930, S. 14 ff., und PERBAL, 1940, S. 159

74 Vgl. dazu: ALLIER, 1930, S. 14

75 BODIN, 1966, S. 87: »*I can hardly be persuaded that men are made black from the curse of Chus, as a certain learned man reports.*«

76 PECHLIN, 1677, Kap. 9. Pechlin wollte nur anatomische oder »natürliche« Ursachen gelten lassen. Vgl. ALLIER, 1930, S. 14, und PERBAL, 1940, S. 159

77 BROWNE, 1680, 4. Buch, Kap. XI, S. 931

78 Bergier ist der Verfasser der theologischen Artikel in der *Encyclopédie* Diderots. Er gab sie später in drei Bänden unter dem Titel *Dictionnaire de Théologie catholique*, Paris 1788–1790, gesondert heraus. Die betreffende Stelle bei BERGIER lautet: »*Quelques écrivains ont imaginé que les nègres sont la postérité de Caïn, que leur noirceur est l'effet de la malédiction que Dieu prononą contre ce meurtrier [...]; (d'autres) que la noirceur des nègres vient de la malédiction prononcée par Noé contre Cham [...] De là un de nos philosophes a pris occasion de déclamer contre les théologiens. Avec un peu de présence d'esprit, il aurait vu que la théologie, loin d'approuver cette conjecture, doit la rejeter [...] Selon l'Écriture, la malédiction de Noé ne tomba pas sur Cham, mais sur Canaan, fils de Cham; or l'Afrique n'a pas été peuplée par la race de Chanaan, mais par celle de Phut. L'une de ces imaginations ne serait pas mieux fondée que l'autre.*« (BERGIER, Bd. 9, 1873, S. 402 f.)

79 Vgl. DIDEROT und D'ALEMBERT, Stichwort: »*Nègre*«, Bd. 22, Berne und Lausanne 1780, S. 305–310

80 BROWNE, 1680, 6. Buch, X. Kap., S. 928. Vgl. LE CAT, 1765, S. 21

81 Vgl. dazu: MATHOREZ, Vol. 1, 1919, S. 394 ff., und DEBRUNNER, 1979, S. 97 f. Anderen Stimmen zufolge war Louise-Marie Thérèse die natürliche Tochter von Königin Anna von Österreich und eines damals bei Hof beschäftigten afrikanischen Bediensteten, die später als eine Tochter Ludwigs XIII. und damit als eine Schwester Ludwigs XIV. legitimiert wurde. Nach noch anderen Gerüchten war das Mädchen eine illegitime Tochter Ludwig XIV., die dieser mit einer jungen afrikanischen Dienerin seiner Mutter, Königin Anna von Österreich, gezeugt hatte. Näheres bei: MATHOREZ, a. a. O., und DEBRUNNER, a. a. O. Im übrigen mag hier noch einmal an die Frau des Fürsten von Piombino erinnert werden, die nach PICCOLOMINI, 1571 (1967), S. 456, »zur allgemeinen Überraschung« ein schwarzes Kind gebar. (Vgl. weiter oben, Kap. III, Anm. 185)

82 Es handelte sich hier um den ersten in Wolfenbüttel überhaupt nachweisbaren »Mohren«, Augustus, der als Diener des Prinzen Rudolf August fungierte. (Vgl. KITTEL, 1965, S. 79)

83 SCHNITZLER, 1974 (1984), S. 71 f.

84 ibid., S. 71

85 Als Beispiele seien hier – außer den schon erwähnten Schriften der Sömmering, Blumenbach, Camper usw. – nur genannt: MECKEL, Johann (d. Ältere), 1757, und NIEBUHR, 1787

86 GRÉGOIRE, 1809, S. 19 (Hervorhebung von mir, P. M.)

87 *Die wissenschaftlichen Anweisungen, die Blumenbach Hornemann gab*, in: PLISCHKE, 1937, S. 82 (Frage 15)

88 Vgl. E.T.A. HOFFMANN, *Die Serapionsbrüder*, in: HOFFMANN, 5. Teil, 1. Bd., o. J., S. 71

89 In mehreren Fällen haben absolutistische Fürsten, die an bestimmten Aspekten der Aufklärung interessiert waren, dieses Bemühen unterstützt, so Peter der Große von Rußland, der 1718 in einem besonderen Ukas allen seinen Untertanen befahl, monströse Mißgeburten und Mißbildungen gegen Zahlung einer Vergütung abzuliefern. Der Tarif, der die Bezahlung der Lieferanten regelte, unterschied zwischen toten und lebenden Objekten und zwischen Menschen, Tieren und Vögeln, wobei sich der Maßstab vermutlich nach dem erwarteten Erkenntniswert der Objekte richtete (bei Leichen 10, 5 und 3 Rubel, bei Lebenden 100, 15 und 7 Rubel). (Vgl. WITTRAM, 2. Bd., 1964, S. 213)

90 Eingefleischte Polygenisten wie Goethe ließen sich davon freilich nicht überzeugen. »Wir haben kein Recht«, schrieb Goethe am 7. März 1811 an Joachim Dietrich Brandis, »den Zustand des Mohren für pathologisch anzusehen, so wenig als den der weißen Hasen, Füchse und Bären, ob wir gleich wissen, daß dort die menschliche Natur durch ein heißen, und hier die thierische durch ein kaltes Clima determiniert wird.« (Zit. nach: GOETHE, WA, Bd. 22, S. 60)

91 BROWNE, 1680, 6. Buch, X. Kap., S. 927

92 ibid.

93 Vgl. LE CAT, 1765, Article IV., S. 130 ff., wo mehrere solcher Fälle angeführt werden; sowie: CAMPER, 1792, S. 4

94 SÖMMERRING, 1785, S. 47 f.

95 Gemeint ist der Leipziger Medizin-Professor Christian Gottlieb Ludwig, 1709–1773. Das Interesse Ludwigs an dieser Frage war offenbar auch auf seine Teilnahme an der von Ernst Hebenstreit geleiteten Expedition zurückzuführen, die 1731 von Sachsen aus nach Afrika unternommen wurde. Vgl. dazu weiter oben, Kap. III, Anm. 113

96 SÖMMERRING, 1785, S. 47 f.

97 ibid.

98 Vgl. dazu etwa: OLDENDORP, 1777, 4. Buch, 7. Abschnitt, S. 406. Vgl. auch HERDER, 4. Bd. 1982, S. 128, und KANT, *Physische Geographie,* 1802, § 2

99 RUSH, 1799; vgl. auch: GREENE, 1954, S. 389 f.

100 RUSH, 1799, S. 295

101 ANONYMUS 8, Besprechung von »Observations intended to favour a Supposition that the Black Colour (as it is called) of the Negroes is derived from the Leprosy, By Dr. Benjamin Rush«, in: *The Monthly Review; or Literary Journal,* Bd. 38, London 1802, S. 19 f.: *»The Doctor has added, to this case, several notable observations on the propriety of whitening the skins of negroes. Dr. Beddoes, he says, lessened the blackness in the hand of a negro, by immersing it in the oxygenated muriatic acid. Why did not Dr. Rush speak out, and propose at once to send a colony of* **bleachers** *to the coast of Africa, properly instructed in the new chemical process, for the purpose of giving the European tint to the sooty complexion of the inhabitants? Really, we never expected that the old fable of* **washing the blackamoor white** *would have been thus realized.«*

102 Vgl. DAVIS, 1970, S. 457

103 SÖMMERRING, 1785, S. 48

104 ibid.

105 Vgl. zum Beispiel den »Account of a Negro woman, who became white«, der in *The Gentleman' Magazine and Historical Chronicle,* Vol. 30, London 1760, S. 361 f., wiedergegeben wurde.

106 Vgl. dazu: BLUMENBACH, 1790, 1. Theil, Kap. XIV, S. 119 ff.; BERGK und BAUMGÄRTNER, 2. Bd., 4. Stück, 1804, S. 346; DAVIS, 1970, S. 456 f., und KUTZER, 1990

107 VOLTAIRE, *Essai sur les mœurs et l'esprit des nations,* in: *Œuvres complètes,* Bd. 16, Paris 1785, S. 9. Vgl. auch COOK, 1936, S. 295

108 Vgl. EDWARDS, 1981, S. 41

109 Vgl. BERGK und BAUMGÄRTNER, 2. Bd, 4. Stück, 1804, S. 345–348

110 ibid., S. 348

111 Das Stück stammte vom Giovanni Battista Giannini, die Musik schrieb Guiseppe Ercolano. Ein Exemplar des Librettos befindet sich in der *Library of Congress,* Washington, D. C., USA

112 Vgl. dazu: MÜHLMANN, 1984, S. 48 f., und MOSSE, 1978, S. 17

113 GRÉGOIRE, 1809, S. 19

114 ROUSSEAU, *Emile*, 1. Buch, 1963, S. 137 (vgl. auch die Ausg. von 1958, S. 30 f.)

115 BLUMENBACH, 1798, S. 137, und MOSSE, 1978, S. 16 f.

116 WINCKELMANN, 1986, S. 192 f. Etwas von diesem Denken ist übrigens auch in die Werke Goethes gedrungen, so wenn es in den Wahlverwandtschaften heißt: »Es wandelt niemand ungestraft unter Palmen, und die Gesinnungen ändern sich gewiß in einem Lande wo Elephanten und Tiger zu Hause sind.« (GOETHE, WA, 1. Abt., 20. Bd., 1892, S. 292)

117 Vgl. RAUBER, 1888, und RICHTER, 1987, S. 139–171, der auch ausführlich auf das Verhältnis von »Kind« und »Wildem« im Bewußtsein der *Philosophes* des 18. Jahrhunderts eingeht.

118 Nach RAUBER, 1888, S. 9, drückt sich bereits in der Bezeichnung »wilde«, »verwilderte« bzw. »vertierte« Menschen die Vorstellung aus, »daß die betreffenden Menschen von einem bereits innegehabten höheren Zustande herabgesunken seien«.

119 RICHTER, 1987, S. 139. Vgl. auch: RAUBER, 1888, S. 41 ff. (13), wo die wichtigsten Quellen angegeben und zum Teil auch abgedruckt sind.

120 BLUMENBACH, *Beiträge zur Naturgeschichte*, Bd. 2, S. 37 (Hervorhebung von mir, P. M.); vgl. ferner: RAUBER, 1888, S. 29 ff. (9)

121 RAUBER, 1888, S. 32 ff. (12); RICHTER, 1987, S. 147 ff. Vgl. auch: BLUMENBACH, *Beiträge zur Naturgeschichte*, Bd. 2, S. 18, und DES HISTORISCHEN KERNS, ODER SOGENANDTER KURTZEN CHRONICA SECHSTEN THEILS, ZWEITES STÜCK etc., 1730, S. 40–46.

122 DES HISTORISCHEN KERNS, ODER SOGENANDTER KURTZEN CHRONICA SECHSTEN THEILS, ZWEITES STÜCK etc., 1730, S. 42. Der Zusammenhang zwischen körperlicher Unreinlichkeit als Folge »unzivilisierten« Verhaltens und der schwarzen Körperfarbe wurde später immer wieder vor allem aus pädagogischen Gründen hergestellt. Vgl. dazu weiter oben, Kap. V, Anm. 56

123 ibid., S. 43 f.

124 LA METTRIE, 1988, S. 38

125 Dazu als Einführung: DRESSEN, 1982

126 LEIBNIZ, hier zit. nach: FISCHER, 1929, der sich seinerseits auf Hermann Schmalenbach bezieht, *Ausgewählte philosophische Schriften im Originaltext*, 2. Bde., Leipzig 1914/15, ein Werk, das mir leider nicht zugänglich war.

127 Brief von Leibniz an Peter I. von Rußland vom 16. Januar 1712, abgedruckt bei GUERRIER, 1975, S. 205–208 (Nr. 143), hier: S. 207

128 LA METTRIE, 1988, S. 39

129 ibid., S. 38

130 HUME, 1964, Bd. 3, *Essay* XXI *(Of National Characters)*, S. 252, n. 1: »*I am apt to suspect the negroes, and in general all the other species of men (for there are four or five different kinds) to be naturally inferior to the whites. There never was a civilized nation of any other complexion than white, nor even any individual eminent either in action or speculation. No ingenious manufacturers amongst them, no arts, no sciences. [...] there are NEGROE slaves dispersed all over EUROPE, of which none ever discovered any symptoms of ingenuity [...]*«

131 VOLTAIRE, *Essai sur les mœurs et l'esprit des nations*, 1756, in: *Œuvres complètes de Voltaire,* Bd. 16, Paris 1785, S. 9 (1. Ausg.: Paris 1756)

132 Vgl. COOK, 1936

133 JEFFERSON, 1787, S. 232: »*Comparing them* (d. h. die Schwarzen, P. M.) *by their faculties of memory, reason, and imagination, it appears to me, that in memory they are equal to the whites; in reason much inferior, as I think one could scarcely be found capable of tracing and comprehending the investigations of Euclid; and that in imagination they are dull, tasteless, and anomalous.*« Immerhin stand Jefferson den Schwarzen ein gehöriges Maß an Tapferkeit zu, vgl. a. a. O., S. 231.

134 ESTWICK, in seinem 1772 veröffentlichten (an die Adresse des Oberrichters Lord Mansfield gerichteten) Memorandum, schrieb: »*In general they are void of Genius, and seem almost incapable of making any progress in civility or science*« und: »*They seem unable to combine ideas, or to pursue a chain of reasoning [...]*«

135 Zimmermann erkannte zwar die »trefflichen Anlagen (der Schwarzen) zur Kultur« an, wobei er sich im wesentlichen auf die Liste von talentierten Schwarzen stützte, die Blumenbach zusammengestellt hatte, doch nur, um dann als vehementer Anhänger der Milieutheorie zu schreiben: »Allein unter jenem brennenden Himmel (Afrikas) wird sich der glücklichste Keim der Geisteskraft schwerlich zu großen Arbeiten und Unternehmungen von dauernder Anstrengung erheben. Keinen Cäsar oder Neuton, keinen Peter I. oder Leibnitz, wird das innere Afrika wohl jemals hervorgehen lassen.« (Vgl. ZIMMERMANN, 1810, 1. Theil, S. 127–133)

136 MEINERS, 1790, S. 429 f.: »Alle gültige und kundige Beobachter und Geschichtsschreiber der Neger stimmen darinn überein, daß die Neger im Ganzen genommen durchaus genielos, oder leer von Erfindungs=Kraft, und zugleich unfähig seyen, selbst von cörperlichen Gegenständen, und deren Eigenschaften, und noch mehr von unkörperlichen Dingen sich allgemeine richtige Begriffe zu bilden, und solche Begriffe in zusammenhängende Sätze, Schlüsse

und Reihen von Schlüssen zu verbinden. [...] Ihre Sprachen sind eben so dürftig, als ihre Religionen kindisch sind. Sie haben keine Schrift, keine Geschichte, nicht einmal historische Gesänge, keine Rechen=Kunst, und keine andere Handwerke, oder Gewerbe, als sie vormals hatten.«

137 FABRICIUS, 1781, S. 328 f.: »Endlich finden wir [...] bey den Mohren einen weit geringeren Grad der Seelenfähigkeiten als bey den übrigen Menschenabänderungen. Er scheint auch in Ansehung der Seelenkräfte unter dem eigentlichen Menschen zu stehen. Der Mohr ist spielend, muthwillig, boshaft, nachahmend, aber niemalen scharfsinnig, erfinderisch oder wahrhaft herzhaft. [...] In den verschiedenen Jahrunderten, in welchen wir die Mohren kennen, werden wir auch keinen einzigen aufzuweisen haben, weder von denen, die in ihrer Freyheit, noch von denen, welche unter uns leben, der auch nur etwas entweder in Wissenschaften oder in Erfindungen geleistet hätte. [...] Es fehlt ihnen nicht an Lebhaftigkeit, allein es fehlt ihnen an Scharfsinn, an eigentlichem Nachdenken, worinn sie es uns niemalen gleich thun werden.«

138 Zu Gall und der Frage der Phrenologie: LESKY, 1979, und OEHLER-KLEIN, 1990

139 MONTESQUIEU, 1. Bd., 15. Buch, Kap. 5, 1951, S. 334

140 ibid.

141 LICHTENBERG, Bd. II, s. a. (1778), S. 69

142 Johann Ernst KOLB, der 1789 in Bern seine *Erzählungen von den Sitten und Schicksalen der Negersklaven: Eine rührende Lektüre für Menschen guter Art* veröffentlichte, sagte zum Beispiel auf S. 16 dieser Schrift von einem Schwarzen: »Man denke sich diesen Menschen in solchen Verbindungen, wo sein Verstand und sein Herz in dem Grade wären ausgebildet worden, wie sein gegenwärtiger Zustand es jetzt eben so sehr verhindert hat.« (Vgl. auch: LOGAN, 1980, S. 390 f.)

143 RAMSAY, 1784, S. 203: »*As far as I can judge there is no difference between the intellects of whites and blacks, but such as circumstances and education naturally produce.*« Zur englischen Debatte über dieses Thema vgl.: KAIN, 1936, S. 113 ff. In Deutschland wurde diese Debatte u. a. durch die Übersetzung verschiedener Orginalbeiträge bekannt, zum Beispiel durch die 1732 in Altona herausgebrachte Arbeit des englischen Historikers und Geographen Thomas Salmon (1679–1767), der die herabwürdigende »Ansehung« der außereuropäischen Völker auf die oft von Unrichtigkeiten nur so strotzenden Reiseberichte der Zeit zurückführte, die folglich »von dem unnützen Quark, womit sie gemeiniglich angepropfft sind, zu saubern« seien, bevor man sich ein zutreffendes Bild machen könnte. Salmon forderte bereits damals ein gründliches Studium vor Ort und schrieb: »Die unvernünfftige und unbedachtsame Gewohnheit allerhand Reise=Beschreibungen ohne Aufmercksamkeit und weitere Untersuchung zu lesen, hat viele angereitzet, uns hinters Licht zu führen, und die frembden Völcker so zu beschreiben, als wenn sie eben so weit in ihrem Wesen und Ausbesserung ihres Verstandes, als den Ländern nach darin sie wohnen, von uns unterschieden wären: da doch in der That die Natur der Menschen auf dem gantzen Erd=Boden meistentheils gleich geartet zu seyn befunden wird. Die Erziehung

und die Gewohnheit können zwar einen grossen Eindruck in die Gemüther verursachen; wenn wir aber nur ein wenig darauf acht geben, würden wir leichtlich mercken, daß ein jeder unter uns mit denselben Begierden und Gemüths=Bewegungen, als die andern begabt sei; wie nicht weniger daß kein Mensch etwas wildes und barbarisches von Natur an sich habe, sondern es erstlich recht lernen muß, wenn er ein solcher Unmensch werden soll.« (SALMON, Erster Theil, 1732, S.)(2: *Vorrede des Herren Salmons*) Von den zahllosen Deutschen, die sich ähnlich äußerten, hier nur Schubart: Die Neger »sind auch nicht so dumm, wie man sichs vorstellt; sie lernen die Handwerker sehr leicht, die man sie lehrt; [...] und wenn sie nichts erfinden; so ist Sklavery Schuld daran, die die Fähigkeit der Seeler hemmt und stumpf macht.« (SCHUBART, 1976, S. 449)

144 DEFOE, 1970, S. 143. Vgl. dazu: KLUTH, 1957, S. 73 ff.

145 Vgl. *The Universal Magazine of Knowledge and Pleasure*, Bd. 68, 1781, S. 4: »*What were our venerable ancestors, the Goths and Vandals, from whom we boast our high descent? Uninformed barbarians, in a state of nature, with scarce one beam of reason or of virtue.*«

146 RAMSAY, 1784, S. 199 : »*[...] his northern pride would have been less aspiring*«.

147 ADDISON, 1711, S. 180 f.: »*I consider an human soul without education like marble in the quarry, which shews none of its inherent beauties, until the skill of the polisher fetches out the colours, makes the surface shine, and discovers every ornamental cloud, spot, and vein that runs through the body of it. Education, after the same manner, when it works upon a noble mind, draws out to view every latent virtue and perfection, which without such helps are never able to make their appearance. [...] When one hears of Negroes, who upon the Death of their Masters, or upon changing their Service, hang themselves upon the next Tree, as it frequently happens in our* **American** *Plantations, who can forbear admiring their fidelity, though it expresses it self in so dreadful a manner? What might not that Savage Greatness of Soul, be raised to, were it rightly cultivated?*«

148 EHRMANN, 1792, S. 75

149 ibid., S. 74 f.

150 ibid., S. 75

151 Näheres zum Verhältnis von Pietismus und Aufklärung und zur besonderen Rolle des Pietismus bei der Verbesserung des Schulwesens bei WINTER, 1953, S. 6 ff. und S. 18 ff., und DRESSEN, 1982, S. 115 ff. Sonst auch weiter unten, S. 305 f. Der als Begründer der Herrnhuter Brüdergemeinde bekannt gebliebene Graf Zinzendorf bemühte sich darum, den weiter oben erwähnten »Wilden Peter« aus Hameln zum Zögling zu bekommen; er wollte im Zusammenhang mit der Diskussion über die »Perfektibilität« des Menschen an ihm die Existenz »angeborener Ideen« beim Menschen beweisen, mußte jedoch auf dieses Vorhaben verzichten, da der verwilderte Knabe bereits auf Weisung des Königs von Hannover nach England geschickt und dort einem englischen Arzt, einem Freund Jonathan Swifts, übergegeben worden war, der sich aus den gleichen Gründen für das Kind interessierte. (Vgl. RICHTER, 1987, S. 147 f.)

152 HOFFMANN, *Nachricht von einem gebildeten jungen Mann*, in: HOFFMANN, o. J., 1. Teil, *Phantasiestücke in Callots Manier*, 2. Teil: *Kreisleriana* IV,

4, S. 285 und S. 283. Weitere Beispiele dieser Art bei JANSON, 1952, S. 343 ff. Vgl. JAHN, 1966, S. 35 ff., und PORTER, 1990, S. 29 ff. LA METTRIE, 1988 (1748), S. 35 f., gab eine Anweisung, nach welchen Kriterien die Versuchsobjekte für dergleichen Experimente auszusuchen seien: »Ich würde (einen Menschenaffen) unter den gleichen Bedingungen nehmen, die (der Pionier der sogenannten oralen Methode des Taubstummenunterrichts, der Pädagoge Johann Conrad, P. M.) *Amman* (1669–1730) an seine Schüler stellte, d. h., daß (er) weder zu jung noch zu alt sein dürfte (die Tiere, die man nach Europa bringt, sind in der Regel zu alt). Ich würde zudem das Exemplar auswählen, dessen Physiognomie am meisten Intelligenz vermuten läßt und das diese Vermutung durch viele kleine Verrichtungen bestätigt.« Hingewiesen werden soll hier schließlich noch auf die Tatsache, daß auch in den amerikanischen Kolonien Erziehungsexperimente mit schwarzen Sklaven durchgeführt wurden, an deren Verlauf und Resultaten die europäischen Gelehrten regen Anteil nahmen. Vgl. z. B. Georg Forsters Rezension von Richard Nisbet, *The capacity of negroes for religious and moral improvement considered, etc., to which are subjoined short and practical discourses to negroes etc.,* London 1789, in: FORSTER, *Georg Forsters sämmtliche Schriften,* 5. Bd., 2. Theil, 1843, S. 398–400

153 HOFFMANN, a. a. O., S. 284 und S. 291; vgl. auch: OEHLER-KLEIN, 1990, S. 290 ff. Hoffmann fand 1852 in dem Kinderbuchautor August Schrader einen Nachahmer, der wohl (wie viele andere ja auch) glaubte, es bei »Wilden« und Kindern mit ähnlichen Problemen zu tun zu haben. Das Buch Schraders trug den Titel *Jocco: oder Lebenslauf eines Affen.* Schrader beschreibt darin Joccos allmähliche Vermenschlichung durch den erzieherischen Einfluß der Zivilisation. Die Metamorphose des Affen beginnt, als er sich einem Schiffbrüchigen zugesellt, den es in sein Revier verschlagen hat: In seiner neuen Rolle als Diener und Verteidiger seines menschlichen Herrn erwirbt er die ersten menschlichen Züge. Später begleitet er seinen »väterlichen Freund« nach Europa und wird dort erst einmal vornehm eingekleidet. Bald verdient Jocco Geld und gliedert sich immer mehr in die Gesellschaft ein. In verschiedenen Intermezzi bewährt er sich unter anderem als Schuster und als Zahnarzt, wobei er *fast* die qualitativen Eigenschaften der jeweiligen Professionellen erreicht. Schließlich stirbt er, und zwar bezeichnenderweise genau in dem Moment, als er versucht, ein »nutzloses« Wohlleben zu beginnen, so wie es die echten Menschen seines Standes pflegen, nachdem sie erfolgreich waren. Doch ähnlich wie Angelo Soliman und andere hat auch Jocco noch ein zweites Leben nach dem Tod; sein Gönner läßt ihn wie eine Jagdtrophäe präparieren: »Den ausgestopften Jocco ließ / Er in den Saal nun schaffen. / Man hatte seine Freude noch / Selbst an dem todten Affen.« (Zitiert nach: MERGNER et al., 1985, S. 47 f.)

154 Für dies und das folgende vgl. RICHTER, 1987, S. 139 ff. BLUMENBACH, in seinen *Beiträgen zur Naturgeschichte*, Bd. 2, S. 18, schrieb zum Beispiel über die Bedeutung des bei Hameln aufgegriffenen »Wilden Peter«: »(Die Nachricht von der Gefangennahme Peters) traf in die Zeit, wo gerade der Streit über die Frage: ob es angeborene Begriffe gebe, mit voller Lebendigkeit und respectiver Hitze geführt ward. Und da schien Peter ein erwünschtes Subject zur Entscheidung

derselben. Ein genialischer Kopf, der nachher als Restaurator und Ordinarius der evangelischen Brüdergemeinde so berühmt gewordene Graf Zinzendorf, wandte sich schon zu Anfang 1726 an die Gräfin von Schaumburg=Lippe nach London, um ihre Vermittlung, daß Peter ihm überlassen werden möchte, um die Entwickelung der angeborenen Begriffe an demselben zu erproben; erhielt aber zur Antwort, daß der König ihn der damaligen Prinzessin von Wales, nachherigen Königin Carolina, bekanntlich eine der aufgeklärtesten Prinzessinnen irgendeines Zeitalters, geschenkt, und diese ihn der Aufsicht des Dr. Arbuthnot, des vertrautesten Freundes von Pope, Swift etc. und berühmten Mitarbeiters an Gullivers Reisen übergeben habe, um eben die etwaigen *Idées innées* des wilden Peters zu erproben.«

155 MILSINTOWN, 1759, S. 67 f. (Hervorhebung durch mich, P. M.)

156 Vgl. dazu auch: LANGE, 1976, S. 90 ff.

157 MILSINTOWN, 1759, S. 80

158 Das Dokument befindet sich in einem Aktenfaszikel aus dem Staatlichen Archivlager in Göttingen, Staatsarchiv Königsberg (Archivbestände Preußischer Kulturbesitz), Etats-Ministerium, Abt. 73,4 (= Königsberg, Collegium Fridericianum) Nr. 30 *(»Wegen eines aus dem Collegio Fridericiano geraubten, annoch ungetauften Mohrenknaben«)*. Vgl. KOEPPEN, 1972, S. 49

159 ibid. (Hervorhebung von mir, P. M.)

160 Vgl. dazu: ZIPPEL, 1898, S. 73 ff. Königsberg, dies sollte hier nicht vergessen werden, hatte sich damals neben Halle zum zweiten großen Zentrum pietistischer Aktivitäten herausgebildet. (Näheres bei: DRESSEN, 1982, S. 122 f.)

161 KOEPPEN, 1972, S. 49; ZIPPEL, 1898, S. 116 und S. 256. Nach ZIPPEL, a. a. O., gab es unter dem damaligen Rektor der Schule, Christian Schiffert, verschiedene Kategorien von Schülern: Die Pensionskosten für Unterricht, Wohnung und Kost betrugen 66⅔ rt. (Reichstaler) für den ersten Tisch der Ökonomie, an dem der zweite Inspektor den Vorsitz führte, und 50 rt. für den zweiten Tisch, an dem einige Lehrer speisten. Ausländer mußten die Pensionskosten halbjährlich im voraus bezahlen. Frühstück wurde zusätzlich mit 1 bis 3 Gulden vierteljährlich bezahlt. Ebenso war der private Unterricht neben der Pension zu bezahlen: Für Französisch und Mathematik je 1 fl., für das Polnische 1½ fl., für Klavierunterricht 3 fl. vierteljährlich. Im Licht dieser Aufwendungen wird erkenntlich, wie sehr Leuten wie Manitius daran gelegen sein mußte, ihre Erziehungsexperimente durchzuführen.

162 Vgl. weiter oben, S. 105

163 Grundlage für die folgende Darstellung ist vor allem die gegen Ende des 18. Jahrhunderts, d. h. nicht vor 1786, in deutscher Sprache von Hannibals Schwiegersohn Adolf Karlovic ROTKIRCH verfaßte Biographie dieses »Mohren«, die sich heute in der Handschriften-Abteilung des Instituts der russischen Literatur (Puschkin-Haus) der Akademie der Wissenschaften der UdSSR in Leningrad befindet. (F 244 [A. Puschkin], op. 24, Nr. 19: *»Hannibal, Abram Petrovic, Biografija ego, sostavlenna ja zjatem ego Rotkirchom Adol'fom Karlovicem, ne ranee 1786 g. Na nemeckom jazyke. 8ll.«*, auf deutsch: »Hannibal Abram Petrovic. Seine Biographie, zusammengestellt / verfaßt von seinem Schwiegersohn Rot-

kirch, Adolf Karlovic, nicht vor 1786, in deutscher Sprache. 8 Blätter«.) Die Blätter sind *faksimile* abgedruckt in: ZJAWLOWSKI et al., 1935, S. 43–49, russische Übersetzung auf den Seiten 50–56. Sie lagen mir als Transkript vor, das Prof. Horst Schmidt aus Halle (Saale) angefertigt und mir zusammen mit anderen wertvollen Hinweisen zur Verfügung gestellt hat, wofür ich mich an dieser Stelle herzlich bedanke. Die für die Zitate jeweils angegebenen Seitenzahlen beziehen sich auf die leichter zugängliche Ausgabe von Zjawlowski et al. An älterer Literatur wurden darüber hinaus eingesehen: GRÉGOIRE, 1809, der in seiner Liste bedeutender schwarzer Persönlichkeiten allerdings nur wenige Zeilen über Hannibal zu berichten weiß (S. 152); HELBIG, 1917 (1809), S. 135 f. (Nr. 32); PUSCHKIN, 1957, und Alexandre DUMAS (Père), *Rußlandreise. Kaukasische Fahrt*, 1964, S. 155 f. In neuerer Zeit enthalten gewöhnlich biographische Werke über Alexander Puschkin einige Passagen über Leben und Bedeutung Hannibals. Sehr eingehend zum Beispiel: TROYAT, 1953, S. 16–26, der sich in seinem (schon in den dreißiger Jahren geschriebenen) und gründlich recherchierten Buch allerdings wie sonst niemand auffallend abfällig über Hannibal ausläßt. (Die 1959 in München unter dem Titel *Puschkin, Eine Biographie*, erschienene deutsche Übersetzung befaßt sich auf den Seiten 19–26 mit Hannibal, enthält aber – einer in Deutschland leider weit verbreiteten Unsitte gemäß – weder die Anmerkungen noch die Literaturangaben des französischen Originals.) In eine ähnliche Kategorie wie der Beitrag Troyats gehört auch die umfangreiche Arbeit Vladimir Nabokovs, in: NABOKOV, 1975 (1964), Bd. 3, Appendix One, S. 387–447: »Abram Gannibal«, die sich vor allem mit dem ersten Lebensabschnitt Hannibals in Afrika beschäftigt und eine umfangreiche Liste einschlägiger Literatur enthält. Sonst: PARRY, 1923; ACTON, 1970 (1933); FLEMING und PRYDE, 1946, S. 166–170; ROGERS, Bd. 2, 1972 (1947), S. 34–39; *The Ethiopia Observer*, Vol. 1, No. 8 *(Special Issue)*, Addis Ababa and London, 1958; PANKHURST, 1961, der sich dabei auf eine in seinem Besitz befindliche bis damals unveröffentlichte Arbeit von N. IZMAILOV beruft, die nicht ausfindig gemacht werden konnte; ferner: MAGARSHACK, 1967, S. 12–17 und S. 233–235; McCLOY, 1973, S. 18; SCHMIDT, 1977; DEBRUNNER, 1978, S. 115–117; HOLTE, 1981; FEJNBERG, 1986, und BLAKELY, 1986, 2. Kapitel, S. 13–25

164 ZJAWLOWSKI et al., 1935, S. 44

165 Vgl. FEJNBERG, 1983. Leider ist es nicht möglich gewesen, ein Exemplar dieses Buchs in die Hand zu bekommen. Prof. Horst Schmidt, Halle, teilte mir mit, daß sich ein Exemplar in der Bibliothek für russische Sprache und Kultur der Universität Halle befindet.

166 YAKOBSON, 1962, S. 454 f., schreibt: »*Strangely enough it was the Germans who made Russia Abyssinia-conscious. At the end of the seventeenth century a strenuous effort was made by the small German dukedom of Saxe-Gotha, a center of ecumenical thinking, to evoke Russia's interest in Abyssinia. This country, at the time terra incognita to the Russians, was to become at a later date, along with Egypt, the chief target of Russian ambitions in Africa. The aim of the plan was to create an anti-Turkish league comprising Russia, Abyssinia, and Western*

Europe. This early liaison between Moscow and Abyssinia was to be based on three pillars: similarity of religion, common enmity toward the growing strength of the Mohammedan Turks, and the seductive wealth, reputed or actual, of this African land. For a time, one of the chief protagonists of the project seems to have been Hiob Ludolf, a Saxon scholar, and compiler of the first grammar of the Abyssinian Language, who happened to be also an uncle of the compiler of the first grammar of spoken Russian. However, this grandiose plan, which envisaged as the first step the dispatch to the Negus of a Russian envoy accompanied by such early forerunners of modern technical aid as a doctor, a barber, a mining expert, and an armorer, failed to materialize.« Leibniz nahm diesen Faden jedoch später, d. h. zu Zeiten Peters des Großen, wieder auf, und schrieb u. a. schon 1697 in einem Brief an den Berater des Zaren, Lefort: »*Le Tzar et (le) Roy des Abyssins sont chrétiens tous deux, ennemis et frontiers du Turc, quoique bien éloignés l'un de l'autre.*« (Der vollständige Brief mit einer Erörterung der Problematik bei: GUERRIER, 1975, S. 14–19 (Nr. 13), hier: S. 15. Zur Rußlandpolitik gegenüber der Hohen Pforte siehe auch: GUERRIER, 1975, S. 3 f. Vgl. ferner: YAKOBSON, 1962

167 BRÜCKNER, 1879, S. 152 ff.; BRÜCKNER, 1888, insbesondere S. 451 ff.; BENZ, 1947; WINTER, 1953, S. 53 ff.; WITTRAM, 1964, Teil III, Bd. 2, S. 3–218

168 In Deutschland hatte der Zar u. a. auch mit dem Pädagogen August Hermann Francke (1663–1727) und mit Leibniz Kontakt aufgenommen, in den Niederlanden mit den Anatomen Frederik Ruysch (1638–1731) und Hermannus Boerhaave (1668–1738) sowie dem Naturforscher Antonie van Leeuwenhoek (1632–1723). In London besuchte er die astronomischen Observatorien in Greenwich und das Museum der *Royal Society*. Zu Francke siehe vor allem: WINTER, 1953; zur Bedeutung, die Leibniz für Rußland und insbesondere für Peter den Großen hatte, vgl. GUERRIER, 1975 (1. Aufl.: 1873), ein Buch, das zugleich die wohl wichtigste Dokumentensammlung zu diesem Thema enthält. Ferner: BENZ, 1947, hier insbesondere S. 57. Zum Einfluß der niederländischen Gelehrten vgl. SCHELTEMA, 1813–14; BRÜCKNER, 1879, S. 153, und WITTRAM, 1964, Bd. 1, S. 156

169 SCHMIDT, 1977, S. 29 f. Vgl. auch: BRÜCKNER, 1879, insbesondere S. 213 ff., und WINTER, 1953, S. 53 ff.

170 Dazu etwa: BRÜCKNER, 1888, S. 315–325, und WINTER, 1953, S. 56

171 Zit. nach: WITTRAM, 1964, Bd. 2, S. 208

172 Das Konzept war Teil eines Gesamtplans, der 1752 in London im Rahmen einer Sammlung verschiedener Texte Lees unter dem Titel *Proposals given to Peter the Great anno 1698 for the right framing of his government – at his own request* – veröffentlicht wurde. Es zeigt sehr gut den gedanklichen Umkreis, in welchem auch die spezielle Ausbildung Hannibals verständlich wird; unter anderem hatte Lee neben einer obersten Schulbehörde *(College for the advancement of learning)* auch die Einrichtung einer Behörde zur »Vervollkommnung der Natur« *(College for the improvement of nature)* vorgeschlagen, deren Aufgabe in der Organisation und Durchführung von Kanalbauten, Bodenameliorationen, Aus-

trocknung von Sümpfen u. ä. bestehen sollte. Es waren diese Gebiete, auf denen Hannibal sich große Verdienste erworben hat. Siehe dazu die Ausführungen von BRÜCKNER, 1879, S. 215–217. Der Sammelband mit den Schriften Lees ist 1752 in London unter dem Titel Απολειπομενα *or Dissertations, Theological, Mathematical, and Physical*, in London erschienen.

173 WINTER, 1953, S. 53 ff.

174 ibid., S. 30

175 ibid.

176 Vgl. SUCHIER, 1916, S. 447

177 Die Vorschläge von Leibniz finden sich bei: GUERRIER, 1975, S. 95 f. (Nr. 73: »*Concept einer Denkschrift von Leibniz (für den Czaaren Peter)*«, December 1708); ibid., S. 178 (Nr. 126: *Vortrag* 1711); ibid., S. 180 ff. (Nr. 127: »*Von Leibniz während seiner Zusammenkunft mit dem Czar Peter in Torgau aufgesetzte Concepte*«, 1709); ibid., S. 348 ff. (Nr. 240: »*Concept einer Denkschrift Leibniz's über die Verbesserung der Künste und Wissenschaften im Russischen Reich*«, 1716); ibid., S. 364 f. (Nr. 244: »*Denkschrift über die Collegien*«, 1716).

178 WITTRAM, 1954, S. 131

179 WITTRAM, 1954, S. 132, und WITTRAM, 1964, Bd. 2, 1964, S. 196

180 Vgl. SCHMIDT, 1977, S. 30. Sehr kritisch setzt sich Nabokov mit der von Rotkirch verfaßten Biographie auseinander. (Vgl. NABOKOV, in: PUSCHKIN, 3. Bd., 1975 (1964), *Appendix one*, S. 387–447)

181 ZJAWLOWSKI et al., 1935, S. 44. Keinesfalls läßt sich diese Passage als »*idiotic argument*« abtun, wie dies Nabokov ohne weitere Begründung in seiner oft im gleichen schnoddrig-arroganten Ton gehaltenen Abhandlung über Hannibal tut. (Vgl. NABOKOV, in: PUSCHKIN, Bd. 3, 1975 (1964), *Appendix one*, S. 416)

182 Näheres dazu bei: NABOKOV, 1975, Bd. 3, S. 398–405

183 Aus Akten des russischen Außenministeriums geht hervor, daß sich unter den zahllosen ausländischen Arbeitern, die Peter auf seiner ersten Reise in Holland angeworben hatte, auch wenigstens drei Schwarze befanden, einer davon ein Seemann, der zweite ein »Künstler«, der dritte ein »Bediensteter«. (Vgl. BLAKELY, 1986, S. 13 f.)

184 Die Rotkirch-Biographie erwähnt noch einen »zweiten schwarzen Knaben von ansehnlicher Herkunft/: der unterwegs aber an den Blattern verstorben [...]« (Vgl. Blatt 4 bzw. ZJAWLOWSKI et al., 1935, S. 45)

185 ZJAWLOWSKI et al., 1935, S. 45 (Hervorhebung durch mich, P. M.)

186 ibid., S. 45

187 PUSCHKIN, 1957, S. 20

188 TROYAT, 1953, S. 17 f.; PANKHURST, 1961, S. 425

189 TROYAT, 1953, S. 20; PANKHURST, ibid.

190 TROYAT, 1953, S. 18

191 PANKHURST, 1961, S. 425; NABOKOV, in: PUSCHKIN, 3. Bd., 1975 (1964), *Appendix one*, S. 431; und WINTER, 1953, S. 351, wo ein sich heute im Archiv der Franckeschen Stiftungen in Halle (Saale) unter der Signatur AFrSt C493 befindlicher Brief des seinerzeit in St. Petersburg tätigen pietistischen Predigers J. H. Henning vom 21. 2. 1750 an Gotthilf August Francke abgedruckt ist, in

dem von »Ihro Excellence dem Hr. General Major *de Hannibal*« die Rede ist, welcher nicht nur »in Frankreich gewesen und also ein Liebhaber von der französischen Sprache ist, (sondern) auch eine schöne Bibliothek hat [...]«. Tatsächlich muß es sich bei Hannibals Sammlung um eine der ersten bedeutenden Privatbibliotheken Rußlands gehandelt haben. Die meisten dieser Bücher befinden sich heute im ehemaligen Haus der Hannibals im Dorf Petrowskoe, das der Öffentlichkeit 1977 anläßlich der Feiern zu Puschkins 178. Geburtstag als Museum übergeben wurde. In der IZVESTIA vom 7. Juni 1977, Nr. 133 (18588), heißt es dazu in einem Bericht über die Geburtstagsfeierlichkeiten (im russischen Text unterstrichen): »Die Bücher aus der persönlichen Bibliothek des ›Mohren Peters des Großen‹ waren vom Direktor des Puschkin-Museums Semjon Stepanowitsch Gejcenko (Gejtschenko) aufgefunden worden. Eines der Bücher erwies sich als wirkliches Geheimfach. In seinem Ledereinband entdeckte Gejtschenko Briefe und Geschäftspapiere, die vom Urgroßvater Puschkins geschrieben waren. Dieser kostbar-seltene Fund hellt einige bisher unbekannte Seiten in der Biographie Hannibals auf.« (Vgl. dazu: SCHMIDT, 1977, S. 38.)

192 BLAKELY, 1986, S. 21

193 ZJAWLOWSKI et al., 1935, S. 48

194 ibid., S. 48 f.

195 PANKHURST, 1961, S. 425; SCHMIDT, 1977, S. 34

196 Vgl. TROYAT, 1953, S. 19

197 Zit. nach: TROYAT, 1953, S. 20. Vgl. auch: SCHMIDT, 1976, S. 37

198 Zu Henning vgl. WINTER, 1953, S. 90–92

199 Vgl. den schon weiter oben (Kap. V, Anm. 191) angesprochenen Brief Hennings an G. A. Francke (Petersburg, 21. 2. 1750), wo der Pastor sagt: »Dieser Herr ist eigentlich ein Africaner und ein gebohrner Mohr besitzt aber sonst eine große Geschicklichkeit in denjenigen Wissenschaften die zu seinem foro gehören.«

200 SCHMIDT, 1977, S. 38. Die Frage nach dem Alter, das Hannibal erreichte, ist umstritten. Nach HELBIG, 1917, S. 135, starb er im 87. Lebensjahr. Nach PANKHURST, 1961, S. 426, verschied er im Alter von 83, nach TROYAT, 1953, S. 20, von 84, und nach NABOKOV, 1964 (1975), Bd. 3, S. 435, (wahrscheinlich) mit 88 Jahren.

201 Vgl. PANKHURST, 1961, S. 426

202 Verschiedene Ausgaben. Hier: PUSCHKIN, 1957

203 ACTON, 1970, S. 337

204 An älterer Literatur über Amo wurden eingesehen: DREYHAUPT, 1755; BLUMENBACH, 1787, S. 10 f.; WINKELMAN, 1782; GRÉGOIRE, 1809, sowie die Artikel über Amo in ZEDLERS UNIVERSAL LEXIKON, Bd. 1, 1751, Spalte 1369, und der *Nouvelle Biographie Universelle* von Dr. HOEFER (publiée par MM. FIRMIN DIDOT Frères), Bd. 2, Paris 1854, S. 387. An neueren Werken über Amo wurden konsultiert: SUCHIER, 1916; STRUCK, 1916; LOCHNER, 1958; NKRUMAH, 1958; ABRAHAM, 1964; BRENTJES, 1969/a; BRENTJES, 1969/b; BRENTJES, 1976; BRENTJES, 1977; NWALA, 1978. Vorgelegen hat ferner ein ungedrucktes Manuskript von Kwabena ARCHAMPENG, o. J., mit dem Titel: »*Amo's Philosophy of Mind and Carte-*

sian Epistomology«. Die heute bekannten *Quellen*, die Aufschluß über das Leben und Wirken Anton Wilhelm Amos geben, sind ausnahmslos *facsimile* abgedruckt bei: AMO, 1968; die hinter den entsprechenden Anmerkungen in Klammern wiedergegebenen Ziffern geben die Seitenzahlen in diesem Werk an.

205 Anderen Stimmen zufolge war er als Sohn freier, zum Christentum übergetretenen Eltern von Missionaren der Holländisch Reformierten Kirche nach den Niederlanden geschickt worden, um dort eine Ausbildung als »Predikant« (d. h. als eine Art Hilfsprediger) zu erfahren. Vgl. dazu: STRUCK, 1916, S. 55, und ABRAHAM, 1964, S. 61 ff., sowie: BRENTJES, 1969/a, S. 62

206 WINKELMAN, 1782, S. XX (298); vgl. ABRAHAM, 1964, S. 62 f., und BRENTJES, 1976, S. 69

207 Christian Thomasius war bereits durch seine Frau und seinen Schwiegervater, einen ehemaligen Hofrat in braunschweigischen Diensten, mit dem Haus Braunschweig-Lüneburg verbunden. Als sich dann nach dem Übertritt des Herzogs zur katholischen Kirche der Lehrkörper der damaligen (rein protestantischen) braunschweigischen Landesuniversität Helmstedt diesem Schritt widersetzte, wurde 1706 Thomasius berufen, um die Interessen des Herzogs juristisch zu verteidigen.

208 Eine diesbezügliche Anfrage von Prof. Horst Schmidt, Halle, an das NStA/W (Gesch.-Z.: BR Sch/76/M), deren Photokopie er mir zusammen mit der Antwort aus Wolfenbüttel freundlicherweise überließ, blieb erfolglos: »[...] teile ich Ihnen mit, daß zu dem vermuteten Aufenthalt des Mohren Ibrahim Hannibal am Wolfenbütteler Hof in den hiesigen Beständen leider nichts zu ermitteln war. Falls Hannibal ein Gastgeschenk erhalten hätte, wäre dies in der Kammerrechnung des Rechnungsjahres Trin. 1722 – Trin. 1723 erwähnt. Dieser Rechnungsband hat sich jedoch nicht erhalten.« Die Frage bleibt damit also weiterhin offen.

209 Eintragung über die Taufe A. W. Amos im Kirchenbuch der Schloßkapelle Salzthal zu Wolfenbüttel, NStA/W: KB. 1 Abt. 1332 S. 84 (1)

210 August Wilhelm, in dessen Obhut der Kleine kam, folgte seinem Vater nach dessen Tod im Jahr 1714 als Herzog nach und wurde zum entscheidenden Förderer des jungen Amo. Auch der Bruder August Wilhelms, Herzog Ludwig Rudolph, förderte während seiner Regierungszeit (1731–1735) Amo nach Kräften. (Vgl. LOCHNER, 1958, S. 22)

211 Zum Ursprung des Namen »Amo« vgl. noch: STRUCK, 1916, S. 55. Danach ist »Amo (auch die Form Amoa wäre noch in Rücksicht zu ziehen) noch heute bei den Asante= und Fantestämmen der Goldküste einer der Beinamen, die dort jedes Kind zu seinem als Rufnamen gebräuchlicheren Wochentagsnamen erhält, und bedeutet soviel wie ›Undankbarkeit‹, was sich natürlich auf irgendwelche näheren Umstände der Geburt oder des Elternhauses bezieht«.

212 Eine von Norbert Lochner aufgefundene Eintragung in den Braunschweiger Kirchenbüchern, wonach ein »Anthon Wilhelm Rudolph Mohre« »am Sonntag Quasimodogeniti des Jahres 1721« konfirmiert wurde, betrifft – wie Lochner selbst schon vermutete – nicht Amo. Die von ABRAHAM, 1964, S. 64 f., auf diese Annahme gestützten Ausführungen im Hinblick auf die Gründe für sein Erscheinen in Europa sind deshalb nicht haltbar.

213 Kammerrechnungen über die Bezüge A. W. Amos am Wolfenbütteler Hof für die Zeit von Ostern 1716 bis Ostern 1717 sowie für die Zeit vom August 1720 bis Juni 1721, NStA/W: 17 III Alt 120 und 123 (2). Diese Dokumente wurden erstmals von Dr. SUCHIER, 1918, S. 55, öffentlich erwähnt.
214 SUCHIER, 1918, S. 55
215 BRENTJES, 1976, S. 30 f.
216 Nach SUCHIER, 1916, S. 443 f., sorgten die auf Anton Ulrich folgenden Herzöge August Wilhelm (1662–1731) und Ludwig Rudolf (1671–1735) »mit wahrhaft väterlicher Liebe für seine Erziehung und ließen es ihm an nichts fehlen, er erlernte, sei es nun durch Privatlehrer oder auf einer öffentlichen Schule (z. B. dem Hallischen Waisenhaus) die lateinische Sprache und erwies sich als ein so begabter Kopf, daß der Herzog beschloß, ihn eine Universität besuchen zu lassen [...]« Vgl. auch: BRENTJES, 1969/b, S. 135
217 SUCHIER, 1918, S. 55
218 Vgl. MUNDHENKE, 1979
219 Vgl. dazu: SUCHIER, 1916, S. 443; LOCHNER, 1958, S. 23; ABRAHAMS, 1964, S. 65 ff., und BRENTJES, 1969/a, S. 67 f.
220 Vgl. AMO, 1968, S. 4
221 BRENTJES, 1976, S. 37
222 ibid.
223 Bericht über die erste Disputation Amos in Halle, in: *Wöchentliche Hallische Frage= und Anzeigungs=Nachrichten*, Num. XVIII, vom 28. November 1729, Nr. VIII, Spalte 271–273 (5 f.) (Hervorhebung von mir, P. M.)
224 Vgl. dazu die *Wöchentlichen Hallischen Anzeigen*, Num. XX, vom 14. Mai 1736, Spalte 313 ff.
225 Lange, ein durch seine Frömmelei bei der Mehrheit der Studenten wenig beliebter und überdies anscheinend auch wenig herausragender Theologe, der sich u. a. auch wegen seiner »grammatischen Grillen« den studentischen und kollegialen Spott zugezogen hatte, wurde später auch von den Historikern wenig günstig beurteilt, so von G. FRANK, der in seiner *Geschichte der protestantischen Theologie*, Leipzig 1862, S. 392, schrieb: »Den Kampf gegen ihn (Wolff) führte das Schwert der Pietisten, J. Lange, ein grammatikalischer und armseliger Philosophus [...] Wolff hat von ihm gesagt, auch Gott müßte seinen Prozeß verlieren, wenn er Herrn D. Lange zum Advokaten hätte.« Da die Pietisten unfähig waren, Wolff und die Seinen wissenschaftlich zu widerlegen, soll Lange, der beste Beziehungen zum Berliner Hof unterhielt, heimlich dort gegen ihn intrigiert haben, bis es schließlich zu der umstrittenen Ausweisung Wolffs aus Halle kam.
226 In seinen »Gedancken bey dem hiesigen Abzuge Academischer Lehrer«, die in den *Wöchentlichen Hallischen Frage= und Anzeigungs=Nachrichten*, Num. XXIX, vom 16. Juli 1713, Spalte 452, erschienen, beklagt der nicht genannte Autor (möglicherweise Johann Peter von Ludewig) zum Beispiel den Weggang der Professoren Buddeus, Ludovici, Rambach und Heineccius, die allesamt Preußen verlassen hatten.
227 Eintragung über die Magisterpromotion Amos im Dekanatsbuch der Philosophischen Fakultät Wittenberg, datiert vom 17. Oktober 1730, ULB Halle: Deka-

natsbuch Phil. Fak. Wittenberg, Bd. 4, S. 74 (8). Der Titel entspricht dem erst später eingeführten »Dr. Phil.«

228 Bericht unter der Überschrift *»Solemnia«* über einen Besuch des sächsischen Kurfürsten an der Universität Wittenberg und die Rolle Amos bei den akademischen Festlichkeiten, in: *Hamburgische Berichte von Neuesten gelehrten Sachen*, No. XLIX, Hamburg 1733, S. 366–368 (9–11). Eine ausführliche Beschreibung der mit der Huldigung Augusts III. verbundenen Festlichkeiten in Wittenberg findet sich auch in *»Curieuses Gespräche« zwischen zweyen guten Freunden Von der Ihro Königl. Hoheit dem Durchl. Chur=Fürsten zu Sachsen in Dresden, Leipzig, Wittenberg, Torgau, Bautzen und Freyberg geleisteten Erb=Huldigung«*, Frankfurt und Leipzig 1733, S. 32–39

229 BRENTJES, 1976, S. 46

230 Eintragung über die Zulassung Amos als *Magister legens* im Dekanatsbuch der Philosophischen Fakultät Wittenberg, datiert vom 16. April 1734, ULB Halle: Dekanatsbuch Phil. Fak. Wittenberg, Bd. 4, S. 606

231 BLUMENBACH, 1787, S. 10. Der lateinische Originaltitel dieser Arbeit lautet: *Dissertatio inavgvralis philosophica de hvmanae mentis απαθεια sev sensionis ac facvltatis sentiendi in mente hvmana absentia et earvm in corpore nostro organico ac vivo praesentia, qvam praeside D. Mart. Gotthelf Loeschero med. et phys. Prof. pvbl. nec non sereniss. dvcis saxo-vinariensis phys. provincial. pvblice defendit avctor Antonivs Gvilielmvs Amo Gvinea-Afer, phil. et AA.LL. Magister et I.V.C. in avditorio maiori MDCCXXXIV, Mense April. Wittebergae ex officina Schlomachiana.*

232 Vgl. GUNDLING, 1736, *Des Vierten Capitels* **Sect. V**, S. 5601, wo in einer Liste von Personen, die 1734 in Wittenberg *in Facultate Medica in Doctorem.* promovierten, auch Amo auftaucht: »Sonst hatt auch, den 17. April. Hr. M. ***Antonius Gvil. Amo,*** *Gvinea-Afer*, ein **Mohr,** unter Herrn Prof. Loeschero, Seine *Dissertationem inauguralem, de humanae mentis απαθεια, seu sensionis ac facultatis sentiendi, in mente humana, absentia & earum, in corpore nostro organico a vivo, præsentia*, gehalten.«

233 AMO, Inaugural-Dissertation »DE HUMANAE MENTIS ΑΠΑΗΕΙΑ etc., *Anhang*, Wittenberg 1734 (12–34, hier: 29–32). Die Übersetzung nach: BRENTJES, 1976, S. 105–108 (Hervorhebung von mir, P. M.)

234 WINKELMAN, 1782, S. XX (298), vgl. auch: SUCHIER, 1916, S. 446

235 Abgedruckt bei: AMO, 1968, Bd. 1, S. 36–50

236 BRENTJES, 1976, S. 47

237 ibid.

238 SUCHIER, 1916, S. 447

239 Friedrich Wilhelm I. ordnete im Sommer 1736 die Wiederaufnahme des Verfahrens gegen Wolff an; im Kreis der Wolffianer rechnete man von da an mit der unmittelbar bevorstehenden Rückkehr des Philosophen an die hallische Alma Mater. Tatsächlich wurde Wolff aber erst 1740 beim Machtantritt Friedrichs II. von Preußen zurückgerufen.

240 *Wöchentliche Hallische Anzeigen* vom 6. November 1736, Spalte 719 (53)

241 Vgl. BRENTJES, 1976, S. 50

242 *Hamburgische Berichte* vom 24. 11. 1739, S. 781; vgl. auch: LOCHNER, 1958, S. 24

243 Nachdem das in der Londoner *British Library* aufbewahrte Exemplar im Mai 1941 einem deutschen Bombenangriff zum Opfer gefallen ist (vgl. NKRUMAH, 1958, S. 173), gibt es heute wahrscheinlich nur noch ein letztes Exemplar dieses bemerkenswerten Buchs, das sich jetzt in den Beständen der Universitätsbibliothek Erlangen befindet.

244 Die Cabinets=Ordre ist (mitsamt einer mehrseitigen »Erläuterung derselben« aus der Feder Langes) abgedruckt in den *Wöchentlichen Hallischen Anzeigen*, Num. XX., vom 14. Mai 1736, Spalte 313 ff.

245 Dazu: BRENTJES, 1976, S. 61 ff.

246 ibid., S. 61

247 Vgl. WINKELMANN, 1782, S. XIX / XX (298): »*Eenigen tyd daarna overleed zyn Meester: dit maakte hem zeer droefgeestig, en deed hem besluiten naar zyn Vaderland te rug te keeren;*«

248 Das Stammbuch wird heute in der Göttinger Universitätsbibliothek aufbewahrt und hat dort die Signatur: Cod. Ms. hist. lit. 48 f.; vgl. auch: SUCHIER, 1916, S. 446, und AMO, 1968, S. 281

249 Vgl. AMO, 1968, S. 281

250 Die Quelle, die dies belegt, ist EHRENHOLD, 1747, S. 10 (285). Ein erhaltenes Exemplar konnte von Professor Brentjes in der Kantonalsbibliothek Aarau / Schweiz ausfindig gemacht werden.

251 Vgl. AMO, 1968, S. 276

252 ibid.: »*Cum ex instituto de re publica bene merendi, tum etiam maxime dato necessitatis telo urgente (mihi enim res angusta domi) [...]*«; Übersetzung nach: BRENTJES, 1976, S. 62

253 Vgl. AMO, 1968, S. 277

254 ibid., S. 278

255 ibid.

256 BLUMENBACH, 1787, S. 9 f.

257 Vgl. STRUCK, 1916, S. 55, der Blumenbachs Anmerkung als Tatsache ansieht, und LOCHNER, 1958, S. 25, der sie dennoch »urkundlich nicht bestätigt« fand.

258 *Wöchentliche Hallische Anzeigen*, vom 23. Oktober 1747, Spalte 692 (283)

259 EHRENHOLD, 1747, S. 1 (284)

260 BRENTJES, 1976, S. 70

261 Vgl. zum Beispiel das Gedicht, das Amo für seinen Freund Moses Abraham Wolff verfaßte (AMO, 1968, S. 54):

»Dein aufgeweckter Geist im klugen meditieren,
und unermüdter Geist im gründlichen Studieren
Hoch Edler, macht daß Du in der Gelehrten Orden
Ein Stern, ein Heller Stern, der ersten Größe
worden,
Der immer heller wird in neuer Ehren Schein.
So einen großen Lohn gibt Weisheit ihren Söhnen,
Genug. Vom Himmel muß die Lust die ungemeyn

Dich und die Deinigen in Lauter Segen kröhnen!
Dieses sezet seinem Hochgelehrtesten Freunde
Glückwünschend hinzu
Anton Wilhelm Amo
Von Guinea in Africa, der Philosophie und Freyen künste Magister legens«.
(Vgl. auch: SUCHIER, 1916, S. 446)

262 EHRENHOLD, 1747, S. 19 (294)
263 ibid., S. 15 (290)
264 LANGE, 1747, S. 228 f.
265 ibid., S. 234–244, hier: S. 239
266 BRENTJES, 1969/a, S. 75
267 WINKELMAN, 1782, S. XX (298): *»hy leefde daar toen als een Heremiet, en had den naam van een Gelukzegger te zyn; [...] was zeer kundig in de Astrologie en Astronomie, en een groot Wysgeer [...]«*
268 BRENTJES, 1976, S. 71

Nachwort

1 Zit. nach: WESTERMANN, Dietrich, *Afrikaner erzählen ihr Leben*, Essen 1938, S. 338
2 HAFERKAMP, Rose, *Afrikaner in der Fremde. Lehrjahre zwischen Wunsch und Wirklichkeit,* München 1989
3 Vgl. dazu die Einleitung zu diesem Buch.
4 OGUNTOYE, Katharina/OPITZ, May/SCHULTZ, Dagmar (Hrsg.), *Farbe bekennen. Afro-deutsche Frauen auf den Spuren ihrer Geschichte,* Berlin 1986
5 OLDHAM, J. H., *The Remaking of Man in Africa,* London 1931

Quellen- und Literaturverzeichnis

Vorbemerkung

Der ungewöhnlich große Umfang der folgenden Quellen- und Literaturangaben erklärt sich aus der Tatsache, daß das Thema der Schwarzen jahrhundertelang zwar erstaunlich oft, doch meist nur beiläufig bei der Behandlung anderer Gegenstände zur Sprache kam. Das Material für die vorliegende Arbeit konnte daher im allgemeinen nur in Form von kleinen Bruchstücken aus einer großen Zahl sehr unterschiedlicher, weit verstreuter und nicht selten schwer zugänglicher Fundstellen zusammengetragen werden. Diesen Fundus zu erhalten, nicht nur, um ein Nachprüfen, Vertiefen und Vergleichen der Ausführungen zu gewährleisten, sondern vor allem auch, um im Hinblick auf eine spätere Ausgestaltung der vorliegenden Skizze von der Geschichte und der Bedeutung der Schwarzen in der deutschsprachigen Welt die Möglichkeit zu schaffen, darauf aufzubauen, ist die Absicht der folgenden Zusammenstellung. Ich erlaube mir an dieser Stelle den ausdrücklichen Hinweis, daß mir Auskünfte und Hinweise auf weiteres Material (wie bruchstückhaft auch immer) höchst willkommen sind.

1. Quellen

Bayerisches Hauptstaatsarchiv
- Fürstensachen 426 II und 428, fol. 154–155
- Geheimes Hausarchiv München, Korr. Akt 607 (Fu)

British Library
- KONRAD VON HIRSAU (ca. 1070–1150), *Speculum Virginium*, BL, Arundel 44, fol. 93v.

Germanisches Nationalmuseum
- H 179, Kapsel 1012
- HB 2323, Kapsel 1338
- HB 2776, Kapsel 1338
- St. Nbg. 10439, Kapsel 1338
- HB 5328, Kapsel 1284
- Hs. 123725, Bl. 30

Hessisches Staatsarchiv Marburg
- Best. 315 l, Nr. 24
- Best. 315 e, Nr. 24, Bl. 198 / 199
- Best. 4 b, Nr. 417
- Best. 4 b, Nr. 419, Bl. 198 / 199
- Best. 4 b, Nr. 422, Bl. 135
- Best. 5, Nr. 12248, Bl. 1 a

- Best. 5, Nr. 12248, Bl. 3–18
- Best. 5, Nr. 12249, fol. 2/2 v. (Schreiben Dr. Luttgendorff, Amsterdam, 7. Juni 1771)
- Amtsdrucksachensammlung der Dienstbibliothek, Karton Nr. 79, »*Actenmässige Verzeichnuß und Beschreibung* [...] *vagierender* [...] *Räuber und Diebe* [...]«, Bruchsal im Monat December 1770, S. 6 (Nr. 15)

Historisches Archiv der Stadt Köln
- Briefbuch 33, fol. 326 a

Institut der russischen Literatur (Puschkin-Haus) der Akademie der Wissenschaften der UdSSR, Leningrad – Handschriftenabteilung –
- F (=Fond) 244 (A. S. Puschkin, op. 24, Nr. 19 (Hannibal, Abram Petroviç)

Landesarchiv Schleswig-Holstein, Schloß Gottorf
- Abt. 11, Bd. XIII. 1, Stadt Glückstadt, Nr. 1815 I
- Abt. 10, Nr. 371

Niederösterreichisches Landesarchiv, Wien
- Protokoll des C-Departements (Kultusangelegenheiten) der NÖ. Regierung (Handschriften der NÖ. Reg. 15/14), Buchstabe S, S. 34 von 1796 *(Angelo Soliman)*
- Spezialrepertorium zu den C-Akten (Handschriften der NÖ. Reg. 16/27, Buchstabe S, S. 75) von 1796 *(Angelo Soliman)*
- C-Akten, Karton 424, Fasz. 23, Nr. 4254/1030 von 1796 *(Angelo Soliman)*

Niedersächsisches Hauptstaatsarchiv Hannover
- Hann. 41 XX Nr. 51

Niedersächsisches Staatsarchiv Stade
- Rep. 5 b, Fach 149 Nr. 21

Nordrhein-Westfälisches Staatsarchiv Detmold
- Registraturen des Hofmarschallamts (L 98, Tit. 4, Nr. 6, Tit. 11, Nr. 2, Bd. 1)
- Registraturen der Rentkammer, Hofstaat und Apanagen (L 92 P, Tit. 2, Nr. 7)
- Militärakten (L 40)
- Gutsarchive (L 114, v. Borries, Nr. 4)
- Kopial-Register Schötmar, Eintragung vom 1. 1. 1789
- Tauf-Register Detmold, Eintragungen vom 14. 7. 1790, vom 9. 11. 1791, vom 21. 9. 1794 und vom 30. 8. 1795
- Sterbe-Register Detmold, Eintragungen vom 9. 3. 1796, vom 23. 1. 1797, vom 23. 9. 1797 und vom 28. 9. 1798

Nordrhein-Westfälisches Staatsarchiv Münster
- Akte Großherzogtum Berg A 1 Nr. 121

Sächsische Landesbibliothek Dresden
– Mscr. Dresd. J 18

Staatsarchiv Bremen
– ad S. 8 u. 8, S. 26
– Depositorium der Norddeutschen Missionsgesellschaft im Staatsarchiv Bremen, 7, 1025-5/29; 6/29; 1/30; 2/30; 2/52; 5/84

Staatsarchiv Hamburg
– Kirche St. Katharinen, A XIV a 1 Fol. 219: Kladde des Taufbuchs von St. Katharinen (2. November 1784, S. 184)
– Senat CI. VII, Lit. Cc Nr. 13, Bd. 4
– Senat Cl. VII, Lit. Hf. Nr. 5 Bd. 4 a
– Senat CI. VIII, Nr. III, Bd. 11
– Kämmerei I, Nr. 83, Bd. 1a, Fol. 79 u. Bd. 9, Fol. 49
– Kirchenbuch von Eppendorf (Eppendorfer Umschreibelisten von 1831)

Staatsarchiv Nürnberg
– Rst. Nürnberg, B-Laden, Akten, S. IL. 189, Nr. 11

Stadtarchiv Bamberg
– Rep. 2 Nr. 8 fol. 241

Stadtbibliothek Nürnberg
– Turnierbuch Amb. 451.2° (Bl. 52v / 53r)
– Hs. Nor. K. 444 Blatt 35^{v}
– Hs. Amb. 451.2°

2. Lexika und Sammelwerke

ALLGEMEINES HISTORISCHES LEXICON, *in welchem das Leben und die Thaten derer Patriarchen, Propheten, Apostel, Väter der ersten Kirchen, Päbste, Cardinäle, Bischöffe, Prälaten* usw., 3., um vieles vermehrte und verbesserte Aufl., Th. 1–4, Leipzig 1730–1732

BAYLE, Pierre (Hrsg.), *Dictionaire Historique et Critique*, 3ème édition revue, corr. et augm. par l'auteur, Th. 1–4, Rotterdam 1720

BÄCHTOLD-STÄUBLI, Hanns (Hrsg.), *Handwörterbuch des deutschen Aberglaubens*, Bde. 1–10, Berlin und Leipzig 1927–1942

BERGIER, Abbé Nicolas-Sylvestre (Hrsg.), *Dictionnaire de Théologie catholique*, 12 Bde., Paris 1873 (1. Ausg.: 8 Bde., Liège 1789–1792)

D'ALEMBERT, Jean le Rond, *Einleitung zur »Enzyklopädie«*, herausgegeben und mit einem Essay von Günther MENSCHING, Frankfurt am Main 1989

DIDEROT, Denis und D'ALEMBERT, Jean Le Rond (Hrsg.), *Encyclopédie, ou Dictionnaire Raisonné des Sciences, des Arts et des Métiers. Par une Société de Gens de Lettres,* 35 Bde., Paris 1751–1780

DIDEROT, Denis (Hrsg.), *Encyclopédie, ou Dictionnaire Raisonné des Sciences, des Arts et des Métiers, par une Société de Gens de Lettres, Mis en ordre & publié par M. Diderot, & quant à la Partie Mathématique, par M. D'Alembert,* 36 Bde., Lausanne–Berne 1781

DIDEROT, Denis (Hrsg.), *Enzyklopädie, Philosophische und politische Texte aus der »Encyclopédie« sowie Prospekt und Ankündigung der letzten Bände,* mit einem Vorwort von Ralph-Rainer WUTHENOW, München 1969

DIDEROT, Denis (Hrsg.), *Artikel aus der von Diderot und d'Alembert herausgegebenen Enzyklopädie,* Auswahl und Einführung von Manfred NAUMANN, Übersetzung aus dem Französischen von Theodor LÜCKE, Endredaktion: Helga BERGMANN und Roland ERB, 2. Aufl., Frankfurt am Main 1985 (1. Aufl., Leipzig 1984)

DIEFENBACH, Lorenz (und: WÜLCKER, Ernst), *Hoch- und Niederdeutsches Wörterbuch der mittleren und neueren Zeit,* Basel 1885

ERSCH, J. S. und GRUBER, J. G. (Hrsg.), *Allgemeine Enzyklopädie der Wissenschaften und Künste,* Leipzig 1818 ff.

FRITSCHE, Thomas (Erben), *Allgemeines Historisches Lexicon,* 3., um vieles verm. u. verb. Aufl., Th. 1–4, Leipzig 1730–1732

GOLTHER, Wolfgang, *Handbuch der Germanischen Mythologie,* Leipzig 1895

GRIMM, Jacob und GRIMM, Wilhelm, *Deutsches Wörterbuch,* Neubearbeitung von der Deutschen Akademie der Wissenschaften zu Berlin in Zusammenarbeit mit der Akademie der Wissenschaften zu Göttingen, Bd. 1 ff., Leipzig 1865 ff.

GRIMM, Jacob, *Deutsche Mythologie,* 2 Bde., Göttingen 1835

HOEFER, Dr., *Nouvelle Biographie Générale Depuis les Temps les plus reculés jusqu'à nos Jours,* Publiée par MM. Firmin Diidot Frères, Paris 1855 ff.

HOUTSMA, M. Th. et al. (Hrsg.), *Enzyklopaedie des Islam. Geographisches, Ethnographisches und Biographisches Wörterbuch der Muhammedanischen Völker,* 4 Bde., Leiden und Leipzig 1913–1936

JÖCHER, Christian Gottlieb (Hrsg.), *Allgemeines Gelehrten=Lexicon,* Leipzig

KIRSCHBAUM, Engelbert et al. (Hrsg.), *Lexikon der christlichen Ikonographie,* Rom–Freiburg–Basel–Wien 1968–1976

KLAUSER, Theodor (Hrsg.), *Reallexikon für Antike und Christentum,* Band VII, Stichwort: Farbe, Stuttgart 1969

KLUGE, Friedrich, *Etymologisches Wörterbuch der deutschen Sprache,* Berlin–New York 1975

MEYERS ENZYKLOPÄDISCHES LEXIKON, 25 Bde., Mannheim–Wien–Zürich 1971–1979

OLIVER, Roland und CROWDER, Michael (Hrsg.), *The Cambridge Encyclopedia of Africa,* Cambridge–London–New York–New Rochelle–Melbourne–Sydney 1975–1980

RIEMANN, Hugo (Hrsg.), *Musik-Lexikon. Theorie und Geschichte der Musik, die*

Tonkünstler alter und neuer Zeit ... nebst einer vollständigen Instrumentenkunde, 3 (5) Bde., 12. Aufl., Mainz 1959–1967 (1. Aufl.: Leipzig 1882 ff.)
SMITH, George (Hrsg.), *The Dictionary of National Biography,* London (Oxford University Press), 1917 ff.
ZEDLER, Johann Heinrich (Hrsg.), *Grosses vollständiges Universal Lexicon aller Wissenschafften und Künste,* Halle und Leipzig 1732 ff.
ZIEGLER, Konrat und SONTHEIMER, Walther (Hrsg.), *Der Kleine Pauly. Lexikon der Antike,* 5 Bde., München 1979

3. Primärliteratur

ABAKARI, Selim B., »Meine Reise nach Rußland und Sibirien« in: *Schilderungen der Suaheli von Expeditionen v. Wissmanns, Dr. Bumillers, Graf v. Götzens und Anderer, Aus dem Munde von Suahelinegern gesammelt und übersetzt* von Carl VELTEN, Göttingen 1901, S. 277–308
ABBADIE, Jacobus (Jacquelot ABBADIE), *Gründlicher Tractat Von der Wahrheit und Gewißheit der Christlichen Religion,* etc., Aus dem höchst=nützlichen Französischen Tractat ... sorgfältig übersetzet, Leipzig und Rudolfstadt 1739 (1. Aufl. unter dem Titel *De la Véritée de la Réligion Chrétienne,* etc., 2 vols., 1684)
ACTA HISTORICO-ECCLESIASTICA, oder Gesammelte Nachrichten von den neuesten Kirchen=Geschichten, Bde. 3 und 6 (Weimar 1742) und 8 (Weimar 1744)
ADAM VON BREMEN, *Hamburgische Kirchengeschichte,* übersetzt von J. C. M. LAURENT und W. WATTENBACH, herausgegeben von Alexander HEINE, Essen und Stuttgart 1986
ADDISON, Joseph, Unbetitelter Essay in *The Spectator,* Vol. 3, No. 215, Tuesday, November 6, London (Printed for J. and R. Tonson and S. Draper), 1711
ALBERT VON AACHEN, *Historia Hierosolymitanæ expeditionis,* in: MIGNE PL, Bd. 166
ALBERT VON AACHEN, *Geschichte des ersten Kreuzzugs, Erster Teil: Die Eroberung des heiligen Landes.* Mit 8 Beilagen, übersetzt und eingeleitet von Herman HEFELE, Jena 1923
ALBINUS, Bernhard Siegfried, *De Sede et causa coloris Aethiopum et caeterorum hominum.* Acc. icones coloribus distinctae, Leidae Bat., 1737
ALEXIUS PEDEMONTANI (Pseudonym für: RUSCELLI, Girolamo), *Weiber Zierung des Hocherfarnen Herrn Alexij Pedemontani von mancherley nutzlichen vnd bewerten Artzneyen/den Leib zierlich vnd wolgestalt zu machen/Jetzundt newlich auß Welscher vnd Lateinischer sprach in gemein Teutsch ordentlich zusammen verfasset/Durch Hanß Jacob WECKER/der artzney D. vnd Physicam zu Colmar,* Basel (bey Peter Perna) 1575
ALFONSO EL SABIO, *Libros de Acedrex, Dados e tablas, Das Schachzabelbuch König Alfons des Weisen,* mit 51 Miniaturen auf Tafeln nach der Hs. J. T. 6 Fol. des Escorial mit Glossar und grammatischem Abriss herausgegeben und übersetzt von Arnald STEIGER, Genf und Zürich-Erlenbach 1941

ALTENBURG, Johann Ernst, *Versuch einer Anleitung zur heroisch=musikalischen Trompeter= und Pauker=Kunst, zu mehrerer Aufnahme derselben historisch, theoretisch und praktisch beschrieben und mit Exempeln erläutert*, Zwey Theile, Halle 1795

ALUARES, Franciscus, *Franciscom Aluares Wahrhafftiger Bericht von den Landen/ auch Geistlichem und Weltlichem Regiment/des Mechtigen Königs in Ethiopien/den wir Priester Johann nennen/wolches durch die Kron Portugal mit besondern vleis erkundiget worden*, Eisleben 1566

AMANTE, A., »I frammenti ascetici inediti del codice Bolognese 2702 (già 579)«, in: *Didaskaleion, Studi filologici di Letteratura e Storia cristiana antica*, Bd. 1, 1912, S. 523–547

AMBROSIUS, *Commentarius in Cantica Canticorum*, in: MIGNE PL, Bd. 15

AMO, Anton Wilhelm, *Antonius Gvilielmus Amo Afer aus Axim in Ghana, Student, Doktor der Philosophie, Magister Legens an den Universitäten Halle–Wittenberg–Jena 1727–1747, Dokumente, Autographe, Belege,* ausgewählt und zusammengestellt im Auftrage der Philosophischen Fakultät der Martin-Luther-Universität Halle-Wittenberg von Burchard BRENTJES, 2 Bde., Halle (Saale) 1968

ANNALES MELLICENSES, in: MGH *Scriptores*, Bd. 9

ANNOLIED, herausgegeben von Max ROEDIGER, in: MGH *Deutsche Chroniken*, 1. Bd., 2. Abt., Hannover 1895

ANONYMUS 1, »Interessante Nachrichten von dem Betragen der durch den lieben Missionsbruder KICHERER nach Europa gebrachten christlichen Hottentotten, Aus einem Briefe von Zeist in Holland vom 27sten Septemb. 1803«, in: *Sammlungen für Liebhaber christlicher Wahrheit und Gottseligkeit*, Basel 1804

ANONYMUS 2, »Aus dem ältesten Protokollbuch der Portugiesisch-Jüdischen Gemeinde in Hamburg«, Uebersetzung und Anmerkungen von J. C., in: *Jb. der Jüdisch-Literarischen Gesellschaft*, Bd. VIII, Frankfurt am Main 1911, hier besonders S. 277 ff.

ANONYMUS 3, *Die Altdeutsche Exodus*, herausgegeben von Edgar PAPP, München 1969

ANONYMUS 4, *Herzog Ernst*, herausgegeben von Karl BARTSCH, Wien 1869

ANONYMUS 8, Rezension von Benjamin RUSH's »Observations intended to favour a Supposition that the Black Colour (as it is called) of the Negroes is derived from the Leprosy«, in: *The Monthly Review; or Literary Journal*, Vol. 38, London 1802, S. 19 f.

ANONYMUS 9, *Illustrirter Katalog zu Hartkopff's Museum aus Paris und Kopenhagen, Grosse Sammlung von geologischen, ethnologischen und anatomischen Gegenständen*, Paris (gedruckt von Emil Müller in Stuttgart) o. J. (nach 1867)

ANONYMUS 10, *Der Hamburger Casanova. Memoiren eines Liederlichen*, Hamburg (B. S. Berendsohn) 1858

ANONYMUS 11, »Account of a Negro woman, who became white«, in: *The Gentleman's Magazine, and Historical Chronicle*, Vol. 30, London 1760, S. 361 f.

ANONYMUS 12, »Rechtsgeschichte eines erkauften Mohren. Bericht des Kammergerichts an das Justizministerium«, in: *Beyträge zur juristischen Litteratur in den*

Preußischen Staaten, Eine periodische Schrift, 6. Sammlung, 4. Abschnitt, Berlin (bey Christian Friedrich Voß und Sohn) 1780, S. 296–311
ANONYMUS 13, *Die Kaiserchronik eines Regensburger Geistlichen*, herausgegeben von Edward SCHRÖDER, in: MGH *Deutsche Chroniken*, 1. Bd., 1. Abt., Hannover 1892
ARISTOTELES, *Tierkunde*, in: *Die Lehrschriften*, herausgegeben, übertragen und in ihrer Entstehung erläutert von Paul GOHLKE, 2. Aufl., Paderborn 1957
ARISTOTELES, *Über die Glieder der Geschöpfe*, in: *Die Lehrschriften*, herausgegeben, übertragen und in ihrer Entstehung erläutert von Paul GOHLKE, Paderborn 1959
ARISTOTELES, *Probleme*, in: *Die Lehrschriften*, herausgegeben, übertragen und in ihrer Entstehung erläutert von Paul GOHLKE, Paderborn 1961
ASSING-GRIMELLI, Ludmilla (Hrsg.), *Briefwechsel und Tagebücher des Fürsten Hermann von Pückler=Muskau*, 7. Bd., *Briefwechsel*, Berlin 1875
AUGUSTINUS, *Opera omnia*, in: MIGNE PL, Bd. 36
AUGUSTINUS, *Sermones ad Populum*, in: MIGNE PL, Bd. 38
AUGUSTINUS, *Appendix tomi quinti Operum S. Augustini, Complectens Sermones Supposititios*, in: MIGNE PL, Bd. 39
AUGUSTINUS, *De Civitate Dei*, in: CC, Series Latina, Bd. 48
BACON, Francis, *Neu-Atlantis*, übersetzt von Günther Bugge, durchgesehen und neu herausgegeben von Jürgen KLEIN, Stuttgart 1982 (1988)
BÄR, Max (Hrsg.), *Lupold von Wedel's Beschreibung seiner Reisen und Kriegserlebnisse*, Stettin 1895 (*Baltische Studien*, herausgegeben von der Gesellschaft für Pommersche Geschichte und Alterthumskunde, 45. Jg.)
BARONE, Nicola (Hrsg.), »Le cedole di tesoreria dell'archivio di stato di Napoli dall'anno 1460 al 1504«, in: *Archivio Storico per le Province Napoletane*, Anno IX (Bd. 9), Napoli 1884
BARONIUS (BARONO), Caesare (Hrsg.), *Annales Ecclesiastici, Ab Anno quo desuit Card. Cæs. Baronius, M.C.XCVIII. usque ad Annum M.D.XXXIV.*, Tomus XVIII, *Ab Anno M.CCCC.XVII. usque ad Annum M.CCCC.LVIII.* (Hrsg.: Odorico RAYNALDO), Coloniæ Agrippinæ (Apud Ioannem Wilhelmvm FRISSEM juniorem), Annum M.DC.XCIII (1693)
BARRERE, Pierre, *Dissertation sur la cause physique de la couleur des nègres, de la qualité de leurs cheveux, et de la dégénération de l'un et de l'autre*, Paris 1741
BARTH, Heinrich, *Reisen und Entdeckungen in Nord- und Central-Afrika in den Jahren 1849 bis 1855, Tagebuch seiner im Auftrag der Brittischen Regierung unternommenen Reise,* 4. Bd., Gotha 1858
BAUMGÄRTNER, siehe: BERGK, J. A., 1804
BAYREUTHER HOFKALENDER, Jg. 1744–1767
BEHN, Aphra, *Oroonoko oder die Geschichte des königlichen Sklaven*, übersetzt von Christine HOEPPENER, Nachwort von Klaus REICHERT, Frankfurt am Main 1966
BEHN, Aphra, *The Works of Aphra Behn*, edited by Montague SUMMERS, Vol. V, New York 1967
BERGK, J. A. und BAUMGÄRTNER, Friedrich Gotthelf (Hrsg.), *Museum des Wun-*

dervollen oder Magazin des Außerordentlichen in der Natur, der Kunst und im Menschenleben, bearbeitet von einer Gesellschaft Gelehrter und herausgegeben von J. A. BERGK und F. G. BAUMGÄRTNER, 2. Bd., 4. Stück, Leipzig 1804

BERNIER, François, »Nouvelle division de la Terre, par les différentes Espèces ou Races à hommes qui l'habitent, envoyée par un fameux Voyageur à Monsieur ***** à peu près en ces termes«, in: *Journal des Sçavans*, 12. Bd., 1684 (Amsterdam 1685), S. 148–155

BÎRÛNÎ, Abu-Rayhan Muhammad Ibn-Ahmat al-, *In den Gärten der Wissenschaft. Ausgewählte Texte aus den Werken des muslimischen Universalgelehrten*, übersetzt und erläutert von Gotthard Strohmaier, 2. verbesserte Aufl., Leipzig (Reclam) 1991 (1. Aufl.: 1988)

BLUMENBACH, Johann Friedrich, *Handbuch der Naturgeschichte*, Göttingen 1779

BLUMENBACH, Johann Friedrich, »Einige naturhistorische Bemerkungen bey Gelegenheit einer Schweizerreise. Von den Negern«, in: *Magazin für das Neueste aus der Physik und Naturgeschichte*, Gotha 1787, Bd. 4, Teil 3, S. 1–12

BLUMENBACH, Johann Friedrich, »Vom wilden Peter, der den 4ten May 1724. bey Hameln eingefangen worden, und den 22ten Febr. 1785. bey einem Pachter ohnweit Great Berkhamstead in Hertfortshire gestorben«, in: *Magazin für das Neueste aus der Physik und Naturgeschichte*, Gotha 1787, Bd.4, Teil 3, S. 91–99

BLUMENBACH, Johann Friedrich, *Beyträge zur Naturgeschichte*, 2 Thle., Göttingen (bey Johann Christian Dieterich) 1790

BLUMENBACH, Johann Friedrich, *De Generis Hvmani Varietate Nativa*, hier: Editio Tertia, Praemissa est Epistola ad Virvm Perillvstrem Josephvm BANKS, Baronetvm Regiae Societatis Londin. Praesidem, Gottingae 1795

BLUMENBACH, Johann Friedrich, *Über die natürlichen Verschiedenheiten im Menschengeschlechte*, Nach der dritten Ausgabe und den Erinnerungen des Verfassers (aus dem Lateinischen) übersetzt, und mit einigen Zusätzen und erläuternden Anmerkungen herausgegeben von J. G. GRUBER, Leipzig 1798

BLUMENBACH, Johann Friedrich, *The Anthropological Treatises of Johann Friedrich Blumenbach . . ., With memoirs of him by Marx and Flourens, and an account of his anthropological museum by Professor R. Wagner, and the inaugural dissertation of John Hunter, M. D., on the varieties of man.* Translated and edited by Thomas BENDYSHE, London 1865 *(Publications of the Anthropological Society of London)*

BLUMENBACH, Johann Friedrich, *Commercivm Epistolicvm J. F. Blvmenbachii, Aus einem Briefwechsel des klassischen Zeitalters der Naturgeschichte* (herausgegeben von F. W. P. DOUGHERTY), Katalog zur Ausstellung im Foyer der Niedersächsischen Staats- und Universitätsbibliothek Göttingen, 1. Juni–21. Juni 1984

BODIN, Jean, *Method for the easy Comprehension of History*, translated by Beatrice REYNOLDS, New York (Octagon Books INC.) 1966

BÖCKING, Eduard (Hrsg.), *Ulrichs von Hutten Schriften,* 4. Bd., *Gespräche*, Leipzig 1860

BOËMUS, JOHANNES, *Mores, Leges, et Ritvs omnivm Gentivm*, per Ioannem Boëmvm, Lvgdvni 1556

BONNET, Karl, *Betrachtung über die Natur*, nach der neuesten vermehrten Auflage in dessen sämtlichen Werken herausgegeben von Johann Daniel TITIUS, 1. Bd., Wien 1789

BOOS, Heinrich, *Quellen zur Geschichte der Stadt Worms*, Bd. 1, Berlin 1886

BOTE, Hermann, *Till Eulenspiegel*, Vollständige Ausgabe des Textes von Hermann BOTE, herausgegeben von Siegfried H. SICHTERMANN, 2. durchgesehene Aufl., Frankfurt am Main 1981

BRANT, Sebastian, *Das Narrenschiff*, Text und Holzschnitte der Erstausgabe von 1494, Zusätze der Ausgaben 1495 und 1499, Textfassung und Erläuterungen von Elvira PRADEL, Einleitung von Claus TRÄGER, Nachbemerkung zu den Holzschnitten von Michael STUHR, Frankfurt am Main 1980

BRAUN, Samuel, siehe: BRUN, Samuel

BREMER WÖCHENTLICHE NACHRICHTEN, Donnerstag, den 24 October 1811, Nr. 85 (Nachricht über einen »Hottentotten« auf dem Domhof)

BROWNE, Sir Thomas, *The Religio Medici & other Writings of*, London–Toronto–New York, 1st. modern ed. 1906 (1925)

BROWNE, Thomas, *Religio Medici, Ein Versuch über die Vereinbarkeit von Vernunft und Glauben* (1642), übertragen und herausgegeben von Werner v. KOPPENFELS, 1. Aufl., Berlin 1978

BROWNE, Thomas, »Von der Schwärtze der Mohren«, in: *Des vortrefflichen Engelländers Thomae Brown, der Artzney Dr. Psevdodoxia Epidemica, Das ist: Untersuchung derer Irrthümer/so bey dem gemeinen Mann/und sonst hin und wieder im Schwange gehen*. In sieben Büchern. Aus dem Englischen und Lateinischen von Christian PEGANIUM, in Teutsch RAUTNER genannt, Franckfurt und Leipzig 1680, S. 921–940

BRUN (BRAUN), Samuel, *Schiffarten: Welche er in etliche newe Länder vnd Insulen/zu fünff vnderschiedlichen malen/mit Gottes hülff/gethan etc.*, Basel 1624

BRUNO, Giordano, *Spaccio della bestia trionfante*, London (mit der unrichtigen Angabe »Paris«) 1584

BRUNO, Giordano, *Gesammelte Werke*, herausgegeben von Ludwig KUHLENBECK, hier: Bd. 2, *Die Vertreibung der triumphierenden Bestie*, ins Deutsche übertragen von Ludwig KUHLENBECK, Leipzig 1904

BÜRGER, Gottfried August, *Wunderbare Reise zu Wasser und Lande, Feldzüge und lustige Abenteuer des Freiherrn von Münchhausen*, nach der Ausg. von 1788, mit einem Anhang älterer Lügendichtungen, herausgegeben von Irene RUTTMANN, Stuttgart 1969 (1980)

BÜRGERFREUND, DER, eine Wochenschrift, Nr. 86, Bremen, den 25. October 1854

BUFFON, Georges Louis Leclerc (in Zusammenarbeit mit M. DAUBENTON), *Histoire naturelle, générale et particulière, avec la déscription du cabinet du ROI*, Bd. 1–24, Paris 1749–1789

BUFFON, Georges Louis Leclerc, *Allgemeine Historie der Natur nach allen ihren besonderen Theilen abgehandelt; nebst einer Beschreibung der Naturalienkammer Sr. Majestät des Königs von Frankreich. Mit einer Vorrede Herrn Doctor Albrecht von Haller(s)*, 3 Theile, hier: 2. Theil, Hamburg und Leipzig 1752

BURCHARD, Max (Hrsg.), »Kopfschatz=Register von Fürstl. Cantzley de Anno

1689, in: *Die Kopfsteuerbeschreibung der Fürstentümer Calenberg=Göttingen und Grubenhagen von 1689*, Teil 2, Hannover 1941

BURKE, Edmund, *Philosophische Untersuchung über den Ursprung unserer Ideen vom Erhabenen und Schönen*, übersetzt von Friedrich BASSENGE, neu eingeleitet und herausgegeben von Werner STRUBE, Hamburg 1980

BURNET, James (Lord MONBODDO), *The Origin and Progress of language,* Vol. 1, 2. Aufl., Edinburgh 1774

BURNET, James (Lord MONBODDO), *Antient Metaphysics, 1779–1799*, 6 Bde., New York–London 1977, hier: Bd. 2

BURNET, James (Lord MONBODDO), *Des Lord Monboddo Werk von dem Ursprunge und Fortgange der Sprache übersetzt von E. A. SCHMID*, mit einer Vorrede des Herrn Superintendenten HERDER, 1.Theil, Riga 1784

CAESARIUS VON HEISTERBACH, *Caesarii Heisterbacensis Monachi Ordinis Cisterciensis Dialogus Miraculorum, Textum ad quatuor Codicum Manuscriptorum Editionisque Principis Fidem*, Accurate Recognovit Josephus STRANGE, Volumen Primum, Coloniae, Bonnae et Bruxellis MDCCLI (1851)

CAESARIUS VON HEISTERBACH, *Johann Hartliebs Übersetzung des Dialogus Miraculorum von Caesarius von Heisterbach*, aus der einzigen Londoner Hs. herausgegeben von Karl DRESCHER, Berlin 1929

CALLISTHENES, *Leben und Taten Alexanders von Makedonien*, Der griechische Alexanderroman nach der Hs. L, herausgegeben und übersetzt von Helmut van THIEL, Darmstadt 1974

CAMPE, Joachim Heinrich, *Robinson der Jüngere, zur angenehmen und nützlichen Unterhaltung für Kinder*, Hamburg 1779, hier: Nach dem Erstdruck herausgegeben von Alwin BINDER und Heinrich RICHARTZ, Stuttgart 1981

CAMPER, Peter, *Über den natürlichen Unterschied der Gesichtszüge in Menschen verschiedener Gegenden und verschiedenen Alters; über das Schöne antiker Bildsäulen und geschnittener Steine; nebst Darstellung einer neuen Art, allerlei Menschenköpfe mit Sicherheit zu zeichnen.* Nach des Verfassers Tode herausgegeben von seinem Sohne Adrian Gilles CAMPER, übersetzt von S. Th. SÖMMERING, Berlin 1792

CAMPER, Petrus, *Verhandeling van Petrus Camper, over het natuurlijk verschil der wezenstrekken in menschen, von onderscheiden landaart en ouderdom,* (Diss.), Utrecht 1791

CAPMANY Y DE MONPALAU, Antonio de, *Memorias Históricas sobre la Marina, Comercio y Artes de la antigua Ciudad de Barcelona*, Reedición anotada, Vol. I, Barcelona 1961

CASPAR, J., und J. CONRAD, *Conspectus Dissertationum Theologico= Iuridico= Medico=Philosophicarum ac Programmatum quae Vitembergae anno MDCCXXXIV in lucem prodierunt accedunt nomina Doctorum licentiat ac Magistrorum . . .*, Wittenberg 1734

CASSIANUS, Iohannis, *Conlationes Patrum* I–X, in: CSEL, Bd. XIII, Vindobonae 1886

CHAMISSO, Adelbert von, »Die Neger und die Marionetten«, in: *Werke*, herausgegeben von Hermann TARDEL, kritisch durchgesehene und erläuterte Ausg., 2. Bd., Leipzig und Wien, S. 141 f.

CHESTERFIELD, Earl of, »Tquassouw and Knonquaiha«, in: *The Connoisseur, By Mr. Town, Critic and Censor-General*, No. XXI, London, Thursday, June 20, 1754, S. 121–126

CHMEL, Joseph, *Regesta chronologico-diplomatica Friderici III. Romanorum Imperatoris (Regis IV.)*, 2. Abteilung, Hildesheim 1962

CLAUDIUS, Matthias (Pseudonym »Asmus«), »Der Schwarze in der Zucker=Plantage«, in: *Der Deutsche, sonst Wandsbecker Bothe*, No. 139, Dienstags, den 31ten August 1773

COWPER, William, *The Poetical Works of William Cowper*, herausgegeben von H. S. MILFORD, 4th ed. with corrections and additions by Norma RUSSELL, London, Oxford University Press, 1967 (»The Task«: 1st. ed.: 1785)

CRUSENSTOLPE, Magnus Jakob von, *Der Mohr oder das Haus Holstein-Gottorp in Schweden*, Bde. 1–6 (Bd. 6,1 und 6,2), aus dem Schwedischen, Berlin 1842–44

CYRILL VON JERUSALEM, *Cyrilli Hierosolymarum archiepiscopi opera quae supersunt omnia*, Bd. II, herausgegeben von REISCHL, W. C. und RUPP, J., Hildesheim 1967 (Reprint der Ausg.: München 1860)

DAHLBERG, Heribert Freyherr von, *Oronooko, ein Trauerspiel in fünf Aufzügen*, Mannheim 1786 (1789)

DAPPER, Olfert, *Umbständliche und Eigentliche Beschreibung von Africa*, Amsterdam (1670, 1686)

DECKER-HAUFF, Hansmartin (Hrsg.), *Die Chronik der Grafen von Zimmern*, Handschriften 580 und 581 der Fürstlich Fürstenbergischen Hofbibliothek Donaueschingen, Bd. 1, Konstanz und Stuttgart 1964

DEFOE, Daniel, *The History and Remarkable Life of the Truly Honourable Col. Jacque, Commonly call'd Col. Jack*, edited with an Introduction by Samuel Holt MONK, London–Oxford–New York (Oxford University Press), 1970

DES HISTORISCHEN KERNS, ODER SOGENANDTER KURTZEN CHRONICA SECHSTEN THEILS, ZWEITES STÜCK etc., Hamburg 1730

DOLLMAYR, Viktor (Hrsg.), *Die altdeutsche Genesis*, Nach der Wiener Handschrift, Halle (Saale) 1932

DREYHAUPT, J. C. von, *Pagus Neletici et Nudzici oder Ausführliche diplomatisch=historische Beschreibung des zum ehemaligen Primat und Ertz=Stifft, nunmehr aber durch den westphälischen Friedens=Schluß secularisierten Hertzogthum Magdeburg gehörigen Saal-Creyses*, Halle 1755

DÜTZELE VON COECKELBERGHE, Gerhard (das ist: REALIS), *Das Curiositäten- und Memorabilien-Lexicon von Wien*, Ein belehrendes Nachschlag- und Lesebuch in anekdotischer, artistischer, biographischer ... Beziehung von REALIS (Pseudonym), herausgegeben von Anton KÖHLER, 2 Bde., Wien 1846

DUMAS, Alexandre (Père), *Rußlandreise. Kaukasische Fahrt*, aus dem Französischen neu übersetzt, herausgegeben und mit einem Nachwort von Th. P. SPIESS, Hamburg 1964

ECKARTSHAUSEN, Karl von, »Isogin und Celia, eine Geschichte von einem unserer schwarzen Brüder in Africa, von einem Mohren«, in: *Duldung und Menschenliebe. In rührenden Erzählungen. I. Theil*, 2. Stück, München 1787; auch enthalten in: *Hofrath v. Eckartshausen's Schriften*, 5. Bd., S. 72 ff., Wien 1830

ECKERMANN, Johann Peter, *Gespräche mit Goethe in den letzten Jahren seines Lebens*, herausgegeben von Fritz BERGEMANN, 3. Aufl, o. O., (1. Aufl.: Frankfurt am Main 1981)

EHRENHOLD, L. (=Johann Ernst PHILIPPI), *Belustigende poetische Schaubühne, und auf derselben ... III. Herrn M. Amo, eines gelehrten Mohren, galanter Liebesantrag an seine schöne Brünette, Madem. Astrine. IV. Der Mademoiselle Astrine, parodische Antwort ...*, Cöthen 1747

EHRMANN, Theophil Friedrich, *Beschreibung von Senegambien*, Frankfurt am Main, 1792

EICHENDORFF, Joseph von, *Tagebücher*, in: *Werke*, Bd. 4, München 1980

EKKEHARD VON AURA, *Ekkehardi Chronicon Universale*, in: MGH *Scriptores*, Bd. VI, Hannover 1844

ENS, Gaspar, *West- vnnd ost indischer lustgart: das ist/ eygentliche erzehlung/ wann vnd von wem die Newe welt erfunden ...*, Cöllen 1618

EQUIANO, Olaudah, *The Interesting Narrative of the Life of Olaudah Equiano, or Gustavus Vassa the African, Written by Himself*, 1st. ed., 2 vols., London 1789

EQUIANO, Olaudah, *Merkwürdige Lebensgeschichte des Sklaven Olaudah Equiano*, von ihm selbst veröffentlicht im Jahre 1789, herausgegeben von Paul EDWARDS, aus dem Englischen übersetzt von Brigitte WÜNNENBERG, Frankfurt am Main 1990

ESTWICK, Samuel, *Considerations on the Negroe Cause, commonly so called (i. e. the cause of Sommerset v. Knowles and others). Addressed to the Right Honourable Lord Mansfield ... By a West Indian* (i. e. S. Estwick), London 1772

FABRICIUS, Johann Christ., *Betrachtungen über die allgemeinen Einrichtungen in der Natur*, Hamburg 1781

FAMILIENGESCHICHTLICHE BLÄTTER, *Deutscher Herold, Auslanddeutsche Sippenforschung*, genauere Angaben zu Jg. und Heft im Text. (Verschiedene Angaben zu einzelnen »Mohren«, die aus Kirchenbüchern stammen.)

FASTNACHTSPIELE AUS DEM FÜNFZEHNTEN JAHRHUNDERT, 2. Theil, Stuttgart 1853

FEDDERSEN, Berend Harke (Hrsg.), *Ein Friese auf dem Sklavenschiff, Erlebnisse des Seemannes Broder FEDDERSEN, aus Wester-Schnatebüll in Nordfriesland in den Jahren 1843 bis 1852, von ihm selbst geschildert in 42 Briefen an seine Eltern*, transkribiert und in einer einmaligen Auflage von 120 Exemplaren gedruckt von seinem Großneffen Berend Harke FEDDERSEN, Kleiseerkoog (Niebüll Land) für die Freunde der Familie, s. l., s. a.

FEGER, O. (Hrsg.), *Ulrich Richental: »Das Konzil zu Konstanz«*, 2. Bde., Starnberg und Konstanz 1964 (Bd. 1: *Faksimile-Ausgabe*, Bd. 2: *Kommentar und Text*)

FELS, Ludwig, *Soliman*, in: *Soliman. Lieblieb. Zwei Stücke*, Frankfurt am Main 1991

FLEMIN (FLEMING), Hannß Friedrich von, *(Der) Vollkommene Teutsche Soldat welcher die gantze Kriegs=Wissenschafft, insonderheit was bey der Infanterie vorkommt, ordentlich und deutlich vorträgt*, etc., Leipzig 1726

FOLZ, Hans, *Die Reimpaarsprüche*, herausgegeben von Hanns FISCHER, München 1961

FORSTER, Georg, *Noch etwas über die Menschenrassen, in: Kleine Schriften. Ein Beytrag zur Völker= und Länderkunde, Naturgeschichte und Philosophie des Lebens, von Georg FORSTER*, 2. Theil, Berlin 1794, S. 287–346

FORSTER, Georg, *Ansichten vom Niederrhein, von Brabant, Flandern, Holland, England und Frankreich*, in: *Georg Forsters sämmtliche Schriften*, herausgegeben von dessen Tochter und begleitet mit einer Charakteristik Forster's von G. G. GERVINUS, in neun Bänden, hier: 3. Bd., Leipzig 1843

FORSTER, Georg, *Etwas über die Menschenracen,* in: *Georg Forsters sämmtliche Schriften,* herausgegeben von dessen Tochter und begleitet mit einer Charakteristik Forster's von G. G. GERVINUS, in neun Bänden, hier: 4. Bd., Leipzig 1843, S. 280–306

FORSTER, Georg, *Ueber die Pygmäen,* in: *Georg Forsters sämmtliche Schriften*, herausgegeben von dessen Tochter und begleitet mit einer Charakteristik Forster's von G. G. GERVINUS, in neun Bänden, hier: 4. Bd., Leipzig 1843, S. 360–373

FORSTER, Georg, *Die Kunst und das Zeitalter (1789),* in: *Georg Forsters sämmtliche Schriften*, herausgegeben von dessen Tochter und begleitet mit einer Charakteristik Forster's von G. G. GERVINUS, in neun Bänden, hier: 5. Bd., *Kleine Schriften,* 2. Theil, Leipzig 1843, S. 235–246

FORSTER, Georg, Buchbesprechung von Richard NISBET, *The capacity of negroes for religious and moral improvement considered, etc. to which are subjoined short and practical discourses to negroes etc., London, 1789, Nro. 312"*, in: *Georg Forsters sämmtliche Schriften*, herausgegeben von dessen Tochter und begleitet mit einer Charakteristik Forster's von G. G. GERVINUS, in neun Bänden, hier: 5. Bd., Leipzig 1843, S. 398–400

FORSTER, Georg, *Georg Forster's Briefwechsel mit S. Th. Sömmering*, herausgegeben von Hermann HETTNER, Braunschweig 1877

FORTUNATUS, Venantius Honorius Clementianus, *»In laudem sanctæ Mariæ Virginis et Matris Domini«*, in: *Opera omnia*, Pars I., Lib. VIII, Cap. VII, hier in: MIGNE PL, Bd. 88, Paris 1850, Spalte 276–284

FREILIGRATH, Ferdinand, *Gesammelte Dichtungen* (Werke), Bde. 1–3, 5. Aufl., Stuttgart 1886

FREILIGRATH, Ferdinand, *Gedichte*, Auswahl und Nachwort von Dietrich BODE, Stuttgart 1964 (1980)

FUSSENEGGER, Gertrud, *Mohrenlegende, Eine Weihnachtsgeschichte*, Stuttgart 1986

GELBKE, Johann Heinrich, *Herzog Ernst der Erste genannt der Fromme zu Gotha als Mensch und Regent. Eine historische Darstellung aus Acten und bewährten Druckschriften gezogen und mit einem Urkundenbuche herausgegeben*, 3 Bde. (in zweien), Gotha 1810

GELLERT, Christian Fürchtegott, *Fabeln und Erzählungen,* herausgegeben, mit einem Nachwort und Anmerkungen von Karl Wolfgang BECKER, 3. Aufl., Leipzig (Reclam) 1984

GENEBRARD, Gilbert, *Chronographiae libri qvatvor*, Paris 1580

GEOFFROY SAINT-HILAIRE, Étienne, *Histoire Naturelle des Mammifères*, 3 Bde., Paris 1824
GILLIODTS-VAN SEVEREN, L. (Hrsg.), *Inventaire des Chartres,* erschienen als 5. Bd. der 1. Serie des *Inventaires des Archives de la Ville de Bruges*, publié sous les auspices de l'administration communale, Bruges 1876
GIOVIO, Paolo, *Elogia virorum bellica virtute illustri* . . ., Basileae 1596 (1. Aufl.: 1551)
GOETHE, Johann Wolfgang, *Goethes Werke*, siehe Siglenverzeichnis, WA
GOETHE, Johann Wolfgang, *GOETHE erzählt sein Leben*, nach Selbstzeugnissen Goethes und Aufzeichnungen seiner Zeitgenossen zusammengestellt von Hans Egon GERLACH und Otto HERRMANN, Frankfurt am Main und Hamburg 1956
GOTTFRIED VON VITERBO (Gotifredi Viterbiensis), *Continuatio Funiacensis et Eberbacensis*, in: MGH *Scriptores*, Bd. 22, S. 348
GRABBE, Christian Dietrich, *Herzog Theodor von Gothland. Tragödie in fünf Akten* (entstanden 1818 bis 1822, erschienen 1827); hier in: *Werke und Briefe. Historisch-kritische Gesamtausgabe in sechs Bänden,* herausgegeben von der Akademie der Wissenschaften in Göttingen, bearbeitet von Alfred BERGMANN, Bd. 1, Emsdetten (Westf.) 1960
GRÄFFER, Franz, »Josephs schwarzer Freund und Königssohn Angelo Soliman«, in: *Josephinische Curiosa (Censurfrey)*, 4. Bd., Nr. 48, Wien 1850, S. 225–236
GRÄFFER, Franz, »Ein schwarzer Prinz«, in: *Kleine Wiener Memoiren und Wiener Dosenstücke.* In Auswahl herausgegeben, eingeleitet und mit Anmerkungen und alphabetischem Register versehen von Anton SCHLOSSAR, unter Mitwirkung von Gustav GUGITZ, 2 Bde., München 1918, S. 95–98
GRÉGOIRE, H. (Abbé), *De la littérature des Nègres*, Paris 1808
GRÉGOIRE, H. (Abbé), *Über die Literatur der Neger*, aus dem Französischen übersetzt, Tübingen 1809
GRÉGOIRE, Henri, *Die Neger. Ein Beitrag zur Staats= und Menschenkunde*, aus dem Französischen übersetzt, Berlin 1809
GRIMMELSHAUSEN, Hans Jakob Christoffel von, *Der Abenteuerliche Simplicissimus*, vollständige Ausg., nach den ersten Drucken des »Simplicissimus Teutsch« und der »Continuatio« von 1669 herausgegeben und mit einem Nachwort versehen von Alfred KELLETAT, München 1956
GROENEWEGEN, Simon à, *Tractatvs de legibvs abrogatis et inusitatis in Hollandia vicinisqve regionibus,* Lvgdvni-Batavorvm 1649
GUNDLING, Nicolaus Hieronymus, *Ausführlicher Discovrs über das Natur= und Völcker=Recht. Nach Anleitung und Ordnung des von Ihm selbst zum zweyten mahl herausgegebenen Ivris Natvrae ac Gentivm. In welchem die Lehren der natürlichen Rechts=Gelahrtheit mit neuern und deutlichen Exempeln aus der Europäischen Staat= und teutschen Reichs=Historie mehrers erläutert worden. Nebst nöthigen Registern der Autorum und Sachen,* Franckfurt und Leipzig 1734
GUNDLING, Nicolaus Hieronymus, *Vollständige Historie der Gelahrtheit, Oder Ausführliche Discourse, Die er, in verschiedenen Collegiis Literariis, so wohl über*

seine eigene Positiones, als auch und zwar vornemlich, über Tit. Herrn Professoris, D. CHRISTOPH AVGVST. HEVMANNI, Conspectum Reipublicæ Literariæ, gehalten; Mit nöthigen Anmerckungen erläutert, ergänzet und, bis auf itzige Zeiten, fortgesetzet. Vierter und letzter Theil, Franckfurth und Leipzig 1736

GUOLFINGER, Carl Franz (Ritter von Steinsberg), *Die Negersklaven: Ein Lustsspiel in einem Aufzuge*, Prag und Leipzig, bey Johann Joseph Gröbel, 1779

HANNEMANN, Johann Ludewig, *Curiosum Scrutinium Nigredinis posteriorum Cham, I. E. Æthiopum, juxta Principia Philosophiæ corpuscularis*, Kiel 1677

HANNEMANN, Johann Ludewig, *De albatio Æthiopis*, Tübingen 1718

HARTMANN VON AUE, *Erec – Iwein*, Text, Nacherzählung und Worterklärungen von Ernst SCHWARZ, Darmstadt 1967

HEGEL, Georg Wilhelm Friedrich, *Vorlesungen über die Philosophie der Geschichte*, mit einer Einführung von Theodor LITT, Stuttgart 1961 (1980)

HEINSE, Wilhelm, *Ardinghello und die glückseeligen Inseln*, Lemgo 1787, hier: *Kritische Studienausgabe*, mit 32 Bildtafeln, Textvarianten, Dokumenten zur Wirkungsgeschichte, Anmerkungen und einem Nachwort herausgegeben von Max BAEUMER, Stuttgart 1975 (1985)

HEINSE, Wilhelm (Hrsg.), *Erzählungen für junge Damen und Dichter,* Faksimiledruck nach der Ausgabe von 1775, mit einem Nachwort von Marie Luise GANSBERG, Stuttgart 1967

HELBIG, G. Ad. W. v., *Russische Günstlinge*, unter Benutzung von neuen Quellenwerken bearbeitet, eingeleitet und mit zahlreichen Anmerkungen herausgegeben von Max BAUER, München und Berlin 1917 (1. Aufl.: Tübingen 1809, geschrieben wahrscheinlich ca. 1787)

HELINAND, *Sanctorum Gereonis, Victoris, Cassi et Florentii Thebæorum Martyrum Passio ab Helinando Scripta*, in: MIGNE PL, Bd. 212, Spalte 759–772

HELIODOR, *Die äthiopischen Abenteuer von Theagenes und Charikleia*, Übersetzung und Anmerkungen von Horst GASSE, Nachwort von Heinrich DÖRRIE, Stuttgart 1972

HEMMERSAM, Michael, *Reise nach Guinea und Brasilien, 1639–1645 (West-Indianische Raissbeschreibung),* neu herausgegeben nach der zu Nürnberg bei Paulus Fürst im Jahre 1663 erschienenen Original-Ausg., Haag 1930

HENNECKE, Edgar, *Neutestamentliche Apokryphen in deutscher Übersetzung*, 3., völlig neubearbeitete Aufl., herausgegeben von Wilhelm SCHNEEMELCHER, 2. Bd., Tübingen 1964

HERDER, Johann Gottfried, *Neger-Idyllen*, in: *Werke in fünf Bänden*, 1. Bd., Berlin und Weimar 1982, S. 30 ff.

HERDER, Johann Gottfried, *Ideen zur Philosophie der Geschichte der Menschheit*, in: *Werke in fünf Bänden*, 4. Bd, Berlin und Weimar 1982

HERDER, Johann Gottfried, *Briefe zur Beförderung der Humanität, 5. Sammlung, 56. (1795),* in: *Werke in fünf Bänden*, 5. Bd., Berlin und Weimar 1982, S. 105 ff.

HERMANN VON SACHSENHEIM, *Die Mörin*, in: *Hermann von Sachsenheim*, herausgegeben von Ernst MARTIN, für den Litterarischen Verein in Stuttgart, Tübingen 1878

HERODOT, *Das Geschichtswerk*, 2 Bde., Berlin und Weimar 1985
HERPORT, Albrecht, *Reise nach Java, Formosa, Vorder-Indien und Ceylon, 1659–1668*, neu herausgegeben nach der zu Bern im Verlag von Georg Sonnleitner im Jahre 1669 erschienenen Original-Ausgabe, Haag 1930
HERZMANOVSKY-ORLANDO, Fritz von, *Apoll von Nichts oder Exzellenzen ausstopfen – ein Unfug. Eine Gangsterkomödie aus dem Biedermeier in 11 Bildern* (Auszüge), in: *Gesammelte Werke*, herausgegeben und bearbeitet von Friedrich TORBERG, 3. Bd., München 1960, S. 119–144
HEYLYN, Peter, *Microcosmos, or a Little Description of the Great World. A treatise historicall, Geographicall, politicall, theologicall,* 1st. ed., Oxford 1621
HILKA, Alfons (Hrsg.), *Das altfranzösische Rolandslied nach der Oxforder Handschrift*, 2., verbesserte Aufl., besorgt von Gerhard ROHLFS, Halle 1942
HIRSCHBERG, Walter, *Monumenta Ethnographica, Frühe Völkerkundliche Bilddokumente,* Bd. 1: *Schwarzafrika*, Graz 1962
HOCHFÜRSTLICH BRANDENBURGISCH CULMBACHISCHER ADDRESS- UND SCHREIB-CALENDER auf das Jahr nach der Geburt Jesu Christi, 1744 ff., Bayreuth
HOFFMANN, E. T. A., *E. T. A. Hoffmanns Werke in fünfzehn Teilen*, auf Grund der Hempelschen Ausgabe neu herausgegeben mit Einleitungen und Anmerkungen versehen von Georg ELLINGER, Berlin–Leipzig–Wien–Stuttgart, o. J.
HOFFMANN, Johann Christian, *Reise nach dem Kaplande, nach Mauritius und nach Java, 1671–1676*, neu herausgegeben nach der zu Cassel im Verlag von Johann Friederich Hertzog im Jahre 1680 erschienenen Original-Ausgabe, Haag 1931
HORNE, Andrew, *The Mirror of Justices . . .*, herausgegeben von William C. ROBINSON, Washington, D. C., 1903
HRABANUS MAURUS, *De Universo*, in: MIGNE PL, Bd. 5, 1852
HROTSVIT VON GANDERSHEIM, *(Roswitha, die Nonne von Gandersheim)*, herausgegeben von Edmund DORER, Aarau 1857
HUARTE, Juan, *Prüfung der Köpfe zu den Wissenschaften*, übersetzt von G. E. LESSING, Nachdruck der Ausg. Zerbst 1752 mit einer kritischen Einleitung und Bibliographie von Martin FRANZBACH, München 1968
HUBER, Ulricus, *De Jure Civitatis, Libri Tres, Novam Juris Publici Universalis disciplinam continentes. Insertis aliquot de jure sacrorum & Ecclesiæ, capitibus. Editio Tertia, Priore multo locipletior. Cum Indice rerum neccessario.* Franequeræ, MDCXCIV (1694)
HÜNE, Albert, *Vollständige historisch-philosophische Darstellung aller Veränderungen des Negersclavenhandels von dessen Ursprunge an bis zu seiner gänzlichen Aufhebung,* 2 Theile, Göttingen 1820
HUME, David, *The Philosophical Works*, edited by Thomas Hill GREEN and Thomas Hodge GROSE, 4 Bde. (Reprint of the new edition London 1882), hier: Bd. 3, 1964, Essay XXI: »Of National Characters«
IBN 'ABDALBÂQÎ AL BUHÂRÎ AL MAKKÎ, Muhammad, *Buntes Prachtgewand: über die guten Eigenschaften der Abessinier*, literaturhistorisch untersucht und übersetzt von Max WEISWEILER, 1. Teil, Hannover 1924
IBN KHALDÛN, *The Muqaddimah. An Introduction to History*, translated from the

Arabic by Franz ROSENTHAL, in three Vols., hier: Vol. 1 (Pantheon Books, 1959)
ISERT, Paul Erdmann, *Reise nach Guinea und den Caribäischen Inseln in Columbien, in Briefen an seine Freunde beschrieben*, Kopenhagen 1788
ISIDORUS VON SEVILLA, *Etymologiarum*, in: MIGNE PL, Bd.82
ISIDORUS VON SEVILLA, *Quæstiones in vetus testamentum: In Regium tertium*, in: MIGNE PL, Bd. 83
JACOBUS DE VORAGINE, *Legenda Aurea*, Auswahl, Übersetzung aus dem Lateinischen, Anmerkungen und Nachwort von Jacques LAAGER, Zürich 1982
JAMSILLA, Niccolò di, *Historia antea edita sub inscriptione Anonymi de rebus gestis Frederici II. Imperatoris,* in: MURAT.SS., Bd. 8, Milano 1726
JANSEN ENIKEL, *Weltchronik*, herausgegeben von Philipp STRAUCH, in: MG-Deutsche Chroniken, 3. Bd., 1. Abteilung, Hannover 1891
JEFFERSON, Thomas, *Notes on the State of Virginia*, London 1787
JOHANNES HILDESIENSIS, *The Three Kings of Cologne. An early English translation of the »Historia Trium Regum« by John of Hildesheim*, edited from the MSS., together with the Latin text by C. HORSTMANN, London 1886 (published for the Early English Text Society)
JOHANNES VON HILDESHEIM, *Die Legende von den Heiligen Drei Königen*, Übertragung und Nachwort von Elisabeth CHRISTERN, Köln 1960
JOHNSON, Samuel, *Die Geschichte von Rasselas, Prinzen von Abessinien*, (1759), hier: ins Deutsche übersetzt und mit einem Nachwort versehen von Manfred WOJCIK, Leipzig 1972
KANT, Immanuel, *Immanuel Kant's physische Geographie. Auf Verlangen des Verfassers, aus seiner Handschrift herausgegeben und zum Theil bearbeitet von D. Friedrich Theodor RINK,* Zweyter Band, Königsberg 1803
KANT, Immanuel, *Kritik der reinen Vernunft (Von dem regulativen Gebrauch der Ideen der reinen Vernunft)*, in: *Werke in zwölf Bänden*, herausgegeben von Wilhelm WEISCHEDEL, Bd. IV, Wiesbaden 1956
KANT, Immanuel, *Allgemeine Naturgeschichte und Theorie des Himmels etc.*, in: *Werke*, Bd. I, herausgegeben von Wilhelm WEISCHEDEL, Wiesbaden 1960
KANT, Immanuel, *Beobachtungen über das Gefühl des Schönen und Erhabenen*, in: *Werke*, Bd. II, herausgegeben von Wilhelm WEISCHEDEL, Wiesbaden 1960
KANT, Immanuel, *Von dem Gesetze der Kontinuität, in so ferne es von dem Begriffe der Trägheitskraft unzertrennlich ist*, in: *Werke*, Bd. II, herausgegeben von Wilhelm WEISCHEDEL, Wiesbaden 1960
KANT, Immanuel, *Aus Sömmering über das Organ der Seele*, in: *Werke*, Bd. XI, herausgegeben von Wilhelm WEISCHEDEL, Frankfurt am Main 1964
KANT, Immanuel, *Bestimmung des Begriffs einer Menschenrasse*, in: *Werke*, Bd. XI, herausgegeben von Wilhelm WEISCHEDEL, Frankfurt am Main 1964
KANT, Immanuel, *Von den verschiedenen Rassen der Menschen*, in: *Werke*, Bd. XI, herausgegeben von Wilhelm WEISCHEDEL, Frankfurt am Main 1964
KANT, Immanuel, *Von der Art, das Innere des Menschen aus dem Äusseren zu erkennen*, in: *Werke*, Bd. XII, herausgegeben von Wilhelm WEISCHEDEL, Frankfurt am Main 1964

KANT, Immanuel, *Über den Gebrauch teleologischer Prinzipien in der Philosophie*, in: *Werke*, Bd. IX, herausgegeben von Wilhelm WEISCHEDEL, Wiesbaden 1977

KLEIST, Heinrich von, *Die Verlobung in St. Domingo*, in: *Sämtliche Werke,* Berliner Ausgabe, herausgegeben von Roland REUSS und Peter STAENGLE, Bd. II/4, Basel–Frankfurt am Main 1988 (1. Ausg.: Berlin 1811)

KLINGER, Friedrich Maximilian von, *Sturm und Drang, Ein Schauspiel*, s. l. 1776 (V. Z.)

KNIGGE, Adolph Freiherr von (anonym), »Ueber die Ursachen, warum wir vorerst in Teutschland wohl keine gefährliche politische Haupt=Revolution zu erwarten haben«, in: *Schleswigsches Journal,* 2. Bd., 1793 (Mai bis August), Flensburg, 1793, S. 273–290

KNIGGE, Adolph Freiherr, *Benjamin Noldmanns Geschichte der Aufklärung in Abyssinien, oder Nachricht von seinem und seines Herrn Vetters Aufenthalte an dem Hofe des großen Negus, oder Priesters Johannes,* Göttingen 1791, hier in: *Sämtliche Werke*, in Zusammenarbeit mit Ernst-Otto FEHN, Manfred GRÄTZ, Gisela von HANSTEIN und Claus RITTERHOFF herausgegeben von Paul RAABE, Bd. 14, Abteilung IV, Politische Schriften in 2 Bänden, Nendeln / Liechtenstein 1978

KÖRNER, Theodor, *Toni, Ein Drama in drei Aufzügen,* in: *Sämmtliche Werke*, 1. illustrirte Ausg., 1. Bd., 6. Aufl., Berlin 1890

KOLB, Johann Ernst, *Erzählungen von den Sitten und Schicksalen der Negersklaven: Eine rührende Lektüre für Menschen guter Art,* Bern 1789

KOLB, Peter, *Capvt Bonæ Spei Hodiernvm. Das ist: Vollständige Beschreibung Des Africanischen Vorgebürges der Guten Hofnung,* Nürnberg 1719

KOLB, Peter, *Unter Hottentotten, 1705–1713. Die Aufzeichnungen von Peter Kolb*, herausgegeben von Werner JOPP, Tübingen und Basel 1979

KONRAD DER PFAFFE, *Das Rolandslied des Pfaffen Konrad,* herausgegeben von Carl WESLE, 2. Aufl., besorgt von Peter WAPNEWESKI, Tübingen 1967 (1. Aufl.: 1929)

KONRAD VON MERGENBERG, *Das Buch der Natur. Die erste Naturgeschichte in Deutscher Sprache*, herausgegeben von Franz PFEIFFER, Hildesheim 1962 (Reprografischer Nachdruck der Ausgabe: Stuttgart 1861)

KOTZEBUE, August von, *Die Negersklaven. Ein historisch=dramatisches Gemählde in drey Akten*, Leipzig 1796, hier in: *Schauspiele von August von Kotzebue*, 5. Bd., Leipzig 1797

KRATTER, Franz, *Die Sklavin in Surinam, Ein Schauspiel in fünf Aufzügen*, Frankfurt am Main 1804

KROLL, Guilelmus (Hrsg.), *Historia Alexandri Magni (Pseudo-Callisthenes)*, Vol. I, Berlin 1926

KRÜNITZ, Johann Georg, siehe: LA MOTHE, Christophe-Suzanne de

KUDRUN, 2., verbesserte Aufl., herausgegeben und erklärt von Ernst MARTIN, Halle a. S. 1902

KÜSTER, Georg Gottfried, *Altes und neues Berlin*, Teile 1–4, Berlin 1737–69

LA METTRIE, Julien Offray de, *Der Mensch als Maschine*, aus dem Französischen übersetzt von Bernd A. LASKA, 2. Aufl. 1988 (1. Ausgabe des Originaltexts: 1748)

LA MOTHE, Christophe-Suzanne de, »Versuch einer Erklärung der Ursache der Farbe bey den Schwarzen überhaupt, und bey den weißen oder buntfleckigen Negern insonderheit. Aus dem 2ten St. des 5ten Th. der *Bibliothèque impartiale*, auf die Monate März und April, 1752, S. 227–252, übersetzt, und mit Anmerkungen erläutert, von D. Joh. Georg KRÜNITZ«, in: *Hamburgisches Magazin, oder gesammelte Schriften, Aus der Naturforschung und den angenehmen Wissenschaften überhaupt*, Bd. 19, 4. Stück, Hamburg und Leipzig 1757, S. 376–407

LAMPE, Joachim (Hrsg.), Aristokratie, Hofadel und Staatspatriziat in Kurhannover, *Die Lebenskreise der höheren Beamten an den kurhannoverschen Zentral- und Hofbehörden, 1714–1760,* 2. Bd. (Beamtenlisten und Ahnentafeln), Göttingen 1963

LANGE, M. Samuel Gotthold, *Sammlung gelehrter und freundschaftlicher Briefe*, Erster Theil, Halle 1769

LASKY, Erna (Hrsg.), *Franz Joseph Gall, 1758–1828. Naturforscher und Anthropologe,* Ausgewählte Texte, eingeleitet, übersetzt und kommentiert von Erna LASKY, Bern–Stuttgart–Wien, 1979

LAVATER, Johann Caspar, *Physiognomische Fragmente, zur Beförderung der Menschenkenntniß und Menschenliebe*, Leipzig und Winterthur 1775, hier: *Eine Auswahl mit 101 Abbildungen*, herausgegeben von Christoph SIEGRIST, Stuttgart 1984

LAWÄTZ, Ferdinand Otto Vollrath (Theodor SKLAVENFEIND), *Gemälde der Sklaverei in Schleswig Holstein*, Hamburg 1797

LE CAT, Claude Nicolas, *Traité de la Couleur de la Peau Humaine en général, de celle des Nègres en particulier, et de la Métamorphose d'une de ces Couleurs en l'autre, soit de Naissance, soit accidentellement*, Amsterdam 1765

LEDDERHOSE, Conrad Wilhelm, *Versuch einer Anleitung zum Hessen=Casselischen Kirchenrecht*, Cassel 1785

LEIBNIZ, Gottfried Wilhelm, *Die Philosophischen Schriften*, herausgegeben von C. J. GERHARDT, 7 Bde., Berlin 1875–1890

LEIBNIZ, Georg Wilhelm, *Die Theodicee*, neu übersetzt und mit Einleitung, Anmerkungen und Register versehen von Artur BUCHENAU, in: *Philosophische Werke*, Bd. 4, herausgegeben von A. BUCHENAU und Ernst CASSIRER, Leipzig 1925

LEIBNIZ, Gottfried Wilhelm, *Hauptschriften zur Grundlegung der Philosophie*, übersetzt von A. BUCHENAU, durchgesehen und mit Einleitungen und Erläuterungen herausgegeben von Ernst CASSIRER, 2. Bd., 2. Aufl., Leipzig 1924

LEIBNIZ, Gottfried Wilhelm, *Protogaea,* übersetzt von W. v. ENGELHARDT, in: Werke, herausgegeben von W. PEUKERT, 1. Bd., Stuttgart 1949

LEIBNIZ, Gottfried Wilhelm, *Sämtliche Schriften und Briefe*, 3. Reihe, 3. Bd., herausgegeben von der Deutschen Akademie der Wissenschaften zu Berlin (Akademie-Verlag), 1991

LEIP, Hans, *Der Nigger auf Scharhörn*, Hamburg 1927 (1954)

LENZ, Jakob Michael Reinhold, *Versuch über das erste Prinzipium der Moral*, in: *Gesammelte Schriften*, herausgegeben von Franz BLEI, 4. Bd., München und Leipzig 1910

LEON VI. (Der Weise), *Tactica*, in: MIGNE PG, Bd. 107, Paris 1863

LESSING, Gotthold Ephraim, *Laokoon oder über die Grenzen der Malerei und Poesie*, hier in: *Lessings Werke*, herausgegeben von H. BLÜMNER, 9. Teil, 1. Abteilung *(Deutsche National-Litteratur. Historisch kritische Ausgabe,* herausgegeben von Joseph KÜRSCHNER, Bd. 66, o. J.)

LESSING, Karl Gotthelf, *Die Mätresse, Lustspiel*, in: *Deutsche Litteraturdenkmale des 18. und 19. Jahrhunderts*, in Neudrucken herausgegeben von Bernhard SEUFFERT, Heilbronn 1887

LE VAILLANT, François, *Reisen in das Innere von Afrika, in den Jahren 1780 bis 85,* aus dem Französischen mit Anmerkungen von Johann Reinhold FORSTER, Berlin 1790

LICHTENBERG, Georg Christoph, *Über Physiognomik, Wider die Physiognomen zu Beförderung der Menschliebe und Menschenkenntis*, in: *Gesammelte Werke* (1778), hrsg. und eingeleitet von Wilhelm GRENZMANN, Bd II, Darmstadt s. a.

LICHTENBERG, Georg Christoph, »Über Physiognomik«, Göttingischer Taschenkalender, Göttingen 1778, hier in: *LICHTENBERG, Georg Christoph, Aphorismen – Essays – Briefe*, herausgegeben von Kurt BATT, Leipzig 1963 (Lizenzausgabe, Sammlung Dieterich, Bremen, s. a.)

LINDANUS, Wilhelm Damasus (d. i. Willem van der LINDT), *Panoplia euangelica,* Coloniae 1575 (1. Ausg.: Coloniae 1559)

LINNÉ, Carl von, *Des Ritters Carl von Linne' Königlich Schwedischen Leibarztes etc. etc. vollständiges Natursystem nach der zwölften lateinischen Ausgabe und nach Anleitung des holländischen Houttuynischen Werks mit einer ausführlichen Erklärung ausgefertigt von Philipp Ludwig Statius MÜLLER,* Erster Theil, *Von den säugenden Thieren,* Nürnberg 1773

LOCKE, John, *Versuch über den menschlichen Verstand*, 4 Bücher in 2 Bänden, Hamburg 1968

LONG, Edward, *The History of Jamaica. Or, General Survey of the Antient and Modern State of That Island: With Reflections on its Situation, Settlements, Inhabitants, Climate, Products, Commerce, Laws, and Government*, 3 Bde., London 1774

LONG, Edward, »Observation on the Gradation in the Scale of Being between the Human and the Brute Creation. Including Some Curious Particulars respecting Negroes«, in: *The Columbian Magazine or Monthly Miscellany*«, Bd. 2, 1788

LOSSIUS, Kaspar Friedrich, *Gumal und Lina. Eine Geschichte für Kinder zum Unterricht und Vergnügen, besonders um ihnen die ersten Religionsbegriffe beizubringen*, neue durchgesehene Ausg., Leipzig s. a. (folgt der durchgesehenen Ausg. von Gotha 1802)

LUCIAN VON SAMOSATA, *Die Wahre Geschichte*, aus dem Griechischen übersetzt und mit Anmerkungen und Erläuterungen versehen von C. M. WIELAND, 4. Theil, Leipzig 1789, S. 145 ff.

LUDOLF, Hiob, *Iobi Ludolfi alias Leutholf dicti ad suam historiam Æthiopicam antehac editam Commentarius*, Frankfurt 1691, S. 28–47

LUNZER EDLER VON LINDHAUSEN, Justus, *Ortneit und Wolfdietrich,* herausgegeben nach der Wiener Piaristenhandschrift, Tübingen 1906

LUTHER, Martin, *D. Martin Luthers Werke*, Kritische Gesamtausgabe, Weimar 1883 ff.
MALFERT, Auguste, »Mémoire sur l'origine des Nègres & des Américains«, in: *Journal de Trévoux ou Mémoires pour servir à l'histoire des sciences et des arts*, Tome XXXIII, Trévoux, Novembre 1733, Article LXXXVIII, S. 1927–1977 (hier: Slatkine Reprints, Genève 1968, S. 496–509)
MANDEVILLE, Johann von, *Von seltsamen Ländern und wunderlichen Völkern, Ein Reisebuch von 1356*, Herausgabe, Bearbeitung und Übertragung aus dem Mittelhochdeutschen von Gerhard GRÜMMER, Leipzig 1986
MANN, Klaus, *Mephisto. Roman einer Karriere*, Reinbek bei Hamburg 1991 (1. Ausg.: 1936)
MARINELLI, Giovanni Marinello, *Weyber Artzney. Vier Büecher/ von allerlei schedlichen eusserlichen gebrechen der Weybsbilder . . .*, Übersetzung aus dem Italienischen durch Hieremias MARTIUS, Augsburg 1581
MATARAZZO, Francesco, *Chronik von Perugia 1492–1502*, übersetzt und eingeleitet von Marie HERZFELD, Jena 1910
MATTHÄUS VON PARIS, *Ex Mathei Parisiensis Cronicis Maioribus*, in: MGH *Scriptores*, Bd. 28, S. 220 f.
MATTHÄUS VON PARIS, *Auszüge aus der größeren Chronik des Matthäus von Paris*, nach der Ausg. der Monumenta Germaniae übersetzt von Georg GRANDAUR und Wilhelm WATTENBACH, Leipzig 1896
MECKEL, Johann (d. Ältere), »Nouvelles observations sur l'épiderme et le cerveau des Nègres«, in: *Histoire de l'Académie royale des sciences et belles lettres*, Bd. XIII, 1757, S. 61–71
MEINERS, Christoph, »Ueber die Rechtmässigkeit des Negern=Handels, in: *Göttingisches Historisches Magazin*, 2. Bd., Göttingen 1788, S. 398–416
MEINERS, Christoph, »Ueber die Natur der Afrikanischen Neger, und die davon abhangende Befreyung, oder Einschränkung der Schwarzen«, in: *Göttingisches Historisches Magazin*, 6. Bd., Göttingen 1790, S. 385–456
MEINERS, Christoph, »Von den Varietäten und Abarten der Neger«, in: *Göttingisches Historisches Magazin*, 6. Bd., Göttingen 1790, S. 625–645
MEINERS, Christoph, *Grundriß der Geschichte der Menschheit*, Lemgo 1793
MERZ, Walther, und HEGI, Friedrich, *Die Wappenrolle von Zürich. Ein heraldisches Denkmal des vierzehnten Jahrhunderts*, Zürich und Leipzig 1930
METHODIUS VON OLYMPUS, *Des Heiligen Methodius von Olympus Gastmahl oder Die Jungfräulichkeit*, aus dem Griechischen übersetzt und mit Erläuterungen versehen von L. FENDT, Kempten und München 1911
MICHAELIS, D. Io. Henr., *Sonderbarer Lebens=Lauff Herrn Peter Heylings, Aus Lübec, und dessen Reise nach Ethiopien, etc.*, Halle 1724
MILSINTOWN (anonym), *Ausführliches Leben und besondere Schiksale eines wilden Knaben von zwölf Jahren der zu Barra einer Schottländischen Insel von zweyen berühmten Aerzten gefangen und auferzogen worden*, Frankfurt und Leipzig 1759 (sowie in einer zweiten Ausg. mit gleichem Titel: Ulm 1760)
MONBODDO, Lord, siehe: BURNET, James
MONTAGU (MONTAGUE), Lady Mary Wortly, *Letters of the Right Honourable*

Lady M . . .y W . . .y M . . .e: Written, during her Travels in Europe, Asia And Africa, . . ., 3rd. Ed., Vol. 1, London 1763

MONTAIGNE, Michel de, *Michel de Montaignes Gesammelte Schriften*, Historisch=kritische Ausgabe mit Einleitungen und Anmerkungen unter Zugrundelegung der Übertragung von Johann Joachim BODE, herausgegeben von Otto FLAKE und Wilhelm WEIGAND, I. Buch *(Essays)*, München und Leipzig 1908

MONTESQUIEU, Charles de Secondat, *Vom Geist der Gesetze*, hier: in neuer Übertragung eingeleitet und herausgegeben von Ernst FORSTHOFF, 2 Bde., Tübingen 1951

MONTESQUIEU, Charles de Secondat, *Perserbriefe*, aus dem Französischen von Jürgen STACKELBERG. Mit Anmerkungen zum Text und einem Nachwort, Frankfurt am Main 1988

MORITZ, Karl Philipp, *Beiträge zur Ästhetik*, herausgegeben und kommentiert von Hans Joachim SCHRIMPF und Hans ADLER, Kempten/Allgäu 1989

MOZART, Wolfgang Amadeus, siehe: SCHIKANEDER, Emanuel

MÜLLER, Wilhelm Johann, *Die Africanische auf der Guineischen Gold-Cust gelegene Landschafft Fetu*, Hamburg 1676, neu herausgegeben und mit einer Einleitung versehen von Jürgen ZWERNEMANN, Graz 1968

MÜNSTER, Sebastian, *Cosmographia, etc.*, Basel/Bey den Henricpetrinischen: im Jahr M.DC.XXIIX (1628)

MUNDHENKE, Herbert (Hrsg.), *Die Matrikel der Universität Helmstedt, 1685–1810*, bearbeitet von Herbert MUNDHENKE, Hildesheim 1979 (Veröffentlichungen der Historischen Kommission für Niedersachsen und Bremen, Bd. IX, Abteilung 1, Bd. III)

NETTELBECK, Joachim, *Mein Leben*, herausgegeben, ergänzt und mit historischen Bildern versehen von Rolf ITALIAANDER, Zeulenroda 1938

NIEBUHR, Carsten, »Ueber die Veränderung der Hautfarbe der weissen und schwarzen Menschen«, in: *Deutsches Museum*, 1. Bd., 4. St., Leipzig 1787, S. 411–429

OEDIGER, Friedrich Wilhelm, *Die Regesten der Erzbischöfe von Köln im Mittelalter*, 1. Bd., Bonn 1954–1961

OETTINGER, Johann Peter, *Unter kurbrandenburgischer Flagge. Deutsche Kolonial=Erfahrungen vor 200 Jahren.* Nach dem Tagebuche des Chirurgen Johann Peter OETTINGER hrsg. von Paul OETTINGER, Berlin 1886

OLDENDORP, Christian Georg Andreas, *Geschichte der Mission der evangelischen Brüder auf den caraibischen Inseln S. Thomas, S. Croix und S. Jan.*, herausgegeben durch Johann Jakob BOSSART, Barby 1777

OLIVERUS, *Die Schriften des Kölner Domscholasters, späteren Bischofs von Paderborn und Kardinal-Bischofs von S. Sabina Oliverus*, herausgegeben von Dr. HOOGEWEG, Tübingen 1894

ORDERICUS VITALIS, *Historia ecclesiastica*, 13 Bücher, in 3 Teile geteilt, in: MIGNE PL, Bd. 188

ORDERICUS VITALIS, *The Ecclesiastical History of Orderic Vitalis*, 6 vols., edited and translated by Marjorie CHIBNALL, Oxford 1983 (1st. ed.: 1968); folgt: Bibl. nat. MS lat. 5506, BL.

ORIGENES, *Werke*, Bd. 8: *Homilien zu Samuel I, zum Hohelied und zu den Propheten. Kommentar zum Hohelied in Rufins und Hieronymus' Übersetzungen*, herausgegeben von W. A. BEAHRENS (GCS, Bd. 33), Leipzig 1925

OTTE, E. (Hrsg.), »Los Alemanes. Asiento sobre los IIII mil esclavos (negros)«, in: *Cédulas Reales relativas a Venezuela*, Caracas 1963, S. 241 f. (Documento No. 145)

OTTO BISCHOF VON FREISING, *Chronik oder Die Geschichte der zwei Staaten*, übersetzt von Adolf SCHMIDT, herausgegeben von Walther LAMMERS, Darmstadt 1960

OTTOKAR, *Ottokars österreichische Reimchronik*, nach den Abschriften Franz LICHTENSTEINS herausgegeben von Joseph SEEMÜLLER, 1. Halbbd., Hannover 1890

OVID, Publius Naso, *Metamorphosen*, Lateinisch und Deutsch, herausgegeben und übersetzt von Hermann BREITENBACH, 2. Aufl., Zürich 1964

PAASCHE, Hans, *Die Forschungsreise des Afrikaners Lukanga Mukara ins innerste Deutschlands, Geschildert in Briefen Lukanga Mukaras an den König Ruoma von Kitara*, gesammelt von Hans PAASCHE, herausgegeben auf Veranlassung Hans PAASCHES von Franziskus HÄHNEL, hier: 7. Aufl., Hamburg-Bergedorf 1927

PARACELSUS (d. i. Theophrastus Bombastus von Hohenheim), »Liber de Occulta Philosophia Theophrasti Paracelsi Bombast Des berühmbtesten Philosophi unnd beyder Artzney Doctoris«, in: *Archidoxa Philippi Theophrasti Paracelsi Bombast/des hocherfahrnen/unnd berühmtesten Philosophj/und beyder Artzney Doctoris/Von heymligkeiten der Natur/Zehen Bücher. Item. I. De tinctura Physicorum II. De occulta Philosophia, Getruckt zu Straßburg/durch Theodosium Rihel* (Vorwort von 1570), B.N.U.S.: R 101 277.

PARDESSUS, J. M., *Collection de Lois Maritimes antérieures au XVIIIe siècle*, 6. Bde., Paris 1828–1845

PARKE, William Thomas, *Musical Memoirs; comprising an account of the General State of Music in England, from ... 1784 ... to 1830. Interspearsed with numerous anecdotes*, etc., 2 vols., London 1830

PATTERSON, W., *W. Pattersons Reisen in das Land der Hottentotten und das Land der Kaffern während der Jahre 1777, 1778 und 1779*, Berlin 1790

PAULI, D. Carl Friedrich, *Allgemeine preußische Staats=Geschichte des dazu gehörigen Königreichs, Churfürstenthums und aller Herzogthümer, Fürstenthümer, Graf= und Herrschaften aus bewährten Schriftstellern und Urkunden bis auf gegenwärtige Regierung*, 7. Bd., Halle 1767 (darin, S. 483–512: »Geschichte der Preußischen Seemacht und der africanischen Handelsgesellschaft unter Friedrich Wilhelm dem Grossen und Könige Friedrich I« von Graf HERTZBERG)

PECHLIN, Joh. Nicolai, *De Habitu & Colore Æthiopum, qui vulgo Nigritae, etc.*, Kiloni 1677

PFEFFEL, Gottlieb Conrad, *Poetische Versuche*, 2 Theile, Tübingen 1816

PHILIPPI, Johann Ernst, siehe: EHRENHOLD, L.

PHILOPATRIDAE CHARITINI, *Wahrhaffte Relation und Historischer, Politischer, Höfflicher Discours uber deß Durchl. etc. Johann Fridrichen Hertzogen zu Wür-*

temberg etc. gelegentlich der Taufe des Prinzen Friedrich im März 1616 stattgefundenen Festlichkeiten, Stuttgart 1616

PICCOLOMINI, Aenea Sylvius, (d. i. PIUS II.), *Opera*, Basileae (ex officina Henric PETRINA) 1571, Repr. Frankfurt am Main 1967 (1. Ausg.: Basileae 1551)

PICCOLOMINI, Enea Silvio (d. i. PIUS II.), *Briefe*, übersetzt und eingeleitet von Max MELL, Jena 1911

PICCOLOMINI, Enea Silvio (d. i. PIUS II.), *Deutschland, Der Brieftraktat an Martin Mayer und Jakob Wimpfelings »Antworten und Einwendungen gegen Enea Silvio«*, übersetzt und erläutert von Adolf SCHMIDT, Köln–Graz 1962

PONTANI, Gaspare (bekannt als »Notaio del Nantiporto«), *Il Diario Romano di Gaspare Pontani già riferito al ›Notaio del Nantiporto‹*, in: Murat. SS., 3. Bd., 2. Teil

PONTANUS, Ioannis Ioviano, *De obedientia (Lib. III, Cap. VIII)*, in: *Werke*, Basileae 1538

PUSCHKIN, Alexander S., »Der Mohr Peters des Großen«, in: *Erzählungen*, München 1957, S. 7–47

RAABE, Wilhelm, *Meister Autor oder Die Geschichte vom versunkenen Garten* (25. Oktober 1872 – 10. Juli 1873), hier in: RAABE, Wilhelm, *Sämtliche Werke*, 2. Serie, Bd. 3, Berlin-Grunewald, o. J., S. 393–569

RAMSAY, James, *An Essay on the treatment and conversion of African Slaves in the British Sugar Colonies*, London 1784

RATHELF, Ernst Lorenz Michael, *Die Mohrinn zu Hamburg, Tragödie,* Hamburg 1775

RAY, John, *Three Physico-Theological Discourses, concerning I. The primitive Chaos, and Creation of the World. II. The General Deluge, its Causes and Effects. III. The Dissolution of the World, and future Conflagration*. 2. nd. ed., London 1693

RAYNALDO, Odorico, siehe: BARONIUS (BARONO), Caesare

REALIS, siehe: DÜTZELE VON COECKELBERGHE, Gerhard

REBMANN, Andreas G., *HanskiekindieWelts Reisen in alle vier Welttheile*, nach der 2., durchgehends verbesserten Aufl. von 1796 neu hrsg. und mit einem Nachwort und Erläuterungen versehen von Harro ZIMMERMANN, Bremen 1989

REITZENSTEIN, Carl Freyherr von, *Die Negersklaven. Ein Trauerspiel in fünf Aufzügen*, s. l., 1794

RESCHER, Oskar (Hrsg.), »Dschâhiz: Ueber die Vorzüge der Schwarzen«, herausgegeben und übersetzt von Oskar RESCHER, in: *Orientalische Miszellen*, Vol. II, Konstantinopel 1925/26, S. 146–186

RICARDO, CANONICO SANCTÆ TRINITATIS LONDINIENSIS, *Itinerarium Peregrinorum et Gesta Regis Ricardi*, (Chronicles and Memorials of the Reign of Richard I.), Vol. I., edited, From a Ms. in the Library of Corpus Christi College, Cambridge, by William STUBBS, London 1864/65

RINGELNATZ, Joachim (d. i. BÖTTICHER, Hans), *Das Gesamtwerk in sieben Bänden*, herausgegeben von Walter PAPE, Berlin 1984 ff.

ROHLFS, Gerhard, *Quer durch Afrika, Reise vom Mittelmeer nach dem Tschad-See und zum Golf von Guinea*, in zwei Theilen, Leipzig 1874

ROTKIRCH, Adolf Karloviç, siehe: ZJAWLOWSKI, M. A., et al.
ROUSSEAU, Jean-Jacques, *Emil oder über die Erziehung*, Vollständige Ausg. in neuer deutscher Fassung besorgt von Josef ESTERHUES, 3. durchgesehene Aufl., Paderborn 1963
RUPERT VON DEUTZ, *De trinitate et operibus ejus libri, XLII: In libros Regum* 3.30, in: MIGNE PL, Bd. 167
RUPERT VON DEUTZ, *R. D. D. Ruperti Abbatis Tuitiensis Commentariorum in Duodecim Prophetas Minores*, in: MIGNE PL, Bd. 168
RUSH, Benjamin, »Observations intended to favour a supposition that the Black Color (as it is called) of the Negroes is derived from the Leprosy«, in: *Transactions of the American Philosophical Society*, Vol. IV, No. XXXV, Philadelphia 1799, S. 289–297
SACHER-MASOCH, Leopold von, *Venus im Pelz, Mit einer Studie über den Masochismus von Gilles DELEUZE*, Frankfurt am Main 1968 (1980)
SACHER-MASOCH, Leopold von, »La Tsarine noire (900)«, in: SACHER-MASOCH, Leopold von, *La Vénus à la fourrure et autres nouvelles*, Paris 1985, S. 275–302
SADE, Donatien Alphonse François Marquis de, *Juliette*, translated by Austryn WAINHOUSE. First complete American edition, six volumes in one, Grove Press, Inc., New York 1968 (1. Aufl.: *La Nouvelle Justine, ou les Malheurs de la Vertu, suivie de l'Histoire de Juliette, sa sœur (ou les Prospérités du vice)*, En Hollande [Paris] 1797)
SADE, Donatien Alphonse François Marquis de, *Philosophie im Boudoir*, Originalausgabe, 3. Aufl., München 1980
SADE, Donatien Alphonse François Marquis de, *Justine oder die Leiden der Tugend*, Originalausgabe, herausgegeben von Peter SCHALK, 11. Aufl., München 1972 (1980)
SÄCHSISCHE WELTCHRONIK, herausgegeben von Ludwig WEILAND, in: MGH *Deutsche Chroniken*, 2. Bd., Hannover 1877
SALMON, Thomas, *Die heutige Historie oder der gegenwärtige Staat von allen Nationen, worinn Ihre Länder, Lage und Beschaffenheit, ihre Personen, Kleidung, Gebäude, Sitten, Gesetze, Gewohnheiten, Religion, Policey, Künste und Wissenschaften, Handlung, Handwercke, Acker=Bau, Pflantzen, Thiere, Mineralien, und andere Merckwürdigkeiten ausführlich beschrieben werden*, Erster Theil, Aus dem Englischen Original des Herrn Capitein Salmon ins Teutsche getreulich übersetzet, Und mit den Zugaben des Herrn M. van Goch, M. D. aus der Holländischen Edition vermehret. Verlegt von Jonas Korte, Buchhändler in Altona. 1732 (1. Ausg.: London, 1725)
SANDER, Heinrich, *Ueber Natur und Religion für die Liebhaber und Anbeter Gottes*, 1. Aufl.: Leipzig (bei Weygand) 1779, 2. Aufl.: Carlsruhe 1785
SANDRART, Joachim von, *Academia Nobilissimæ Artis Pictoriæ*, Noribergæ 1683
SCHADOW, Johann Gottfried, *National-Physiognomieen, oder Beobachtungen über den Unterschied der Gesichts-Züge und die äußere Gestaltung des menschlichen Kopfes*, Berlin 1835
SCHEDEL, Hartmann, *Das buch der Cronicken und Geschichten*, Nürnberg (S. Alt), 1493

SCHELTEMA, Jacobus, *Peter de Groote, keizer van Rusland, in Holland en te Zaandam, in 1697 en 1717*, Amsterdam, H. Gartman, 1813/14

SCHIKANEDER, Emanuel, *Die Zauberflöte, Oper in zwei Aufzügen*, Dichtung von Emanuel SCHIKANEDER, vollständiges Buch, herausgegeben und eingeleitet von Wilhelm ZENTNER, Stuttgart 1962 (1981)

SCHILLER, Friedrich, *Der Geisterseher*, Leipzig 1789

SCHILLER, Friedrich, *Über das Schöne und die Kunst, Schriften zur Ästhetik*, hier: München 1975 (1984)

SCHILLER, Friedrich, *Die Verschwörung des Fiesco zu Genua, Ein republikanisches Trauerspiel*, hier: Stuttgart 1982

SCHNABEL, Johann Gottfried, *Wunderliche Fata einiger See=Fahrer, absonderlich Alberti Julii, eines gebohrnen Sachsen etc.*, Nordhausen 1731, hier: *Insel Felsenburg*, herausgegeben von Volker MEID und Ingeborg SPRINGER-STRAND, Stuttgart 1979 (1982)

SCHNITZLER, Arthur, »Andreas Thameyers letzter Brief«, in: *Das erzählerische Werk*, Bd. 2, Frankfurt am Main 1977 (1984)

SCHUBART, Christian Friedrich Daniel, *Deutsche Chronik auf das Jahr 1776, (Deutsche Neudrucke, Reihe: Goethezeit)*, herausgegeben von Arthur HENKEL, Heidelberg 1975

SCOTT, Walter (Hrsg.), *A Collection of scarce and valuable Tracts, etc.*, 13 Bde., London 1809–1815, hier: Bd. XII, 2nd. ed., revised, augmented and arranged by Walter SCOTT, London 1814

SENECA, *Hercvles (Oetaevs)*, in: *Tragoediae*, herausgegeben von Rudolfvs PEIPER et Gvstavvs RICHTER, Leipzig 1867

SHAFTESBURY, Anthony ASHLEY-COOPER, Earl of, *Die Moralisten*, in der Übersetzung von Max FRISCHEISEN-KÖHLER, mit einer Einleitung neu herausgegeben von Wolfgang H. SCHRADER, Hamburg 1980

SIEMSEN, Jes, »Beschreibung der Insel Nordmarsch, 1807, von Jes SIEMSEN, Pastor auf Nordmarsch von 1803–1807«, in: *Beiträge zur Kenntniß der Dänischen Monarchie*«, herausgegeben von C. U. D. Freyherrn von EGGERS, 2. Sammlung, Schleswig und Flensburg 1807, in: LORENZEN 1983

SOLINUS, C. Julius, *Collectanea rervm memorabilivm*, herausgegeben von Theodor MOMMSEN, Berlin 1895

SÖMMERRING, Samuel Thomas, *Ueber die körperliche Verschiedenheit des Negers vom Europäer*, Frankfurt und Mainz 1785

SÖMMERRING, Samuel Thomas, »Etwas Vernünftiges vom Orang=Utang«, in: *Göttinger Taschencalender*, 1781, S. 40–64

SPINOZA, Baruch, *Ethik*, in: *Opera – Werke. Lateinisch und Deutsch*, 4 Bde., herausgegeben von Konrad BLUMENSTOCK, Darmstadt 1967, hier: Bd. 2

SPRAT, Thomas, *The History of the Royal-Society of London, For the Improving of Natural Knowledge*, London 1667

SPRINGER, Balthasar, *Meerfahrt und erfarung nüwer Schiffung und Wege zu viln unerkanten Inseln und Künigreichen*, s. l., 1509 (1. Ausg.: 1505/06)

STAPELMOHR, Ivar v., *Ludolfs von Sudheim Reise ins Heilige Land*, nach der Hamburger Hs. herausgegeben von Ivar v. STAPELMOHR, Lund 1937

STERNE, Laurence, *Letters of Laurence Sterne,* edited by Lewis Parry CURTIS, Oxford at the Clarendon Press, 1965 (Reprinted lithographically in Great Britain, from Sheets of the first Edition, 1935)

ST. JOHN, Henry (Viscount Bolingbroke), *Works*, edited by David MALLET, Hildesheim 1968 (nach der Ausg.: London 1754)

STOPPEN, Daniel, »Der Hottentotte« (Die XVIII. Fabel), in: *Neue Fabeln oder Moralische Gedichte, der Jugend zu einem nützlichen Zeitvertreibe aufgesetzt von Daniel STOPPEN*, 2. Theil, Breßlau 1745, S. 117 f.

STORM, Theodor, *Nachgelassene Schriften,* herausgegeben von Gertrud STORM, Bd. 1: *Briefe an seine Braut,* Berlin–Braunschweig–Hamburg, 1915

STORM, Theodor, *Von jenseits des Meeres*, hier: in: *Werke in vier Bänden*, herausgegeben von Peter GOLDAMMER, 2. Bd., Berlin 1982

STORM, Theodor, *Bulemanns Haus* (1864), hier: herausgegeben von Winfried FREUND, Stuttgart 1983

STRICKER, Der, *Karl der Grosse von Dem Stricker*, Herausgegeben von Karl BARTSCH, Quedlinburg und Leipzig 1857

STRIEDER, Jakob (Hrsg.), *Aus Antwerpener Notariatsarchiven, Quellen zur deutschen Wirtschaftsgeschichte des 16. Jahrhunderts*, Wiesbaden 1962

STURLA, Thordi filius, »Historia Hakonis Hakonidae«, in: *Scripta Historica Islandorum*, Bd. 9 und Bd. 10: *Fornmanna-soegur* (Lat.), Hafniae: Popp, 1840 und 1841

TERTULLIAN, *De Baptismo*, in: CC, Series Latina, Bd. 1

TIEDEMANN, Friedrich, *Das Hirn des Negers mit dem des Europäers und Orang-Outangs verglichen*, Heidelberg 1837

TOPSELL, Edward, *The Historie of Fovre-Footed Beastes. Describing the true and liuely figure of euery Beast, with a discourse of their seuerall Names, Conditions, Kindes, Vertues (both naturall and medicinall) Countries of their breed, their loue and hate to Mankinde, and the wonderfull worke of God in their Creation, Preseruation, and Destruction*, London 1607

TORNIELLO, Avgvstino, *Annales sacri et profani ab orbe condito* etc., Frankfurt am Main, 1646

UHLAND, Ludwig, *Uhlands Schriften zur Geschichte der Dichtung und Sage,* 2. Bd., Stuttgart 1866

ULRICH VON RICHENTAL, *Ulrichs von Richental Chronik des Konzils zu Konstanz 1414–1418*, herausgegeben von Otto H. BRANDT, Leipzig 1913

ULRICH VON RICHENTAL, siehe auch: FEGER, 1964

ULTZHEIMER, Andreas Josua, *Warhafte Beschreibung ettlicher Reisen in Europa, Africa, Asien und America, 1596–1610*, s. l. 1616, hier: nach der alten Hs. bearbeitet und herausgegeben von Sabine WERG, Tübingen und Basel 1971

(The) UNIVERSAL MAGAZINE OF KNOWLEDGE AND PLEASURE, Bd. 68, London 1781

UNSCHULDIGE NACHRICHTEN von Theologischen Sachen, Büchern, Uhrkunden, Controversen etc., Leipzig 1716

VENANTIUS FORTUNATUS, siehe: FORTUNATUS, Venantius Honorius Clementianus

VERGIL, *Aeneis*, Lateinisch-Deutsch, in Zusammenarbeit mit Maria GÖTTE herausgegeben und übersetzt von Johannes GÖTTE, 7. Aufl., München–Zürich 1988

VINTLER, Hans, *Die Pluemen der Tugent*, herausgegeben von Ignaz ZINGERLE, Innsbruck 1874 (Aeltere Tirolische Dichter, Bd. I)

VICO, Giambattista, *Die neue Wissenschaft über die gemeinschaftliche Natur der Völker*, nach der Ausg. von 1744 übersetzt von Erich AUERBACH. Mit einem Essay ›Zum Verständnis des Werkes‹ und einer Bibliographie von Eginhard HORA, Berlin 1966

VIREY, Julien Joseph, *Histoire naturelle du genre humain*, 2. überarbeitete und erweiterte Aufl., 2 Bde., Paris 1824

VOLTAIRE (François-Marie AROUET), »Poëme sur le Désastre de Lisbonne ou Examen de cet Axiome, Tout est bien«, in: *Poëmes, Épitres et autres Poésies*, Genève M.DCC.LXXVII (1777), S. 13–22

VOLTAIRE (François-Marie AROUET), *Œuvres complètes de Voltaire,* Bde. 1–70, Paris 1785–89

VOLTAIRE (François-Marie AROUET), *Candide oder der Optimismus*, hier in: *VOLTAIRE, sämtliche Romane und Erzählungen*, aus dem Französischen übersetzt von Ilse LEHMANN und mit einer Einleitung von Victor KLEMPERER sowie mit Stichen von MOREAU LE JEUNE versehen, Leipzig 1976

VOLTAIRE (François-Marie AROUET), *Mikromegas*, hier in: *VOLTAIRE, sämtliche Romane und Erzählungen*, aus dem Französischen übersetzt von Ilse LEHMANN und mit einer Einleitung von Victor KLEMPERER sowie mit Stichen von MOREAU LE JEUNE versehen, Leipzig 1976

VOLTAIRE (François-Marie AROUET), *Dictionnaire Philosophique*, Paris s. a.

WAGNER, Karl (Hrsg.), *Briefe an Johann Heinrich Merck von Göthe, Herder, Wieland und anderen bedeutenden Zeitgenossen*, Darmstadt 1835

WALTHER VON DER VOGELWEIDE, *Die Gedichte*, herausgegeben von Karl LACHMANN, Berlin 1827

WALTER, Carl Heinz, *Machbuba, die Sklavin des Fürsten Pückler. Der Roman einer märkischen Heimkehr,* mit einer Widmung von Graf PÜCKLER und einer Einleitung von Hofrat URBAN, Cottbus (bei Otto Enke) 1935

WEZEL, Johann Karl, *Robinson Krusoe*, Leipzig 1779, hier: neu herausgegeben und mit einem Nachwort versehen von Rolf STRUBE, Berlin 1982

WEZEL, Johann Karl, *Belphegor oder Die wahrscheinlichste Geschichte unter der Sonne*, Leipzig 1776, hier: neu herausgegeben und mit einem Nachwort versehen von Hubert GERSCH, Frankfurt am Main 1984

WHEELER, John, *A Treatise of Commerce*, edited with an Introduction and Notes by George Burton HOTCHKISS, The New York University Press, N. Y., 1931

WHITE, Charles, *An Account of the Regular Gradation in Man, and in Different Animals and Vegetables; and from the Former to the Latter*, London 1799

WIELAND, Christoph Martin, *Reise des Priesters Abulfauaris ins innere Afrika (1770)*, in: *Sämtliche Werke*, 15. Bd., Leipzig 1795

WIELAND, Christoph Martin, *Geschichte der Abderiten*, 2 Theile, in: *Sämmtliche Werke*, 19. Bd. (1. Th., 1.–3. Buch) und 20. Bd. (2. Th., 4.–5. Buch), Leipzig 1796

WIELAND, Christoph Martin, *Geschichte des Agathon*, in: *Sämmtliche Werke*, herausgegeben nach der Vorlage der Ausgabe Leipzig 1794–1811 von der »Hamburger Stiftung zur Förderung von Wissenschaft und Kultur«, Bd. 1, Hamburg 1984

WIELAND, Christoph Martin, »Adis und Dahy«, in: *Wielands Gesammelte Schriften*, 1. Abt.: *Werke*, 18. Bd. *(Dschinnistan oder auserlesene Feen= und Geistermärchen)*, herausgegeben von Siegfried MAUERMANN, Berlin 1938, S. 36–63

WINKELMAN, Isaak, »Bericht über die Reise Henry Gallandats an die Goldküste«, in: *Verhandelingen uitgegeven door het Zeeuwsch Genootschap der Wetenschappen te Vlissingen*, D. 9. Middelburg 1782, S. XIX f.

WINCKELMANN, Johann, *Werke in einem Band*, Berlin und Weimar 1986

WINTERBOTTOM, Thomas, *An Account of the Native Africans in the Neigbourhood of Sierra Leone to which is added An Account of the Present State of Medicine among them*, 2. ed., with a new introduction by John D. HARGREAVES and E. Maurice BACKETT, 2 Bde., London 1969

WIPPICH, Peter, »De swarte Feldtrompetter«, in: *Jb. für Heimatkunde im Kreis Plön-Holstein*, 9. Jg., 1979, S. 97–10

WIRNT VON GRAVENBERG, *Wigalois. Eine Erzählung*, herausgegeben von Franz PFEIFFER, Leipzig 1847

WIRNT VON GRAVENBERC, *Wigalois der Ritter mit dem Rade*, herausgegeben von J. M. N. KAPTEYN, 1. Bd. (Text), Bonn 1926

WOLFRAM VON ESCHENBACH, *Parzival*, herausgegeben von Karl LACHMANN, 6. Ausg., Berlin und Leipzig 1926 (hier: unveränderter photomechanischer Nachdruck, Berlin 1964)

WOLFRAM VON ESCHENBACH, *Parzival*, übertragen von Wilhelm STAPEL, Hamburg 1937

WURFFBAIN, Johann Sigmund, *Reise nach den Molukken und Vorder-Indien, 1632–1646*, neu herausgegeben nach der zu Nürnberg im Verlag von Johann Georg Endter im Jahre 1686 erschienenen Original-Ausgabe, Haag 1931

ZIMMERMANN, E. A. W., *Die Erde und ihre Bewohner nach den neuesten Entdeckungen*, Bde. 1–3, *1. Theil. Guinea*, Leipzig 1810

ZINCGREF, Julius Wilhelm, *Der Teutschen scharfsinnige kluge Sprüch*, herausgegeben und mit einem Nachwort von Karl-Heinz KLINGENBERG, Leipzig 1982 (1. Aufl.: Frankfurt und Leipzig 1683)

4. Sekundärliteratur

ABRAHAM, William, »The Life and Times of Anton Wilhelm Amo«, in: *Transactions of the Historical Society of Ghana*, Vol. VII, Legon 1965, S. 60–81

ACTON, Harold, »Pushkin and Peter the Great's Negro«, in: *Negro. An Anthology collected and edited by Nancy CUNARD*, edited and abridged, with an introduction, by Hugh FORD, New York, 1970 (1984), 1. Aufl.: 1933, S. 334–337

AHUMA, A., *Memoirs of West-African Celebrities*, Liverpool 1905

ALAFBERG, Fritz, *Wolfgang Heribert von Dahlberg als Bühnenleiter und als Dramatiker (3. Kapitel),* Inaugural-Dissertation zur Erlangung der Doktorwürde der Friedrich-Wilhelms-Universität zu Berlin, Berlin 1907

ALASSANE, M. (Hrsg.), *Négritude et Germanité. L'Afrique Noire dans la littérature d'expression allemande*, Kongreßberichte des *Douzième Congrès de l'association des germanistes de l'enseignement supérieur,* A. G. E. S., Dakar, 12–15 avril 1979, Les Nouvelles Éditions Africaines, Dakar 1983

ALBERS, Wilhelm, und CLASEN, Armin, »Mohren im Kirchspiel Eppendorf und im Gute Ahrensburg, in: *Zeitschrift für Niederdeutsche Familienkunde,* 41. Jg., Heft 1, Hamburg, Januar 1963, S. 2–4

ALEWYN, Richard, *Das große Welttheater, Die Epoche der höfischen Feste*, 2. erweiterte Aufl., München 1985 (1. Aufl.: Hamburg 1959)

ALEXANDER, Ziggi, and DEWJEE, Audrey, *Roots in Britain, Black and Asian Citizens from Elizabeth I to Elizabeth II*, Brent Library Service, 2nd. ed., London 1981

ALLEN, Don Cameron, *The Legend of Noah, Renaissance Rationalism in Art, Science, and Letters*, University of Illinois, Urbana, 1963

ALLIER, Raoul, »Une énigme troublante. La race nègre et la malédiction de Cham«, in: *Les Cahiers Missionnaires*, No. 16, Paris (Société des Missions Évangéliques), 1930, S. 5–32

ANONYMUS 5, »Mohren in der Mark und an der Saar«, in: *Archiv für Sippenforschung*, Vol. 12 (1935), S. 260 f.

ANONYMUS 6, »Schwarze Militärmusiker und Spielleute«, in: *Deutscher Soldaten-Kalender*, 7. Jb., München 1959, S. 177–180

ANONYMUS 7, »›Kärls und Köppe‹, Wilhelm Sambo, Sr. Majestät Patenkind und Kesselpauker«, in: *Westfälische Nachrichten* vom 7. März 1959, Nr. 62

ARIÈS, Philippe, *Geschichte des Todes*, aus dem Französischen von Hans-Horst HENSCHEN und Una PFAU, München 1980 (Originalausgabe: Paris 1978)

ARIÈS, Philippe, *Geschichte der Kindheit*, aus dem Französischen von Caroline NEUBAUR und Karin KERSTEN, mit einem Vorwort von Hartmut von HENTIG, 6. Aufl., München 1984 (1. Aufl.: München 1978; Originalausgabe: Paris 1960)

ARLDT, Theodor, »Die Völkertafeln der Genesis und ihre Bedeutung für die Ethnographie Vorderasiens«, in: *Wiener Zeitschrift für die Kunde des Morgenlandes*, Bd. 30, 1917–1918, S. 264–317

ARMISTEAD, Wilson, *A Tribute for the Negro: Being a Vindication of the Moral, Intellectual, and Religious Capabilities of the Coloured portion of Mankind; with Particular Reference to the African Race*, Manchester 1848

AUGÉARD, Eugène, *Étude sur la traite des noirs avant 1790 au point de vue du commerce nantais,* Nantes 1900

AULICH, Bruno, *Mondscheinsonate und Katzenfuge*, München und Zürich 1985

BAADER, Berndt Ph., *Der bayerische Renaissancehof Herzog Wilhelms V.* (1568–1579), *Ein Beitrag zur bayerischen und deutschen Kulturgeschichte des 16. Jahrhunderts,* Leipzig–Strassburg 1943

BALTRUŠAITIS, Jurgis, *Imaginäre Realitäten, Fiktion und Illusion als produktive Kraft. Tierphysiognomik, Bilder im Stein, Waldarchitektur, Illusionsgärten*, Köln 1984

BARBA, Sylvie, und THUIN, Christian de, »L'Effet Michael Jackson«, in: 50 *Millions de Consommateurs*, Paris, Mars 1991, No. 237, S. 80 f.

BARONE, Nicola, »Le cedole di tesoreria dell'archivio di Stato di Napoli dall'anno 1460 al 1504«, in: *Archivio storico per le provincie napolitane*, Bd. 9, 1884

BAUDET, Henri, *Paradise on Earth, Some Thoughts on European Images of Non-European Man*, translated by Elizabeth WENTHOLT, Yale University Press, New Haven and London 1965

BAUER, Werner M., »Afrika und Afrikaner in der österreichischen Literatur des 18. und 19. Jahrhunderts«, in: ALASSANE, M. (Hrsg.), *Négritude et Germanité, L'Afrique Noire dans la littérature d'expression allemande,* Dakar 1983, S. 111–124

BAUER, Wilhelm A., *Angelo Soliman, der hochfürstliche Mohr. Ein exotisches Kapitel Alt-Wien*, Wien 1922

BAXANDALL, Michael, *Die Wirklichkeit der Bilder, Malerei und Erfahrung im Italien des 15. Jahrhunderts*, aus dem Englischen von Hans-Günter HOLL, Frankfurt am Main 1987 (Originalausg.: Oxford University Press, 1972; 1. dt. Aufl. 1977)

BAXANDALL, Michael, *Die Kunst der Bildschnitzer. Tilman Riemenschneider, Veit Stoß und ihre Zeitgenossen*, aus dem Englischen von Brigitte SAUERLÄNDER, 2., durchgesehene Aufl., München 1985 (1. Aufl.: 1984; Originalausg.: Yale University Press, 1980)

BEATTIE, John M., *The English Court in the Reign of George I*, Cambridge at the University Press, 1967

BECK, August, *Ernst der Fromme, Herzog zu Sachsen=Gotha und Altenburg, Ein Beitrag zur Geschichte des siebenzehnten Jahrhunderts,* 2 Theile, Weimar 1865

BEISSEL, Stephan, *Geschichte der Verehrung Marias in Deutschland während des Mittelalters, Ein Beitrag zur Religionswissenschaft und Kunstgeschichte*, Freiburg i. Br. 1909

BEISSEL, Stephan, *Geschichte der Verehrung Marias im 16. und 17. Jahrhundert, Ein Beitrag zur Religionswissenschaft und Kunstgeschichte*, Nieuwkoop 1970 (Reprint der Ausg.: Freiburg 1910)

BENDYSHE, Thomas, siehe: BLUMENBACH, Johann Friedrich, 1865

BENN, Gottfried, *Goethe und die Naturwissenschaften*, hier in: *Gesammelte Werke in acht Bänden*, hrsg. v. Dieter WELLERSHOFF, Bd. 3, Wiesbaden und Zürich 1968

BENZ, Ernst, *Leibniz und Peter der Grosse, Der Beitrag Leibnizens zur russischen Kultur-, Religions und Wirtschaftspolitik seiner Zeit*, Leibniz zu seinem 300. Geburtstag 1646–1946, Lieferung 2, Berlin 1947

BERCHEM, Denis van, *Le Martyre de la Légion Thébaine. Essai sur la Formation d'une Légende*, Basel 1956

BERGER, John, *Ways of Seeing, Based on the BBC television series with John Berger*, London–Harmondsworth–Ringwood 1985 (1972)

BERNBAUM, Ernest, »*Mrs. Behn's* **Oroonoko**«, in: *Anniversary Papers by Collegues and Pupils of George Lyman KITTREDGE*, presented on the completion of his twenty-fifth year of teaching in Harvard University, June, MCMXIII, New York 1913, reissued 1967, S. 419–433

BITTERLI, Urs, *Die Entdeckung des schwarzen Afrikaners, Versuch einer Geistesgeschichte der europäisch-afrikanischen Beziehungen an der Guineaküste im 17. und 18. Jahrhundert*, Zürich 1970, 2. Aufl., Zürich und Freiburg i. Br. 1980

BITTERLI, Urs, *Die ›Wilden‹ und die ›Zivilisierten‹, Grundzüge einer Geistes- und Kulturgeschichte der europäisch-überseeischen Begegnung*, München 1976

BLAKELY, Allison, *Russia and the Negro. Blacks in Russian History and Thought*, Washington, Howard Press, 1986

BLOCH, Iwan, *Der Marquis de Sade und seine Zeit, Ein Beitrag zur Sittengeschichte des 18. Jahrhunderts*, München 1978 (2. Aufl. 1901)

BLOCH, Iwan, *Das Sexualleben unserer Zeit in seinen Beziehungen zur modernen Kultur*, 7. bis 9. Aufl., Berlin 1909

BLÜMML, Emil Karl, und GUGITZ, Gustav, »Die Marokkaner in Wien«, in: *Altwienerisches, Bilder und Gestalten*, 2. Bd., 2. Aufl., Wien–Prag–Leipzig 1921

BOAS, Marie, *Die Renaissance der Natur-Wissenschaften 1450–1630, Das Zeitalter des Kopernikus*, aus dem Englischen von Marlene TRIER, ergänzt (A. d. Ü.) von Theodor A. KNUST, Nördlingen 1988 (Originalausgabe: London 1962)

BOCKELBERG, Otto Heinrich von, »Das Morgenländische in der Anbetung der Könige, ein Beitrag zu ihrer Ikonographie«, in: *Deutschland–Italien. Beiträge zu den Kulturbeziehungen zwischen Norden und Süden. Festschrift für Wilhelm Waetzoldt zu seinem 60. Geburtstag 21. Februar 1940,* herausgegeben vom Kunstgeschichtlichen Institut der Martin Luther-Universität, Halle–Wittenberg, Berlin 1941, S. 91–134

BÖHM, Uwe Peter, *Hessisches Militär. Die Truppen der Landgrafschaft Hessen-Kassel 1672–1806* (Beilage zur *Zeitschrift für Heereskunde,* 50. Jg., 1986, Nr. 328), herausgegeben im Auftrag der Deutschen Gesellschaft für Heereskunde e. V., Beckum 1986

BOHMBACH, Jürgen, »Die Juden im alten Regierungsbezirk Stade«, in: *Stader Jahrbuch* 1977 (Stader Archiv – Neue Folge, Heft 67), Stade 1977, S. 31–75

BONO, Salvatore, »Due Santi Negri: Benedetto da San Fratello e Antonio da Noto«, in: *Estratto da Africa, Rivista trimestre di studi e documentazione dell'Istituto Italiano per l'Africa*, Anno XXI, n. 1, Marzo 1966, S. 76–79

BONTINCK, F., »Le monument funèbre d'Antonius Nigrita à Rome«, in: *Revue du Clergé africain*, Bd. 6. VI (1951), Nr. 2, S. 118–126

BORST, Arno, *Der Turmbau von Babel. Geschichte der Meinungen über Ursprung und Vielfalt der Sprachen und Völker*, Bd. 1, Stuttgart 1957, und Bd. 2, Stuttgart 1960

BORST, Arno, *Lebensformen im Mittelalter*, Frankfurt am Main–Berlin 1979 (1. Aufl. 1973)

BORST, Otto, *Alltagsleben im Mittelalter*, Frankfurt am Main 1983

BOSCH VILA, Jacinto, *Historia de Sevilla, La Sevilla Islámica 712–248*, Sevilla 1984

BOTH, Wolf von, »Aus dem Leben des Landgrafen Wilhelm VIII. von Hessen-Kassel (1682–1760)«, in: *Hessisches Jahrbuch für Landesgeschichte*, 13. Bd., Marburg 1963, S. 211–222

BOTH, Wolf von, und VOGEL, Hans, *Landgraf Friedrich II. von Hessen-Kassel, Ein Fürst der Zopfzeit*, München 1973

BOVILL, E. W., *The Golden Trade of the Moors*, Oxford University Press, London–New York–Toronto 1958

BOWLES, Edmund A., »Eastern influences on the use of trumpets and drums during the Middle Ages«, in: *Anuario Musical*, Vol. XXVI (1971), Barcelona 1972, S. 1–28

BRABBÉE, Gustav, *Sub Rosa. Vertrauliche Mittheilungen aus dem Maurerischen Leben unserer Grossväter*, Wien 1879

BRACKMANN, Albert, *Die politische Bedeutung der Mauritius-Verehrung im frühen Mittelalter*, Sonderausg. aus den Sitzungsberichten der Preußischen Akademie der Wissenschaften, Phil.-hist. Klasse, Bd. XXX, Berlin 1937

BRÄUNLEIN, Peter J., »Von Mohren-Apotheken und Mohrenkopf-Wappen«, in: *Zeitschrift für Kulturaustausch*, 1991/2, S. 219–238

BRENET, Michel (d. i.: BOBILLIER, Marie), *Les Concerts en France sous l'ancien Régime*, Paris 1900

BRENTJES, Burchard, *Antonius Gvilielmus Amo Afer aus Axim in Ghana*, Halle 1968

BRENTJES, Burchard, »Anton Wilhelm Amo in Halle, Wittenberg und Jena«, in: *Mitteilungen des Instituts für Orientforschung*, Bd. XV, Berlin 1969/a, S. 56–76

BRENTJES, Burchard, »Anton Wilhelm Amo, afrikanischer Student der Philosophie und Medizin in Halle, Wittenberg und Jena (1727–1740)«, in: *In Memoriam Herrmann Boerhave (1668–1738)*, herausgegeben von Wolfram KAISER und Christine BEIERLEIN, Wissenschaftliche Beiträge der Martin-Luther-Universität Halle-Wittenberg, 1969 / 2 (R 10), Halle (Saale) 1969 / b, S. 135–138

BRENTJES, Burchard, *Anton Wilhelm Amo, Der schwarze Philosoph in Halle*, Leipzig 1976

BRENTJES, Burchard (Hrsg.), *Der Beitrag der Völker Afrikas zur Weltkultur, Materialien einer wissenschaftlichen Arbeitstagung zu Ehren des Philosophen Anton Wilhelm Amo (1727–1747 in Halle, Wittenberg und Jena)*, (Kongress- und Tagungsberichte der Martin-Luther-Universität Halle-Wittenberg), Halle (Saale) 1977

BRENTJES, Burchard, »Ein Afrikaner in Halle vor 250 Jahren?«, in: *Der Beitrag der Völker Afrikas zur Weltkultur, Materialien einer wissenschaftlichen Arbeitstagung zu Ehren des Philosophen Anton Wilhelm Amo (1727–1747 in Halle, Wittenberg und Jena)*, herausgegeben von Burchard Brentjes (Kongress- und Tagungsberichte der Martin-Luther-Universität Halle-Wittenberg), Halle (Saale) 1977, S. 3–15

BRINCKEN, Anna-Dorothee von den, »Johann Potken aus Schwerte, Probst von St. Georg in Köln, Der erste Äthiopologe des Abendlandes«, in: *Aus kölnischer und rheinischer Geschichte, Festgabe Arnold Güttsches zum 65. Geburtstag gewidmet*, herausgegeben von Hans BLUM, Köln 1969, S. 81–114

BRINCKEN, Anna-Dorothee von den, *Die ›Nationes Christianorum Orientalium‹ im Verständnis der lateinischen Historiographie von der Mitte des 12. bis in die zweite Hälfte des 14. Jahrhunderts*, Köln–Wien 1973

BRØNDSTED, Johannes, *Die große Zeit der Wikinger*, Neumünster 1960 (1964)

BROOKS, John, »Slavery and the slave in the works of Lope de Vega«, in: *The Romanic Review*, Vol. 19, No. 3, July–September, 1928, S. 232–243
BRÜCKNER, Alexander, *Culturhistorische Studien, Die Russen im Auslande im 17. Jahrhundert*, Riga 1878 (Repr. Cambridge, England, 1972)
BRÜCKNER, Alexander, *Peter der Große*, Berlin 1879
BRÜCKNER, Alexander, *Die Europäisierung Rußlands. Land und Volk*, Gotha 1888
BRUMMACK, Jürgen, *Die Darstellung des Orients in den deutschen Alexandergeschichten des Mittelalters*, Philologische Studien und Quellen, herausgegeben von Wolfgang BINDER, Hugo MOSER und Karl STRACKMANN, Heft 29, Berlin 1966
BRUNS, Alfred, *Berleburger Stadtrechte und Bürgerbuch*, Münster 1985 (*Westfälische Quellen und Archivverzeichnisse*, Bd. 10, herausgegeben vom Landschaftsverband Westfalen-Lippe)
BUDDE, Rainer (Hrsg.), *Die Heiligen Drei Könige – Darstellung und Verehrung. Katalog zur Ausstellung des Wallraf-Richartz-Museums in der Josef-Haubrich-Kunsthalle*, Köln, 1. Dezember 1982 bis 30. Januar 1983, Köln 1982
BUMKE, Joachim, *Höfische Kultur, Literatur und Gesellschaft im hohen Mittelalter*, 2 Bde., München 1986
BURCHARD, Max, *Die Kopfsteuerbeschreibung der Fürstentümer Calenberg=Göttingen und Grubenhagen von 1689, Teil 2: Die Alt= und Neustadt Hannover sowie die Fürstliche Kanzlei*, bearbeitet von Joachim STUDTMANN, Hannover 1941
BURCKHARDT, Jacob, *Die Kultur der Renaissance*, Grosse illustrierte Phaidon-Ausgabe, Wien, s. a.
CASPAR, Erich, *Hermann von Salza und die Gründung des Deutschordensstaats in Preussen*, Tübingen 1924
CASSAGNES-BROUQUET, Sophie, *Vierges Noires. Regard et Fascination*, Edition du Rouergue, Rodez 1990
CASSUTO, Alfonso, *Gedenkschrift anlässlich des 275jährigen Bestehens der portugiesisch-jüdischen Gemeinde in Hamburg, Mit Aufzählung der portugiesisch-jüdischen Rabbiner in Hamburg und der in Hamburg, Altona und Glückstadt gedruckten Bücher portugiesisch-jüdischer Autoren*, Amsterdam 1927
CASSUTO, J., »Aus dem ältesten Protokollbuch der Portugiesisch-Jüdischen Gemeinde in Hamburg«, in: *Jahrbuch der Jüdisch-Literarischen Gesellschaft*, Frankfurt am Main, Bd. 8 (1910=5671), Frankfurt am Main, 1911, S. 226 ff.
CASTRO, D. Henriques de, *Auswahl von Grabsteinen auf dem Niederl.-Portug.-Israel. Begräbnisplatze zu Ouderkerk an den Amstel nebst Beschreibung und biographischen Skizzen. Voran geht: Einiges über diesen und den früheren Begräbnisplatz der Niederl.-Portug.-Israel. Gemeinde in Amsterdam.* Mit Abbildungen, 1. Sammlung, Leiden 1883
CATHOLY, Eckehard, *Das Fastnachtspiel des Spätmittelalters, Gestalt und Funktion*, Tübingen 1961
CHAVES Y REY, Manuel, *Cosas nuevas y viejas (apuntes sevillanos)*, Prólogo de Don José Nogales, Sevilla, Tipografía, Sauceda 11, 1904

CHOP, Max, *Geschichte der deutschen Militärmusik*, mit einem Vorwort von Th. GRAWERT, Hannover 1925

COMHAIRE, J., »Some Notes on Africans in Muslim History«, in: *The Muslim World, A Quarterly Journal of Islamic Study and of Christian Interpretation among Muslims*, Vol. XLVI, Hartford, Connecticut, 1956, S. 336–344

COOK, Mercer, »Jean-Jacques Rousseau and the Negro«, In: *The Journal of Negro History*, Vol. XXI, No. 1, January, 1936, S. 294–303

CORBIN, Alain, *Pesthauch und Blütenduft, Eine Geschichte des Geruchs*, Aus dem Französischen von Grete OSTERWALD, Berlin 1984 (1. Aufl.: Paris 1982)

CORSON, Richard, *Fashions in Makeup, From ancient to modern Times*, London 1972

CRONHOLM, Anna-Christie, *Die nordamerikanische Sklavenfrage im deutschen Schrifttum des 19. Jahrhunderts*, Diss., Berlin 1958

CURTIN, Philip D., *The Image of Africa, British Ideas and Action, 1780–1850*, 2 vols., The University of Wisconsin Press, Madison, Wisconsin 1964 (1973)

CURTIN, Philip D., *The Atlantic Slave Trade. A Census*, The University of Wisconsin Press, 1975 (1. Aufl.: 1969)

DABYDEEN, David, *Hogarth's Blacks. Images of Blacks in Eighteenth Century English Art*, Manchester University Press, Manchester 1987 (1st. ed.: Mundelstrup, Denmark, 1985)

DANCKERT, Werner, *Unehrliche Leute. Die verfemten Berufe*, Bern und München 1963

DANTZIG, A. Van, *The Dutch and the Guinea Coast, 1674–1742, A Collection of Documents from the General State Archive at the Hague*, Compiled & Translated by A. Van DANTZIG, Gaas–Accra, 1978

DAUM, Werner (Hrsg.), *Die Königin von Saba, Kunst, Legende und Archäologie zwischen Morgenland und Abendland*, Stuttgart–Zürich 1988

DAVIS, David Brion, *The Problem of Slavery in Western Culture*, Cornell University 1966, hier: Cornell Paperbacks, 2nd pr. 1970

DEBIEN, Gabriel, »Les travaux d'histoire sur Saint-Domingue. Chronique bibliographique (1950–1952)«, in: *Revue de l'histoire des colonies françaises*, Bd. XL, 1953

DEBRUNNER, Hans Werner, »Frühe westafrikanische Porträts«, in: *Sonntagsblatt (Basler Nachrichten)*, Sonntag, 10. Januar 1965, Nr. 12, S. 11 f.

DEBRUNNER, Hans Werner, »Mauritius niger, Gestalt und Idee«, in: *Sonntagsblatt (Basler Nachrichten)*, Sonntag, 14. November 1965, Nr. 483, S. 27 f.

DEBRUNNER, Hans Werner, »Abba Gregor, Die zentrale Bedeutung des Peripheren für die ökumenischen und missionarischen Bestrebungen des 17. Jahrhunderts«, in: *Sonntagsblatt (Basler Nachrichten)*, Sonntag, 4. Dezember 1966, Nr. 515, S. 27 f.

DEBRUNNER, Hans Werner, »Waren wir schon immer so? Johann Friedrich Blumenbach und die ›Négresse von Yverdun‹: Ein Wendepunkt in der Rassentheorie«, in: *Sonntagsblatt (Basler Nachrichten)*, Sonntag, 3. Mai 1970, Nr. 179, S. 21 f.

DEBRUNNER, Hans Werner, *Presence and Prestige: Africans in Europe, A History of Africans in Europe before 1918*, Basel 1979

DEBRUNNER, Hans Werner, »Drei Mohren im Jura. Überlegungen zum Wappen von Cornol«, in: *Nachrichten/Newsletter,* herausgegeben von: Basler Afrika Bibliographien, Jg. 5, Nr. 4, Basel, September 1981, S. 61–65

DEBRUNNER, Hans Werner, »Eine Afrikanerin in Riehen, Susanna Luise Anjama (1846–1882)«, in: *z'Rieche, Ein heimatliches Jahrbuch,* Riehen (bei Basel) 1982, S. 32–47

DEGELE, Ludwig, *Die Militärmusik, ihr Werden und Wesen, ihre kulturelle und nationale Bedeutung*, Wolfenbüttel 1937

DEGN, Christian, *Die Schimmelmanns im atlantischen Dreieckshandel. Gewinn und Gewissen*, Neumünster 1974

DELAPORTE, François, *Das zweite Naturreich. Über die Fragen des Vegetabilischen im XVIII. Jahrhundert*, mit einem Vorwort von Georges CANGUILHEM, deutsche Erstausg., Frankfurt am Main–Berlin–Wien 1983

DELTGEN, Florian, »Der Neger im Deutschen Kinder- und Jugendlied«, in: *Kölner Zeitschrift für Soziologie und Sozialpsychologie*, 29. Jg. 1977, S. 118–136

DELESALLE, Simone, und VALENSI, Lucette, »Le Mot ›Nègre‹ dans les Dictionnaires Français d'Ancien Régime. Histoire et Lexicographie«, in: *Langue Française. Langage et Histoire*, Paris, 15. Septembre 1972, S. 79–104

DELUMEAU, Jean, *Angst im Abendland, Die Geschichte kollektiver Ängste im Europa des 14. bis 18. Jahrhunderts*, 2 Bde., Deutsch von Monika HÜBNER, Gabriele KONDER und Martina ROTERS-BURCK, Reinbek bei Hamburg 1985 (Originalausgabe: Paris 1978)

DENECKE, H., »Aus dem Leben der Herzogin Dorothea von Braunschweig-Lüneburg, Wie die Herzogin Dorothea von Celle nach Winsen a. d. Luhe kam«, in: *Heimatglocken (*Beilage zum *Winsener Anzeiger)*, Nr. 231, Winsen 1931

DENUCÉ, Jan, *L'Afrique au XVIe Siècle et le Commerce Anversois*, Anvers 1937 (Collection de Documents pour l'Histoire du Commerce publiés par J. Denucé sous le Patronage de la Chambre de Commerce D'Anvers, Vol. II)

DESANGES, Jehan, »The Iconography of the Black in Ancient North Africa«, in: IOB, Vol. I, 1979

DEUTSCH, Adolf (Hrsg.), *Sammlung von Wiener Schattenrissen aus dem Jahre 1784 (Collectio umbrarum viennensis von Dr. phil. C. F. Meischner)*, Wien (»Wiener Freimaurer=Zeitung«) 1928, S. 71–77 (Silhouette 52: Angelo Soliman)

DEVISSE, Jean, »From the Demonic Threat to the Incarnation of Sainthood«, in: IOB, Vol. II, 1, Lausanne 1979, S. 33–205

DEVISSE, Jean, und MOLLAT, Michel, »Africans in the Christian Ordinance of the World (Fourteenth to the Sixteenth Century)«, in: IOB, Vol. II, 2, Lausanne 1979

DICK, Manfred, »Der Literat und der Naturforscher. Wilhelm Heinse und Samuel Thomas Soemmerring«, in: *Samuel Thomas Soemmerring und die Gelehrten der Goethezeit* (Soemmerring-Forschungen I), Stuttgart–New York 1985, S. 203–228

DIECKMANN, Herbert, »Das Abscheuliche und Schreckliche in der Kunsttheorie des 18. Jahrhunderts«, in: *Die nicht mehr schönen Künste, Grenzphänomene des Ästhetischen*, herausgegeben von H. R. JAUSS, München 1968, S. 271–317

DÖLGER, Franz Joseph, *Die Sonne der Gerechtigkeit und der Schwarze, Eine religionsgeschichtliche Studie zum Taufgelöbnis*, 3. Aufl., Münster i. Westfalen (Liturgiewissenschaftliche Quellen und Forschungen, Heft 14), 1971 (1. Aufl.: 1918 als Heft 2 der Reihe: Liturgiegeschichtliche Forschungen)

DOLLECZEK, Anton, *Monographie der k. u. k. österr.-ung. Blanken und Handfeuer-Waffen*, Graz 1970

DOLLINGER, Philippe, *Die Hanse*, 3., überarbeitete Aufl., Stuttgart 1981 (1976)

DOMINGUEZ ORTIZ, Antonio, *La Esclavitud en Castilla durante la Edad Moderna*, Madrid 1952

DOMOKOS, P. P., »Der Moriskentanz in Europa und in der ungarischen Tradition«, in: *Studia Musicologica*, Tomus X, Budapest 1968, S. 229–259

DONNET, Fernand, »Quelques notes sur le commerce des esclaves«, in: *Bulletin de la Société de Géographie,* Anvers, vol. 46, 1926, S. 6–37

DORESSE, Jean, *L'Empire du Prêtre-Jean*, 2 vols., Paris 1957

DOUGHERTY, Frank W. P., »Johann Friedrich Blumenbach und Samuel Thomas Soemmerring: Eine Auseinandersetzung in anthropologischer Hinsicht?«, in: *Samuel Thomas Soemmerring und die Gelehrten der Goethezeit* (Soemmerring-Forschungen I), Stuttgart–New York 1985, S. 35–56

DOUGHERTY, Frank W. P., »Christoph Meiners und Johann Friedrich Blumenbach im Streit um den Begriff der Menschenrasse«, in: MANN, Gunter, und DUMONT, Franz (Hrsg.), *Die Natur des Menschen. Probleme der Physischen Anthropologie und Rassenkunde (1750–1850)*, (Soemmerring-Forschungen, Bd. VI), Stuttgart–New York 1990, S. 89–111

DOUGHERTY, Frank W. P., »Buffons Bedeutung für die Entwicklung des Anthropologischen Denkens im Deutschland der zweiten Hälfte des 18. Jahrhunderts«, in: MANN, Gunter, und DUMONT, Franz (Hrsg.), *Die Natur des Menschen. Probleme der Physischen Anthropologie und Rassenkunde (1750–1850)*, (Soemmerring-Forschungen, Bd. VI), Stuttgart–New York 1990, S. 221–279

DRESSEN, Wolfgang, *Die pädagogische Maschine. Zur Geschichte des industriellen Bewußtseins in Preußen/Deutschland*, Frankfurt am Main–Berlin–Wien 1982

DRIESEN, Otto, *Der Ursprung des Harlekin. Ein kulturgeschichtliches Problem*, Berlin 1904

DUBY, Georges, *The Age of the Cathedrals, Art and Society, 980–1420*, translated by Eleanor LEVIEUX and Barbara THOMPSON, the University of Chicago Press, Chicago 1981

DUPRAZ, Louis, *Les passions de S. Maurice d'Agaune; Essais sur l'historicité de la tradition et contribution à l'étude de l'armée pré-dioclétienne (260–286) et des canonisations tardives de la fin du IVe siècle*, Studia Friburgensia, n. s. no. 27, Fribourg 1961

EDWARDS, Paul, »Black Personalities in Georgian Britain«, in: *History Today,* Vol. 31, September 1981, S. 39–43

EDWARDS, Paul, *The Early African Presence in the British Isles: An inaugural lecture on the occasion of the establishment of the Chair in English and African Literature at Edinburgh University* (Centre of African Studies, Edinburgh University: Occasional Papers, No. 26), Edinburgh 1990

ELIAS, Norbert, *Über den Prozeß der Zivilisation. Soziogenetische und psychogenetische Untersuchungen*, 2 Bde., 2., um eine Einleitung vermehrte Aufl., Bern 1969

ENNEN, Leonard, *Geschichte der Stadt Köln, meist aus den Quellen des Kölner Stadt-Archivs*, 3. Bd., Köln und Neuß 1869

ENZENSBERGER, Christian, *Größerer Versuch über den Schmutz*, Ungekürzte Ausgabe, Frankfurt am Main–Berlin–Wien 1980 (1. Ausg.: München 1968)

ENZINGER, Moriz, *Die Entwicklung des Wiener Theaters vom 16. zum 19. Jahrhundert (Stoffe und Motive)*, 1. Teil, Berlin 1918

ERDMANN, Carl, *Die Entstehung des Kreuzzugsgedankens*, Stuttgart 1935

ERICH, Oswald A., *Die Darstellung des Teufels in der christlichen Kunst*, Berlin 1931

(The) ETHIOPIAN OBSERVER, Vol. 1, No. 8, Addis Ababa and London 1958 (Gesamte Ausgabe zum Thema *Ibrahim Hannibal und Alexander Puschkin*)

FAHNE, A., *Der Carneval mit Rücksicht auf verwandte Erscheinungen. Ein Beitrag zur Kirchen- und Sitten-Geschichte*, Köln und Bonn 1854

FANON, Frantz, *Schwarze Haut, weiße Masken*. Aus dem Französischen von Eva MOLDENHAUER, Frankfurt am Main 1980 (Originalausgabe: Paris 1952)

FANOUDH-SIEFER, Léon, *Le Mythe du Nègre et de l'Afrique Noire dans la Littérature Française (de 1800 à la 2e Guerre Mondiale)*, Paris 1968

FARMER, Henry George, »Oriental Influences on Occidental Military Music«, in: *Islamic Culture*, Vol. XV, No. 1, published by the Islamic Culture Board, Hyderabad, Deccan, January, 1941, S. 235–242

FARMER, Henry George, *Händels' Kettledrums and other papers on military music*, London 1950

FARMER, Henry George, »Turkish Influence in Military Music«, in: *Journal of the Society for the Army Historical Research*, Vol. XXIV, 1956, S. 182

FARMER, Henry George, *Historical Facts for the Arabian Musical Influence*, Hildesheim–New York 1970

FEILCHENFELD, A., *Aus der älteren Geschichte der portugiesisch-israelischen Gemeinde in Hamburg*, Hamburg 1898

FEJNBERG, I. L., *Abram Petrovič Gannibal, Praded Puškina*, Moskau 1986

FERRIS, William H., *The African Abroad, or His Evolution in Western Civilization, Tracing His Development under Caucasian Milieu*, 2 vols., New York 1913

FEUSER, Willfried F., »Das Bild des Afrikaners in der deutschen Literatur«, in: *Akten des V. Internationalen Germanisten-Kongresses (1975), Jahrbuch für Internationale Germanistik*, Reihe A, Bd. 2, 4 (1976), S. 306–315

FEUSER, Willfried F., »The Image of the Black in the Writings of Johann Gottfried Herder«, in: *Journal of European Studies*, Bd. 8 (1978), S. 109–128

FEUSER, Willfried, »Slave to Proletarian: Images of the Black in German Literature«, in: *German Life & Letters. A Quarterly Review*, Vol. 32, Oxford 1978–1979, S. 122–134

FISCHER, Anton, *»Sein« und »Geschehen« bei Leibniz, unter besonderer Berücksichtigung seiner Philosophie der organischen Wirklichkeit*, Diss., München 1929

FITZINGER, Leopold Joseph, *Geschichte des kais. kön. Hof-Naturalien-Cabinetes zu Wien*, II. Abteilung, Periode unter Franz II. (Franz I. Kaiser von Österreich) bis

zu Ende des Jahres 1815 (Aus dem LVII. Bde. d. Sitzb. d. k. Akad. d. Wissensch. I. Abth., Mai-Heft, Jahrg. 1868)
FLASCH, Kurt, *Das philosophische Denken im Mittelalter, Von Augustin zu Machiavelli*, Stuttgart 1986
FLECKENSTEIN, Josef, »Das Rittertum der Stauferzeit«, in: *Die Zeit der Staufer. Geschichte – Kunst – Kultur*, Katalog der Ausstellung im Württembergischen Landesmuseum Stuttgart, Bd. III (Aufsätze), Stuttgart 1977, S. 103–109
FLEMING, Beatrice F., und PRYDE, Marion J., *Distinguished Negroes Abroad*, Washington, D. C., Associated Publishers, 1946
FLEMMING, J., »Hiob Ludolf. Ein Beitrag zur Geschichte der orientalischen Philologie«, in: *Beiträge zur Assyriologie und vergleichenden semitischen Sprachwissenschaft*, herausgegeben von Friedrich DELITZSCH und Paul HAUPT, Bd. I, Leipzig 1890, S. 537–582, und Bd. II, Leipzig 1894, S. 63–110
FLÜHLER-KREIS, Dione, *Die Darstellung des Mohren im Mittelalter*, Abhandlung zur Erlangung der Doktorwürde der Philosophischen Fakultät I der Universität Zürich, Zürich 1980
FOUCAULT, Michel, *Wahnsinn und Gesellschaft. Eine Geschichte des Wahns im Zeitalter der Vernunft*, aus dem Französischen von Ulrich KÖPPEN, Frankfurt am Main 1978 (1969) (1. Aufl. in französischer Sprache: Paris 1961)
FOUQUET, Doris, *Wort und Bild in der mittelalterlichen Tristantradition. Der älteste Tristanteppich von Kloster Wienhausen und die textile Tristanüberlieferung des Mittelalters* (Philologische Studien und Quellen, herausgegeben von Wolfgang BINDER, Hugo MOSER und Karl STRACKMANN, Heft 62), Berlin 1971
FOURNIER, Édouard, *Variétés historiques et littéraires, receuil de pièces volantes et curieuses en prose et en vers, revues et annotées par Édouard Fournier*, Bd. 9. Paris 1862
FRANZBACH, Martin, *Lessings Huarte-Übersetzung (1752). Die Rezeption und Wirkungsgeschichte des »Examen de Ingenios para las Ciencias« (1575) in Deutschland*, Hamburger Romanistische Studien, Bd. 29, Hamburg 1965
FREDERICKSON, George M., *The Black Image in the White Mind, The Debate on Afro-American Character and Destiny, 1817–1914*, New York–Hagerstown–San Francisco–London 1972 (1st. ed. 1971)
FRY, Gladys-Marie, *Night Riders in Black Folk History*, Knoxville 1975
FREYER, Peter, *Staying in Power. The History of Black People in Britain*, London and Sydney 1984
FRIEDMAN, John Block, *The Monstrous Races in Medieval Art and Thought*, Cambridge, Massachusetts, and London, England, Harvard University Press 1981
FRIMMEL, Theodor, *Beethoven-Handbuch*, 1. Bd., Leipzig 1926, Stichwort »Bridgetower«
FURTWÄNGLER, Adolf, und REICHHOLD, Karl (Hrsg.), *Griechische Vasenmalerei: Auswahl hervorragender Vasenbilder, ...*; nach Furtwängler's Tode fortgeführt von Friedrich HAUSER, Serie II, München 1909
GATZ, Konrad, *Kauffahrer, Krämer und Handelsherren*, 3. Aufl., Hannover 1949
GAUDE, Werner, *Die alte Apotheke, Eine tausendjährige Kulturgeschichte*, Stuttgart 1979

GEISS, Immanuel, *Geschichte des Rassismus*, Frankfurt am Main 1988
GENEALOGIE. DEUTSCHE ZEITSCHRIFT FÜR FAMILIENKUNDE. Organ der »Deutschen Arbeitsgemeinschaft genealogischer Verbände« und der Abteilung Genealogie und Heraldik im Gesamtverein der deutschen Geschichts- und Altertumsvereine, siehe: HUSCHKE, Wolfgang, und FRIEDERICHS, Heinz F.
GERKAN, Armin von, »Untersuchungen an der Kirche St. Gereon in Köln«, in: NEUSS, Wilhelm (Hrsg.), *Rheinische Kirchen im Wiederaufbau*, M. Gladbach 1951, S. 59–65
GERKAN, Armin von, »Der Urbau der Kirche St. Gereon zu Köln«, in: *Neue Beiträge zur Kunstgeschichte des 1. Jahrtausends*, 1. Halbband, herausgegeben von Andreas ALFÖLDI et al., Baden-Baden 1952, S. 91–102
GILMAN, Sander L., »The Figure of the Black in German Aesthetic Theory«, in: *Eighteenth-Century Studies*, Vol. 8, The University of California Press, 1974–1975, S. 373–391
GILMAN, Sander L., »›Das-ist-der Teu-fel-si-ch-er-lich‹: The Image of the Black on the Viennese Stage from Schikaneder to Grillparzer«, in: *Austriaca, Beiträge zur österreichischen Literatur, Festschrift für Heinz Politzer*, in Zusammenarbeit mit Richard BRINKMANN herausgegeben von Winfried KUDSZUS und Hinrich C. SEEBA, Tübingen 1975, S. 78–106
GILMAN, Sander L., »Lavater, Lichtenberg and the Physiognomy of the Black«, in: *Archiv für das Studium der neueren Sprachen und Literaturen*, 215. Bd., 130. Jg., 1978, S. 356–361
GILMAN, Sander L., *On Blackness without Blacks: Essays on the Image of the Black in Germany*, Boston, Massachusetts, 1982
GILMAN, Sander L., *Difference and Pathology, Stereotypes of Sexuality, Race, and Madness*, Cornell University Press, Ithaca and London 1985
GILMAN, Sander L., *Rasse, Sexualität und Seuche. Stereotype aus der Innenwelt der westlichen Kultur*, Originalausgabe, Reinbek bei Hamburg, 1992
GLEICHMANN, Peter, u. a. (Hrsg.), *Materialien zu Norbert Elias' Zivilisationstheorie*, herausgegeben von Peter GLEICHMANN, Johan GOUDSBLOM und Hermann KORTE, 2. Aufl., Frankfurt am Main 1982 (1. Aufl.: 1977)
GOESSLER, Peter, »Antike Büstengefäße aus Metall«, in: *Antike Plastik. Walther Amelung zum Sechzigsten Geburtstag*, Berlin und Leipzig 1928, S. 84–86
GOULD, Stephen Jay, *Der falsch vermessene Mensch*, Basel–Boston–Stuttgart 1983 (Originalausg. unter dem Titel: *The Mismeasure of Man*, New York 1981)
GRAEFE, E., Stichwort »Fatimiden«, in: EI, Bd. 2, S. 95 ff.
GRAY, Stephen, »Hottentot Venus«, in: *Kunapipi* (ISSN 0106-5734), Vol. 2, Number 1, 1980, Published by Dangaroo Press with the assistance of Det humaniske Forskningsrad (the Danish Humanities Research Council), Department of English, University of Aarhus, Aarhus, Denmark
GREEN, D. H., *The Millstätter Exodus, A Crusading Epic*, Cambridge 1966
GREENE, John C., »The American Debate on the Negro's Place in Nature, 1780–1815«, in: *Journal of the History of Ideas, A Quarterly Devoted to Intellectual History*, Vol. XV, Lancaster, Pa., and New York 1954, S. 384–396
GREINER, Siegfried, *Hermann Hesse, Jugend in Calw. Berichte, Bild- und Textdoku-*

mente und Kommentar zu Hesses Gerbersau-Erzählungen, mit einem Geleitwort von Volker MICHELS, Sigmaringen 1981 (darin: »Der Neger Daud oder der Beitrag Calws zur ›Sklavenbefreiung‹«)

GREISCHEL, Walther, *Der Magdeburger Dom*, Zürich 1939

GRIMM, Günter, *Die Zeugnisse ägyptischer Religion und Kunstelemente im Römischen Deutschland*, Leiden 1969

GRIMM, Jacob, *Deutsche Mythologie*, 2. Ausg., 1. Bd. , Göttingen 1844

GRIMM, Jacob, *Deutsche Mythologie*, 4. Ausg., besorgt von Elard Hugo MEYER, 2. Bd., Berlin 1876

GRITZNER, Erich, Heraldik«, in: MEISTER, Aloys (Hrsg.), *Grundriss der Geschichtswissenschaft. Zur Einführung in das Studium der deutschen Geschichte des Mittelalters und der Neuzeit*, 1. Aufl., Bd. 1, Leipzig und Berlin 1906, S. 364 ff.

GROHNE, Ernst, *Die Hausnamen und Hauszeichen, ihre Geschichte, Verbreitung und Einwirkung auf die Bildung der Familien- und Gassennamen*, Göttingen 1912

GROTE, Ludwig, *Die Tucher, Bildnis einer Patrizierfamilie*, München 1961

GRUNWALD, M., *Portugiesengräber auf deutscher Erde, Beiträge zur Kultur- und Kunstgeschichte*, Hamburg 1902

GUENTHER, Konrad (Hrsg.), *Georg Schweinfurth. Lebensbild eines Afrikaforschers. Briefe von 1857–1925*, Stuttgart 1954

GUERRIER, Woldemar, *Leibniz in seinen Beziehungen zu Russland und Peter dem Grossen. Eine geschichtliche Darstellung dieses Verhältnisses nebst den darauf bezüglichen Briefen und Gedenkschriften*, St. Petersburg und Leipzig 1873, hier: Nachdruck dieser Ausg.: Hildesheim 1975

GUGITZ, Gustav, »Mozarts Schädel und Dr. Gall«, in: *Zeitschrift für Musikwissenschaft*, 16. Jg., Heft 1, Januar–Dezember 1934, S. 32–39

GUGITZ, Gustav, »Zwerge und Mohren in Alt-Wien«, in: *Wiener Geschichtsblätter*, Bd. 14 (1959), S. 32–36

HAACKE, Rhaban, *Programme zur bildenden Kunst in den Schriften Ruperts von Deutz*, Siegburg 1974

HAASE, F., »Türkische Gefangene in Hannover«, in: *Hannoversche Geschichtsblätter*, 11. Jg., Hannover 1908, S. 243–246 und S. 348–350

HADDON, Alfred C. (With the help of A. Hingston QUIGGIN), *History of Anthropology*, London 1910

HAENDCKE, Berthold, *Deutsche Kultur im Zeitalter des 30jährigen Krieges. Ein Beitrag zur Geschichte des siebzehnten Jahrhunderts*, Leipzig 1906

HAGEN, Monika, »Die deutschen Apothekennamen, Topographie, Typologie und Benennungsmotivik«, in: *Deutsche Apotheker-Zeitung*, 109. Jg., Nr. 43, vom 23. 10. 1969, S. 1655–1665

HAMILTON, Neena, *Die Darstellung der Anbetung der Heiligen Drei Könige in der Toskanischen Malerei von Giotto bis Leonardo*, Strassburg 1901

HAMMERSCHMIDT, Ernst, *Äthiopistik an deutschen Universitäten*, Wiesbaden 1968

HAMPE, Theodor, »Die Entwicklung des Theaterwesens in Nürnberg von der zweiten

Hälfte des 15. Jahrhunderts bis 1806« (II. Teil), in: *Mitteilungen des Vereins für Geschichte der Stadt Nürnberg*, 13. Heft, Nürnberg 1899, S. 98 ff.

HAMPE, Theodor, *Die fahrenden Leute in der deutschen Vergangenheit*, Leipzig 1902

HAMY, M. E. T., »Les cent quarante Nègres de M. d'Avaux à Munster (1644)«, in: *Bulletins et Mémoires de la Société d'Anthropologie de Paris*, Tome septième, 5. Série, Paris 1906, S. 271–275

HANSEN, Hans Jürgen, *Galionsfiguren: Die figürlichen Bugverzierungen der Schiffe; mit einem illustrierten Generalkatalog der erhaltenen Exemplare,* Oldenburg und Hamburg 1977

HANAUISCHES MAGAZIN. Monatsblätter für Heimatkunde, Hanau 1922 ff.

HARRIS-SCHENZ, Beverly, *Black Images in Eighteenth-Century German Literature*, in: Stuttgarter Arbeiten zur Gemanistik, herausgegeben von Ulrich MÜLLER, Franz HUNDSNURSCHER und Cornelius SOMMER, Stuttgart 1981

HASELHOFF, Arthur, *Die Bauten der Hohenstaufen in Unteritalien*, 1. Bd. , Leipzig 1920

HAUSCHILD-THIESSEN, Renate, »Eine ›Mohrentaufe‹ im Michel 1855«, in: *Hamburgische Geschichts- und Heimatblätter*, Bd. 11, Hamburg 1987, S. 11 f.

HEERS, Jacques, *Vom Mummenschanz zum Machttheater, Europäische Festkultur im Mittelalter*, aus dem Französischen von Grete OSTERWALD, Frankfurt am Main 1986 (Originalausgabe: Paris 1983)

HEIDELBACH, Paul, *Die Geschichte der Wilhelmshöhe*, Leipzig 1909

HEIKAMP, Detlef, »Mexico und die Medici-Herzöge«, in: KOHL, Karl-Heinz (Hrsg.), *Mythen der Neuen Welt – Zur Entdeckungsgeschichte Lateinamerikas*, Katalog zur Ausstellung des 2. Festivals der Weltkulturen »Horizonte«, Berlin 1982, S. 126–146

HEINEMANN, Käthe, »Aus der Blütezeit der Medizin am Collegium illustre Carolinum zu Kassel«, in: *Zeitschrift des Vereins für hessische Geschichte und Landeskunde*, Bd. 71, Kassel und Basel 1960, S. 85–96

HEINZELMANN, Siegfried, *Kirche zwischen Mannheim und Konstanz, Geschichte des Evangeliums in badischen Landen*, Neuffen 1961

HELCK, Wolfgang, Stichwort »Aithiopia«, in: KP, Bd. 1, Spalte 201–203

HENNIG, Richard, *Terrae Incognitae, Eine Zusammenstellung und kritische Bewertung der wichtigsten vorcolumbischen Entdeckungsreisen an Hand der darüber vorliegenden Originalberichte*, 3 Bde., Leiden 1953

HERKENHOFF, Michael, *Der dunkle Kontinent. Das Afrikabild im Mittelalter bis zum 12. Jahrhundert*, Pfaffenweiler 1990

HERQUET, Karl, »Mohren, Zwerge und Heiducken am Ostfriesischen Hofe«, in: *Miscellen zur Geschichte Ostfrieslands*, Norden 1883, S. 133–137

HERZBERG, Adalbert Josef, »Der heilige Mauritius: Ein Beitrag zur Geschichte der deutschen Mauritiusverehrung«, in: *Forschungen zur Volkskunde*, Heft 25/26, Düsseldorf 1936

HERZOG, Karl, *Die Gestalt des Menschen in der Kunst und im Spiegel der Wissenschaft*, Darmstadt 1990

HESSISCHES WOCHENBLATT, No. 14, Kassel, den 7. April 1877 (»Erzählungen aus alter Zeit. 2. Mohren und Mulatten in Kassel«)

HEYD, Wilhelm, *Geschichte des Levantehandels im Mittelalter*, 2 Bde., Stuttgart 1879
HEYDE, Herbert, *Trompete und Trompeteblasen im europäischen Mittelalter*, Inauguraldissertation, genehmigt von der Philologischen Fakultät der Karl-Marx-Universität Leipzig, Leipzig (maschinenschriftlich) 1965
HEYDENREICH, Ludwig Heinrich, »Der Apokalypsen-Zyklus im Athosgebiet und seine Beziehungen zur deutschen Bibelillustration der Reformation«, in: *Zeitschrift für Kunstgeschichte*, herausgegeben von Ernst GALL, 8. Bd, Berlin 1939, S. 1–40
HIRSCHFELD, Magnus, *Racism*, Translated and Edited by Eden and Cedar PAUL, London 1938
HÖFER, Conrad, »Die Gestaltung der Sage vom Grafen von Gleichen in der deutschen Dichtung«, in: *Mitteilungen des Vereins für die Geschichte und Altertumskunde von Erfurt*, 50. Heft, Erfurt 1935, S. 151–171
HOFFMANN, Heinrich, *Der Struwwelpeter: oder Lustige Geschichten für Kinder von 3–6 Jahren,* Frankfurt am Main 1845
HOFFMEISTER; Jacob Christoph Carl, *Aus den Tagen eines erloschenen Regentenhauses*, Hannover 1878, darin S. 3: »Mohren und Mulatten in Kassel« (auch abgedruckt in: *Hessisches Wochenblatt*, Nr. 14, vom 7. April 1877)
HOFMANN, Friedrich H., »Ostfriesische Fürstenbilder aus der letzten Fürstenzeit«, in: *Jahrbuch der Gesellschaft für bildende Kunst und vaterländische Altertümer zu Emden*, 23. Bd., Emden 1932, S. 45 ff.
HOFMANN, Georg, »Kopten und Aethiopier auf dem Konzil von Florenz«, in *Orientalia Christiana Periodica*, Vol. VIII, Roma 1942, S. 5–39
HOHMANN, Joachim S. (Hrsg.), *Schon auf den ersten Blick. Lesebuch zur Geschichte unserer Feindbilder*, gesammelt, eingeleitet und kommentiert von Joachim S. Hohmann, Darmstadt und Neuwied 1981
HOLBACH, Rudolf, »Feste und freie Zeit in den Hansestädten«, in: BRACKER, Jörgen (Hrsg.), *Die Hanse. Lebenswirklichkeit und Mythos,* Katalog zu einer Ausstellung des Museums für Hamburgische Geschichte in Verbindung mit der Vereins- und Westbank, Hamburg 1989, Bd. 1, S. 443–448
HOLSENBÜRGER, J., *Die Herren von Deckenbrock (von Droste-Hülshoff) und ihre Bezitzungen 1570–1798*, hier: 2. Theil: *Die v. Deckenbrocksche Verwandtschaft.* 2. Abtheilung: 1570–1798, Münster 1869
HOLTE, Clarence L., »The Black in Pre-Revolutionary Russia«, in: *Journal of African Civilizations*, Vol. 3, No. 1, April 1981, S. 51–66
HOLTMEYER, Alois, *Die Bau- und Kunstdenkmäler im Regierungsbezirk Cassel*, Bd. IV (Textband und Atlas): *Kreis Cassel-Land*, mit 209 Tafeln nach photographischen Aufnahmen und Zeichnungen, Marburg 1910
HONOUR, Hugh, »Slaves and Liberators«, in: IOB, Vol. IV, Part 1, 1989
HONOUR, Hugh, »Black Models and White Myths«, in: IOB, Vol. IV, Part 2, 1989
HORSTMANN, Hans, »Die Wappen der Heiligen Drei Könige«, in: *Kölner Domblatt*, Bd. 30, Köln 1960, S. 49–66
HÜCKING, Renate, und LAUNER, Ekkehard, *Aus Menschen Neger machen. Wie sich das Handelshaus Woermann an Afrika entwickelt hat*, mit einem Vorwort von Luc LEYSEN, Hamburg 1986

HUNWICK, John O., »The Black Diaspora: The Muslim World«, in: *The Cambridge Encyclopedia of Africa*, Cambridge University Press, 1981, S. 469–471
HUSCHENBETT, Dietrich, *Hermann von Sachsenheim, Ein Beitrag zur Literaturgeschichte des 15. Jahrhunderts,* Philologische Studien und Quellen, Heft 12, herausgegeben von Wolfgang BINDER, Hugo MOSER und Wolfgang STAMMLER, Berlin 1962
HUSCHKE, Wolfgang, und FRIEDERICHS, Heinz F. (Schriftleiter), *Genealogie, Deutsche Zeitschrift für Familienkunde*, Bd. X, Jg. 19. / 20., Neustadt a. d. Aisch 1970 / 71, S. 336 (Gelegenheitsfunde aus dem Kirchenbuch Holtensen bei Hannover)
IRSIGLER, Franz, und LASSOTTA, Arnold, *Bettler und Gaukler, Dirnen und Henker. Außenseiter in einer mittelalterlichen Stadt. Köln 1300–1600,* München 1989 (1. Aufl.: Köln 1984)
ISWESTIJA, Nr. 133 (18588), Dienstag, 7. Juni 1977 (Bericht über die Puschkin-Feiern aus Anlaß des 178. Geburtstags des Dichters in Michaelowskoe, dem Puschkinschen Landsitz, und im Dorf Petrowskoe, wo 1977 das Haus der Hannibals der Öffentlichkeit als Museum übergeben wurde)
JACOB, Georg, *Der Einfluß des Morgenlands auf das Abendland vornehmlich während des Mittelalters*, Hannover 1924
JAKOBS, Hermann, »Bruderschaft und Gemeinde: Köln im 12. Jahrhundert«, in: SCHWINEKÖPER, Berent (Hrsg.), *Gilden und Zünfte. Kaufmännische und gewerbliche Genossenschaften im frühen und hohen Mittelalter*, Sigmaringen 1985
JAHN, Janheinz, *Wir nannten sie Wilde. Aus alten und neuen Reisebeschreibungen*, München 1964
JAHN, Janheinz, *Geschichte der neoafrikanischen Literatur. Eine Einführung*, 1. Aufl., Düsseldorf–Köln 1966
JANKOWSKI, Alice, *Die Königin von Saba und Salomo, Die amharische Version der Handschrift Berlin Hs. or. 3542*, Text, Übersetzung und Erläuterungen herausgegeben von Alice JANKOWSKI, Diss. Hamburg 1982, Hamburg 1987
JANSON, H. W., *Apes and Ape Lore in the Middle Ages and the Renaissance*, London 1952
JANTZEN, Hans, *Deutsche Bildhauer des dreizehnten Jahrhunderts*, Leipzig 1925
JONES, Eldred, *Othello's Countrymen, The African in English Renaissance Drama*, Oxford University Press, London 1965
JORDAN, Leo, »Physiognomische Abhandlungen«, in: *Romanische Forschungen. Organ für Romanische Sprachen, Volks- und Mittellatein*, Bd. 29, 2. Heft, Erlangen 1911, S. 680–720b
JORDAN, Winthrop D., *White over Black, American Attitudes toward the Negro, 1550–1812*, 1st. ed. Chapel Hill, Va., 1968, hier: Baltimore, Maryland, 1969
JORDAN, Winthrop D., *The White Man's Burden, Historical Origins of Racism in the United States*, Oxford University Press, London–Oxford–New York 1974 (1978)
KAIN, Richard M., »The Problem of Civilization in English Abolition Literature, 1772–1808«, in: *Philological Quarterly, A Journal Devoted to Scholarly Invest-*

igation of Classical and Modern Languages and Literatures, Vol. XV., No. 2, October, 1936, S. 103–125

KAKÉ, Ibrahima Baba, *Les Noirs de la Diaspora*, Editions Lion, Libreville, Gabon, 1978

KAMPL, P. Adolf, »Auf den Spuren Daniel Combonis in Köln«, in: *Provinz Information, Nachrichtenblatt der deutschsprachigen Provinz der Comboni-Missionare*, Nr. 6, 1980, S. 1–5

KANT, Immanuel, und HENSCHEID, Eckard, *Der Neger* (***Negerl***), Frankfurt am Main 1985

KANTOROWICZ, Ernst, *Kaiser Friedrich der Zweite*, 2 Bde., Düsseldorf und München 1973 (1. Aufl: 1927)

KAPLAN, Paul H. D., »Titian's ›Laura Dianti‹ and the origins of the motif of the Black Page in portraiture (1)«, in: *Antichità viva*, Anno XXI, No. 1, 1982, S. 11–18

KAPLAN, Paul H. D., *The Rise of the Black Magus in Western Art*, Studies in the Fine Arts: Iconography, No. 9, Ann Arbor, Michigan 1985 (1983)

KATZENELLENBOGEN, Adolf, *Allegories of the Virtues and Vices in Medieval Art. From early Christian Times to the Thirteenth Century*, London (The Warburg Institute) 1939, hier: Kraus Reprint, 1968

KAUFMANN, Alexander, *Caesarius von Heisterbach. Ein Beitrag zur Culturgeschichte des zwölften und dreizehnten Jahrhunderts*, 2., mit einem Bruchstück aus des Caesarius VIII libri miraculorum vermehrte Auflage, Cöln 1862

KEHRER, Hugo, *Die Heiligen Drei Könige in Literatur und Kunst*, 2 Bde. in einem Bd., Hildesheim und New York 1976 (Nachdruck der Ausg. Leipzig 1908–1909)

KELLENBENZ, Hermann, »Der Norden und die iberische Halbinsel von der Wikingerzeit bis ins 16. Jahrhundert«, in: *Germanisch=Romanische Monatsschrift*, Neue Folge, Bd. XII (Bd. XLIII der Gesamtreihe), Heidelberg 1962, S. 113–138

KERLER, Dietrich Heinrich, *Die Patronate der Heiligen. Ein alphabetisches Nachschlagebuch für Kirche-, Kultur- und Kunsthistoriker, sowie für den praktischen Gebrauch des Geistlichen*, Ulm 1905

KIELMANSEGG, Erich Graf (Hrsg.), *Briefe des Herzogs Ernst August zu Braunschweig-Lüneburg an Johann Franz Diedrich von Wendt*, Hannover und Leipzig 1902

KINDER, Johann Christian, »Christian Gottlieb der schwarze Feldtrompeter« in: *Aus der Chronik der Stadt Ploen*, Ploen 1887

KINDER, Johann Christian, *Urkundenbuch zur Chronik der Stadt Plön*, 2. Aufl., Plön 1890, S. 290–292

KINDER, Johann Christian, »Alte Plöner Geschichten«, in: *Ost=Holstein, Beiblatt zum Ost=Holsteinischen Tageblatt (Plöner Zeitung)* (früher Plöner Wochenblatt), 2. Jg., Juli 1922, S. 38–40, S. 42–44 und S. 46–47, Plön 1893

KIRBY, Percival R., »The Hottentot Venus«, in: *Africana Notes and News*, Vol. 6, Johannesburg 1949, S. 55–62

KIRBY, Percival R., »More about the Hottentot Venus«, in: *Africana Notes and News*, Vol. 10, Johannesburg 1953, S. 124–34

KITTEL, Ingeborg, »Mohren als Hofbediente und Soldaten im Herzogtum Braunschweig–Wolfenbüttel«, in: *Braunschweigisches Jahrbuch*, Der ganzen Reihe 46. Band, Braunschweig 1965, S. 78–103

KLEINSCHMIDT, Arthur, *Augsburg, Nürnberg und ihre Handelsfürsten im fünfzehnten und sechzehnten Jahrhunderte*, Cassel 1881

KLEMM, Gustav, »Dresdner Festlichkeiten im Jahre 1609«, in: *Sachsengrün*, Bd. 1, herausgegeben von Gustav KLEMM, Dresden 1861, S. 184–186, S. 232–234 und S. 247–249

KLESSMANN, Eckart, »Der Mohr in der Literatur der Aufklärung«, in: *Exotische Welten, Europäische Phantasien*, herausgegeben vom Institut für Auslandsbeziehungen und dem Württembergischen Kunstverein, Stuttgart 1987, S. 236–241

KLÜVER, Wilhelm, *Ascheberg. Ein ostholsteinisches Guts= und Ortsbild*, 2. verbesserte und erweiterte Aufl., Kiel 1970 (1. Aufl.: 1952)

KLUTH, Käthe, »Die Negerfrage in der englischen Literatur des 18. Jahrhunderts«, in: *Zeitschrift für Anglistik und Amerikanistik*, 5. Jg., Berlin 1957, S. 68–89

KNEFELKAMP, Ulrich, *Die Suche nach dem Reich des Priesterkönigs Johannes. Dargestellt anhand von Reiseberichten und anderen ethnographischen Quellen des 12. bis 17. Jahrhunderts*, Gelsenkirchen 1986

KNOD, Gustav, »Vier Briefe des Johannes Potken an Sebastian Brant«, in: *Annalen des Historischen Vereins für den Niederrhein, insbesondere die alte Erzdiöcese Köln*, 54. Heft, Köln 1892, S. 198–208

KOCH, Rainer, »Liberalismus, Konservatismus und das Problem der Negersklaverei. Ein Beitrag zur Geschichte des politischen Denkens in Deutschland in der ersten Hälfte des 19. Jahrhunderts«, in: *Historische Zeitschrift*, Band 222, München 1976, S. 529–577

KÖHLER, Reinhold, »Zur Legende von der Königin von Saba oder der Sibylla und dem Kreuzholze«, in: *Germania. Vierteljahresschrift für Deutsche Alterthumskunde*, 29. Jg., Neue Reihe: 17. Jg., Wien 1884, S. 53–58

KOEHN, Henry, *Die Nordfriesischen Inseln*, 5., erneuerte Aufl., Hamburg 1961

KOEPPEN, Hans, »Die Entführung eines Negerknaben aus dem Friedrichskollegium in Königsberg im Jahre 1733«, in: *Preußenland*, Mitteilungen der Historischen Kommission für Ost- und Westpreussische Landesforschung und aus den Archiven der Stiftung Preussischer Kulturbesitz, 10. Jg., Nr. 4, 1972, S. 49–56

KÖPSTEIN, Helga, *Zur Sklaverei im ausgehenden Byzanz. Philologisch-historische Untersuchung* (Berliner Byzantinische Arbeiten, Bd. 34), Berlin 1966

KOGEL, Jörg-Dieter, *Knigges ungewöhnliche Empfehlungen zu Aufklärung und Revolution*, Berlin s. a.

KOHL, Karl-Heinz, *Entzauberter Blick. Das Bild vom Guten Wilden und die Erfahrung der Zivilisation*, Frankfurt am Main und Paris 1983

KONRAD, Walter, *Hildesheim und die Heiligen Drei Weisen*, Hildesheim 1974

KOPPLIN, Monika, »›Amoenitates exoticae‹, Exotische Köstlichkeiten im Zeitalter des Barock«, in: *Exotische Welten, Europäische Phantasien*, herausgegeben vom Institut für Auslandsbeziehungen und dem Württembergischen Kunstverein, Stuttgart 1987, S. 318–345

KRECKER, Georg, »Die Mohrenkolonnaden in Berlin«, in: *Deutsche Kunst und Denkmalpflege*, Berlin und Wien, Jg. 1934, S. 80 f.

KRÜGER, Wilhelm, »›hierbey Een Swarte Jong‹ (Von Negerjungen auf Sylt)«, in: *Die Heimat, Monatsschrift des Vereins zur Pflege der Natur- und Landeskunde in Schleswig-Holstein und Hamburg,* Nr. 3, 76. Jg., Neumünster 1969, S. 83–84

KULKE, Heinz, »›Unserer Hertzoglichen Durchlaucht Hoff=Mohren‹, Schon um 1700 Kinder Afrikas am Okerstrand«, in: *Wolfenbütteler Zeitung* (Heimatseite), Sonnabend, 12. Juni 1965

KUNST, Hans-Joachim, *Der Afrikaner in der Europäischen Kunst*, Bad Godesberg 1967

KUSKE, Bruno, *Köln, der Rhein und das Reich, Beiträge aus fünf Jahrzehnten wirtschaftsgeschichtlicher Forschung*, Köln–Graz 1956

KUTZER, Michael, »Kakerlaken: Rasse oder Kranke? Die Diskussion des Albinismus in der Anthropologie der zweiten Hälfte des 18. Jahrhunderts«, in: MANN, Gunter, und DUMONT, Franz (Hrsg.), *Die Natur des Menschen. Probleme der Physischen Anthropologie und Rassenkunde (1750–1850)*, (Soemmerring-Forschungen, Bd. VI), Stuttgart–New York 1990, S. 189–220

LACHAT, P., »Une ambassade éthiopienne auprès de Clement V, à Avignon, en 1310«, in: *Annali del Pontifico Museo Missionario Ethnologico*, Bd. 31, Città del Vaticano 1967, S. 9–21

LAGUERRE, Georgette, *Inscriptions Antiques de Nice-Cimiez (Cemenelum, Ager Cemenesensis)*, Paris 1975

LANGE, Thomas, *Idyllische und exotische Sehnsucht. Formen bürgerlicher Nostalgie in der deutschen Literatur des 18. Jahrhunderts*, Kronberg / Ts. 1976

LANGER, Otto, *Sklaverei in Europa während der letzten Jahrhunderte des Mittelalters*, Bautzen 1891

LATIMER, John, *The Annals of Bristol in the Eighteenth Century*, Frome and London, 1893

LAU, Friedrich, »Das Kölner Patriziat bis zum Jahre 1325«, in: *Mitteilungen aus dem Stadtarchiv von Köln*, Bd. 26, Köln 1895

LAU, Friedrich, *Das Buch Weinsberg, Kölner Denkwürdigkeiten aus dem 16. Jahrhundert*, 3. Bd. , bearbeitet von Friedrich LAU, Bonn 1897

LAUFFER, Otto, *Farbensymbolik im Deutschen Volksbrauch*, Hamburg 1948

LAZARI, Cav. Vincenzo, »Del traffico e delle condizioni degli schiavi in Venezia nei tempi di Mezzo«, in: *Miscellanea di storia italiana*, Bd. 1, Torino 1862, S. 463–497

LAZZARINI, Vittorio, »Un ambasciata etiopica in Italia nel 1404«, in: *Atti del Reale Istituto Veneto di Scienze, Lettere ed Arti*, Anno accademico 1923–1924, Bd. 83, Parte seconda, S. 839–847

LEBER, Wolfgang, *Die Puppenstadt MON PLAISIR,* Leipzig 1965

LECLANT, Jean, »Egypt, Land of Africa, in the Greco-Roman World«, in: IOB, Vol. I, 1976, S. 269–285

LECLERC, Gérard, *Anthropologie und Kolonialismus*, aus dem Französischen von Hanns ZISCHLER, Frankfurt am Main–Berlin–Wien 1976 (Originalausgabe: Paris 1972, 1. Ausg. in deutscher Sprache: München 1973)

LE GOFF, Jacques, *Kultur des europäischen Mittelalters*, ins Deutsche übertragen von Gerda KURZ und Sieglinde SUMMERER, München–Zürich 1970
LEHMANN, Paul, *Die Parodie im Mittelalter*, München 1922
LESKY, Erna (Hrsg.), *Franz Joseph Gall, 1758–1828. Naturforscher und Anthropologe,* ausgewählte Texte, eingeleitet, übersetzt und kommentiert von Erna LESKY, Bern–Stuttgart–Wien, 1979
LESTER, Rosemarie K., *»Trivialneger«, Das Bild des Schwarzen im westdeutschen Illustriertenroman*, Stuttgarter Arbeiten zur Germanistik, herausgegeben von Ulrich MÜLLER, Franz HUNDSNURSCHER und Cornelius SOMMER, Stuttgart 1982
LEWIS, Gordon K., *Slavery, Imperialism and Freedom, Studies in English Radical Thought*, Monthly Review Press, New York–London 1978
LHOTE, H., »Route antique du Sahara central«, in: *Encyclopédie mensuelle d'Outre Mer*, Vol. 1, fasc. 15, Novembre, 1951, S. 300–305
LILIENTHAL, Georg, »Samuel Thomas Soemmerring und seine Vorstellungen über Rassenunterschiede«, in: MANN, Gunter, und DUMONT, Franz (Hrsg.), *Die Natur des Menschen. Probleme der Physischen Anthropologie und Rassenkunde (1750–1850)*, (Soemmerring-Forschungen, Bd. VI), Stuttgart–New York 1990, S. 31–55
LINDAU, M. B., *Geschichte der königlichen Haupt= und Residenzstadt Dresden von den ältesten Zeiten bis zur Gegenwart*, 2., verbesserte Aufl., Dresden 1885
LINDFORS, Bernth, *The Hottentot Venus and other African Attractions in Nineteenth Century England*, Vortrag, gehalten anläßlich der *International Conference on The History of Blacks in Britain, From Roman Times to the Mid-Twentieth Century*, vom 28.–30. September 1981 at the University of London Institute of Education
LITTLE, Kenneth, *Negroes in Britain, A Study of Racial Relations in English Society*, London 1948
LIVI, Ridolfo, *La schiavitù domestica nei tempi di mezzo e nei moderni; ricerche storiche di un antropologo*, Padova 1928
LOCHNER, Norbert, »Anton Wilhelm Amo. Ein Gelehrter aus Ghana im Deutschland des 18. Jahrhunderts«, in: *Überseerundschau*, 10. Jg., Hamburg 1958, Heft 1
LOISEL, Gustave, *Histoire des Ménageries de l'Antiquité à nos Jours,* 2 vols., Paris 1912
LOGAN, Paul E., »J. E. Kolb's Erzählungen von den Sitten und Schicksalen der Negersklaven«, in: *Monatshefte für deutschen Unterricht, deutsche Sprache und Literatur*, Vol. 72, No. 1, Spring 1980, S. 389–400
LORENZEN, Jens (Hrsg.), Die *Seefahrtsepoche der Halligen*, Hamburg 1983
LOTH, Heinrich (Hrsg.), *Reisen nach Nigritien. Bilder afrikanischer Vergangenheit*, Leipzig 1986
LOTH, Heinrich, *Audienzen auf dem schwarzen Kontinent. Afrika in der Reiseliteratur des 18. und 19. Jahrhunderts*, Berlin 1988
LOVEJOY, Arthur O., *The Great Chain of Being. A Study of the History of an Idea*, The William James Lectures delivered at Harvard University, 1933, Harvard

University Press, Cambridge, Mass., and London, England, 1936 (1964); dt. Übers. Frankfurt am Main 1985

LOVEJOY, Arthur O., »Kant and Evolution«, in: GLASS, Bentley, TEMKIN, Owsei, and STRAUSS, Jr., William L. (Hrsg.), *Forerunners of Darwin: 1745–1859*, Baltimore, The Johns Hopkins Press, 1968 (1st. ed.: 1959), S. 173–205

LÜDEN, Catharina, *Sklavenfahrt mit Seeleuten aus Schleswig-Holstein, Hamburg und Lübeck im 18. Jahrhundert*, Heide 1983

LUZIO, Alessandro und RENIER, Rodolfo, »Buffoni, Nani e Schiavi dei Gonzaga ai Tempi d'Isabella d'Este«, in: *Nuova Antologia di Scienze, Lettere ed Arti*, Terza Serie, Vol. Trentaquattresimo della Raccolta Volume CXVIII, Roma 1891(4), S. 618–650, und: ibid., Vol. Trentacinquesimo della Raccolta Vol. CXIX, Roma 1891 (5), S. 112–146

MACKOWSKY, Walter, *Giovanni Maria Nosseni und die Renaissance in Sachsen*, Diss. (Königlich Sächsisch Technische Hochschule Dresden), Berlin 1904

MAGARSHACK, David, *Pushkin – A Biography*, London 1967

MALTER, Rudolf, »Der Rassebegriff in Kants Anthropologie«, in: MANN, Gunter, und DUMONT, Franz (Hrsg.), *Die Natur des Menschen. Probleme der Physischen Anhtropologie und Rassenkunde (1750–1850)*, (Soemmerring-Forschungen, Bd. VI), Stuttgart– New York 1990, S. 113–122

MANGIN, Charles, »Soldats Noirs en Europe«, in: *Questions Diplomatiques et Coloniales*, année 13, Tome XXVIII, Paris, Oct. 1909, S. 449–460

MANN, Gunter, »Franz Joseph Gall und Samuel Thomas Soemmerring: Kranioskopie und Gehirnforschung zur Goethezeit«, in: *Samuel Thomas Soemmerring und die Gelehrten der Goethezeit* (Soemmerring-Forschungen, Bd. I), Stuttgart–New York 1985, S. 149–189

MANN, Gunter, »Franz Joseph Galls Natur- und Geisteslehre des Menschen und der Völkerschaften (Lehre von den ›Nationalschädeln‹)«, in: MANN, Gunter, und DUMONT, Franz (Hrsg.), *Die Natur des Menschen. Probleme der Physischen Anthropologie und der Rassenkunde (1750–1850)*, (Soemmerring-Forschungen, Bd. VI), Stuttgart–New York 1990, S. 301–323

MANNIX, Daniel P. (in Zusammenarbeit mit COWLEY, Malcolm), *Black Cargoes. A History of the Atlantic Slave Trade*, New York 1972 (1965), (1. Aufl.: 1962)

MARK, Peter, *Africans in European Eyes: The Portrayal of Black Africans in Fourteenth and Fifteenth Century Europe*, Maxwell School, Syracuse University, Syracuse–New York 1974

MARQUES, A. H. de Oliveira, *Hansa e Portugal na Idade Média*, Lisboa 1959

MARTIN, John Rupert, *The Illustration of the Heavenly Ladder of John Climacus*, Princeton 1954

MARTIN, Peter, *Das rebellische Eigentum, Vom Kampf der Afroamerikaner gegen ihre Versklavung*, 2. Auflage, Frankfurt am Main 1988 (1. Auflage: Hamburg 1985)

MASON, Philip, *Prospero's Magic, Some Thoughts on Class and Race,* Oxford University Press, London 1962 (reprinted in 1975 by Greenwood Press, Westport, Connecticut)

MATHOREZ, J., *Les Etrangers en France sous l'Ancien Régime*, Vol. I, Paris 1919
MAUNY, R., »Une route pré-historique à travers le Sahara occidental«, in: *Bulletin de l'Institut français d'Afrique noire*, Vol. 9, 1947, S. 341–357
MAURO DA LEONESSA, P., *Santo Stefano Maggiore degli Abissini e le relazione Romano-Etiopiche*, Tipografia Poliglotta Vaticana, Vatikan-Stadt 1929
MAZZOLINI, Renato G., »Anatomische Untersuchungen über die Haut der Schwarzen (1700–1800)«, in: MANN, Gunter, und DUMONT, Franz (Hrsg.), *Die Natur des Menschen. Probleme der Physischen Anthropologie und Rassenkunde (1750–1850)*, (Soemmerring-Forschungen, Bd. VI), Stuttgart–New York 1990, S. 169–187
McCLOY, Shelby T., *The Negro in France*, The University of Kentucky Press 1961 (Repr. 1973)
McCRILLIS, Leon Neal, *The Demonization of Minority Groups in Christian Society During the Central Middle Ages*, University of California, Riverside, Ph. D., 1974
McKEE, David Rice, »Isaac de la Peyrère, A Precursor of Eighteenth-Century Critical Deists«, in: *Publications of the Modern Language Association of America*, Vol. 59, Menasha, Wisconsin, 1944, S. 456–485
MEDEIROS, François de, *Recherches sur l'Image des Noirs dans l'Occident Médiéval (XIIIème–XVème siècles)*, Diss., Paris 1972–1973
MEISEN, Karl, *Die heiligen drei Könige und ihr Festtag im volkstümlichen Brauch, Eine volkskundliche Untersuchung*, Köln 1949
MEISS, Millard, *The Limbourgs and their contemporaries* (Text volume and plate volume), New York 1974
MELVILLE, Lewis, *The First George in Hanover and England*, 2 vols., London 1908
MENÉNDEZ Y PELAYO, Marcelino, *Historia de los heterodoxos españoles*, Bde. 1–8, hier: Bd. 7, in: *Édición nacional de las obras completas de Marcelino Menéndez y Pelayo.* Con un prólogo del excmo. Sr. D. José IBAÑEZ MARTÍN. Dir. por Miguel ARTIGAS, Bde. 1–65, hier: Bd. 41, Santander 1948
MERCHANT, Carolyn, *Der Tod der Natur. Ökologie, Frauen und neuzeitliche Naturwissenschaft*, aus dem Amerikanischen von Holger FLIESSBACH, München 1987 (Originalausgabe: 1980)
MERGNER, Gottfried, et. al., *Der Afrikaner im deutschen Kinder- und Jugendbuch, Untersuchungen zur rassistischen Stereotypenbildung im deutschen Kinder- und Jugendbuch von der Aufklärung bis zum Nationalsozialismus*, Eine Ausstellung im Rahmen der 11. Oldenburger Kinder- und Jugendbuchmesse aus den Beständen der Universitätsbibliothek Oldenburg, aus Privatbesitz und Sammlungen, November 1985, Stadtmuseum Oldenburg, Oldenburg 1985
MERKER, Nicolao, *Die Aufklärung in Deutschland,* aus dem Italienischen übersetzt von Diane DOUCET-ROSENSTEIN unter Mitwirkung von Regine WAGENKNECHT, München 1982 (Originalausg.: Rom 1974)
MEYER, Werner, *Hirsebrei und Hellebarde. Auf den Spuren des mittelalterlichen Lebens in der Schweiz*, Olten und Freiburg/Br., 1985
MEZ, A., *Die Renaissance des Islâms,* Heidelberg 1922
MEZGER, Werner, *Hofnarren im Mittelalter. Vom tieferen Sinn eines seltsamen Amts*, Konstanz 1981

MICHAUD, L., »A travers la ›petite histoire‹ yverdonnaise: Les Treytorrens et la nègresse«, in: *Journal D'Yverdun*, Vendredi 27 Juin 1958, No. 148, S. 1, und: ibid., Samedi 28 Juin, S. 5

MICHEL, Régis, *Le Beau Idéal ou l'Art du Concept*, Édition de la Réunion des musées nationaux, Paris 1989

MIELKE, Andreas, »Schwarze und weiße Sklaven: Zur Sklavenfrage in deutschen Gedichten des achtzehnten Jahrhunderts«, in: *Yearbook of German-American Studies*, Lawrence, Kansas, Vol. 19, 1984, S. 67–83

MILITZER, Klaus, »Die soziale Gliederung der Bevölkerung in den Hansestädten«, in: *Die Hanse, Lebenswirklichkeit und Mythos*, herausgegeben von Jörgen BRACKER, Hamburg 1989, S. 304–325

MIRABEL, Bernard, et al. (Hrsg.), *NEGRIPUB. L'Image des Noirs dans la publicité depuis un siècle*, Ausstellungskatalog einer Ausstellung vom 14. Januar – 28. März 1987 in der Bibliothèque Forney (Hôtel de Sens), Paris 1987

MIRET Y SANS, Joaquín, »La esclavitud en Cataluña en los últimos tiempos de la edad media«, in: *Revue Hispanique*, Tome XLI, New York–Paris 1917, S. 1–109

MISSIONS-BILDER, 9. Heft, *West=Afrika*, Calw, in der Vereinsbuchhandlung, Stuttgart, in Commission bei I. F. Steinkopf, 1870

MOHNEY, Elke G., *Kaffee – von Mekka bis Mokka*, Sonderdruck der Jacobs Kaffee-Gruppe für Freunde und Liebhaber des Kaffees (Sigloch Edition), Künzelsau–Thalwil–Salzburg und Edition Zürich 1978

MONTAGU, Ashley, *Edward Tyson, M. D., F. R. S., 1650–1708, and the rise of human and comparative anatomy in England; a study in the history of science.* With a foreword by George SARTON, Philadelphia, The American philosophical Society, 1943

MONTAGU, Ashley (Hrsg.), *Frontiers of Anthropology*, edited, with an Introduction and Notes, by Ashley MONTAGU, New York–Toronto 1974

MOORE, Richard B., *The Name ›Negro‹: Its Origins and Its Evil Uses*, New York, 1960

MORAVIA, Sergio, *Beobachtende Vernunft, Philosophie und Anthropologie in der Aufklärung*, aus dem Italienischen von Elisabeth PIRAS, Frankfurt am Main–Berlin–Wien 1977 (Originalausgabe: Bari 1970, 1. Ausg. in deutscher Sprache: München 1973)

MOSER, Andreas, *Geschichte des Violinspiels*, 2. verbesserte und ergänzte Aufl. von Hans-Joachim NÖSSELT, 2. Bd., Tutzing 1967

MOSSE, George L., *Rassismus. Ein Krankheitssymptom in der europäischen Geschichte des 19. und 20. Jahrhunderts,* Königstein/Ts. 1978

MÜHLEN, Patrik von zur, *Rassenideologien. Geschichte und Hintergründe*, Berlin und Bonn-Bad Godesberg 1977

MÜHLMANN, Wilhelm E., *Geschichte der Anthropologie*, 3. Aufl. (unveränderter Nachdruck der 2. verbesserten und erweiterten Aufl., Frankfurt am Main 1967), Wiesbaden 1984

MÜLLER, Ulrich, »Feirefiz Anschevin – Überlegungen zur Funktion einer Romangestalt Wolframs von Eschenbach«, in ALASSANE, M. (Hrsg.), *Négritude et Ger-*

manité, L'Afrique Noire dans la littérature d'expression allemande, Dakar 1983, S. 37–48

MÜLLER-MEININGEN, Johanna, *Die Moriskentänzer und andere Arbeiten des Erasmus Grasser für das Alte Rathaus in München*, München–Zürich 1984

MUNDHENKE, Herbert, *Die Matrikel der Universität Helmstedt, 1685–1810*, Hildesheim 1979 (Veröffentlichungen der Historischen Kommission für Niedersachsen und Bremen, Bd. IX, Abt. 1, Bd. III)

MUNDT, Theodor, *Völkerschau auf Reisen*, 1. Bd., Stuttgart 1840

MUNDY, John Hine, und WOODY, Kennerly M. (Hrsg.), *The Council of Constance. The Unification of the Church*, translated by Louise Ropes LOOMIS, Columbia University Press, New York and London, 1961 *(Records of Civilization, Sources and Studies)*

NABOKOV, Vladimir, »Abram Gannibal«, in: PUSHKIN, Aleksandr, *Eugene Onegin*, Revised Edition, translated from the Russian, with a Commentary by Vladimir NABOKOV, 3 vols., hier: vol. 3, Princeton University Press 1975 (1. Aufl.: 1964), *Appendix One*, S. 387–447

NAQAR, 'Umar al-, »Takrûr. The History of a Name«, in: *Journal of African History*, Bd. 10, Nr. 3, 1969, S. 365–374

NASELLI, Carmella, »Diavoli bianchi e diavoli neri nei leggendari medievali«, in: *Volkstum und Kultur der Romanen. Sprache Dichtung, Sitte*, herausgegeben vom Seminar für romanische Sprachen und Kultur an der Hansischen Universität, 15. Jg., 3./4. Heft, Hamburg 1943, S. 233–254

NATTERMANN, Johannes Christian, *Die Goldenen Heiligen. Geschichte des Stiftes St. Gereon zu Köln*, Veröffentlichungen des Kölnischen Geschichtsvereins e. V., Bd. 22, Köln 1960

NAUMANN, Hans, »Der wilde und der edle Heide«, in: *Vom Werden des deutschen Geistes, Festgabe Gustav EHRISMANN*, herausgegeben von Paul MERKER und Wolfgang STAMMLER, Berlin und Leipzig 1925, S. 80–101

NEUBERT, Fritz, »Die volkstümlichen Anschauungen über Physiognomik in Frankreich bis zum Ausgang des Mittelalters«, in: *Romanische Forschungen. Organ für romanische Sprachen, Volks- und Mittellatein*, Bd. 29, 2. Heft, Erlangen 1911, S. 557–679

NEUMANN, Otto, »Mohren auf den Schlössern Breitenburg und Drage«, in: *Die Heimat. Monatsschrift des Vereins zur Pflege der Natur- und Landeskunde in Schleswig-Holstein und Hamburg*, 77. Jg., Nr. 7, Neumünster 1970, S. 285

NIESE, Hans, »Zur Geschichte des geistigen Lebens am Hofe Kaiser Friedrichs II.«, in: *Historische Zeitschrift*, Der ganzen Reihe 108. Bd., 3. Folge, 12. Bd., München und Berlin 1912, S. 473–540

NKRUMAH, Kwame, *Schwarze Fanfare. Meine Lebensgeschichte*, aus dem Englischen von Ludwig HOLZNER, München 1958

NØRREGÅRD, Georg, *Danish Settlements in West Africa, 1658–1850*, translated by Sigurd MAMMEN, Boston University Press, Boston 1966

NORK, F., »Mythologie der Volkssagen und Volksmärchen; eine Darstellung ihrer genetischen Entwicklung, etc.«, in: *Das Kloster, weltlich und geistlich. Meist aus der ältern deutschen Volks-, Wunder-, Curiositäten-, und vorzugsweise komischen Literatur. Zur Kultur- und Sittengeschichte in Wort und Bild*, 9. Bd. , herausgegeben von J. SCHEIBLE, Stuttgart 1848

NOSTITZ, Helene von, *Festliches Dresden. Die Stadt Augusts des Starken*, Berlin 1941

NWALA, T. Uzodinma, »Anthony William Amoo of Ghana on The Mind-Body Problem«, in: *Présence Africaine*, Bd. 108, 1978, S. 158–165

OEHLER-KLEIN, Sigrid, »Samuel Thomas Soemmerrings Neuroanatomie als Bindeglied zwischen Physiognomik und Anthropologie«, in: MANN, Gunter, und DUMONT, Franz (Hrsg.), *Die Natur des Menschen. Probleme der Physischen Anthropologie und Rassenkunde (1750–1850)*, (Soemmerring-Forschungen, Bd. VI), Stuttgart–New York 1990, S. 57–87

OEHLER-KLEIN, Sigrid, *Die Schädellehre Franz Joseph Galls in Literatur und Kritik des 19. Jahrhunderts. Zur Rezeptionsgeschichte einer medizinisch-biologisch begründeten Theorie der Physiognomik und Psychologie* (Soemmerring-Forschungen, Bd. VIII), Stuttgart–New York 1990

OETTERMANN, Stephan, »Fremde, Der. Die. Das., ›Völkerschauen‹ und ihre Vorläufer«, in: KOSOK, Lisa, und JAMIN, Mathilde (Hrsg.), *Öffentliche Lustbarkeiten im Ruhrgebiet der Jahrhundertwende*, Katalog zu einer gleichnamigen Ausstellung im Ruhrlandmuseum Essen vom 25. Oktober 1992 bis 12. April 1993, Essen 1992, S. 80–105

OOSTINDIE, Gert, und MADURO, Emy, *In het land van den Overheerser*, Bd. 2: *Antillianen en Surinamers in Nederland, 1634/1667–1954*, (Verhandelingen van het Koninklijk Instituut voor Taal-, Land- en Volkenkunde, 100), Dordrecht, Holland–Cinnaminson, USA 1986

OPPERT, Gustav, *Der Presbyter Johannes in Sage und Geschichte, Ein Beitrag zur Voelker- und Kirchenhistorie und zur Heldendichtung des Mittelalters*, 2., verbesserte Aufl., Berlin 1870

ORIGO, Iris, »The domestic enemy: The eastern slaves in Tuscany in the fourteenth and fifteenth centuries«, in: *Speculum. A Journal of Mediaeval Studies*, Vol. XXX, Nr. 3, July 1955, S. 321–366

OSEI, G. K., *The African. His Antecedents, His Genius, and His Destiny*, University Books Inc., New York, 1971

PAGEL, Karl, *Die Hanse*, Berlin 1942

PANKHURST, Richard, »Ibrahim Hannibal, Ancestor of Alexander Pushkin«, Appendix F of: *An Introduction to the Economic History of Ethiopia from early times to 1800*, Lalibela House 1961, S. 423–427

PANKHURST, Richard, »The Beginnings of Oromo Studies in Europe«, in: *Africa, Rivista trimestrale di studi e documentazione dell'Istituto Italo-Africano*, Anno XXXI, N. 2, Giugno 1976, S. 171–206

PANOFF, Peter, *Militärmusik in Geschichte und Gegenwart*, Berlin 1938

PANZER, Friedrich, *Gahmuret, Quellenstudien zu Wolframs Parzival*, Sitzungsberichte der Heidelberger Akademie der Wissenschaften, Philosophisch-historische Klasse, Jg. 1939/40, 1. Abh., vorgelegt am 17. Mai 1939, Heidelberg 1940

PARRY, Albert, »Abram Hannibal, The Favorite of Peter the Great«, in: *Journal of Negro History*, Bd. VIII, No. 4, October, 1923, S. 359–366

PAULITSCHKE, Philipp, *Die Afrika-Literatur in der Zeit von 1500 bis 1750 N. Ch. Ein Beitrag zur geographischen Quellenkunde*, Wien 1882

PERBAL, Albert, »La Race Nègre et la Malédiction de Cham«, in: *Revue de l'Université d'Ottawa*, Ontario, Vol. 10, 1940, S. 156–177

PERRIG, Alexander, »Erdrandsiedler oder die schrecklichen Nachkommen Chams. Aspekte der mittelalterlichen Völkerkunde«, in: KOEBNER, Thomas, und PICKERODT, Gerhart (Hrsg.), *Die andere Welt. Studien zum Exotismus*, Frankfurt am Main 1987, S. 31–71

PETERS, Fritz, Freimarkt in Bremen, *Geschichte eines Jahrmarkts*, Bremen 1962

PETERS, Wilhelm, *Aus pharmazeutischer Vorzeit in Wort und Bild*, 1. Bd. , 2., vermehrte Aufl., Berlin 1891

PHILIPPE, A., *Geschichte der Apotheker bei den wichtigsten Völkern der Erde*, aus dem Französischen von Hermann LUDWIG, 2. Aufl., Jena 1859

PLISCHKE, Hans, *Johann Friedrich Blumenbachs Einfluß auf die Entdeckungsreisen seiner Zeit*, Göttingen 1937 (Abhandlungen der Gesellschaft der Wissenschaften zu Göttingen, Philologisch-Historische Klasse, 3. Folge, Nr. 20)

POCHAT, Götz, *Der Exotismus während des Mittelalters und der Renaissance. Voraussetzungen, Entwicklung und Wandel eines bildnerischen Vokabulars*, Acta Universitatis Stockholmiensis, Stockholm Studies in History of Art 21, Uppsala 1970

PÖLNITZ, Götz Freiherr von, *Jakob Fugger. Quellen und Erläuterungen*, Tübingen 1951

POESCHEL, Sabine, *Studien zur Ikonographie der Erdteile in der Kunst des 16.–18. Jahrhunderts*, München, Scaneg, 1985 (Beiträge zur Kunstwissenschaft, Bd. 3)

PÖTTER, Wilhelm, »Nachklänge zum Klaasohmstag«, in: *Borkumer Zeitung und Badezeitung/Lokales*, vom 6. Dezember 1980

POLANYI, Karl, *The Great Transformation. Politische und ökonomische Ursprünge von Gesellschaften und Wirtschaftssystemen*, Wien 1977 (Originalausgabe: 1944)

POLIAKOV, Léon, *The Aryan Myth. A History of Racist and Nationalist Ideas in Europe*, translated by Edmund HOWARD, New York 1977 (1. Aufl.: 1971) (dt.: Hamburg 1993)

POLIAKOV, Léon, et al., *Über den Rassismus. Sechzehn Kapitel zur Anatomie, Geschichte und Deutung des Rassenwahns*, von Léon POLIAKOV, Christian DELACAMPAGNE und Patrick GIRARD, aus dem Französischen von Philipp WOLFF-WINDEGG, mit einer Einleitung von Philipp WOLFF-WINDEGG, Frankfurt am Main–Berlin–Wien 1984 (Originalausg.: Paris 1976)

PORTER, Roy, *Kleine Geschichte der Aufklärung*, aus dem Englischen von Ebba D. DROLSHAGEN, Berlin 1991 (Originalausg. unter dem Titel *The Enlightenment*, London 1990)

PRAESENT, Wilhelm (Hrsg.), »Eine Negertaufe in Steinau 1770«, in: *Bergwinkel-Geschichten, I. Teil des Bergwinkel=Heimatbuches: Sagen, Volksglaube, Legenden, Märchen, Schwänke und Anekdoten aus der Schlüchterner Gegend*, 2. erweiterte Aufl., Schlüchtern 1954, S. 119 f.

PRUTZ, Hans, *Kulturgeschichte der Kreuzzüge*, Berlin 1883

PULS, Dirk, »Schwarzer Trompeter freite Bürgermeistertochter«, in: *Jahrbuch für Heimatkunde im Kreis Plön-Holstein*, 9. Jg., 1979, S. 93–96

RADKE, Gerhard, *Die Bedeutung der weißen und der schwarzen Farbe in Kult und Brauch der Griechen und Römer*, Diss., Berlin–Jena 1936

RANDLES, W. G. L., *L'Image du Sud-Est Africain dans la Littérature européenne au XVIe Siècle*, Lisboa 1959

RAMEIS, Emil, *Die österreichische Militärmusik – Von ihren Anfängen bis zum Jahre 1918*, ergänzt und bearbeitet von Eugen BRIXEL, Tutzing 1976

RAUBER, A., *Homo sapiens ferus oder die Zustände der Verwilderten und ihre Bedeutung für Wissenschaft, Politik und Schule. Biologische Untersuchung*, 2. Aufl., Leipzig 1888

RAWICK, George, *From Sundown to Sunup, The Making of the Black Community*, Westport, Connecticut, 1972

REDD, Danita, »Black Madonnas of Europe: Diffusion of the African Isis«, in: VAN SERTIMA, Ivan (Hrsg.), *African Presence in Early Europe*, New Brunswick, USA, and Oxford, UK, 1985, 5th Printing, 1990, S. 108–133

REINECK, Carl, *Die Sage von der Doppelehe eines Grafen v. Gleichen mit Bezugnahme auf die Geschichte der Burg und Grafschaft Gleichen*, Hamburg 1891

RENIER, Rodolfo, siehe: LUZIO, Alessandro

RICHTER, Dieter, *Das fremde Kind. Zur Entstehung der Kindheitsbilder des bürgerlichen Zeitalters*, Frankfurt am Main 1987

RIDLEY, Hugh, *Images of Imperial Rule*, London–Canberra–New York 1983

RISCHMANN, M. »Mohren als Spielleute und Musiker in der preußischen Armee«, in: *Zeitschrift für Heeres- und Uniformkunde*, Heft 91/93, Hamburg 1936, S. 82–84

RISSE, Adolf, »An der Mohren-Orgel zu Roxel, Der Hülshoff-Exote Joh. Junkerdink«, in: Zeitungsbeilage »Auf Roter Erde« der *Westfälischen Nachrichten*, Nr. 32, vom 30. 9. 1961, S. 4

RODNEY, Walter, »Africa in Europe and the Americas«, in: *The Cambridge History of Africa*, Vol. 4 (From c. 1600 to c. 1790), herausgegeben von Richard GRAY, Cambridge–London–New York–Melbourne 1975, S. 578–651

RÖLLIG, W., Artikel »Iambulos«, in: *Der Kleine Pauly*, Bd. 2, München 1979, Spalte 1308–1309

RÖSCHENTHALER, Ute, »Mohren: Kannibalen und Heilige. Unser Bild vom Afrikaner im Wandel der Zeit«, in: LORBEER, Marie, und WILD, Beate (Hrsg.), *Menschen Neger Fresser Küsse ... Kümmeltürken Knoblauchesser und Kanaken. Das Bild vom Fremden im deutschen Alltag*, Berlin 1991, S. 58–65

ROGERS, Joel A., *World's Great Men of Color*, 2 Bde., New York and London 1972 (1. Ausg.: 1946/1947)

ROSKOFF, Gustav, *Geschichte des Teufels*, 1. Bd., Leipzig 1869

ROTH, F. W. E., *Die Visionen der hl. Elisabeth und die Schriften der Aebte Ekbert und Emecho von Schönau.* Nach den Original-Handschriften herausgegeben von F. W. E. ROTH, Brünn 1884

ROTH, Gerhard, »Der Narrenturm von Wien«, in: *Zeitmagazin* (Beilage zur Wochen-

zeitung *Die Zeit*), Nr. 42, vom 13. 10. 1989, S. 75–89 (Photos von Franz KILLMEYER)
ROTTER, Gernot, *Die Stellung des Negers in der islamisch-arabischen Gesellschaft bis zum XVI. Jahrhundert*, Diss., Bonn 1967
ROUVEL, Diether, *Zur Geschichte der Musik am Fürstlich Waldeckschen Hofe zu Arolsen*, Diss., Köln 1962
RUDWIN, Maximilian Josef, *Der Teufel in den deutschen geistlichen Spielen des Mittelalters und der Reformationszeit. Ein Beitrag zur Literatur-, Kultur- und Kirchengeschichte Deutschlands* (»Hesperia«, Schriften zur germanischen Philologie, herausgegeben von Hermann COLLITZ), Göttingen 1915
RÜSTER, Bernd, *Rassenbeziehungen in den USA*, Darmstadt und Neuwied 1973
RUPPERT, Hans, *Goethes Bibliothek. Katalog*, Weimar 1958
RUSSALKOW, Wladimir, *Grausamkeit und Verbrechen im sexuellen Leben. Historisch-psychologische Studien*, 4. Aufl., Leipzig 1899
RUSSELL, Jeffrey Burton, *Witchcraft in the Middle Ages*, Cornell University Press, Ithaca and London 1972
SACHS, Ignacy, »L'Image du Noir dans l'art européen«, in: *Annales. Economies, Sociétés, Civilisations*, 24e Année, No. 3, Mai–Juin 1969, S. 883–893
SACHSE, Rudolf, »Aquasie Boachi. Prinz von Aschantiland. Eine Lebensbeschreibung des ›Schwarzen Prinzen‹«, in: *Mitteilungen des Freiberger Altertumsvereins*, Heft 46, Freiberg 1910, S. 21–36
SACHSSE, Christoph, und TENNSTEDT, Florian, *Geschichte der Armenfürsorge in Deutschland vom Spätmittelalter bis zum Ersten Weltkrieg*, Stuttgart–Berlin–Köln–Mainz, 1980
SADJI, Uta, *Der Negermythos am Ende des 18. Jahrhunderts in Deutschland. Eine Analyse der Rezeption von Reiseliteratur über Schwarzafrika*, Europäische Hochschulschriften, Reihe I, Deutsche Literatur und Germanistik, Bd. 280, Frankfurt am Main–Bern–Las Vegas 1979
SADJI, Uta, »›Unverbesserlich ausschweifende‹ oder ›brauchbare Subjekte‹? Mohren als ›befreite‹ Sklaven im Deutschland des 18. Jahrhunderts«, in: *Komparatistische Hefte*, herausgegeben von János RIES u. a. (Universität Bayreuth), Nr. 2, Bayreuth 1980, S. 42–52
SAID, Edward W., *Orientalism*, London 1978 (Paperback edition 1980)
SALMEN, Walter (Hrsg.), *Der Sozialstatus des Berufsmusikers vom 17.–19. Jahrhundert,* Kassel 1971
SANCHEZ, Claude, »Der Neger in der bildenden Kunst der deutschen Renaissance – Seine Verherrlichung vor seinem Verfall«, in: ALASSANE, M. (Hrsg.), *Négritude et Germanité, L'Afrique Noire dans la littérature d'expression allemande,* Dakar 1983, S. 49–57
SANTOS LOPES, Marília dos, *Afrika. Eine neue Welt in deutschen Schriften des 16. und 17. Jahrhunderts*, Stuttgart 1992
SAUNDERS, A. C. de C. M., *A Social History of Black Slaves and Freedmen in Portugal, 1441–1555*, Cambridge Iberian and Latin American Studies, Cambridge University Press, Cambridge–London–New York–New Rochelle– Melbourne–Sydney 1982

SCELLE, George, *La Traite Négrière aux Indes de Castille*, 2 vols., Paris 1906
SCOBIE, Edward, »The Black in Western Europe«, in: *Journal of African Civilizations*, Vol. 3, No. 1, April 1981, S. 38–50
SCOBIE, Edward, »African Women in Early Europe«, in: VAN SERTIMA, Ivan (Hrsg.), *African Presence in Early Europe*, New Brunswick, USA, and Oxford, UK, 1985, 5th Printing, 1990, S. 203–222
SCHAEFER, Luci, »Die Illustrationen zu den Handschriften der Christine de Pizan«, in: *Marburger Jahrbuch für Kunstwissenschaft*, 10. Bd. , 1937, Burg b. Magdeburg 1939, S. 119–208
SCHÄFER, Wolfram, »Von ›Kammermohren‹, ›Mohren‹-Tambouren und ›Ost-Indianern‹. Anmerkungen zu Existenzbedingungen und Lebensformen einer Minderheit im 18. Jahrhundert unter besonderer Berücksichtigung der Residenzstadt Kassel«, in: *Hessische Blätter für Volks- und Kulturforschung*, Neue Folge, Bd. 23, 1988, S. 35–79
SCHAUBE, Adolf, *Handelsgeschichte der romanischen Völker des Mittelmeergebiets bis zum Ende der Kreuzzüge*, Neudruck der Ausg. von 1906, Osnabrück 1973
SCHIFF, Gert, *Johann Heinrich Füssli, 1741–1825,* Zürich und München 1973
SCHMID, Bernhard, »Wirtshausnamen und Wirtshausschilder. Ihre Entstehung, Geschichte und Deutung«, in: *Archives suisses des traditions populaires*, Revue trimestrielle publiée sous la direction de Ed. HOFFMANN-KRAYER par Hanns BÄCHTHOLD-STÄUBLI, Paul GEIGER et R.-O. FRICK, Tome XXXIII, Bâle 1934, S. 3–26
SCHMID, Erich, »Der Verein zur Unterstützung der armen Negerkinder in der zentralafrikanischen Mission«, in: *Die Präsenz in der Mission Zentralafrikas um die Mitte des 19. Jahrhunderts*, Theol. Diss. der Pontificia Universitas de Propaganda Fide, Rom 1965 (ungedruckt).
SCHMIDT, Friedrich, »Eine Mohrentaufe und -heirat im alten Hamburg«, in: *Zeitschrift für Niederdeutsche Familienkunde*, 38. Jg., Heft 2, Hamburg, März 1963, S. 48–51
SCHMIDT, Horst, »Ein Afrikaner in Rußland – Ibrahim Petrowitsch Hannibal«, in: *Der Beitrag der Völker Afrikas zur Weltkultur, Materialien einer wissenschaftlichen Arbeitstagung zu Ehren des Philosophen Anton Wilhelm Amo (1727–1747 in Halle-Wittenberg und Jena),* herausgegeben von Burchard BRENTJES (Kongress- und Tagungsberichte der Martin-Luther-Universität Halle-Wittenberg), Halle (Saale) 1977, S. 28–39
SCHMUTZ, Hans-Konrad, »Friedrich Tiedemann (1781–1861) und Johann Friedrich Blumenbach (1752–1840) – Anthropologie und Sklavenfrage«, in: MANN, Gunter, und DUMONT, Franz (Hrsg.), *Die Natur des Menschen. Probleme der Anthropologie und Rassenkunde (1750–1850)*, (Soemmerring-Forschungen, Bd. VI), Stuttgart–New York 1990, S. 353–363
SCHNEIDER, Hermann, *Die Gedichte und die Sage von Wolfdietrich. Untersuchungen über ihre Entstehungsgeschichte*, München 1913
SCHÖCK-QUINTEROS, Eva, und LENZ, Dieter (Hrsg.), *150 Jahre Norddeutsche Mission*, Bremen 1986
SCHRAMM, Percy Ernst, *Herrschaftszeichen und Staatsymbolik. Beiträge zu ihrer*

Geschichte vom dritten bis zum sechzehnten Jahrhundert, 3 Bde., Stuttgart 1954–1956

SCHÜCK, Richard, *Brandenburg-Preußens Kolonial=Politik unter dem Großen Kurfürsten und seinen Nachfolgern (1647–1721).* mit einer Vorrede von Paul KAYSER, 1. Bd., Leipzig 1889

SCHÜLLER, Karin, *Die Deutsche Rezeption haitianischer Geschichte in der ersten Hälfte des 19. Jahrhunderts. Ein Beitrag zum Deutschen Bild vom Schwarzen*, (Lateinamerik. Forschungen. Beihefte zum Jb. für Geschichte von Staat, Wirtschaft und Gesellschaft Lateinamerikas, Bd. 20) Köln–Weimar–Wien 1992

SCHULTE, Aloys, *Geschichte des mittelalterlichen Handels und Verkehrs zwischen Westdeutschland und Italien mit Ausschluß von Venedig*, I. Bd., Leipzig 1900

SCHULZ, Carl, »Mohren in Königsberg«, in: *Altpreußische Geschlechterkunde, Blätter des Vereins für Familienforschung in Ost- und Westpreußen*, 9. Jg., Heft 4, Königsberg 1935, S. 95

SCHWEINFURTH, Georg, *Im Herzen von Afrika. Reisen und Entdeckungen im Centralen Aequatorial-Afrika während der Jahre 1868 bis 1871*, neue umgearbeitete Originalausgabe, Leipzig 1878 (1. Ausg. in zwei Bänden: 1874)

SCHWINEKÖPER, Berent (Hrsg.), *Gilden und Zünfte, Kaufmännische und gewerbliche Genossenschaften im frühen und hohen Mittelalter*, Siegmaringen 1985

SEEBER, Edward D., »Oroonoko in France in the XVIIIth Century«, in: *Publications of the Modern Language Association of America*, Edited by Percy Waldron LONG, Vol. LI, Menasha, Wisconsin, 1936, S. 953–959

SELLIER, Robert, *Die Münzen und Medallien des Hochstifts Freising*, Bayerische Münzkataloge, Bd. 4, Grünwald 1966

SENGELE, Friedrich, »Die Patrizierdichtung ›Der gute Gerhard‹. Soziologische und dichtungsgeschichtliche Studien zur Frühzeit Rudolfs von Ems«, in: *Deutsche Vierteljahresschrift für Literaturwissenschaft und Geistesgeschichte*, 24. Jg., 1. Heft, 1950, S. 53–82

SHETELIG, Haakon, »An Introduction to the Viking History of Western Europe«, in: Haakon SHETELIG (Hrsg.), *Viking Antiquities in Great Britain and Ireland*, Part I, Oslo 1940

SHYLLON, F. O., *Black Slaves in Britain*, Oxford University Press, London–New York–Ibadan 1974

SIEGEL, P., »Aphra Behns Gedichte und Prosawerke«, in: *Anglia. Zeitschrift für Englische Philologie*, unter Mitwirkung von Ewald FLÜGEL herausgegeben von Eugen EINENKEL, Bd XXV, Neue Folge Bd XIII, Halle a. d. Saale 1902, S. 86–385

SIEVEKING, Heinrich, »Die Glückstädter Guineafahrt im 17. Jahrhundert«, in: *Afrika Rundschau*, 2. Jg., Hamburg 1936/37, S. 270–273

SIMON, Gabriele, *Kosmetische Präparate vom 16. bis 19. Jahrhundert*, Braunschweiger Veröffentlichungen zur Geschichte der Pharmazie und der Naturwissenschaften, Bd. 27, Braunschweig 1983

SIMONSFELD, Henri, *Mailänder Briefe zur bayerischen und allgemeinen Geschichte des 16. Jahrhunderts I & II* (Abhandlungen der königlichen Akademie der Wissenschaften, Historische Klasse, Bd. XXII), 1902

SIMROCK, Karl, *Handbuch der Deutschen Mythologie mit Einschluß der nordischen*, 1. Buch, Bonn 1853

SITTARD, Josef, *Zur Geschichte der Musik und des Theaters am Württembergischen Hofe, Nach Originalquellen*, 1. Bd. (1458–1733), Stuttgart 1890, und 2. Bd. (1733–1793), Stuttgart 1891

SKELTON, R. A., »An Ethiopian Embassy to Western Europe in 1306«, in: CRAWFORD, O. G. S. (Hrsg.), *Ethiopian Itineraries, circa 1400–1524*, Cambridge (at the University Press) 1958 (Appendix III)

SMITH, Bernhard, *European Vision and the South Pacific 1768–1850. A Study in the History of Art and Ideas*, Oxford University Press, 1969 (First published by the Clarendon Press, 1960)

SNOWDEN, Frank M. Jr., *Blacks in Antiquity: Ethiopians in the Greco-Roman Experience*, The Belknap Press of Harvard University Press, Cambridge, Massachusetts, and London, England, 1970 (1979)

SNOWDEN, Frank M. Jr., »Iconographical Evidence on the Black Populations in Greco-Roman Antiquity«, in: IOB, Vol. I, 1976, S. 133–245

SNOWDEN, Frank M. Jr., *Before Color Prejudice, The Ancient View of Blacks*, Harvard University Press, Cambridge, Massachusetts, and London, England, 1983

SOLDAN, W. G., und HEPPE, H., *Geschichte der Hexenprozesse*, neu bearbeitet und herausgegeben von Max BAUER, 2 Bde., Neudruck der 3. (letzten) Aufl., Hanau/M. 1968/69

SOMBART, Werner, *Luxus und Kapitalismus*, 2. Aufl., München und Leipzig 1922 (1. Aufl.: 1912)

SOMBART, Werner, *Der moderne Kapitalismus. Historisch-systematische Darstellung des gesamteuropäischen Wirtschaftslebens von seinen Anfängen bis zur Gegenwart*, unveränderter Nachdruck der Ausg. von 1928, 2 Bde., Berlin 1969

SPANN, Meno, *Der Exotismus in Ferdinand Freiligraths Gedichten*, Inaugural-Dissertation zur Erlangung der Doktorwürde der Hohen Philosophischen Fakultät der Philipps-Universität zu Marburg, Marburg 1928

STEIDLE, Basilius, »Der ›schwarze kleine Knabe‹ in der alten Mönchserzählung, Beitrag zu St. Gregor, Dial. 2,4«, in: *Benediktinische Monatsschrift zur Pflege religiösen und geistigen Lebens*, 34. Jg., Erzabtei Beuron 1958, S. 339–350

STEIGER, Christoph von, »Clemens Speckers illustrierte Handschrift der Österreichischen Chronik von den 95 Herrschaften«, in: *›Nobile claret opus‹. Festgabe für Frau Prof. Dr. Ellen Judith Beer zum 60. Geburtstag,* hier abgedruckt in: *Zeitschrift für Schweizerische Archäologie und Kunstgeschichte*, Bd. 43, Heft 1, 1986, S. 135–140

STEIGER, Ruth, »Drei Römische Bronzen aus Augst«, in: *Gestalt und Geschichte. Festschrift Karl Schefold,* Ergänzungsband IV, *Antike Kunst*, Bern 1967

STEIN, Gerd (Hrsg.), *Die edlen Wilden. Die Verklärung von Indianern, Negern und Südseeinsulanern auf dem Hintergrund der kolonialen Greuel. Vom 16. bis zum 20. Jahrhundert*, Ethnoliterarische Lesebücher, Bd. 1, Frankfurt am Main 1984

STEIN, Siegfried, *Die Ungläubigen in der mittelhochdeutschen Literatur von 1050 bis 1250*, Diss., Heidelberg 1933

STEINER, Paul, *Ein weitgereister Neger*, 2. Aufl., Basel (Verlag der Basler Missionsbuchhandlung) 1919 (1. Aufl.: ca. 1870)

STEINS, Martin, *Das Bild des Schwarzen in der europäischen Kolonialliteratur 1870–1918. Ein Beitrag zur literarischen Imagologie*, Frankfurt am Main 1972

STELTZER, Hans Georg, *»Mit herrlichen Häfen versehen« Brandenburg-preußische Seefahrt vor dreihundert Jahren*, Frankfurt am Main–Berlin–Wien 1981

STEUER, Heiko, »Die Heiligen Drei Könige und das Wappen der Stadt Köln«, in: BUDDE, Rainer (Hrsg.), *Die Heiligen Drei Könige – Darstellung und Verehrung, Katalog zur Ausstellung des Wallraf-Richartz-Museums in der Josef-Haubrich-Kunsthalle, Köln*, Köln 1982, S. 97–111

STILL, Nicoline, »Zu: ›Mohren auf den Schlössern Breitenburg und Drage‹«, in: *Die Heimat, Monatsschrift des Vereins zur Pflege der Natur- und Landeskunde in Schleswig-Holstein und Hamburg*, 77. Jg., Nr. 9, Neumünster 1970, S. 285

STRIEDER, Jakob, »Levantinische Handelsfahrten deutscher Kaufleute des 16. Jahrhunderts«, in: *Meereskunde, Sammlung volkstümlicher Vorträge zum Verständnis der nationalen Bedeutung von Meer und Seewesen*, 13. Jg, 5. Heft, Berlin 1919, S. 1–34

STRIEDER, Jakob, »Deutscher Metallwarenexport nach Westafrika im 16. Jahrhundert«, in: *Das Reiche Augsburg. Ausgewählte Aufsätze Jakob STRIEDERS zur Augsburger und süddeutschen Wirtschaftsgeschichte des 15. und 16. Jahrhunderts*, hrsg. v. Heinz Friedrich DEININGER, München 1938, S. 155–167

STRUCK, Bernhard, »Nochmals A. W. Amo (Ein Neger als Privatdozent und Kgl. preuß. Geheimrat.)«, in: *Akademische Rundschau*, 5. Jg., Heft 2, Leipzig, November 1916, S. 54–56

SUCHIER, Wolfram, »A. W. Amo, Ein Mohr als Student und Privatdozent der Philosophie in Halle, Wittenberg und Jena 1727/40«, in: *Akademische Rundschau*, 4. Jg., Heft 9/10, Leipzig, Juni/Juli 1916, S. 441–448

SUCHIER, Wolfram, »Weiteres über den Mohren Amo«, in: *Altsachsen, Zeitschrift für Heimatschutz und Heimatkunde*, No. 1/2, Holzminden 1918, S. 7–9

SUCKALE-REDLEFSEN, Gude, *Mauritius: Der heilige Mohr (The Black Saint Maurice)*, unter Mitarbeit von Robert SUCKALE, Vorwort von Ladislas BUGNER, München–Zürich und Houston (Menil Foundation) 1987

SUMBERG, Samuel L., *The Nuremberg Schembart Carnival*, with sixty reproductions from a manuscript in the Nuremberg Stadtbibliothek (MS. Nor. K. 444), New York 1966

SZALAY, Miklós, »Coree the Saldanian (1), Europäisch-Afrikanische Beziehung am Kap der Guten Hoffnung, 1613–1627«, in: *Wiener Ethnohistorische Blätter*, Vol. 5, Wien 1972, S. 3–11

SZKLENAR, H., *Studien zum Bild des Orients in vorhöfischen deutschen Epen* (Palestra, Bd. 243), Göttingen 1966

SZYMANSKI, Hans, *Brandenburg=Preußen zur See, 1605–1815. Ein Beitrag zur Frühgeschichte der deutschen Marine*, Leipzig 1939

THAYER, Alexander Wheelock, *Ludwig van Beethovens Leben*, nach dem Original=Manuskript deutsch bearbeitet von Hermann DEITERS, mit Benutzung von hinterlassenen Materialien des Verfassers und Vorarbeiten von Hermann

DEITERS neu bearbeitet und ergänzt von Hugo RIEMANN, 3. Aufl., Leipzig 1922

THEYE, Thomas (Hrsg.), *Wir und die Wilden. Einblicke in eine kannibalische Beziehung*, Reinbek bei Hamburg 1985

THIENEMANN, August, »Die Stufenfolge der Dinge, der Versuch eines natürlichen Systems der Naturkörper aus dem achtzehnten Jahrhundert. Eine historische Skizze«, in: *Zoologische Annalen, Zeitschrift für Geschichte der Zoologie*, hrsg. von Max BRAUN, Bd. III, Heft 3, Würzburg 1909, S. 185–274

THOMPSON, William Carter, *On the Road with a Circus*, New York (Goldman), 1903

THOMSON, Erik, *Die Compagnie der Schwarzhäupter zu Riga und ihr Silberschatz*, Lüneburg 1974

TROYAT, Henri, *Pouchkine, Biographie*, Paris (Plon) 1953 (1. Aufl.: *Pouchkine*, 2. Bde., Paris, Albin Michel, 1938, hier: Bd. 1, S. 26–31)

TROYAT, Henri, Puschkin, *Eine Biographie*, gekürzte Fassung aus dem Französischen von Getrud BERTSCH, München 1959

UFERMANN, Kurt, *Untersuchungen über das Gesetz der Kontinuität bei Leibniz*, Diss., Münster 1927

ULLENDORFF, Edward, *The Ethiopians. An Introduction to Country and People*, Oxford University Press, London–New York–Toronto 1960

VALDES, Mario, »The Black Wiseman in European Symbolism«, in: *Journal of African Civilizations*, Vol. 3, No. 1, April 1981, S. 67–85

VAN SERTIMA, Ivan, »African Presences in Early Europe: The Definitional Problem«, in: *Journal of African Civilizations*, Vol. 3, No. 1, April 1981, S. 21–30

VAN SERTIMA, Ivan (Hrsg.), *African Presence in Early Europe*, New Brunswick, USA, and Oxford, UK, 1985, 5th Printing, 1990

VEHSE, Eduard, *Geschichte der deutschen Höfe seit der Reformation*, 47 Bde., Hamburg 1851–1859

VEHSE, Otto, *Die amtliche Propaganda in der Staatskunst Kaiser Friedrichs II.*, München 1929

VEIT, Ludwig, »Der Königskopf mit der Stirnbinde auf Münzen und Siegeln der Stauferzeit und des ausgehenden Mittelalters. Ein Herrschaftszeichen und heraldisches Symbol«, in: *Anzeiger des Germanischen Nationalmuseums*, Jg. 1976, S. 22–30

VERLINDEN, Charles, »L'origine de sclavus = esclave«, in: *Archivvm Latinitatis Medii Aevi* (Union Académique Internationale, Bulletin Du Cange (37.), Tome VVII, 18.e Année MCMXLII, Bruxelles 1943, S. 97–128

VERLINDEN, Charles, »Traités des esclaves et traitants italiens à Constantinople (XIIIe–XVe siècles)«, in: *Le moyen âge*, Nr. 69 (1963), S. 791–804

VERLINDEN, Charles, »Esclavage médiéval en Europe et esclavage colonial en Amérique«, in: *Cahiers de l'Institut des Hautes Études d'Amérique Latine*, Vol. 6, Paris 1964, S. 29–45

VERLINDEN, Charles, »Esclavage noir en France méridionale et courants de traite en Afrique«, in: *Annales du Midi. Revue archéologique, historique et philosophique de la France Méridionale*, Tome LXXVII, Toulouse 1966, S. 335–343

VERLINDEN, Charles, »L'Ésclavage dans le Royaume de Naples a la Fin du Moyen Age et la Participation des Marchands Espagnols à la Traite«, in: *Anuario de História Económica y social*, Año I, Núm. 1, Enero-Diciembre 1968, S. 345–385

VERLINDEN, Charles, »Traite des esclaves et cols alpins au haut moyen age«, in: *Tiroler Wirtschaftsstudien*, Bd. 33: *Erzeugung, Verkehr und Handel in der Geschichte der Alpenländer*, Innsbruck 1977, S. 377–389

VERLINDEN, Charles, »Les ›magasins‹ d'esclaves au bas moyen age«, in: SCHNEIDER, Jürgen, et al. (Hrsg.), *Wirtschaftskräfte und Wirtschaftswege, I: Mittelmeer und Kontinent. Festschrift für Hermann Kellenbenz*, s. l. (in Kommission bei Klett-Cotta) 1978

VOGEL, Hubert, »Über die Anfänge des Zenokultes in Bayern«, in: *Bavaria Christiana. Zur Frühgeschichte des Christentums in Bayern. Festschrift Adolf Wilhelm Ziegler*, herausgegeben von Wilhelm GESSEL und Peter STOCKMEIER, München 1973, S. 177–203

VOLKMANN, Hans, *Beethoven in seinen Beziehungen zu Dresden. Unbekannte Strecken seines Lebens*, 2. Aufl., Dresden 1942

WAGNER, Rudolph, *Samuel Thomas von Sömmering's Leben und Verkehr mit seinen Zeitgenossen*, Leipzig 1844

WALVIN, James, *Passage to Britain. Immigration in British History and Politics*, A Series of TVS Documentaries for Channel 4, Harmondsworth–New York–Ringwood–Markham–Auckland 1984

WARNER, G. F., und GILSON, J. P., *British Museum Catalogue of Western Manuscripts in the Old Royal and King's Collections*, Vol. II., Oxford 1921, S. 209–212

WATTENBACH, W., »Sclavenhandel im Mittelalter«, in: *Anzeiger für Kunde der deutschen Vorzeit*, Neue Folge, 21. Bd., Jg. 1874, Spalte 37–40

WEBER-OLDECOP, Wilhelm, *Ortssippenbuch Bredenbeck/Deister, Evestorf, Holtensen (1684–1874)*, s. l. 1977, S. 1

WEISERT, John J., »Graf von Gleichen ›Redivivus‹«, in: *Monatshefte für Deutschen Unterricht, Deutsche Sprache und Literatur*, Vol. XL, Number 8, December, 1948, S. 465–470

WEISGERBER, Alois, *Studien zu Nikolaus von Verdun und der rheinischen Goldschmiedekunst des 12. Jahrhunderts*, Bonn 1940 (Kunstgeschichtliche Forschungen des Rheinischen Heimatbundes, Bd. VI)

WELLENKAMP, Dieter, *Der Mohr von Berlin, Afrikaforscher Rohlfs und Sklave Noël*, Darmstadt 1970

WENTSCHER, Erich (Hrsg.), »Mohren= und Findlingstaufe«, in: *Archiv für Sippenforschung und alle verwandten Gebiete*, 15. Jg., Heft 11, Görlitz, November 1938 (Gelegenheitsfunde)

WENZEL, Manfred, »Die Anthropologie Johann Gottfried Herders und das klassische Humanitätsideal«, in: MANN/DUMONT (Hrsg.), *Die Natur des Menschen. Probleme der Physischen Anthropologie und Rassenkunde (1750–1850)*, (Soemmerring-Forschungen, Bd. VI), Stuttgart–New York 1990, S. 137–167

WHITE, Hayden, *Tropics of Discourse, Essays in Cultural Criticism*, The Johns Hopkins University Press, Baltimore and London 1985 (1st. ed.: 1978)

WILSDORF, Helmut, »Aquasie Boachi, Prinz von Aschantiland, der erste Student aus Afrika an der Bergakademie zu Freiberg 1847 / 1849«, in: *Der Beitrag der Völker Afrikas zur Weltkultur. Materialien einer wissenschaftlichen Arbeitstagung zu Ehren des Philosophen Anton Wilhelm Amo (1727–1747 in Halle, Wittenberg und Jena)*, herausgegeben von Burchard BRENTJES, (Kongress- und Tagungsberichte der Martin-Luther-Universität Halle–Wittenberg), Halle (Saale) 1977, S. 16–27

WINKELMANN, E., *Geschichte Kaiser Friedrichs II. und seiner Reiche*, 2 Bde., Berlin 1863–1865

WINKLER, F., *Die Zeichnungen Albrecht Dürers*, Bd. IV (1520–1528), Berlin 1939

WINTER, Eduard, *Halle als Ausgangspunkt der deutschen Russlandkunde im 18. Jahrhundert*, Berlin (Ost) 1953

WINTERFELD, Luise von, *Handel, Kapital und Patriziat in Köln bis 1400,* Lübeck 1925 *(Pfingstblätter des hansischen Geschichtsvereins*, Blatt XVI. 1925)

WITTE, Charles-Martial de, »Une ambassade éthiopienne à Rome en 1450«, in: *Orientalia Christiana Periodica*, Bd. 22, Roma 1956, S. 286–298

WITTKOWER, Rudolf, »Marvels of the East. A Study in the History of Monsters«, in: *Journal of the Warburg and Courtauld Institutes*, Vol. 5, London 1942, S. 159–197

WITTRAM, Reinhard, *Peter der Grosse. Der Eintritt Russlands in die Neuzeit*, Berlin–Göttingen–Heidelberg 1954

WITTRAM, Reinhard, *Peter I., Czar und Kaiser. Zur Geschichte Peters des Großen in seiner Zeit*, 2 Bde., Göttingen 1964

WOLFF, Philippe, *Histoire de Toulouse*, Toulouse 1974

WOLFRAM, Richard, »Neue Funde zu den Morisken und Morristänzen«, in: *Zeitschrift für Volkskunde*, 50. Jg., Stuttgart 1953, S. 107–113

WOLLGAST, Siegfried, *Ehrenfried Walther von Tschirnhaus und die deutsche Frühaufklärung,* Sitzungsberichte der Sächsischen Akademie der Wissenschaften, Philologisch-historische Klasse, Bd. 128, Heft 1, Berlin 1988

WORINGER, Zolldirektor i. R., »Mohren als Musiker und Spielleute«, in: *Zeitschrift für Heeres- und Uniformkunde*, Hamburg, 1937, S. 27

WÜSTENFELD, Ferdinand, *Geschichte der Fatimiden Chalifen*, Hildesheim–New York 1976 (1. Aufl.: Göttingen 1880/81 und 1890)

YAKOBSON, Sergius, »Russia and Africa«, in: LEDERER, Ivo J. (Hrsg.), *Russian Foreign Policy. Essays in Historical Perspective*, New Haven: Yale University Press, 1962, S. 453–487

YOUNG, Karl, *The Drama of the Medieval Church*, 2 Vols., Oxford at the Clarendon Press, 1933

ZAHN, Fritz, und KALWA, Robert, *Fürst Pückler-Muskau als Gartenkünstler und Mensch*, Cottbus 1928

ZAPPERT, Georg, »*Epiphania*. Ein Beitrag zur christlichen Kunstarchäologie«, in: *Sitzungsberichte der Kaiserlichen Akademie der Wissenschaften*, Philosophisch-Historische Klasse, 21. Bd., Wien 1857, S. 291–373

ZARNCKE, Friedrich, *Commentario de epistola, quae sub nomine Presbyteri Johannis fertur*, Diss., Leipzig 1873

ZARNCKE, Friedrich, *Der Priester Johannes*, Teile 1 und 2, Leipzig 1876–79
ZIEGLER, Adolf Wilhelm, *Der Freisinger Mohr. Eine heimatgeschichtliche Untersuchung zum Freisinger Bischofswappen*, 2. Aufl., München 1976
ZJAWLOWSKI, L. B., MODZALEWSKI, L. B., und SENGER, T. G., Von *Puschkins Hand. (Bisher) nicht gesammelte und unveröffentlichte Texte*, zum Druck vorbereitet und kommentiert von M. A. ZJAWLOWSKI, L. B. MODZALEWSKI und T. G. SENGER (Schriften der Puschkin-Kommission des Instituts für Russische Literatur (Puschkin-Haus) der Akademie der Wissenschaften der UdSSR), Moskau-Leningrad 1935 (Akademia) (Russisch)
ZIMMERMANN, Fritz, »Kleine Beiträge zur Religionsgeschichte, 1. Die schwarze Farbe des Teufels«, in: *Theologie und Glaube. Zeitschrift für den katholischen Klerus*, herausgegeben von A. KLEFFNER, N. PETERS, H. POGGEL, B. BARTMANN, H. MÜLLER, B. FUNKE, F. TENCKHOFF, J. LINNEBORN und A. FUCHS, 4. Jg., Paderborn 1912, S. 631–634
ZIPPEL, G., *Geschichte des Königlichen Friedrichs-Kollegiums zu Königsberg Pr., 1698–1898*, Königsberg Pr. 1898
ZÖCKLER, Otto, *Geschichte der Beziehungen zwischen Theologie und Naturwissenschaften*, 2 Bde., Gütersloh 1877
ZÖCKLER, Otto., »Peyrère's (gest. 1676) Praeadamiten-Hypothese nach ihren Beziehungen zu den anthropologischen Fragen der Gegenwart«, in: *Zeitschrift für die gesammte Lutherische Theologie und Kirche*, 39. Jg., 1. Quartalheft, 1878, S. 28–48
ZÖLLER, Hugo, *Als Jurnalist und Forscher in Deutschlands großer Kolonialzeit*, Leipzig 1930
ZÖLLNER, Walter, *Geschichte der Kreuzzüge*, 3., unveränderte Aufl., Berlin 1977

Bildnachweise

Archiv der Brüderunität Herrnhut, 180
Archiv des Erzbistums München und Freising, München, 335
Archiv des Zoologischen Gartens Basel, 225
Aus: Antonius Gvilielmus Amo Afer aus Axim in Ghana, Student, Doktor der Philosophie, Magister Legens an den Universitäten Halle–Wittenberg–Jena 1727–1747, Dokumente, Autographe, Belege, ausgewählt und zusammengestellt im Auftrage der Philosophischen Fakultät der Martin-Luther-Universität Halle-Wittenberg von Burchard Brentjes, 2 Bde., Halle (Saale) 1968, 310, 311, 314, 319, 321, 324
Aus: Böhm, Uwe Peter, Hessisches Militär. Die Truppen der Landgrafschaft Hessen Kassel 1672–1806, Beckum 1986, 344
Aus: Cassagnes-Brouquet, Sophie, Vierges Noires. Regard et Fascination, Edition du Rouergue, Rodez 1990, 332
Aus: Exotische Welten. Europäische Phantasien, Katalog zu der gleichnamigen Ausstellung, Stuttgart 1987, 341
Aus: Greiner, Siegfried, Hermann Hesse, Jugend in Calw, Siegmaringen 1981, 154
Aus: Grunwald, M., Portugiesengräber auf deutscher Erde. Beiträge zur Kultur- und Kunstgeschichte, Hamburg 1902, 65
Aus: Devisse, Jean, The Image of the Black in Western Art, Lausanne, Vol. 2 Part 1, 278
Aus: Mergner, Gottfried et al., Der Afrikaner im deutschen Kinder- und Jugendbuch, Katalog zur gleichnamigen Ausstellung in Oldenburg, Hamburg 1985, 340
Aus: Steurich, E., Johann Kuny, der erste brandenburgisch-preußische Negerfürst. Eine Erzählung aus den Kolonien des Großen Kurfürsten, München, o.J., 87
Bavaria Bild-Agentur, München, 58
Bayerische Verwaltung der staatlichen Schlösser, Gärten und Seen, München, 255
Bernhard Gierds, Hamburg, 145
Bildarchiv Foto Marburg, 245, 246, 256
Britisches Museum, London, 118, 248
British Library, 251
Burgerbibliothek Bern, 334, 344
Chorherrenstift Klosterneuburg, 330 Constantin Beyer, Weimar, 36, 333
Det Kongelige Bibliotek, Kopenhagen, 34
Det Nationalhistoriske Museum, Hillerød, Dänemark, 349
Dora Liersch und Niederlausitzer Landesmuseum Cottbus, Fürst-Pückler-Museum, Schloß Branitz, 180, 348
DSK, München, 124, 127
Elke Walford, Hamburg, 171
Germanisches Nationalmuseum, Nürnberg, 51, 54, 60, 107, 350
Graf Brockdorff-Ahlefeldt, Ascheberg/Plön, 193
Graphische Sammlung Albertina, Wien, 61, 234

Heimatmuseum Schloß Schönebeck, Bremen-Vegesack, 155
Hetjens-Museum, Düsseldorf, 348
Kloster Ebstorf und Birgit Hahn-Woernle, Esslingen, 329
Kunstsammlungen der Veste Coburg, 53
Kupferstichkabinett der öffentlichen Kunstsammlung Basel, 48
Landesarchiv Schleswig-Holstein, Schloß Gottorf, 172
Museen der Stadt Arnstadt/Thüringen, 347, 351
Musei Imeni Puschkina, Moskau, 306
Nachlaß Walter Werland, Münster i. Westf., 127
National Gallery of Victoria, Melbourne, 352
Nationalmuseum, Stockholm, 108
Niedersächsische Staats- und Universitätsbibliothek Göttingen, 331
Österreichische Nationalbibliothek, Wien, 24
Photographie Giraudon, Paris, 337
Prado-Museum, Madrid, 336
Rheinisches Bildarchiv, Köln, 16, 85
Ringfoto Plessentin, Plön, 192
Sächsische Landesbibliothek, Abt. Deutsche Fotothek/A. Rous 1990, Dresden, 343
Staatliche Kunstsammlungen, Dresden, 175 Staatliche Kunstsammlungen, Schloß Wilhelmshöhe, Kassel, 141
Staatliche Museen, Stiftung Preußischer Kulturbesitz, Berlin, Kupferstichkabinett, 241
Staatliche Museen, Stiftung Preußischer Kulturbesitz, Kunstgewerbemuseum, Berlin, 345
Staatlicher Mathematisch-Physikalischer Salon, Dresden, 116, 222
Staatsbibliothek Berlin, 295
Stadtbibliothek Nürnberg, 334, 338
Stadtmuseum, München, 339
Uffizien, Florenz, 45
Verwaltung der Staatlichen Schlösser und Gärten, Schloß Charlottenburg, Berlin, 342, 346
Verwaltung der Staatlichen Schlösser und Gärten, Bad Homburg vor der Höhe, 142
Württembergisches Landesmuseum, Stuttgart, 149
Zodiaque (Dom Angélico Surchamp), St. Léger Vauban, 22

Register

Das Register enthält vor allem Namen und ist pragmatisch um einige Sachbegriffe erweitert. Die in diesem Buch namentlich erwähnten Schwarzen sind unter dem ersten Namensbestandteil eingeordnet, da ihnen von den Europäern in der Regel ihre eigenen Namen genommen wurden und sie willkürlich beliebige Namen erhielten, die nur sehr selten einmal zu Familiennamen wurden, sondern die in manchen Fällen im Lauf eines Lebens mehrfach wechselten. Kursiv gesetzte Ziffern verweisen auf Abbildungen.